CARREIRAS TRIBUNAIS

Abril EDUCAÇÃO

TRE

AlfaCon
Concursos Públicos

257

www.alfaconcursos.com.br

Conselho Editorial

Autores

Administração	-	Marisol Bufemann
Arquivologia	-	Tháis Vieira
Direito Eleitoral	-	Isabel Rossoni
Direito Civil	-	Lilian Novakoski
Direito Processual Civil	-	Thállius Moraes

Ficha Catalográfica

C35e

CASTRO, Wilza (Org.) - **Carreiras Tribunais - TRE**. Cascavel: Editora AlfaCon, 2014.

316 p. 20.5 x 27.5 cm

ISBN: 978-85-8339-114-2

1. Noções de Administração. 2. Arquivologia. 3. Direito Eleitoral. 4. Direito Civil. 5. Direito Processual Civil.

CDU: 811.134.3

Proteção de direitos

AlfaCon Concursos Públicos

Endereço: rua Jacarezinho, 800, Cascavel-PR.

www.alfaconcursos.com.br/apostilas

Apresentação

No material didático **AlfaCon**, você encontra os principais conteúdos elaborados especialmente para os que almejam a estabilidade profissional das carreiras tribunais. Nossos autores, especialistas em concursos públicos, oferecem os itens exigidos em edital, além de questões comentadas que irão ajudar você a compreender melhor as questões aplicadas pelas bancas avaliadoras, como FCC, FGV e CESPE/UNB.

A obra contempla o conteúdo prescrito nos principais editais dessa carreira, como também fornece subsídios para a compreensão das leis e dos regimentos internos, o que fará toda a diferença na hora de realizar a prova.

Dominar os conteúdos específicos é essencial para alcançar a aprovação. Por isso, a obra **Carreiras Tribunais: Foco no TRE** traz os principais assuntos: Administração, Arquivologia, Direito Eleitoral, Direito Civil e Direito Processual Civil.

Desfrute de seu material o máximo possível.

Bons estudos e rumo à sua **aprovação**!

AlfaCon
Concursos Públicos

2014

SUMÁRIO

Administração 07
Arquivologia 61
Direito Eleitoral 96
Direito Civil 214
Direito Processual Civil 253

ADMINISTRAÇÃO

ÍNDICE

CAPÍTULO 01 .... **9**
Noções de Administração 9
Abordagem Clássica da Administração 9
O Fordismo 12
Abordagem Humanística da Administração 12
Abordagem Comportamental da Administração 13
Teoria do Desenvolvimento Organizacional 16
Abordagem Neoclássica da Administração 16
Modelo Burocrático da Administração 17
Abordagem Estruturalista da Administração 18
Abordagem Sistêmica da Administração 19
Abordagem Contingencial da Administração 20
CAPÍTULO 02 .... **21**
Processo Administrativo 21
Funções da Administração 21
Estrutura Organizacional 22
CAPÍTULO 03 .... **27**
Cultura Organizacional 27
CAPÍTULO 04 .... **30**
A Administração Pública no Brasil 30
Administração Pública Patrimonialista 30
Administração Pública Burocrática 30
Administração Pública Gerencial 31
Evolução da Administração Pública no Brasil 31
Reformas Administrativas 32
Princípios e Sistemas de Administração Federal 33
A Organização do Estado e da Administração Pública 33
Administração Pública Direta e Indireta 33
O Governo Empreendedor 34
Governo Eletrônico 35
GesPública 36
CAPÍTULO 05 .... **38**
Gestão da Qualidade 38
Ferramentas da Qualidade 38
CAPÍTULO 06 .... **40**
Gestão por Projetos 40
Natureza Temporária, Entregas Exclusivas e Elaboração Progressiva 40
Áreas do Conhecimento para a Gestão de Projeto 40
Gerenciamento de Projetos 40
Os 10 Mandamentos 41
Diferenças entre Projeto e Processo 42
CAPÍTULO 07 .... **43**
Gestão de Mudanças 43
Resistência às Mudanças 43
Abordagens de Mudança 44
CAPÍTULO 08 .... **45**
Gestão do Conhecimento 45
Tipos de Conhecimento 45
A Espiral do Conhecimento 45
Gestão da Informação 46

CAPÍTULO 09 47
Comunicação Organizacional 47
O Processo de Comunicação 47
Meios de Comunicação 48
Tipos de Comunicação 48
CAPÍTULO 10 49
Processo Decisório 49
Tipos de Decisões 49
Fases do Processo Decisório 49
CAPÍTULO 11 52
Gestão de Processos 52
Objetivos, Variáveis e Características 52
BPM - Business Process Management 52
Modelagem de Processos 52
MAMP - Método de Análise e Melhoria de Processos 53
Fluxograma 53
Gerenciamento e Monitoramento os Processos 53
Identificação de Problemas nos Processos 54
Formas de Priorização 54
CAPÍTULO 12 55
Planejamento Estratégico e Planejamento Baseado em Cenários 55
Planejamento 55
Planejamento Estratégico 56
Planejamento Baseado em Cenários 58
Planejamento Estratégico: Planejamento Baseado em Cenários 58
Modelos de Gestão Estratégica 59
Matriz BCG (***Boston Consulting Group***) 59
Estratégias Competitivas 59

CAPÍTULO 01

Noções de Administração

Como uma das mais importantes ferramentas do conhecimento humano, a administração é uma atividade indispensável para as organizações e para a sociedade em geral. A administração tornou-se tão importante quanto o próprio trabalho a ser executado. Ela não é um fim em sim mesma, mas um meio de fazer com que as coisas sejam realizadas da melhor forma possível, com o menor custo e com a maior eficiência e eficácia.

A palavra administração vem do latim *ad* (direção, tendência para) e *minister* (subordinação ou obediência), e significa a pessoa que presta um serviço a outro. Não há um padrão globalmente aceito para a definição. Contudo, quando se trata de negócios, é importante a busca de uma concordância pra estruturar um conceito. O mais importante e consistente uso do termo administração é aquele visto como uma metodologia fundamental pelo qual o administrador cria, dirige, mantém, opera e controla uma organização.

→ **O conceito atual de administração é:**

> *[...] interpretar os objetivos propostos pela organização e transformá-los em ação organizacional por meio do planejamento, organização, direção e controle de todos os esforços realizados em todas as áreas e em todos os níveis da organização a fim de alcançar objetivos globais.*
>
> (CHIAVENATO, 1997, p.9).

Fique Ligado

A Administração é o processo de planejar, organizar, dirigir e controlar o uso de recursos a fim de alcançar objetivos. Porém para que possamos conhecer o desenvolvimento da ciência da administração, faz-se necessário entender o início dos estudos referentes a essa ciência ao longo do tempo.

Sendo assim, pode-se verificar que a influência dos estudos mais importantes sobre administração teve seu início antes do século XX, na Revolução Industrial, a qual fez com que a força da máquina substituísse a força humana. Essa mudança, por sua vez, tomava mais econômico fabricar bens na fábrica do que em casa. Antes da Revolução Industrial, um artigo como uma coberta, por exemplo, era produzido por uma pessoa que tosquiava a lã de sua ovelha, torcia-a em fio, tingia o fio, tecia a coberta manualmente em um tear doméstico e depois vendia o produto acabado a comerciantes que passavam pelas fazendas comprando mercadorias, que depois seriam vendidas em feiras ou mercados regionais. A introdução da força da máquina, combinada com a divisão do trabalho, possibilitava que fábricas enormes e eficientes utilizassem equipamento movido à energia elétrica.

Uma fábrica de cobertas, com cem pessoas executando tarefas especializadas - algumas transformando lã em fio, algumas tingindo, outras trabalhando nos teares -, poderia produzir grande número de peças a uma fração de seu custo anterior. Mas essas fábricas exigiam habilidades gerenciais e precisavam de gerentes para prever a demanda, garantir estoques de lã suficientes para fazer o fio, distribuir tarefas para as pessoas, dirigir as atividades diárias, coordenar as várias tarefas, assegurar que as máquinas fossem mantidas em boas condições de funcionamento e que os padrões de produção fossem obedecidos, encontrar mercados para as cobertas prontas, e assim sucessivamente. Quando as cobertas eram feitas individualmente em casa, havia pouca preocupação com a eficiência. Subitamente, porém, quando o dono da fábrica passou a ter cem pessoas trabalhando para ele, precisando saldar regularmente uma folha de pagamento, tomou-se importante manter os trabalhadores ocupados, ou seja, tomou-se necessário o desempenho de habilidades gerenciais. O advento da força da máquina, a produção em massa, os custos reduzidos dos transportes que acompanharam a rápida expansão das ferrovias e a quase ausência de regulamentação governamental também alimentaram o desenvolvimento de grandes empresas.

Empreendedores como John D. Rockefeller (*Standard Oil Company-Petróleo*) e Andrew Carnegie (siderúrgica--aço) criavam grandes negócios que iriam exigir práticas de administração formalizadas. Tornava-se necessária uma teoria formal para orientar os gerentes a administrar suas organizações. Entretanto, foi apenas nos primeiros anos do século XX que foi dado o primeiro grande passo para desenvolver uma teoria dessa ordem.

Sendo assim foi necessária a busca por teorias da administração nascendo assim a Administração Científica de Taylor que dava ênfase às tarefas, aos processos e aos métodos de trabalho; depois, a preocupação básica passou a ser a administração geral, enfatizada por Fayol e logo surgiu a Burocrática de Max Weber e a teoria estruturalista, humanística, entre outras.

Abordagem Clássica da Administração

As raízes da administração moderna residem em um grupo de teóricos e práticos que buscaram criar princípios racionais que tomassem as organizações mais eficientes.

Uma vez que lançaram as bases teóricas para uma disciplina da administração, chamamos suas contribuições de abordagem clássica da administração, que pode ser dividida em duas subcategorias: administração científica e da administração geral (Teoria Clássica).

Administração Científica

Acredita-se que o nascimento da moderna teoria da administração foi em 1911, o ano em que foi publicado *Os Princípios da Administração Científica*, de *Frederick Winslow Taylor*. O livro descrevia a teoria da administração científica o uso do método científico para definir a "melhor maneira" para um trabalho ser feito, sendo amplamente aceito por gerentes do mundo inteiro. Os estudos realizados antes e depois da publicação do livro definiriam Taylor como o pai da administração científica.

Frederick Taylor era engenheiro mecânico com antecedentes puritanos que constantemente se estarrecia com a ineficiência dos trabalhadores. Os funcionários utilizavam técnicas imensamente diferentes para realizar o mesmo trabalho e eram propensos a "pegar leve" no trabalho. Taylor acreditava que aquilo que o trabalhador produzia representava apenas um terço de suas possibilidades. Por isso, dispôs-se a corrigir essa situação aplicando o método científico a trabalhos no "chão da fábrica". Passou mais de duas décadas procurando apaixonadamente a "melhor maneira" de fazer cada trabalho.

A pesquisa de Taylor na siderúrgica *Midvale*, na Pensilvânia, foi muito importante para a teoria da administração. Nessa siderúrgica ele realizou a maior parte dos seus estudos, pois originou sua decisão de melhorar a eficiência na fábrica. Na ocasião, não havia conceitos claros sobre as responsabilidades do trabalhador e da administração. Praticamente não existia nenhum padrão para o trabalho eficaz. Os operários trabalhavam em marcha lenta propositadamente. As decisões da administração eram baseadas no "desconfiômetro", no palpite e na intuição. Os trabalhadores eram designados para os cargos, com pouca ou nenhuma preocupação pela adequação de suas habilidades e aptidões às tarefas que deveriam executar. O pior era que a administração e os trabalhadores se encontravam em permanente conflito. Em lugar de cooperarem para seu mútuo benefício, percebiam sua relação como um jogo de soma zero ao ganho de um correspondia a perda do outro.

Taylor procurou criar uma revolução mental entre trabalhadores e administração, definindo diretrizes claras para melhorar a eficiência da produção. Definiu quatro princípios de administração, e afirmou que sua adoção resultaria na prosperidade da administração e dos trabalhadores, ou seja, estes ganhariam maiores salários e aquela, mais lucros.

Acompanhe-me

→ ***Os Princípios da Administração de Taylor são:***

- ***Para cada elemento do trabalho de um indivíduo desenvolver uma ciência que substitua o velho método da regra empírica.***
- ***Selecionar cientificamente e depois treinar, ensinar e desenvolver o trabalhador (anteriormente, os trabalhadores escolhiam seu próprio trabalho e adestravam-se da melhor forma que pudessem).***
- ***Cooperar sinceramente com os trabalhadores para garantir que todo o trabalho seja realizado conforme os princípios da ciência que foi desenvolvida.***
- ***Dividir o trabalho e a responsabilidade da maneira mais igualitária possível entre a administração e os trabalhadores. A administração assume todo o trabalho para o qual está mais bem preparada que os trabalhadores (anteriormente, quase todos os trabalhos e a maior parte da responsabilidade eram atirados aos trabalhadores).***

Além de elaborar os princípios acima citados, Taylor também criou a ORT - Organização Racional do Trabalho, visto que ele identificou três males nas indústrias (vadiagem sistemática, desconhecimento pela gerência do trabalho dos operários e falta de uniformidade dos métodos de trabalho). Sendo assim para solucionar esse problema, Taylor propôs a Organização Racional do Trabalho (ORT), que se propõe a buscar a mais rápida e eficiente forma de se executar uma tarefa, substituindo assim a observação de companheiros vizinhos, o que levava a diversas formas de execução.

→ **As regras da Organização Racional do Trabalho (ORT) são:**

- **Análise do trabalho e estudo dos tempos e movimentos**: objetivava a isenção de movimentos inúteis, para que o operário executasse de forma mais simples e rápida a sua função, estabelecendo um tempo médio.
- **Estudo da fadiga humana**: a fadiga predispõe o trabalhador à diminuição da produtividade e perda de qualidade, acidentes, doenças e aumento da rotatividade de pessoal.
- **Divisão do trabalho e especialização do operário.**
- **Desenho de cargos e tarefas**: desenhar cargos é especificar o conteúdo de tarefas de uma função, como executar e as relações com os demais cargos existentes.
- **Incentivos salariais e prêmios por produtividade.**
- **Condições de trabalho**: o conforto do operário e o ambiente físico ganham valor, não porque as pessoas merecessem, mas porque são essenciais para o ganho de produtividade.
- **Padronização**: aplicação de métodos científicos para obter a uniformidade e reduzir os custos.
- **Supervisão funcional**: os operários eram supervisionados por pessoas especializadas, e não por uma autoridade centralizada.
- **Homem econômico**: o homem é motivável por recompensas salariais, econômicas e materiais.

A empresa era vista como um sistema fechado, isto é, os indivíduos não recebiam influências externas. O sistema fechado é mecânico, previsível e determinístico.

Diante disso vale ressaltar que esta teoria baseou-se no modelo do Homem Econômico (*Homo Economicus*), que preconiza a concepção de que as pessoas são influenciadas por recompensas salariais, econômicas e materiais.

Segundo Silva (1990, p.46) "o Taylorismo é considerado desumano não apenas por tornar os empregados especializados e dependentes do patrão, mas também pelo trabalho repetitivo e maçante que proporciona às pessoas".

Vale ressaltar que, utilizando-se das técnicas de administração científica, Taylor conseguiu definir a melhor maneira de fazer cada trabalho. Dessa forma, ele poderia, depois de selecionar as pessoas certas para os trabalhos, treiná-las para que os executassem precisamente do melhor modo. Para motivar os trabalhadores, era favorável a planos de incentivo salarial. No geral, Taylor obteve melhorias constantes na produtividade, na faixa de 200% ou mais, e reafirmou o papel dos gerentes de planejar e controlar e o dos trabalhadores de executar conforme fossem instruídos a fazer. Taylor realizou inúmeras conferências públicas para expor a administração científica a industriais interessados. Entre 1901 e 1911, pelo menos 18 empresas adotaram alguma modalidade de administração científica. Em 1908, a escola de administração de *Harvard* declarou a abordagem de Taylor como padrão para a administração moderna e a adotou como cerne em torno do qual todos os cursos seriam organizados o próprio Taylor começou a dar cursos em *Harvard* em 1909.

Entre 1910 a 1914, alguns eventos levaram a administração científica para frente do palco. Em 1910, numa discussão sobre aumento de tarifa, um especialista em eficiência afirmou que as ferrovias poderiam economizar 1 milhão de dólares por dia (cerca de 16 milhões de dólares hoje) se aplicassem a administração científica. Essa afirmação tornou-se a atração principal dos debates e criou grande receptividade para as ideias de Taylor. Então, em 1911, Taylor publicou Os princípios da administração científica, que imediatamente tornou-se um *bestseller*. Em 1914, os princípios de Taylor haviam se tornado tão populares que uma "exposição de eficiência" realizada na cidade de *Nova Iorque*, atraiu uma multidão calculada em 69 mil pessoas! E, embora Taylor tenha difundido suas ideias na França,

Alemanha, Rússia e Japão, sua maior influência ocorreu no setor fabril americano. Isso proporcionou às companhias americanas uma vantagem comparativa sobre as empresas estrangeiras, o que fez da eficiência industrial americana alvo de inveja mundial pelo menos durante 50 anos.

Administração Geral (A Teoria Clássica)

A administração geral ficou conhecida como Teoria Clássica e teve Henry Fayol como seu precursor, que após uma carreira na indústria francesa, publicou em 1916 o livro "Administração Industrial e Geral", apontando suas visões acerca da maneira mais adequada de gerir organizações e pessoas.

Henri Fayol e Taylor escreveram na mesma época, porém, enquanto Taylor se preocupava com a administração da fábrica (ou o que hoje consideraríamos como o trabalho de um supervisor) e utilizava o método científico, a atenção de Henri Fayol estava voltada para as atividades de todos os gerentes. Ele escrevia a partir de sua experiência pessoal. Taylor era cientista. Fayol, diretor administrativo de uma grande companhia francesa de mineração de carvão.

Fayol descreveu a prática da administração, numa teoria que ficou conhecida como a teoria clássica da administração, como algo distinto de contabilidade, finanças, produção, distribuição e outras atividades empresariais típicas. Afirmou que a administração era uma atividade comum a todos os empreendimentos humanos na empresa, no governo e mesmo em casa. A ênfase dessa teoria se concentra na estrutura organizacional e não mais nas tarefas, como na Administração Científica.

Em seguida, passou a estabelecer 14 princípios de administração, que poderiam ser ensinados nas escolas e universidades.

Acompanhe-me

→ ***Os 14 Princípios de Administração de Fayol:***

> ***Divisão do trabalho. A especialização aumenta a produção ao tornar os funcionários mais eficientes.***
>
> ***Autoridade. Os gerentes devem poder dar ordens. A autoridade lhes dá esse direito.***
>
> ***Disciplina. Os funcionários precisam obedecer às regras que governam a organização e respeitá-las.***
>
> ***Unidade de comando. Todo funcionário deve receber ordens de apenas um superior.***
>
> ***Unidade de direção: Cada grupo de atividades organizacionais como mesmo objetivo deve ser dirigido por um gerente que utilize um único plano.***
>
> ***Subordinação dos interesses individuais ao interesse geral. Os interesses de qualquer funcionário ou grupo de funcionários não devem ter precedência sobre os interesses da organização como um todo.***
>
> ***Remuneração. Os trabalhadores devem ser remunerados com um salário justo por seus serviços.***
>
> ***Centralização. A questão de saber se a tomada de decisões deve ser centralizada na administração ou descentralizada entre os subordinados é uma questão de proporção adequada. Trata-se de encontrar o grau ótimo de centralização para cada situação.***
>
> ***Cadeia escalar. A comunicação deve seguir uma hierarquia, uma linha de autoridade que desce da cúpula da administração para os níveis mais baixos. Porém, se o segmento dessa cadeia gerar demora, devem-se permitir comunicações cruzadas desde que estas sejam acordadas por todas as partes e que os superiores sejam mantidos informados.***
>
> ***Ordem. As pessoas e materiais devem estar no lugar certo, na hora certa.***
>
> ***Equidade. Os gerentes devem ser generosos e justos com os seus subordinados.***
>
> ***Estabilidade na ocupação dos cargos. A alta rotatividade dos funcionários é ineficiente. A administração deve fornecer planejamento sistemático de pessoal e assegurar que existam substitutos disponíveis para preencher os cargos vagos.***
>
> ***Iniciativa. Permitir que os funcionários criem e executem planos resultará em melhor empenho, ou seja, altos níveis de esforço.***
>
> ***Espírito de equipe. Promover o espírito de equipe provocará harmonia e unidade na organização.***

→ **Fayol estabeleceu as Funções Básicas da Empresa, conforme a seguir:**

> **Técnica** - aquilo para que a empresa existe, o que ela faz, o que ela sabe fazer.
>
> **Comercial** - compra, venda e troca de mercadorias e serviços.
>
> **Financeira** - aplicação dos recursos com o objetivo de aumentar a riqueza da empresa.
>
> **Contábil** - fiscalizar e controlar os atos da empresa (balanços, relatórios, inventários, etc).
>
> **Segurança** - manutenção e segurança dos operários e do patrimônio da empresa.
>
> **Administrativa** - responsável pelo controle e operacionalização das demais.

→ Além disso, Fayol determinou também as seguintes Funções Administrativas:

> **Prever** - estabelece os objetivos da empresa, especificando a forma como eles serão alcançados. Parte de uma sondagem do futuro, desenvolvendo um plano de ações para atingir as metas traçadas. É a primeira das funções, já que servirá de base diretora à operacionalização das outras funções; ou seja, ter visão de futuro, prever acontecimentos futuros que pudessem interferir nos interesses da organização.
>
> **Organizar** - é a forma de coordenar todos os recursos da empresa, sejam humanos, financeiros ou materiais, alocando-os da melhor forma segundo o planejamento estabelecido; ou seja, por em ordem.
>
> **Comandar** - faz com que os subordinados executem o que deve ser feito; pressupõe que as relações hierárquicas estejam claramente definidas, ou seja, que a forma como administradores e subordinados se influenciam esteja explícita, assim como o grau de participação e colaboração de cada um para a realização dos objetivos definidos; fazer com que as coisas sejam executadas de acordo com o que foi decidido.
>
> **Coordenar** - a implantação de qualquer planejamento seria inviável sem a coordenação das

atitudes e esforços de toda a empresa, almejando as metas traçadas.

> **Controlar** - controlar é estabelecer padrões e medidas de desempenho que permitam assegurar que as atitudes empregadas sejam as mais compatíveis com o que a empresa espera. O controle das atividades desenvolvidas permite maximizar a probabilidade de que tudo ocorra conforme as regras estabelecidas e ditadas.

O Fordismo

Seguidor de Taylor, Henry Ford (1863-1947), foi o fundador da *Ford Motor Company* e o primeiro empresário a aplicar a montagem em série de forma a produzir em massa automóveis em menos tempo e a um menor custo. Como único dono da *Ford Company*, ele se tornou um dos homens mais ricos e conhecidos do mundo.

Ford introduziu em suas fábricas as chamadas linhas de montagem, nas quais os veículos a serem produzidos eram colocados em esteiras rolantes e cada operário realizava uma etapa da produção, fazendo com que a produção necessitasse de altos investimentos e grandes instalações. O método de produção fordista permitiu que a Ford produzisse mais de 2 milhões de carros por ano, durante a década de 1920. O veículo pioneiro da Ford no processo de produção fordista foi o mítico *Ford Modelo T*, mais conhecido no Brasil como "*Ford Bigode*".

O fordismo teve seu ápice no período posterior à Segunda Guerra Mundial, nas décadas de 1950 e 1960, que ficaram conhecidas na história do capitalismo como "Os Anos Dourados". A crise sofrida pelos Estados Unidos na década de 1970 foi considerada uma crise do próprio modelo, que apresentava queda da produtividade e das margens de lucros. A partir da década de 1980, esboçou-se nos países industrializados um novo padrão de desenvolvimento denominado pós-fordismo ou modelo flexível, baseado na tecnologia da informação.

Fique Ligado

→ ***Os Princípios fordistas são:***

> ***Princípio de intensificação: diminuição do tempo de produção e rápida colocação do produto no mercado.***

> ***Princípio de economia: reduzir ao mínimo o volume do estoque da matéria prima em transformação para assim recuperar rapidamente custos com matérias primas e salários por exemplo.***

> ***Princípio da produtividade: aumentar a capacidade de produção do homem no mesmo período (produtividade) por meio da especialização.***

→ As características do fordismo foram:

> Salários dobrados: U$ 5,00/dia - Desagradou a concorrência.

> O trabalho dividido, repetido e em cadeia e contínuo: Com isto, Ford conseguiu aplicar a organização científica de Taylor: produzir muito, intensamente e economicamente.

> Dia de trabalho em 8 horas: reduziu a carga horária de 12 horas para 8 horas.

> Criou o manual do proprietário: para que seus trabalhadores e outras pessoas pudessem comprar o veículo

Abordagem Humanística da Administração

Com a Abordagem Humanística, a teoria administrativa acontece por uma revolução conceitual: a transferência da ênfase antes alocada na tarefa e na estrutura organizacional (pela Teoria Clássica) para a ênfase nas pessoas que trabalham nas organizações.

[...] esta nova abordagem é integrativa à teoria da administração, combinando uma visão positiva da natureza humana com o estudo científico das organizações e visando a prescrever como os administradores eficazes devem agir na maioria das circunstâncias.

STONER (1999, p.35).

Sendo assim, a nova ênfase na administração a partir das Relações Humanas é um passo importante na evolução do pensamento sobre Administração.

A Teoria das Relações Humanas

A abordagem humanística ocorreu com a teoria das relações humanas nos Estados Unidos, a partir da década de 1930, graças ao desenvolvimento das ciências sociais e da psicologia do trabalho.

A teoria das relações humanas tinha o objetivo de se contrapor à teoria clássica e à teoria científica da administração, as quais não tinham nenhuma preocupação com o ser humano. Essa teoria consolidou-se a partir das pesquisas realizadas por Elton Mayo, na *Western Electic Company* de Chicago, fabricante de equipamentos de telefonia.

Experiência de Hawthorne de Elton Mayo

O estudo de Hawthorne representou um marco na teoria do comportamento humano, gerando muito interesse nos problemas humanos do trabalho. Talvez a maior contribuição deste estudo seja a ênfase na proposição de que "um problema humano para ser solucionado requer dados, informações e ferramentas humanas" (*KWASNICKA, 1995, p. 34*). Além disso, este estudo sugere que os gerentes promovam boas relações humanas para obter maior produtividade. Essa conclusão ficou conhecida como Movimentos das Relações Humanas.

Acompanhe-me

A experiência de Hawthorne foi realizada, entre 1927 e 1932, por Elton Mayo e seus colaboradores em uma fábrica de Western Electric Company, situada em Chicago, no bairro Hawthorne e tinha como objetivo inicial conduzir experimentos relacionando a luminosidade no ambiente de trabalho com a eficiência dos operários, medida pela produção.

→ A experiência se desenvolveu em quatro fases, vistas à seguir:

Primeira fase: foram estudados dois grupos de trabalho, que operando em condições idênticas, tiveram sua produção constantemente avaliada. Um grupo teve suas condições ambientais mantidas e outro teve sua iluminação intensificada. Nesta fase não foram identificadas variações significativas de produção.

Segunda Fase: introdução de novas variáveis (horários de descanso, lanches, reduções no período de trabalho, sistema de pagamento) buscando identificar qual a que mais se relacionava com a produtividade. Após diversas variações nas condições de trabalho, obtiveram resultados crescentes de produtividade.

Terceira Fase: programa de entrevistas buscando maiores conhecimentos sobre as atitudes e sentimentos do trabalhador (foram entrevistados 21.126 operários). Descobriu-se a existência da organização informal (grupos informais).

Quarta fase: separação de um pequeno grupo experimental para avaliação de sua interferência no comportamento do grupo maior. No grupo experimental o pagamento era baseado na produção do grupo, porém os operários, após atingirem uma produção que julgavam ser a ideal, reduziam o ritmo de trabalho em solidariedade ao grupo, e mantinham o equilíbrio da produção. Percebeu-se claramente a influencia dos grupos informais.

→ **Conclusões da experiência:**

> O nível de produção é resultante da integração social.
> Comportamento social dos empregados.
> Recompensas e sanções sociais.
> Grupos informais.
> Relações humanas.
> Importância do conteúdo do cargo e
> Ênfase nos aspectos emocionais.

Com a evolução dos estudos das relações humanas, a nova visão sobre o indivíduo resulta na concepção do "homem social", isto é, na ideia de que o homem é um ser social, que vive em grupos, que necessita do convívio social e das relações com outros indivíduos. Como decorrência da Abordagem das Relações Humanas surgem os estudos sobre o comportamento humano.

Abordagem Comportamental da Administração

A teoria Comportamental da Administração Também conhecida como Comportamentalista ou Behaviorismo (do inglês *behavior*, comportamento), trouxe uma nova concepção e um novo enfoque dentro da teoria administrativa: a abordagem da ciência do comportamento (behavioral sciences approach), é um movimento de oposição às teorias Clássica e de Administração Científica, que, respectivamente, focaram a estrutura e a produção (o processo). Essa abordagem é uma evolução da teoria das relações humanas, a qual se preocupa com o indivíduo e como ele funciona - como age e reage aos estímulos externos, o que deu início aos estudos sobre o comportamento organizacional.

Portanto, os comportamentalistas foram estudiosos preocupados com o indivíduo, sua importância e seu impacto nas organizações, tendo contribuição tanto da Teoria Clássica, como da Escola das Relações Humanas. Surgiu nos Estados Unidos em 1947, com a contribuição principalmente de McGregor, Maslow e Herzberg, entre outros.

A Abordagem Comportamental enfatiza as ciências do comportamento na teoria da administrativa e a busca de saídas democráticas e flexíveis para os problemas organizacionais. É por meio dessa abordagem que a ansiedade com a estrutura se arrasta para a preocupação com os processos e com o comportamento das pessoas na organização. Além disso, predomina a ênfase nas pessoas, inaugurada com a Teoria das Relações Humanas, mas dentro de um contexto organizacional.

A ciência comportamental é, portanto, o produto da expansão das fronteiras da ciência para incluir o comportamento humano e mentalidade, processo grupal, e todos os processos peculiares e intrincados de que a mente do homem é capaz.

Comportamento Organizacional

O comportamento organizacional é um campo de estudos que investiga o impacto que indivíduos, grupos e a estrutura têm sobre o comportamento dentro das organizações com o propósito de utilizar este conhecimento para melhorar a eficácia organizacional. O comportamento organizacional se preocupa com o estudo do que as pessoas fazem nas organizações e de como este comportamento afeta o desempenho das empresas.

Os componentes que constituem a área de estudos do comportamento organizacional incluem motivação, comportamento e poder de liderança, comunicação interpessoal, estrutura e processos de grupos, aprendizado, desenvolvimento de atitudes e percepção, processos de mudanças, conflitos, planejamento do trabalho, estresse no trabalho, entre outros que compõem os fatores que influenciam o comportamento das pessoas.

Principais teorias sobre Motivação

Para explicar o comportamento organizacional, a teoria comportamental fundamenta-se no comportamento individual das pessoas. Para explicar como as pessoas se comportam, estuda-se a motivação humana. O administrador precisa conhecer as necessidades humanas para melhor compreender o comportamento humano e utilizar a motivação humana como poderoso meio para melhorar a qualidade de vida dentro das organizações.

Motivação é o motivo que a pessoa tem para agir. Motivo é tudo aquilo que impulsiona a pessoa a agir de determinada forma ou, pelo menos, que dá origem a um comportamento específico. Porém os motivos variam de acordo com valores, expectativas e anseios de cada pessoa, pois estas realizam atividades, trabalhos por interesses distintos e possuem atitudes diferentes e consequentemente se comportam de maneira específica. O impulso à ação pode ser provocado por um estímulo externo (extrínseca-provindo do ambiente) e pode também ser gerado internamente (intrínseca) nos processos mentais do indivíduo.

→ **Hierarquia das Necessidades de Maslow**

Abraham Maslow apresentou uma teoria da motivação segundo a qual as necessidades humanas estão organizadas e dispostas em níveis, numa hierarquia de importância e de influencia. Essa hierarquia é conhecida como a hierarquia das necessidades de Maslow ou como a pirâmide de Maslow, conforme a seguir:

A pirâmide de Maslow

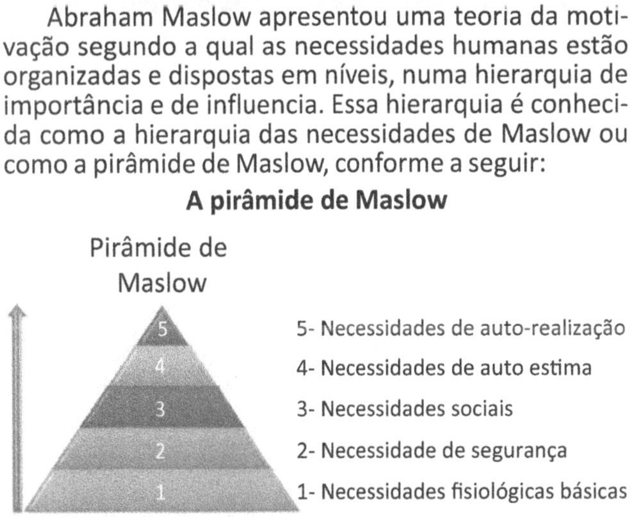

Necessidades fisiológicas: como constituem o nível mais baixo de todas as necessidades humanas, são as mais prementes dentre as necessidades. Dentre elas, podem-se destacar as necessidades de alimentação, de sono e repouso, de abrigo, de desejo sexual etc.

Necessidades de segurança: são o segundo nível das necessidades descritas por Maslow. Basicamente, são necessidades de segurança, estabilidade, busca de proteção contra ameaças ou privações.

Necessidades sociais: depois de satisfeitas as necessidades mais básicas, o homem necessita de participação nos grupos sociais, aceitação, troca de amizade, afeto e amor.

Necessidade de estima: são necessidades relacionadas à visão que o indivíduo tem de si: independência, autonomia, autoconfiança etc.

Necessidades de autorrealização: são as necessidades que estão no topo da hierarquia. Estão associadas ao desempenho próprio do indivíduo e ao autodesenvolvimento contínuo. Pode-se dizer que nesse nível está a busca por aprimoramento e tentativa de desenvolver as potencialidades do indivíduo.

Somente quando um nível inferior de necessidades está satisfeito é que o nível imediatamente mais elevado surge no comportamento da pessoa. Em outros termos, quando uma necessidade é satisfeita, ela deixa de ser motivadora de comportamento, dando oportunidade para que um nível mais elevado de necessidade possa se manifestar.

Nem todas as pessoas conseguem chegar ao 1º nível, e quando as necessidades mais baixas estão satisfeitas, as necessidades localizadas nos primeiros níveis passam a dominar o comportamento.

→ **Teoria dos Dois Fatores de Herzberg**

Frederick Herzberg formulou a teoria dos dois fatores para explicar o comportamento das pessoas em situação de trabalho. Para ele, existem dois fatores que contribuem para o comportamento das pessoas: fatores higiênicos e fatores motivacionais.

Esses dois fatores são independentes e não se vinculam. Os fatores responsáveis pela satisfação profissional das pessoas são totalmente desligados e distintos dos fatores responsáveis pela insatisfação profissional. O oposto da satisfação profissional não é a insatisfação, mas ausência de satisfação profissional.

Fique Ligado

→ ***A teoria dos dois fatores de Herzberg pressupõe os seguintes aspectos:***

> ***A satisfação no cargo depende dos fatores motivacionais ou satisfacientes: o conteúdo ou atividades desafiantes e estimulantes do cargo desempenhado pela pessoa.***

> ***A insatisfação no cargo depende dos fatores higiênicos ou insatisfacientes: o ambiente de trabalho, salário, benefícios recebidos, supervisão, colegas e contexto geral que envolve o cargo ocupado.***

Fatores motivacionais e higiênicos

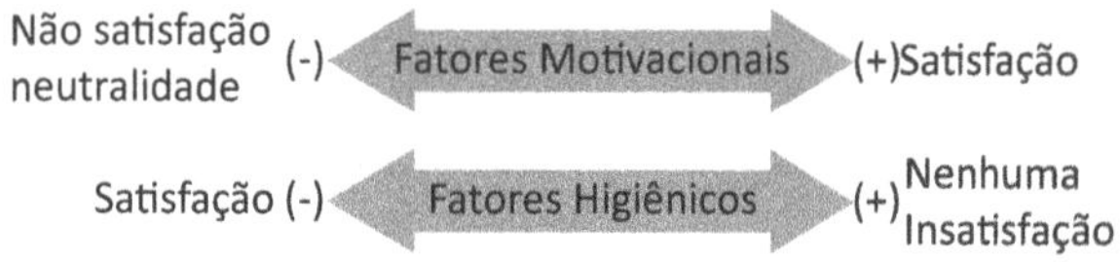

Fatores Motivacionais: estão relacionados com o conteúdo do cargo e com a natureza das tarefas que o indivíduo executa. Assim sendo, os fatores motivacionais estão sobre controle do indivíduo, pois estão relacionados com aquilo que ele faz e desempenha. Os fatores motivacionais envolvem os sentimentos de crescimento individual, de reconhecimento profissional e as necessidades de autorrealização e dependem das tarefas que o indivíduo realiza no seu trabalho.

Fatores Higiênicos: localizam-se no ambiente que rodeia as pessoas e abrange as condições dentro das quais elas desempenham seu trabalho. Como essas condições são administradas e decididas pela empresa, os fatores higiênicos são: o salário, os benefícios sociais, o tipo de chefia ou supervisão que as pessoas recebem de seus superiores, as condições físicas e ambientais de trabalho, as políticas e diretrizes da empresa, o clima de relações entre a empresa e as pessoas que nela trabalham, os regulamentos internos etc. São fatores de contexto e se situam no ambiente externo que cercam o indivíduo. Contudo, de acordo com as pesquisas de Herzberg, quando os fatores higiênicos são ótimos, eles apenas evitam a insatisfação e, quando a elevam, não conseguem sustentá-la elevada por muito tempo. Porém, quando os fatores higiênicos são péssimos ou precários, eles provocam a insatisfação dos empregados.

Os estudos de Herzberg levaram a conclusão que os fatores que causam satisfação estão relacionados à própria tarefa, relações com o que ele faz, reconhecimento pela realização da tarefa, natureza da tarefa, responsabilidade, promoção profissional e capacidade de melhor executá-la. Por outro lado, constatou-se que os fatores causadores de insatisfação são fatores ambientais, isto é, externos à tarefa, tais como: tipo de supervisão recebida no serviço, natureza das relações interpessoais, condição do ambiente onde o trabalho executado e finalmente o próprio salário.

→ **Teoria do Reforço de Skinner**

Desenvolvida inicialmente pelo psicólogo norte-americano *Burrhus Frederic Skinner* (considerado como um dos pais da psicologia comportamental), a teoria do reforço, conclui que as ações com consequências positivas sobre o indivíduo fazem com que as práticas tendam a ser repetidas no futuro, enquanto o comportamento que é punido tende a ser eliminado. As consequências são positivas sempre que as pessoas sentem prazer com a sua própria performance.

Segundo a Teoria do Reforço, o comportamento das pessoas pode ser influenciado e controlado por meio do reforço (recompensa) dos comportamentos desejados e ignorando as ações não desejadas (o castigo do comportamento não desejado deve ser evitado na medida em que tal contribuiria para o desenvolvimento de sentimentos de constrangimento ou mesmo de revolta). Skinner defende que o comportamento das pessoas pode ser controlado e informado por longos períodos sem que estas se apercebam disso, inclusivamente sentindo-se livres.

Uma técnica defendida por Skinner é a modificação do comportamento organizacional que consiste na aplicação da Teoria do Reforço aos esforços para a mudança nas organizações e assenta em dois princípios basilares: o primeiro consiste em as pessoas atuarem da forma que acham mais gratificante e recompensadora; o segundo define-se como o comportamento que pode ser influenciado e determinado pela gestão das recompensas a ele associadas.

Fique Ligado

Skinner classifica os eventos reforçadores em positivos e negativos. Alguns reforços consistem na apresentação de estímulos, no acréscimo de alguma coisa à situação (por exemplo, alimento, água). Estes são chamados reforços positivos.

Outros consistem na remoção de alguma coisa da situação (por exemplo, muito barulho, calor ou frio extremos, choque elétrico). Estes são denominados reforços negativos. Em ambos os casos, o efeito do reforço é o mesmo: a probabilidade da resposta será aumentada.

→ A Teoria da Equidade

A Teoria da Equidade explica como as pessoas usam das comparações internas e externas para determinar a propriedade de um certo comportamento. No dicionário a palavra "equidade" significa: conjunto de princípios imutáveis de justiça que induzem o juiz a um critério de moderação e de igualdade; é a disposição de reconhecer igualmente o direito de cada um: Produtivo = DESEMPENHO Retributivo = COMPENSAÇÃO.

As pessoas sentem-se motivadas sempre que esperam receber da organização, seja em forma monetária, reconhecimento, promoção, transferências ou outra compensação justa pelos os seus esforços em prol da organização. A justiça desta compensação é avaliada pelas pessoas por meio da comparação entre o que recebem outras pessoas cujos contributos são semelhantes. Exemplo: meu trabalho é tão bom quanto de Maria.

No caso de a compensação ser injusta (inferior à compensação atribuída a outras pessoas), as pessoas sentem-se insatisfeitas e tendem a reduzir as suas contribuições ou, se essas "injustiças" se repetirem, pode mesmo sair da organização. Quando a compensação é justa (equilibrada com a de outras pessoas), as suas contribuições continuam idênticas. Sempre que a compensação está acima da recebida por outras pessoas, verifica-se a tendência para um maior esforço.

A partir das percepções de diferenças, quando os demais avaliam seu trabalho, é um estado de consciência motivador. A avaliação é feita baseada nas recompensas recebidas. Assim, funcionários comparam os insumos e resultados do seu trabalho com o dos outros. Quando percebem injustiça (iniquidade negativa) podem se comportar de forma negativa, ou seja, não empregam tanto esforço, distorcem a percepção de si mesmos e dos outros e demitem-se.

Dessa forma conclui-se que, quando a compensação é justa, equilibrada com a de outras pessoas, suas contribuições continuam idênticas. Se a compensação está acima da recebida pelas outras pessoas verifica-se a tendência para um maior esforço; mas, se a percepção for negativa, o comportamento também será negativo.

Estilos de Administração

A teoria comportamental mostra também dois estilos de administração denominados teoria X e teoria Y, os quais estão condicionados aos estilos com que os administradores dirigem o comportamento das pessoas e de suas convicções sobre o ser humano.

→ Teoria X e Teoria Y

Douglas McGregor compara dois estilos opostos de administrar: de um lado, um estilo baseado na teoria tradicional mecanicista (a que deu o nome de **Teoria X**), pela qual explica a **visão negativa** que o empresário tem dos funcionários, e, de outro, um estilo baseado nas concepções modernas a respeito do comportamento humano (**Teoria Y**), pela qual existe uma **visão positiva** a respeito do comportamento, conforme a figura a seguir:

Teoria X e Y

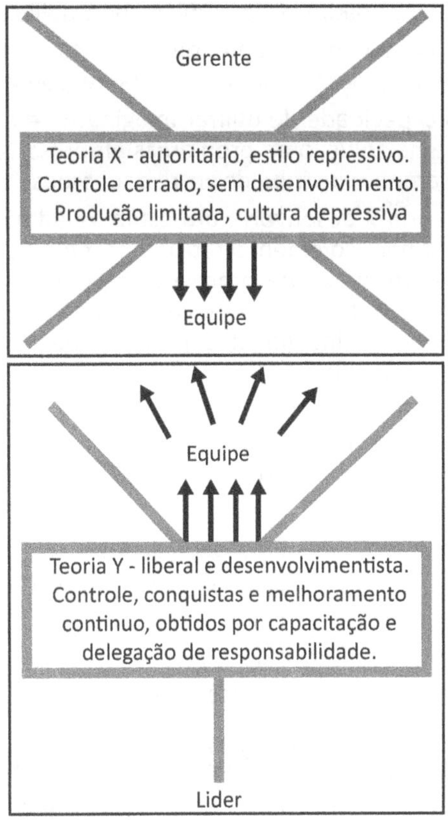

→ Teoria X:

É a concepção tradicional de administração e baseia-se em convicções errôneas e incorretas sobre o comportamento humano, a saber:

- O indivíduo é indolente e preguiçoso por natureza, isso quer dizer que ele evita o trabalho ou busca trabalhar o mínimo possível.
- Falta-lhe ambição: uma vez que não gosta de assumir qualquer tipo de responsabilidade, sente-se seguro quando é dirigido.
- O homem é egocêntrico e seus objetivos pessoais opõem-se, em geral, aos objetivos da organização.
- Resiste às mudanças: pois não se sente seguro com a possibilidade de assumir riscos.
- A sua dependência torna-o incapaz de autocontrole e autodisciplina: é preciso que haja sempre um controle da administração.

A Teoria X reflete um estilo de administração duro, rígido e autocrático. As pessoas são visualizadas como meros recursos ou meios de produção.

Por ter como características o embotamento da iniciativa individual, o tolhimento da criatividade, o estreitamento da atividade profissional em razão da rotina, a Teoria X representa um estilo de administração comum à Administração Científica de Taylor, à Teoria Clássica de Fayol e à Teoria da Burocracia de Weber.

→ Teoria Y:

É a moderna concepção de administração de acordo coma Teoria Comportamental. A Teoria Y baseia-se em concepções e premissas atuais e sem preconceitos a respeito da natureza humana, a saber:

> Não há desprazer em trabalhar por parte do indivíduo.
> As pessoas não são, por natureza, passivas ou resistentes às necessidades da empresa.
> As pessoas têm motivação, potencial de desenvolvimento, padrões de comportamento adequados e capacidade para assumir responsabilidades.
> O homem médio aprende, sob certas condições, a aceitar, mas também a procurar responsabilidade.
> A capacidade de utilizar imaginação e criatividade na solução de problemas empresariais é amplamente distribuída entre as pessoas.

A Teoria Y desenvolve um estilo de administração aberto, dinâmico e democrático, por meio do qual administrar torna-se um processo de criar oportunidades, liberar potenciais, remover obstáculos, encorajar o crescimento individual e proporcionar orientação quanto a objetivos.

Caracteristicamente, a Teoria Y aplica-se a empresas por meio de uma forma de direção baseada em algumas premissas mais humanistas, tais como:

> Descentralização das decisões.
> Delegação de responsabilidades.
> Ampliação do cargo, visando à maior significação do cargo.
> Participação nas decisões.
> Autoavaliação do desempenho.

Exercício Comentado

Ao assumir a gerência de qualidade de uma organização, Maria pretende criar uma auditoria de processos gerenciais, que avaliará a conformidade das atividades desenvolvidas pelos diversos setores componentes da organização. Para compor sua equipe, Maria decidiu recrutar pessoalmente cada colaborador, por meio de seleção externa, pois acredita que, de modo geral, as pessoas não são responsáveis e não gostam de trabalhar. Visando atrair colaboradores para o cargo, ela oferecerá as melhores gratificações financeiras da organização. Os futuros auditores de processos terão uma rotina muito bem delineada e serão avaliados semestralmente pelas chefias imediatas. Os aspectos da avaliação julgados deficientes serão objeto de capacitações.

Com referência a essa situação hipotética e ao tema por ela evocado, julgue o próximo item.

01. Maria, em termos de liderança, se pauta na teoria X de McGregor.

CERTO. Maria crê que um modelo rígido e autocrático de administração será eficiente para sua gerência. Além disso, acredita que as pessoas não gostam de trabalhar e não são responsáveis. Esse pensamento é característico da Teoria X de McGregor.

Teoria do Desenvolvimento Organizacional

Algum tempo depois do desenvolvimento das teorias comportamentais, surge um movimento conhecido como Desenvolvimento Organizacional - DO (a partir de 1962), mostrando um conjunto de ideias a respeito do homem, da organização e do ambiente, para o desenvolvimento destes, numa abordagem sistêmica.

Essa abordagem se preocupa com conceitos inovadores como o que é a organização, cultura e mudança organizacional, dentro dos pressupostos da teoria comportamental.

Fique Ligado

→ O processo de DO é constituídos de três etapas:
> Coleta de dados.
> Diagnóstico organizacional.
> Ação de intervenção.

Além disso, tem como objetivos a criação de identificação das pessoas em relação à organização, aumentando a lealdade; o desenvolvimento de espírito de equipe e aprimoramento da percepção comum da necessidade de adaptação ao ambiente por parte das organizações.

Dessa forma, pode-se considerar que o DO é uma alternativa criativa, democrática e participativa, que busca alcançar a renovação organizacional.

Abordagem Neoclássica da Administração

No inicio da década de 1950, na teoria administrativa, ocorreu um período de intensa remodelação. A Segunda Guerra Mundial havia terminado e o mundo passou a conhecer um extraordinário surto de desenvolvimento industrial e econômico sem antecedentes. Em outras palavras, o mundo das organizações introduziu-se em uma etapa de grandes mudanças e transformações.

Criada por Peter Drucker, Harold Koontz e Cyril O'Donnell, a qualificação de Teoria Neoclássica é na verdade um tanto exagerada, já que seus criadores não desenvolvem exatamente uma escola, mas um movimento que apresenta mais de uma fase ou sistema.

A Teoria Neoclássica da Administração surgiu da necessidade de se utilizarem os conceitos válidos e relevantes da Teoria Clássica, expurgando-os dos exageros e distorções típicos de pioneirismo e condensando-os com outros conceitos válidos e relevantes oferecidos por outras teorias administrativas mais recentes.

→ **Ela é identificada por algumas características marcantes:**

> Ênfase na prática da Administração, reafirmação relativa (e não absoluta) dos postulados clássicos;
> Ênfase nos princípios clássicos de administração;
> Ênfase nos resultados e objetivos e, sobretudo, o ecletismo aberto e receptivo.
> Ecletismo da teoria neoclássica.

Talvez a essencial implicação da Teoria Neoclássica sejam os tipos de organização formal, que envolvem a estrutura organizacional, filosofia, diretrizes, normas e regulamentos; destacando algumas características básicas tais como: a divisão do trabalho, especialização, hierarquia, distribuição de autoridade e responsabilidade e racionalismo da organização formal.

Nesse sentido, considera a Administração como uma técnica social básica, a qual leva à necessidade de haver conhecimentos técnicos bem como aspectos relacionados com a direção de pessoas dentro da organização.

Acompanhe-me

Nessa teoria enfatizam-se novamente as funções do administrador: planejamento, organização, direção e controle, sendo a primeira função aquela que determina antecipadamente os objetivos e o que deve ser feito para alcançá-los.

A função Organização consiste no agrupamento das atividades necessárias para realizar o que foi planejado. A Direção orienta e guia o comportamento das pessoas na direção dos objetivos a serem alcançados, e por último, o Controle que visa assegurar se o que foi planejado, organizado e dirigido realmente cumpriu os objetivos pretendidos.

Administração por Objetivos

A Teoria Neoclássica deslocou progressivamente a atenção antes colocada nas chamadas atividades-meio para os objetivos ou finalidades da organização. O enfoque baseado no processo e a preocupação maior com as atividades (meios) passaram a ser substituídos por enfoque nos resultados e objetivos alcançados (fins). A preocupação de como administrar passou à preocupação de "por que" ou "para que" administrar. A ênfase em fazer corretamente o trabalho (*the best way* de Taylor) para alcançar a eficiência passou dar ênfase em fazer o trabalho mais relevante aos objetivos da organização para alcançar a eficácia. O trabalho passou de um fim em si mesmo a um meio de obter resultados.

A APO (Administração por Objetivos), também conhecida por Administração por Resultados, constitui um modelo administrativo bastante difundido e plenamente identificado com o espírito pragmático e democrático da Teoria Neoclássica. Seu aparecimento é recente: em 1954, Peter F. Drucker publicou um livro (Prática de Administração de Empresas), no qual caracterizava pela primeira vez a APO, sendo considerado seu criador.

Características da APO

A APO é uma técnica de direção de esforços por meio do planejamento e controle administrativo fundamentados no princípio de que, para atingir resultados, a organização precisa antes definir em que negócio está atuando e aonde pretende chegar.

Fique Ligado

A administração por objetivos é um processo pelo qual os gerentes, superior e subordinado, de uma organização identificam objetivos comuns, definem as áreas de responsabilidade de cada um em termos de resultados esperados e usam esses objetivos como guias para a operação dos negócios. Obtêm-se objetivos comuns e firmes que eliminam qualquer hesitação do gerente, ao lado de uma coesão de esforços em direção aos objetivos principais da organização.

Na realidade, a APO é um sistema dinâmico que integra a necessidade da companhia de alcançar seus objetivos de lucro e crescimento, a par da necessidade do gerente de contribuir para o seu próprio desenvolvimento. É um estilo exigente e compensador de administração.

→ **Em suma, a APO apresenta as seguintes características principais:**

> Estabelecimento conjunto de objetivos entre o executivo e o seu supervisor tanto o executivo quanto o seu superior participam do processo de estabelecimento e fixação de objetivos.

> Estabelecimento de objetivos para cada departamento ou posição basicamente, a APO está fundamentada no estabelecimento de objetivos por posições de gerência.

> Interligação dos objetivos departamentais sempre existe alguma forma de correlacionar os objetivos dos vários órgãos ou gerentes envolvidos, mesmo que nem todos os objetivos estejam apoiados nos mesmo princípios básicos.

> Elaboração de planos táticos e de planos operacionais com ênfase na mensuração e no controle a partir dos objetivos departamentais traçados, o executivo e o seu superior (ou somente o executivo que posteriormente obtém a aprovação de seu superior) elaboram os Planos Táticos adequados para alcançá-los da melhor maneira. Assim, os planos táticos constituirão os meios capazes de alcançar aqueles objetivos departamentais. Na sequência, os planos táticos serão desdobrados e melhor detalhados em planos operacionais.

Em todos esses planos, a APO enfatiza a quantificação, a mensuração e o controle. Torna-se necessário mensurar os resultados obtidos e compará-los com os resultados planejados. São exatamente a mensuração e o controle que causam as maiores dificuldades de implantação da APO, pois, se o resultado não pode ser medido, é melhor esquecer o assunto.

> Contínua avaliação, revisão e reciclagem dos planos praticamente, todos os sistemas de APO possuem alguma forma de avaliação e de revisão regular do processo efetuado, por meio dos objetivos já alcançados e dos objetivos a serem alcançados, permitindo que algumas providências sejam tomadas e novos objetivos fixados para o período seguinte.

> Participação atuante da chefia há grande participação do superior. A maior parte dos sistemas de APO envolve mais o superior do que o subordinado. Há casos em que o superior estabelece os objetivos, mensura-os e avalia o progresso. Esse progresso frequentemente usado é muito mais controle por objetivos do que Administração por Objetivos.

A APO, sem dúvida alguma, representa uma evolução na TGA, apresentando uma nova metodologia de trabalho, reconhecendo o potencial dos funcionários das empresas, ampliando o seu campo de atuação para outros tipos de organizações (e não somente indústrias), permitindo estilos mais democráticos de administração. Essa Teoria já existe há várias décadas, e predomina ainda hoje em algumas organizações.

Modelo Burocrático da Administração

O modelo burocrático surgiu na Teoria Geral da Administração, por volta da década de 1940, quando a Teoria Clássica e a Teoria das Relações Humanas disputavam entre si o espaço na teoria administrativa e apresentavam sinais de obsolescência e exaustão para sua época.

Sendo assim Max Weber, um sociólogo alemão, desenvolveu a teoria das estruturas de autoridade e descreveu a atividade organizacional em função das relações de autoridade. Ele imaginou um tipo ideal de organização ao qual chamou de burocracia. Era um sistema caracterizado por divisão de trabalho, uma hierarquia claramente definida, com regras e regulamentos detalhados e relações impessoais. O sistema também reconhecia uma separação entre donos e gerentes, legitimando assim o status de gerentes de carreira ou gerentes profissionais.

→ **As características detalhadas da estrutura burocrática ideal de Weber são:**

- **Divisão de trabalho**. Os trabalhos são divididos em tarefas simples, rotineiras e bem definidas.
- **Hierarquia de autoridade**. Os cargos ou postos são organizados em uma hierarquia, sendo cada um dos postos inferiores controlado e supervisionado por um mais elevado.
- **Seleção formal**. Todos os membros da organização serão selecionados com base em qualificações técnicas demonstradas por treinamento, educação e exame formal.
- **Regras e regulamentos formais**. Para garantir uniformidade e regulamentar as ações dos funcionários, os gerentes devem recorrer constantemente a regras organizacionais formais.
- **Impessoalidade**. Regras e controles são uniformemente aplicados, evitando envolvimento com as personalidades e preferências pessoais dos funcionários.
- **Orientação de carreira**. Os gerentes são funcionários profissionais e não proprietários das unidades que administram. Trabalham em troca de salários fixos e seguem suas carreiras dentro da organização.

Weber reconhecia que essa "burocracia ideal" não existia na realidade, mas representava uma reconstrução seletiva do mundo real. Ele empregava o termo como base para teorizar sobre o trabalho e sobre como ele poderia ser executado nos grandes grupos.

Entretanto, Weber acreditava sinceramente que seu modelo poderia eliminar ambiguidade, ineficiências e apadrinhamento que caracterizavam a maioria das organizações naquela época. Poucas décadas atrás, esse modelo ainda era o protótipo para a maioria das grandes organizações.

Ideologicamente, a burocracia, conforme descrita por Weber não é diferente da administração científica. Ambas enfatizam a racionalidade, a previsibilidade, a impessoalidade, a competência técnica e o autoritarismo. Embora os textos de Weber fossem menos operacionais do que os de Taylor, o fato de que seu "tipo ideal" ainda descreva muitas organizações contemporâneas atesta a importância do seu trabalho.

→ **As disfunções da Burocracia são as seguintes:**

- **Internacionalização das regras e exagero apego aos regulamentos**: as normas e os regulamentos passam a se transformar de meios para objetivos.
- **Excesso de formalismo e de papelório**: a necessidade de documentar e de formalizar todas as comunicações dentro da burocracia, a fim de que tudo possa ser devidamente testemunhado por escrito.
- **Resistência a mudanças**: o funcionário da burocracia está acostumado a seguir regras, ou seja, rotinas. Quando apresentam mudança, eles se preocupam, ficando resistentes a ela.
- **Despersonalização do relacionamento**: as pessoas a possuir caráter impessoal, pois começam vistas não como indivíduos, mas como um elemento do processo, um número.
- **Categorização como base do processo decisorial**: a burocracia se assenta em uma rígida hierarquização da autoridade. Nesse sentido, quem toma a decisão é sempre o ocupante do cargo mais elevado, mesmo não tendo este conhecimento sobre o assunto.
- **Superconformidade às rotinas e procedimentos**: a burocracia baseia-se em rotinas e procedimentos, tornando-se absolutas e sagradas para os funcionários. Assim passam a trabalhar em função destas e não mais para os objetivos organizacionais, com isso, perde a flexibilidade, iniciativa, criatividade e renovação.
- **Exibição de sinais de autoridade**: como a burocracia enfatiza a hierarquia, tem como sistema identificar aos olhos quais as pessoas que possuem mais poder, como por exemplo, as mesas, as salas, os uniformes.
- **Dificuldade no atendimento a clientes e conflitos com o público**: os funcionários trabalham voltados ao interior da organização e isso leva a conflitos com os clientes. Os clientes necessitam de atendimentos personalizados, mas na burocracia os funcionários atendem os clientes num padrão, fazendo com que os clientes fiquem insatisfeitos com os serviços e fazem pressões.

Diante disso, hoje em dia pesquisadores procuram determinar quando e sob quais condições as características burocráticas funcionam melhor, bem como alternativas ao modelo burocrático.

Abordagem Estruturalista da Administração

A abordagem Estruturalista surgiu por volta de 1950 e tem como principal figura Amitai Etzioni, e pode ser definida como uma tentativa de englobar aspectos importantes da Abordagem Clássica (organização formal) e aspectos relevantes da Escola das Relações Humanas (organização informal), introduzindo uma nova lógica integrativa e não dicotômica, para tratar a organização e o indivíduo.

Essa teoria preocupou-se com as organizações industriais e também com outros tipos como hospitais, prisões, escolas, universidades, clubes, exército, entre outras, que constituem uma Sociedade Organizacional, que são diferentes entre si, mas possuem uma base comum.

Teoria Estruturalista da Administração

Surgiu por volta da época de 1950, como um desdobramento das análises dos autores voltados para a Teoria da Burocracia que tentaram conciliar as teses propostas pela Teoria Clássica e pela Teoria de Relações Humanas.

Os autores estruturalistas (mais voltados para a Sociologia Organizacional) procuram inter-relacionar as organizações com seu ambiente externo, que é a sociedade maior. Daí, a sociedade de organizações ter sido caracterizada pela interdependência entre as organizações. Surgindo um novo conceito de organização e um novo conceito de homem: o homem organizacional, que desempenha papéis simultâneos em diversas organizações diferentes.

Esta teoria inaugura os estudos a respeito do ambiente dentro do conceito de que as organizações são sistemas abertos em constante interação com seu contexto externo; pois, até então, a teoria administrativa havia se confinado aos estudos dos aspectos internos da organização dentro de uma concepção de sistema fechado.

Dessa forma os estruturalistas dão ênfase aos indivíduos e às organizações identificando, nesse sentido, que o conflito entre os objetivos organizacionais e necessidades individuais é inevitável, o que introduziu um novo tipo de discussão na teoria administrativa: conflito, poder e alienação.

Amitai Etzione afirma que há a necessidade de encontrar um equilíbrio entre os elementos racionais e não racionais do comportamento humano sendo um problema essencial da vida moderna, da sociedade e do pensamento.

Acompanhe-me

Surge um novo conceito de organização e um novo conceito de homem: O "homem organizacional" que desempenha papéis simultâneos em diversas organizações diferentes.

Além disso, esta teoria é baseada em estudos a respeito do ambiente dentro do conceito de que as organizações são sistemas abertos em constante com o meio externo, por isso existem conflitos e dilemas organizacionais que provocam tensões e antagonismos que envolvem aspectos positivos e negativos, cuja resolução conduz a organização à inovação e à mudança. Dada estas características ela é considerada, portanto, uma transição para a teoria de sistemas.

Abordagem Sistêmica da Administração

A abordagem sistêmica surgiu a partir dos estudos do biólogo alemão Ludwig Von Bertalanffy e apresentada em 1947. A Abordagem Sistêmica estabeleceu uma conexão mútua e a necessidade de sua integração.

Ao contrário de trabalhar separadamente com várias partes de uma organização, a abordagem sistêmica observa a organização como um sistema integrado e propositado, composto de partes interligadas - permitindo que os administradores vejam a organização como um todo e tendo como parte de um sistema maior, o ambiente externo.

Nesse sentido, um sistema é uma coleção de partes inter-relacionadas que funcionam juntas para atingir um objetivo comum. A organização neste sentido, é um sistema aberto, que interage com seu ambiente em um processo contínuo de transformação de insumos (*inputs*) de fornecedores em produtos (*outputs*) para o cliente. Dentro dessa organização, existem subsistemas que fazem parte do sistema de transformação.

A teoria de sistemas utiliza o conceito do "homem funcional", ou seja, aquele indivíduo que se comporta em um papel dentro das organizações, inter-relacionando-se com os demais indivíduos como um sistema aberto.

Dessa forma, a Teoria Geral dos Sistemas (TGS), introduzida na Administração, não é uma forma de solucionar problemas ou tentar soluções práticas, mas de compreender o funcionamento das organizações e sua complexidade.

Entende-se que sistema é um conjunto ou combinação de coisas ou partes, formando um todo complexo ou unitário e quanto à sua natureza são definidos como abertos e fechados:

> **Abertos**: são, na verdade, todos os sistemas. É a sua relação com o ambiente e com outros sistemas.

> **Fechados**: não existem de fato. Esta nomenclatura designa aqueles sistemas determinísticos, em que os processos e comportamentos estão programados para serem sempre do mesmo jeito, ignorando o ambiente.

O macroambiente é entendido como as relações mais distantes da organização, mas que a influenciam direta ou indiretamente. Ex: economia, legislação, conflitos armados, mudanças políticas etc. O ambiente são as relações do dia-a-dia da organização como seus clientes, fornecedores, concorrentes, empregados, sindicatos etc.

Modelo Sociotécnico de Tavistock

No modelo sociotécnico apresentado por Tavistock, as organizações são formadas por dois sistemas: social e técnico. O Social abrange as pessoas e as relações entre elas. O Técnico são os recursos da organização, incluindo as pessoas quando estão ocupando seus cargos e exercendo suas funções.

→ **Características da Organização como Sistemas Abertos:**

> **Comportamento probabilístico e não determinístico**: pode-se esperar a ocorrência de fatos e prevê-los por meio de probabilidades estatísticas. Contudo, em razão de seu caráter dinâmico e da influência do ambiente externo, não é possível determinar tudo o que possa ocorrer em uma organização.

> **Organizações como partes de sistemas maiores**: formadas por partes menores (sistemas dentro de sistemas).

> **Interdependência das partes**: toda ação em qualquer parte do sistema envolverá outras partes (efeito onda).

> **Homeostase ou "estado firme"**: equilíbrio dinâmico. Compreende a capacidade da organização de manter-se em equilíbrio.

> **Morfogênese**: capacidade da organização de alterar a sua estrutura organizacional em razão das necessidades impostas pelo ambiente, pela estratégia. Alteram sua estrutura ao compararem resultados esperados e resultados obtidos e corrigir os eventuais erros.

> **Resiliência**: capacidade da organização de se adaptar às modificações impostas pelo ambiente. Capacidade de superar e enfrentar as perturbações externas.

> **Sinergia**: a ideia de que o todo é maior do que a soma das partes. O funcionamento sistêmico das partes de um sistema, ou dos próprios sistemas entre si.

> **Entropia (gap):** interrupção, quebra ou falha em um processo ou sistema. A ocorrência de entropia pode interromper o funcionamento do sistema, causar-lhe algum tipo de dano sem interrompê-lo, ou ainda, pode não ser relevante e, neste caso, é ignorado.

- **Entropia Negativa**: como os sistemas organizacionais não se autorregulam, é o esforço realizado por alguém que tentará reestabelecer sua sinergia, restabelecer a energia do sistema devolvendo-lhe a homeostase (equilíbrio).

Abordagem Contingencial da Administração

Desenvolvida por administradores, consultores e pesquisadores que buscaram aplicar os conceitos das principais escolas e situações reais, a Abordagem Contingencial foi criada com a percepção de que a técnica de administrar que melhor contribui para o alcance dos objetivos. Ela pode variar em situações ou circunstâncias diferentes, ou seja, uma técnica que funcione num caso não funcionará necessariamente em todos os outros.

Essa abordagem tem como principal objetivo mostrar que além de analisar as relações internas e externas da organização, os administradores devem estar prontos a adaptarem-se as diferentes situações que esses ambientes possam apresentar.

A Teoria da Contingência exclui todos os princípios fundamentais da Teoria Clássica. "Os aspectos universais e normativos devem ser substituídos pelo critério de ajuste constante entre cada organização e o seu ambiente e tecnologia."

(CHIAVENATO, 2000, p. 592).

Na abordagem contingencial, a tarefa do administrador é identificar diante uma situação específica, qual técnica que melhor caberá para a obtenção dos objetivos da administração. Assim, a teoria da contingência determina o homem como um ser com um sistema complexo de valores, percepções, características pessoais e necessidades, operando como um sistema capaz de manter seu equilíbrio interno diante das demandas feitas pelas forças externas do ambiente (o homem complexo). Seu grande mérito é fazer com que a gerência, normalmente concentrada nos problemas internos da organização e nas tarefas, volte seus olhos para o ambiente.

Fique Ligado

→ ***Sendo assim o modelo contingencial de administração tem as seguintes características:***

- ***Não existe uma única forma ou modelo único de administrar.***
- ***O modelo mais adequado depende da situação e esta depende do ambiente.***

O ambiente

Como na teoria contingencial é preciso levar em conta o ambiente, foi necessário também entender o que é o "ambiente". Ele pode ser compreendido como o contexto que envolve externamente a organização. É a situação dentro da qual uma organização está inserida. Pode ser multivariado e complexo, torna-se necessário dividi-lo para poder analisá-lo de acordo com o seu conteúdo. Sendo assim, é necessário entender o ambiente como o ambiente geral, e o ambiente de tarefa, conforme a seguir:

- **Ambiente Geral** - é o macroambiente, ou seja, ambiente genérico e comum a todas as organizações. Tudo o que acontece no ambiente geral afeta direta ou indiretamente todas as organizações. O ambiente geral é constituído de um conjunto de condições comuns para todas as organizações. As principais condições são: condições tecnológicas, legais, políticas, econômicas, demográficas, ecológicas e culturais.
- **Ambiente de Tarefa** - é o ambiente mais próximo e imediato da organização. É o segmento do ambiente geral do qual uma determinada organização extrai as suas entradas e deposita as suas saídas. É o ambiente de operações de cada organização. O ambiente de tarefa é constituído por: fornecedores de entradas, clientes ou usuários, concorrentes e entidades reguladoras.

→ **Classificação de Ambientes**

Os ambientes podem ser classificados de acordo com a sua diferenciação (estrutura) e conforme a sua dinâmica:

→ **Quanto à sua diferenciação:**

- **Ambiente Homogêneo**: quando é composto de fornecedores, clientes e concorrentes semelhantes. O ambiente é homogêneo quando há pouca segmentação ou diferenciação dos mercados.
- **Ambiente Heterogêneo**: quando ocorre muita diferenciação entre fornecedores, clientes e concorrentes, provocando uma diversidade de problemas à organização. O ambiente é heterogêneo quando há muita diferenciação dos mercados.

→ **Quanto à sua dinâmica:**

- **Ambiente Estável**: é o ambiente que se caracteriza por pouca ou nenhuma mudança. É o ambiente em que quase não ocorrem mudanças, ou, se houver, são mudanças lentas e perfeitamente previsíveis. É um ambiente tranquilo e previsível.
- **Ambiente Instável**: é o ambiente dinâmico, que se caracteriza por muitas mudanças. É o ambiente em que os agentes estão constantemente provocando mudanças e influências recíprocas, formando um campo dinâmico de forças. A instabilidade provocada pelas mudanças gera incerteza para a organização.

Sendo assim, a análise ambiental é feita pela análise das variáveis do ambiente de tarefa e do ambiente geral e também pela identificação da dinâmica e da diferenciação ambiental.

Fique Ligado

De uma forma geral, a abordagem contingencial coloca a sua maior ênfase no ambiente, de onde se identificam ameaças e oportunidades que condicionam as estratégias de ação. Também existe forte ênfase na tecnologia, que constitui tanto uma variável interna da organização, como externa (ambiental). Ela também concilia as abordagens de sistemas abertos e fechados e cria novas tendências para as organizações.

Anotações

CAPÍTULO 02

Processo Administrativo

Para entender melhor o sistema é preciso entender como funciona o processo administrativo na prática, pois ele é um processo formado por quatro funções básicas da administração, que são o planejamento, organização, direção e controle, conforme serão abordados a seguir.

Funções da Administração

Com o desenvolvimento de uma ciência da administração, ficou evidente a indagação "Quais seriam as funções dos administradores?". Sendo assim, em meados dos anos 80, esse questionamento veio a ser respondido por Henri Fayol, por meio da utilização da nomenclatura "Funções da Administração".

Fique Ligado

Modernamente as funções da administração são quatro: planejamento, organização, direção e controle, conforme abordados a seguir.

Planejamento

O planejamento define onde a organização deseja estar no futuro e como chegar lá. Planejamento significa definir objetivos para o desempenho futuro da organização e decidir sobre as tarefas e a utilização dos recursos necessários para atingi-los. O planejamento é sempre parte de um projeto de gestão, é um processo de tomada de decisão. Porém, é um tipo especial de tomada de decisão por três fatores:

> Consiste em elaborar planos antes de agir. É a decisão antes da ação. É delimitar o que fazer e como fazer antes que seja necessária a ação.

> Um sistema de decisões: consecução de um estado futuro que envolverá um conjunto de decisões. Decisões manipuladas de uma só vez e não podem estar divididas em subconjuntos independentes. Planejamento não é um ato e sim um processo.

> Planejamento é algo que visa à produção de uma ou mais perspectivas de estados futuros e desejados.

→ **O planejamento pode ser estratégico, tático ou operacional, conforme a seguir:**

> **Planejamento Estratégico**: o planejamento estratégico consiste no processo decisório analisado dentro do quadro do contexto das políticas, visões e missões empregadas pela empresa. Tem por enfoque a forma de utilização dos recursos disponíveis para atingir os objetivos propostos dentro de uma estratégia que irá orientar e nortear a forma como a empresa será conduzida. Consiste basicamente na elaboração de um plano de ações altamente contextualizado com os recursos da empresa e os objetivos propostos. Determinar os resultados desejados faz parte do processo de metas. Todos os recursos dispendidos e investidos no projeto devem ter retornos bem definidos pela organização. É um processo de reflexão da organização para quais rumos deverem ser tomados.

> **Planejamento Tático**: o planejamento tático por sua vez consiste no processo de detalhar os meios utilizados a implementação das metas dentro de unidades funcionais. Outro fator e a determinação de prazos. É um processo vinculado com a operacionalização das metas. Planos táticos envolvem programas (conjunto de atividades), projetos (subconjunto de um programa), planos de produtos (aprimoramento e reestruturação para tornar o produto mais competitivo) e plano de divisões (marketing, produção).

> **Planejamento Operacional**: consiste na formalização de planos e objetivos a serem desempenhados e como devem ser executados. Trabalho focado no presente e não em objetivos futuros. É o nível mais baixo de gerência. Dentro do planejamento, pois trata da "operacionalização" de tudo que foi proposto. É muito utilizado em planos e projetos no nível de execução. É essencialmente constituído por documentos escritos das metodologias de desenvolvimento e implantações estabelecidas. Os cronogramas e os orçamentos são as principais ferramentas de planejamento operacional.

Organização

O ato de organizar está relacionado ao planejamento e, com isso, demonstra como a empresa pretende estruturar os objetivos e funções propostas de modo a cumprir com o proposto no planejamento. Organizar significa distribuir tarefas, agrupá-las em departamentos e alocação de recursos, lidar com autoridade e responsabilidade, estabelecer eficácia do grupo e gerenciar funções de linha e de staff.

→ **A seguir abordam-se os principais itens sobre a organização, que são a distribuição de tarefas e a departamentalização:**

> Distribuição de tarefas: o processo de distribuição de tarefas envolve o processo de determinação de níveis de especialização e qual a maneira de melhor agrupá-las. Para distribuirmos tarefas, é necessário o trabalho de desenhá-las. Desenhar tarefas é o processo de elencar quais os procedimentos e operações serem executados por determinados setores e empregados e que funções irão ser exercidas. O objetivo deste procedimento é a especialização de tarefas, que por sua vez, tem origem na administração cientifica de Frederick W. Taylor. O principal ponto positivo na especialização de tarefas é o controle e monitoramento, por parte de gerentes e gestores, dos funcionários e facilidade de desenvolver equipes.

O ponto negativo é a queda da eficiência por fatores como tédio e insatisfação por parte dos funcionários uma vez que, devido à superespecialização, tarefas simplificadas podem despender tempo demais no repasse de trabalho de pessoa a pessoa. Dentro do processo de especialização, há alternativa. Uma delas é a rotação de tarefas que consiste basicamente na rotação sistemática de funcionários. Outras são a ampliação de tarefas e o enriquecimento delas. A ampliação de tarefas consiste em modificar a natureza da própria tarefa por meio da adição de novas atividades. O enriquecimento de tarefas implica o aumento de atividades e mais liberdade de escolha de como realizá-la.

> Departamentalização: depois que as tarefas foram desenhadas, a parte seguinte do processo de organização é seu agrupamento em conjuntos lógicos. Esse passo é importante porque tarefas apropriadamente agrupada tornam mais fácil coordenar e

integrar atividades e, portanto, realizar as metas da organização. O processo de agrupar tarefas denomina-se departamentalização. O principal fator da departamentalização é a reunião de tarefas por meio de diretrizes e bases. Este procedimento tem como palavra-chave a lógica.

→ **Apesar disso, há elementos fundamentais que servem como critérios para a departamentalização, são eles:**

> A organização funcional: deve-se pautar a divisão em razão do objetivo das tarefas desempenhadas.

> A organização territorial: também é conhecido como critério geográfico. Envolve a distribuição especializada de acordo com os locais em que se encontram os grupos de atividades específicas.

> A organização por produto: divisão pautada na responsabilidade e autoridade sobre um grupo de operações que se relaciona a um produto ou a um serviço.

> A organização por cliente: a divisão se projeta de acordo com o tipo de cliente, considerando que cada um possui necessidades distintas.

> A organização de projetos: é uma divisão temporária, visto que os projetos também o são. Isso quer dizer que o setor direcionado para a execução de um projeto deve ficar responsável por ele até que o projeto seja finalizado.

Direção

A direção se constitui do processo de implantação de tudo que foi planejado e organizado. Consiste no terceiro fator dentro das funções administrativas. Se vale da influencia para ativar e motivar as pessoas envolvidas para alcançar as metas da organização. Direção envolve fatores como relacionamento, influenciação, liderança, comunicação dentre outros. Consiste em direcionar todos os processos e membros da equipe e relacionar as tarefas visando a empresa como um todo.

Controle

A essência da função de controle consiste em regular o trabalho daqueles pelos quais um gerente é responsável.

Acompanhe-me

→ ***O ato de regular pode ser realizado de maneiras diversas, tais como:***

> ***Estabelecimento de padrões de desempenho por antecipação.***

> ***Monitoramento, em tempo real, do desempenho da organização.***

> ***Avaliação do desempenho como um todo ao final do processo.***

O resultado dessa avaliação é realimentado para o sistema de planejamento. Por isso, é importante considerar essas funções básicas como partes integrantes de um processo recíproco e repetitivo.

O controle permite identificar se a execução está adequada ao que foi planejado: quanto mais completos, definidos e coordenados forem os planos, tanto mais simples será o controle. Quanto mais complexo o planejamento e quanto maior for o seu horizonte de tempo, tanto mais complexo será o controle. É preciso que os sistemas de projeto definam seu próprio controle. É por meio desse processo que o administrador assegura o caminho correto para a execução dos planos.

→ **Os elementos do processo de controle são os seguintes:**

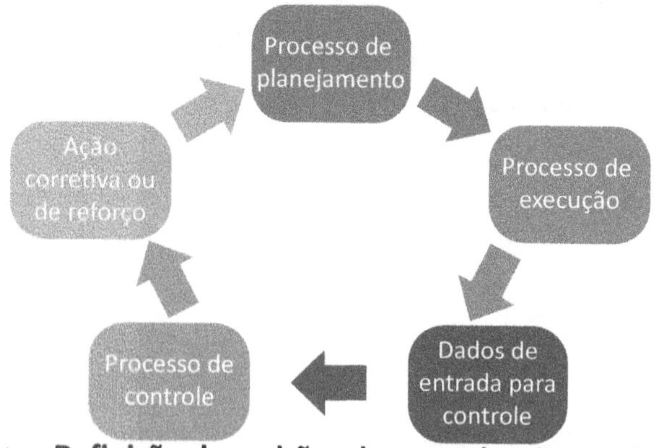

> **Definição de padrões de controle**: são resultantes do processo de planejamento.

> **Aquisição de informações**: conhecer o andamento das atividades.

> **Comparação e ação corretiva**: comparação realizada para fomentar a correção da estratégia.

> **Recomeço do ciclo**: a partir da tomada de decisões, é possível reiniciar o processo, corrigindo os erros.

> É preciso destacar que há aspectos comportamentais dos sistemas de controle, dentre os quais, podem-se destacar os seguintes:

> **Controle formal**: exercido pela autoridade formal.

> **Controle social**: exercido pela pressão do grupo social.

> **Controle técnico**: exercido pela pressão do próprio trabalho.

Exercício Comentado

01. (CESPE) O controle técnico é exercido pelos gerentes ou líderes, que utilizam o poder racional legal do seu cargo para induzir ou inibir algum comportamento.

ERRADO. O controle técnico não é exercido pelos gerentes ou líderes. Esse é o controle formal.

Estrutura Organizacional

A estrutura organizacional é o instrumento administrativo resultante da identificação, análise, ordenação e agrupamento das atividades e dos recursos das empresas, incluindo o estabelecimento dos níveis de alçada e dos processos decisórios, visando ao alcance dos objetivos estabelecidos pelos planejamentos das empresas.

As atividades da empresa devem estar bem identificadas, isto é, deve-se saber, exatamente, o que fazer e na ordem certa, primeiro uma e depois outra. Os recursos também devem estar conforme as atividades, por exemplo, uma máquina deve estar no lugar certo e as pessoas devem estar no lugar das atividades que elas sabem executar. Estabelecer os níveis de alçada e dos processos decisórios significa que a as pessoas só podem mandar ou agir dentro dos seus limites e as decisões só podem ser tomadas dentro do seu campo de ação. Uma empresa estabelece seus objetivos e, para que eles sejam alcançados, é necessário um planejamento. As atividades da empresa devem seguir o planejamento estabelecido. Se não for desta forma, tudo vira uma grande confusão.

Estrutura Formal e Informal

→ **A estrutura organizacional pode ser de dois tipos:**

> **Estrutura Formal**: é aquela representada pelo

organograma. Todas as relações são formais. Não se pode descartá-la e deixar funcionários se relacionarem quando eles não devem ter relações diretas.

A estrutura organizacional é representada graficamente no organograma. Um organograma é a representação gráfica de determinados aspectos da estrutura organizacional. Estabelece a estrutura formal de empresa (departamentos) num determinado momento, conforme figura a seguir:

Organograma

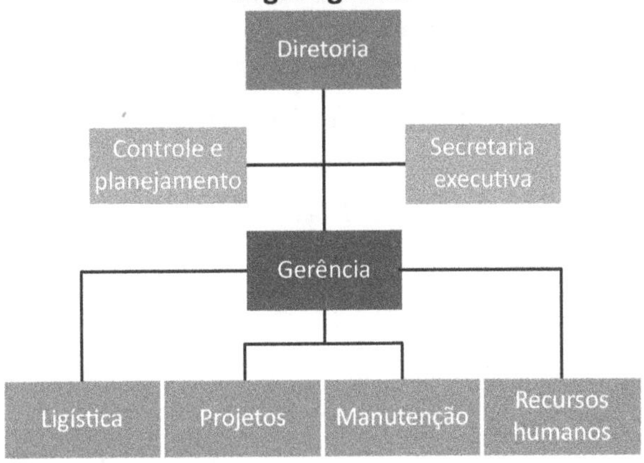

- **Estrutura Informal**: é o relacionamento entre as partes fora do organograma, ou seja, as relações não estão previstas. A estrutura informal surge naturalmente. Ela pode ajudar a empresa, facilitando o trabalho, mas pode, também, atrapalhar, realizando procedimentos errados. Por exemplo, um funcionário recebeu um documento sem carimbo. Se ele seguir a estrutura formal, o papel deve retornar pelo mesmo caminho pelo qual veio. Caso resolva ir buscar o carimbo diretamente, ele está criando uma relação informal.

Tipos de Estruturas Organizacionais Formais

→ **As estruturas organizacionais formais podem ser dos seguintes tipos:**

- **Funcional** - na estrutura funcional, as atividades são agrupadas de acordo com as funções da empresa. É o mais utilizado pelas empresas, por ser muito racional. A principal vantagem é que apresenta especialização nas áreas técnicas, além de melhorar os recursos nessas áreas. A principal desvantagem é que pode ocorrer um descumprimento de prazos e orçamentos. Este tipo de departamentalização não tem condições para uma perfeita homogeneidade das demais atividades da empresa. Exemplo: Departamento de Produção, Departamento Financeiro, Departamento de Marketing etc.

Estrutura Funcional

- **Territorial (ou localização geográfica)** - este tipo de estrutura é usado por empresas territorialmente espalhadas, ou seja, é usada quando a empresa é dispersa no país, como por exemplo: região norte, região sul etc. Segue, na figura abaixo, um exemplo da estrutura de departamento de Tráfico e Rodovias Estaduais:

Estrutura Territorial

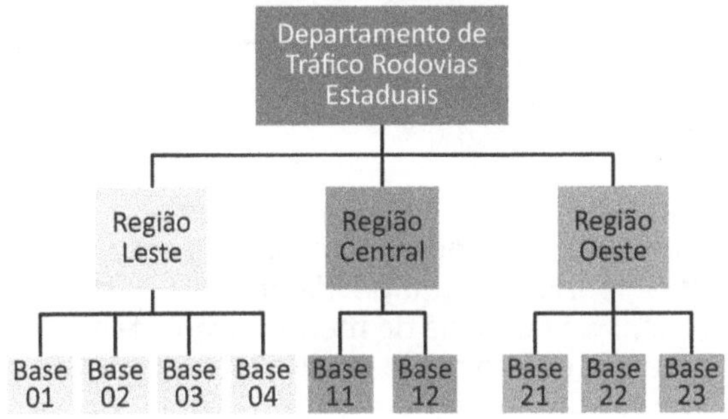

- **Produtos (ou serviços)** - nesse tipo, as atividades são agrupadas feitas de acordo com as atividades essenciais a cada um dos produtos ou serviços da empresa, ou seja, é empregado quando a empresa tem várias linhas de produtos ou serviços como, por exemplo: têxtil, farmacêutico, químico etc. Essa estrutura é muito usada em empresas que têm produtos diferentes e que representam um volume importante. A grande vantagem é o acompanhamento dos resultados sobre o produto. Mas há desvantagens, pois pode ocorrer duplicidade de tarefas, o que aumenta os custos e benefícios.

Estrutura por Produtos

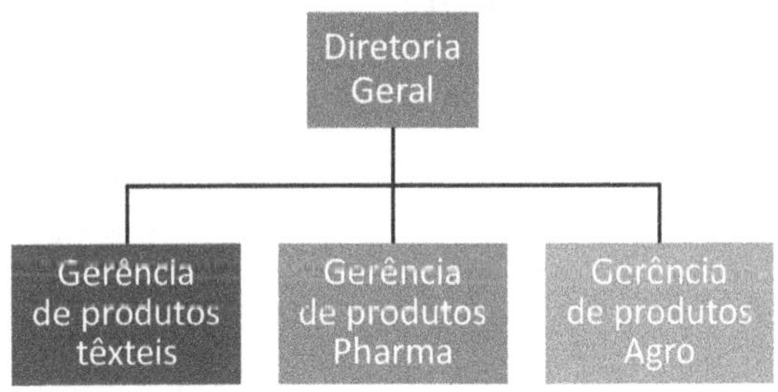

- **Clientes** - nesse tipo as atividades são agrupadas com base nas necessidades diversas e exclusivas dos clientes da empresa. A vantagem é que esse modelo dá condições para conhecer e dar melhor tratamento ao cliente. A grande desvantagem é a troca de recursos, pois várias vezes o atendimento ao cliente é sazonal, ou seja, periódico. Na figura que segue em exemplo por cliente mostra uma loja de departamentos:

Estrutura por tipo de Cliente

- **Processos** - nesta estrutura, as atividades são agrupadas conforme as etapas de um processo. Na indústria, por exemplo, há setores de corte, montagem, estamparia etc. Considera-se pelo modo como são executados os serviços ou processos para conseguir a meta ou objetivo específico. É muito usado em operações industriais. A vantagem é que pode observar a maior especialização e rapidez técnica. A desvantagem é que a visão que se tem da mão de obra é limitada, porque é especializada.

Estrutura por Processos

> **Matricial** - nessa estrutura, a equipe trabalha para dois comandos simultaneamente. Ex.: em uma fábrica, a equipe de manutenção recebe ordens da gerência de manutenção e também da gerência de produção. É uma estrutura mista que une função, produto e projeto. Viola o princípio de unidade de comando. É uma organização participativa e flexível.

A Estrutura Matricial é um tipo específico de estrutura organizacional que procura reunir as vantagens das estruturas funcionais e das estruturas divisionalizadas. Para isso, a par da divisão da organização por projetos, grupos de clientes ou unidades de produção, são designados os chamados chefes de projeto, dependentes de um diretor de chefes de projeto. Para cada um dos projetos são também designados especialistas provenientes das diversas áreas funcionais, cada um deles é coordenado pelo chefe de projeto em que está integrado e pelo responsável da área funcional a que pertence (existindo, assim, duas linhas de comando).

> **Projetos** - as atividades e as pessoas recebem atribuições temporárias. O gerente de projeto é responsável pela realização de todo o projeto ou de uma parte dele. Terminada a tarefa, o pessoal é designado para outros departamentos ou outros projetos, ou seja, a alocação de pessoas e recursos é temporária e, quando acaba um projeto, a equipe muda para outro. Ex.: uma construtora tem várias obras e, quando acaba uma construção, os funcionários e os equipamentos vão para outra obra.

Estrutura por projetos

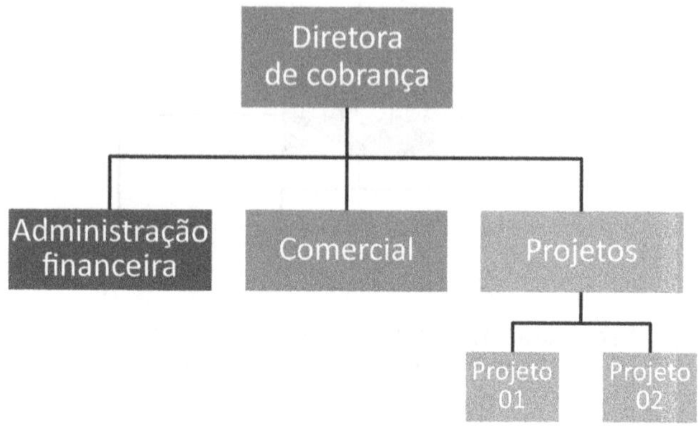

Estrutura Matricial

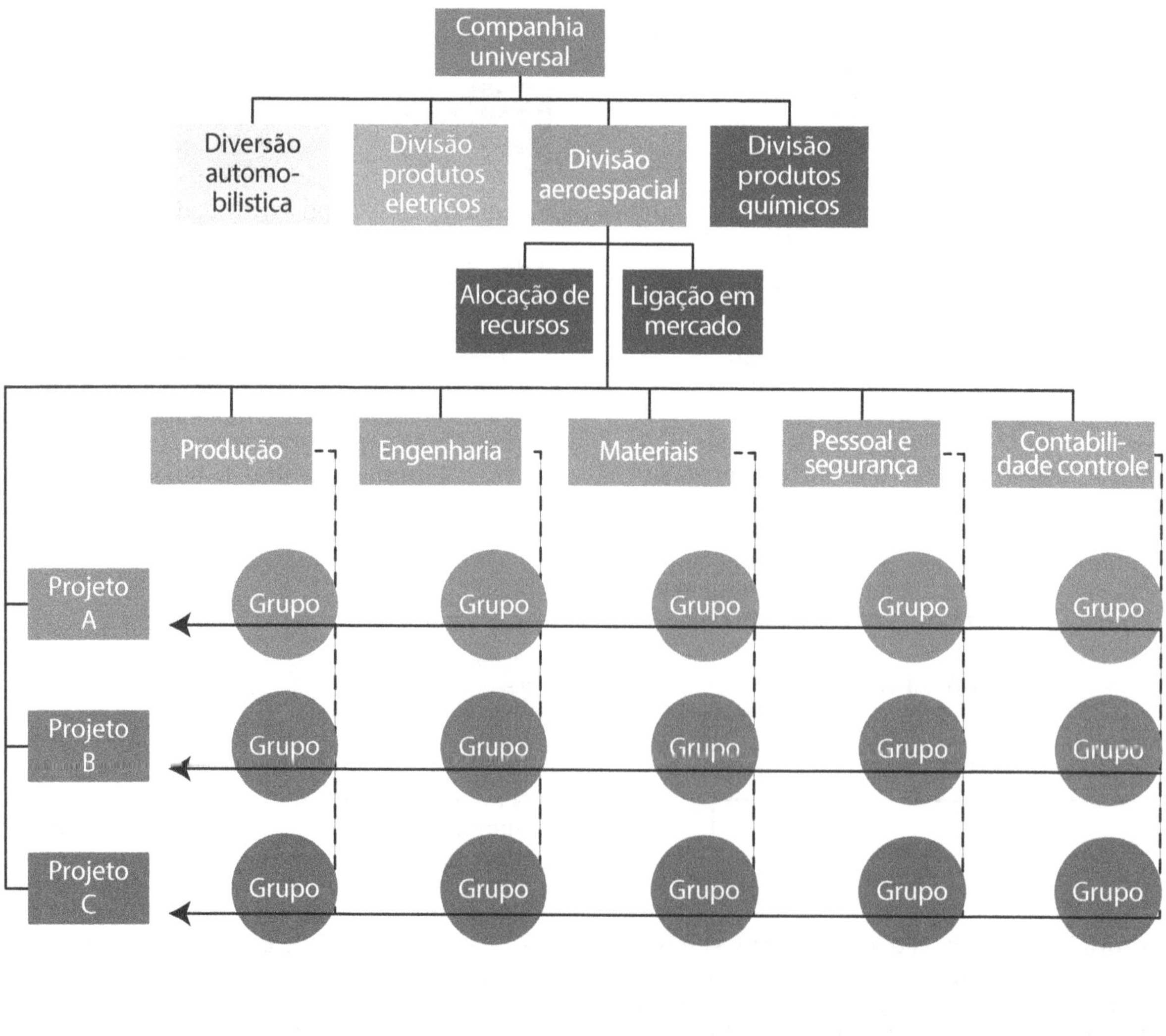

> **Mista** - mistura os vários tipos de estruturas para se adaptar à realidade. Muitas empresas usam esse tipo de departamentalização, principalmente as grandes empresas, pois apresenta várias técnicas. É o tipo mais usado, uma vez que se adapta melhor à realidade organizacional.

Estrutura Mista

Fique Ligado

A principal vantagem da estrutura matricial é a grande orientação para os resultados, mantendo a identificação por especialidade. Porém, como desvantagem destacam-se a possibilidade de conflitos entre os diversos comandos, obrigando a uma permanente comunicação com os gestores de topo.

Organograma, Fluxograma e Cronograma

A seguir serão abordados os conceitos de organograma, fluxograma e cronograma, os quais também são muito importantes para a administração:

Organograma

O **organograma** é uma representação gráfica da estrutura hierárquica da empresa. Pode ter várias formas, desde a mais comum, conhecida como organograma tradicional, até formas bem pouco usuais, como uma flor.

Em um organograma tradicional o primeiro passo é determinar todas as funções e setores que serão apresentadas no organograma, e definir suas posições hierárquicas, como:

> Presidente.

> Diretores (Financeiro, Administrativo, Operacional, Comercial etc.).

> Gerentes (Financeiro, Administrativo, Produção, Vendas etc.).

> Seções da Produção, Contabilidade, Departamento. Financeiro, Departamento Jurídico etc.

Quanto maiores a responsabilidade e autonomia, mais alta será a posição ocupada pelo cargo ou setor. Definidos os cargos e posições, é preciso transferi-los para retângulos distribuídos verticalmente e ligados por linhas que representarão a comunicação e hierarquia dos itens.

Sendo assim ao montar um organograma o presidente (1) ocupa o primeiro nível. No segundo nível, serão colocados os diretores (2). Partindo do retângulo do presidente, sairá uma linha que será dividida para se ligar a todos os diretores; e, de cada diretor, sairá uma linha que se ligará aos gerentes (3) que respondem hierarquicamente a ele. As funções de staff, que respondem a um superior, mas não têm autoridade total sobre os níveis abaixo, são colocadas em níveis intermediários e ligadas à linha principal do superior correspondente. Por exemplo, o RD responde à direção, mas sua autoridade limita-se aos assuntos da Qualidade, ou seja, quem administra o pessoal é cada gestor dentro de sua área de atuação. Segue abaixo um exemplo de organograma:

Organograma

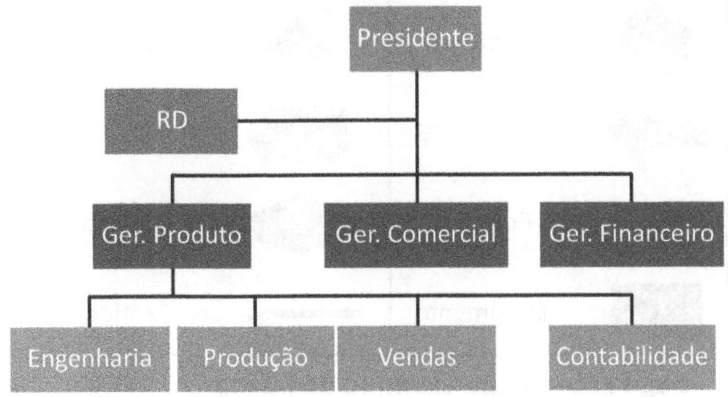

O organograma pode ter diversos formatos e diversas formas de disposição dos departamentos e setores, de acordo com a atividade e necessidade de cada empresa.

Fluxograma

Fluxograma é a representação gráfica que apresenta a sequência de um trabalho de forma analítica, caracterizando as operações, os responsáveis e/ou unidades organizacionais envolvidos no processo.

O Fluxograma permite esquematizar e visualizar os sistemas de forma racional, clara e concisa, facilitando seu entendimento geral por todos os envolvidos. Por meio deles, o analista de sistemas, organização e método pode representar os vários fatores e as variáveis que ocorrem no sistema, circuitos de informações relacionadas ao processo decisório, bem como unidades organizacionais envolvidas no processo.

Fique Ligado

→ ***Vantagens do Fluxograma:***

> ***Permite verificar como funcionam todos os componentes de um sistema.***

> ***Entendimento simples e objetivo.***

> ***Facilita a localização das deficiências no sistema.***

> ***Aplica-se a qualquer sistema, desde o mais simples até o mais complexo.***

> ***Facilita o entendimento nas mudanças feitas no sistema.***

→ **Dentre os tipos de fluxograma, pode-se identificar seguinte:**

Vertical que também é denominado **folha de análise**, folha de simplificação do trabalho, pois normalmente é destinado à representação de rotina simples em seu processamento analítico em uma unidade organizacional. O nome Vertical é aplicado em razão de poder ser impresso como formulário padrão. O nome Folha de Análise deve-se à rapidez de preenchimento, pois os símbolos e convenções já se acham impressos. Os símbolos utilizados no fluxograma têm por objetivo evidenciar origem, processo e destino da informação escrita e/ou verbal componente de um sistema administrativo.

Significados dos Símbolos

Símbolo	Significado	Símbolo	Significado
	Início ou fim		Inspeção
	Operação		Estoque
	Transporte		Espera
	Conector		Decisão
	Documento		Sentido

→ **Segue abaixo um exemplo de fluxograma básico:**

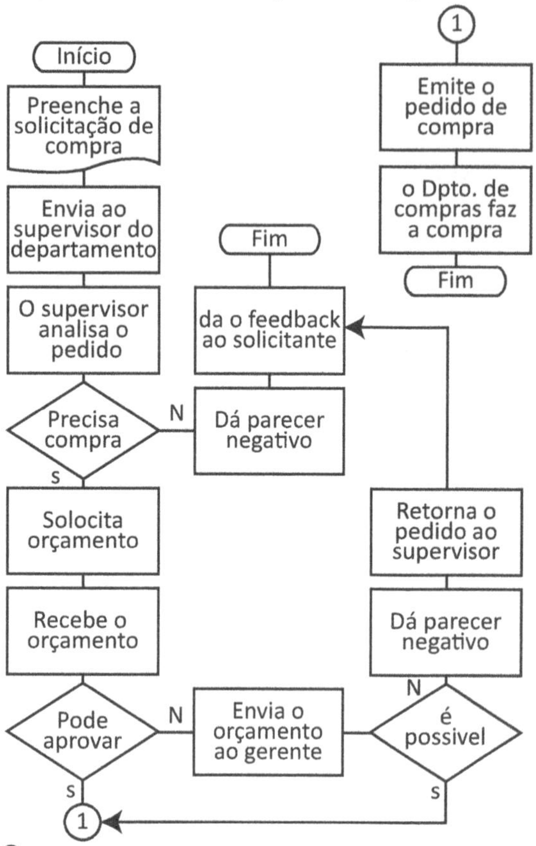

Cronograma

O cronograma é a disposição gráfica do tempo que será gasto na realização de um trabalho ou projeto, de acordo com as atividades a serem cumpridas. Serve para auxiliar no gerenciamento e controle deste trabalho, permitindo de forma rápida a visualização de seu andamento. Segue abaixo um exemplos de Cronograma:

Cronograma

Atividade	Mês									
	1	2	3	4	5	6	7	8	9	10
1. Apresentar o projeto ao CONSUN	■									
2. Realizar reuniões setoriais para divulgação do trabalho	■									
3. Planejar e realizar os eventos públicos		■	■	■	■					
4. Divulgar os resultados dos eventos públicos						■				
5. Elaborar a proposta de revisão do Plano Institucional						■	■			
6. Divulgar a proposta do Plano Institucional revisado								■		
7. Aprovar o Plano Institucional no CONSUN								■		
8. Elaborar Planos Setoriais de Ação para 2013									■	■
9. Aprovar Planos Setoriais de Ação no CONSUN										■

Exercício Comentado

01. O gráfico que corresponde à representação dos passos de um processo é o:

a) Histograma.
b) Gráfico de barras.
c) Fluxograma.
d) Diagrama de causa e efeito.
e) Gráfico de controle.

RESPOSTA. "C". Os passos de um processo correspondem a um fluxo, ou seja, o fluxograma representa os passos de um processo.

Existem vários tipos de cronogramas, assim como muitos tipos de fluxogramas e organogramas, porém foram apresentados somente os modelos básicos para que haja um entendimento elementar a respeito desses conceitos.

Anotações

CAPÍTULO 03

Cultura Organizacional.

Cultura organizacional diz respeito a um sistema e significados comuns aos membros de uma organização, distinguindo uma organização das outras. Esse sistema de significados comuns é, a um exame mais atento, um conjunto de características fundamentais valorizadas pela organização. Pode-se definir cultura organizacional como sendo um conjunto de crenças, costumes, sistemas de valores, normas de comportamento e forma de fazer negócios, que são peculiares a cada empresa, que definem um padrão geral para as atividades, decisões e ações da empresa e descrevem os padrões explícitos e implícitos de comportamento e as emoções que caracterizam a vida na organização.

A cultura organizacional é a maneira tradicional e costumeira de pensar e fazer as coisas de forma compartilhada por todos os membros da organização, direcionando as ações para a realização dos objetivos organizacionais.

A cultura organizacional representa uma percepção comum sustentada pelos membros da organização. Esse aspecto de uma cultura foi explicitado quando definimos uma cultura como um sistema de significados comuns. Deve-se esperar, portanto, que os indivíduos com diferentes antecedentes ou em níveis, diferentes na hierarquia da organização tendem a descrever a cultura da organização em termos similares. Reconhecer que a cultura organizacional possui características comuns não significa, porém, que não possa haver subculturas em toda cultura considerada. A maioria das grandes organizações possui uma cultura dominante e diversos conjuntos de subculturas.

Acompanhe-me

Uma Cultura dominante expressa os valores centrais compartilhados pela maioria dos membros da organização. Desenvolvendo-se segundo linhas departamentais ou geográficas para contemplar problemas e situações comuns ou experiências vividas pelos seus membros, as subculturas incluem valores centrais da cultura dominante, além de outros exclusivos aos membros do departamento. Já na contracultura organizacional, os grupos ou subgrupos rejeitam tudo aquilo que a organização representa, inclusive seus valores, sua cultura.

Em uma cultura forte, dominante, os valores centrais da organização são intensamente assumidos e compartilhados. Uma cultura forte terá uma grande influência no comportamento dos funcionários e os dados sugerem que as culturas fortes estão associadas a um desempenho organizacional elevado. Já na cultura fraca os valores centrais dominantes não são assumidos pelos funcionários, além disso, ela pode ser fortemente influenciada por outras culturas e subculturas.

Uma vez que as culturas fortes exercem considerável pressão para que os funcionários se conformem, elas podem bloquear a diversidade da força de trabalho. Elas limitam a gama de valores e estilos aceitáveis. Isto cria um dilema. As organizações contratam indivíduos heterogêneos por causa das vantagens alternativas que essas pessoas trazem para o local de trabalho. À medida que as pessoas tentam adaptar-se a uma cultura forte, a diversidade de suas vantagens e comportamentos tende a diminuir.

Os Níveis da Cultura Organizacional

A cultura organizacional representa as normas informais e não escritas que orientam o comportamento dos membros de uma organização no dia-a-dia e que direciona suas ações para o alcance dos objetivos. A cultura é que define a missão e provoca o nascimento e o estabelecimento dos objetivos da organização. A cultura precisa ser alinhada juntamente com outros aspectos das decisões e ações da organização, como planejamento, organização, direção e controle.

É preciso considerar que A cultura organizacional é o conjunto de suposições, crenças, valores e normas compartilhados pelos membros de uma organização e pode ter sido criada conscientemente pelos seus membros ou ter simplesmente evoluído ao longo do tempo.

Existem três níveis diferentes para a melhor compreensão sobre o conceito de cultura organizacional, os Artefatos, Valores e Pressuposições básicas, conforme a seguir:

Artefatos: constituem o primeiro nível da cultura, o mais superficial, visível e perceptível. São as coisas que cada um vê, ouve e sente quando se depara com uma organização cuja cultura não é familiar. Artefatos são todas aquelas coisas que, no seu conjunto, definem uma cultura e revelam como a cultura lhes dá atenção. Incluem produtos, serviços e os padrões de comportamento dos membros de uma organização. Quando se percorrem os escritórios de uma organização, pode-se notar como as pessoas se vestem, como falam, sobre o que conversam, como se comportam, quais as coisas que são importantes e relevantes para elas. Os artefatos são todas as coisas ou eventos que podem nos indicar visual ou auditivamente como é a cultura da organização. Os símbolos, as histórias, os heróis, os lemas, as cerimônias anuais são também exemplos de artefatos.

Valores Compartilhados: constituem o segundo nível da cultura. São os valores relevantes que se tornam importantes para as pessoas e que definem as razões pelas quais elas fazem o que fazem. Funcionam como justificativas aceitas por todos os membros. Em muitas culturas organizacionais, os valores são criados originalmente pelos fundadores da organização.

Pressuposições básicas: constituem o terceiro nível da cultura organizacional, o mais íntimo, profundo e oculto. São as crenças inconscientes, percepções, sentimentos e pressuposições dominantes em que os membros da organização acreditam. A cultura prescreve "a maneira certa de fazer as coisas" adotada na organização, muitas vezes, por meio de pressuposições não escritas e nem faladas.

Em um esquema, é possível simplificar a estrutura dos componentes da cultura organizacional

Imagem adaptada de (Administração – Teoria, Processo e Prática - de Idalberto Chiavenato)

Exercício Comentado

01. O componente da Cultura Organizacional que se constitui de crenças inconscientes, percepções, pensamentos e sentimentos é:

a) a pressuposição básica.
b) o valor compartilhado.
c) o artefato.
d) o valor básico.
e) a atitude.

RESPOSTA. "A". O que já é inconsciente é pressuposição básica para o clima organizacional.

A cultura é difícil de mudar, principalmente em um nível mais profundo, como os valores e pressuposições básicas. Todavia, a natureza da força de trabalho vem mudando em grandes proporções, trazendo um fenômeno novo, que é o multiculturalismo: um misto de pessoas provenientes de diferentes culturas, várias etnias e diferentes estilos de vida. Para que a organização consiga adaptar-se a essa realidade multivariada, ela precisa compreender o multiculturalismo e seu impacto.

Como é Ensinada a Cultura da Organização

Os costumes, as tradições e a maneira geral de proceder existentes em uma organização devem-se, em grande parte, ao que ela fez antes (no passado) e ao sucesso que ela tem alcançado com seus esforços. Os fundadores de uma organização exercem um impacto importante em sua cultura: suas visões não são restritas por costumes ou ideologias anteriores.

Existem muitas maneiras pelas quais a cultura é transmitida aos funcionários. As mais eficazes são as histórias, rituais, símbolos materiais e linguagem, conforme a seguir:

Histórias: Circulando no interior da maioria das organizações, as histórias normalmente contêm os seguintes elementos: uma narrativa sobre acontecimentos envolvendo os fundadores da organização, quebra de regras, sucesso a partir do zero, cortes de pessoal, recolocação de funcionários, reações a erros passados e disputas. Essas histórias ancoram o presente no passado e fornecem justificativas e legitimidade para as práticas em curso.

Rituais: Sequências repetitivas de atividades, os rituais expressam e reforçam os valores fundamentais da organização, as metas e pessoas importantes e as pessoas estrategicamente dispensáveis. Os rituais podem ser feitos por meio de confraternizações, reuniões, eventos tradicionais e religiosos etc.

Símbolos Materiais: São exemplos de símbolos materiais: as instalações de uma organização, suas vestimentas, os tipos de automóveis dos executivos, o tamanho dos escritórios, a mobília tradicional ou moderna, salas de recreação e treinamento dos funcionários, refeitórios especiais e áreas de estacionamento reservadas, placas, troféus, bandeiras etc.

Linguagem: Unidades de negócios utilizam a linguagem como meio para identificar os membros de uma cultura ou subcultura. Com o tempo, as organizações criam termos exclusivos para descrever equipamentos, escritórios, pessoal-chave, fornecedores, clientes ou produtos ligados às suas atividades. Aprendendo essa linguagem, os membros atestam sua adesão à cultura e, com isto, ajudam a preservá-la. Sua linguagem pode ser formal, técnica e repleta de códigos que definem os processos, pessoas, departamentos entre outros.

Administrando a Cultura e suas Mudanças

Uma vez instituída uma cultura, existem práticas em uma organização que atuam para mantê-la ou reforçá-la ao propiciar aos funcionários um conjunto de experiências similares. O processo de seleção, os critérios de avaliação de desempenho, atividades de treinamento e promoção asseguram que os contratados sejam adequados à cultura, premiam os que a defendem e penalizam (e até expulsam) os que a contestam. Sendo assim, seguem os três fatores, que são controláveis pela administração e desempenham um papel particularmente importante na sustentação de uma cultura adequada:

Práticas de Seleção: A meta explícita do processo de seleção é identificar e contratar indivíduos dotados do conhecimento, aptidões e habilidades para desempenhar com sucesso os cargos na organização. Mas a opinião do tomador de decisão sobre o "ajuste" do candidato à organização também influenciará a decisão de contratá-lo. O processo de seleção sustenta a cultura da organização ao excluir aqueles indivíduos que poderiam solapar seus valores centrais.

O Comportamento da Alta Administração: Por aquilo que dizem e pelo modo como se comportam, os gerentes estabelecem normas que são filtradas para os níveis mais baixos.

Métodos de Socialização: O processo de adaptação que ajuda os novos funcionários a se ajustarem à cultura de uma organização é chamado de socialização. Embora o estágio mais crítico da socialização seja o momento do ingresso na organização, o processo continua ao longo de toda a carreira do funcionário. A socialização ocorre em três etapas, conforme a seguir:

A etapa do **pré-ingresso** abrange todo o aprendizado que ocorre antes de o novo membro ingressar na organização.

Na etapa do **confronto**, o funcionário entende o que é de fato a organização e encara a possibilidade de eventual divergência entre suas expectativas e a realidade, ou seja, a sua cultura e a cultura da empresa.

Na etapa da **metamorfose** ou **transformação**, o funcionário domina as habilidades necessárias ao seu cargo, desempenha eficazmente seus novos papéis e realiza os ajustes aos valores e às normas de seu grupo de trabalho, adaptando-se à cultura da organização.

A cultura de uma organização consiste também em características relativamente estáveis e permanentes que são reforçadas pelo processo de seleção, comportamento da alta administração e métodos de socialização. Dessa forma, ela é resistente à mudança. Mesmo quando as condições são favoráveis, as mudanças culturais precisam ser calculadas em anos, não em semanas ou meses.

→ A mudança cultural pode ocorrer quando a maioria ou todas as seguintes condições estiverem presentes:

- Quando ocorre uma crise grave, como uma crise financeira, a perda de um cliente importante ou novos concorrentes, o que abala e coloca em questão a pertinência da cultura em vigor.
- Quando há uma rotatividade na liderança que propicia um conjunto alternativo de valores.
- Quando a organização é nova e pequena e, por isso, a cultura é menos entrincheirada e a comunicação é mais fácil.

- Quando há uma cultura fraca, pois é mais fácil iniciar a mudança em uma cultura que não está fortalecida do que em uma cultura forte.

Para ocorrer realmente a mudança, o desafio é "descongelar" a cultura em vigor. Podem-se usar várias técnicas para desenvolver uma estratégia abrangente e coordenada para gerenciar a cultura e o melhor ponto de partida é uma análise cultural. Em seguida, a administração precisa deixar claro aos funcionários que a sobrevivência de longo prazo da organização estará em risco se não houver mudança. É preciso colocar uma nova liderança na cúpula para exemplificar que a mudança é iminente e para criar novas histórias, símbolos e rituais. Finalmente, a administração deve mudar os processos de seleção e socialização e os sistemas de avaliação e recompensa para apoiar os funcionários a esposarem os novos valores.

Fique Ligado

Apenas metade de todas as fusões e aquisições satisfaz as expectativas financeiras iniciais. Para melhorar essas chances, a administração deve realizar uma auditoria cultural em seguimento à análise financeira e estratégica. Os "casamentos empresariais" podem ser classificados segundo o grau de mudança e integração cultural. As menos suscetíveis de ruptura são as fusões por extensão, nas quais a organização adquirente assume uma abordagem relativamente contrária à intervenção. As fusões colaborativas integram as operações ou envolvem troca de tecnologia ou de outras especialidades. As fusões de reformulação são utilizadas por companhias que pretendem introduzir mudanças de grande escala na empresa que estão adquirindo.

Anotações

CAPÍTULO 04

A Administração Pública no Brasil

O conceito de Administração sofreu grandes mudanças durante a evolução das diferentes teorias (ou escolas) que abordaram a Administração no transcorrer do tempo (Administração científica, Teoria Clássica, Teoria da Burocracia, Teoria Estruturalista, Teoria das Relações Humanas, Teoria Contingencial, entre outras). Mas, de uma maneira genérica, podemos conceituar administração como uma ação humana cooperativa, caracterizada por um alto grau de racionalidade para realizar objetivos determinados. Não vamos aqui detalhar as teorias administrativas e seus respectivos enfoques, porque não é o propósito desta seção.

A tarefa da Administração é interpretar os objetivos propostos pela organização e transformá-los em ação organizacional por meio de planejamento, organização, direção e controle de todos os esforços, a fim de alcançar os objetivos da maneira mais adequada à situação.

Já o conceito mais restrito de Administração Pública deve ser considerado num determinado tempo e espaço para que possa haver precisão em sua delimitação. Isso se explica porque a noção de "público" nunca tem precisamente o mesmo sentido em dois contextos culturais diferentes (tempo e espaço). Exemplificando esta ambiguidade existente no conceito de público, podemos mencionar a administração dos serviços telefônicos no Brasil e no Chile. Houve época no Brasil em que este serviço era prestado exclusivamente por empresas de capital público. Ainda hoje no Chile o serviço é de monopólio estatal; no Brasil, o serviço é prestado por empresas privadas. Esse ponto isolado nos permite identificar como a abrangência e a própria noção do que seja público ou não podem variar no tempo e no espaço.

Segundo o ex-ministro Bresser Pereira, esta Administração Pública, cujas características e princípios, ora passamos a estudar, evoluiu numa perspectiva história em razão de três modelos básicos: **administração pública patrimonialista, burocrática e gerencial**. Essas três formas se sucedem no tempo, mas nenhuma delas foi totalmente abandonada, com heranças presentes ainda nos dias de hoje.

Administração Pública Patrimonialista

A importância de se estudar o patrimonialismo reside na necessidade de se compreender sua origem e seus efeitos maléficos na Administração Pública do passado, para que possamos entender como, a seu tempo, pôde comprometer a finalidade básica do Estado de defender a coisa pública, e para que possamos agir sobre novas deficiências que se apresentem atualmente.

Herança da época feudal, **no patrimonialismo**, a administração pública atende aos interesses da classe dominante, representando mero instrumento de usurpação de poder. O poder que emana do povo passa a ser utilizado pelo governante para seu interesse. Um dos efeitos do patrimonialismo é que a corrupção e o nepotismo são inerentes a esse tipo de Administração. Outros efeitos decorrem do fato de o patrimonialismo comprometer a finalidade básica do Estado de defender a coisa pública, porque as atividades públicas deixam de estar comprometidas com a melhor relação custo-benefício para a sociedade. Dessa maneira, desloca-se o foco de atenção da sociedade para as questões que privilegiam a vontade de poucos.

Fique Ligado

O Patrimonialismo é a apropriação privada dos bens públicos. E quando se fala em bens públicos, não se trata apenas de bens materiais, mas do próprio exercício do poder. Na visão patrimonialista, o governante é um senhor, como no tempo da colônia, em que tudo é possível, e o Estado funciona como se fosse sua propriedade particular.

A Administração Patrimonialista gerava uma confusão entre os cargos públicos e o próprio grau de parentesco e afinidades entre os nobres e outros participantes do governo, sendo, na verdade, uma continuidade do modelo de administração utilizado pelas monarquias até o aparecimento da burocracia. Assim, na administração pública patrimonialista, própria dos Estados absolutistas europeus do século XVIII, o aparelho do Estado é a extensão do próprio poder do governante e os seus funcionários são considerados como membros da nobreza. O patrimônio do Estado confunde-se com o patrimônio do soberano e os cargos são tidos como **prebendas** (ocupações rendosas e de pouco trabalho). Por consequência, a corrupção e o nepotismo são inerentes a esse tipo de administração, que ainda persiste até os dias atuais.

Administração Pública Burocrática

A evolução da sociedade, da democracia e do próprio Estado acarretaram a insatisfação popular com a forma patrimonialista de administração. Administrar o bem de todos para o interesse de poucos deixa de ser aceitável. A consequência é o surgimento de um modelo de administração pública que pudesse eliminar estas "disfunções administrativas".

Neste contexto, a Administração Pública burocrática surge, na época do Estado Liberal, em conjunto com o capitalismo e a democracia, pois era preciso fazer algo contra a confusão entre os bens públicos e os privados e contra o nepotismo e a corrupção que eram componentes que estavam sempre presentes na Administração Patrimonialista.

Constituem princípios orientadores do seu desenvolvimento, a profissionalização, a ideia de carreira, a hierarquia funcional, a impessoalidade, o formalismo, em síntese, o poder racional-legal, baseado na razão e na lei.

Essa Administração Pública Burocrática, que veio designar um método de organização racional e eficiente, surgiu na perspectiva de substituir a força do poder exercido por regimes autoritários. O grande empenho para a implantação da Administração Pública Burocrática se deve à tentativa de controlar o conteúdo da ação governamental, para evitar que os políticos agissem contra os interesses coletivos da comunidade.

A tentativa de controlar tudo na administração pública e de ditar o modo como as coisas deviam ser feitas, regulando os procedimentos e controlando os insumos, fez com que se passasse a ignorar resultados. A administração pública burocrática se concentra no processo legalmente definido, em definir procedimentos para todas as atividades, por exemplo, para contratar pessoal, para comprar bens e serviços.

Na burocrática, o controle vem em primeiro plano não se preocupando com a ineficiência promovida, mas sim com a maneira de se evitarem a corrupção e o nepotismo. Os controles administrativos com essa finalidade mencionada são sempre a **priori**. Parte-se de uma desconfiança prévia nos administradores públicos e nos cidadãos que a eles dirigem demandas. Por isso, são sempre necessários controles rígidos dos processos, como por exemplo, na admissão de pessoal, nas compras e no atendimento a demandas.

Por outro lado, o controle - a garantia do poder do Estado - transforma-se na própria razão de ser do funcionário. Em consequência, o Estado volta-se para si mesmo, perdendo a noção de sua missão básica, que é servir à sociedade.

Acompanhe-me

A qualidade fundamental da administração pública burocrática é a efetividade no controle dos abusos; seu defeito, a ineficiência, a autorreferência, a incapacidade de voltar-se para o serviço aos cidadãos vistos como clientes. Este defeito, entretanto, não se revelou determinante na época do surgimento da administração pública burocrática, porque os serviços do Estado eram muito reduzidos. O Estado limitava-se a manter a ordem e administrar a justiça, a garantir os contratos e a propriedade privada, tão somente.

Administração Pública Gerencial

A administração pública gerencial apresenta-se como solução para estes problemas da burocracia. Priorizam-se a eficiência da Administração, o aumento da qualidade dos serviços e a redução dos custos. Busca-se desenvolver uma cultura gerencial nas organizações, com ênfase nos resultados, e aumentar a governança do Estado, isto é, a sua capacidade de gerenciar com efetividade e eficiência.

Fique Ligado

O cidadão passa a ser visto de outra forma, tornando se peça essencial para o correto desempenho da atividade pública, por ser considerado seu principal beneficiário, o "cliente" dos serviços prestados pelo Estado. A administração gerencial constitui um avanço, mas sem romper em definitivo com a administração burocrática, uma vez que não nega todos os seus métodos e princípios.

Uma característica forte desse tipo de administração, uma maior participação da sociedade civil na prestação de serviços que não sejam exclusivos de Estado. São as chamadas entidades paraestatais, que compõem o terceiro setor, composto por entidades da sociedade civil de fins públicos e não lucrativos, como as organizações sociais e as organizações da sociedade civil de interesse público (OSs e as OSCIPs), havendo, pois, uma convivência pacífica entre o primeiro setor, que é o Estado, e com o segundo setor, que é o mercado.

Na administração gerencial, a noção de interesse público é diferente da que existe no modelo burocrático. A burocracia vê o interesse público como o interesse do próprio Estado. A administração pública gerencial nega essa visão, identificando esse interesse com o dos cidadãos, passando os integrantes da sociedade a serem vistos como clientes dos serviços públicos.

Atualmente, o modelo gerencial na Administração Pública vem cada vez mais se consolidando, com a mudança de estruturas organizacionais, o estabelecimento de metas a alcançar, a redução da máquina estatal, a descentralização dos serviços públicos, a criação das agências reguladoras para zelar pela adequada prestação dos serviços etc. O novo modelo propõe-se a promover o aumento da qualidade e da eficiência dos serviços oferecidos pelo Poder Público aos seus clientes: os cidadãos.

Algo que é bastante cobrado é o fato de a Administração Gerencial não abandonar todos os princípios da burocracia. A administração pública gerencial constitui um avanço e, até certo ponto, um rompimento com a administração pública burocrática. Isto não significa, entretanto, que negue todos os seus princípios. Pelo contrário, a administração pública gerencial está apoiada na anterior, da qual conserva, embora flexibilizando, alguns dos seus princípios fundamentais, como a admissão segundo rígidos critérios de mérito, a existência de um sistema estruturado e universal de remuneração, as carreiras, a avaliação constante de desempenho, o treinamento sistemático.

A diferença fundamental está na forma de controle, que deixa de basear-se nos processos para concentrar-se nos resultados, e não na rigorosa profissionalização da administração pública, que continua um princípio fundamental. Assim, podemos afirmar que a administração pública gerencial, possui alguns pressupostos básicos para desenvolver a administração, quais sejam:

- Definição precisa dos objetivos que o administrador público deverá atingir em sua unidade.
- Garantia de autonomia do administrador na gestão dos recursos humanos, materiais e financeiros que lhe forem colocados à disposição para que possa atingir os objetivos contratados.
- Controle ou cobrança a posteriori dos resultados.

Acompanhe-me

Afirma-se que a administração pública deve ser permeável à maior participação dos agentes privados e/ou das organizações da sociedade civil e deslocar a ênfase dos procedimentos (meios) para os resultados (fins). É a aplicação imediata do Princípio da Eficiência, o qual foi exteriorizado no art. 37, caput da CF/88, pela Emenda Constitucional de 1998.

Evolução da Administração Pública no Brasil

Esse é um assunto muito cobrado pelas bancas, pois exige um conhecimento histórico da administração pública, bem como, a sensibilidade de aplicar esse entendimento no atual sistema gerencial de administração. Então, é preciso compreender a cronologia do processo.

O modelo de administração burocrática emergiu a partir dos anos 30, na era Vargas. Surge no quadro da aceleração da industrialização brasileira, em que o Estado assume papel decisivo, intervindo pesadamente no setor produtivo de bens e serviços, fato esse, que perdura até hoje. Na mesma linha e com o objetivo de realizar a modernização administrativa, foi criado o Departamento Administrativo do Serviço Público - DASP, em 1936.

Nos primórdios, a administração pública sofre a influência da teoria da administração científica de Taylor, tendendo à racionalização mediante a simplificação, padronização e aquisição racional de materiais, revisão de estruturas e aplicação de métodos na definição de procedimentos. No que diz respeito à administração dos recursos humanos, o DASP representou a tentativa de profissionalizar a carreira pública, baseando-se, pois, no princípio do mérito profissional. Entretanto, embora tenham sido valorizados instrumentos importantes à época, tais como o instituto do concurso público e do treinamento, não se chegou a adotar consistentemente uma política de recursos humanos que respondesse às necessidades do Estado.

Pensando nessa ideia de modernização, ocorreu a reforma de 1967 pelo Decreto-Lei 200, o que constitui um marco na tentativa de superação da rigidez burocrática, podendo ser considerada, inclusive, um primeiro momento da administração gerencial no Brasil. Entretanto, as reformas operadas pelo Decreto-Lei 200/67 não desencadearam mudanças no âmbito da administração burocrática central, permitindo a coexistência de núcleos de eficiência e competência na administração indireta e formas arcaicas e ineficientes no plano da administração direta ou central. Essa tentativa de profissionalização foi interrompida no período militar, pela peculiaridade do tipo centralizador de governança, típico desse tipo de governo que não desenvolveu carreiras de administradores públicos de alto nível, preferindo, em vez disso, contratar os escalões superiores da administração por meio das empresas estatais. Essa fase perdurou por toda a administração militar, até meados da década de 80.

Nessa mesma época, registrou-se uma nova tentativa de reformar a burocracia e orientá-la na direção da administração pública gerencial, com a criação do Ministério da Desburocratização e do Programa Nacional de Desburocratização -PrND, cujos objetivos eram a revitalização e agilização das organizações do Estado, a descentralização da autoridade, a melhoria e simplificação dos processos administrativos e a promoção da eficiência. Foi o início da chamada "abertura política", feita pelo governo de Figueiredo (último presidente da era militar), uma espécie de preparação para a democracia, firmada principalmente após a promulgação da atual Constituição Federal, em 1988.

Após o surgimento da CF/88, ocorre um retrocesso burocrático sem precedentes. Sem que houvesse maior debate público, o Congresso Constituinte promoveu um surpreendente engessamento do aparelho estatal, ao estender para os serviços do Estado e para as próprias empresas estatais praticamente as mesmas regras burocráticas rígidas, ao passo que se inicia uma ingerência patrimonialista, com a concessão de vários privilégios, o que não se pode admitir com a administração burocrática. Nota-se aí, uma terrível incongruência, pois no momento em que se tenta iniciar uma administração gerencial, aplicam-se, ao mesmo tempo, as duas outras: a burocrática, com a extrema formalização, e a patrimonialista, com a concessão de cargos e regalias aos membros de partidos e colaboradores.

Dessa forma foi o início do atual sistema governamental brasileiro: com a mistura das formas anteriores de administração, permanecendo, mesmo que veladamente, até os dias atuais.

Reformas Administrativas

A partir de 1990, o Estado Brasileiro se vê diante da realidade do competitivismo internacional, evidenciado pela rápida abertura aos capitais e comércio internacionais, associada à privatização das empresas estatais e à redução do peso do Estado na economia. Começa a se redefinir o papel do Estado, que de um modelo paternalista, empresarial e burocrático deve, urgentemente, assumir o papel de gestor.

É notório que uma nação só se faz por meio de um esforço concentrado em produção, desenvolvimento econômico e investimento social. É justamente a partir dessa linha de raciocínio que o então Governo Federal lançou, a partir de 1995, uma ampla reforma na máquina estatal, conhecido como "Plano Diretor da Reforma do Aparelho do Estado", o qual definiu objetivos e estabeleceu diretrizes para a reforma da administração pública brasileira.

A reforma do Estado deve redefinir o seu papel, que deixa de ser o de responsável direto pelo desenvolvimento econômico e social pela via da produção de bens e serviços, para ser o de promotor e regulador desse desenvolvimento. Reformar o Estado significa transferir para o setor privado as atividades que podem ser controladas pelo mercado.

A "Reforma do Aparelho do Estado", que teve início na década de 90, principalmente no governo FHC, que iniciou a abertura do capital público, com as chamadas PRIVATIZAÇÕES, irá refletir a médio e a longo prazo no país. A reforma visava atingir os objetivos do neoliberalismo; que, em linhas gerais, é o estabelecimento do "Estado Mínimo", reduzido, em oposição ao Estado "inchado" e paternalista, que mostra tendências de retorno, com a atual administração federal.

A Constituição Federal brasileira, promulgada após duas décadas de ditadura, trouxe muitas inovações na área administrativa, mantendo, ainda, alguns ditames do sistema burocrático, remediado dez anos depois, com a publicação da Emenda Constitucional nº 19/ 1998, a qual trouxe uma profunda reforma na Carta Magna, pois abrangeu um grande número de dispositivos constitucionais.

Além disso, alterou profundamente as bases da Administração Pública brasileira, desviando-se do modelo social criado pelos constituintes de 1988 para um modelo mais liberal, inspirado em esboços da administração privada. Buscava-se, enfim, a reestruturação da nação, como a redução da interferência do Estado na economia, a redução do déficit público e a melhoria na qualidade e eficiência dos serviços públicos e prováveis alterações nos mecanismos de controle dos recursos públicos.

Um ponto que vale destacar com relação à Emenda está na abertura para a elaboração de uma futura lei que venha a disciplinar as formas de participação do cidadão na administração pública direta e indireta, como regulamenta o § 3° do artigo 37 da CF/88:

> ***Art. 37- § 3º*** *- A lei disciplinará as formas de participação do usuário na administração pública direta e indireta, regulando especialmente:*
>
> *I. as reclamações relativas à prestação dos serviços públicos em geral, asseguradas a manutenção de serviços de atendimento ao usuário e a avaliação periódica, externa e interna, da qualidade dos serviços;*
>
> *II. o acesso dos usuários a registros administrativos e a informações sobre atos de governo, observado o disposto no art. 5º, X e XXXIII;*
>
> *III. a disciplina da representação contra o exercício negligente ou abusivo de cargo, emprego ou função na administração pública.*

Esse dispositivo prestigia o princípio da moralidade administrativa, determinando sua imprescindível observância na prática de qualquer ato pela Administração Pública e criando um instrumento de defesa do cidadão nos mesmos moldes do Código de Defesa do Consumidor, ou algo como uma Lei de Defesa do Usuário dos Serviços Públicos.

Outro detalhe importante da Emenda Constitucional é a rígida observação do controle da despesa pública com pessoal ativo e inativo da União, dos Estados e dos Municípios, que não poderá ser superior a limites fixados em lei complementar. Estes limites foram fixados, posteriormente, pela Lei Complementar n° 101, de 04/05/2000. A Emenda trouxe, ainda, novidades no que diz respeito à remuneração de alguns servidores específicos, visando evitar a ultrapassagem de teto constitucional:

> ***Art. 37 - XI.*** *a remuneração e o subsídio dos ocupantes de cargos, funções e empregos públicos da administração direta, autárquica e fundacional, dos membros de qualquer dos Poderes da União, dos Estados, do Distrito Federal e dos Municípios, dos detentores de mandato eletivo e dos demais agentes políticos e os proventos, pensões ou outra espécie remuneratória, percebidos cumulativamente ou não, incluídas as vantagens pessoais ou de qualquer outra natureza, não poderão exceder o subsídio mensal, em espécie, dos Ministros do Supremo Tribunal Federal.*

Já no artigo 39, § 4° da Emenda, abriu-se o precedente para uma forma de remuneração denominada subsídio para os membros de poder, que será uma única parcela, estando proibido qualquer adicional, abono, prêmio, verba de representação ou outra espécie de remuneração, sempre obedecendo ao disposto no artigo 37, incisos X e XI, sobre a fixação de teto:

A Emenda também incluiu um dispositivo na Carta Magna que obriga os poderes Executivo, Legislativo e Judiciário a publicar, anualmente, os valores do subsídio e da remuneração dos cargos e empregos públicos. Assim, a sociedade tomará conhecimento dos valores percebidos pelos detentores do Poder e seus servidores públicos. Existem outros postos que merecem ser ressaltados nas inovações trazidas pela Emenda n° 19/98, como as profundas alterações no chamado "terceiro setor" da Administração Pública, criando figuras como as "organizações sociais", mas por ora deixaremos este registro a título de destaque.

Por fim, não se pode deixar de mencionar a nova redação do caput do art. 37 da Constituição Federal, que resume, de certa forma, o espírito da Reforma Administrativa de 1998. Reza o presente artigo que:

> ***Art. 37.*** *A administração pública direta e indireta de qualquer dos Poderes da União, dos Estados e do Distrito Federal e dos Municípios obedecerá aos princípios da legalidade, impessoalidade, moralidade, publicidade e eficiência.*

O princípio da eficiência, grafado no texto constitucional, como princípio expresso, denota o caráter profissional que a nova Administração Pública tem que ter. Frisa-se que já existia tal princípio, porém, de forma implícita e esquecida pelos administradores.

Princípios e Sistemas de Administração Federal

→ Os Princípios Fundamentais da Administração Pública Federal são os seguintes:

- **Planejamento:** estudo e estabelecimento das diretrizes e metas que deverão orientar a ação governamental, por meio de um plano geral de governo, programas globais, setoriais e regionais de duração plurianual, do orçamento, programa anual e da programação financeira de desembolso.
- **Coordenação:** harmonizar todas as atividades da Administração submetendo-as ao que foi planejado e poupando desperdício. Na Administração Federal, a coordenação é da competência da Casa Civil da Presidência da República. O objetivo é propiciar soluções integradas e em sincronia com a política geral e setorial do Governo.
- **Descentralização:** objetivo é descongestionar a Administração Federal por meio de:
  - **Desconcentração administrativa**: repartição de função entre vários órgãos (despersonalizados) de uma mesma Administração sem quebrar a hierarquia.
  - **Delegação de execução de serviço**: pode ser particular ou pessoa administrativa, mediante convênio ou consórcio.
  - **Execução indireta**: mediante contratação de particulares, precedida de licitação, salvo nos casos de dispensa por impossibilidade de competição.
- **Delegação de Competência**: as autoridades da Administração transferem atribuições decisórias a seus subordinados, mediante ato próprio que indique autoridade delegante, a delegada e o objeto da delegação. Tem caráter facultativo e transitório, apoiando-se em razões de oportunidade e conveniência e na capacidade do delegado. Só é delegável a competência para a prática de atos e decisões administrativas. Não podem ser delegados:
  - Atos de natureza política (sanção e veto).
  - Poder de tributar.
  - Edição de atos de caráter normativo.
  - Decisão de recursos administrativos.
  - Matérias de competência exclusiva dos órgãos ou autoridade.
- Controle: no âmbito da Administração direta, preveem se:
  - Controle de execução e normas específicas: feito pela chefia competente.
  - Controle do atendimento das normas gerais reguladoras do exercício das atividades auxiliares: organizadas sob a forma de sistemas (pessoal, auditoria) realizada pelos órgãos próprios de cada sistema.
  - Controle de aplicação dos dinheiros públicos: é o próprio sistema de contabilidade e auditoria realizado, em cada Ministério, pela respectiva Secretaria de Controle Interno.

A Organização do Estado e da Administração Pública

A organização da República Federativa do Brasil está presente na Constituição Federal de 1988. É preciso que haja correta organização para que os objetivos da Administração Pública sejam cumpridos. A fim de facilitar a organização dos Estados Brasileiros, focalizou-se a divisão político-administrativa.

A organização do estado é formada pelo Poder Executivo, Poder Judiciário e Poder Legislativo, partindo a teoria da tripartição dos poderes. A administração pública federal é feita em três níveis, cada um com sua função geral e específica:

→ **Nível Federal** - representada pela União, que realiza a administração pública, ela formada por um conjunto de pessoas jurídicas de direito público.

→ **Nível Estadual** - os Estados e o Distrito Federal realizam a administração pública.

→ **Nível Municipal** - os Poderes Legislativo, Executivo e Judiciário realizam a administração pública nos municípios.

Administração Pública Direta e Indireta

Na execução dos serviços públicos, existe uma divisão estrutural, que pode ser compreendida como administração pública **direta** e **indireta** conforme a seguir:

→ **Administração Pública Direta**: é coordenada pela estrutura governamental, a qual exerce autoridade financeira, política e administrativa. Para o nível federal, é fica a cargo do Presidente da República com a ajuda dos ministros. Para o nível estadual é o Governador, auxiliado pelas Secretarias de Estado. Para o nível municipal, identificam-se o Prefeito e as secretarias municipais como responsáveis.

→ **Administração Pública Indireta:** ou em razão de lei, há uma atribuição de funções da administração direta para outras pessoas jurídicas. Nesse caso, pode-se dizer que existe somente autonomia administrativa e financeira, de modo que sempre exista uma vinculação ao órgão de origem. Alguns exemplos de administração indireta são: autarquias, entidades *paraestatais*, fundações, que são instituídas a fim de dar conta de serviços públicos ou que possuam interesse dessa natureza.

Formas de Descentralização Administrativa

→ **Concessão**: é a delegação de sua prestação feita pelo poder concedente mediante licitação na modalidade concorrência à pessoa que demonstre capacidade para seu desempenho, por sua conta e risco e por prazo determinado. Essa é a redação da Lei 8987/95.

→ **Autorização**: autorização é diferente de licença, porque a autorização é ato discricionário, ao passo que a licença é vinculado. Na licença, o interessado tem direito de obtê-la, e pode exigi-la, desde que preencha certos requisitos, por exemplo: licença para dirigir veículo. A autorização apresenta-se em três modalidades:

a) **autorização de uso**: em que um particular é autorizado a utilizar bem público de forma especial, como na autorização de uso de uma rua para realização de uma quermesse.

b) **autorização de atos privados controlados:** em que o particular não pode exercer certas atividades sem autorização do poder público, são atividades exercidas por particulares, porém consideradas de interesse público.

c) **autorização de serviços públicos**: coloca-se ao lado da concessão e da permissão de serviços públicos, destina-se a serviços muito simples, de alcance limitado, ou a trabalhos de emergência.

→ **Permissão**: é a delegação, a título precário, mediante licitação da prestação de serviços públicos feita pelo poder concedente, a pessoa que demonstre capacidade de desempenho por sua conta e risco.

Governabilidade, Governança e *Accountability*

A seguir apresentam-se os conceitos de governabilidade, governança e *accountability*:

→ **Governança**: é a capacidade de o Estado implementar eficientemente as políticas públicas. A Governança tem um sentido amplo, denotando articulação entre Estado e sociedade. A governança pode ser entendida como a outra face de um mesmo processo, ou seja, como os aspectos adjetivos/instrumentais da governabilidade. Em geral, entende-se a governança como a capacidade que um determinado governo tem para formular e implementar as suas políticas. A fonte da governança não são os cidadãos ou a cidadania organizada em si mesma, mas sim um prolongamento desta, ou seja, são os próprios agentes públicos ou servidores do Estado que possibilitam a formulação/implementação correta das políticas públicas e representam a face deste diante da sociedade civil e do mercado, no setor de prestação de serviços diretos ao público.

→ **Governabilidade**: é um conceito ligado ao exercício do poder, é o direito, é a legitimidade de representar os direitos do povo. A Governabilidade denota um conjunto essencial de atributos de um governo a fim de executar sua gestão. Governabilidade refere-se às próprias condições substantivas/materiais de exercício do poder e de legitimidade do Estado e do seu governo derivadas da sua postura diante da sociedade civil e do mercado. Pode ser concebida como a autoridade política do Estado em si, entendida como a capacidade que este tem para agregar os múltiplos interesses dispersos pela sociedade e apresentar-lhes um objetivo comum para curto, médio e longo prazos. A fonte ou origem principal da governabilidade são os cidadãos e a cidadania organizada, ou seja, é a partir deles (e da sua capacidade de articulação em partidos, associações e demais instituições representativas) que surgem e se desenvolvem as condições citadas acima como imperativas para a governabilidade plena.

→ ***Accountabillity* ("prestar contas")**: processo de responsabilização do servidor público perante a sociedade. A *Accountability* relaciona-se ao princípio da publicidade. A demanda por *accountability* se origina da opacidade do poder, de um contexto de informação imperfeita, e tem como eixo básico o princípio da publicização. O exercício da *accountability* só tem sentido se remete ao espaço público, de forma a preservar as suas três dimensões: informação, justificação, punição.

a) **Vertical** - responsabilidade (fiscalização) por parte do cidadão.

b) **Horizontal** - responsabilidade (fiscalização) por parte de outra instituição pública. A *Accountability* horizontal requer a institucionalização de poderes para aplicação de sanções legais em atos verificados como nocivos à gestão pública.

O Governo Empreendedor

A gestão pública empreendedora é baseada em avaliações contínuas da sociedade para ajustar suas estratégias, planos e metas, bem como a sua ação implementadora, visando resultados que melhor respondam às demandas dos cidadãos como clientes (MATIAS-PEREIRA, 2009, p. 161-162).

→ A seguir apresentam-se os princípios básicos para um governo empreendedor:

> Ser um governo catalisador;
> Ser um governo competitivo (sendo, para isso, necessária a quebra de monopólios, a fim de liberar as forças de mercado);
> Ser um governo inspirado em missões;
> Ser um governo orientado a resultados;
> Ser um governo voltado para os clientes (os cidadãos que são "compradores" de serviços públicos);
> Ser um governo descentralizador;
> Ser um governo da comunidade;
> Ser um governo orientado para o mercado.

Além disso, o governo deve primar pelo controle primário, entendido este, como o controle realizado pelo próprio gestor, diferenciando-se, portanto, dos controles interno e externo da Administração.

Governo Eletrônico

De acordo com o site www.governoeletronico.gov.br:

Os impactos globais trazidos pelas tecnologias da informação e comunicação, em especial, a Internet, fizeram surgir uma nova sociedade de indivíduos que, cada vez mais conectados, produzem serviços e se beneficiam do conhecimento e das milhares de informações disponíveis na rede.

→ No Brasil, a política de Governo Eletrônico segue um conjunto de diretrizes que atuam em três frentes fundamentais:

> Junto ao cidadão;

> Na melhoria da sua própria gestão interna;

> Na integração com parceiros e fornecedores.

Diretrizes

As diretrizes gerais de implantação e operação do Governo Eletrônico funcionam no âmbito dos Comitês Técnicos de Governo Eletrônico e servem de referência para estruturar as estratégias de intervenção, sendo adotadas como orientações para todas as ações de governo eletrônico, gestão do conhecimento e gestão da TI em toda a Administração Pública Federal. Segue abaixo as diretrizes gerais:

→ A prioridade do Governo Eletrônico é a promoção da cidadania:

A política de governo eletrônico do governo brasileiro abandona a visão que vinha sendo adotada, que apresentava o cidadão-usuário antes de mais nada como "cliente" dos serviços públicos, em uma perspectiva de provisão de inspiração neoliberal. O deslocamento não é somente semântico. Significa que o governo eletrônico tem como referência os direitos coletivos e uma visão de cidadania que não se restringe à somatória dos direitos dos indivíduos. Assim, forçosamente incorpora a promoção da participação e do controle social e a indissociabilidade entre a prestação de serviços e sua afirmação como direito dos indivíduos e da sociedade.

→ A Inclusão Digital é indissociável do Governo Eletrônico:

A Inclusão digital deve ser tratada como um elemento constituinte da política de governo eletrônico, para que esta possa configurar-se como política universal. Esta visão funda-se no entendimento da inclusão digital como direito de cidadania e, portanto, objeto de políticas públicas para sua promoção. Entretanto, a articulação à política de governo eletrônico não pode levar a uma visão instrumental da inclusão digital. Esta deve ser vista como estratégia para construção e afirmação de novos direitos e consolidação de outros pela facilitação de acesso a eles. Não se trata, portanto, de contar com iniciativas de inclusão digital somente como recurso para ampliar a base de usuários (e, portanto, justificar os investimentos em governo eletrônico), nem reduzida a elemento de aumento da empregabilidade de indivíduos ou de formação de consumidores para novos tipos ou canais de distribuição de bens e serviços.

Além disso, enquanto a inclusão digital concentra-se apenas em indivíduos, ela cria benefícios individuais mas não transforma as práticas políticas. Não é possível falar de práticas políticas sem que se fale também da utilização da tecnologia da informação pelas organizações da sociedade civil em suas interações com os governos, o que evidencia o papel relevante da transformação dessas mesmas organizações pelo uso de recursos tecnológicos.

→ O Software Livre é um recurso estratégico para a implementação do Governo Eletrônico:

O software livre deve ser entendido como opção tecnológica do governo federal. Onde possível, deve ser promovida sua utilização. Para tanto, deve-se priorizar soluções, programas e serviços baseados em software livre que promovam a otimização de recursos e investimentos em tecnologia da informação. Entretanto, a opção pelo software livre não pode ser entendida somente como motivada por aspectos econômicos, mas pelas possibilidades que abre no campo da produção e circulação de conhecimento, no acesso a novas tecnologias e no estímulo ao desenvolvimento de software em ambientes colaborativos e ao desenvolvimento de software nacional. A escolha do software livre como opção prioritária onde cabível, encontra suporte também na preocupação em garantir ao cidadão o direito de acesso aos serviços públicos sem obrigá-lo a usar plataformas específicas.

→ A gestão do conhecimento é um instrumento estratégico de articulação e gestão das políticas públicas do Governo Eletrônico:

A Gestão do Conhecimento é compreendida, no âmbito das políticas de governo eletrônico, como um conjunto de processos sistematizados, articulados e intencionais, capazes de assegurar a habilidade de criar, coletar, organizar, transferir e compartilhar conhecimentos estratégicos que podem servir para a tomada de decisões, para a gestão de políticas públicas e para inclusão do cidadão como produtor de conhecimento coletivo.

→ O Governo Eletrônico deve racionalizar o uso de recursos:

O governo eletrônico não deve significar aumento dos dispêndios do governo federal na prestação de serviços e em tecnologia da informação. Ainda que seus benefícios não possam ficar restritos a este aspecto, é inegável que deve produzir redução de custos unitários e racionalização do uso de recursos. Grande parte das iniciativas de governo eletrônico pode ser realizada através do compartilhamento de recursos entre órgãos públicos. Este compartilhamento pode se dar tanto no desenvolvimento quanto na operação de soluções, inclusive através do compartilhamento de equipamentos e recursos humanos. Deve merecer destaque especial o desenvolvimento compartilhado em ambiente colaborativo, envolvendo múltiplas organizações.

→ O Governo Eletrônico deve contar com um arcabouço integrado de políticas, sistemas, padrões e normas:

O sucesso da política de governo eletrônico depende da definição e publicação de políticas, padrões, normas e métodos para sustentar as ações de implantação e operação do Governo Eletrônico que cubram uma série de fatores críticos para o sucesso das iniciativas.

→ Integração das ações de Governo Eletrônico com outros níveis de governo e outros poderes:

A implantação do governo eletrônico não pode ser vista como um conjunto de iniciativas de diferentes atores governamentais que podem manter-se isoladas entre si. Pela própria natureza do governo eletrônico, este não pode prescindir da integração de ações e de informações. A natureza federativa do Estado brasileiro e a divisão dos Poderes não pode significar obstáculo para a integração das ações de governo eletrônico. Cabe ao Governo Federal um papel de destaque nesse processo, garantindo um conjunto de políticas, padrões e iniciativas que garantam a integração das ações dos vários níveis de governo e dos três Poderes.

GesPública

O Programa Nacional de Gestão Pública e Desburocratização - GesPública - foi instituído pelo Decreto nº 5.378 de 23 de fevereiro de 2005 e é o resultado da evolução histórica de diversas iniciativas do Governo Federal para a promoção da gestão pública de excelência, visando a contribuir para a qualidade dos serviços públicos prestados ao cidadão e para o aumento da competitividade do País.

Visto como uma política pública fundamentada em um modelo de gestão específico, o Programa tem como principais características o fato de ser essencialmente público - orientado ao cidadão e respeitando os princípios constitucionais da impessoalidade, da legalidade, da moralidade, da publicidade e da eficiência -, de ser contemporâneo - alinhado ao estado-da-arte da gestão -, de estar voltado para a disposição de resultados para a sociedade - com impactos na melhoria da qualidade de vida e na geração do bem comum - e de ser federativo - com aplicação a toda a administração pública, em todos os poderes e esferas do governo.

Modelo de Excelência em Gestão Pública (MEGP)

Por sua vez, o Modelo de Excelência em Gestão Pública (MEGP) representa a principal referência a ser seguida pelas instituições públicas que desejam aprimorar constantemente seus níveis de gestão. Como todo modelo de gestão, o MEGP contém diretrizes expressas em seus critérios de excelência gerencial (liderança, estratégias e planos, cidadãos, sociedade, informação e conhecimento, pessoas, processos e resultados), técnicas e tecnologias para sua aplicação (como, por exemplo, a Carta de Serviços ao Cidadão, o Instrumento Padrão de Pesquisa de Satisfação, o Guia de Gestão de Processos, o Guia 'd' Simplificação Administrativa e o Instrumento de Avaliação da Gestão) e práticas de gestão implantadas com sucesso. Para que tanto o Modelo de Excelência em Gestão Pública quanto o próprio Programa GesPública acompanhem a dinâmica da sociedade brasileira e estejam em conformidade com as necessidades dos cidadãos, são fundamentais ações contínuas de inovação do modelo, de sua comunicação e de garantia de sua sustentabilidade.

Com o Decreto Presidencial que instituiu 2009 como o Ano Nacional da Gestão Pública, a estratégia do Programa para cumprimento de sua missão foi ajustada de forma a facilitar a construção coletiva de uma agenda de gestão e a adesão das instituições aos princípios da Carta de Brasília, documento elaborado em conjunto pelo Ministério do Planejamento e pelo CONSAD (conselho nacional de secretários de Estado da administração) que contém um conjunto de orientações para a melhoria da gestão pública em nosso País. Em especial, foi criado um fórum nacional permanente de discussão do tema, foi lançado o Portal Nacional da Gestão Pública (www.gespublica.gov.br) e os processos de trabalho que sustentam o GesPública passaram a ser a articulação, o fomento e a mobilização de redes de gestão, com geração de conhecimento em gestão pública.

Sendo assim o modelo de Excelência em Gestão Pública, de padrão internacional, é a representação de um sistema de gestão que visa aumentar a eficiência, a eficácia e a efetividade das ações executadas, para levar as organizações públicas brasileiras a padrões elevados de desempenho e de qualidade em gestão.

(http://www.gespublica.gov.br)

Princípios da Administração Pública ("*caput*" do art. 37 da CF88)

→ **Legalidade**: "caput" do art. 37 e art. 5º Da CF: subordinação do poder público à previsão legal. Só pode fazer o que a lei determina.

→ **Impessoalidade**: objetividade no atendimento do interesse público, vedada a promoção pessoal de agentes ou autoridades. Não é possível prejudicar ou favorecer determinadas pessoas (princípio da finalidade).

→ **Moralidade administrativa**: art. 2º da Lei 9.784/99; art. 37, §4º da CF: atuação segundo padrões éticos de probidade, decoro e boa-fé.

→ **Publicidade**: art. 37, §1º da CF; art. 5º, XXXII da CF: deverá ter caráter educativo, informativo ou de orientação social, não podendo constar nomes, símbolos ou imagens que caracterizem promoção pessoal de autoridades ou servidores públicos.

→ **Eficiência**: EC 19/98 - Exige-se a apresentação de resultados positivos para o serviço público e satisfatório atendimento das necessidades do administrado.

→ **Razoabilidade**: não cabe à Administração Pública decidir de maneira irracional, fora dos padrões de normalidade da sociedade.

→ **Proporcionalidade**: art. 2º, §único, VI da Lei 9.784/99: adequação entre meios e fins, vedada a imposição de obrigações, restrições e sanções em medida superior àquelas estritamente necessárias ao atendimento do interesse público.

→ **Motivação**: a administração Pública tem que expor seus motivos.

No decorrer da história, houve uma evolução da Administração Pública passando por três modelos básicos: a Administração Pública Patrimonialista; a Administração Pública Burocrática; e a Administração Pública Gerencial.

Nenhum dos modelos antecessores foi inteiramente abandonado. Atualmente, predominam duas formas de Administração Pública: a Burocrática e a Gerencial. A Administração Pública Burocrática é baseada no formalismo e na ênfase ao controle dos processos, tendo como vantagens a segurança e a efetividade das decisões.

A Administração Pública Gerencial é caracterizada pela eficiência dos serviços prestados aos cidadãos. No nosso sistema governamental, há quatro espécies de Administração Pública:

→ **Administração Pública Federal**: representada pela União, tem por finalidade o dever de administrar os interesses.

→ **Administração Pública do Distrito Federal**: representada pelo Distrito Federal, tem por finalidade atender aos interesses da população ali residente, e ser responsável pelo recebimento de representações diplomáticas ao Brasil quando em visita.

→ **Administração Pública Estadual**: promove todas as iniciativas para satisfazer os interesses da população de seu limite territorial geográfico como estado – membro.

→ **Administração Pública Municipal**: zelar pelos interesses da população local dentro dos Limites territoriais do município.

Exercício Comentado

01. *Segundo Meirelles (1985), administrar é gerir interesses segundo a lei, a moral e a finalidade dos bens entregues à guarda e à conservação alheias. Se os bens e interesses geridos são individuais, realiza-se a administração privada; se são coletivos, realiza-se a administração pública. Neste contexto, assinale a opção que não apresenta um dos princípios que norteiam a Administração Pública.*

a) *Legalidade: presa aos mandamentos da lei, deles não podendo se afastar, sob pena de invalidade do ato.*

b) *Impessoalidade: qualquer atividade de gestão pública deve ser dirigida a todos os cidadãos, sem determinação de pessoa ou discriminação de qualquer natureza.*

c) *Finalidade: impõe-se à administração pública a prática de atos voltados para o interesse público.*

d) *Habilidade: por parte daqueles encarregados das operações, para dirigir e coordenar estas operações a fim de que sejam cumpridos os planos.*

e) *Igualdade: todos os cidadãos são iguais perante a lei e, portanto, perante a administração pública.*

RESPOSTA. "D". Habilidade não é princípio da administração pública.

Anotações

CAPÍTULO 05

Gestão da Qualidade

Qualidade é o atendimento das exigências do cliente. A qualidade deve ter como objetivo as necessidades do usuário, presentes e futuras. Ela representa também a adequação à finalidade ou ao uso, ou ainda a conformidade com as exigências.

→ A gestão da qualidade total (TQM - *Total Quality Management*) possui os seguintes objetivos (focos):

> Aumentar a satisfação e qualidade dos clientes;
> Aumentar a produtividade;
> Reduzir os custos internos;
> Melhorar a imagem e os processos de modo contínuo;
> Possibilitar acesso mais fácil a novos mercados.

Além disso, a melhoria contínua é um dos seus principais objetivos "fazer cada vez melhor o que já é bem feito". A filosofia da melhoria contínua deriva do *kaizen* (do japonês *kai*, que significa mudança e *zen*, que significa bom). O *kaizen* é uma filosofia de contínuo melhoramento de todos os empregados da organização, de maneira que realizem suas tarefas um pouco melhor a cada dia.

Ferramentas da Qualidade

O uso de ferramentas adequadas é fundamental para que o programa de qualidade consiga implementar todos os seus objetivos e alcançar a qualidade total. A seguir serão abordadas algumas das principais ferramentas da qualidade.

Ciclo PDCA

A partir do entendimento dos processos como estratégicos para o sucesso na busca pelos objetivos organizacionais, é possível evidenciar a inegável proximidade da Gestão de Processos com o ciclo de melhoria contínua da Qualidade – PDCA. As ações de gestão sobre o ciclo de vida dos processos são praticamente espelhadas nos conceitos de melhoria contínua destes a partir das etapas do contínuo ciclo PDCA (*Plan, Do, Check, Act*) – esse ciclo é também base para as ações de qualidade.

Ciclo PDCA - Problema (fato)

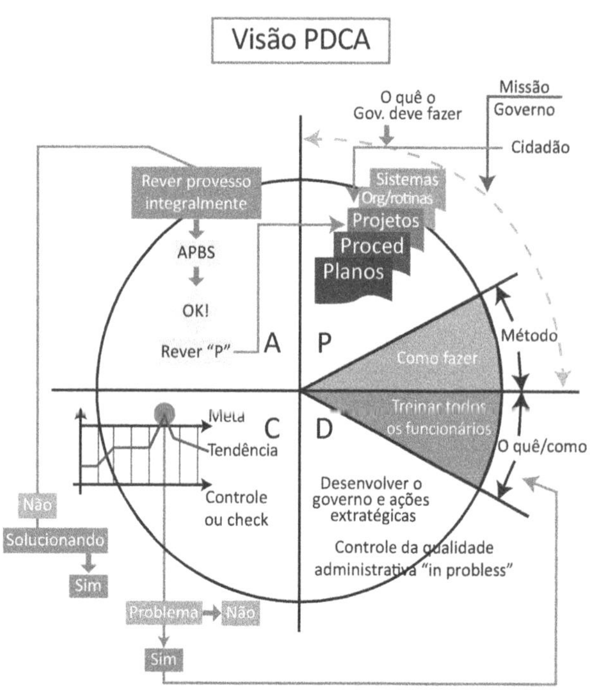

O **ciclo PDCA** (*Plan-Do-Check-Act*) é uma sequência de ações que podem ser utilizadas para controlar algum processo. É uma ferramenta administrativa que auxilia na organização de um projeto ou processo. Seu nome deve-se à abreviatura de verbos em inglês e tem os seguintes significados dentro do ciclo:

> *Plan* – Planejar.
> *Do* - Executar, fazer.
> *Check* - Verificar, checar.
> *Act* – Agir.

Devido a essa grande utilidade e ao fato de ajudar a evitar erros, o **PDCA** é considerada uma ferramenta de qualidade que pode ser utilizada em micro, pequena, média ou grande empresa, empresa pública ou privada, e isso porque ele é um método rápido e eficaz na resolução de problemas, que tem o objetivo de garantir que todos os resultados possam ser controlados de forma que a eficiência de cada um possa ser ainda melhor.

5W2H

Essa ferramenta vai determinar os passos para o planejamento e também serve como um *checklist* de determinadas atividades que precisam ser desenvolvidas com o máximo de clareza possível por parte dos colaboradores da empresa.

O nome desta ferramenta foi assim estabelecido por juntar as primeiras letras dos nomes (em inglês) das diretrizes utilizadas neste processo. Abaixo é possível ver cada uma delas e o que elas representam:

> *What* – O que será feito? (etapas)
> *Why* – Por que será feito? (justificativa)
> *Where* – Onde será feito? (local)
> *When* – Quando será feito? (tempo)
> *Who* – Por quem será feito? (responsabilidade)
> *How* – Como será feito? (método)
> *How much* – Quanto custará fazer? (custo)

5W2H

P								D
P 1 - PLANO DE AÇÃO PROPOSTA / PROJETO / ESTRATÉGIA:					META OBJETIVO: META PRAZO: META VALOR:			INDICADOR
	MEDIDA ou AÇÕES (O Quê)	Quando	Onde	Quem	Razão, Por que, Por Quem	Como (Procedimento)	Quanto (R$)	Posição _/_/_
1								
2								
3								
4								
5								
6								
7								
8								
9								

EM ANDAMENTO → REALIZADO ↑ A SER FEITO ↓

Antes de utilizar o 5W2H, é preciso estabelecer uma estratégia de ação para identificação e proposição de soluções de determinados problemas que queira sanar. Para isso, pode-se utilizar o brainstorming.

Brainstorming

Brainstorming significa "tempestade cerebral" ou "tempestade de ideias". É uma atividade que serve para testar e explorar a capacidade criativa de indivíduos ou de um determinado grupo. É formada pelos termos ingleses "*brain*" (cérebro) e "*storm*" tempestade).

→ Os princípios para um brainstorming bem sucedido são:

> Atraso de julgamento.

> Criatividade em quantidade e qualidade das ideias.

> Ambiente encorajador e sem críticas.

> Trabalho em grupo. Pegar carona nas ideias dos outros deve ser incentivado.

→ As quatro principais regras do brainstorming são:

> Críticas são rejeitadas.

> Criatividade é bem-vinda.

> Quantidade é necessária.

> Combinação e aperfeiçoamento.

→ O brainstorming pode ser feito estruturado ou não estruturado:

> No brainstorming estruturado os participantes lançam ideias seguindo uma sequência preestabelecida. Quando chega a sua vez, você lança a sua ideia. A vantagem desta forma é que propicia oportunidade iguais a todos os participantes, gerando maior envolvimento.

> No brainstorming não estruturado as ideias são lançadas aleatoriamente, sem uma sequencia pré-definida. Isso cria um ambiente mais informal, porém com risco dos mais falantes dominarem a cena.

Brainwriting

É uma variação do brainstorming, na qual as ideias são escritas, trazendo ordem e calma ao processo. Evita efeitos negativos de reuniões, como a influência da opinião de coordenadores e chefes, ou a dificuldade em verbalizar rapidamente as ideias. O tema é passado pelo coordenador. Cada participante escreve até ideias em um papel e, ao fim de cinco minutos, os participantes trocam os papéis, em rodízio. O vizinho recebe o papel e acrescenta mais três ideias correlatas. O processo continua até que cada um receba o seu papel de volta. A partir daí, segue a mesma sequência do brainstorming.

Diagrama *Ishikawa* (Espinha-de-Peixe)

O Diagrama Espinha-de-Peixe tem como finalidade explorar e indicar todas as causas possíveis de uma condição ou um problema específico. O Diagrama de Causa e Efeito foi desenvolvido para representar a relação entre o efeito e todas as possibilidades de causa que podem contribuir para esse efeito. Também conhecido como Diagrama de *Ishikawa*, foi desenvolvido por *Kaoru Ishikawa*, da Universidade de Tóquio, em 1943, onde foi utilizado para explicar para o grupo de engenheiros da *Kawasaki Steel Works* como vários fatores podem ser ordenados e relacionados.

Diagrama de *Ishikawa*

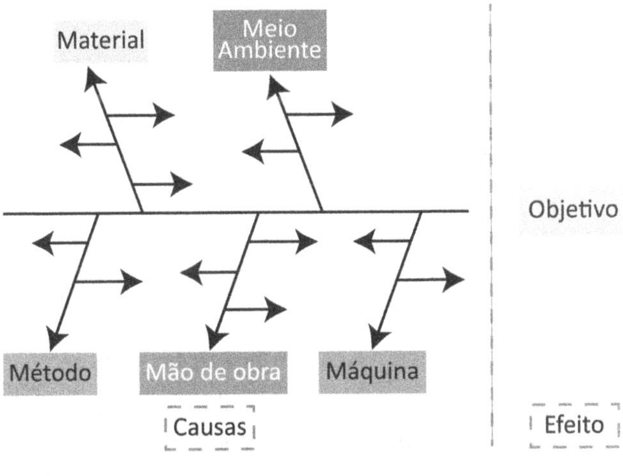

Folhas de Verificação

As folhas de verificação (*checklist*) são tabelas ou planilhas simples usadas para facilita a coleta e análise de dados. O uso das folhas de verificação economiza tempo, eliminando o trabalho de desenhar figuras ou escrever números repetitivos. São formulários planejados, nos quais os dados coletados são preenchidos de forma fácil e concisa. Registram os dados dos itens a serem verificados, permitindo uma rápida percepção da realidade e uma imediata interpretação da situação, ajudando a diminuir erros e confusões.

Diagrama de Pareto

O Diagrama de Pareto tem como finalidade mostrar a importância de todas as condições, a fim de: escolher o ponto de partida para solução do problema; identificar a causa básica do problema e monitorar o sucesso. Vilfredo Pareto foi um economista italiano que descobriu que a riqueza não era distribuída de maneira uniforme. Ele formulou que aproximadamente 20% do povo detinha 80% da riqueza, criando uma condição de distribuição desigual. Os Diagramas de Pareto podem ser usados para identificar o problema mais importante por meio do uso de diferentes critérios de medição, como frequência ou custo.

Diagrama de Pareto

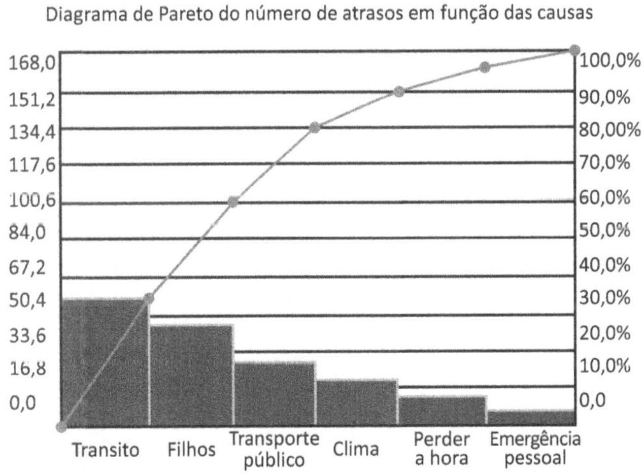

Vale ressaltar que, além dessas ferramentas, existem muitas outras que a organização pode usar em seu programa de qualidade, visando à melhoria contínua de todos os seus processos e gestão.

Exercício Comentado

01. ***Após analisar diversas ferramentas da qualidade, uma determinada empresa optou por uma ferramenta que possui as seguintes características: i) liberação da criatividade; ii) ausência de julgamento prévio; iii) registro das ideias; iv) capacidade de síntese; e v) ausência de hierarquia durante o processo. A ferramenta que possui as características apresentadas é o diagrama de Pareto.***

ERRADO. O Diagrama de Pareto tem como finalidade mostrar a importância de todas as condições, a fim de escolher o ponto de partida para solução do problema e identificar a causa básica do problema e monitorar o sucesso. Entretanto a questão aborda diversas características de outra ferramenta da qualidade chamada do brainstorming.

CAPÍTULO 06

Gestão por Projetos

Um projeto pode ser definido como um esforço temporário empreendido para criar um produto, serviço ou resultado exclusivo.

Quanto se fala em esforço temporário, isso significa que todos os projetos possuem um início e um final definidos. Porém um projeto temporário não significa projeto de curta duração, pois muitos projetos podem durar vários anos. Projetos não são esforços contínuos.

Natureza Temporária, Entregas Exclusivas e Elaboração Progressiva

A natureza temporária dos projetos possui as seguintes características:

→ **Oportunidade do mercado**: essa oportunidade geralmente é temporária, pois alguns projetos têm um prazo limitado durante o qual seu produto ou serviço deve ser gerado.

→ **Equipe do projeto**: a equipe de projeto é uma unidade de trabalho e raramente sobrevive ao projeto, pois uma equipe criada com o único objetivo de realizar o projeto realizará esse projeto e, em seguida, será desfeita e seus membros serão realocados quando o projeto for concluído.

Além de ter aspecto temporário, um projeto cria entregas exclusivas, as quais são produtos quantificáveis, algo como um item final, ou uma capacidade de realizar um serviço, como funções de negócios que dão suporte à produção ou à distribuição, e que apresentem resultados finais.

A singularidade é uma característica importante das entregas do projeto. Por exemplo, muitos milhares de prédios de escritórios foram construídos, mas cada prédio em particular é único - tem proprietário diferente, projeto diferente, local diferente, construtora diferente etc. A presença de elementos repetitivos não muda a singularidade fundamental do trabalho do projeto.

Quanto à elaboração progressiva, pode-se dizer que é uma característica de projetos que integra os conceitos de temporário e exclusivo, significa desenvolver em etapas e continuar por incrementos. Como por exemplo, no início do projeto, o escopo do projeto será descrito de maneira geral e se tornará mais claro e detalhado de acordo com entendimento mais completo dos objetivos e das entregas, por parte da equipe que desenvolve o projeto.

→ **Os projetos podem envolver uma ou muitas pessoas e são realizados em todos os níveis da organização e pode ter uma duração curta ou de vários anos. Um projeto pode ser elaborado para:**

> Desenvolvimento de um novo produto ou serviço.
> Efetuar uma mudança de estrutura, de pessoal ou de estilo de uma organização.
> Projeto de um novo veículo de transporte.
> Desenvolvimento ou aquisição de um sistema de informações novo ou modificado.
> Construção de um prédio ou instalação.
> Construção de um sistema de abastecimento de água para uma comunidade.
> Realizar uma campanha por um cargo político.
> Implementação de um novo procedimento ou processo de negócios.
> Atender a uma cláusula contratual.

Áreas do Conhecimento para a Gestão de Projeto

O gerenciamento do projeto consiste em um processo de integração para garantir que todas as demais áreas estejam integradas em um todo único, sendo estruturado de modo que venha garantir que as necessidades dos envolvidos sejam atendidas, ou até mesmo superadas, pelo projeto. Sendo assim, o gerenciamento de integração do projeto inclui os processos necessários para identificar, definir, combinar, unificar e coordenar os vários processos e atividades dos grupos de processos de gerenciamento, para que seja possível gerenciar com sucesso as expectativas das partes interessadas e atender os requisitos do projeto.

Dessa forma, apresentam-se a seguir as nove áreas de conhecimento relevantes para a gestão de projeto:

1) **Gestão de Escopo.**
2) **Gestão de Tempo.**
3) **Gestão de Custo.**
4) **Gestão de Qualidade.**
5) **Gestão de RH.**
6) **Gestão de Comunicação.**
7) **Gestão de Riscos.**
8) **Gestão de Aquisição.**
9) **Gestão de Integração.**

O gerenciamento de projetos tenta adquirir controle sobre três variáveis principais, que são o tempo, o custo e o escopo do projeto.

Gerenciamento de Projetos

O gerenciamento de projetos pode ser entendido como a aplicação de conhecimento, habilidades, ferramentas e técnicas junto às atividades do projeto com o intuito de atender aos seus requisitos.

→ Os processos de gerenciamento de projetos são agregados em cinco grupos, e realizado por meio da aplicação e da integração desses processos:

> **Grupo de processos de iniciação**: esse grupo define e autoriza o projeto ou uma fase do projeto.
> **Grupo de processos de planejamento**: esse grupo define e refina os objetivos e planeja a ação necessária para alcançar os objetivos e o escopo para os quais o projeto foi realizado.
> **Grupo de processos de execução**: a integração de pessoas é feita por esse grupo, assim como outros recursos para realizar o plano de gerenciamento do projeto para o projeto.

- **Grupo de processos de monitoramento e controle**: esse grupo é aquele que mede e monitora regularmente o progresso para identificar variações em relação ao plano de gerenciamento do projeto, de forma que possam ser tomadas ações corretivas quando necessário para atender aos objetivos do projeto.
- **Grupo de processos de encerramento**: grupo que formaliza a aceitação do produto, serviço ou resultado e conduz o projeto ou uma fase do projeto a um final ordenado.

Processos de monitoramento e controle

É importante enfatizar que no grupo de processos de Iniciação é que desenvolve o Termo de Abertura do Projeto. O Termo de Abertura do Projeto (TAP) autoriza formalmente o início do projeto ou de uma de suas fases. Isso significa dizer que o projeto existe e é reconhecido pela organização. O TAP é emitido pelo patrocinador do projeto, ou seja, alguém com autoridade suficiente para tomar decisões importantes no projeto e em favor dele. É por meio do TAP que o Gerente de Projetos é designado, além de atribuir-lhe poder e autoridade para utilizar os recursos da organização, como pessoas, equipamentos e materiais. Esse termo serve de parâmetro para futuras decisões do projeto em relação à solicitação de mudanças. O Termo de Abertura do Projeto não deve mudar no decorrer do projeto, portanto, se alguma mudança significativa for solicitada pelo cliente, que provoque mudanças no TAP, é o caso de se pensar se já não se trata de outro projeto.

O TAP inclui as seguintes informações: Título e Descrição do Projeto, Objetivos do Projeto, Gerente de Projetos Designado e Nível de Autoridade, Necessidade Empresarial, Justificativa do Projeto, Recursos Pré-designados, Partes Interessadas, Requisitos das Partes Interessadas já Conhecidos, Descrição do Produto/Entregas, Restrições e Premissas, Aprovação pelo Patrocinador do Projeto, Identificar as Partes Interessadas (*Stakeholders*).

→ Além disso, vale ressaltar a importância do gerente de projetos, pois ele é parte fundamental de um projeto, é a pessoa responsável pela realização dos objetivos. Gerenciar um projeto inclui:

- Identificação das necessidades.
- Estabelecimento de objetivos claros e alcançáveis.
- Balanceamento das demandas conflitantes de qualidade, escopo, tempo e custo.
- Adaptação das especificações, dos planos e da abordagem às diferentes preocupações e expectativas das diversas partes interessadas.

Os 10 Mandamentos

Apresentam-se a seguir os 10 mandamentos do gerenciamento de projetos:

I. **Estreitarás teus escopos**. Nada é pior do que um projeto interminável. Ele pode sugar todos os recursos e esgotar até mesmo a equipe mais motivada. Para manter os projetos firmes e orientados, concentre seus maiores esforços em projetos menores, que tenham entregas (*"deliverables"*) alcançáveis e que possam cumprir seus prazos. A longo prazo, uma série de vitórias pequenas tem mais impacto sobre a organização do que uma gigantesca orquestra sinfônica que nunca chega a tocar.

II. **Não tolerarás equipes inchadas**. Uma boa maneira de começar com o pé direito é garantir que a equipe do projeto terá o tamanho certo. Equipes maiores são mais difíceis de motivar e administrar, e as personalidades podem ficar no meio do caminho, atrapalhando o trabalho. Não existe um tamanho ideal para a equipe, mas uma boa regra empírica é ter uma pessoa para cada papel e um papel para cada pessoa. Se alguns integrantes tiverem que desempenhar mais de um papel, tudo bem – se for errar o dimensionamento, melhor erre a favor de uma equipe menor.

III. **Exigirás dedicação de todas as áreas envolvidas**. Se a área de TI aceitar um prazo apertado, mas parte dos documentos de projeto precisar ser aprovado pelas demais áreas da organização, e elas não estiverem comprometidas da mesma forma, o projeto acaba virando uma gincana. Se as áreas de negócio aceitam um prazo apertado, mas dependem de um aplicativo a ser desenvolvido pela área de TI, que não está comprometida da mesma forma, o projeto também acaba virando uma gincana. O gerente de projeto deve se posicionar de forma a que todas as áreas diretamente envolvidas no sucesso do projeto estejam comprometidas, e disponíveis na medida da necessidade, desde o princípio.

IV. **Estabelecerás um comitê para analisar o andamento**. O comitê de acompanhamento, qualquer que seja seu título oficial, é o corpo diretivo do projeto. Ao mesmo tempo em que lida com questões relacionadas às políticas e estratégias da empresa, ele pode e deve remover as lombadas e obstáculos do caminho do projeto. Um arranjo típico envolve reuniões quinzenais das áreas de gerência intermediária envolvidas no projeto, para analisar seu andamento e verificar como se envolver das formas descritas acima.

V. **Não consumirás tua equipe**. O *burnout*, ou esgotamento físico e mental dos membros da equipe, causado pelo stress e esforço das atividades, não é incomum. Fique atento às necessidades das pessoas e evite este efeito que reduz a efetividade da equipe – não planeje de forma que o envolvimento das pessoas vá exigir sacrifícios incomuns e continuados. Em particular, evite o efeito do envolvimento serial: o popular efeito "sempre os mesmos" – pessoas que se destacam por resolver bem os problemas que recebem, e assim acabam sendo envolvidos em mais projetos do que seria racional, gerando stress para elas, e disputa de recursos para os projetos.

VI. **Buscarás apoio externo quando necessário**. Adotar consultores em gerenciamento de projetos é uma forma de prevenir o esgotamento. Além de aumentar as equipes, os especialistas externos muitas vezes podem trazer valiosas novas ideias, perspectivas e energias. É essencial trazer o profissional certo no momento certo: especialistas nos aspectos técnicos e de mercado não são a mesma coisa que especialistas em gerenciamento de projetos. Considere as características do projeto e da equipe antes de definir o tipo de apoio externo necessário.

VII. **Darás poder às tuas equipes**. Equipes de projeto que já estejam se esforçando para cumprir seus escopos e prazos não precisam ter preocupações adicionais com questões formais como o preenchimento de formulários de registro de atividades para seus departamentos, ou participação em reuniões periódicas de seu órgão de origem. Em vez disso, eles devem ter o poder discricionário de dedicar-se às atividades essenciais e que agregam valor ao projeto, e a estrutura deve se esforçar para adaptar-se a estas condições. Mas é importante que os membros da equipe correspondam a esta confiança, saibam claramente o que se espera deles e de que forma devem usar sua iniciativa.

VIII. **Usarás ferramentas de gerenciamento de rojetos**. Tarefas mundanas de gerenciamento de projetos podem ser automatizadas. Procure ferramentas que ofereçam acompanhamento do andamento, gerenciamento de tarefas, gerenciamento do fluxo de trabalho e análise de recursos, e que funcionam em uma plataforma de Intranet que promova o compartilhamento e a comunicação. Mas lembre-se de que usar tecnologias que acrescentem uma camada extra de complexidade a um projeto já desafiador por si pode não ser uma boa ideia.

IX. **Reconhecerás o sucesso**. Todos os participantes do projeto devem ser reconhecidos de forma positiva pelo esforço que praticaram. As recompensas não precisam ser extravagantes. É fundamental que a origem real do reconhecimento – seja a Presidência, a direção da filial regional, o principal patrocinador do projeto ou o seu gerente – fique clara para todos, e que se manifeste de forma tão individual e personalizada quanto possível.

X. **Não tolerarás gambiarras**. Políticas sólidas de gerenciamento de projetos devem eliminar antecipadamente a tentação de recorrer a alternativas rápidas e rasteiras, que só levam a erros, desperdício, retrabalho e frustração.

Diferenças entre Projeto e Processo

São muitos os conceitos sobre projeto e processo, mas afinal quais são as principais diferenças? Para elucidar essa questão segue a uma tabela com as diferenças fundamentas entre projeto e processo:

Projeto	Processo
É um esforço temporário e único	Esforço contínuo, estável, repetitivo e consistente
A equipe planeja e executa o projeto	As pessoas desempenham as mesmas tarefas a cada ciclo do processo
Enfrenta escopos que podem ser desconhecidos	O controle de produtividade é estabelecido em torno de metas de produção
Utiliza equipe multidisciplinar	Não exige uma equipe multidisciplinar
Termina com um resultado único e específico	Produto padrão
Ex.: Criação de um carro novo	Ex.: A fabricação do novo carro

Exercício Comentado

01. A declaração de escopo do projeto, dos principais documentos de projetos, contempla a autorização formal para início do projeto, que trabalhos deverão ser realizados e quais entregas deverão ser feitas.

ERRADO. Uma declaração do escopo do projeto inclui: objetivos do produto e do projeto, características e requisitos do produto ou serviço, critérios de aceitação do produto, limites do projeto, entregas e requisitos do projeto, restrições do projeto, premissas do projeto, organização inicial do projeto, riscos iniciais definidos, marcos do cronograma, estimativa aproximada de custos, requisitos de gerenciamento de configuração do projeto, requisitos de aprovação. A declaração NÃO contempla a autorização formal para início do projeto.

Anotações

CAPÍTULO 07

Gestão de Mudanças

A gestão de mudança é feita para que haja o gerenciamento eficaz da mudança de uma organização, processo ou tecnologia, de tal modo que dirigentes, gerentes e trabalhadores trabalhem juntos para realizar com sucesso seus objetivos. O propósito é implementar estas mudanças rapidamente, de modo a minimizar os impactos sobre a produtividade, evitar a perda de pessoal e rotatividade desnecessária, eliminar os impactos adversos sobre os clientes e atingir os resultados desejados o mais rápido possível.

Algumas forças externas de mudança são: a Globalização, aumento da competição, mudanças tecnológicas, mudanças demográficas, ambiente político e social, fatores econômicos, legislação, exigências e expectativas dos clientes. Já as forças internas são: deficiências de desempenho, novas tecnologias, nova liderança, nova missão, fusões e incorporações, atitudes dos trabalhadores.

Também é importante ressaltar que existem mudanças planejadas e mudanças não planejadas. A mudança não planejada pode ser entendida como uma improvisação organizacional, que normalmente diz respeito aos movimentos, estratégicos ou incrementais, que acabam por caracterizar, aleatoriamente, alterações estruturais, tecnológicas e nos processos administrativos; assim como, reações adversas de pessoas ou grupos direta ou indiretamente envolvidos com as mudanças.

Resistência às Mudanças

A resistência à mudança não surge necessariamente em formas padronizadas. Ela pode ser pública, implícita, imediata ou adiada. É mais fácil para a administração lidar com a resistência quando ela é pública e imediata. Um exemplo é quando uma mudança é proposta, e os funcionários reagem depressa, verbalizando queixas, adotando "operação tartaruga" no trabalho, ameaçando entrar em greve ou coisas parecidas. O desafio maior é administrar a resistência que é implícita ou adiada. Os esforços de resistência implícitos são mais sutis, como por exemplo, a perda de lealdade com a organização, falta de motivação para trabalhar, aumento dos erros, maior absenteísmo devido a "doença", e, portanto, mais difíceis de identificar. De forma parecida, as ações adiadas minam a ligação entre a fonte da resistência e a reação a ela. Uma mudança pode produzir o que parece ser apenas uma reação mínima no momento em que é iniciada, mas que semanas, meses ou até anos depois, manifesta-se como resistência. Ou uma mudança isolada, que em si e por si mesma poderia exercer pequeno impacto, toma-se a gota d'água que faz o copo transbordar.

As fontes da resistência podem ser classificadas como individuais e organizacionais, conforme abordado a seguir.

→ **Resistência individual**: as fontes individuais de resistência à mudança residem em características humanas básicas, como percepções, personalidades e necessidades. Os cinco principais motivos pelos quais os indivíduos resistem à mudança são os apresentados a seguir:

> **Hábito**: quando somos confrontados pela mudança, a tendência de reagir de acordo com nossos modos habituais toma-se uma fonte de resistência.

> **Segurança**: pessoas com alta necessidade de segurança tendem a resistir à mudança, porque ela ameaça seu sentimento de segurança.

> **Fatores Econômicos**: outra fonte de resistência individual é o medo de que as mudanças reduzam nossa renda.

> **Medo do Desconhecido**: as mudanças substituem o conhecido pela ambiguidade e pela incerteza, pois quanto você troca o conhecido pelo desconhecido, o medo ou insegurança o acompanham.

> **Processamento Seletivo das Informações**: os indivíduos moldam o mundo por meio de suas percepções. Uma vez que tenham criado esse mundo, ele resiste à mudança.

→ **Resistência organizacional**: as organizações, por sua própria natureza, são conservadoras. Elas resistem ativamente à mudança. As seis fontes principais de resistência organizacional são:

> **Inércia Estrutural**: as organizações dispõem de mecanismos embutidos de produção de estabilidade e quando uma organização precisa passar por mudanças, essa inércia estrutural atua como um contrapeso para manter a estabilidade.

> **Foco Limitado de Mudança**: as organizações são compostas de subsistemas interdependentes e não se pode mudar um deles sem afetar os demais, por isso, as mudanças que se limitam aos subsistemas tendem a ser anuladas pelo sistema mais amplo.

> **Inércia de Grupo**: mesmo se os indivíduos quiserem mudar seu comportamento, as normas do grupo podem agir como barreiras.

> **Ameaça à Especialização**: as mudanças nos padrões organizacionais podem ameaçar a experiência de grupos especializados.

> **Ameaça às Relações Estabelecidas de Poder**: qualquer redistribuição de autoridade para a tomada de decisões pode ameaçar as relações de poder estabelecidas durante muito tempo na organização.

> **Ameaça às Distribuições Estabelecidas de Recursos**: os grupos que controlam recursos consideráveis na organização geralmente encaram a mudança como uma ameaça.

Estratégias para Reduzir a Resistência.

Desde que o clima apoie a mudança, os gerentes precisam preparar uma estratégia para ela. Seis sugestões têm sido apresentadas como decisivas na preparação da organização e seus membros, conforme a seguir:

> Realize uma auditoria de identidade organizacional antes de empreender em qualquer mudança importante: inclua todos os departamentos e níveis afetados pela mudança e focalize as crenças dos membros sobre a organização .

> Dê à mudança o efeito adequado à organização: as organizações são diferentes e possuem preocupações e identidades diferentes. Um tamanho único não serve para todas. Utilize a auditoria para identificar essas diferenças. Depois adote as táticas de mudança que se ajustem melhor.

- Apresente a mudança como significativa (para superar a inércia organizacional) e, ao mesmo tempo, vincule-a a aspectos valorizados da identidade organizacional: o agente de mudança precisa convencer os funcionários sobre a importância e a necessidade cruciais da mudança. Essa fase é constituída basicamente pela tarefa de fornecer liderança visionária.
- Introduza a mudança em uma série de passos de alcance médio: mudanças abrangentes representam grande ameaça para as pessoas. Elas tenderão a resistir menos se as mudanças forem apresentadas em etapas. E cada etapa bem sucedida aumenta o ímpeto e amplia a distância em relação à anterior.

Abordagens de Mudança

Tem-se sugerido que os agentes de mudança utilizem seis táticas específicas ao lidarem com a resistência à mudança, conforme a seguir:

Educação e comunicação: a resistência pode ser reduzida pela comunicação com os funcionários para ajudá-los a perceber a lógica de uma mudança. Supõe basicamente que a fonte de resistência reside em informações errôneas ou em comunicação deficiente, sendo assim, se os funcionários receberem os fatos completos e tiverem seus enganos esclarecidos, a resistência diminuirá.

Participação: é difícil os indivíduos resistirem a uma decisão de mudança da qual participaram. Antes de uma mudança ser feita, os que se opõem a ela podem ser trazidos para o processo de decisão. Se os participantes tiverem experiência para dar uma contribuição importante, seu envolvimento pode reduzir a resistência, gerar comprometimento e aumentar a qualidade da decisão de mudar. Entretanto, essas vantagens são contrabalançadas por desvantagens: o potencial para uma solução não muito boa e o grande consumo de tempo.

Facilitação e apoio: os agentes de mudança podem oferecer uma gama de esforços encorajadores para reduzir a resistência. Quando há medo e ansiedade nos funcionários, o ajustamento pode ser facilitado por meio de aconselhamento, orientação, treinamento de novas habilidades ou uma curta licença remunerada. A desvantagem é que, como as demais, é demorada. Além disso, é dispendiosa e sua implementação não oferece nenhuma garantia de sucesso.

Negociação: outra maneira para o agente de mudança lidar com a resistência potencial é dar alguma coisa de valor em troca de uma atenuação da resistência. Se a resistência estiver centrada, por exemplo, em uns poucos indivíduos com grande influência sobre os demais, um pacote específico de recompensas pode ser negociado para atender necessidades individuais. A negociação pode ser necessária quando a resistência se originar de uma fonte poderosa. Entretanto, não se pode ignorar seus custos potencialmente altos. Existe também o risco de que, uma vez que o agente de mudança negocie com uma parte para evitar resistência, ele se abra à possibilidade de ser chantageado por outros indivíduos em posições de poder.

Manipulação e cooptação: manipulação diz respeito a tentativas de influência disfarçadas, como torcer e distorcer fatos para torná-los mais atraentes, ocultar informações indesejáveis e criar falsos rumores para levar os funcionários a aceitarem uma mudança. Se a administração de uma empresa ameaça fechar determinada unidade se seus funcionários não aceitarem uma redução de salário para todo o quadro de pessoal, e se essa ameaça for realmente inverídica, a administração estará usando a manipulação. Por outro lado, a cooptação mistura manipulação e participação. Ela busca "comprar" os líderes de um grupo de resistência, atribuindo-lhes papel fundamental na decisão de mudança. Busca-se conselho dos líderes, não para procurar uma decisão melhor, mas para obter seu endosso. Tanto a manipulação como a cooptação são maneiras relativamente baratas e fáceis de ganhar o apoio dos adversários, mas a situação pode se inverter se os seus alvos perceberem que estão sendo enganados ou usados. Uma vez descoberta, a credibilidade do agente de mudança pode cair a zero.

Coerção: o uso da coerção, ou seja, a aplicação de ameaças diretas ou da força contra os resistentes. Se a administração da empresa do exemplo anterior determina que uma fábrica será fechada se os funcionários não concordarem com uma redução salarial, a coerção seria o rótulo anexado a sua tática de mudança. Outros exemplos de coerção são as ameaças de transferência, perda de promoções, avaliações de desempenho negativas e uma carta de recomendação medíocre. As vantagens e as desvantagens da coerção são aproximadamente as mesmas mencionadas para a manipulação e cooptação.

Exercício Comentado

01. No que concerne à gestão da mudança, podemos dizer que a improvisação organizacional é um tipo de mudança em que as decisões não planejadas alteram os componentes da estrutura da organização.

CERTO. Mudança organizacional é qualquer alteração, planejada ou não, ocorrida na organização, decorrente de fatores internos e/ou externos à organização que traz algum impacto nos resultados e/ou nas relações entre as pessoas no trabalho e improvisação organizacional é mudança não planejada.

Anotações

CAPÍTULO 08

Gestão do Conhecimento

Para compreender a gestão do conhecimento, é importante entender os conceitos de "dado, informação e conhecimento" conforme a seguir:

> **Dado**: para uma organização, dado é o registro estruturado de transações, pode ser definido como um conjunto de fatos distintos e objetivos, relativos a eventos. É informação bruta, descrição exata de algo ou de algum evento.

> **Informação**: é uma mensagem com dados que fazem diferença, podendo ser audível ou visível, e em que existe um emitente e um receptor. São dados interpretados, dotados de relevância e propósito. É um fluxo de mensagens, um produto capaz de gerar conhecimento.

> **O conhecimento**: deriva da informação assim como está, dos dados. O conhecimento não é puro nem simples, mas é uma mistura de elementos; é fluido e formalmente estruturado; é intuitivo e, portanto, difícil de ser colocado em palavras ou de ser plenamente entendido em termos lógicos.

O conhecimento existe dentro das pessoas e por isso é complexo e imprevisível. O conhecimento pode ser comparado a um sistema vivo, que cresce e se modifica à medida que interage com o meio ambiente. Os valores e as crenças integram o conhecimento, pois determinam, em grande parte, o que o conhecedor vê, absorve e conclui a partir das suas observações.

Tipos de Conhecimento

O conhecimento humano é classificado por *Nonaka* e *Takeushi* (1997) em dois tipos conforme a seguir:

> **Conhecimento explícito**: é o que pode ser articulado na linguagem formal, inclusive em afirmações gramaticais, expressões matemáticas, especificações, manuais etc., Facilmente transmitido, sistematizado e comunicado. Ele pode ser transmitido formal e facilmente entre os indivíduos.

> **Conhecimento tácito**: é difícil de ser articulado na linguagem formal, é um tipo de conhecimento mais importante. É o conhecimento pessoal incorporado à experiência individual e envolve fatores intangíveis como, por exemplo, crenças pessoais, perspectivas, sistema de valor, insights, intuições, emoções, habilidades É considerado como uma fonte importante de competitividade entre as organizações. Só pode ser avaliado por meio da ação.

Os conhecimentos tácito e explícito são unidades estruturais básicas que se complementam e a interação entre eles é a principal dinâmica da criação do conhecimento na organização de negócios.

A Espiral do Conhecimento

Para se tornar uma empresa que gera conhecimento à organização, é preciso completar uma "**Espiral do Conhecimento**", conforme a seguir:

> **Socialização**: é o compartilhamento do conhecimento tácito, por meio da observação, imitação ou prática (tácito para tácito).

> **Articulação / Externalização**: é a conversão do conhecimento tácito em explícito e sua comunicação ao grupo (tácito para explícito).

> **Combinação**: é a padronização do conhecimento, é juntá-lo em um manual ou guia de trabalho e incorporá-lo a um produto (explícito para explícito).

> **Internalização**: ocorre quando novos conhecimentos explícitos são compartilhados na organização e outras pessoas começam a internalizá-los e utilizam para aumentar, estender e reenquadrar seu próprio conhecimento tácito (explícito para tácito).

Gestão do conhecimento é, portanto, o processo sistemático de identificação, criação, renovação e aplicação dos conhecimentos que são estratégicos na vida de uma organização. É a administração dos ativos de conhecimento das organizações. Permite à organização saber o que ela sabe.

A gestão do conhecimento leva as organizações a mensurar com mais segurança a sua eficiência, tomar decisões acertadas com relação à melhor estratégia a ser adotada em relação aos seus clientes, concorrentes, canais de distribuição e ciclos de vida de produtos e serviços, saber identificar as fontes de informações, saber administrar dados e informações, saber gerenciar seus conhecimentos. Trata-se da prática de agregar valor à informação e de distribuí-la.

Há alguns desafios a vencer na Gestão do Conhecimento: influenciar o comportamento do trabalhador, considerado o maior deles; fazer com que as lideranças da organização comprem a ideia; e, por fim, determinar como classificar o conhecimento.

Para desenvolver os sistemas de conhecimento é necessário ter foco externo (*benchmarking* da concorrência), tecnologias facilitadoras (*groupware*), gestão de performance (mensuração, recomendação, recompensas para equipes, obrigações contratuais) e gestão de pessoas (equipes virtuais, comunidade de prática, coordenadores de conhecimento, busca do perfil do disseminador do conhecimento).

No Brasil, para se transformar as empresas em "empresas que aprendem" serão necessárias profundas revisões nos valores das lideranças empresariais nacionais. Esse é o primeiro passo, e talvez o mais importante. Porém um dos principais problemas na gestão do conhecimento é a tendência das pessoas de reter seus conhecimentos. Mesmo as que não o fazem intencionalmente podem simplesmente não estar motivadas a mostrar o que sabem. Para que a gestão do conhecimento produza efeitos práticos nas empresas, deve estar plenamente ancorada pelas decisões e compromissos da alta administração a respeito das iniciativas necessárias em termos de desenvolvimento estratégico e organizacional, investimento em infraestrutura tecnológica e cultura organizacional, que celebre o trabalho em conjunto e o compartilhamento.

A gestão do conhecimento tem um caráter universal, porque se aplica a empresas de todos os portes e nacionalidades e a sua efetividade requer a criação de novos modelos organizacionais (estruturas, processos, sistemas gerenciais), novas posições quanto ao papel da capacidade intelectual de cada funcionário e uma efetiva liderança, disposta a enfrentar, ativamente, as barreiras existentes ao processo de transformação.

Gestão da Informação

O objetivo dos sistemas de informação é apresentar os fluxos de informação, estabelecendo vinculações com o processo decisório e dando pleno suporte aos gestores responsáveis pela gestão de processos. Dessa forma, pode-se considerar as seguintes etapas para a gestão da informação:

Etapas da gestão da informação	Empresa A	Empresa B	Empresa C	Empresa D
Responsável pelo gerenciamento da informação	*Não Há*	*Não Há*	*Não Há*	*Dirigente e o chefe de cada dpto.*
Identificação das necessidades de informação	*Apenas no momento de tomada de decisão*	*Apenas no momento de tomada de decisão*	*Apenas no momento de tomada de decisão*	*Antes de a necessidade ocorrer*
Coleta da informação	*O dirigente coleta com colegas empresários*	*O dirigente coleta com a gerente financeira*	*A coleta se dá entre os três dirigentes*	*A coleta se dá entre os diretores, o dirigente e os chefes dos departamentos*
Classificação da informação	*Depende do tipo mas é indevida (muitas informações dispersas)*	*Depende do tipo mas é indevida (informações dispersas)*	*Depende do tipo (algumas informações dispersas)*	*Depende do tipo (poucas informações dispersas)*
Armazenamento da informação	*Na cabeça dos dirigentes, agendas*	*Na cabeça dos dirigentes, pasta*	*Na cabeça dos dirigentes, memória do computador*	*Na cabeça dos dirigentes, papel, gavetas, CD, computador*
Distribuição da informação	*Oral (fone e fax)*	*Quase sempre oral (fone fax) raramente escrito (relatórios, tabelas)*	*Relatórios, gráficos e tabelas, fone, fax, e-mail*	*Relatórios, gráficos e tabelas, fone, fax, e-mail, mensagens instantâneas*
Utilização da informação	*Reflexão pessoal após conselhos dos colegas empresários*	*Reflexão pessoal após diálogo com a irmã*	*Reflexão na reunião entre os três dirigentes*	*Reflexão em reunião entre o dirigente e os três diretores*

Exercício Comentado

01. No campo da gestão da informação e do conhecimento, é correto afirmar que:

a) O conhecimento tácito pode, no todo ou em parte, ser explicitado.

b) Classifica-se como tácito o conhecimento disponível em livros, revistas e outros meios de fácil acesso.

c) Todo conhecimento explícito tende a se transformar em conhecimento tácito.

d) A gestão do conhecimento está voltada, prioritariamente, para o trato do conhecimento explícito.

e) A gestão da informação está voltada, prioritariamente, para o trato do conhecimento tácito.

RESPOSTA. "A". Conhecimento tácito é aquele que o indivíduo adquiriu ao longo da vida, que está na cabeça das pessoas. Geralmente é difícil de ser formalizado ou explicado a outra pessoa, pois é subjetivo e inerente as habilidades de uma pessoa, como "know-how". A palavra tácito vem do latim tacitus que significa "não expresso por palavras". Já o conhecimento explícito é aquele formal, claro, regrado, fácil de ser comunicado. Pode ser formalizado em textos, desenhos, diagramas, etc. assim como guardado em bases de dados ou publicações. A palavra explícito vem do latim explicitus que significa "formal, explicado, declarado". Geralmente está registrado em artigos, revistas, livros e documentos.

Sendo assim a alternativa "A" está correta. A alternativa B errada ela se classifica como explícito. Alternativa C está errada da mesma forma que nem todo o conhecimento tácito pode ser explicitado, nem todo o explícito pode ser internalizado. D errada, gestão do conhecimento volta-se para o conhecimento tácito. E errada gestão da informação volta-se para o conhecimento explícito.

Anotações

CAPÍTULO 09

Comunicação Organizacional

Comunicação é a transmissão de informação e significado de uma parte para outra por meio da utilização de símbolos partilhados.

O Processo de Comunicação

→ **Para a realização de um processo de comunicação, podemos destacar:**

> Fonte (que pode ser pessoa, processo ou equipamentos que fornece as mensagens);

> Transmissor (processo ou equipamento que codifica a mensagem e a transmite ao canal);

> Canal (equipamento ou espaço intermediário entre transmissor e receptor);

> Receptor (processo ou equipamento que recebe e decodifica a mensagem);

> Destino (a pessoa, processo ou equipamento a quem é destinada a mensagem);

> Ruído (perturbações indesejáveis que tendem a alterar, de maneira imprevisível, a mensagem).

Na comunicação, o ruído é algo que atrapalha a mensagem e a mesma não leva à informação ou não desperta no receptor o sentimento ou a ação desejável por quem as emitiu. Existem vários tipos de canais utilizados para se transmitir uma mensagem, basta identificar os mais eficientes e eficazes para se alcançar o que se deseja no momento em que se precisa, ou seja, sempre.

Para que exista comunicação, é necessário que se tenha um entendimento do que se quer transmitir, no caso das empresas as comunicações muitas vezes, ou quase sempre não têm o intuito de apenas comunicar, mas de persuadir, sensibilizar o receptor a tomar ou ter determinada atitude ou reação.

→ **O processo de comunicação tem os seguintes objetivos:**

> **Consumatória**: tem como fim exclusivo a troca com o outro, como um sujeito, a quem se vai ao encontro e com quem se deseja falar. Pode ser "falar por falar", ou a necessidade de comunicar ao outro seu universo pessoal. É sempre espontânea.

> **Instrumental**: sempre utilitária e com segundas intenções.

A troca com o outro é procurada, preparada e estabelecida para fins de manipulação, mais ou menos confiscável. Exemplo: mensagens publicitárias, "slogans" de propaganda política. O outro é percebido como um objeto a explorar, a seduzir ou enganar, com o objetivo de assegurar certos ganhos e satisfazer alguns interesses. Há um objetivo a ser explorado.

Em qualquer Processo de Comunicação sempre há os seguintes elementos: Emissor, Receptor, Mensagem, Canal de Comunicação, Ruídos, Feedbacks.

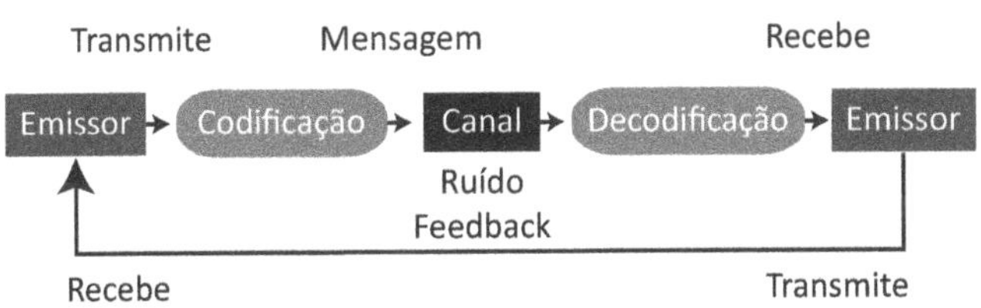

→ **Emissor e Receptor** – o processo de comunicação sempre envolve uma fonte (ou emissor) que transmite uma mensagem, por algum meio, para um destinatário (ou receptor). Antes de transmitir, a fonte codifica a mensagem, convertendo-a em símbolos: idioma, sons, letras, números e outros tipos de sinais, que seguem por um canal ou meio de comunicação: conversação, telefonema, e-mail, memorando ou outro. Na outra ponta da linha, o receptor decodifica a mensagem, desde que esteja usando o mesmo sistema de símbolos do emissor. A mensagem é, então, interpretada pelo receptor.

→ **Ruídos** - o processo de comunicação é sujeito a ruídos e interferência, que distorcem a mensagem ou impedem a transmissão e recepção eficazes da informação. Ruídos e interferências são: excesso de mensagens que disputam a atenção dos destinatários, desatenção por parte do receptor, dificuldades de expressão ou linguagem incorreta por parte do emissor e ruídos propriamente ditos no ambiente ou nos canais de comunicação.

→ **Feedback** - significa realimentação, ou seja, o retorno da informação para o emissor. Este pode ser natural, ou seja, uma reação espontânea de algo que o emissor tenha dito, feito ou induzido, quando o emissor, por exemplo, pede a opinião de outra pessoa sobre uma ideia que apresentou. O Feedback é uma garantia de eficácia do processo de comunicação.

Para guiar as pesquisas em comunicação organizacional, existem sete linhas metafóricas conforme a seguir:

> **Metáfora do conduíte**: trata da comunicação como transmissão e as organizações como contêineres ou canais do fluxo da informação. Um exemplo de estudo nessa área é o da comunicação como ferramenta para atingir os objetivos organizacionais. Metáforas Utilizadas: ferramenta, o canal, os meios.

> **Metáfora da lente**: trata da comunicação como um sistema olho, esquadrinhando, selecionando ou mesmo distorcendo as informações do ambiente. A metáfora da lente mostra os limites e as propriedades estruturais das organizações, pois, a análise e o filtro ocorrem por meio de fronteiras estáticas, e a percepção altera a forma como a informação é concebida. Metáforas Utilizadas: *gatekeeper*, o sensor, *shield*.

> **Metáfora do *linkage***: trata da comunicação como agente conector que transforma a organização em um sistema de indivíduos interconectados, gerando interação entre trabalho, lar e comunidade. Metáforas Utilizadas: teia, ponte, contrato.

> **Metáfora da performance**: trata a comunicação como interação social, como é visto em produções teatrais e no desempenho de papéis administrativos. Aqui a organização passa a ser um conjunto de ações coordenadas. Metáforas Utilizadas: atuações, co-produção.

> **Metáfora do símbolo**: trata da comunicação como interpretação de formas literárias emergente da cultura organizacional. Assim como numa narrativa, a organização surge como um romance produzido pelos seus colaboradores, utilizando os símbolos para persuadir os públicos e administrar identidades. Metáforas Utilizadas: o sinal, mecanismos compartilhados, cultura.

> **Metáfora da voz**: trata a comunicação como expressão e a organização como um coro de vozes abafadas. Trabalha com as vozes distorcidas, de dominação, de diferentes perspectivas e com a supressão de conflitos. O direito à diferença, por meio da voz diferente, faz com que as pessoas sintam necessidade de serem ouvidas. As suas vozes, por serem únicas, são muitas vezes ignoradas, silenciadas ou incompreendidas. Quanto ao acesso à voz, a verdade é que, nas organizações

tradicionais, a voz aumenta à medida que se sobe a nível hierárquico.

> **Metáfora do discurso**: trata a comunicação como conversão e a organização como textos que contêm diálogos e gêneros. Metáforas Utilizadas: a conversa, atos de discurso, emoções.

Meios de Comunicação

Pode-se dizer que os canais são meios de comunicação utilizados para se transmitir informação em uma empresa. A escolha do canal de informação a ser utilizado depende, não somente, do que se vai transmitir como também do resultado que se quer alcançar e do feedback quer se quer ter.

Os destinatários recebem as mensagens por meio de canais ou meios de informação, os quais são classificados em relação à capacidade de transmitir informação mais ou menos rica, com a riqueza diminuindo na sequência, conforme apresentado a seguir:

> **Face a face**: é o meio que é caracterizado pela riqueza das expressões adicionais como linguagem não-verbal e proporciona um feedback imediato para possíveis correções; por isso, esse tipo de canal permite diminuir ao máximo a ambiguidade no processo da comunicação;

> **Telefone (fixo ou móvel)**: e outros meios eletrônicos pessoais de comunicação formam o segundo grupo mais rico, pois o feedback é rápido, as mensagens são direcionadas pessoalmente e com recursos adicionais como a entonação, porém as expressões visuais não podem ser transmitidas;

> **Documentos escritos endereçados pessoalmente (cartas, notas, fax, e-mails etc.)**: têm riqueza menor ainda; o feedback é mais lento e as expressões/indicações visuais são mínimas (figuras, gráficos, esquemas, fontes diferentes como negrito, itálico etc.);

> **Documentos escritos endereçados pessoalmente (boletins, relatórios, bancos de dados de computador)**: são mais "enxutos" (menos ricos), geralmente eles são mais quantitativos, não necessariamente proporcionam feedback e servem bem para transmitir dados exatos para muitas pessoas.

Tipos de Comunicação

Existem vários tipos de comunicação, conforme apresentados a seguir:

→ **Comunicação escrita**: os documentos escritos são os que melhor transmitem nossos pensamentos de acordo com o que queremos registrar, o que pode ser uma informação, reclamação, sugestão, conceitos, regras, dentre outros objetivos existentes. No entanto, para que uma comunicação escrita seja eficaz, é necessário que ela seja clara, objetiva, que se conheça bem a língua utilizada pelo receptor, a forma como o mesmo a interpreta e a partir dos dados coletados o emissor poderá redigir ao receptor alcançando com maior facilidade o que se deseja.

→ **Comunicação oral**: falar não significa se comunicar bem, para se comunicar bem com a, fala os profissionais têm de ficar atentos a um conjunto de técnicas que o auxiliarão a obter o que ele desejar. Falar em público é planejar e entender por que, onde, o quê, quando, a quem, como e quanto deve falar ou calar. O comunicador deve estar atento aos gestos, pois, segundo alguns autores a palavra representa apenas"7% da capacidade de influenciar pessoas, enquanto que o tom de voz representa 38% do poder da comunicação e a postura corporal 55% desse poder.

→ **Comunicação organizacional**: no nível organizacional, a comunicação se trata das redes de sistemas de dados e dos fluxos que ligam entre si os membros da organização e desta com o meio ambiente. Ou seja, se é analisada a comunicação entre cliente interno e externo, assim como a comunicação utilizada para fornecedores, prestadores de serviços e outros que necessitem de informação da organização em evidência. A Comunicação Organizacional é composta por: Comunicação Institucional (Relações Públicas); Comunicação Interna (Comunicação Administrativa) e Comunicação Mercadológica (Marketing), que pode ser administrada sob uma mesma direção.

→ **Comunicação institucional**: um dos principais objetivos da comunicação institucional é o estabelecimento de relações duradouras com os seus públicos. Isso é possível por meio de ações personalizadas e segmentadas, tomando como base à análise periódica das informações obtidas por meio de questionários e relatórios aplicados na empresa, objetivando identificar as necessidades dos clientes. Estas são ferramentas da comunicação institucional que visam atingir todos os públicos envolvidos na organização (internos e externos).

→ **Comunicação interna administrativa**: são vários os veículos utilizados pela comunicação interna, assim como: relatórios, circulares, boletins, folhas soltas, folhetos completos, *folders*, jornais, revistas, manuais de instrução, apostilas.

→ **Comunicação mercadológica**: a Comunicação Mercadológica é aquela projetada para ser persuasiva, para conseguir um efeito calculado nas atitudes e/ou no comportamento do público visado. Trabalha em parceria com o setor comercial da organização.

Exercício Comentado

01. ***Acerca da comunicação empresarial, podemos dizer que toda interação entre grupos dentro da organização pode ser considerada um processo de comunicação formal, haja vista que os colaboradores encontram-se no ambiente de trabalho.***

ERRADO. A questão fala da comunicação empresarial mas enfatiza a interação entre grupos, e quando se trata da comunicação entre colaboradores e organização a comunicação pode ser tanto de maneira formal quanto informal, então está incorreto afirmar que 'toda interação entre grupos dentro da organização pode ser considerada um processo de comunicação formal'.

Anotações

CAPÍTULO 10

Processo Decisório

Decisão pode ser definida, como o processo de análise e escolha entre as alternativas disponíveis de cursos de ação que a pessoa deverá seguir. Sendo que para se chegar à melhor escolha, a uma escolha ótima, temos que ter o maior número de informações com qualidade possível, conhecimento do assunto até mesmo para reconhecer as opções, tempo suficiente para avaliar a possibilidade de sucesso em cada alternativa e analisar os interesses que estão envolvidos por que, em algumas situações, a alternativa financeiramente ótima não é a politicamente melhor.

→ Segundo Chiavenato (1999), os elementos presentes no processo decisório são:

- **Tomador da decisão**: é a pessoa ou grupo que irá tomar a decisão.
- **Objetivos**: são os objetivos ou fins buscados pelo tomador da decisão.
- **Sistema de valores**: são os valores e crenças do tomador da decisão.
- **Cursos de ação**: são os caminhos possíveis, com as etapas de ação, que o tomador de decisão irá escolher.
- **Estados de natureza**: são elementos do contexto ou ambiente em que o tomador da decisão está inserido. Estes elementos estão fora do controle do tomador da decisão.
- **Consequências**: são os efeitos decorrentes de uma decisão tomada em determinado contexto.

Tipos de Decisões

→ Os tipos de decisões são classificadas, conforme a seguir:

- **Autocráticas**: nesse tipo, as decisões são tomadas para acelerar o processo de resolver problemas. Por isso são tomadas pelo líder, aceita por todos e não questionada.
- **Compartilhadas**: as decisões compartilhadas são aquelas tomadas pelos gerentes junto a sua equipe, elas não podem ser impostas, porque afetam pessoas. São compartilhadas as decisões que não podem ser impostas e precisam de discussão, participação e aconselhamento das pessoas que serão afetadas por elas. As decisões compartilhadas dividem-se em dois grupos principais: consultivas e participativas. Consultivas, são tomadas após consulta a uma pessoa ou grupo Participativas, são tomadas junto. Não quer dizer que tenha que fazer o que o grupo pediu.
- **Delegadas**: as decisões delegadas não precisam ser aprovadas ou revistas pela administração. São tomadas por equipes ou pessoa que recebeu poderes. Não precisam ser aprovadas ou revistas para administração. A pessoa ou grupo assume plena responsabilidade pelas decisões. A chave da administração participativa é especificar com clareza as responsabilidades de todos os envolvidos. Informação e clareza quanto aos limites de decisão condicionam o sucesso das decisões, especialmente quando são delegadas.

→ Além desses tipos para a tomada de decisão, também podem ser classificadas como decisões programáveis e não programáveis:

- **Decisões programáveis, ou programadas**: são aquelas previamente imaginadas, para a qual a organização dispõe de soluções padronizadas e pré-estabelecidas. São tomadas com base em regras e procedimentos pré-estabelecidos. Aplicam-se a problemas rotineiros, cujas soluções podem ser previstas. Neste tipo de decisão, não precisamos seguir as etapas normais de decisão, pois já sabemos qual é o problema, qual é o diagnóstico, quais são as alternativas possíveis, quais são os critérios etc. Deve-se buscar, no contexto organizacional, tomar o maior número possível de decisões programáveis.
- **Decisões não-programáveis, ou não-programadas:** são aquelas referentes a problemas inéditos, novos ou problemas que as soluções programadas não são capazes de resolver. Exigem que sejam seguidas todas as etapas de tomada de decisão (identificação do problema, diagnóstico etc.).

→ Também há tipos de decisão quanto ao nível organizacional em que ela é tomada, assim temos:

- **Decisões estratégicas**: são aquelas mais amplas, referentes à organização como um todo e sua relação com o ambiente. São tomadas nos níveis mais altos da hierarquia e possuem consequências de longo prazo.
- **Decisões táticas, ou administrativas**: são tomadas nos níveis das unidades organizacionais ou departamentos.
- **Decisões operacionais**: por sua vez, são aquelas tomadas no dia-a-dia, relacionadas a tarefas e aspectos cotidianos da realidade organizacional.

→ As decisões também podem ser racionais ou intuitivas:

- **Decisão racional**: é aquela baseada em informações, ordenadas de forma lógica, e que segue critérios para escolher a melhor alternativa, que apresente os melhores resultados com os menores custos. A decisão racional evita a incerteza e busca uma intencionalidade no resultado, ignorando sentimentos, afetividades, crenças sem fundamento. Na vida real, não existe decisão que seja 100% racional, pois nunca teremos todas as informações necessárias e não conseguimos prever o futuro, afinal algumas variáveis são relativamente fora de controle.
- **Decisão intuitiva**: é aquela baseada em sentimentos, intuição ou percepção. A intuição pode nascer da experiência ou pode ser utilizada para tomar decisões quando os dados e informações existentes não são suficientes para tomar uma decisão de maneira racional.

Pode-se dizer que é desejável que a decisão seja racional, mas que há muitos casos em que a decisão intuitiva é mais adequada e recomendável, tal como as situações em que precisamos tomar uma decisão, qualquer que seja, e não temos tempo para analisar todas as variáveis.

Fases do Processo Decisório

→ As fases e técnicas do processo de tomar decisões são apresentadas em cinco as etapas conforme a seguir:

- **Identificação do problema ou da oportunidade**: a primeira fase é a identificação do problema. Pode ser caracterizada pela existência de um obstáculo ao alcance de objetivos organizacionais, por uma nova oportunidade, por um problema nos processos de trabalho ou por um acontecimento qualquer que exija uma decisão e, subsequentemente, a adoção de determinadas ações.

> **Diagnóstico do problema**: a segunda fase, chamada de diagnóstico, consiste na caracterização do problema. Devemos entender o problema, seu contexto, suas causas e suas consequências. Pode ser usado algumas técnicas para o diagnóstico do problema como o diagrama de *Ishikawa* e o princípio de Pareto, entre outras.

> **Geração de alternativas**: após o problema ter sido devidamente diagnosticado, é necessário gerar alternativas de decisão, caminhos a serem seguidos. Para tanto pode ser utilizado o brainstorming, que possui uma versão escrita, chamada *brainwritting*, as quais são utilizadas para a geração de ideias.

> **Escolha da melhor alternativa**: na tomada de uma decisão, as alternativas são avaliadas, julgadas e comparadas, para que uma escolha possa ser feita. A escolha depende da avaliação e julgamento de alternativas, permitindo selecionar a ideia que apresenta maiores vantagens. Existem muitas técnicas voltadas para a análise de alternativas e escolha da melhor, como, por exemplo, a análise das vantagens e desvantagens, a árvore de decisões, a análise do campo de forças, a ponderação de critérios e a análise do ponto de equilíbrio.

> **Avaliação da decisão:** essa etapa completa o ciclo de tomada racional de decisões. O processo de resolver problemas completa-se quando a decisão é implementada e seus efeitos são avaliados. A avaliação de uma decisão reinicia o ciclo do processo de resolver problemas. Uma decisão pode gerar outras decisões ou processos de resolver problemas.

Técnicas para a Escolha da Melhor Alternativa

→ Algumas das técnicas voltadas para a análise e escolha das melhores alternativas são apresentadas a seguir:

> **Análise de vantagens e desvantagens**: essa é uma ferramenta que consiste em listar todas as alternativas de decisão possível e, para cada uma, são explicitadas as vantagens e desvantagens.

> **Árvore de decisões**: é uma ferramenta de representação gráfica que consiste em representar um tronco e, para cada alternativa de decisão, é desenhado um galho da árvore. É uma ferramenta que, visualmente, ajuda a organizar o raciocínio a respeito de uma decisão.

> **Análise do campo de forças**: é uma ferramenta baseada na identificação de forças restritoras e potencializadoras. Deriva da teoria do campo, de *Kurt Lewin*. Na tomada de decisão, identificamos as forças potencializadoras e restritoras de cada alternativa, e, com base nisso, identificamos se o contexto irá facilitar ou dificultar cada solução.

> **Ponderação de critérios**: essa ferramenta consiste em explicitar os critérios que serão levados em conta na tomada de decisão. Por exemplo, se as alternativas forem estudar para o concurso A, B ou C, poderíamos ter, como critérios, fatores como salário, benefícios, dificuldade de aprovação, tempo restante para a prova, número de vagas etc. Ou um problema diferente, mas com critérios parecidos para resolução: ser aprovado em dois concursos e ter que escolher um dos órgãos. A ponderação de critérios é importante em qualquer processo racional de tomada de decisão.

> **Análise do ponto de equilíbrio**: é uma ferramenta essencialmente quantitativa, construída com base na relação entre os custos totais e os custos fixos e variáveis.

Fatores que Afetam a Decisão

→ São muitos os fatores que afetam o processo de decisão, por exemplo, custos envolvidos, fatores políticos, objetivos, riscos que podem ser assumidos, tempo disponível para decidir, quantidade de informações disponíveis, viabilidade das soluções, autoridade e responsabilidade do tomador de decisão, estrutura de poder da organização, entre outros. Entretanto, Chiavenato (1999) enfatiza o risco, a certeza e a incerteza, como condições sob as quais a decisão pode ser tomada:

> **Risco**: é a situação em que sabemos a probabilidade de ocorrência de um evento, mas que tomamos diferentes decisões, de acordo com os riscos que estamos dispostos a assumir. Por exemplo, na prova desse concurso, se cair uma questão que trate de um assunto acerca do qual nunca ouvimos falar, e todas as alternativas parecem plausíveis, temos 20% de chance de acertar e 80% de chance de errar. Para marcar o gabarito, cada um adotará uma tática, considerando os riscos e benefícios envolvidos. Neste caso, a intuição, que vimos anteriormente, também pode estar presente.

> **Certeza**: é a situação em que temos sob controle todos os fatores que afetam a tomada de decisão. Sabemos quais são os riscos e probabilidades de ocorrência de eventos, temos informações acerca dos custos, sabemos quais são os fatores potencializadores e restritores, temos estudos de viabilidade das alternativas, entre outros.

> **Incerteza**: situação em que o tomador de decisão tem pouca ou nenhuma informação a respeito da probabilidade de ocorrência de cada evento futuro.

Sistema de Liderança para a Tomada de Decisão

→ De acordo com o sistema de administração citadas por Likert, existem alguns sistemas que influenciam na liderança e consequentemente na tomada de decisão, conforme a seguir:

> **Autoritário e Coercitivo**: é um sistema autocrático e forte, coercitivo e arbitrário, que controla rigidamente tudo o que ocorre dentro da organização. É o sistema mais duro e fechado. O líder decide o que há de fazer, quem, como e quando deve ser feito.

> **Autoritário e Benevolente**: é um sistema administrativo autoritário que constitui uma variação atenuada do Sistema autoritário e coercitivo. É um sistema mais condescendente e menos rígido. O líder toma decisões, mas os colaboradores têm alguma liberdade e flexibilidade no desempenho das tarefas. O processo de decisão ainda está centralizado no topo, mas com alguma divisão na autoridade, porém nas atividades rotineiras.

> **Consultivo**: é um sistema que pende mais para o lado participativo do que para o lado autocrático e impositivo, como nos dois sistemas anteriores. Representa um gradativo abrandamento da arbitrariedade organizacional.

- **Participativo**: é um sistema administrativo democrático por excelência. É o mais aberto de todos os sistemas. Quanto mais o estilo administrativo da empresa se aproximar deste sistema, maior será a probabilidade de alta produtividade.

Exercício Comentado

01. O processo decisório é composto por etapas que se iniciam com a identificação do problema ou oportunidade, o diagnóstico, a geração de alternativas, a escolha de uma alternativa e a avaliação da decisão. Ao deparar-se com um ambiente instável, imprevisível e sujeito a influências de diversos elementos, o administrador deve lançar mão de decisões programadas, preestabelecidas e já utilizadas anteriormente.

ERRADO. A importância da tomada de decisão na organização é bastante clara e pode ser percebida empiricamente em qualquer análise organizacional. Esta relação é tão estreita que é impossível pensar a organização sem considerar a ocorrência constante do processo decisório. A organização é um sistema em constante mudança, em que as atividades da empresa, em todos os seus níveis hierárquicos, são essencialmente atividades de tomada de decisão e de resolução de problemas. Como sistema em constante mudança, as atividades da empresa, ou seja, dentre elas as de tomada de decisão e resolução de problemas devem ser elaboradas especificamente e NÃO lançando mão de decisões programadas, preestabelecidas e já utilizadas anteriormente.

Anotações

CAPÍTULO 11

Gestão de Processos

Processo é um conjunto de recursos e atividades inter-relacionados ou interativos, que transformam insumos (entradas-*IMPUTS*) em serviços/produtos (saídas-OUTPUTS), sendo realizado para agregar valor para o cliente. Um processo é um conjunto de decisões que transformam insumos em valores gerados ao cliente/cidadão.

Esquema do processo:

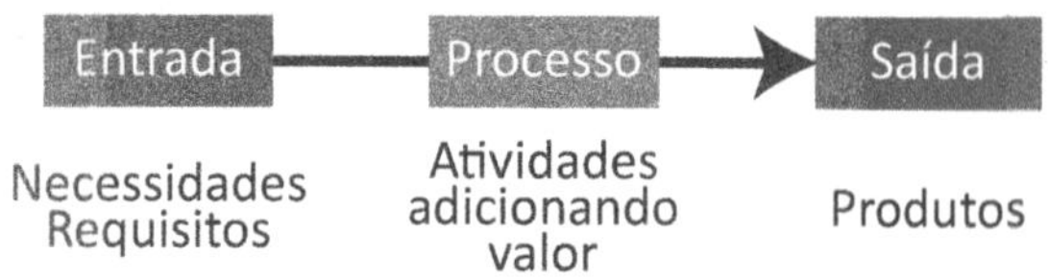

A abordagem por Processos ou Gestão por Processos *pode ser definida como a análise e melhoria contínua dos processos, com objetivo de atender as necessidades e expectativas dos clientes.*

Ao analisar um processo, a equipe de projeto deve partir sempre da perspectiva do cliente (interno ou externo), de forma a atender às suas necessidades e preferências, ou seja, o processo começa e termina no cliente, como sugerido na abordagem derivada da filosofia do Gerenciamento da Qualidade Total (TQM).

Esse tipo de gestão requer de *"visão sistêmica"* pois a abordagem sistêmica dentro de uma organização faz com que o foco de sua gestão esteja voltado não só para o seu ambiente interno, mas para o externo também.

Uma atividade fundamental da gestão por processos é a *"análise da cadeia de valor"* de uma Organização que já traz em si um grande processo de aprendizado. Ao realizar essa análise, a Organização coloca foco nos processos que agregam valor para entrega do produto final, separando-os dos processos de suporte.

Uma cadeia de valor representa o conjunto de atividades desempenhadas por uma organização desde as relações com os fornecedores e clientes, ciclos de produção e de venda até a fase da distribuição final.

Objetivos, Variáveis e Características

A gestão por processos apresenta vários objetivos, variáveis e características conforme apresentadas a seguir:

→ **Objetivos**: o objetivo central da Gestão por Processos é torná-los mais eficazes, eficientes e adaptáveis:

- > **Eficazes**: de forma a viabilizar os resultados desejados, a eliminação de erros e a minimização de atrasos.
- > **Eficientes**: otimização do uso dos recursos.
- > **Adaptáveis**: capacidade de adaptação às necessidades variáveis do usuário e organização.

→ **Variáveis do processo:**

- > **Objetivos do processo**: derivados dos objetivos da organização, das necessidades dos clientes e das informações de *benchmarking* disponíveis.
- > **Design do processo**: deve-se responder a pergunta: "Essa é melhor forma de realizar este processo?"
- > Administração do processo: deve-se responder às seguintes perguntas: Vocês entendem os seus processos? Os objetivos dos processos foram determinados corretamente? O desempenho dos processos é gerenciado? Existem recursos suficientes alocados em cada processo?

→ **Caracterização da gestão por processo**: a gestão por processo habilita a organização a:

- > ter seu foco direcionado aos clientes;
- > Efetivar mais rapidamente mudanças complexas;
- > Gerenciar seus inter-relacionamentos;
- > Prover uma visão sistêmica das atividades da organização;
- > Manter o foco no processo;
- > A entender melhor a sua cadeia de valor;
- > Desenvolver sistema de avaliação completo.

→ **Características específicas**: uma visão inicial conceitua processos como um "conjunto de recursos e atividades inter-relacionadas ou interativas que transformam insumos (entradas) em serviços/produtos (saídas), sendo realizado para agregar valor", os quais têm as seguintes características específicas: foco no usuário, ênfase em agregar valor, avaliação de desempenho e elevado nível de integração.

BPM - Business Process Management

Falar em processos é quase sinônimo de falar em eficiência, redução de custos e qualidade, por isso é recorrente na agenda de qualquer executivo. Os quatro pilares fundamentais da gestão de processo de negócio (*business process management*) são: valores, crenças, liderança e cultura. Alguns fatores contribuíram para a gestão por processos (*Business Process Management, ou BPM*) que são:

- > Aumento da demanda de mercado.
- > A implantação de Sistemas Integrados de Gestão.
- > As regras e procedimentos organizacionais desatualizados.
- > Maior frequência de entrada e saída de profissionais (*turnover*).

Implantação da Gestão de Processos (BPM)

A implantação de um processo deve considerar no mínimo cinco diferentes passos fundamentais:

- > Tradução do negócio em processos.
- > Mapeamento e detalhando os processos.
- > Definição de indicadores de desempenho.
- > Gerando oportunidades de melhoria.
- > Implantando um novo modelo de gestão.

Modelagem de Processos

→ Modelagem de Processo é o termo utilizado para os trabalhos relativos ao:

- > **Mapeamento** - é entendido como a identificação dos fluxos de trabalho com detalhamento de cada etapa do processo, com início, meio e fim bem determinados, com insumos e produtos/serviços claramente definidos e com atividades que seguem uma sequência lógica, permitindo uma visão integrada e encadeada do trabalho; e
- > **Redesenho** - é entendido como as melhorias realizadas por meio da racionalização do fluxo de trabalho.

Mapeamento do Processo

→ **O mapeamento de processos é:**

- Uma ferramenta gerencial analítica e de comunicação.
- Ajuda a melhorar os processos.
- Ajuda a implantar uma nova estrutura.
- Permite a redução de custos.
- Redução nas falhas.
- Melhora o entendimento dos processos.
- Uma forma sistematizada entendida por todos na organização.

MAMP - Método de Análise e Melhoria de Processos

Das diversas metodologias existentes, destaca-se a ferramenta MAMP – Método de Análise e Melhoria de Processos, como tendo a aplicação mais simples. O MAMP é um conjunto de ações desenvolvidas para aprimorar as atividades executadas, identificando possíveis desvios, corrigindo erros, transformando insumos em produtos, ou serviços com alto valor agregado.

→ **As etapas do MAMP envolvem:**

- Mapeamento dos processos;
- Monitoramento dos processos e de seus resultados;
- Identificação e priorização de problemas e suas causas;
- Ações corretivas, preventivas e de melhoria;
- Sistema de documentação e procedimentos operacionais.

O grande objetivo de realizar a melhoria de processos é agregar valor aos produtos e aos serviços que as organizações prestam aos seus clientes, principalmente as organizações públicas, em que os recursos são cada vez mais escassos e as demandas cada vez mais crescentes. Com o MAMP, busca-se um conjunto de princípios, ferramentas e procedimentos que fornecem diretrizes para um completo gerenciamento das atividades, com foco no atendimento das necessidades dos usuários dos serviços da organização.

O mapeamento do processo serve para indicar a sequência de atividades desenvolvidas dentro de um processo. Deve ser feito de forma gráfica, utilizando-se a ferramenta fluxograma, para representá-lo.

Fluxograma

Utiliza-se o fluxograma com dois objetivos: garantir a qualidade; e aumentar a produtividade. O fluxograma é uma ferramenta de baixo custo e de alto impacto, utilizada para analisar fluxos de trabalho e identificar oportunidades de melhoria. São diagramas da forma como o trabalho acontece, através de um processo. O Fluxograma permite esquematizar e visualizar os sistemas de forma racional, clara e concisa, facilitando seu entendimento geral por todos os envolvidos.

→ Vantagens do Fluxograma:

- Permite verificar como funcionam todos os componentes de um sistema.
- Entendimento simples e objetivo.
- Facilita a localização das deficiências no sistema.
- Aplica-se a qualquer sistema.
- Facilita o entendimento nas mudanças feitas no sistema.

→ Com o fluxograma é possível verificar cada parte do processo e levantar os seguintes questionamentos:

- Este processo é necessário?
- Cada etapa do processo é necessária?
- É possível simplificar?
- É possível adotar novas tecnologias (em todo ou em parte)?
- O que é possível centralizar/descentralizar?

Para a elaboração do fluxograma, é necessário utilizar algumas figuras que padronizam as tarefas que estão sendo realizadas. Existe uma série de figuras e, até certo ponto, uma divergência entre diferentes autores. O importante é que cada organização defina os seus padrões e os sigam, podendo criar novos símbolos que forem necessários. A figura a seguir, apresenta os principais símbolos utilizados na elaboração dos Fluxogramas:

Símbolo	Significado	Símbolo	Significado
	Início ou fim		Inspeção
	Operação		Estoque
	Transporte		Espera
	Conector		Decisão
	Documento		Sentido

Exemplos de fluxogramas básicos:

Vale ressaltar que os fluxogramas podem e devem ser modificados, quando necessário. Deve-se também evitar os detalhes excessivos, mas é muito importante assegurar que ele cubra todos os pontos importantes de controle.

Gerenciamento e Monitoramento os Processos

O que se pode medir, pode-se gerenciar. Gerenciar significa ter o controle sobre os processos, tendo informações sobre o seu desempenho, que levarão a tomada consciente de decisão.

Gerenciamento de processos envolve um conceito que une gestão de negócios e tecnologia da informação com foco na otimização dos resultados das organizações através da melhoria dos processos de negócio. São utilizados métodos, técnicas e ferramentas para analisar, modelar, publicar, otimizar e controlar processos envolvendo recursos humanos, aplicações, documentos e outras fontes de informação.

Uma forma de monitorar um processo é utilizar indicadores de desempenho. Os indicadores são formas de representações quantificáveis das características de um processo e de seus produtos ou serviços.

> **Indicador**: é uma função que permite que se obtenham informações sobre características, atributos e resultados de um produto, processo ou sistema ao longo do tempo. Ex.: redução de custos, qualidade dos produtos ou serviços, tempo médio de atendimento, equilíbrio financeiro, participação no mercado etc.

> **Índice**: é o valor numérico do indicador num determinado momento. Ex.: índice de satisfação dos clientes, índice de erros apresentados.

> **Meta**: é o índice desejado para o indicador a ser alcançado por um processo num determinado período de tempo.

Dependendo do tipo de processo, podemos criar indicadores que reflitam a Economicidade, a Eficiência, a Eficácia e a Efetividade dos esforços despendidos pela organização, conforme explicado a seguir:

Tipos de Indicadores

> Indicadores de Economicidade são aqueles que refletem a minimização dos custos de aquisição dos recursos necessários para a realização das tarefas do processo, sem comprometer a qualidade desejada.

> Indicadores de Eficiência são aqueles que buscam uma relação entre os recursos os padrões estabelecidos.

> Indicadores de Eficácia são aqueles que medem o grau de cumprimento das metas fixadas para determinada atividade.

> Indicadores de Efetividade são aqueles que medem o grau de alcance dos objetivos de determinada ação ou atividade. Tem como referência os impactos na sociedade.

Identificação de Problemas nos Processos

Existem várias formas de identificar a ocorrência de problemas nos processos, das mais simples e intuitivas até as mais elaboradas, auxiliadas por instrumentos específicos. As mais relevantes são:

> Acompanhamento dos resultados;

> Monitorando as reclamações dos clientes.

> Auditorias internas ou externas.

> Utilização de pesquisas.

> Análise e Melhoria de Processos.

> Percepção das pessoas envolvidas no processo.

> Utilização de ferramentas de identificação e análise.

Formas de Priorização

Saber priorizar é base para um gerenciamento eficaz. Sendo assim, a MATRIZ GUT pode ser utilizada para a priorização dos problemas identificados.

→ Matriz GUT é uma forma de priorização , sendo que as letras têm o seguinte significado:

> **G (gravidade):** diz respeito ao impacto do problema sobre os processos, pessoas, resultados. Refere-se ao custo por deixar de tomar uma ação que poderia solucionar o problema.

> **U (urgência):** relaciona-se com o tempo disponível, ou o necessário, para resolver o problema.

> **T (tendência):** diz respeito ao rumo ou propensão que o problema assumirá se nada for feito para eliminar o problema.

Para usar a priorização através da filosofia GUT, é atribuído notas de 1 a 5 para cada uma das variáveis G, U e T dos problemas listados e toma o produto como o peso relativo do problema, sendo que 1 é sem gravidade, 2 é pouco grave, 3 é grave, 4 é muito grave e 5 é extremamente grave.

O método deve ser desenvolvido em grupo, sendo as notas atribuídas por consenso. Consenso é a concordância obtida pela argumentação lógica. Conforme figura a seguir.

				GxUxT	
Problema/ Ação	Gravidade	Urgência	Tendência	Grau Crítico	Sequência de atividades
Atraso na entrega de Matéria-Prima	4	4	3	11	3º
Capacidade da equipe de Vendas na parte técnica	2	2	1	5	4º
Clientes não revezam compras	5	4	4	13	2º
Consumo excessivo de papel A4, pelo administrativo	2	1	1	4	5º
Aumento de reclamação para assistência técnica	5	5	5	15	1º

A gestão por processo tem o foco no cliente, assim como a gestão da qualidade, pois uma abordagem de processo visa ao desenvolvimento, implementação e melhoria da eficácia de um sistema de gestão da qualidade com o intuito de aumentar a satisfação dos clientes, atendendo às necessidades destes.

Exercício Comentado

01. *Na matriz GUT, o "T" refere-se ao prazo necessário para se implementar melhorias no processo e ao espaço de tempo durante o qual o processo deve ser melhorado/otimizado, de forma a se evitar o risco de se causar dano à organização.*

ERRADO. Na matriz GUT o T significa "Tendência", e diz respeito ao rumo ou propensão que o problema assumirá se nada for feito para eliminar o problema. O conceito que a questão traz é relativo ao "U" que refere-se a "Urgência" e não ao "T" que seria a "Tendência".

CAPÍTULO 12

Planejamento Estratégico e Planejamento Baseado em Cenários

Planejamento

O planejamento é considerado como a principal função administrativa, já que em uma organização tudo deve ser planejado antecipadamente, o que torna o planejamento a base para a realização das demais funções. O planejamento funciona como guia ou orientação para garantir os recursos necessários para que os objetivos da organização sejam alcançados, devem permitir que as pessoas trabalhem em diferentes funções, porém, com objetivos definidos em prol da organização, integrando-os de forma coordenada. Devem dar racionalidade ao processo para se alcançar os objetivos da organização e permitir o contínuo monitoramento e avaliação para estabelecer ações corretivas, quando necessário, caso a continuidade do planejamento ou seus resultados não sejam satisfatórios para a organização.

Planejamento Estratégico é um processo sistêmico, dinâmico e contínuo, embasado essencialmente nos problemas e desafios da organização para a determinação de objetivos. É, portanto, um processo de definição dos principais objetivos e da forma como estes objetivos serão alcançados.

Acompanhe-me

Segundo Chiavenato "Planejamento é um processo de estabelecer objetivos e definir a maneira como alcançá-los."

Segundo Djalma de Oliveira "Planejamento é um processo desenvolvido para o alcance de uma situação futura desejada, de um modo mais eficiente, eficaz e efetivo, com a melhor concentração de esforços e recursos pela empresa.".

O primeiro passo do planejamento estratégico é a definição de objetivos, que são os resultados específicos que se pretende alcançar e são determinados para cada um dos departamentos ou divisões das organizações. O principal objetivo do planejamento estratégico é estabelecer a direção a ser seguida pela organização e não se deve confundi-lo com Planejamento de Longo Prazo, pois este, normalmente, consiste em projetar para o futuro as mesmas situações já ocorridas no passado. O Planejamento Estratégico é mais amplo e é de responsabilidade dos níveis hierárquicos mais elevados dentro da organização.

Acompanhe-me

Segundo Augustinho Paludo, Administração Pública, 3ª edição, Editora Campus, 2013, as características fundamentais do Planejamento Estratégico são: adaptação da organização a um ambiente mutável; orientado para o futuro e seu horizonte de tempo é o longo prazo; é compreensivo; é um processo de construção de consenso; é uma forma de aprendizagem organizacional e contribui para a maior eficiência, eficácia e efetividade das ações da organização.

Idalberto Chiavenato, Administração Geral e Pública, Manole, 3ª edição, 2012, página 337: "Planejamento é a função administrativa que define objetivos e decide sobre os recursos e as tarefas necessários para alcança-los adequadamente. Como principal decorrência do planejamentos estão os planos, que facilitam a organização no alcance de suas metas e objetivos"

Dessa forma, o planejamento possui caráter teórico, pois determina os objetivos a serem alcançados e como deve ser feito para que isso ocorra é a função inicial da administração antes que qualquer outra seja executada. Planejamento é um processo que pode ser dividido em diferentes etapas e momentos: definição de objetivos; avaliação da situação atual em relação aos objetivos desejados; analisar as condições que podem auxiliar ou prejudicar o caminho em direção aos objetivos; busca de caminhos alternativos; escolha de qual caminho será utilizado na busca dos objetivos; colocar o planejamento em ação e fazer avaliação dos resultados alcançados.

Existem Três Níveis Diferentes de Planejamento: estratégico, Tático e Operacional

Planejamento Operacional: é o planejamento mais detalhado e analítico, visto que se preocupa com cada atividade em específico. Ocorre no campo Operacional sendo projetado a curto prazo e tem caráter imediato. Está preocupado com os objetivos e metas específicos de cada atividade isoladamente concentrando-se nas operações cotidianas das organizações e relacionadas diretamente com o nível operacional e encontra-se ligado ao "como fazer? e o que fazer?". O Planejamento Operacional busca a obtenção dos melhores e maiores resultados estando voltados para a eficiência (fazer bem), pois a eficácia (fazer bem feito) relaciona-se aos níveis institucionais da organização. Esta etapa tem como preocupação a busca da previsibilidade e a certeza na realização de cada tarefa. Os planos operacionais podem ser: de procedimentos; de orçamentos; de programas e de regulamentos.

Planejamento Tático/Gerencial/Funcional/Intermediário: é um planejamento mais abrangente que o operacional, pois engloba cada departamento e atividade da organização. Tem entre seus principais objetivos a tradução e interpretação das decisões estratégicas podem ser relacionadas: é projetado a médio prazo, normalmente é de caráter anual;

Seus objetivos são determinados por departamento e envolve recursos específicos para cada atividade; é de nível intermediário. Esta etapa encontra-se relacionada a uma determinada unidade da organização. Este Planejamento encontra-se relacionado aos níveis intermediários das organizações e estão relacionados às atividades correntes dos mais variados departamentos ou unidades organizacionais. Normalmente os planejamentos táticos estão relacionados com as áreas de finanças, contabilidade, pessoal e produção. Os Planejamentos Táticos são considerados como uma interpretação e tradução dos planos estratégicos definidos pela alta hierarquia das organizações.

Planejamento Estratégico: é o planejamento mais abrangente, já que envolve toda a instituição e tem caráter amplo. É desenvolvido pelo nível institucional e envolve toda a organização focalizando o futuro e o destino do empreendimento, faz avaliações das forças e limitações das organizações analisando seus ambientes de imprevisibilidade e incertezas que podem ocorrer na busca das metas definidas. Apresenta algumas características a serem lembradas: ser projetado a longo prazo; envolver todos os recursos e atividades desenvolvidos pela empresa, preocupando-se em atingir objetivos em nível organizacional, tendo assim caráter genérico; por ser o plano mais amplo todos os demais estão subordinados a ele.

Importante: existe uma hierarquia entre os 3 níveis. Assim, o planejamento operacional deve seguir o planejamento tático e ambos deverão obedecer ao planejamento estratégico.

No Planejamento Estratégico é importante lembrar alguns conceitos que estão diretamente relacionados a esse tema:

No ambiente corporativo, o planejamento estratégico é definido como a determinação de metas básicas de longo prazo, quantitativas, qualitativas e integradas, bem como das decisões que os gestores precisam tomar para que tais metas sejam alcançadas.

Nesse contexto, o planejamento estratégico cumpre três etapas distintas de determinação: "onde estamos", "para onde queremos ir" e "como iremos".

Missão: razão de ser e determina a identidade da empresa, tem como objetivo determinar o negócio da empresa. Assim sendo, a missão irá mostrar para o público como a empresa pretende se posicionar no mercado e porque ela existe. Faz parte da etapa "para onde queremos ir". As organizações têm como preocupação fundamental deixar claro ao público qual seria sua Missão e a Visão da empresa. Missão é definida como o detalhamento da razão de ser da empresa, ou seja, é o porquê de a empresa existir sendo também visto pelas atividades que a organização desempenha. A missão consiste na sua identidade, ou seja, a razão de ser da organização sendo a orientadora da ação organizacional no longo prazo. É, portanto, atemporal e deve ser transparente e visível a todos: funcionários, clientes, fornecedores e sociedade. A análise do "onde estamos" é importante para identificar se os propósitos atuais são relevantes para o futuro. A Visão corresponde a previsão de conquistas futuras da empresa, como espera ser reconhecida pelos clientes e aonde quer chegar.

Deve se escrita de forma clara, concisa e de fácil compreensão a todos.

» **Exemplo**: Missão da Petrobras está descrita em seu site na Internet:

"Atuar na indústria de petróleo e gás de forma segura e rentável, com responsabilidade social e ambiental, fornecendo produtos adequados às necessidades dos clientes e contribuindo para o desenvolvimento do Brasil e dos países onde atuamos."

(Fonte: www.petrobras.com.br)

Visão: consiste num macro objetivo que expressa onde e como a organização pretende estar no futuro. A expressão "para onde iremos" tem a perspectiva da empresa em longo prazo, onde ela pretende chegar dentro de alguns anos, ou seja, olha-se para o futuro. A Visão deve traduzir e descrever com clareza um futuro ideal para a organização e ser, ainda, flexível para aceitar mudanças. Saliente-se que não é adivinhar o futuro, é um processo racional que envolve desejo e ambição, porém, não impossível de ser alcançado. É buscar o sucesso pelo envolvimento de todos os que fazem parte da organização e não torcer pelo sucesso.

» **Exemplo**: Visão da Petrobras para 2030: "Ser uma das cinco maiores empresas integradas de energia do mundo e a preferida pelos nossos públicos de interesse". (Fonte:www.petrobras.com.br)

Valores: conjunto de princípios que todos os funcionários devem observar e defender. São os valores que norteiam os códigos de ética ou de conduta organizacional. Informa como cada membro da organização deve se comportar no desempenho de suas atividades cotidianas. A alta hierarquia da organização é quem define os valores a serem seguidos, pois são crenças, normas e padrões que orientam a atuação e comportamento da empresa. Devem reforçar os laços entre os colaboradores e não enfatizar o individualismo.

Planejamento Estratégico

O Planejamento Estratégico, que também pode ser chamado de Gestão Estratégica, é formado por quatro fases, a saber: diagnóstico, planejamento, implementação e controle.

→ Diagnóstico Estratégico/Institucional:

A primeira fase do planejamento estratégico é a definição de objetivos já o Diagnóstico Estratégico, ou seja, verificar qual é a situação atual, é a segunda fase. É anterior à definição da missão, da visão e dos valores. Algumas bancas (a exemplo da banca CESPE) tem interpretado dessa forma embora alguns autores discordem, entre eles Augustinho Paludo, Administração Pública, editora Campus, 3ª edição, 2013, página 292: "Cremos firmemente que primeiro define-se qual a "razão de ser" e "aonde se quer chegar" para depois definir objetivos, escolher estratégias, traçar planos de ação e construir o futuro desejado" e Oliveira (2006): "A primeira fase de um Planejamento estratégico é realizar o diagnóstico estratégico quando são considerados os ambientes interno e externo da organização". Diagnóstico Estratégico consiste na análise do ambiente interno com a avaliação dos recursos presentes na empresa como materiais, recursos humanos, financeiros e tecnológicos que são controláveis e permitem averiguar se eles são suficientes e satisfatórios, o que permite identificar os pontos fracos e fortes da organização e a análise do ambiente externo que pela sai observação permite buscar a identificação de ameaças e oportunidades. As variáveis externas, por sua vez, não podem ser controladas pelas organizações. É considerada como a mais importante etapa do planejamento estratégico, segundo Martinho Almeida (2009).

O Diagnóstico Estratégico identifica os pontos fracos e fortes das organizações e analisam as oportunidades e ameaças existentes.

Fique Ligado

> *Ambiente Interno - indicadores: Pontos fortes e pontos fracos.*
>
> *Ambiente Externo - indicadores: oportunidades e ameaças.*

Dessa forma, quando analisamos o diagnóstico estratégico é importante conhecermos a chamada **Análise ou Matriz SWOT**.

Essa sigla é formada junção das palavras em inglês de: ***Strengths, Weaknesses, Opportunities e Threats***, o que pode ser traduzido como: força, fraqueza, oportunidade e ameaça, por isso em português é chamada de Matriz FOFA.

Análise SWOT ou Diagnóstico Estratégico considera o Ambiente Interno com suas forças (*strenghts*) e fraquezas (*weakness*), que são os aspectos controláveis e o Ambiente Externo e suas oportunidades (*opportunities*) e ameaças (*threats*), estes, a princípio, não são controláveis.

Trata-se de uma tabela de dupla entrada, em que as linhas correspondem às forças e fraquezas e as colunas as oportunidades e ameaças ambientais. Essa tabela é utilizada para juntar a análise do ambiente interno com a análise do ambiente externo da organização.

O fato de uma organização definir objetivos e metas em decisão top-down (de cima para baixo) dificulta a execução da estratégia, pois o não compartilhamento das decisões em todos os níveis hierárquicos envolvidos prejudica o envolvimento da equipe.

A definição dos objetivos pela alta gerência de forma top-down, em que o processo decisório é centralizado na cúpula, de maneira centralizada ou "autocrática" em que os demais membros da instituição ficam apenas responsáveis pela parte operacional, pode dificultar a execução dos objetivos e metas definidos pelo alta gerência. Em uma Gerência Democrática o funcionário participa, desde o início, das reuniões e da definição dos objetivos, mesmo não tendo direito ao voto, isso faz com que ele se sinta envolvido no projeto e como elemento necessário para consecução dos objetivos.

- **Forças**: são os diferenciais diante dos concorrentes, participação no mercado, ou seja, representam aquilo que a organização possui de melhor e que facilitam o alcance dos objetivos organizacionais. Devem ser sempre reforçados.
- **Fraquezas**: são as desvantagens quando comparado os concorrentes, ou seja, representa as deficiências da organização e são caracterizadas pelas dificuldades da organização que devem ser mitigadas.
- **Oportunidades**: novos mercados em expansão, explosão de demanda; há fatores macroeconômicos que beneficiam o comércio, taxa de câmbio favorável, taxa de juros reduzida.
- **Ameaças**: obsolescência de produtos, saturação de mercado, economia em recessão; setor em retração. Há barreiras restritivas no mercado internacional ou há poucas possibilidades de diversificação. Podem ser considerados tudo aquilo que está relacionado à parte externa da empresa e que NÃO está sob seu controle. Logo, a empresa não pode atuar sobre as ameaças, pois está no ambiente externo à organização. As ameaças podem ser identificadas respondendo-se às perguntas:

Que tipos de ameaças a empresa possui? (Concorrentes, entre outros)

O que os concorrentes andam fazendo?

As novas tecnologias e as mudanças no mercado prejudicam a empresa?

→ **Planejamento:**

- **Fixação de diretrizes** - guias que mostram a direção da empresa: visão, missão, objetivos e valores.
- **Formulação da estratégia** - estabelecimento de um curso de ação para garantir o alcance dos objetivos traçados.

→ **Implementação**: as estratégias são colocadas em ação. Somente com a implantação que é possível obter benefícios de todo o trabalho realizado antes, nas etapas de diagnóstico e planejamento.

→ **Controle estratégico**: monitoramento e avaliação do processo de administração estratégica. A intenção do controle é melhorar o processo para assegurar um funcionamento adequado. É a retroalimentação do sistema. O controle estratégico decorrente do planejamento estratégico envolve decisões relacionadas a alterações de objetivos estabelecidos em função de alterações ambientais.

Níveis De Controle e Avaliação - são consequências dos níveis de planejamento de uma empresa, ou seja, o gestor pode efetuar o controle em relação ao desempenho da empresa como um todo, em relação ao desempenho de cada uma das áreas funcionais e em aplicações específicas em cada área funcional.

As considerações básicas sobre cada um dos níveis de controle numa empresa, são:

- **Controle estratégico**: esse controle decorre do processo de planejamento estratégico e envolve as relações da empresa com o ambiente, controla o desempenho empresarial como um todo. Esse controle envolve decisões que podem: alterar os objetivos estabelecidos em função de alterações ambientais, com reflexos nas áreas de oportunidades ou ameaças para a empresa; alterar as estratégias e políticas estabelecidas, pois as ações não estão sendo conduzidas adequadamente; revisar o diagnóstico estratégico para melhorar a adequação da empresa a seu ambiente.
- **Controle tático**: os padrões de controle e avaliação são estabelecidos a partir de objetivos setoriais departamentais para avaliar os resultados de cada área e dos sistemas administrativos. O foco do controle é o resultado global da área, mediante visão integrada de todas as operações. Esse controle pode envolver decisões que alterem a locação de recursos de uma área funcional da empresa para outra com foco nos objetivos a

serem alcançados pela organização e a revisão dos sistemas de informações entre as grandes áreas para melhorar a eficácia da empresa.

> **Controle operacional**: o controle e a avaliação são realizados pela execução das operações, ou seja, sobre a própria execução das tarefas. Algumas decisões podem ser a revisão do quadro de pessoal; a alteração do sistema de controle de vendedores; a alteração dos relatórios de analise de custos; a determinação do processo de controle de qualidade de produção.

Para que um planejamento estratégico seja observado de maneira adequada, deve existir um constante acompanhamento e avaliação dos resultados obtidos.

As medidas e os indicadores afetam significativamente o comportamento das pessoas dentro das organizações. "Só pode ser controlado aquilo que pode ser medido". As empresas, hoje, não utilizam apenas indicadores financeiros para analisar seus resultados ou definir novos investimentos, porém existe um enorme dificuldades em utilizar indicadores não financeiros em função de usa subjetividade. Um método utilizado para essa avaliação que analisa a interação da organização com o ambiente é o *Balanced Scorecard* (BSC) desenvolvido por Robert Kaplan e David Norton. Para eles as medidas financeiras tradicionais devem ser mantidas porém devem ser incluídos outros valores. O BSC baseia-se em uma tabela com perspectivas: financeiras: que envolvem os indicadores financeiros. Permitem comparar lucratividade e retorno sobre os investimentos; clientes: envolve os indicadores sobre o mercado e os segmentos nos quais a organização está inserida. Envolve indicadores como: satisfação, tendências, participação no mercado, retenção de clientes e busca por clientes potenciais; processos internos: mensura o desempenho dos processos internos da organização, inclui indicadores que garantam a qualidade de produtos e processos internos; aprendizado e crescimento: envolve os indicadores que permitem analisar o negócio sob a ótica daquilo que é básico para alcançar o futuro com sucesso. Na iniciativa privada, a perspectiva financeira é a mais importante.

Acompanhe-me

Balanced Scorecard- BSC segundo Richard L. Daft, Administração, Editota Thomson, 6a edição norte-americana, 2005, página 492: é um Sistema de controle administrativo abrangente que equilibra as medidas financeiras tradicionais com as medidas de atendimento ao cliente, os processo comerciais internos e a capacidade da organização para aprendizado e crescimento.

(...) um sistema de controle administrativo abrangente, que equilibra as medidas financeiras tradicionais com as medidas operacionais relacionadas aos fatores críticos de sucesso de uma empresa.

Assim sendo, o BSC pode ser visto como um modelo de Gestão Estratégica direcionado para o futuro das organizações que alinha indicadores financeiros e não financeiros.

Segundo Idalberto Chiavenato, Administração Geral e Pública, Editora Manole: "a ideia predominante é: o que se faz é o que se ode medir. O que uma organização define como indicador é o que ela vai obter como resultado. O BSC busca ações equilibradas em todas as áreas que afetam o negócio da organização como um todo, permitindo que os esforços sejam dirigidos para as áreas de maior competência (...)."

Segundo seus autores, o BSC é um mecanismo para a gestão da estratégica e não para a elaboração do planejamento estratégico, ele não está preocupado apenas com o longo prazo. É uma ferramenta para avaliar o desempenho organizacional e a contribuição de cada colaborador individualmente. O BSC possui múltiplas finalidades pois serve como um sistema de medição, de gerenciamento estratégico e como sistema de comunicação. Segundo Kaplan e Norton, o BSC nas empresas públicas ou sem fins lucrativos pode proporcionar foco, motivação e responsabilidades.

Planejamento Baseado em Cenários

Os cenários podem ser compreendidos como panoramas, observações ou temas mais importantes e também como acontecimentos que podem ocorrer no futuro. Nesse contexto as estratégias, correspondem aos dados, indicadores, informações, conhecimentos, métodos e critérios.

A definição de construção de cenários para uma organização é olhar para as tendências e descontinuidades e imaginar possíveis alternativas futuras para construir um quadro de referência dentro dos quais eventos futuros inesperados possam ser administrados. Suas linhas metodológicas deram origem às escolas de lógica intuitiva, de tendências probabilísticas e de análise prospectiva.

O planejamento pode ser entendido como um processo desenvolvido para se atingir uma situação desejada e da melhor maneira possível. A análise de séries temporais na elaboração de cenários pressupõe que situações passadas se repetirão no futuro. Esta é a Abordagem Projetiva, que procura criar um cenário baseada em fatos passados. Assim, a observação de tendências passadas pressupõe sua ocorrência futura.

Planejamento Estratégico: Planejamento Baseado em Cenários

No desenvolvimento dos cenários, os gestores devem considerar duas abordagens:

→ **Abordagem Projetiva:**

Na qual os fatores e variáveis usados são restritos apenas a aqueles que podem ser quantitativos. Dessa forma, explica-se o futuro a partir do passado, sendo o futuro único e certo; são usados modelos deterministas e quantitativos.

Para a construção de cenários em um contexto de incertezas e mudanças rápidas, a abordagem prospectiva é preferível à abordagem projetiva.

Na Abordagem Projetiva, usa-se como base o passado para se obter uma visão de futuro.

A abordagem projetiva é feita a partir da extrapolação de tendências em séries temporais. Este método é baseado em tendências passadas, ou seja, é como se o futuro fosse uma mera repetição do passado. Não podemos considerá-lo um método extremamente confiável de previsão ambiental para a construção de cenários.

→ **Abordagem Prospectiva:**

Nessa abordagem, há uma visão global; em que as variações qualitativas (quantificáveis ou não, subjetivas ou não, conhecidas ou não) passam a ser consideradas. Dessa forma, há futuros múltiplos e incertos;

Na Abordagem Prospectiva, usa-se como base o presente para se obter uma visão de futuro. Daí, ser preferível num ambiente de incertezas e mudanças rápidas.

A abordagem prospectiva, que possui três tipos de cenários, mas, não podemos dizer que algum deles é extremamente confiável. Os três cenários possíveis são: otimista - corresponde ao futuro que a organização gostaria de encontrar; intermediário - é aquele que a organização se prepara para encontrar e o pessimista - corresponde ao cenário que a organização não gostaria de encontrar.

Assim, alguns exemplos de cenários e seus aspectos são apresentados a seguir:

→ **Valores de ecodesenvolvimento**

> **Características**: desenvolvimento baseado em recursos próprios; integração social e econômica; igualdade e bem-estar da sociedade.

→ **Crescimento econômico**

> **Características**: observação do Desenvolvimento do país; Procura do estilo e nível de vida dos países desenvolvidos; Produtos e serviços com aprimoramento do sistema produtivo.

→ **Modernização**

Características: busca pela eficiência, criatividade e diversidade; Sociedade produtiva e criativa com o aprimoramento do homem.

Modelos de Gestão Estratégica

Matriz de ANSOFF

		Produtos	
		Tradicionais	*Novos*
Mercado	*Tradicionais*	*Penetração no Mercado*	*Desenvolvimento de Produtos*
	Novos	*Desenvolvimento de Mercado*	*Diversificação*

Entendendo o modelo:

> **Penetração no mercado**: quando há exploração de produtos tradicionais em um mercado tradicional.

> **Desenvolvimento de mercado**: quando há um mercado novo contudo são utilizados produtos tradicionais.

> **Desenvolvimento de produto**: quando há mercados tradicionais, mas insere no mesmo produtos novos.

> **Diversificação**: quando em um novo mercado há a inserção de novo produto.

Matriz BCG (*Boston Consulting Group*)

A matriz BCG observa as unidades de negócio e as classifica, levando em consideração sua participação no mercado e a taxa de crescimento do mercado em que atuam.

A participação no mercado define se uma unidade de negócio tem uma participação maior ou menor que os concorrentes e a taxa de crescimento da empresa está relacionada ao crescimento da indústria como um todo.

Acompanhe-me

Segundo Richard L. Daft, Administração, Editora Thomson, 6ª edição norte-americana, 2005, página 182: Matriz BCG: um conceito desenvolvido pelo Boston Consulting Group que avalia as Unidades Estratégicas de Negócios (UENs) com respeito à dimensão da taxa de crescimento da empresa e à participação no mercado.

Entendendo o esquema:

> **Estrela (stars):** são os produtos com grande participação em mercados e com altas taxas de crescimento, sendo assim possuem alto potencial de lucratividade.

> **Pontos de interrogação (*question marks*):** são os produtos com pequena participação em mercados e com altas taxas de crescimento. Dessa forma, necessitam de dinheiro para investimento, mas o retorno é incerto.

> **Vacas leiteiras (*cash cows*):** são os produtos que possuem alta participação em mercados establlizados, ou seja, existem ganhos de dinheiro sem necessidade de investimentos.

> **Vira-latas (*dogs*):** são os produtos que possuem pequena participação em mercados e têm pequenas taxas de crescimento. Assim, precisam de dinheiro para sobreviver, mas não ganham suficiente para tanto.

Estratégias Competitivas

O conceito foi desenvolvido por Michel Porter e pode ser definido como:

→ **Diferenciação:**

Onde a organização trabalha para tornar o seu produto ou serviço diferenciado em relação à concorrência Podem ser enfatizados a qualidade, o serviço em si, o prestígio para o consumidor, o atendimento, o pós-venda, as instalações etc.

→ **Liderança do custo**

Onde o objetivo da organização é oferecer um produto mais barato.

→ **Foco**

Pode ser chamado também de concentração ou do nicho. O foco consiste na escolha de um segmento do mercado e concentrar-se nele. A empresa opta por não entrar no grande mercado, desenvolvendo habilidades apenas no segmento escolhido, como produtos ou clientes bem específicos, ou mercados geográficos menores. Dessa forma, se há uma tendência para custo, é chamado foco em custo, já se há uma tendência para diferenciação, temos o foco em diferenciação.

Exercício Comentado

01. No planejamento estratégico, uma análise interna do ambiente envolve:

a) Avaliação do desempenho da empresa em termos de lucratividade.

b) Mercados abrangidos pela empresa, características atuais e tendências futuras.

c) Avaliação da concorrência ou competição.

d) Análise da conjuntura econômica e de tendências políticas.

e) Análise da conjuntura microeconômica.

RESPOSTA. "A". A análise interna das forças e limitações da empresa trata da análise dos pontos fortes e fracos da empresa, sendo os pontos fortes caracterizados como forças propulsoras (lucratividade), enquanto os pontos fracos são as limitações e restrições que impedem o alcance dos objetivos. As demais alternativas referem-se a fatores como mercados, concorrência, conjuntura econômica, tendências políticas, conjuntura microeconômica.

Anotações

Referências Bibliográficas

CARAVANTES, G. R. Administração: teorias e processos. São Paulo: Pearson Prentice Hall, 2005.

CHIAVENATO. I. Introdução à Teoria Geral da Administração. 5ª ed. São Paulo: Makron Books, 1997.

CHIAVENATO, I. Teoria Geral da Administração, vol 2. Rio de Janeiro: Campus, 2005.

CHIAVENATO, I. Gestão de pessoas: O novo papel dos recursos humanos nas organizações – Campus: 2008

FAYOL, H. Administração industrial e geral. 10 ed. São Paulo: Atlas, 1994.

FARIA J. C. Administração: Teoria e Aplicações. São Paulo: Pioneira Thomson, 2002.

KWASNICKA, E. L. Introdução à Administração. São Paulo: Atlas, 1995.

LACOMBE, F. J. M.; HEILBORN, G. L. J. Administração: princípios e tendências. 2º Ed. São Paulo: Saraiva, 2008.

MATIAS-PEREIRA, José. Manual de Gestão Pública Contemporânea. 2 ed. São Paulo: Atlas, 2009.

MAXIMIANO, A. C. A. Introdução a Administração. 5ª ed. São Paulo: Atlas, 2000.

MUSGRAVE, R. A. Teoria das finanças públicas. São Paulo: Atlas, 1974.

REZENDE, Fernando. Finanças Públicas. 2ª edição. São Paulo: Atlas, 2001.

ROBBINS, S. P. Administração: mudanças e perspectivas. São Paulo: Saraiva, 2003.

SCHERMERHORN JR., J. R. Administração. Rio de Janeiro: LTC, 2007.

SILVA, S. O. Estilos de Administração: uma introdução à teoria geral da administração. Rio de Janeiro: EDC – Ed. Didática e Científica, 1990.

STONER, J. A. F.; FREEMAN, R. E. Administração. 5ª ed. Rio de Janeiro: Prentice Hall do Brasil, 1999.

ÍNDICE

CAPÍTULO 01 62

Arquivística: Princípios e Conceitos 62

Introdução 62

Conceitos Fundamentais 62

Arquivologia ou Arquivística 62

Documento 62

Documentos de Arquivo 62

Princípios Arquivísticos 63

Função do Arquivo 64

Distinção entre Arquivo, Biblioteca e Museu 64

Classificação dos Arquivos 65

Classificação dos Documentos 66

Prazo de Guarda dos Documentos 68

Destinação Final dos Documentos 68

CAPÍTULO 02 70

Gestão da Informação e de Documentos 70

Introdução 70

Planejamento do Sistema de Arquivamento 70

Fases da Gestão de Documentos 70

Métodos de Arquivamento 72

CAPÍTULO 03 78

Tipologias Documentais e Suportes Físicos 78

Introdução 78

Mudança de Suporte 78

Automação 79

Preservação e Conservação 80

CAPÍTULO 04 82

Legislação Arquivística 82

CONARQ 82

SINAR 83

Arquivo Nacional 83

Lei nº 8.159, de 08 de Janeiro de 1991 86

Lei nº 12.527, de 18 de Novembro de 2011 88

CAPÍTULO 01

Arquivística: Princípios e Conceitos

Introdução

Segundo o Dicionário Internacional de Terminologia Arquivística publicado pelo Conselho Internacional de Arquivos (CIA), um arquivo é "o conjunto de documentos, quaisquer que sejam suas datas, suas formas ou seus suportes materiais, produzidos ou recebidos por pessoas físicas ou jurídicas, de direito público ou privado, no desempenho de suas atividades". *(1984, p. 25).*

Para a Lei nº 8.159, de 8/1/1991 – que dispõe sobre a política nacional de arquivos públicos e privados:

> ***Art. 2º*** *Consideram-se arquivos, para os fins desta Lei, os conjuntos de documentos produzidos e recebidos por órgãos públicos, instituições de caráter público e entidades privadas, em decorrência do exercício de atividades específicas, bem como por pessoa física, qualquer que seja o suporte da informação ou a natureza dos documentos.*

Segundo as palavras de um célebre autor:

"A natureza dos arquivos é administrativa, é jurídica, é informacional, é probatória, é orgânica, é serial, é contínua, é cumulativa. A soma de todas essas características faz do arquivo uma instituição única e inconfundível".

(BELLOTTO, 2005).

A Arquivologia ou Arquivística é uma das disciplinas que vem crescendo em importância nos últimos anos devido ao alto grau de especialização exigido nos concursos públicos atualmente.

Se fizermos uma análise superficial, facilmente perceberemos que matérias da área do direito, há muito tempo, já não fazem a diferença em concursos. O nível de concorrência e competição entre os concurseiros tornou o conhecimento dessas disciplinas obrigatório.

Por outro lado, seja por inexperiência ou falta de orientação, a maioria dos candidatos não estuda como deveriam as matérias denominadas "estranhas" e, no fim estas acabam sendo as fiéis da balança nas aprovações ou reprovações.

Conceitos Fundamentais

Os conceitos arquivísticos englobam uma infinidade de termos e nomenclaturas próprias, muitos desses capazes de confundir pela similaridade. Dito isso, será esquematizado todo o conteúdo para uma fácil e rápida assimilação, dando ênfase naquilo que vem sendo mais cobrado pela banca nos últimos certames.

Arquivologia ou Arquivística

É a ciência que tem por objetivo o conhecimento dos **Arquivos** e das teorias, métodos e técnicas a serem observadas na sua **constituição, organização, desenvolvimento e utilização.** As palavras em negrito constituem a chave para o entendimento dessa ciência.

Pode ser entendida como um dos ramos da **ciência da informação,** que engloba também a **Biblioteconomia** e a **Museologia.** Posteriormente, veremos o que as diferencia.

Apresenta-se como ciência capaz de oferecer subsídios para a realização da **gestão da informação.** Essa característica faz da arquivologia uma ciência ímpar, pois sua principal função é auxiliar o gestor, nos diferentes níveis hierárquicos, a tomar decisões.

Para começarmos o estudo da disciplina, devemos antes compreender alguns conceitos, dentre eles, o de documento e arquivo. Por hora, nos basta associá-los a um conjunto de documentos no sentido Lato e, durante este capítulo, iremos abordar algumas peculiaridades que os especificam em relação aos outros conjuntos documentais.

Em suma: **Arquivologia = Arquivística = Estudo dos Arquivos.**

→ O termo "ARQUIVO" também é utilizado para:

- Órgão de documentação – Arquivo Nacional;
- Conjunto de documentos;
- Móvel para guarda de documentos.

Para a melhor compreensão do que é Arquivo, devemos conhecer três conceitos básicos: Documento, Informação e Suporte.

Documento

É toda informação registrada em um suporte material, suscetível de consulta, estudo, prova e pesquisa, que comprova ou atesta os fatos, fenômenos, formas de vida e pensamento do gênero humano em determinada época ou lugar.

Atualmente, não devemos mais associar os arquivos ao mero armazenamento de papel. Temos um novo paradigma Arquivístico, muito mais associado à informação do que necessariamente ao suporte em que essa informação é armazenada ou transmitida.

Informação

É uma ideia ou conhecimento. Elemento referencial, noção ou mensagem contida em um documento.

Suporte

É o meio material no qual a informação é registrada. Meio físico.

- **Ex.:** Papel, CD, DVD, Fotografia, Filme.

Documento = Informação + Suporte

Documentos de Arquivo

Conceitualmente, são aqueles mantidos por uma instituição ou pessoa ao longo de suas atividades administrativas, com valor de prova. Os documentos de arquivo são produzidos ou recebidos. Isso significa que são acumulados dessa forma. Os documentos de arquivo apresentam as seguintes características:

- **Autenticidade:** está ligada ao processo de criação, manutenção e custódia; os documentos são produtos de rotinas processuais que visam ao cumprimento de determinada função ou consecução de alguma atividade; e são autênticos quando são criados e conservados de acordo com procedimentos regulares que podem ser comprovados, a partir dessas rotinas estabelecidas.
- **Naturalidade:** os registros arquivísticos não são coletados artificialmente, mas acumulados de modo natural nas instituições, em função das atividades desenvolvidas por essas; os registros arquivísticos se acumulam de maneira contínua e progressiva, são como sedimentos sobrepostos e isso o dota de um elemento de coesão natural, embora estruturada.

- **Interrelacionamento:** os documentos estabelecem relações no decorrer do andamento das transações para as quais foram criados; eles estão ligados por um elo que é criado no momento em que são produzidos ou recebidos; os registros arquivísticos são um conjunto indivisível de relações.
- **Unicidade:** cada registro documental assume um lugar único na estrutura documental do grupo ao qual pertence.
- **Imparcialidade:** Como os documentos de arquivo têm como função primeira servir a administração, decorre dessa característica que o seu processo de acumulação se dá de forma natural e progressiva de acordo com critérios e normas preestabelecidas pela instituição.

Exercício Comentado

01. ***Podem-se determinar mais facilmente os valores secundários de documentos oficiais se os analisarmos em relação a dois aspectos: a. a prova que contêm da organização e funcionamento do órgão governamental que os produziu, e b. a informação que contêm sobre pessoas, entidades, coisas, problemas, condições etc., com que o órgão governamental haja tratado. (SCHELLENBERG, T.R. Arquivos modernos: princípios e técnicas. Trad. Nilza Teixeira Soares. Rio de Janeiro: Fundação Getulio Vargas, 1973. p. 153).***

O primeiro aspecto de que trata o clássico autor norte-americano diz respeito a uma importante qualidade dos documentos de arquivo, que é a:

a) informalidade.
b) probabilidade.
c) autenticidade.
d) duplicidade.
e) veracidade.

RESPOSTA. ***"C". Autenticidade é a qualidade de um documento quando preenche as formalidades necessárias para que se reconheça sua proveniência, independentemente da veracidade do respectivo conteúdo. Muito cuidado para não confundir com a veracidade, que diz respeito ao que é falso ou verdadeiro no documento. Enquanto a autenticidade está voltada para o processo de criação do documento, a veracidade está ligada diretamente a qualidade das informações que compõem este certificado (LOPEZ, 2005).***

Princípios Arquivísticos

Como toda ciência, a Arquivologia é composta e regida por princípios e conceitos. Alguns são mais cobrados pelas bancas, outros nem tanto. Dentre os que mais aparecem em questões de concursos, destacam-se:

- **Proveniência ou respeito aos fundos** - Respeitar que todos os documentos recebidos ou produzidos devem ser imediatamente fixados na pasta do funcionário. Visa fixar a identidade dos documentos relativa ao seu produtor. Os documentos devem ser observados e organizados segundo a competência e as atividades da instituição ou de uma pessoa; devem manter individualidade, não sendo misturados aos de origem diversa.
- **Organicidade** - Qualidade dos arquivos que reflete a estrutura, as funções e as atividades da instituição.
- **Unicidade** - Qualidade pela qual os documentos de arquivo, a despeito de forma, espécie ou tipo, conservam caráter único em função de seu contexto de origem.
- **Integridade** - Um fundo deve ser preservado sem dispersão, mutilação, alienação, destruição não autorizada ou acréscimo indevido.
- **Cumulatividade** - Formação progressiva, natural e orgânica.
- **Ordem original** - Levam-se em conta as relações estruturais e funcionais que presidem a gênese dos arquivos.
- **Territorialidade** - Jurisdição a que pertence cada documento de acordo com a área territorial, a esfera de poder e o âmbito administrativo em que foi produzido e recebido (nacional, regional e institucional).
- **Princípios da legalidade** - Os registros arquivísticos são provas confiáveis das ações a que se referem e devem essa confiabilidade às circunstâncias de sua criação e às necessidades de prestar contas.

Exercícios Comentados

01. ***(FCC) Uma das características dos documentos de arquivo é a naturalidade com que são reunidos, ao contrário do que ocorre com os documentos de museu. Segundo Luciana Duranti, o atributo se deve ao fato de:***

a) Não existir, no âmbito da administração (pública ou privada), nenhuma obrigatoriedade quanto à acumulação de documentos, cabendo aos servidores ou agentes criar suas próprias normas arquivísticas;
b) Haver a pretensão de simular o caráter necessariamente subjetivo dos documentos, conferindo-lhes aparente naturalidade e objetividade;
c) Os profissionais da área adotarem o princípio do respeito à ordem original, segundo o qual o sistema de ordenação empregado no organismo produtor é mais natural;
d) Grande parte dos documentos constituírem ameaça aos interesses do órgão produtor, razão pela qual se revestem de aspecto natural e inofensivo;
e) Os documentos não serem concebidos fora dos requisitos da atividade prática, que se realiza de forma contínua e progressiva, dotando as séries de elementos de coesão espontânea e estruturada.

RESPOSTA. ***"E". Os documentos dos arquivos não são objeto de coleção (escolha artificial) e sim da acumulação natural, no decurso de atividades administrativas.***

02. ***(CESPE) O princípio Arquivístico que deve ser aplicado na constituição de um fundo de arquivo é:***

a) Da territorialidade;
b) Das três idades;
c) Da proveniência;
d) Da ordem original;
e) Da pertinência.

RESPOSTA. ***"C". O princípio da Proveniência ou do Respeito aos Fundos constitui-se em princípio básico da Arquivologia, segundo o qual o arquivo produzido por uma entidade coletiva, pessoa ou família não deve ser misturado aos de outras entidades produtoras.***

O Fundo, por sua vez, é formado pelo Conjunto de documentos, independente de sua forma ou suporte, organicamente produzido e/ou acumulado e utilizado por um indivíduo, família ou entidade coletiva no decurso das suas atividades e funções. Pode ser aberto ou fechado, a depender se a entidade produtora continua ou não a desenvolver suas atividades.

Função do Arquivo

> Guardar e organizar os documentos que circulam na instituição, tornando disponíveis as informações mantidas sob sua guarda, utilizando, para isso, técnicas que permitam um arquivamento ordenado e eficiente. (**Valor Primário**).

> Garantir a preservação dos documentos, utilizando formas adequadas de acondicionamento, levando em consideração temperatura, umidade e demais aspectos que possam danificar os mesmos;

> Atendimento aos pedidos de consulta e desarquivamento de documentos pelos diversos setores da instituição, de forma a atender rapidamente à demanda pelas informações ali depositadas.

Além dessas funções principais, podemos destacar outras de relativa importância, como a expedição da correspondência, criação dos modelos para documentos e criação das normas de gestão documental da instituição.

Para alcançar esses objetivos, é necessário que o arquivo disponha dos seguintes requisitos:

> Contar com pessoal qualificado e em número suficiente;

> Estar instalado em local apropriado;

> Dispor de instalações e materiais adequados;

> Utilizar sistemas racionais de arquivamento, fundamentados na teoria arquivística moderna;

> Contar com normas de funcionamento;

> Contar com dirigente qualificado, preferencialmente formado em Arquivologia.

A importância do arquivo para a instituição está associada ao aumento expressivo do volume de documentos que ela se utiliza no exercício de suas atividades e a necessidade de se estabelecerem critérios de guarda e de eliminação de documentos quando estes já não são mais úteis para a organização.

A adoção de técnicas arquivísticas adequadas permite não apenas a localização eficiente da informação desejada, mas também a economia de recursos para a instituição.

Fique Ligado

A finalidade do Arquivo é facilitar a consulta aos documentos e, com isso, servir à administração no processo de aquisição de conhecimento e tomada de decisão.

Distinção entre Arquivo, Biblioteca e Museu

Embora arquivo, museu e biblioteca tenham a mesma finalidade (guardar documentos), seus objetivos são diferentes, tendo em vista os tipos documentais de cada instituição trata.

Objetivos Comuns
Guardar documentos
Preservar documentos
Dar acesso aos documentos

→ **Poderíamos assim definir cada instituição:**

Arquivo

É o conjunto de documentos criados ou recebidos (acumulados) por uma instituição ou pessoa, no exercício de sua atividade, preservados para garantir a consecução de seus objetivos. Os documentos não são objeto de coleção (escolha artificial) e sim da acumulação natural, no decurso de atividades administrativas.

Relembrando: os documentos de Arquivo são **produzidos** ou **recebidos.** Isto significa que são **acumulados** dessa forma.

Sua função é guardar e organizar os documentos, tornando disponíveis as informações mantidas sob sua guarda. E sua finalidade é servir à Administração e **secundariamente** servir à História.

Dentro de sua finalidade funcional, preservam as informações que evidenciam o funcionamento da instituição ao longo do tempo.

Fique Ligado

Produzidos ou recebidos = acumulados

→ Outros termos associados a arquivo:

Biblioteca

É o conjunto de material, em sua maioria, impresso e não produzido pela instituição em que está inserida. Normalmente constituída de coleções temáticas.

A Biblioteca tem finalidade essencialmente **cultural** – guardar informações para estudo. Seus documentos são acumulados por meio de **compra, doação ou permuta.**

Museu

É uma instituição de interesse público, criada com a finalidade de conservar, estudar e colocar à disposição do público conjuntos de peças e objetos de valor cultural.

Podemos verificar que, enquanto o arquivo tem finalidade funcional, a finalidade das bibliotecas e dos museus é essencialmente **histórica cultural**, embora o arquivo também possa adquirir, com o tempo, caráter cultural, a partir do caráter histórico que alguns de seus documentos podem adquirir.

Quadro comparativo entre **Biblioteca, Museu e Arquivo:**

Diferenças		
	Biblioteca e Museu	Arquivo
Objetivos	*Objetivos Culturais*	*Objetivos Funcionais*
	Provém de várias fontes (colecionadores, doações, compra)	*Provém somente das atividades públicas ou privadas*
	Existem vários exemplares	*Há um número de cópias restritas*
	Unidades isoladas	*Conjunto (refere-se a uma atividade)*
Avaliar	*Caráter revogável*	*Caráter irrevogável*
	Questão de conveniência e não de preservação	*Normalmente encontram-se em uma única via*
Classificar	*Métodos determinados previamente*	*Métodos variáveis de acordo com o órgão*
Descrição	*Unidades discriminadas*	*Conjunto de documentos*

Exercício Comentado

A organização de documentos, atividade cada vez mais importante nas instituições, possibilita a tomada de decisão segura e o atendimento rápido das demandas dos usuários. Considerando essa informação, julgue os próximos itens, referentes à arquivologia.

01. (CESPE) O arquivo do Departamento de Polícia Federal compõe-se de documentos colecionados referentes a assuntos de interesse dos servidores desse órgão.

ERRADO. Como podemos observar, a questão trata da diferença entre arquivos, museus e bibliotecas. Esse tipo de questão sempre aparece em concursos, muitas vezes, com uma pitada de malícia. Na questão em foco, fica fácil matar a charada uma vez que as únicas formas de acumulação de documentos de arquivos são a produção e o recebimento, o que exclui a coleção, como consta no enunciado. Outro erro crasso encontrado na questão está na parte final que fala sobre a finalidade dos documentos de arquivo, que é servir à Administração e não aos interesses dos servidores, ainda que o faça indiretamente.

Classificação dos Arquivos

→ **Os Arquivos podem ser classificados em 4 tipos:**

> **Quanto à entidade mantenedora**
>
> » Público ou privado;
>
> **Quanto à natureza dos documentos**
>
> » Especial ou especializado;
>
> **Quanto ao estágio de evolução**
>
> » Intermediário ou Corrente;
>
> **Quanto à extensão de sua atuação**
>
> » Setorial ou central.

Quanto à entidade Mantenedora

> Dividem-se em público e privado.

Público

Órgãos dos Poderes Executivo, Legislativo e Judiciário, nas esferas Federal, Estadual, Municipal e do DF. Também são considerados públicos os Arquivos das Fundações Públicas e Empresas Públicas.

Privado

São aqueles mantidos por instituição de caráter particular. Exemplo.: Arquivo do Itaú, Arquivo das Lojas Americanas, arquivo da Radio Jovem Pam.

Existe, ainda, na doutrina, a seguinte divisão: Públicos, Institucionais, Comerciais, Pessoais ou Familiares. Sobre isso, devemos lembrar que os institucionais, comerciais, pessoais ou familiares devem ser entendidos como Arquivos Privados.

Quanto à Natureza dos Documentos

Podem ser especiais ou especializados.

Arquivos Especiais

São arquivos cuja forma física (suporte) dos documentos exige cuidado especial, diferenciado, por causa da sua preservação ou manuseio. Exemplo.: Foto, Filme, Negativo, Microfilme.

Especializados

São aqueles que mantêm em sua guarda documentos de determinada área do conhecimento, relacionados a assunto específico. Exemplo: Arquivo Médico, Arquivo Cartográfico, Arquivos de Engenharia.

Quanto ao Estágio de Evolução ou Teoria das Três Idades

Ciclo Vital Arquivístico			
	Corrente	Intermediário	Permanente
Caracte-rísticas	Ainda em tramitação	Consultados esporadicamente	Aqueles que serão arquivados definitivamente
	Também chamado de aquivos ativos	Normalmente, por já terem cumprido seu objetivo administrativo, são transferidos para um arquivo central	Não serão jamais eliminados
	Possuem valor administrativo para a organização, valor primário	Cumprem prazos prescriocionais e precaucionais antes de sua destinação final (guarda permanente ou destruição)	Valor secundário, ou seja, histórico-cultural
	Definido devida a sua frequente utilização e consulta	Arquivos chamados também de seminativos	Arquivo são abertos ao público
	Arquivos fechados ao público	Possuem também valor primário	São chamados de arquivos inativos
		Arquivos fechados ao público	
Exemplo	Protocolo, arquivamento, consulta, empréstimo, expedição		Documentos que contam a história da organização: sua origem, constituição, normas e regulamentos

Arquivos Correntes

São os Arquivos que guardam os documentos mais novos e mais utilizados pela instituição. No Arquivo Corrente, os documentos possuem grande frequência de uso e possuem fim administrativo.

Segundo essa teoria, os documentos de arquivo passam por três estágios distintos de arquivamento, de acordo com a frequência de utilização, a utilidade administrativa para a instituição e o valor intrínseco do documento. Geralmente, as questões de prova podem ser facilmente respondidas observando-se as seguintes características:

> **1ª IDADE –** Arquivo Corrente – valor primário – uso restrito aos produtores do documento.
>
> **2ª IDADE –** Arquivo Intermediário - Documentos que aguardam destinação final – depósito temporário – valor primário – acesso com autorização do órgão produtor.
>
> **3ª IDADE –** Arquivo Permanente - É o Arquivo propriamente dito – valor secundário e histórico.

Arquivo Corrente.

> É a fase em que os documentos são criados;
>
> Nessa fase, os documentos tramitam bastante e são muito consultados;
>
> Os arquivos correntes localizam-se nos próprios setores que produzem/recebem os documentos (**Arquivos Setoriais**) ou em locais próximos a estes (**Arquivo Central/Geral**).

As principais rotinas que envolvem o arquivamento na fase corrente são:

> **Inspeção**: verificação se realmente o arquivo destina-se ao arquivamento, pois pode ser apenas para anexar ou apensar ou simplesmente para ser fornecida uma informação;
> **Análise:** consiste em classificar e determinar como será codificado, caso não tenha sido feita a classificação no protocolo;
> **Ordenação:** dispor os documentos conforme a codificação;
> **Arquivamento:** inserir o documento na unidade pré-estabelecida;
> **Empréstimo ou Consulta:** retirada para empréstimo ou consulta.

Arquivo Intermediário

São os Arquivos que guardam os documentos utilizados com menos frequência pela instituição. No Arquivo Intermediário, os documentos possuem baixa frequência de uso, mas ainda possuem fim administrativo.

→ **Devemos lembrar que:**

> É a fase em que os documentos ainda têm valor administrativo, mas são pouco consultados;
> A sua transferência para o arquivo intermediário permite que os setores otimizem seu espaço;
> Não há necessidade de serem conservados próximos aos setores;
> Nesta fase, os documentos aguardam sua destinação final (**eliminação ou guarda permanente** – aqueles que possuem valor histórico para a instituição).

Arquivo Permanente

São os Arquivos que guardam os documentos que, já tendo cumprido seu fim administrativo, sua função administrativa, agora são preservados e conservados pelo seu valor histórico para Instituição (**valor secundário**).

→ **Algumas dicas para você saber identificá-lo na sua prova:**

> É o arquivo em que os documentos já perderam seu valor administrativo e são guardados pelo seu valor histórico, probatório ou informativo;
> Permitem conhecer a História da Instituição;
> Revelam a origem e constituição da Instituição;
> Os documentos desta fase jamais serão eliminados.

→ **Processo mnemônico:**

1ª idade	*Corrente*	*Valor primário*
2ª idade	*Intermediário*	*Valor primário*
3ª idade	*Permanente*	*Valor Secundário*

Valor do Documento

O documento só é guardado e preservado pela instituição porque possui algum valor. Esse valor pode ser **Administrativo** ou **Histórico**.

A Arquivologia denomina o valor administrativo como valor primário.

→ **Sobre o Valor Primário, você precisa lembrar-se que:**

> Serve à Administração dando suporte/apoio às atividades da instituição;
> É um valor temporário – Em determinado momento o valor administrativo irá acabar (quando ocorre a destinação final);
> Todo documento nasce com valor administrativo;
> Finalidade: Servir à Administração.

A Arquivologia denomina o valor histórico como valor secundário.

→ **Sobre o Valor Secundário, lembre-se que:**

> Está presente no documento que perdeu seu valor administrativo, mas adquiriu valor histórico;
> Serve de fonte de pesquisa para terceiros e /ou para própria instituição;
> Finalidade: Servir à História;
> O documento que possuir valor secundário será recolhido ao Arquivo permanente;
> O documento de valor secundário jamais poderá ser eliminado.

Fique Ligado

Valor Primário = Valor Administrativo.
Valor Secundário = Valor Histórico.

Quanto à Extensão de sua Atuação

Classificação relativa ao local de instalação do arquivo.

Arquivos Setoriais

São aqueles instalados nos setores que utilizam os documentos, nos quais ficam os documentos do uso do dia a dia. Dicas:

> É um Arquivo descentralizado;
> Cada setor de trabalho possui o seu.

Arquivos Centrais

São aqueles localizados fora do local de trabalho e acumulam, em um único local, documentos provenientes dos diversos setores da instituição, de forma centralizada.

Fique Ligado

Extensão da atuação não se confunde com estágio de evolução ou ciclo de vida do documento. É muito comum a confusão entre Arquivo Central e fase ou Arquivo intermediário.

Classificação dos Documentos

Os documentos de arquivos possuem as seguintes classificações:

> Gênero;
> Espécie / Tipologia Documental;
> Forma;
> Formato;
> Natureza do Assunto.

As bancas geralmente cobram muitas questões sobre esse tópico exigindo da sua parte atenção para não confundir os termos.

Gênero

Esta classificação está relacionada ao suporte pelo qual a informação é registrada; o gênero proporciona ao arquivista o devido tratamento ao documento, especialmente nas políticas de conservação e preservação. Existem sete tipos diferentes de gênero documental:

> Escritos ou Textuais;
> Iconográficos;

> Sonoros;
> Filmográficos;
> Informáticos ou digitais;
> Cartográficos;
> Micrográficos.

Escritos ou Textuais

Documentos cuja informação esteja manuscrita ou impressa. Exemplo.: Contrato, atas, relatórios, certidões.

Iconográficos

Documentos cuja informação esteja em forma de imagem estática. Exemplo.: Fotografia, negativos, diapositivos (slides), desenho e gravuras.

As bancas gostam de fazer confusão entre esse gênero e o filmográfico, mas não há como confundi-los:

> **Iconográficos** - imagem estática;
> **Filmográficos** - imagem em movimento.

Sonoros

Documentos cuja informação esteja em forma de som/áudio. Exemplo.: Escuta telefônica, Gravador analógico.

Filmográficos

Documentos cuja informação esteja em forma de imagem em movimento (com ou sem som). Exemplo.: Películas filmográficas, filmagens, vídeos.

Informáticos ou Digitais

Documentos gravados em meio digital e que, por isso, necessitam de equipamentos eletrônicos para serem lidos. Exemplo.: Arquivo em MP3, Arquivo do Word, etc.

Cartográficos

Documentos que representem, de forma reduzida, uma área maior. Exemplo.: Mapas e Plantas de engenharia.

Micrográficos

Documentos em microformas. Exemplo.: Microfilmes e microfichas.

Fique Ligado

Não existe necessariamente uma relação direta entre gênero e suporte, prova disso é que se pode encontrar o gênero iconográfico em suporte de pedra (pinturas rupestres), dentre outras possibilidades.

Espécie/Tipologia Documental

Enquanto a **Espécie** é a denominação que se dá ao aspecto formal de um documento, a Tipologia Documental corresponde a denominação que se dá quando reunimos determinada espécie à função ou atividade que o documento irá exercer. A doutrina admite diversas espécies documentais. Exemplo.: Ofício, memorando, declaração, certidão.

Da mesma forma, dentre as diferentes espécies, encontramos tipos peculiares. Exemplo.: Declaração de Imposto de Renda, Certidão de nascimento.

→ **Exemplos de Espécie e Tipo Documental:**

Espécie	*Tipologia*
Contrato	*Contrato de locação*
Alvará	*Alvará de funcionamento*
Certidão	*Certidão de casamento*
Declaração	*Declaração de imposto de Renda*

Exercício Comentado

01. Edital, edital de citação, códice e rascunho são, respectivamente,
a) Espécie, tipo, formato e forma;
b) Formulário, espécie, forma e gênero;
c) Espécie diplomática, espécie jurídica, tipo e linguagem;
d) Tipo, espécie, série e suporte;
e) Formato, assunto, suporte e técnica de registro.

RESPOSTA. ***"A". Espécie: é a denominação que se dá ao aspecto formal de um documento; as instituições possuem diversas espécies, Exemplo.: Ofício, memorando, declaração, certidão. Tipologia Documental: é a denominação que se dá quando reunimos determinada espécie à função ou atividade que o documento irá exercer. Exemplo.: Declaração de Imposto de Renda, Certidão de nascimento. Formato: é o aspecto físico do documento, independente da informação nele registrada. São formatos documentais; Ficha, livro, caderno, pergaminho. Forma: é classificação relacionada quanto à forma do seu estágio de preparação do documento. São as formas documentais: Rascunho ou Minuta; Original e Cópia.***

Forma

É classificação relacionada quanto à forma do seu estágio de preparação do documento. São as formas documentais: Rascunho ou Minuta; Original e Cópia. O original é o documento com o sinal de subscrição (ou assinatura), que lhe dá autenticidade jurídica e arquivística. O rascunho é o documento com rasuras ou anotações suplementares, anterior à elaboração do original. A minuta, segundo Bellotto, não é rascunho e sim um pré-original, com um aspecto limpo, elaborado, mas sem a assinatura da autoridade responsável. E a cópia é o teor documental reproduzido na íntegra.

Formato

Denomina-se formato de um documento o seu aspecto físico, independente da informação nele registrada. São formatos documentais: Ficha, livro, caderno, pergaminho, apostila, etc.

Exercício Comentado

01. Caderno e livro são exemplos de:
a) Formato;
b) Tipo;
c) Espécie;
d) Suporte;
e) Forma.

RESPOSTA. ***"A". Denomina-se formato de um documento o seu aspecto físico, independente da informação nele registrada. São formatos documentais: ficha, livro, caderno, pergaminho.***

Natureza do Assunto

Em relação à Natureza dos assuntos, ou seja, o grau ou nível de acessibilidade às informações contidas nos documentos, eles são classificados como ostensivos ou sigilosos.

Ostensivos

É a classificação dada ao documento cuja divulgação não prejudica a segurança ou as atividades desenvolvidas pela instituição. O documento ostensivo pode ser de livre conhecimento do público em geral.

Sigiloso

Documento que, por sua natureza, deve ser de conhecimento restrito.

De acordo com o Decreto 4.553/2002, o Documento classificado como sigiloso será diferenciado pelo **GRAU DE SIGILO**. São quatro (4) os graus de sigilo, escalonados de acordo com a necessidade de restrição ao seu acesso:

> Ultrassecreto;
> Secreto;
> Confidencial;
> Reservado.

- **Ultrassecreto**

Recebem essa classificação os documentos cujos assuntos requerem **excepcional grau de segurança** e o seu teor só deve ser de conhecimento de pessoas intimamente ligadas ao seu estudo ou manuseio.

- **Secreto**

Os assuntos que requerem **alto grau de segurança** e cujo teor pode ser do conhecimento de pessoas que, sem estarem intimamente ligadas ao seu estudo ou manuseio, são autorizadas a deles tomar conhecimento, funcionalmente.

Confidencial

Tais documentos reúnem assuntos que embora não requeiram alto grau de segurança, seu conhecimento por pessoa não autorizada **pode ser prejudicial** a um indivíduo ou criar embaraços administrativos.

Reservado

Documentos que reúnem assuntos que **não devem ser do conhecimento** do público em geral.

Grau de sigilo dos documentos – palavras chave.

Fique Ligado

O § 1º do art. 24 da LEI Nº 12.527, DE 18 DE NOVEMBRO DE 2011, dispõe que os prazos máximos de restrição de acesso à informação, conforme a classificação prevista no caput, vigoram a partir da data de sua produção e são os seguintes:

I. Ultrassecreta: 25 (vinte e cinco) anos;
II. Secreta: 15 (quinze) anos; e
III. Reservada: 5 (cinco) anos.

Você deve ter observado que a referida Lei só traz três graus de sigilo, excetuando-se o grau confidencial.

Prazo de Guarda dos Documentos

O Prazo de guarda dos documentos é o período em que o documento deve ser mantido nos arquivos corrente e intermediário e vincula-se à determinação do valor do documento, de acordo com seguintes fatores:

> Frequência do uso das informações contidas nos documentos.
> Existência de leis ou decretos que regulem a prescrição legal dos documentos (prazo prescricional).
> Existências de outras fontes com as mesmas informações (documentos repetitivos).
> Necessidade de guarda de documentos por precaução, em virtude das práticas administrativas (prazos precaucionais).

Destinação Final dos Documentos

Todo documento, seguindo o ciclo vital, deverá ser encaminhado à sua destinação final. Que irá ocorrer no momento em que ele perder seu valor administrativo ou valor primário. Existem duas situações, a saber:

> Eliminação.
> Recolhimento.

Eliminação

Ocorre quando o documento perde o valor administrativo e não apresenta valor histórico.

Guarda Permanente

Ocorre quando o documento perde o valor administrativo, mas apresenta valor histórico.

Transferência

É a passagem dos documentos da fase corrente para a intermediária.

Recolhimento

É a passagem dos documentos das fases corrente e intermediária para a fase permanente.

Ao longo do ciclo vital dos documentos, existem quatro possibilidades:

> O documento foi criado na fase corrente; cessada essa fase, ele será eliminado sem passar pela fase intermediária.
> O documento foi criado na fase corrente, cumpre seu prazo de guarda nessa fase, posteriormente será transferido para o Arquivo Intermediário, em que cumprirá seu prazo de guarda; cessada essa fase, ele será eliminado.
> O documento foi criado na fase corrente; cessada essa fase, ele será recolhido ao Arquivo Permanente.
> O documento foi criado na fase corrente; cessada essa fase, ele será transferido para o Arquivo Intermediário, no qual cumprirá seu prazo de guarda; cessada essa fase, ele será recolhido ao Arquivo Permanente.

Características gerais dos diferentes tipos de documentos e instituições de guarda.

	Arquivo	Biblioteca	Museu	Centro de documentação
Tipo de Suporte	Manuscritos, impressos, audiovisuais, exemplar único	Impressos, manuscritos, audiovisuais, exemplares,	Objetos bi/tridimensionais, exemplar único	Audiudiovisuais (reproduções) Exemplar único ou múltiplo
Tipo de Conjunto	Fundos, documentos unidos pela origem	Coleção, documentos unidos pelo conteúdo	Coleção, documentos unidos pelo conteúdo ou pela função	Coleção, documentos unidos pelo conteúdo
Produtor	A máquina administrativa	Atividade humana individual e coletiva	Atividade humana, a natureza	Atividade humana
Fins de Produção	Administrativos, jurídicos, funcionáis, legais	Culturais, científicos, técnicos, artísticos, educativos	Culturais, artísticos, funcionais	Científicos
Objetivo	Provar, testemunhar	Instruir, informar	Informar, Entreter	Informar
Entrada de documentos	Passagem natural de fonte geradora única	Compra, doação, permuta de fontes múltiplas	Compra, doação, permuta, de fontes múltiplas	Compra, doação, pesquisa
Processamento técnico	Registro, arranjo, descrição: guias, inventários, catálogos etc,	Tombamento, classificação, catalogação, ficharios	Tombamento, catalogação, inventários, catálogos	Tombamento, classificação catalogação, fichários ou computador
Público	Administrador e pesquisador	Grande público e pesquisador	Grande público e pesquisador	Pesquisador

Anotações

CAPÍTULO 02

Gestão da Informação e de Documentos

Introdução

Segundo a Lei 8.159/1991, a Gestão de Documentos envolve o conjunto de procedimentos e operações técnicas referentes às atividades de produção, tramitação e uso, avaliação e arquivamento de documentos em fase corrente e intermediária, visando a sua eliminação ou recolhimento para guarda permanente.

Ainda na mesma Lei: "É dever do poder público a gestão documental e a proteção especial a documentos de arquivo, como instrumento de apoio à administração, à cultura e ao desenvolvimento científico e como elemento de prova e informação".

A Gestão de documentos é atingida por meio do planejamento, organização, controle, coordenação dos recursos humanos, do espaço físico e dos equipamentos, com o objetivo de aperfeiçoar o ciclo documental.

É qualquer atividade que vise a controlar o fluxo de documentos existentes, de forma a assegurar a eficiência das atividades.

Objetivos

- Garantir, assegurar, de forma eficiente: produção, administração, manutenção e destinação de documentos;
- Garantir que a informação estará disponível no momento necessário ao usuário (instituição, estado, pessoa);
- Eliminação de documentos que não possuem valor administrativo, fiscal, legal ou para fins de pesquisa científica ou histórica;
- Assegurar uso adequado da Micrográfica, processamento automatizado de dados, e outras técnicas da gestão de informação;
- Contribuir para o acesso e a preservação dos documentos que deverão ser guardados e preservados por seus valores históricos, científicos, valores secundários.

Planejamento do Sistema de Arquivamento

Primeiramente, antes de se implantar um gerenciamento de informação, necessita-se de um planejamento. Assim, tem que se definir um importante aspecto: há centralização ou a descentralização dos arquivos correntes, ou seja, no planejamento, a organização deve definir se os arquivos ficaram centralizados - reunidos em um arquivo central - ou descentralizados - arquivados nos setores da organização.

Fique Ligado

A opção pela descentralização ocorre apenas na fase corrente. Na fase intermediária e permanente, é OBRIGATÓRIA a centralização.

Ao planejamento também cabe a função de definir a coordenação dos serviços arquivísticos organizacionais. Assim, recomenda-se que haja uma centralização referente às normas, controle e orientação para evitar que haja tratamento diferenciado aos arquivos de uma mesma instituição.

Fique Ligado

Como os arquivos correntes são aqueles que ainda estão em processo de tramitação, ou seja, são consultados de modo frequente, eles devem ficar armazenados junto aos setores organizacionais que os produziram. Assim, por meio de técnicas de gerenciamento de informação, também chamado de gestão de documentos, deve-se estabelecer padronização quanto ao tratamento dos arquivos, definindo-se um planejamento e implementando um programa de gerenciamento de informação na organização. Dessa forma, já deve ser implementado nos setores um <u>Plano de Classificação de Documentos e uma Tabela de Temporalidade e Destinação dos Documentos</u> (veremos com mais calma esses tópicos a seguir).

Os **arquivos intermediários** têm sua principal função a econômica, pois se torna muito caro manter esse tipo de arquivo - semiativo, que possui baixo nível de consulta, ou seja, tem pouco interesse administrativo para a organização que o produziu - nos setores de trabalho em que foram produzidos; já que, para isso, seria necessário um espaço físico grande. Assim, é interessante guardar esses documentos em depósitos centralizados, pois sua guarda é devido principalmente a prazos prescricionais e precaucionais. Mesmo estando em um depósito central, vale ressaltar que os arquivos intermediários continuam sendo de propriedade do departamento que o gerou e que somente esse setor, ou alguém por ele autorizado, pode consultar os arquivos.

Fases da Gestão de Documentos

→ **São três as fases básicas da Gestão Documental:**

- Produção.
- Utilização.
- Destinação.

Produção

Elaboração de documentos em razão das atividades específicas de uma instituição ou setor.

Pode ser chamada de 1ª fase e possui as seguintes características:

- Otimização na criação de documentos, evitando a reprodução desnecessária de documentos;
- Acontece na fase corrente.

Utilização

Elaboração de documentos em razão das atividades específicas de uma instituição ou setor.

Essa fase refere-se ao fluxo percorrido pelos documentos, necessários ao cumprimento de sua função administrativa, assim como sua guarda após o trâmite. Pode ser chamada de 2ª fase e possui as seguintes características:

- Envolve as atividades de protocolo, classificação de documentos, controle de acesso e recuperação da informação, bem como a elaboração de instrumentos de recuperação;
- É desenvolvida na gestão de arquivos correntes e intermediários.

Destinação

Envolve as atividades de análise, seleção e fixação de prazos de guarda dos documentos, ou seja, implica decidir quais documentos serão eliminados e quais serão preservados permanentemente. Acontece no Arquivo Corrente e Intermediário.

Já vimos que alguns documentos têm valor temporário, enquanto outros têm valor permanente. Além disso, alguns deles são frequentemente utilizados, enquanto outros nem tanto.

Devido a essas diferenças relativas ao valor e à frequência de uso, surge a necessidade de avaliar, selecionar e eliminar os documentos.

Essas três atividades objetivam estabelecer o prazo de vida dos documentos, de acordo com seus valores informativo e probatório.

→ **Em relação ao seu valor, os documentos podem ser:**

> **Permanente vitais:** devem ser conservados indefinidamente por serem de importância vital para a organização.

> **Permanente:** devem ser conservados indefinidamente - apesar de não serem vitais, a informação que contêm deve ser preservada em caráter permanente.

> **Temporários:** podem ser descartados, após determinado prazo, quando cessa o valor do documento.

→ **É evidente que a eliminação de documentos não pode ser feita indiscriminadamente. Dessa forma, há pontos-chave que sempre devem ser observados:**

> Importância do documento com relação aos valores administrativo, fiscal ou legal (=primário) ou informativo, probatório (=secundário);

> Possibilidade e custos de reprodução (e.g. microfilmagem);

> Espaço, equipamento utilizado e custos de arquivamento;

> Prazos de prescrição e decadência de direitos, de acordo com a legislação vigente;

> Número de cópias existentes.

Ainda, segundo o artigo 9º da Lei nº 8.159/91: "a eliminação de documentos produzidos por instituições públicas e de caráter público será realizada mediante autorização da instituição arquivística pública, na sua específica esfera de competência".

Instrumentos de Destinação

Nas atividades de avaliação e destinação são utilizados os instrumentos de destinação, que são os atos normativos elaborados pela organização, nos quais são fixadas diretrizes quanto ao tempo e local de guarda dos documentos.

→ **Os dois principais instrumentos de destinação são:**

> Tabela de Temporalidade de Documentos;

> Lista de Eliminação.

- **Tabela de Temporalidade de Documentos**

É o instrumento resultante da etapa de avaliação dos documentos. É ela, a tabela de temporalidade, que determina o prazo de guarda dos documentos nas fases corrente e intermediária, bem como indica a destinação final (eliminação ou recolhimento para guarda permanente).

Em uma tabela de temporalidade de uma empresa, por exemplo, poderia estar definido que os cartões de ponto deveriam ser conservados por sete anos no Serviço de Pessoal e depois eliminados; ou que os contratos de prestação de serviços de limpeza deveriam ser conservados em caráter definitivo no arquivo permanente.

A tabela de temporalidade será elaborada pela CPAD - Comissão Permanente de Avaliação de Documentos ou Comissão de Análise de documentos.

→ **Tabela de Temporalidade com exemplos hipotéticos.**

Documentos	*Prazos de guarda*		*Destinação final*	*Observação*
	Corrente	*Intermediário*		
Legislação de pessoal	*10 anos*	*10 anos*	*Guarda Perm.*	-
Admissão de pessoal	*5 anos*	*47 anos*	*Eliminação*	-
Férias	*7 anos*	-	*Eliminação*	
Frequência	*5 anos*	*47 anos*	*Eliminação*	*Microfilmar após 5 anos*
Aposentadoria	*5 anos*	*95 anos*	*Eliminação*	*Microfilmar após 5 anos*
Greves	*5 anos*	*5 anos*	*Guarda Perm.*	-
Normas Internas	*Enqto. Vig.*	-	*Guarda Perm.*	-

Exercício Comentado

01. (FCC) O instrumento de destinação que determina os prazos em que os documentos devem ser mantidos nos arquivos correntes e/ou intermediários, ou recolhidos aos arquivos permanentes, denomina-se:

a) Tabela mnemônica.

b) Lista de eliminação

c) Tabela de eliminação.

d) Termo de encerramento.

e) Tabela de temporalidade.

RESPOSTA. ***"E". É o instrumento resultante da etapa de avaliação dos documentos. É ela, a tabela de temporalidade, que determina o prazo de guarda dos documentos nas fases corrente e intermediário, bem como indica a destinação final (eliminação ou recolhimento para guarda permanente). A tabela de temporalidade será elaborada pela CPAD - Comissão Permanente de Avaliação de Documentos ou Comissão de Análise de documentos.***

- **Lista de Eliminação**

Consiste em uma relação específica de documentos a serem eliminados de uma só vez e que necessita ser aprovada pela autoridade competente.

→ **Agora, veremos as ações coordenadas pelos instrumentos de destinação dentro da rotina para a destinação de documentos na fase corrente:**

> Verificar se os documentos a serem destinados estão organizados de acordo com os conjuntos definidos na tabela de temporalidade.

» A tabela de temporalidade organiza os documentos a serem destinados, a partir de prazos e critérios para recolhimento e eliminação.

> Verificar se cumpriram o prazo de guarda estabelecido.

» Para proceder com a destinação, é preciso verificar, na tabela de temporalidade, os prazos de guarda estabelecidos.

> Registrar os documentos a serem eliminados.

» As listas de eliminação, como vimos, relacionam os documentos a serem eliminados.

> Proceder à eliminação:
  » O ato de eliminar os documentos também faz parte da fase de destinação.
> Elaborar termo de eliminação:
  » O termo de eliminação é o instrumento do qual consta o registro de informações sobre documentos eliminados após terem cumprido o prazo de guarda.
> Elaborar lista de documentos destinados à fase intermediária:
  » De forma semelhante à lista de eliminação, existem as listas de transferência (documentos destinados à fase intermediária) e as listas de recolhimento (documentos destinados à fase permanente).
> Operacionalizar a passagem ao arquivo intermediário:
  » Permitir que os documentos passem ao arquivo intermediário também faz parte da fase de destinação.

→ **Atenção às principais rotinas e procedimentos na destinação:**

> **Análise** - São procedidos estudos dos documentos recebidos.
> **Seleção** - É feita a triagem dos documentos que devem permanecer no arquivo.
> **Avaliação** - Procedimento mais importante da destinação, pois nela ocorre a verificação do valor probatório (de prova) ou informativo, de pesquisa dos documentos e estabelecimento de prazos de vida dos documentos.

Esse processo está vinculado à legislação, já que deve cumprir os prazos legais de armazenamento de alguns documentos, bem como a discricionariedade da organização, quando falamos dos prazos precaucionais.

Recomenda-se, de acordo com a doutrina, que a avaliação seja feita nos documentos no arquivo corrente para se evitar que documentos sejam transferidos para o arquivo intermediário de forma desnecessária, o que gera burocracia e dispêndio de recursos desnecessários.

Visando à garantia da eficiência administrativa, a avaliação deve ser precedida pela classificação dos documentos visando ao correto arquivamento em suas classes.

→ **Alguns benefícios da avaliação documental:**

> Eficiência administrativa;
> Eliminação de documentos inúteis;
> Agilidade na hora de encontrar um documento ou informação, pois há redução do volume de documentos;
> Prévia identificação dos documentos de guarda permanente.

No fim da fase de destinação, há duas possibilidades para o documento que perdeu o seu valor administrativo:

> **Recolhimento:** que é o deslocamento de um documento do Arquivo Intermediário para o Arquivo Permanente, para aqueles documentos dotados de valor histórico ou secundário;
> **Eliminação:** destruição, doação ou venda de documentos julgados destituídos do valor permanente, feito por uma Comissão Permanente de Avaliação.

→ **Síntese dos pontos mais importantes da Gestão de documentos:**

Gestão de Documentos	Produção	*Elaboração dos documentos em decorrência das atividades da instituição. Criação de documentos essenciais à administração, evitando duplicação e emissão de vias desnecessárias.*
	Utilização	*Protocolo, classificação, organização e arquivamento durante a idade corrente e intermediária. Normas de acesso à documentação e à recuperação de informações.*
	Destinação	*Análise e avaliação dos documentos (valor). Definição de quais serão objetos de arquivo permanente e quais serão eliminados.*

> **Produção**
  » Elaboração dos documentos em decorrência das atividades da instituição;
  » Criação de documentos essencias à administração, evitando duplicação e emissão de vias desnecessárias.
> Utilização
  » Protocolo, classificação, organização e arquivamento durante a idade corrente e intermediária;
  » Normas de acesso à documentação e à recuperação de informações.
> Destinação
  » Análise e avaliação dos documentos (valor);
  » Definição de quais serão objeto de arquivo permanente e quais serão eliminados.

Exercício Comentado

01. (CESPE) A fase da gestão de documentos que compreende a elaboração do instrumento de classificação dos documentos de arquivo é a da:
a) Destinação;
b) Difusão;
c) Utilização e conservação;
d) Criação;
e) Produção.

RESPOSTA. ***"C". A 2ª fase da gestão documental envolve as atividades de protocolo, classificação de documentos, controle de acesso e recuperação da informação (conservação), bem como a elaboração de instrumentos de recuperação***

Métodos de Arquivamento

Arquivamento é técnica de como serão acondicionados e armazenados os documentos, ou seja, o arquivamento corresponde a forma como os documentos serão armazenados, visando à obter precisamente a sua localização no futuro. Assim, o arquivamento pode ser dividido em dois sistemas: direto e indireto.

> **Direito:** ocorre quando a localização dos documentos é encontrada de forma direta, ou seja, é encontrado diretamente no local onde se encontra arquivado.
> **Indireto:** ocorre quando se necessita consultar antes em outro lugar para se encontrar a localização do documento, como exemplo, um índice ou código.

→ Os principais métodos utilizados para organizar um arquivo são:

Alfabético

Ordena-se a partir do nome existente no documento.

Esse método preza pelo ordenamento de pastas e fichas pela ordem alfabética divididas por guias divisórias (estas devem ser assinaladas com anotações que façam referência aos documentos ali arquivados), e também devem respeitar as normas gerais para a alfabetação.

→ **Existem 13 regras de alfabetação:**

01. Quando se tratar de nomes de pessoas físicas, deve-se considerar primeiramente o sobrenome depois o nome.
02. Sobrenomes que forem compostos com hífen por um substantivo e um adjetivo não devem ser separados.
03. Também seguem a regra dos sobrenomes compostos por substantivo e um adjetivo os sobrenomes compostos com as palavras: Santa, Santo ou São.
04. Há preferência para as iniciais abreviativas de prenomes na classificação de sobrenomes iguais.
05. Não serão considerados os artigos e preposições.
06. Serão considerados como parte integrante do último sobrenome, mas não serão utilizados para consideração alfabética os sobrenomes que demonstrem grau de parentesco, como: Filho, Júnior ou Neto.
07. Não serão considerados os títulos na hora da alfabetização, que devem ser colocados entre parênteses após o nome completo.
08. Serão considerados pelo último sobrenome os nomes estrangeiros.
09. É facultativo considerar as partículas dos nomes estrangeiros, contudo, é comum considerá-las se forem grafadas com letra maiúscula.
10. São registrados pelo penúltimo sobrenome os nomes espanhóis, já que estes se referem ao sobrenome da família do pai.
11. Serão registrados como são apresentados os nomes orientais (chineses, árabes ou japoneses).
12. Nomes de pessoas jurídicas (empresas, instituições e órgãos do governo) devem ser transcritos como se apresentam, contudo, não serão contados para a ordenação os artigos e preposições.
13. Os números romanos ou arábicos devem aparecer no fim, entre parênteses, quando presentes em títulos de congressos ou conferências.

Numérico

→ Pode ser dividido em:

Numérico simples

Ordenado conforme o número relativo ao documento. Para esse método, são conferidos aos documentos um número que será utilizado para o arquivamento. Para que os documentos possam ser encontrados, é feito um índice alfabético no qual se pode descobrir qual número foi conferido ao documento, esse índice é chamado também de onomástico.

Fique Ligado

Esse método é considerado de arquivamento indireto.

Cronológico

Ordenado conforme a data do documento. Esse método leva em consideração uma data, normalmente a da produção do documento. Podemos citar como exemplo da utilização desse método o arquivo de notas fiscais, em que o arquivo leva em consideração o dia, mês e ano.

Dígito-terminal

Ordenado conforme os dois últimos dígitos de um número do documento. Geralmente utilizado no arquivo de documentos que possuem um grande volume e em situações em que os mesmos possuam um número muito grande.

Geográfico

Ordenado conforme o local de produção do documento. É utilizado como parâmetro para o arquivo o lugar de procedência do documento, ou seja, onde ele foi produzido. Para facilitar a organização no caso de nomes de cidades, deve-se levar em consideração:

> Quando as cidades forem do mesmo estado, começa-se pela capital (mesmo que ela não esteja na ordem alfabética).
> Essa mesma lógica deve ser utilizada ao nos referirmos a cidades de um país. Devemos começar pela capital do mesmo.
> Porém, quando as cidades estão espalhadas em diferentes estados devemos levar em consideração apenas a ordem alfabética e colocar as siglas dos estados, entre parênteses, após o nome da cidade (não necessita de colocarmos primeiramente as capitais).

Ideográfico

Ordenado conforme o assunto do documento. Neste método, deve-se levar em consideração o assunto do documento, e para ter eficiência, exige-se a interpretação dos documentos e um vasto conhecimento das atividades da organização. Assim, podemos dividir esse método em duas categorias: alfabética e numérica.

- **Alfabética:** essa categoria subdivide-se em:
  - Dicionário;
  - Enciclopédia.
- **Numérica:** subdivide-se também em duas categorias:
  - Decimal;
  - Duplex.

Fique Ligado

Não há um método superior ao outro, a escolha de um método em detrimento de outro deve ser feito, levando em consideração as necessidades da organização.

Acondicionamento e Armazenamento de Documentos de Arquivo

O armazenamento é a guarda de documentos em propriamente dita, em depósitos destinados para esse fim. Já o acondicionamento é a colocação de documentos em mobiliário e invólucros apropriados, que assegurem a sua preservação.

Armazenamento

Todos os documentos devem ser armazenados em instalações que ofereçam um ambiente adequado a sua preservação.

Apesar dos avanços tecnológicos em matéria de restauração documental, é um princípio de preservação arquivística quase consensual que a manutenção de um ambiente de armazenamento dentro dos padrões convencionais (umidade relativa e temperatura) para o material que está sendo armazenado é a medida mais eficaz, em termos de custo-benefício, para uma maior sobrevida dos documentos arquivísticos. Quando falamos de armazenamento de documentos magnéticos ou ópticos, há que se observarem as recomendações específicas ou especiais quanto às melhores condições possíveis de armazenamento. O ambiente deve ser constantemente monitorado e as leituras, verificadas com regularidade.

Acondicionamento

A escolha da forma de acondicionar os documentos será em função do suporte documental e suas peculiaridades.

A confecção e a disposição do mobiliário deverão acatar as normas existentes sobre qualidade e resistência e sobre segurança no trabalho. A observância desses preceitos proporciona:

> Facilidade de acesso aos documentos;
> Proteção contra eventuais danos físicos, químicos e mecânicos.

Uma medida que vem ao encontro da necessidade de preservação dos documentos é a opção de utilizar em sua guarda, arquivos, estantes, armários ou prateleiras, apropriados a cada suporte e formato.

Algumas Peculiaridades no Acondicionamento e Armazenamento de Documentos

Devido as suas características, certos documentos como mapas, plantas e cartazes devem ser armazenados horizontalmente em móveis especiais para o acondicionamento horizontal com gavetas próprias para a sua guarda sem a necessidade de dobrá-las de acordo com suas medidas. Um móvel que atende a essa finalidade é a Mapoteca. Outra opção é enrolá-los em tubos confeccionados em cartão alcalino e acondicioná-los em armários ou gavetas.

Campos magnéticos causam a distorção ou a perda de dados em mídias magnéticas, como fitas de vídeo, áudio e de computador, que, por isso, devem ser armazenadas em locais onde aja proteção contra essa influência.

O armazenamento será preferencialmente em mobiliário de aço tratado com pintura sintética, de efeito antiestático.

Vantagens do Acondicionamento em Embalagens

Os documentos de valor permanente que apresentam grandes formatos, como mapas, plantas e cartazes, devem ser armazenados horizontalmente, em mapotecas – móveis especiais para o acondicionamento horizontal com gavetas próprias para a guarda de mapas, cartas geográficas, históricas, sem a necessidade de dobrá-las - adequadas às suas medidas, ou enrolados sobre tubos confeccionados em cartão alcalino e acondicionados em armários ou gavetas.

> Nenhum documento deve ser armazenado diretamente sobre o chão.
> As mídias magnéticas, como fitas de vídeo, áudio e de computador, devem ser armazenadas longe de campos magnéticos que possam causar a distorção ou a perda de dados.
> O armazenamento será preferencialmente em mobiliário de aço tratado com pintura sintética, de efeito antiestático.

Vantagens do Acondicionamento em Embalagens

> Protegem os documentos contra a poeira e danos acidentais;
> Minimizam as variações externas de temperatura e umidade relativa;
> Diminuem a probabilidade de danos em eventual contato com água e fogo em casos de desastre.

Características das Caixas de Acondicionamento de Documentos de Arquivo

> Devem suportar o peso dos documentos e à pressão, caso tenham de ser empilhadas.
> Devem ser limpos e conservados, de forma a proteger os documentos.
> As medidas de caixas, envelopes ou pastas devem respeitar formatos padronizados, devendo exceder a dos documentos que irão abrigar.
> Não devem ser utilizados para o armazenamento de documentos permanentes materiais quimicamente instáveis, devido ao risco quanto à preservação dos documentos.
> Para a confecção de caixas para o acondicionamento dos documentos, devem ser utilizados papéis especiais, que atendam a necessidade de preservação e conservação dos documentos.

Fique Ligado

No caso de caixas não confeccionados em cartão alcalino, recomenda-se o uso de invólucros internos de papel alcalino, para evitar o contato direto de documentos com materiais instáveis.

Condições ambientais

O estudo das condições ambientais para o armazenamento e preservação de documentos subdivide-se na análise da:

> Temperatura.
> Umidade relativa do ar (UR).

As condições adequadas de temperatura e de umidade relativa do ar são elementos vitais para postergar a sobrevivência dos registros.

→ Fatores importantes a se considerar na UR:

> Se os níveis de umidade relativa (UR) são muito baixos, aumenta-se o risco de quebra das fibras e esfarelamento dos materiais orgânicos fibrosos.
> Para pergaminhos e encadernações em couro, a UR abaixo de 40% é perigosa e o papel também sofre abaixo desses níveis. Já nas faixas de UR acima de 65% crescem microorganismos e ocorrem reações químicas danosas.
> A faixa segura de umidade relativa é entre 45% e 55%, com variação diária de +/- 5%.
> Fatores importantes a se considerar na Temperatura:
> A temperatura deve também estar relacionada com a umidade relativa.
> A temperatura ideal para documentos é 20º C, com variação diária de +/- 1º C.

> Observações:

> A estabilidade da temperatura e da UR é especialmente importante, e as mudanças bruscas ou constantes são muito danosas.

> No caso de não existir a possibilidade de se instalar um sistema de climatização, a instalação de umidificadores, desumidificadores, exaustores e ventiladores pode surtir bons resultados.

> O sistema de ar condicionado ideal é aquele que controla a temperatura, a umidade e ainda filtra os agentes poluentes, antes de insuflar o ar no ambiente interno. Ele deve ficar em funcionamento durante as 24 horas do dia. Os custos iniciais de instalação e os de manutenção são muito altos.

Diagnóstico

É a análise detalhada dos aspectos relacionados ao funcionamento do arquivo da instituição, de forma a identificar as falhas ou lacunas existentes, permitindo a adoção de medidas que visem a aumentar a eficiência dele.

→ **O diagnóstico proporciona informações como:**

> Instalações físicas (infiltrações, goteiras, poeira, luz solar, etc.);

> Condições ambientais (temperatura, umidade, luminosidade);

> Condições de armazenamento;

> Estado de conservação do documento;

> Espaço físico ocupado;

> Volume documental;

> Controle de empréstimos (frequência de consultas);

> Recursos humanos (número de pessoas, nível de escolaridade, formação profissional);

> Acesso à informação;

> Gênero dos documentos (escritos ou textuais, audiovisuais, cartográficos, iconográficos, micrográficos e informáticos);

> Arranjo e classificação dos documentos (métodos de arquivamento adotados);

> Tipo de acondicionamento (pastas, caixas, envelopes, amarrados, etc.).

De posse dos dados acima citados, o Arquivista está habilitado a analisar objetivamente a real situação dos serviços de arquivo e fazer seu diagnóstico para propor as alterações e medidas mais indicadas, em cada caso, a serem adotadas no sistema a ser implantado.

Podemos concluir que o diagnóstico seria uma forma de encontrar falhas e problemas no processo de arquivamento que possam dificultar ou impedir o eficiente funcionamento do arquivo e propor soluções viáveis para o equacionamento dos problemas.

Gestão de Documentos Correntes

O estabelecimento de normas para o tratamento de documentos em fase corrente permite aproveitar ao máximo a informação disponível e necessária à tomada de decisões, bem como os recursos humanos e materiais existentes. Essas normas visam a aumentar a eficácia administrativa, facilitar a recuperação mais rápida dos documentos e/ou informações neles contidas e racionalizar sua guarda e conservação.

O documento corrente é aquele necessário ao desenvolvimento das atividades de rotina de uma instituição e, por consequência, os procedimentos realizados para a sua classificação, registro, autuação e controle da tramitação, expedição, e arquivamento têm por objetivo facilitar o acesso às informações neles contidas. Esse conjunto de operações técnicas caracteriza os serviços de gestão dos documentos correntes. Nas administrações pública e privada, as unidades responsáveis por tais serviços são intituladas protocolo e arquivo, arquivo e comunicações administrativas, serviço de comunicações etc.

Gestão de Documentos Intermediários

Encerrado o período de arquivamento na fase corrente, alguns documentos podem ser eliminados imediatamente, desde que assim definidos na Tabela de Temporalidade da instituição. Mas uma parte relativamente importante destes deverá ser conservada por um período mais longo em função de razões legais ou administrativas. Nesse caso, não se justifica a sua guarda junto aos organismos que os produziram, pois esses documentos ocupariam um espaço em locais onde o metro quadrado é extremamente caro. Os depósitos de armazenagem temporária constituem uma alternativa cujo objetivo principal é minimizar o custo público da guarda de documentos intermediários, racionalizando espaço físico, equipamentos e recuperação da informação.

→ Responsáveis pela guarda física dos documentos de uso pouco frequente, os arquivos intermediários:

> Atendem às consultas feitas pelos órgãos depositantes;

> Coordenam as transferências de novos documentos aos seus depósitos;

> Procedem à aplicação de tabelas de temporalidade por meio de seleção de documentos para eliminação ou recolhimento;

> Coordenam o recolhimento de documentos permanentes para o arquivo de terceira idade.

Os documentos só devem ser aceitos para guarda intermediária quando for conhecido o seu conteúdo, o prazo de guarda e a data de eliminação ou recolhimento.

A unidade administrativa que transfere os documentos ao arquivo intermediário conserva seus direitos sobre eles, podendo consultá-los ou tomá-los por empréstimo. O atendimento às consultas e empréstimos deve ser rápido e preciso. A consulta por parte de terceiros só é permitida com a autorização da unidade administrativa que transferiu os documentos.

Geralmente, os depósitos de arquivamento intermediário estão localizados fora dos centros urbanos (terrenos mais baratos), mas em locais de acesso fácil e rápido.

A construção e os equipamentos são simples, mas devem permitir a conservação adequada do acervo documental, contra elementos que possam danificá-los, como incêndios, inundações, poluição atmosférica, excesso de umidade e de luz solar.

Protocolo

Conjunto de operações e procedimentos visando ao controle dos documentos que ainda tramitam no órgão, de modo a assegurar e garantir a imediata localização e recuperação do documento, garantindo assim o acesso à informação. É uma atividade típica de arquivo corrente. Este setor é típico da fase corrente, pois é nessa fase que os documentos possuem grande tramitação.

→ O Protocolo realiza as seguintes atividades/operações:

> Recebimento;
> Registro;
> Autuação;
> Classificação;
> Expedição/Distribuição;
> Controle/Movimentação.

Recebimento

Ato de receber os documentos produzidos pela instituição ou aqueles produzidos por outras instituições que para lá foram encaminhados.

→ **Devemos observar o fluxograma do documento a partir da sua produção ou recebimento:**

> Recebimento da correspondência chegada à instituição geralmente pelo malote e separação da correspondência oficial da particular;
> Distribuição da correspondência particular e encaminhamento da correspondência sigilosa aos seus destinatários;
> Separação da correspondência oficial de caráter ostensivo das de caráter sigiloso;
> Abertura da correspondência ostensiva;
> Interpretação da correspondência e sua classificação de acordo com o código adotado pela empresa e definido pelo arquivista;
> Carimbo do documento no canto superior direito;
> Elaboração do resumo do assunto tratado no documento;
> Encaminhamento dos papéis ao setor responsável pelo registro e movimentação.

Registro

Procedimento no qual o protocolo cadastra os dados básicos do documento, em um sistema de controle (manual ou informatizado), no qual posteriormente esses dados possam ser utilizados para localização do documento.

Autuação

→ **Atividade de transformação de documentos em processos. Veremos, a seguir, as definições e os procedimentos adotados:**

> **Processo:** é a reunião de dois ou mais documentos. Sem isso, eles perderiam o seu valor administrativo ou probatório. Possuem um caráter detalhado, e protocolados e autuados pelos órgãos produtores ou receptores.
> **Formação de Processo:** caracteriza a abertura do processo. Assim nessa fase, deverão ser observados os documentos que necessitam de análises, informações e decisões de vários setores da organização.
> **Juntada:** é a união de um documento ao restante do processo ou de um processo a outro. Realiza-se por apensação ou anexação.

» **Por anexação**: é uma união definitiva e irreversível de processos de um mesmo interessado desde que tenham o mesmo assunto.

» **Por apensação**: é uma união provisória de um processo a outro mais antigo, visando a uniformidade, a dar um tratamento semelhante, com o mesmo interessado ou não.

Fique Ligado

De modo inverso, a desapensação é a separação física de um documento unido temporariamente a um processo.

→ **Procedimentos adotados para a Autuação:**

> Inserção de capa específica;
> Numeração das páginas;
> Atribuição de nº de identificação do processo.

→ **Durante a sua tramitação interna, o processo pode exigir a adoção de alguns procedimentos administrativos:**

> **Despacho:** é a decisão da autoridade administrativa, pode ser favorável (deferido) ou desfavorável (indeferido).
> **Diligência:** é quando um processo é devolvido ao órgão para que sane as formalidades que foram descumpridas.

→ **Outras definições relacionadas ao processo:**

> **Folha de Processo:** são duas faces de uma mesma página.
> **Peça do processo:** são documentos que fazem parte do processo. Exemplo: fita de vídeo, nota fiscal, contratos etc.
> **Desentranhamento de peças:** é a retirada de alguma peça do processo, isso ocorre devido à necessidade da administração ou do interessado.
> **Desmembramento:** é a retirada de uma parte do processo para formar um novo processo. Isso só pode ocorrer com autorização do órgão autorizado.

Classificação

Uma vez recebido no protocolo, o documento será analisado para identificar o assunto e classificado de acordo com o código de classificação de documentos.

A classificação consiste na rotina de "interpretação" de documentos, que se dispõe conforme a função de criação do documento. O seu objetivo é, basicamente, dar visibilidade às funções e às atividades do organismo produtor do documento de arquivo, deixando claras as ligações entre os documentos.

- **Procedimentos de Classificação**

Inicialmente, analisam-se os documentos produzidos por determinada instituição para a posterior criação de categorias e classes genéricas que correspondam às funções e atividades desenvolvidas pela instituição. A classificação considera a forma e os motivos que determinaram a existência do documento (como e por que foram produzidos), sendo condição precípua para a sua compreensão plena, tanto para quem organiza como para quem consulta. Esse procedimento é conhecido como elaboração do "plano de classificação" do arquivo na fase corrente.

Para os documentos recebidos – de origem externa à instituição: a abertura daqueles que estiverem em envelopes fechados deverá ser procedida no setor de Protocolo, com exceção dos documentos particulares e sigilosos. Já os documentos ostensivos (natureza do assunto) deverão ser abertos, analisados, classificados, registrados, antes de serem encaminhados aos seus destinatários.

Expedição/Distribuição

É o envio dos documentos para os seus respectivos destinatários, sendo que, na **expedição**, esse destinatário encontra-se no âmbito **externo** ao órgão, enquanto na **distribuição,** a remessa de documentos ocorre **dentro** do próprio órgão.

Controle de Movimentação/Tramitação

Atividade que consiste em identificar os setores pelos quais passam os documentos, para recuperá-lo com agilidade, quando necessário, auxiliando o Gestor na tomada de decisão, bem como identificar possíveis atrasos na tramitação. É realizado por sistemas informatizados ou manuais (livro, ficha de protocolo).

→ **Outros termos relacionados ao setor de protocolo:**

- **Protocolo Central:** é uma unidade ou órgão que centraliza as atividades de protocolo.
- **Protocolo Setorial:** descentraliza as atividades do protocolo central, pois é instalado em cada unidade visando a dar suporte às atividades de recebimento e expedição de documentos.

Vamos Praticar

CAPÍTULO 03

Tipologias Documentais e Suportes Físicos

Introdução

Vimos, nos capítulos anteriores, que o arquivo pode ser formado por documentos de qualquer gênero (a configuração que assume um documento, dependendo do sistema de signos utilizados na comunicação de seu conteúdo). Ou seja, o documento pode ser textual, iconográfico, sonoro, audiovisual, informático etc.

O arquivo também é composto de documentos que podem ser confeccionados por diversos tipos de material, sobre os quais as informações são registradas (suporte).

São exemplos disso: papel, filme, disco ótico, disco magnético etc. Para que você não confunda os gêneros de documentos, vamos recordar os mais importantes:

- → **Escritos ou textuais:** textos manuscritos, datilografados ou impressos;
- → **Cartográficos:** representações geográficas, arquitetônicas ou de engenharia (mapas, plantas, perfis etc.);
- → **Iconográficos:** suporte sintético, em papel emulsionado, como fotografias, diapositivos, desenhos etc.;
- → **Filmográficos:** películas cinematográficas e fitas magnéticas de imagens, com ou sem sonorização, contendo imagens em movimento;
- → **Sonoros:** registros fonográficos (discos e fitas magnéticas);
- → **Micrográficos:** documentos resultantes de microrreprodução de imagens (microfilme, microficha, rolo etc.);
- → **Informáticos:** tratados e armazenados em sistemas computacionais (disquete, CD-ROM, DVD-ROM, HD etc.).

Mudança de Suporte

Muitas vezes, dentro do ciclo de vida de um documento, o suporte pode ser alterado devido a questões funcionais, administrativas ou legais. Nesse sentido, a microfilmagem é um processo bastante utilizado e oferece com resultado a economicidade de espaço e a garantia da preservação de originais passíveis de destruição.

É necessário observar que a adoção de recursos tecnológicos para alteração do suporte da informação requer a observância de determinados critérios:

- → **Questões legais** concernentes à alteração do suporte, observando-se as garantias jurídicas, a normalização dos procedimentos, as especificações e os padrões de qualidade estabelecidos pela legislação brasileira e por organismos internacionais;
- → **Capacidade de recuperação** das informações antes e depois de processar a alteração do suporte;
- → **Custo da operação**;
- → **Definição da melhor técnica**, de forma a assegurar a qualidade da reprodução, a durabilidade do novo suporte e o acesso à informação;
- → **Existência de depósitos** e equipamentos de segurança que venham a garantir a preservação do novo suporte.

Organizados e avaliados os documentos, deve-se proceder ao estudo da viabilidade econômica, de acordo com a disponibilidade de pessoal, espaço e recursos financeiros do órgão, além do cálculo dos equipamentos, materiais e acessórios necessários.

Deve-se, ainda, verificar as instalações dos arquivos de segurança, bem como as condições de tratamento técnico, armazenamento e acesso às informações.

Somente a partir desses procedimentos, recomenda-se propor as eventuais alterações de suporte documental.

Microfilmagem

A microfilmagem é um processo realizado mediante captação da imagem por meio fotográfico ou eletrônico. É uma técnica utilizada para alterar o suporte em que a informação está contida e atualizar os arquivos. Assim, a microfilmagem cria uma cópia do documento original em gênero micrográfico (microfilme ou microficha).

→ **Tem como objetivos:**

- > Reduzir o tamanho do acervo, propiciando otimização de espaço e economicidade para a instituição;
- > Prolongar a vida útil dos documentos originais, uma vez que, a partir da microfilmagem - via de regra -, o documento estará disponível para consulta apenas através do rolo de microfilme, preservando-se, dessa forma, o original.

→ **Podemos resumir as vantagens do microfilme nos seguintes pontos:**

- > Economia de espaço;
- > Acesso fácil e rápido;
- > Segurança e garantia da confidencialidade das informações;

Segundo a legislação, a microfilmagem só pode ser realizada por cartórios ou empresas devidamente registradas e autorizadas pelo Ministério da Justiça. Isso garante o valor legal dos microfilmes.

A microfilmagem por si só não exime a observância dos critérios e procedimentos estabelecidos aos demais documentos relativos à eliminação ou guarda permanente.

Fique Ligado

A microfilmagem não autoriza por si só a eliminação do documento.

Devido ao valor legal do microfilme, existe uma legislação específica que deve ser seguida pelas instituições envolvidas em sua produção. Nesse sentido, a Lei nº 5.433/68, regulamentada pelo Decreto nº 1799/96, que disciplina que toda produção de microfilme, estabelece que:

> *§ 1º Os microfilmes de que trata esta Lei, assim como as certidões, os traslados e as cópias fotográficas obtidas diretamente dos filmes produzirão os mesmos efeitos legais dos documentos originais em juízo ou fora dele.*

Os documentos microfilmados são dotados de valor probatório, ou seja, produzem os mesmos efeitos legais que os dos originais.

É importante destacar que há restrições à microfilmagem. Quando se produz um microfilme, podemos eliminar quase toda papelada microfilmada, no entanto, não os documentos considerados de valor histórico (exemplo: documentos referentes à construção de um monumento).

Arquivos	Tipos de documentos	Microformas
Documentos	Processos, recibos, escrituras, fichas, balancetes, balanços, licitações, concursos, leis, portarias, decretos, resoluções, atos, contratos	Rolo, cartucho, com filme 16mm
Documentos administrativos e contábeis de arquivo corrente	Prontuário de empregados, alunos, cadastro de fornecedores e clientes	Jaquetas de 105mm com filme de 16mm - 5 canais Tab-Jac-cartão tabuláveis com filme de 16mm de 1 a 3 canais
Documentos técnicos	Livros, plantas, mapas, jornais	Rolo ou cartucho com filme de 35mm Cartão-janela com filme de 35mm jaqueta de 105mm com filme de 35mm Tab-jac-cartão tabuláveis com filme de 35mm
Biblioteca	Livros, revistas	Rolo de 16mm e 35mm m
Informações volumosas contidas em arquivos	Cadastro do IPTU, INSS, dívida ativa, dotações orçamentárias.	COM microficha Filme de 105mm x 148mm

Automação

Pode ser entendida como a transposição do suporte inicial do documento (papel, fita magnética etc.) Para um suporte digital (CD, DVD, etc.) Por meio de computadores.

Não devemos confundi-la com o processo de automação de arquivo (Gestão Eletrônica de Documentos - GED), pois este é muito mais abrangente e envolve a automação de todo o sistema (protocolo, sistema de busca do documento).

→ **Os métodos utilizados para automatizar (digitalizar) um documento são:**

- Por meio da transferência da informação para um CD ou mesmo para o meio virtual pelo processo de escaneamento de um documento em papel;
- Gravando as informações de uma fita magnética, disco de vinil etc. Para um CD ou DVD, por exemplo.
  - A digitalização de documentos é uma política de arquivo baseada em quatro fundamentos principais:
- Diminuição do tamanho do acervo;
- Preservação dos documentos;
- Possibilidade de acesso ao mesmo documento por várias pessoas ao mesmo tempo;
- Maior agilidade (ao menos em tese) na busca e recuperação da informação.

Acondicionamento e armazenamento de documentos de arquivo;

O armazenamento é a guarda ou acondicionamento de documentos em depósitos. E o acondicionamento é a colocação de documentos em mobiliário e invólucros apropriados, que assegurem sua preservação.

Armazenamento

Todos os documentos devem ser armazenados em instalações que possibilitem condições ambientais apropriadas às suas necessidades de preservação, pelo prazo de guarda estabelecido em tabela de temporalidade e destinação. Apesar dos avanços tecnológicos em matéria de restauração documental, é um princípio de preservação arquivística quase consensual que a manutenção de um ambiente de armazenamento dentro dos padrões convencionais (umidade relativa e temperatura) para o material que está sendo armazenado é a medida mais eficaz, em termos de custo-benefício, para uma maior sobrevida dos documentos arquivísticos. Quando falamos de armazenamento de documentos magnéticos ou ópticos, há que se observar as recomendações específicas ou especiais quanto às melhores condições possíveis de armazenamento. O ambiente deve ser constantemente monitorado e as leituras verificadas com regularidade.

Acondicionamento

A escolha da forma de acondicionar os documentos deverá ser feita observando-se as características físicas e a natureza de cada suporte. A confecção e a disposição do mobiliário deverão acatar as normas existentes sobre qualidade e resistência e sobre segurança no trabalho. O mobiliário facilita o acesso seguro aos documentos, promove a proteção contra danos físicos, químicos e mecânicos. Os documentos devem ser guardados em arquivos, estantes, armários ou prateleiras apropriados a cada suporte e formato.

→ **Algumas peculiaridades no acondicionamento e armazenamento de documentos:**

- Os documentos de valor permanente que apresentam grandes formatos, como mapas, plantas e cartazes, devem ser armazenados horizontalmente em mapotecas – móveis especiais para o acondicionamento horizontal com gavetas próprias para guardar mapas, cartas geográficas, históricas, sem a necessidade de dobrá-las - adequadas às suas medidas ou enrolados sobre tubos confeccionados em cartão alcalino e acondicionados em armários ou gavetas.
- Nenhum documento deve ser armazenado diretamente sobre o chão.
- As mídias magnéticas, como fitas de vídeo, áudio e de computador, devem ser armazenadas **longe** de campos magnéticos que possam causar a distorção ou a perda de dados.
- O armazenamento será **preferencialmente** em mobiliário de aço tratado com pintura sintética, de efeito antiestático.

→ **Vantagens do acondicionamento em embalagens:**

- Protegem os documentos contra a poeira e danos acidentais;
- Minimizam as variações externas de temperatura e umidade relativa;
- Reduzem os riscos de danos por água e fogo em casos de desastre.

→ **Características das caixas de acondicionamento de documentos de arquivo:**

- Devem ser resistentes ao manuseio, ao peso dos documentos e à pressão, caso tenham de ser empilhadas.
- Precisam ser mantidas em boas condições de conservação e limpeza, de forma a proteger os documentos.
- As medidas de caixas, envelopes ou pastas devem sempre superiores às dos documentos que irão abrigar.

- Todos os materiais usados para o armazenamento de documentos permanentes devem manter-se quimicamente estáveis ao longo do tempo, não podendo provocar quaisquer reações que afetem a preservação dos documentos.
- Os papéis e cartões empregados na produção de caixas e invólucros devem ser alcalinos e corresponder às expectativas de preservação dos documentos.

Fique Ligado

No caso de caixas não confeccionados em cartão alcalino, recomenda-se o uso de invólucros internos de papel alcalino, para evitar o contato direto de documentos com materiais instáveis.

Condições Ambientais

O estudo das condições ambientais para o armazenamento e preservação de documentos subdivide-se na análise da:

→ **Temperatura;**

→ **Umidade relativa do ar (UR).**

As condições adequadas de temperatura e de umidade relativa do ar são elementos vitais para postergar a sobrevivência dos registros.

Fatores importantes a se considerar na UR:

- Se os níveis de umidade relativa (UR) são muito baixos, aumenta-se o risco de quebra das fibras e esfarelamento dos materiais orgânicos fibrosos.
- Para pergaminhos e encadernações em couro, a UR abaixo de 40% é perigosa e o papel também sofrer abaixo desses níveis. Já nas faixas de UR acima de 65%, crescem micro-organismo e ocorrem reações químicas danosas.
- A faixa segura de umidade relativa é entre 45% e 55%, com variação diária de +/- 5%.

→ **Fatores importantes a se considerar na Temperatura:**

- A temperatura deve também estar relacionada com a umidade relativa.
- A temperatura ideal para documentos é 20º C, com variação diária de +/- 1º C.

Fique Ligado

A estabilidade da temperatura e da UR é especialmente importante, e as mudanças bruscas ou constantes são muito danosas. No caso de não existir a possibilidade de se instalar um sistema de climatização, a instalação de umidificadores, desumidificadores, exaustores e ventiladores pode surtir bons resultados.

- O sistema de ar condicionado ideal é aquele que controla a temperatura, a umidade e ainda filtra os agentes poluentes, antes de insuflar o ar no ambiente interno. Ele deve ficar em funcionamento durante as 24 horas do dia. Os custos iniciais de instalação e os de manutenção são muito altos.

Preservação e Conservação

Os documentos podem sofrer degradação causada por diversos agentes, normalmente classificados em:

→ **Físicos - luminosidade, temperatura, umidade etc.**

→ **Químicos - acidez do papel, poluição atmosférica, tintas etc.**

→ **Biológicos - insetos, fungos, roedores etc.**

→ **Ambientais - ventilação, poeira etc.**

Assim, o arquivo permanente, além da guarda, deve se preocupar também com a preservação dos documentos da instituição, de forma a garantir que os valores secundários (histórico e cultural, probatório e informativo), inerentes a essa idade do arquivo, não sejam perdidos.

→ **A preservação de documentos compreende três atividades:**

- Conservação;
- Armazenamento;
- Restauração.

A preservação dos documentos se dá por meio de adequado **controle ambiental** e tratamento físico ou químico. Dessa forma, procura-se prevenir a deterioração dos documentos.

Conservação

O principal objetivo é estender, dilatar a vida útil dos documentos, procurando mantê-los o mais próximo possível do estado físico em que foram criados/recebidos.

→ **Fatores que influenciam na conservação dos documentos:**

- **Luminosidade:** deve-se procurar usar luz artificial (com parcimônia) e a luz do dia deve ser evitada, pois acelera o desaparecimento da tinta e enfraquece o papel.
- **Umidade:** ar muito seco enfraquece o papel e ambientes muito úmidos causam o aparecimento de mofo; o ideal é uma umidade intermediária (45%-60%).
- **Temperatura:** não deve sofrer muitas oscilações ambientes muito quentes podem destruir a fibra do papel.

Dos fatores acima, destaca-se negativamente a luminosidade que, mesmo em baixo nível, é danosa para a manutenção de um bom estado de conservação dos documentos.

→ **As quatro principais operações de conservação são:**

- Desinfestação;
- Limpeza;
- Alisamento;
- Restauração ou reparo.

Desinfestação

- Processo de destruição ou inibição da atividade de insetos.

Higienizarão ou limpeza

- Retirada, por meio de técnicas apropriadas, de poeira e outros resíduos.

Alisamento

Consiste em colocar os documentos em bandejas de aço inoxidável e expô-los à ação do ar com forte percentagem de umidade, durante uma hora e, em seguida, passá-los a ferro, folha por folha.

Restauração ou reparo

Conjunto de procedimentos específicos para recuperação e reforço de documentos deteriorados e danificados. Inclui medidas que objetivam a estabilização ou a reversão de danos físicos ou químicos adquiridos pelo documento ao longo do tempo e do uso, intervindo de modo a não comprometer sua integridade e seu caráter histórico. Tem por objetivo revitalizar a concepção original, ou seja, a legibilidade do documento.

A seguir, veremos alguns métodos de restauração de documentos:

- **Silking**

Esse método utiliza tecido de grande durabilidade, mas devido ao uso de adesivo à base de amido, afeta suas qualidades permanentes. Tanto a legibilidade quanto a flexibilidade, a reprodução e o exame pelos raios ultravioletas e infravermelhos são pouco prejudicados. É, no entanto, um processo de difícil execução, cuja matéria-prima é de alto custo.

- **Banho de gelatina**

Consiste em mergulhar o documento em banho de gelatina ou cola o que aumenta a sua resistência, não prejudica a visibilidade e flexibilidade e proporciona a passagem dos raios ultravioletas e infravermelhos. Os documentos, porém, tratados por este processo, que é manual, tornam-se suscetíveis ao ataque de insetos e fungos, além de exigir habilidade do executor.

- **Tecido**

Processo de reparação em que são usadas folhas de tecido muito fino, aplicadas com pasta de amido. A durabilidade do papel é aumentada consideravelmente, mas o emprego do amido propicia o ataque de insetos e fungos, impede o exame pelos raios ultravioletas e infravermelhos, além de reduzir a legibilidade e flexibilidade.

- **Laminação**

Processo em que se envolve o documento, nas duas faces, com uma folha de papel de seda e outra de acetato de celulose, prensado sob pressão e temperatura elevada.

A durabilidade e as qualidades permanentes do papel são asseguradas sem a perda da legibilidade e da flexibilidade, tornando-o imune à ação de fungos e pragas. Qualquer mancha resultante do uso pode ser removida com água e sabão.

O volume do documento é reduzido, mas o peso duplica. A aplicação, por ser mecanizada, é rápida e a matéria-prima, de fácil obtenção. O material empregado na restauração não impede a passagem dos raios ultravioletas e infravermelhos. Assim, as características da laminação são as que mais se aproximam do método Ideal.

- **Laminação manual**

Utiliza a matéria-prima básica da laminação mecanizada, embora não empregue calor nem pressão, que são substituídos pela acetona. Esta ao entrar em contato com o acetato, transforma-o em camada semiplástica que, ao secar, adere ao documento, juntamente com o papel de seda.

A laminação manual, também chamada de laminação com solvente oferece grande vantagem àqueles que não dispõem de recursos para instalar equipamentos mecanizados.

- **Encapsulação**

Utiliza basicamente películas de poliéster e fita adesiva de duplo revestimento. O documento é colocado entre duas lâminas de poliéster fixadas nas margens externas por fita adesiva nas duas faces; entre o documento e a fita deve haver um espaço de 3mm, deixando o documento solto dentro das duas lâminas.

A Encapsulação é considerada um dos mais modernos processos de restauração de documentos.

Fique Ligado

As técnicas de restauração e conservação visam a garantir que a preservação da informação contida nos documentos sejam mantidas, o que nos leva a entender que, a preservação engloba as técnicas de conservação e restauração.

Anotações

CAPÍTULO 04

Legislação Arquivística

CONARQ

http://www.conarq.arquivonacional.gov.br

O **Conselho Nacional de Arquivos - (CONARQ)** é um órgão colegiado, **vinculado ao Arquivo Nacional do Ministério da Justiça**, que tem por finalidade **definir a política nacional de arquivos públicos e privados**, como órgão central de um Sistema Nacional de Arquivos, bem como **exercer orientação normativa visando à gestão documental e à proteção especial aos documentos de arquivo**.

A **Constituição Federal** de 1988 e particularmente a **Lei nº 8.159, de 8 de janeiro de 1991** que dispõe sobre a política nacional de arquivos públicos e privados, delegaram ao Poder Público estas responsabilidades, consubstanciadas pelo **Decreto nº 4.073, de 3 de janeiro de 2002**, que consolidou os decretos anteriores - nºs 1.173, de 29 de junho de 1994; 1.461, de 25 de abril de 1995, 2.182, de 20 de março de 1997 e 2.942, de 18 de janeiro de 1999.

De acordo com estes dispositivos legais, as ações visando à consolidação da política nacional de arquivos deverão ser emanadas do **Conselho Nacional de Arquivos – CONARQ**.

O Conselho Nacional de Arquivos - **CONARQ foi criado pelo art. 26 da Lei nº 8.159/91 e regulamentado pelo Decreto nº 4.073, de 3 de janeiro de 2002** e tem como competências:

01. Estabelecer **diretrizes para o funcionamento do Sistema Nacional de Arquivos - SINAR**, visando à gestão, à preservação e ao acesso aos documentos de arquivos;
02. **Promover o interrelacionamento de arquivos públicos e privados** com vistas ao intercâmbio e à integração sistêmica das atividades arquivísticas;
03. Propor ao Ministro de Estado da Justiça **normas legais necessárias ao aperfeiçoamento e à implementação da política nacional de arquivos públicos e privados**;
04. **Zelar pelo cumprimento dos dispositivos constitucionais e legais** que norteiam o funcionamento e o acesso aos arquivos públicos;
05. **Estimular programas de gestão e de preservação de documentos públicos de âmbito federal, estadual, do Distrito Federal e municipal**, produzidos ou recebidos em decorrência das funções executiva, legislativa e judiciária;
06. **Subsidiar a elaboração de planos nacionais de desenvolvimento**, sugerindo metas e prioridades da política nacional de arquivos públicos e privados;
07. **Estimular a implantação de sistemas de arquivos nos Poderes Executivo, Legislativo e Judiciário da União, dos Estados, do Distrito Federal e nos Poderes Executivo e Legislativo dos Municípios**;
08. **Estimular a integração e modernização dos arquivos públicos e privados**; identificar os arquivos privados de interesse público e social, nos termos do art. 12 da Lei no 8.159, de 1991;
09. **Propor ao Presidente da República, por intermédio do Ministro de Estado da Justiça, a declaração de interesse público e social de arquivos privados**;
10. **Estimular a capacitação técnica dos recursos humanos** que desenvolvam atividades de arquivo nas instituições integrantes do SINAR;
11. **Recomendar providências para a apuração e a reparação de atos lesivos à política nacional de arquivos públicos e privados;**
12. **Promover a elaboração do cadastro nacional de arquivos públicos e privados**, bem como desenvolver atividades censitárias referentes a arquivos;
13. **Manter intercâmbio com outros conselhos e instituições**, cujas finalidades sejam relacionadas ou complementares às suas, para prover e receber elementos de informação e juízo, conjugar esforços e encadear ações;
14. **Articular-se com outros órgãos do Poder Público formuladores de políticas nacionais nas áreas de educação, cultura, ciência, tecnologia, informação e informática.**

O funcionamento do CONARQ é regulamentado pelo seu regimento interno aprovado pela Portaria nº 2.588, de 24 de novembro de 2011.

O CONARQ é constituído por dezessete membros conselheiros: o Diretor-Geral do Arquivo Nacional, que o presidirá, representantes dos poderes Executivo Federal, Judiciário Federal, Legislativo Federal, do Arquivo Nacional, dos arquivos públicos estaduais e do Distrito Federal, dos arquivos públicos municipais, das instituições mantenedoras de curso superior de Arquivologia, de associações de arquivistas e de instituições que congreguem profissionais que atuem nas áreas de ensino, pesquisa, preservação ou acesso a fontes documentais. Cada Conselheiro tem um suplente.

Sua composição espelha, portanto, a convergência de interesses do Estado e da Sociedade, de modo a compatibilizar as questões inerentes à responsabilidade funcional e social do Poder Público perante a gestão e preservação do patrimônio arquivístico público e privado brasileiro e o direito dos cidadãos de acesso às informações.

Para melhor funcionamento do CONARQ e maior agilidade na operacionalização do **Sistema Nacional de Arquivos - SINAR**, foi prevista a criação de **Câmaras Técnicas e Câmaras Setoriais** e **Comissões Especiais**, com a incumbência de elaborar estudos e normas necessárias à implementação da política nacional de arquivos públicos e privados e ao funcionamento do SINAR.

Ao Arquivo Nacional cabe dar suporte técnico e administrativo ao CONARQ.

As **Câmaras Técnicas**, constituídas pelo Plenário, **são de caráter permanente** e visam a elaborar estudos e normas necessárias à implementação da política nacional de arquivos públicos e privados e ao funcionamento do SINAR.

→ **Desde a implantação do CONARQ foram criadas as seguintes câmaras técnicas:**

- Câmara Técnica de Avaliação de Documentos;
- Câmara Técnica de Capacitação de Recursos Humanos;
- Câmara Técnica de Classificação de Documentos;
- Câmara Técnica de Documentos Audiovisuais, Iconográficos e Sonoros;
- Câmara Técnica de Documentos Eletrônicos;
- Câmara Técnica de Normalização da Descrição Arquivística;
- Câmara Técnica de Paleografia e Diplomática;
- Câmara Técnica de Preservação de Documentos.

Câmaras Setoriais

A Portaria nº 2.588, de 24 de novembro de 2011, do Ministério da Justiça que aprova o recente Regimento Interno do CONARQ, institui no Capítulo IV Da Organização e do Funcionamento, as Câmaras Setoriais, de caráter permanente visando a identificar, discutir e propor soluções para questões temáticas que se repercutirem na estrutura e organização de segmentos específicos de arquivos, interagindo com as câmaras técnicas.

Câmara Setorial de Arquivos de Instituições de Saúde; Câmara Setorial sobre Arquivos de Empresas Privatizadas ou em Processo de Privatização; Câmara Setorial sobre Arquivos do Judiciário; Câmara Setorial sobre Arquivos Municipais; Câmara Setorial sobre Arquivos de Arquitetura, Engenharia e Urbanismo; Câmara Setorial sobre Arquivos Privados.

SINAR

http://www.siga.arquivonacional.gov.br

A História do SINAR

Em 25 de setembro de 1978, o **Decreto nº 82.308**, instituiu o Sistema Nacional de Arquivos -SINAR.

A implementação do Sistema foi bastante prejudicada já que sua **área de abrangência ficou restrita aos arquivos intermediários e permanentes**, tendo em vista os limites impostos na criação, pelo Governo Federal, em 1975, do **Sistema de Serviços Gerais - SISG**, ao qual se vinculariam os **arquivos correntes da Administração Pública Federal**.

A postura equivocada de limitar a atuação do SINAR confrontava-se radicalmente com o princípio da organicidade dos documentos de arquivo, que preconiza a complementaridade entre as três idades que compõem o ciclo vital dos documentos.

Embora formalmente criado, o Sistema nunca chegou a ser implantado uma vez que trazia em seu bojo dispositivos conflitantes e que não atendiam às necessidades e à realidade de nossos arquivos.

Mesmo assim, esse decreto teve o mérito de despertar a atenção de vários governos estaduais para a importância dos arquivos na administração pública, motivando-os a criarem seus sistemas estaduais de arquivos. Foi o caso dos governos do Rio Grande do Norte, do Pará, de Sergipe e do Espírito Santo.

Com a **"recriação" do Sistema Nacional de Arquivos - SINAR, pela Lei n° 8.159, de 08 de janeiro de 1991 e pelos decretos nº 1.173, de 29 de junho de 1994 e 1.461, de 25 de abril de 1995**, consolidados e revogados pelo Decreto nº 4.073, de 3 de janeiro de 2002, o SINAR desenvolverá suas atividades de forma integrada com esses sistemas e estimulará os demais Estados bem como os municípios, que ainda não dispõem desse moderno instrumento de administração, a criarem também seus sistemas de arquivo.

O art. 26 da Lei nº 8.159/91, não só criou o Conselho Nacional de Arquivos - CONARQ como institui também o Sistema Nacional de Arquivos - SINAR, cuja competência, organização e funcionamento estão regulamentados pelo Decreto nº 4.073, de 3 de janeiro de 2002.

De acordo com esse dispositivo legal, o SINAR tem por finalidade implementar a política nacional de arquivos públicos e privados, visando à gestão, à preservação, e ao acesso aos documentos de arquivo.

→ **Integram o SINAR, que tem como órgão central o CONARQ:**

> O Arquivo Nacional;
> Os arquivos do Poder Executivo Federal;
> Os arquivos do Poder Legislativo Federal;
> Os arquivos do Poder Judiciário Federal;
> Os arquivos estaduais dos Poderes Executivo, Legislativo e Judiciário;
> Os arquivos do Distrito Federal dos Poderes Executivo, Legislativo e Judiciário; os arquivos municipais dos Poderes Executivo e Legislativo.

Os arquivos referidos acima, exceto o Arquivo Nacional, quando organizados sistemicamente, passam a integrar o SINAR por intermédio de seus órgãos centrais.

As pessoas físicas e jurídicas de direito privado, detentoras de arquivos, podem integrar o SINAR mediante acordo ou ajuste com o órgão central.

→ **Compete aos integrantes do SINAR:**

01. Promover a gestão, a preservação e o acesso às informações e aos documentos na sua esfera de competência, em conformidade com as diretrizes e normas emanadas do órgão central;
02. Disseminar, em sua área de atuação, as diretrizes e normas estabelecidas pelo órgão central, zelando pelo seu cumprimento; implementar a racionalização das atividades arquivísticas, de forma a garantir a integridade do ciclo documental;
03. Garantir a guarda e o acesso aos documentos de valor permanente; apresentar sugestões ao CONARQ para o aprimoramento do SINAR;
04. Prestar informações sobre suas atividades ao CONARQ; apresentar subsídios ao CONARQ para a elaboração de dispositivos legais necessários ao aperfeiçoamento e à implementação da política nacional de arquivos públicos e privados;
05. Promover a integração e a modernização dos arquivos em sua esfera de atuação;
06. Propor ao CONARQ os arquivos privados que possam ser considerados de interesse público e social;
07. Comunicar ao CONARQ, para as devidas providências, atos lesivos ao patrimônio arquivístico nacional;
08. Colaborar na elaboração de cadastro nacional de arquivos públicos e privados, bem como no desenvolvimento de atividades censitárias referentes a arquivos; possibilitar a participação de especialistas nas câmaras técnicas, câmaras setoriais e comissões especiais constituídas pelo CONARQ;
09. Proporcionar aperfeiçoamento e reciclagem aos técnicos da área de arquivo, garantindo constante atualização.

Os integrantes do SINAR seguirão as diretrizes e normas emanadas do CONARQ, sem prejuízo de sua subordinação e vinculação administrativa.

Arquivo Nacional

O Arquivo Nacional, criado em 1838, é o órgão central do Sistema de Gestão de Documentos de Arquivo - SIGA, da administração pública federal.

Subordinado ao Ministério da Justiça - MJ desde a publicação do **Decreto nº 7.430, de 17 de janeiro de 2011**, no Diário Oficial da União nº 12, de 18 de janeiro de 2011.

→ **Tem por finalidade:**

I. Implementar e acompanhar a política nacional de arquivos, definida pelo Conselho Nacional de Arquivos - CONARQ, por meio da gestão, do recolhimento, do tratamento técnico, da preservação e da divulgação do patrimônio documental do País,

II. Garantir pleno acesso à informação, visando apoiar as decisões governamentais de caráter político-administrativo, o cidadão na defesa de seus direitos,

III. Incentivar a produção de conhecimento científico e cultural.

→ **O que são documentos de arquivo?**

São documentos produzidos, recebidos e mantidos por órgãos e entidades da administração pública federal, em decorrência do exercício de funções e atividades específicas, qualquer que seja o suporte da informação ou a natureza dos documentos.

→ **O que é gestão de documentos?**

É o conjunto de procedimentos e operações técnicas referentes à produção, tramitação, uso, avaliação e arquivamento de documentos em fase corrente e intermediária, independente do suporte, visando a sua eliminação ou recolhimento para guarda permanente.

→ **Para que uma política de gestão de documentos?**

Porque é dever do Poder Público a gestão documental e a proteção especial aos documentos de arquivo, como instrumento de apoio à administração, à cultura, ao desenvolvimento científico e como elementos de prova e informação.

→ **Quem integra o SIGA?**

I. O Arquivo Nacional, como órgão central **do SIGA**;

II. As unidades responsáveis pela **coordenação das atividades de gestão de documentos de arquivo nos Ministérios e órgãos equivalentes**, como **órgãos setoriais**;

III. As unidades vinculadas aos Ministérios e órgãos equivalentes, como órgãos seccionais.

Órgãos equivalentes a Ministério, isto é, cujo titular possui status de Ministro de Estado. Atualmente, são órgãos equivalentes: Advocacia-Geral da União - AGU, Casa Civil da Presidência da República, Controladoria-Geral da União - CGU, Gabinete de Segurança Institucional da Presidência da República - GSI-PR, Secretaria de Assuntos Estratégicos da Presidência da República - SAE/PR, Secretaria de Aviação Civil - SAC, Secretaria de Comunicação Social da Presidência da República - SECOM-PR, Secretaria de Direitos Humanos - SDH, Secretaria de Políticas de Promoção da Igualdade Racial - SEPPIR, Secretaria de Políticas para as Mulheres - SPM, Secretaria de Portos - SP, Secretaria de Relações Institucionais da Presidência da República - SRI/PR, Secretaria-Geral da Presidência da República - SGPR.

→ **Qual é a função do Arquivo Nacional como órgão central do SIGA?**

I. **Acompanhar e orientar**, junto aos órgãos setoriais do SIGA, **a aplicação das normas relacionadas à gestão de documentos** de arquivo aprovadas pelo Ministro-Chefe da Casa Civil da Presidência da República;

II. Orientar a implementação, **a coordenação e o controle das atividades e rotinas de trabalho relacionadas à gestão de documentos** nos órgãos setoriais;

III. **Promover a disseminação de normas técnicas** e informações de interesse para o aperfeiçoamento do sistema junto aos órgãos setoriais do SIGA;

IV. **Promover e manter intercâmbio de cooperação técnica com instituições e sistemas afins, nacionais e internacionais;**

V. **Estimular e promover a capacitação, o aperfeiçoamento, o treinamento e a reciclagem dos servidores** que atuam na área de gestão de documentos de arquivo.

→ **Qual é a função dos órgãos setoriais no SIGA?**

I. **Implantar, coordenar e controlar as atividades de gestão de documentos de arquivo**, em seu âmbito de atuação e de seus seccionais, em conformidade com as normas aprovadas pelo Ministro-Chefe da Casa Civil da Presidência da República;

II. **Implementar e acompanhar rotinas de trabalho desenvolvidas**, no seu âmbito de atuação e de seus seccionais, **visando à padronização dos procedimentos técnicos relativos às atividades de produção, classificação, registro, tramitação, arquivamento, preservação, empréstimo, consulta, expedição, avaliação, transferência e recolhimento ou eliminação de documentos de arquivo e ao acesso e às informações neles contidas;**

III. **Coordenar a elaboração de código de classificação de documentos de arquivo**, com base nas funções e atividades desempenhadas pelo órgão ou entidade, e acompanhar a sua aplicação no seu âmbito de atuação e de seus seccionais;

IV. **Coordenar a aplicação do código de classificação e da tabela de temporalidade e destinação de documentos de arquivo relativos às atividades-meio, instituída para a administração pública federal**, no seu âmbito de atuação e de seus seccionais;

V. Elaborar, por intermédio da Comissão Permanente de Avaliação de Documentos e de que trata o art. 18 do Decreto n° 4.073, de 3 de janeiro de 2002, e **aplicar, após aprovação do Arquivo Nacional, a tabela de temporalidade e destinação de documentos de arquivo relativos às atividades-fim**;

VI. **Promover e manter intercâmbio de cooperação técnica com instituições e sistemas afins, nacionais e internacionais**;

VII. **Proporcionar aos servidores** que atuam na área de gestão de documentos de arquivo **a capacitação, o aperfeiçoamento, o treinamento e a reciclagem, garantindo constante atualização.**

→ **Devo me registrar no Cadastro Nacional dos Integrantes do SIGA?**

Devem se cadastrar os servidores federais e os empregados de empresas públicas da esfera federal ou de economia mista, que atuem na área de gestão de documentos, ainda que ocupe somente um cargo comissionado ou por prazo determinado. Não estão incluídos nesse grupo os funcionários terceirizados, estagiários ou servidores e empregados de empresas públicas da esfera estadual, distrital ou municipal.

O Que é o Siga?

http://www.siga.arquivonacional.gov.br

Documentos de Arquivo - SIGA, da Administração Pública Federal, pelo qual se organizam, sob a forma de sistema, as atividades de gestão de documentos de arquivo no âmbito dos órgãos e entidades da administração pública federal.

O **Sistema de Gestão de Documentos de Arquivo – SIGA**, da Administração Pública Federal, tem por **finalidade garantir ao cidadão e aos órgãos e entidades da Administração Pública Federal, de forma ágil e segura, o acesso aos documentos de arquivo e às informações neles contidas**, resguardados os aspectos de sigilo e as restrições administrativas ou legais; integrar e coordenar as atividades de gestão de documentos de arquivo desenvolvidas pelos órgãos setoriais e seccionais que o integram; disseminar normas relativas à gestão de documentos de arquivo; racionalizar a produção da documentação arquivística pública; racionalizar e reduzir os custos operacionais e de armazenagem da documentação arquivística pública; preservar o patrimônio documental arquivístico da administração pública federal; articular-se com os demais sistemas que atuam direta ou indiretamente na gestão da informação pública federal.

Para efeitos de acompanhar, coordenar, controlar, orientar e promover a gestão de documentos de arquivo, o **SIGA tem o Arquivo Nacional como órgão central, e uma Comissão de Coordenação, presidida pelo Diretor-Geral do Arquivo Nacional e integrada por representantes do Arquivo Nacional, dos Ministérios e dos órgãos equivalentes**, cabendo aos Ministérios e aos órgãos equivalentes a criação de Subcomissões de Coordenação do SIGA que reúnam representantes dos órgãos seccionais de seu âmbito de atuação, com vistas a identificar necessidades e harmonizar as proposições a serem apresentadas à Comissão de Coordenação. As normas emanadas e deliberadas pela Comissão de Coordenação do SIGA serão aprovadas pela Ministra-Chefe da Casa Civil da Presidência da República.

É instituído por este Decreto um sistema de informações a fim de proceder à operacionalização do SIGA, visando à integração dos serviços arquivísticos dos órgãos e entidades da Administração Pública Federal.

A reunião de instalação da Comissão de Coordenação do SIGA foi realizada no dia 28 de janeiro de 2004, às 9:30h, no auditório da Secretaria de Imprensa e Divulgação da Presidência da República, localizado no subsolo do Palácio do Planalto, com a participação dos presidentes ou coordenadores **das Subcomissões de Coordenação do SIGA**, criadas no âmbito dos Ministérios e órgãos equivalentes.

Objetivos

01. **Garantir ao cidadão e aos órgãos e entidades da administração pública federal**, de forma ágil e segura, o **acesso aos documentos de arquivo e às informações neles contidas**, resguardados os aspectos de sigilo e as restrições administrativas ou legais;
02. **Integrar e coordenar as atividades de gestão de documentos de arquivo** desenvolvidas pelos órgãos setoriais e seccionais que o integram;
03. **Disseminar normas relativas à gestão de documentos de arquivo**;
04. **Racionalizar a produção da documentação arquivística pública**;
05. Racionalizar e reduzir os custos operacionais e de armazenagem da documentação arquivística pública;
06. **Preservar o patrimônio documental arquivístico da administração pública federal**;
07. Articular-se com os demais sistemas que atuam direta ou indiretamente na gestão da informação pública federal.

Histórico

Década de 1980

Programa de Modernização do **Arquivo Nacional**: desenvolvimento de ações e programas de assistência técnica, publicação de manuais, treinamento de recursos humanos, promoção de seminários e cursos, recolhimento de documentos públicos federais, implantação do Registro Geral de Entrada de Acervos Arquivísticos no Arquivo Nacional. Essas ações permitiram delinear uma política arquivística para o governo federal.

Década de 1990

Concepção do Sistema Federal de Arquivos do Poder Executivo – SIFAR.

Anos 2000 e 2001

Aperfeiçoamento do SIFAR, que passou a ser denominado Sistema de Gestão de Documentos de Informações – SGDI, do Poder Executivo Federal.

Instituição do SIGA

→ **12 de dezembro de 2003**

O **Decreto nº 4.915 cria o Sistema de Gestão de Documentos de Arquivo - SIGA, da Administração Pública Federal**, organizando, sob a forma de sistema, as atividades de gestão de documentos de arquivo no âmbito dos órgãos e entidades da Administração Pública Federal.

A **Lei de Acesso à Informação (Lei nº 12.527, de 18 de novembro de 2011)** estabelece que as **informações de interesse coletivo ou geral devem ser divulgadas pelos órgãos públicos, espontânea e proativamente, independentemente de solicitações**.

Com esse objetivo o Arquivo Nacional apresenta nesta seção, um conjunto significativo de dados de interesse público, de forma organizada, de modo a oferecer ao cidadão um padrão claro e uniforme de acesso, que facilite a localização e a obtenção das informações.

Aqui estão disponíveis, entre outros, dados sobre o funcionamento, a base jurídica e a própria história da Instituição, além daqueles referentes a diárias e passagens, licitações, relatórios de gestão, despesas, programas e ações, reforçando a missão do Arquivo Nacional de fornecer amplo acesso às informações, incluindo aquelas que se relacionam à transparência pública.

Neste sentido, destacam-se ainda a criação do SIC-AN que se destina a atender aos pedidos de informações sobre o acervo produzido pela Instituição de 1985 até o presente, e o fácil acesso à Ouvidoria, que recebe reclamações, denúncias e sugestões visando aperfeiçoar a qualidade dos serviços prestados pelo Arquivo Nacional.

A Instituição também apresenta um amplo conjunto de informações reunidas no item Perguntas Frequentes que, de modo objetivo, visa a esclarecer as dúvidas e questões encaminhadas habitualmente às áreas técnicas e ao Gabinete da Direção-Geral.

Atento à importância das diversas ferramentas de acesso à informação e, ao mesmo tempo, à necessidade de um contínuo aperfeiçoamento deste portal, o Arquivo Nacional busca contribuir, com esta seção, para a modernização dos serviços arquivísticos governamentais.

Fonte: Câmara Técnica de Documentos Eletrônicos
http://www.conarq.arquivonacional.gov.br

→ **O que é e-ARQ Brasil?**

Estabelece um conjunto de condições a serem cumpridas pela organização produtora/recebedora de documentos, pelo sistema de gestão arquivística e pelos próprios documentos a fim de garantir a sua confiabilidade e autenticidade, assim como seu acesso. Pode ser usado para orientar a identificação de documentos arquivísticos digitais, estabelecer requisitos mínimos para um **Sistema Informatizado de Gestão Arquivística de Documentos – SIGAD** – independente da plataforma tecnológica em que for desenvolvido e/ou implantado.

O objeto do e-ARQ Brasil é o documento arquivístico digital. Este documento não trata de processos de digitalização, isto é, de procedimentos técnicos de conversão de um documento em qualquer suporte ou formato para o formato digital, por meio de dispositivo apropriado, como o escâner.

O e-ARQ Brasil especifica todas as atividades e operações técnicas da gestão arquivística de documentos desde a produção, tramitação, utilização e arquivamento até a sua destinação final. Todas essas atividades poderão ser desempenhadas pelo SIGAD, o qual, tendo sido desenvolvido em conformidade com os requisitos aqui apresentados, conferirá credibilidade à produção e à manutenção de documentos arquivísticos.

→ **O que é SIGAD?**

É um conjunto de procedimentos e operações técnicas, característico do sistema de gestão arquivística de documentos, processado por computador. O sucesso do SIGAD dependerá fundamentalmente da implementação prévia de um programa de gestão arquivística de documentos. A produção de documentos digitais levou à criação de sistemas informatizados de gerenciamento de documentos. Entretanto, para se assegurar que documentos arquivísticos digitais sejam confiáveis e autênticos e que possam preservar suas características é fundamental que os sistemas acima referidos incorporem os conceitos arquivísticos e suas implicações no gerenciamento dos documentos digitais.

Diferença entre Sistema de Informação, Gestão Arquivística de Documentos, Sistema de Gestão Arquivística de Documentos, Gerenciamento Eletrônico de Documentos (GED) e Sistema Informatizado de Gestão Arquivística de Documentos (SIGAD).

Sistema de Informação – Conjunto organizado de políticas, procedimentos, pessoas, equipamentos e programas computacionais que produzem, processam, armazenam e provem acesso à informação proveniente de fontes internas e externas para apoiar o desempenho das atividades de um órgão ou entidade.

Gestão Arquivística de Documentos – Conjunto de procedimentos e operações técnicas referentes à produção, tramitação, uso, avaliação e arquivamento dos documentos em fase corrente e intermediária, visando a sua eliminação ou seu recolhimento para a guarda permanente.

Sistema de Gestão Arquivística de Documentos – Conjunto de procedimentos e operações técnicas, cuja interação permite a eficiência e a eficácia da gestão arquivística de documentos.

Gerenciamento Eletrônico de Documentos (GED) – Conjunto de tecnologias utilizadas para organização da informação não-estruturada de um órgão ou entidade, que pode ser dividido nas seguintes funcionalidades: captura, gerenciamento, armazenamento e distribuição. Entende-se por informação não estruturada aquela que não está armazenada em banco de dados, tal como mensagem de correio eletrônico, arquivo de texto, imagem ou som, planilhas, etc. O **GED** pode englobar tecnologias de digitalização, automação de fluxos de trabalho (*workflow*), processamento de formulários, indexação, gestão de documentos, repositórios, entre outras.

Sistema Informatizado de Gestão Arquivística de Documentos (SIGAD) – É um conjunto de procedimentos e operações técnicas, característico do sistema de gestão arquivística de documentos, processado por computador. O **SIGAD** e aplicável em sistemas híbridos, isto é, que utilizam documentos digitais e documentos convencionais.

→ **Requisitos arquivísticos que caracterizam um SIGAD:**

01. Captura, armazenamento, indexação e recuperação de todos os tipos de documentos arquivísticos;
02. Captura, armazenamento, indexação e recuperação de todos os componentes digitais do documento arquivístico como uma unidade complexa;
03. Gestão dos documentos a partir do plano de classificação para manter a relação orgânica entre os documentos;
04. Implementação de metadados associados aos documentos para descrever os contextos desses mesmos documentos (jurídico-administrativo, de proveniência, de procedimentos, documental e tecnológico) integração entre documentos digitais e convencionais;
05. Foco na manutenção da autenticidade dos documentos;
06. Avaliação e seleção dos documentos para recolhimento e preservação daqueles considerados de valor permanente;
07. Aplicação de tabela de temporalidade e destinação de documentos;
08. Transferência e o recolhimento dos documentos por meio de uma função de exportação.
09. Gestão de preservação dos documentos.

Destacamos, para efeito de leitura e fixação, as seguintes normas legais:

Lei nº 8.159, de 08 de Janeiro de 1991

Dispõe sobre a política nacional de arquivos públicos e privados e dá outras providências.

Decreto nº 2.942, de 18.1.99, regulamenta os arts. 7º, 11 e 16 (revogado)

Decreto nº 4.073, de 03.01.02, regulamenta a Lei 8.159/91

O PRESIDENTE DA REPÚBLICA, faço saber que o Congresso Nacional decreta e eu sanciono a seguinte lei:

Capítulo I

Disposições Gerais

Art. 1º É dever do Poder Público a gestão documental e a de proteção especial a documentos de arquivos, como instrumento de apoio à administração, à cultura, ao desenvolvimento científico e como elementos de prova e informação.

Art. 2º Consideram-se arquivos, para os fins desta lei, os conjuntos de documentos produzidos e recebidos por órgãos públicos, instituições de caráter público e entidades privadas, em decorrência do exercício de atividades específicas, bem como por pessoa física, qualquer que seja o suporte da informação ou a natureza dos documentos.

Art. 3º Considera-se gestão de documentos o conjunto de procedimentos e operações técnicas referentes à sua produção, tramitação, uso, avaliação e arquivamento em fase corrente e intermediária, visando a sua eliminação ou recolhimento para guarda permanente.

Art. 4º Todos têm direito a receber dos órgãos públicos informações de seu interesse particular ou de interesse coletivo ou geral, contidas em documentos de arquivos, que serão prestadas no prazo da lei, sob pena de responsabilidade, ressalvadas aquelas cujos sigilo seja imprescindível à segurança da sociedade e do Estado, bem como à inviolabilidade da intimidade, da vida privada, da honra e da imagem das pessoas. (Grifo nosso).

Art. 5º A Administração Pública franqueará a consulta aos documentos públicos na forma desta lei.

Art. 6º Fica resguardado o direito de indenização pelo dano material ou moral decorrente da violação do sigilo, sem prejuízo das ações penal, civil e administrativa.

Capítulo II

Dos Arquivos Públicos

Art. 7º Os arquivos públicos são os conjuntos de documentos produzidos e recebidos, no exercício de suas atividades, por órgãos públicos de âmbito federal, estadual, do Distrito Federal e municipal em decorrência de suas funções administrativas, legislativas e judiciárias.

§ 1º São também públicos os conjuntos de documentos produzidos e recebidos por instituições de caráter público, por entidades privadas encarregadas da gestão de serviços públicos no exercício de suas atividades.

§ 2º A cessação de atividades de instituições públicas e de caráter público implica o recolhimento de sua documentação à instituição arquivística pública ou a sua transferência à instituição sucessora.

Art. 8º Os documentos públicos são identificados como correntes, intermediários e permanentes.

§ 1º Consideram-se documentos correntes aqueles em curso ou que, mesmo sem movimentação, constituam de consultas frequentes.

§ 2º Consideram-se documentos intermediários aqueles que, não sendo de uso corrente nos órgãos produtores, por razões de interesse administrativo, aguardam a sua eliminação ou recolhimento para guarda permanente.

§ 3º Consideram-se permanentes os conjuntos de documentos de valor histórico, probatório e informativo que devem ser definitivamente preservados.

Art. 9º A eliminação de documentos produzidos por instituições públicas e de caráter público será realizada mediante autorização da instituição arquivística pública, na sua específica esfera de competência.

Art. 10. Os documentos de valor permanente são inalienáveis e imprescritíveis.

Capítulo III

Dos Arquivos Privados

Art. 11. Consideram-se arquivos privados os conjuntos de documentos produzidos ou recebidos por pessoas físicas ou jurídicas, em decorrência de suas atividades.

Art. 12. Os arquivos privados podem ser identificados pelo Poder Público como de interesse público e social, desde que sejam considerados como conjuntos de fontes relevantes para a história e desenvolvimento científico nacional. (Por exemplo, o que dispõe o DECRETO DE 9 DE MAIO DE 2012, que Declarou de interesse público e social o acervo documental privado da Cúria Diocesana de Nova Iguaçu, no Estado do Rio de Janeiro).

Art. 13. Os arquivos privados identificados como de interesse público e social não poderão ser alienados com dispersão ou perda da unidade documental, nem transferidos para o exterior.

Parágrafo único. Na alienação desses arquivos o Poder Público exercerá preferência na aquisição.

Art. 14. O acesso aos documentos de arquivos privados identificados como de interesse público e social poderá ser franqueado mediante autorização de seu proprietário ou possuidor.

Art. 15. Os arquivos privados identificados como de interesse público e social poderão ser depositados a título revogável, ou doados a instituições arquivísticas públicas.

Art. 16. Os registros civis de arquivos de entidades religiosas produzidos anteriormente à vigência do Código Civil ficam identificados como de interesse público e social.

Capítulo IV

Da Organização e Administração de Instituições Arquivísticas Públicas

Art. 17. A administração da documentação pública ou de caráter público compete às instituições arquivísticas federais, estaduais, do Distrito Federal e municipais.

§ 1º São Arquivos Federais o Arquivo Nacional do Poder Executivo, e os arquivos do Poder Legislativo e do Poder Judiciário. São considerados, também, do Poder Executivo os arquivos do Ministério da Marinha, do Ministério das Relações Exteriores, do Ministério do Exército e do Ministério da Aeronáutica.

§ 2º São Arquivos Estaduais o arquivo do Poder Executivo, o arquivo do Poder Legislativo e o arquivo do Poder Judiciário.

§ 3º São Arquivos do Distrito Federal o arquivo do Poder Executivo, o Arquivo do Poder Legislativo e o arquivo do Poder Judiciário.

§ 4º São Arquivos Municipais o arquivo do Poder Executivo e o arquivo do Poder Legislativo.

§ 5º Os arquivos públicos dos Territórios são organizados de acordo com sua estrutura político-jurídica.

Art. 18. Compete ao Arquivo Nacional a gestão e o recolhimento dos documentos produzidos e recebidos pelo Poder Executivo Federal, bem como preservar e facultar o acesso aos documentos sob sua guarda, e acompanhar e implementar a política nacional de arquivos.

***Parágrafo único.** Para o pleno exercício de suas funções, o Arquivo Nacional poderá criar unidades regionais.*

Art. 19. Competem aos arquivos do Poder Legislativo Federal a gestão e o recolhimento dos documentos produzidos e recebidos pelo Poder Legislativo Federal no exercício das suas funções, bem como preservar e facultar o acesso aos documentos sob sua guarda.

Art. 20. Competem aos arquivos do Poder Judiciário Federal a gestão e o recolhimento dos documentos produzidos e recebidos pelo Poder Judiciário Federal no exercício de suas funções, tramitados em juízo e oriundos de cartórios e secretarias, bem como preservar e facultar o acesso aos documentos sob sua guarda.

Art. 21. Legislação estadual, do Distrito Federal e municipal definirá os critérios de organização e vinculação dos arquivos estaduais e municipais, bem como a gestão e o acesso aos documentos, observado o disposto na Constituição Federal e nesta lei.

Capítulo V

Do Acesso e do Sigilo dos Documentos Públicos

Art. 22. É assegurado o direito de acesso pleno aos documentos públicos (Revogado pela Lei 12.527, de 18 de novembro de 2011)

Art. 23. Decreto fixará as categorias de sigilo que deverão ser obedecidas pelos órgãos públicos na classificação dos documentos por eles produzidos. (Revogado pela Lei 12.527, de 18 de novembro de 2011).

§ 1º Os documentos cuja divulgação ponha em risco a segurança da sociedade e do Estado, bem como aqueles necessários ao resguardo da inviolabilidade da intimidade, da vida privada, da honra e da imagem das pessoas são originariamente sigilosos. (Revogado pela Lei 12.527, de 18 de novembro de 2011).

§ 2º O acesso aos documentos sigilosos referentes à segurança da sociedade e do Estado será restrito por um prazo máximo de 30 (trinta) anos, a contar da data de sua produção, podendo esse prazo ser prorrogado, por uma única vez, por igual período. (Revogado pela Lei 12.527, de 18 de novembro de 2011)

§ 3º O acesso aos documentos sigilosos referente à honra e à imagem das pessoas será restrito por um prazo máximo de 100 (cem) anos, a contar da sua data de produção.

Art. 24. Poderá o Poder Judiciário, em qualquer instância, determinar a exibição reservada de qualquer documento sigiloso, sempre que indispensável à defesa de direito próprio ou esclarecimento de situação pessoal da parte. (Revogado pela Lei 12.527, de 18 de novembro de 2011)

***Parágrafo único.** Nenhuma norma de organização administrativa será interpretada de modo a, por qualquer forma, restringir o disposto neste artigo. (Revogado pela Lei 12.527, de 18 de novembro de 2011)*

Disposições Finais

Art. 25. Ficará sujeito à responsabilidade penal, civil e administrativa, na forma da legislação em vigor, aquele que desfigurar ou destruir documentos de valor permanente ou considerado como de interesse público e social.

Art. 26. Fica criado o Conselho Nacional de Arquivos (Conarq), órgão vinculado ao Arquivo Nacional, que definirá a política nacional de arquivos, como órgão central de um Sistema Nacional de Arquivos (Sinar).

§ 1º O Conselho Nacional de Arquivos será presidido pelo Diretor-Geral do Arquivo Nacional e integrado por representantes de instituições arquivísticas e acadêmicas, públicas e privadas.

§ 2º A estrutura e funcionamento do conselho criado neste artigo serão estabelecidos em regulamento.

Art. 27. Esta lei entra em vigor na data de sua publicação.

Art. 28. Revogam-se as disposições em contrário.

Fernando Collor

Jarbas Passarinho

[Diário Oficial da União, de 09 janeiro de 1991, e pub. ret. em 28 de janeiro de 1991]

Lei nº 12.527, de 18 de novembro de 2011

Lei nº 12.527, de 18 de Novembro de 2011

Regula o acesso a informações previsto no inciso XXXIII do art. 5º, no inciso II do § 3º do art. 37 e no § 2º do art. 216 da Constituição Federal; altera a Lei nº 8.112, de 11 de dezembro de 1990; revoga a Lei no 11.111, de 5 de maio de 2005, e dispositivos da Lei nº 8.159, de 8 de janeiro de 1991; e dá outras providências.

A PRESIDENTA DA REPÚBLICA Faço saber que o Congresso Nacional decreta e eu sanciono a seguinte Lei:

Capítulo I

Disposições Gerais

Art. 1º Esta Lei dispõe sobre os procedimentos a serem observados pela União, Estados, Distrito Federal e Municípios, com o fim de garantir o acesso a informações previsto no inciso XXXIII do art. 5º, no inciso II do § 3º do art. 37 e no § 2º do art. 216 da Constituição Federal.

***Parágrafo único.** Subordinam-se ao regime desta Lei:*

I. Os órgãos públicos integrantes da administração direta dos poderes executivo, legislativo, incluindo as cortes de contas, e judiciário e do ministério público;

II. As autarquias, as fundações públicas, as empresas públicas, as sociedades de economia mista e demais entidades controladas direta ou indiretamente pela união, estados, distrito federal e municípios.

Art. 2º Aplicam-se as disposições desta Lei, no que couber, às entidades privadas sem fins lucrativos que recebam, para realização de ações de interesse público, recursos públicos diretamente do orçamento ou mediante subvenções sociais, contrato de gestão, termo de parceria, convênios, acordo, ajustes ou outros instrumentos congêneres.

***Parágrafo único.** A publicidade a que estão submetidas as entidades citadas no caput refere-se à parcela dos recursos públicos recebidos e à sua destinação, sem prejuízo das prestações de contas a que estejam legalmente obrigadas.*

Art. 3º Os procedimentos previstos nesta Lei destinam-se a assegurar o direito fundamental de acesso à informação e devem ser executados em conformidade com os princípios básicos da administração pública e com as seguintes diretrizes:

I. Observância da publicidade como preceito geral e do sigilo como exceção;

II. Divulgação de informações de interesse público, independentemente de solicitações;

III. Utilização de meios de comunicação viabilizados pela tecnologia da informação;

IV. Fomento ao desenvolvimento da cultura de transparência na administração pública;

V. Desenvolvimento do controle social da administração pública.

Art. 4º Para os efeitos desta Lei, considera-se:

I. Informação: dados, processados ou não, que podem ser utilizados para produção e transmissão de conhecimento, contidos em qualquer meio, suporte ou formato;

II. Documento: unidade de registro de informações, qualquer que seja o suporte ou formato;

III. Informação sigilosa: aquela submetida temporariamente à restrição de acesso público em razão de sua imprescindibilidade para a segurança da sociedade e do Estado;

IV. Informação pessoal: aquela relacionada à pessoa natural identificada ou identificável;

V. *Tratamento da informação: conjunto de ações referentes à produção, recepção, classificação, utilização, acesso, reprodução, transporte, transmissão, distribuição, arquivamento, armazenamento, eliminação, avaliação, destinação ou controle da informação;*

VI. *Disponibilidade: qualidade da informação que pode ser conhecida e utilizada por indivíduos, equipamentos ou sistemas autorizados;*

VII. *Autenticidade: qualidade da informação que tenha sido produzida, expedida, recebida ou modificada por determinado indivíduo, equipamento ou sistema;*

VIII. *Integridade: qualidade da informação não modificada, inclusive quanto à origem, trânsito e destino;*

IX. *Primariedade: qualidade da informação coletada na fonte, com o máximo de detalhamento possível, sem modificações.*

Art. 5º *É dever do Estado garantir o direito de acesso à informação, que será franqueada, mediante procedimentos objetivos e ágeis, de forma transparente, clara e em linguagem de fácil compreensão.*

Capítulo II

Do Acesso A Informações E Da Sua Divulgação

Art. 6º *Cabe aos órgãos e entidades do poder público, observadas as normas e procedimentos específicos aplicáveis, assegurar a:*

I. *Gestão transparente da informação, propiciando amplo acesso a ela e sua divulgação;*

II. *Proteção da informação, garantindo-se sua disponibilidade, autenticidade e integridade; e*

III. *Proteção da informação sigilosa e da informação pessoal, observada a sua disponibilidade, autenticidade, integridade e eventual restrição de acesso.*

Art. 7º *O acesso à informação de que trata esta Lei compreende, entre outros, os direitos de obter:*

I. *Orientação sobre os procedimentos para a consecução de acesso, bem como sobre o local onde poderá ser encontrada ou obtida a informação almejada;*

II. *Informação contida em registros ou documentos, produzidos ou acumulados por seus órgãos ou entidades, recolhidos ou não a arquivos públicos;*

III. *Informação produzida ou custodiada por pessoa física ou entidade privada decorrente de qualquer vínculo com seus órgãos ou entidades, mesmo que esse vínculo já tenha cessado;*

IV. *Informação primária, íntegra, autêntica e atualizada;*

V. *Informação sobre atividades exercidas pelos órgãos e entidades, inclusive as relativas à sua política, organização e serviços;*

VI. *Informação pertinente à administração do patrimônio público, utilização de recursos públicos, licitação, contratos administrativos;*

VII. *Informação relativa:*

a) *À implementação, acompanhamento e resultados dos programas, projetos e ações dos órgãos e entidades públicas, bem como metas e indicadores propostos;*

b) *Ao resultado de inspeções, auditorias, prestações e tomadas de contas realizadas pelos órgãos de controle interno e externo, incluindo prestações de contas relativas a exercícios anteriores.*

§ 1º *O acesso à informação previsto no caput não compreende as informações referentes a projetos de pesquisa e desenvolvimento científicos ou tecnológicos cujo sigilo seja imprescindível à segurança da sociedade e do Estado.*

§ 2º *Quando não for autorizado acesso integral à informação por ser ela parcialmente sigilosa, é assegurado o acesso à parte não sigilosa por meio de certidão, extrato ou cópia com ocultação da parte sob sigilo.*

§ 3º *O direito de acesso aos documentos ou às informações neles contidas utilizados como fundamento da tomada de decisão e do ato administrativo será assegurado com a edição do ato decisório respectivo.*

§ 4º *A negativa de acesso às informações objeto de pedido formulado aos órgãos e entidades referidas no art. 1º, quando não fundamentada, sujeitará o responsável a medidas disciplinares, nos termos do art. 32 desta Lei.*

§ 5º *Informado do extravio da informação solicitada, poderá o interessado requerer à autoridade competente a imediata abertura de sindicância para apurar o desaparecimento da respectiva documentação.*

§ 6º *Verificada a hipótese prevista no § 5º deste artigo, o responsável pela guarda da informação extraviada deverá, no prazo de 10 (dez) dias, justificar o fato e indicar testemunhas que comprovem sua alegação.*

Art. 8º *É dever dos órgãos e entidades públicas promover, independentemente de requerimentos, a divulgação em local de fácil acesso, no âmbito de suas competências, de informações de interesse coletivo ou geral por eles produzidas ou custodiadas.*

§ 1º *Na divulgação das informações a que se refere o caput, deverão constar, no mínimo:*

I. *Registro das competências e estrutura organizacional, endereços e telefones das respectivas unidades e horários de atendimento ao público;*

II. *Registros de quaisquer repasses ou transferências de recursos financeiros;*

III. *Registros das despesas;*

IV. *Informações concernentes a procedimentos licitatórios, inclusive os respectivos editais e resultados, bem como a todos os contratos celebrados;*

V. *Dados gerais para o acompanhamento de programas, ações, projetos e obras de órgãos e entidades; e*

VI. *Respostas a perguntas mais frequentes da sociedade.*

§ 2º *Para cumprimento do disposto no caput, os órgãos e entidades públicas deverão utilizar todos os meios e instrumentos legítimos de que dispuserem, sendo obrigatória a divulgação em sítios oficiais da rede mundial de computadores (internet).*

§ 3º *Os sítios de que trata o § 2º deverão, na forma de regulamento, atender, entre outros, aos seguintes requisitos:*

I. *Conter ferramenta de pesquisa de conteúdo que permita o acesso à informação de forma objetiva, transparente, clara e em linguagem de fácil compreensão;*

II. *Possibilitar a gravação de relatórios em diversos formatos eletrônicos, inclusive abertos e não proprietários, tais como planilhas e texto, de modo a facilitar a análise das informações;*

Arquivologia

III. *Possibilitar o acesso automatizado por sistemas externos em formatos abertos, estruturados e legíveis por máquina;*

IV. *Divulgar em detalhes os formatos utilizados para estruturação da informação;*

V. *Garantir a autenticidade e a integridade das informações disponíveis para acesso;*

VI. *Manter atualizadas as informações disponíveis para acesso;*

VII. *Indicar local e instruções que permitam ao interessado comunicar-se, por via eletrônica ou telefônica, com o órgão ou entidade detentora do sítio; e*

VIII. *Adotar as medidas necessárias para garantir a acessibilidade de conteúdo para pessoas com deficiência, nos termos do art. 17 da Lei no 10.098, de 19 de dezembro de 2000, e do art. 9º da Convenção sobre os Direitos das Pessoas com Deficiência, aprovada pelo Decreto Legislativo no 186, de 9 de julho de 2008.*

§ 4 *Os Municípios com população de até 10.000 (dez mil) habitantes ficam dispensados da divulgação obrigatória na internet a que se refere o § 2º, mantida a obrigatoriedade de divulgação, em tempo real, de informações relativas à execução orçamentária e financeira, nos critérios e prazos previstos no art. 73-B da Lei Complementar no 101, de 4 de maio de 2000 (Lei de Responsabilidade Fiscal).*

Art. 9º *O acesso a informações públicas será assegurado mediante:*

I. *Criação de serviço de informações ao cidadão, nos órgãos e entidades do poder público, em local com condições apropriadas para:*

a) *Atender e orientar o público quanto ao acesso a informações;*

b) *Informar sobre a tramitação de documentos nas suas respectivas unidades;*

c) *Protocolizar documentos e requerimentos de acesso a informações; e*

II. *Realização de audiências ou consultas públicas, incentivo à participação popular ou a outras formas de divulgação.*

Capítulo III

Do Procedimento de Acesso à Informação

Seção I

Do Pedido de Acesso

Art. 10. *Qualquer interessado poderá apresentar pedido de acesso a informações aos órgãos e entidades referidos no art. 1º desta Lei, por qualquer meio legítimo, devendo o pedido conter a identificação do requerente e a especificação da informação requerida.*

§ 1º *Para o acesso a informações de interesse público, a identificação do requerente não pode conter exigências que inviabilizem a solicitação.*

§ 2º *Os órgãos e entidades do poder público devem viabilizar alternativa de encaminhamento de pedidos de acesso por meio de seus sítios oficiais na internet.*

§ 3º *São vedadas quaisquer exigências relativas aos motivos determinantes da solicitação de informações de interesse público.*

Art. 11. *O órgão ou entidade pública deverá autorizar ou conceder o acesso imediato à informação disponível.*

§ 1º *Não sendo possível conceder o acesso imediato, na forma disposta no caput, o órgão ou entidade que receber o pedido deverá, em prazo não superior a 20 (vinte) dias:*

I. *Comunicar a data, local e modo para se realizar a consulta, efetuar a reprodução ou obter a certidão;*

II. *Indicar as razões de fato ou de direito da recusa, total ou parcial, do acesso pretendido; ou*

III. *Comunicar que não possui a informação, indicar, se for do seu conhecimento, o órgão ou a entidade que a detém, ou, ainda, remeter o requerimento a esse órgão ou entidade, cientificando o interessado da remessa de seu pedido de informação.*

§ 2º *O prazo referido no § 1º poderá ser prorrogado por mais 10 (dez) dias, mediante justificativa expressa, da qual será cientificado o requerente.*

§ 3º *Sem prejuízo da segurança e da proteção das informações e do cumprimento da legislação aplicável, o órgão ou entidade poderá oferecer meios para que o próprio requerente possa pesquisar a informação de que necessitar.*

§ 4º *Quando não for autorizado o acesso por se tratar de informação total ou parcialmente sigilosa, o requerente deverá ser informado sobre a possibilidade de recurso, prazos e condições para sua interposição, devendo, ainda, ser-lhe indicada a autoridade competente para sua apreciação.*

§ 5º *A informação armazenada em formato digital será fornecida nesse formato, caso haja anuência do requerente.*

§ 6º *Caso a informação solicitada esteja disponível ao público em formato impresso, eletrônico ou em qualquer outro meio de acesso universal, serão informados ao requerente, por escrito, o lugar e a forma pela qual se poderá consultar, obter ou reproduzir a referida informação, procedimento esse que desonerará o órgão ou entidade pública da obrigação de seu fornecimento direto, salvo se o requerente declarar não dispor de meios para realizar por si mesmo tais procedimentos.*

Art. 12. *O serviço de busca e fornecimento da informação é gratuito, salvo nas hipóteses de reprodução de documentos pelo órgão ou entidade pública consultada, situação em que poderá ser cobrado exclusivamente o valor necessário ao ressarcimento do custo dos serviços e dos materiais utilizados.*

Parágrafo único. *Estará isento de ressarcir os custos previstos no caput todo aquele cuja situação econômica não lhe permita fazê-lo sem prejuízo do sustento próprio ou da família, declarada nos termos da Lei no 7.115, de 29 de agosto de 1983.*

Art. 13. *Quando se tratar de acesso à informação contida em documento cuja manipulação possa prejudicar sua integridade, deverá ser oferecida a consulta de cópia, com certificação de que esta confere com o original.*

Parágrafo único. *Na impossibilidade de obtenção de cópias, o interessado poderá solicitar que, a suas expensas e sob supervisão de servidor público, a reprodução seja feita por outro meio que não ponha em risco a conservação do documento original.*

Art. 14. *É direito do requerente obter o inteiro teor de decisão de negativa de acesso, por certidão ou cópia.*

Seção II

Dos Recursos

Art. 15. *No caso de indeferimento de acesso a informações ou às razões da negativa do acesso, poderá o interessado interpor recurso contra a decisão no prazo de 10 (dez) dias a contar da sua ciência.*

Parágrafo único. *O recurso será dirigido à autoridade hierarquicamente superior à que exarou a decisão impugnada, que deverá se manifestar no prazo de 5 (cinco) dias.*

Art. 16. Negado o acesso a informação pelos órgãos ou entidades do Poder Executivo Federal, o requerente poderá recorrer à Controladoria-Geral da União, que deliberará no prazo de 5 (cinco) dias se:

I. O acesso à informação não classificada como sigilosa for negado;

II. A decisão de negativa de acesso à informação total ou parcialmente classificada como sigilosa não indicar a autoridade classificadora ou a hierarquicamente superior a quem possa ser dirigido pedido de acesso ou desclassificação;

III. Os procedimentos de classificação de informação sigilosa estabelecidos nesta Lei não tiverem sido observados; e

IV. Estiverem sendo descumpridos prazos ou outros procedimentos previstos nesta Lei.

§ 1º O recurso previsto neste artigo somente poderá ser dirigido à Controladoria-Geral da União depois de submetido à apreciação de pelo menos uma autoridade hierarquicamente superior àquela que exarou a decisão impugnada, que deliberará no prazo de 5 (cinco) dias.

§ 2º Verificada a procedência das razões do recurso, a Controladoria-Geral da União determinará ao órgão ou entidade que adote as providências necessárias para dar cumprimento ao disposto nesta Lei.

§ 3º Negado o acesso à informação pela Controladoria-Geral da União, poderá ser interposto recurso à Comissão Mista de Reavaliação de Informações, a que se refere o art. 35.

Art. 17. No caso de indeferimento de pedido de desclassificação de informação protocolado em órgão da administração pública federal, poderá o requerente recorrer ao Ministro de Estado da área, sem prejuízo das competências da Comissão Mista de Reavaliação de Informações, previstas no art. 35, e do disposto no art. 16.

§ 1º O recurso previsto neste artigo somente poderá ser dirigido às autoridades mencionadas depois de submetido à apreciação de pelo menos uma autoridade hierarquicamente superior à autoridade que exarou a decisão impugnada e, no caso das Forças Armadas, ao respectivo Comando.

§ 2º Indeferido o recurso previsto no caput que tenha como objeto a desclassificação de informação secreta ou ultrassecreta, caberá recurso à Comissão Mista de Reavaliação de Informações prevista no art. 35.

Art. 18. Os procedimentos de revisão de decisões denegatórias proferidas no recurso previsto no art. 15 e de revisão de classificação de documentos sigilosos serão objeto de regulamentação própria dos Poderes Legislativo e Judiciário e do Ministério Público, em seus respectivos âmbitos, assegurado ao solicitante, em qualquer caso, o direito de ser informado sobre o andamento de seu pedido.

Art. 19. (VETADO).

§ 1º (VETADO).

§ 2º Os órgãos do Poder Judiciário e do Ministério Público informarão ao Conselho Nacional de Justiça e ao Conselho Nacional do Ministério Público, respectivamente, as decisões que, em grau de recurso, negarem acesso a informações de interesse público.

Art. 20. Aplica-se subsidiariamente, no que couber, a Lei no 9.784, de 29 de janeiro de 1999, ao procedimento de que trata este Capítulo.

Capítulo IV

Das Restrições de Acesso à Informação

Seção I

Disposições Gerais

Art. 21. Não poderá ser negado acesso à informação necessária à tutela judicial ou administrativa de direitos fundamentais.

Parágrafo único. As informações ou documentos que versem sobre condutas que impliquem violação dos direitos humanos praticada por agentes públicos ou a mando de autoridades públicas não poderão ser objeto de restrição de acesso.

Art. 22. O disposto nesta Lei não exclui as demais hipóteses legais de sigilo e de segredo de justiça nem as hipóteses de segredo industrial decorrentes da exploração direta de atividade econômica pelo Estado ou por pessoa física ou entidade privada que tenha qualquer vínculo com o poder público.

Seção II

Da Classificação da Informação quanto ao Grau e Prazos de Sigilo

Art. 23. São consideradas imprescindíveis à segurança da sociedade ou do Estado e, portanto, passíveis de classificação as informações cuja divulgação ou acesso irrestrito possam:

I. Pôr em risco a defesa e a soberania nacionais ou a integridade do território nacional;

II. Prejudicar ou pôr em risco a condução de negociações ou as relações internacionais do País, ou as que tenham sido fornecidas em caráter sigiloso por outros Estados e organismos internacionais;

III. Pôr em risco a vida, a segurança ou a saúde da população;

IV. Oferecer elevado risco à estabilidade financeira, econômica ou monetária do País;

V. Prejudicar ou causar risco a planos ou operações estratégicos das Forças Armadas;

VI. Prejudicar ou causar risco a projetos de pesquisa e desenvolvimento científico ou tecnológico, assim como a sistemas, bens, instalações ou áreas de interesse estratégico nacional;

VII. Pôr em risco a segurança de instituições ou de altas autoridades nacionais ou estrangeiras e seus familiares; ou

VIII. Comprometer atividades de inteligência, bem como de investigação ou fiscalização em andamento, relacionadas com a prevenção ou repressão de infrações.

Art. 24. A informação em poder dos órgãos e entidades públicas, observado o seu teor e em razão de sua imprescindibilidade à segurança da sociedade ou do Estado, poderá ser classificada como ultrassecreta, secreta ou reservada.

§ 1º Os prazos máximos de restrição de acesso à informação, conforme a classificação prevista no caput, vigoram a partir da data de sua produção e são os seguintes:

I. Ultrassecreta: 25 (vinte e cinco) anos;

II. Secreta: 15 (quinze) anos; e

III. Reservada: 5 (cinco) anos.

§ 2º As informações que puderem colocar em risco a segurança do Presidente e Vice-Presidente da República e respectivos cônjuges e filhos(as) serão classificadas como reservadas e ficarão sob sigilo até o término do mandato em exercício ou do último mandato, em caso de reeleição.

§ 3º Alternativamente aos prazos previstos no § 1o, poderá ser estabelecida como termo final de restrição de acesso a ocorrência de determinado evento, desde que este ocorra antes do transcurso do prazo máximo de classificação.

§ 4º Transcorrido o prazo de classificação ou consumado o evento que defina o seu termo final, a informação tornar-se à, automaticamente, de acesso público.

§ 5º Para a classificação da informação em determinado grau de sigilo, deverá ser observado o interesse público da informação e utilizado o critério menos restritivo possível, considerados:

I. A gravidade do risco ou dano à segurança da sociedade e do Estado; e

II. O prazo máximo de restrição de acesso ou o evento que defina seu termo final.

Seção III

Da Proteção e do Controle de Informações Sigilosas

***Art. 25.** É dever do Estado controlar o acesso e a divulgação de informações sigilosas produzidas por seus órgãos e entidades, assegurando a sua proteção. (Regulamento)*

§ 1º O acesso, a divulgação e o tratamento de informação classificada como sigilosa ficarão restritos a pessoas que tenham necessidade de conhecê-la e que sejam devidamente credenciadas na forma do regulamento, sem prejuízo das atribuições dos agentes públicos autorizados por lei.

§ 2º O acesso à informação classificada como sigilosa cria a obrigação para aquele que a obteve de resguardar o sigilo.

§ 3º Regulamento disporá sobre procedimentos e medidas a serem adotados para o tratamento de informação sigilosa, de modo a protegê-la contra perda, alteração indevida, acesso, transmissão e divulgação não autorizados.

***Art. 26.** As autoridades públicas adotarão as providências necessárias para que o pessoal a elas subordinado hierarquicamente conheça as normas e observe as medidas e procedimentos de segurança para tratamento de informações sigilosas.*

***Parágrafo único.** A pessoa física ou entidade privada que, em razão de qualquer vínculo com o poder público, executar atividades de tratamento de informações sigilosas adotará as providências necessárias para que seus empregados, prepostos ou representantes observem as medidas e procedimentos de segurança das informações resultantes da aplicação desta Lei.*

Seção IV

Dos Procedimentos de Classificação, Reclassificação e Desclassificação

***Art. 27.** A classificação do sigilo de informações no âmbito da administração pública federal é de competência: (Regulamento)*

I. No grau de ultrassecreto, das seguintes autoridades:

a) Presidente da República;

b) Vice-Presidente da República;

c) Ministros de Estado e autoridades com as mesmas prerrogativas;

d) Comandantes da Marinha, do Exército e da Aeronáutica; e

e) Chefes de Missões Diplomáticas e Consulares permanentes no exterior;

II. No grau de secreto, das autoridades referidas no inciso I, dos titulares de autarquias, fundações ou empresas públicas e sociedades de economia mista; e

III. No grau de reservado, das autoridades referidas nos incisos I e II e das que exerçam funções de direção, comando ou chefia, nível DAS 101.5, ou superior, do Grupo-Direção e Assessoramento Superiores, ou de hierarquia equivalente, de acordo com regulamentação específica de cada órgão ou entidade, observado o disposto nesta Lei.

§ 1º A competência prevista nos incisos I e II, no que se refere à classificação como ultrassecreta e secreta, poderá ser delegada pela autoridade responsável a agente público, inclusive em missão no exterior, vedada a subdelegação.

§ 2º A classificação de informação no grau de sigilo ultrassecreto pelas autoridades previstas nas alíneas "d" e "e" do inciso I deverá ser ratificada pelos respectivos Ministros de Estado, no prazo previsto em regulamento.

§ 3º A autoridade ou outro agente público que classificar informação como ultrassecreta deverá encaminhar a decisão de que trata o art. 28 à Comissão Mista de Reavaliação de Informações, a que se refere o art. 35, no prazo previsto em regulamento.

***Art. 28.** A classificação de informação em qualquer grau de sigilo deverá ser formalizada em decisão que conterá, no mínimo, os seguintes elementos:*

I. Assunto sobre o qual versa a informação;

II. Fundamento da classificação, observados os critérios estabelecidos no art. 24;

III. Indicação do prazo de sigilo, contado em anos, meses ou dias, ou do evento que defina o seu termo final, conforme limites previstos no art. 24; e

IV. Identificação da autoridade que a classificou.

***Parágrafo único.** A decisão referida no caput será mantida no mesmo grau de sigilo da informação classificada.*

***Art. 29.** A classificação das informações será reavaliada pela autoridade classificadora ou por autoridade hierarquicamente superior, mediante provocação ou de ofício, nos termos e prazos previstos em regulamento, com vistas à sua desclassificação ou à redução do prazo de sigilo, observado o disposto no art. 24. (Regulamento)*

§ 1º O regulamento a que se refere o caput deverá considerar as peculiaridades das informações produzidas no exterior por autoridades ou agentes públicos.

§ 2º Na reavaliação a que se refere o caput, deverão ser examinadas a permanência dos motivos do sigilo e a possibilidade de danos decorrentes do acesso ou da divulgação da informação.

§ 3º Na hipótese de redução do prazo de sigilo da informação, o novo prazo de restrição manterá como termo inicial a data da sua produção.

***Art. 30.** A autoridade máxima de cada órgão ou entidade publicará, anualmente, em sítio à disposição na internet e destinado à veiculação de dados e informações administrativas, nos termos de regulamento:*

I. Rol das informações que tenham sido desclassificadas nos últimos 12 (doze) meses;

II. Rol de documentos classificados em cada grau de sigilo, com identificação para referência futura;

III. *Relatório estatístico contendo a quantidade de pedidos de informação recebidos, atendidos e indeferidos, bem como informações genéricas sobre os solicitantes.*

§ 1º Os órgãos e entidades deverão manter exemplar da publicação prevista no caput para consulta pública em suas sedes.

§ 2º Os órgãos e entidades manterão extrato com a lista de informações classificadas, acompanhadas da data, do grau de sigilo e dos fundamentos da classificação.

Seção V

Das Informações Pessoais

Art. 31. *O tratamento das informações pessoais deve ser feito de forma transparente e com respeito à intimidade, vida privada, honra e imagem das pessoas, bem como às liberdades e garantias individuais.*

§ 1º As informações pessoais, a que se refere este artigo, relativas à intimidade, vida privada, honra e imagem:

I. *Terão seu acesso restrito, independentemente de classificação de sigilo e pelo prazo máximo de 100 (cem) anos a contar da sua data de produção, a agentes públicos legalmente autorizados e à pessoa a que elas se referirem; e*

II. *Poderão ter autorizada sua divulgação ou acesso por terceiros diante de previsão legal ou consentimento expresso da pessoa a que elas se referirem.*

§ 2º Aquele que obtiver acesso às informações de que trata este artigo será responsabilizado por seu uso indevido.

§ 3º O consentimento referido no inciso II do § 1º não será exigido quando as informações forem necessárias:

I. *À prevenção e diagnóstico médico, quando a pessoa estiver física ou legalmente incapaz, e para utilização única e exclusivamente para o tratamento médico;*

II. *À realização de estatísticas e pesquisas científicas de evidente interesse público ou geral, previstos em lei, sendo vedada a identificação da pessoa a que as informações se referirem;*

III. *Ao cumprimento de ordem judicial;*

IV. *À defesa de direitos humanos; ou*

V. *À proteção do interesse público e geral preponderante.*

§ 4º A restrição de acesso à informação relativa à vida privada, honra e imagem de pessoa não poderá ser invocada com o intuito de prejudicar processo de apuração de irregularidades em que o titular das informações estiver envolvido, bem como em ações voltadas para a recuperação de fatos históricos de maior relevância.

§ 5º Regulamento disporá sobre os procedimentos para tratamento de informação pessoal.

Capítulo V

Das Responsabilidades

Art. 32. *Constituem condutas ilícitas que ensejam responsabilidade do agente público ou militar:*

I. *Recusar-se a fornecer informação requerida nos termos desta Lei, retardar deliberadamente o seu fornecimento ou fornecê-la intencionalmente de forma incorreta, incompleta ou imprecisa;*

II. *Utilizar indevidamente, bem como subtrair, destruir, inutilizar, desfigurar, alterar ou ocultar, total ou parcialmente, informação que se encontre sob sua guarda ou a que tenha acesso ou conhecimento em razão do exercício das atribuições de cargo, emprego ou função pública;*

III. *Agir com dolo ou má-fé na análise das solicitações de acesso à informação;*

IV. *Divulgar ou permitir a divulgação ou acessar ou permitir acesso indevido à informação sigilosa ou informação pessoal;*

V. *Impor sigilo à informação para obter proveito pessoal ou de terceiro, ou para fins de ocultação de ato ilegal cometido por si ou por outrem;*

VI. *Ocultar da revisão de autoridade superior competente informação sigilosa para beneficiar a si ou a outrem, ou em prejuízo de terceiros; e*

VII. *Destruir ou subtrair, por qualquer meio, documentos concernentes a possíveis violações de direitos humanos por parte de agentes do Estado.*

§ 1º Atendido o princípio do contraditório, da ampla defesa e do devido processo legal, as condutas descritas no caput serão consideradas:

I. *Para fins dos regulamentos disciplinares das Forças Armadas, transgressões militares médias ou graves, segundo os critérios neles estabelecidos, desde que não tipificadas em lei como crime ou contravenção penal; ou*

II. *Para fins do disposto na Lei no 8.112, de 11 de dezembro de 1990, e suas alterações, infrações administrativas, que deverão ser apenadas, no mínimo, com suspensão, segundo os critérios nela estabelecidos.*

§ 2º Pelas condutas descritas no caput, poderá o militar ou agente público responder, também, por improbidade administrativa, conforme o disposto nas Leis nos 1.079, de 10 de abril de 1950, e 8.429, de 2 de junho de 1992.

Art. 33. *A pessoa física ou entidade privada que detiver informações em virtude de vínculo de qualquer natureza com o poder público e deixar de observar o disposto nesta Lei estará sujeita às seguintes sanções:*

I. *Advertência;*

II. *Multa;*

III. *Rescisão do vínculo com o poder público;*

IV. *Suspensão temporária de participar em licitação e impedimento de contratar com a administração pública por prazo não superior a 2 (dois) anos; e*

V. *Declaração de inidoneidade para licitar ou contratar com a administração pública, até que seja promovida a reabilitação perante a própria autoridade que aplicou a penalidade.*

§ 1º As sanções previstas nos incisos I, III e IV poderão ser aplicadas juntamente com a do inciso II, assegurado o direito de defesa do interessado, no respectivo processo, no prazo de 10 (dez) dias.

§ 2º A reabilitação referida no inciso V será autorizada somente quando o interessado efetivar o ressarcimento ao órgão ou entidade dos prejuízos resultantes e após decorrido o prazo da sanção aplicada com base no inciso IV.

§ 3º A aplicação da sanção prevista no inciso V é de competência exclusiva da autoridade máxima do órgão ou entidade pública, facultada a defesa do interessado, no respectivo processo, no prazo de 10 (dez) dias da abertura de vista.

Art. 34. Os órgãos e entidades públicas respondem diretamente pelos danos causados em decorrência da divulgação não autorizada ou utilização indevida de informações sigilosas ou informações pessoais, cabendo a apuração de responsabilidade funcional nos casos de dolo ou culpa, assegurado o respectivo direito de regresso.

Parágrafo único. O disposto neste artigo aplica-se à pessoa física ou entidade privada que, em virtude de vínculo de qualquer natureza com órgãos ou entidades, tenha acesso a informação sigilosa ou pessoal e a submeta a tratamento indevido.

Capítulo VI

Disposições Finais e Transitórias

Art. 35. (VETADO).

§ 1º É instituída a Comissão Mista de Reavaliação de Informações, que decidirá, no âmbito da administração pública federal, sobre o tratamento e a classificação de informações sigilosas e terá competência para:

I. Requisitar da autoridade que classificar informação como ultrassecreta e secreta esclarecimento ou conteúdo, parcial ou integral da informação;

II. Rever a classificação de informações ultrassecretas ou secretas, de ofício ou mediante provocação de pessoa interessada, observado o disposto no art. 7º e demais dispositivos desta Lei; e

III. Prorrogar o prazo de sigilo de informação classificada como ultrassecreta, sempre por prazo determinado, enquanto o seu acesso ou divulgação puder ocasionar ameaça externa à soberania nacional ou à integridade do território nacional ou grave risco às relações internacionais do País, observado o prazo previsto no § 1º do art. 24.

§ 2º O prazo referido no inciso III é limitado a uma única renovação.

§ 3º A revisão de ofício a que se refere o inciso II do § 1º deverá ocorrer, no máximo, a cada 4 (quatro) anos, após a reavaliação prevista no art. 39, quando se tratar de documentos ultrassecretos ou secretos.

§ 4º A não deliberação sobre a revisão pela Comissão Mista de Reavaliação de Informações nos prazos previstos no § 3º implicará a desclassificação automática das informações.

§ 5º Regulamento disporá sobre a composição, organização e funcionamento da Comissão Mista de Reavaliação de Informações, observado o mandato de 2 (dois) anos para seus integrantes e demais disposições desta Lei. (Regulamento)

Art. 36. O tratamento de informação sigilosa resultante de tratados, acordos ou atos internacionais atenderá às normas e recomendações constantes desses instrumentos.

Art. 37. É instituído, no âmbito do Gabinete de Segurança Institucional da Presidência da República, o Núcleo de Segurança e Credenciamento (NSC), que tem por objetivos: (Regulamento)

I. Promover e propor a regulamentação do credenciamento de segurança de pessoas físicas, empresas, órgãos e entidades para tratamento de informações sigilosas; e

II. Garantir a segurança de informações sigilosas, inclusive aquelas provenientes de países ou organizações internacionais com os quais a República Federativa do Brasil tenha firmado tratado, acordo, contrato ou qualquer outro ato internacional, sem prejuízo das atribuições do Ministério das Relações Exteriores e dos demais órgãos competentes.

Parágrafo único. Regulamento disporá sobre a composição, organização e funcionamento do NSC.

Art. 38. Aplica-se, no que couber, a Lei no 9.507, de 12 de novembro de 1997, em relação à informação de pessoa, física ou jurídica, constante de registro ou banco de dados de entidades governamentais ou de caráter público.

Art. 39. Os órgãos e entidades públicas deverão proceder à reavaliação das informações classificadas como ultrassecretas e secretas no prazo máximo de 2 (dois) anos, contado do termo inicial de vigência desta Lei.

§ 1º A restrição de acesso a informações, em razão da reavaliação prevista no caput, deverá observar os prazos e condições previstos nesta Lei.

§ 2º No âmbito da administração pública federal, a reavaliação prevista no caput poderá ser revista, a qualquer tempo, pela Comissão Mista de Reavaliação de Informações, observados os termos desta Lei.

§ 3º Enquanto não transcorrido o prazo de reavaliação previsto no caput, será mantida a classificação da informação nos termos da legislação precedente.

§ 4º As informações classificadas como secretas e ultrassecretas não reavaliadas no prazo previsto no caput serão consideradas, automaticamente, de acesso público.

Art. 40. No prazo de 60 (sessenta) dias, a contar da vigência desta Lei, o dirigente máximo de cada órgão ou entidade da administração pública federal direta e indireta designará autoridade que lhe seja diretamente subordinada para, no âmbito do respectivo órgão ou entidade, exercer as seguintes atribuições:

I. Assegurar o cumprimento das normas relativas ao acesso a informação, de forma eficiente e adequada aos objetivos desta Lei;

II. Monitorar a implementação do disposto nesta Lei e apresentar relatórios periódicos sobre o seu cumprimento;

III. Recomendar as medidas indispensáveis à implementação e ao aperfeiçoamento das normas e procedimentos necessários ao correto cumprimento do disposto nesta Lei; e

IV. Orientar as respectivas unidades no que se refere ao cumprimento do disposto nesta Lei e seus regulamentos.

Art. 41. O Poder Executivo Federal designará órgão da administração pública federal responsável:

I. Pela promoção de campanha de abrangência nacional de fomento à cultura da transparência na administração pública e conscientização do direito fundamental de acesso à informação;

II. Pelo treinamento de agentes públicos no que se refere ao desenvolvimento de práticas relacionadas à transparência na administração pública;

III. Pelo monitoramento da aplicação da lei no âmbito da administração pública federal, concentrando e consolidando a publicação de informações estatísticas relacionadas no art. 30;

IV. Pelo encaminhamento ao Congresso Nacional de relatório anual com informações atinentes à implementação desta Lei.

Art. 42. O Poder Executivo regulamentará o disposto nesta Lei no prazo de 180 (cento e oitenta) dias a contar da data de sua publicação.

Art. 43. O inciso VI do art. 116 da Lei no 8.112, de 11 de dezembro de 1990, passa a vigorar com a seguinte redação:

"Art. 116....

VI. Levar as irregularidades de que tiver ciência em razão do cargo ao conhecimento da autoridade superior ou, quando houver suspeita de envolvimento desta, ao conhecimento de outra autoridade competente para apuração;

*(**Art. 44.** O Capítulo IV do Título IV da Lei no 8.112, de 1990, passa a vigorar acrescido do seguinte art. 126-A:*

*"**Art. 126-A.** Nenhum servidor poderá ser responsabilizado civil, penal ou administrativamente por dar ciência à autoridade superior ou, quando houver suspeita de envolvimento desta, a outra autoridade competente para apuração de informação concernente à prática de crimes ou improbidade de que tenha conhecimento, ainda que em decorrência do exercício de cargo, emprego ou função pública."*

***Art. 45.** Cabe aos Estados, ao Distrito Federal e aos Municípios, em legislação própria, obedecidas as normas gerais estabelecidas nesta Lei, definir regras específicas, especialmente quanto ao disposto no art. 9º e na Seção II do Capítulo III.*

***Art. 46.** Revogam-se:*

I. A Lei no 11.111, de 5 de maio de 2005; e

II. Os arts. 22 a 24 da Lei no 8.159, de 8 de janeiro de 1991.

***Art. 47.** Esta Lei entra em vigor 180 (cento e oitenta) dias após a data de sua publicação.*

Brasília, 18 de novembro de 2011; 190º da Independência e 123º da República.

DILMA ROUSSEFF

José Eduardo Cardoso

Celso Luiz Nunes Amorim

Antonio de Aguiar Patriota

Miriam Belchior

Paulo Bernardo Silva

Gleisi Hoffmann

José Elito Carvalho Siqueira

Helena Chagas

Luís Inácio Lucena Adams

Jorge Hage Sobrinho

Maria do Rosário Nunes

Exercício Comentado

A respeito das políticas públicas de arquivo e da legislação arquivística, julgue os itens que se seguem.

01. (CESPE) Os critérios de organização e vinculação dos arquivos estaduais assim como a gestão desses arquivos e o acesso aos documentos neles mantidos devem ser estabelecidos por legislação federal.

ERRADO. O artigo 21, da Lei Nº 8.159/91, que dispõe sobre a política nacional de arquivos públicos e privados, diz: "Legislação estadual, do Distrito Federal e municipal definirá os critérios de organização e vinculação dos arquivos estaduais e municipais, bem como a gestão e o acesso aos documentos, observado o disposto na Constituição Federal e nesta lei". O erro da questão está em sua parte final, no termo "federal", quando o correto seria estadual.

A respeito das políticas públicas de arquivo e da legislação arquivística, julgue os itens que se seguem.

02. (CESPE) É assegurado por lei o acesso a documentos públicos, ressalvados os cuja divulgação ponha em risco a segurança da sociedade e do Estado, e os cujo sigilo seja necessário ao resguardo da inviolabilidade da intimidade, da vida privada, da honra e da imagem das pessoas.

CERTO. A Lei 8159/1994 estabelece, em seu Art. 4º, que "Todos têm direito a receber dos órgãos públicos informações de seu interesse particular ou de interesse coletivo ou geral, contidas em documentos de arquivos, que serão prestadas no prazo da lei, sob pena de responsabilidade, ressalvadas aquelas cujos sigilo seja imprescindível à segurança da sociedade e do Estado, bem como à inviolabilidade da intimidade, da vida privada, da honra e da imagem das pessoas." Interessante notar que o referido artigo está em consonância com o previsto na LEI Nº 12.527, DE 18 DE NOVEMBRO DE 2011, que regula o acesso a informação previsto no inciso XXXIII do art. 5º, no inciso II do § 3º do art. 37 e no § 2º do art. 216 da Constituição Federal.

Anotações

Referência Bibliográfica

ARQUIVÍSTICA, TEMA CONTEMPORÂNEOS, 3ª edição. Editora Senac, 2012. Vanderlei Batista dos Santos (org)

GESTÃO EM ARQUIVOLOGIA, ABORDAGENS MÚLTIPLAS, EDUEL, 2008. Linete Bartalo, Nádia Aparecida Moreno (organizadoras)

ARQUIVOS MODERNOS, PRINCÍPIOS E TÉCNICAS, 6ª edição, FGV, 2012. T.R. Schellenberg

ARQUIVOS PERMANENTES, TRATAMENTO DOCUMENTAL, 4ª edição, FGV, 2013. Heloísa Liberalli Belloto

ARQUIVO, TEORIA E PRÁTICA, 3ª edição, FGV, 2013. Marilena leite Paes

ÍNDICE

CAPÍTULO 01 .... **99**
Conceito e fontes, Princípios constitucionais relativos aos direitos políticos, Introdução e Órgãos da Justiça Eleitoral 99
Conceito e Fontes 99
Princípios Constitucionais Relativos aos Direitos Políticos 101
Introdução (Arts. 1º a 11) 104
Órgãos da Justiça Eleitoral 105
Tribunal Superior Eleitoral (TSE) 106
Tribunal Regional Eleitoral (TRE) 107
CAPÍTULO 02 .... **113**
Ministério Público Eleitoral: Atribuições 113
Atribuições (e Organização) 113
Funções (ou Atividades) 114
Garantias e Impedimentos 115
CAPÍTULO 03 .... **117**
Alistamento Eleitoral: Da Qualificação e Inscrição (Arts. 42 a 50) 117
Da Qualificação 117
Da Inscrição 117
Da Segunda Via 119
CAPÍTULO 04 .... **121**
Da Transferência e do Encerramento e dos Delegados de Partido perante o Alistamento 121
Da Transferência 121
Dos Delegados de Partido perante o Alistamento 122
Do Encerramento do Alistamento 122
CAPÍTULO 05 .... **124**
Do Cancelamento e da Exclusão de eleitores (Arts. 71 a 81) 124
Do Cancelamento e da Exclusão 124
CAPÍTULO 06 .... **126**
Revisão e Correição Eleitoral e Domicílio Eleitoral 126
A Correição e a Revisão do Eleitorado 126
Domicílio Eleitoral 126
Título Eleitoral 127
CAPÍTULO 07 .... **128**
Elegibilidade 128
Conceito de Elegibilidade 128
Condições 128
CAPÍTULO 08 .... **130**
Inelegibilidade 130
Conceito de Inelegibilidade 130
Fatos Geradores de Inelegibilidade 130
Incompatibilidades, Prazos e Suspensão por Decisão Judicial dos Efeitos da Inelegibilidade 133
CAPÍTULO 09 .... **134**
Do Sistema Eleitoral e da Representação Proporcional 134
Do Sistema Eleitoral 134
Representação Proporcional 135
CAPÍTULO 10 .... **136**
Das Mesas Receptoras, dos Diplomas e das Nulidades de Votação 136
Das Mesas Receptoras 136

Dos Diplomas 137
Das Nulidades da Votação 138
CAPÍTULO 11 141
Disposições Gerais e Coligações 141
Disposições Gerais 141
Coligações 141
CAPÍTULO 12 144
Das Convenções para a Escolha de Candidatos 144
Convenções Partidárias 144
CAPÍTULO 13 146
Do Registro de Candidatos e da Arrecadação e da Aplicação de Recursos nas Campanhas Eleitorais 146
Do Registro de Candidatos 146
Da Arrecadação e da Aplicação de Recursos nas Campanhas Eleitorais 149
CAPÍTULO 14 153
Da Prestação de Contas 153
Prestação de Contas para Justiça Eleitoral 153
CAPÍTULO 15 157
Das Pesquisas e Testes Pré-Eleitorais e da Propaganda Eleitoral 157
Das Pesquisas e Teste Pré-eleitorais 157
Da Propaganda Eleitoral em Geral 157
CAPÍTULO 16 167
Do Direito de Resposta e do Sistema Eletrônico de Votação e Totalização dos Votos 167
Do Direito de Resposta 167
Sistema Eletrônico de Votação e Totalização dos Votos 168
CAPÍTULO 17 171
Das Condutas Vedadas aos Agentes Públicos em Campanhas Eleitorais 171
Condutas Vedadas aos Agentes Públicos 171
CAPÍTULO 18 174
Partidos Políticos 174
Disposições Preliminares 174
Liberdade e Autonomia Partidárias 174
Caráter Nacional 175
Funcionamento Parlamentar 175
Programa e Estatuto 176
Natureza Jurídica 176
Da Organização e Funcionamento dos Partidos Políticos 176
Da Filiação Partidária 177
Fidelidade e Disciplina Partidárias 178
Das Finanças e Contabilidade 178
Do Acesso Gratuito ao Rádio e à Televisão 180
Do Fundo Partidário 180
CAPÍTULO 19 183
Das Garantias Eleitorais 183
A Prisão do Eleitor 183
A Legitimidade para Denunciar o Abuso de Poder 183
A Força Pública no Edifício 183
CAPÍTULO 20 185
Disposições Penais 185

Disposições Penais: disposições Preliminares (Normas Gerais) ... 185
Crimes Eleitorais ... 185
Do Processo das Infrações ... 192
Revisão Criminal Eleitoral ... 195
CAPÍTULO 21 ... 196
Ações e Recursos Eleitorais ... 196
Ações Eleitorais ... 196
Representação por Captação de Sufrágio (Art. 41 da Lei nº 9.504/1997) ... 198
Recurso Contra a Diplomação ... 198
Recursos ... 199
CAPÍTULO 22 ... 204
Resolução nº 21.538/03/TSE ... 204
Do Alistamento ... 204
Lei nº 7.444/1985, Artigo 5º ... 204
Da Transferência ... 205
Da Segunda Via ... 206
Do Restabelecimento de Inscrição Cancelada por Equívoco ... 206
Do Formulário de Atualização da Situação do Eleitor (FASE) ... 206
Do Título Eleitoral ... 206
Do Acesso às Informações Constantes do Cadastro ... 207
Da Hipótese do Ilícito Penal ... 208
Da Restrição de Direitos Políticos ... 208
Da Revisão do Eleitorado ... 209
Da Justificação do Não-Comparecimento à Eleição ... 211

CAPÍTULO 01

Conceito e fontes, Princípios constitucionais relativos aos direitos políticos, Introdução e Órgãos da Justiça Eleitoral

→ Durante a unidade, trabalharemos, em suma:

> "Direito Eleitoral: Conceito e fontes;

> Princípios constitucionais relativos aos direitos políticos (nacionalidade, elegibilidade e partidos políticos), de que trata o Capítulo IV, do Título I, da Constituição Federal, em seus arts. 14 a 17;

> Introdução (arts. 1º a 11, com as alterações da Constituição da República de 1988; das Leis no 6.091/74 e 9.504/97 e da Resolução nº 21.538/03/TSE);

> Composição e Competência dos Órgãos da Justiça Eleitoral: Tribunal Superior Eleitoral. Tribunais Regionais Eleitorais. Juízes Eleitorais. Juntas Eleitorais (arts. 12 a 41, com as alterações da Constituição da República de 1988; do Decreto-Lei nº 441/1969; da Lei Complementar nº 86/1996 e da Lei 9.504/97)".

Os conteúdos mais relevantes serão: "Composição e Competência dos Órgãos da Justiça Eleitoral".

Conceito e Fontes

Conceito

Pelo que verificamos, o conceito de Direito Eleitoral mais difundido na melhor doutrina é o do autor Joel José Cândido (Direito Eleitoral Brasileiro, 2008, p.25, BARREIROS NETO, 2012, p. 21), que o define como:

Ramo do Direito Público que trata de institutos relacionados com os direitos políticos e as eleições, em todas as suas fases, como forma de escolha dos titulares dos mandatos eletivos e das instituições do Estado.

Em outras palavras, é o ramo do Direito que se dedica ao estudo das normas e dos procedimentos que regulam e disciplinam o sufrágio e o voto popular. (BARREIROS NETO, 2012, p. 21, e BARROS, 2013, p. 6).

Fontes

As fontes do Direito Eleitoral podem ser divididas em fontes diretas e fontes indiretas (SPITZKOVSKY, 2013, p. 23).

São várias as fontes diretas do Direito Eleitoral, sendo as mais importantes:

> A Constituição Federal de 1988;

> O Código Eleitoral (Lei nº 4.737/65);

> A Lei das Inelegibilidades (Lei Complementar nº 64/90);

> A Lei dos Partidos Políticos (Lei nº 9.096/95);

> A Lei das Eleições (Lei nº 9.504/97). (BARREIROS NETO, 2012, p. 42).

Além das fontes diretas, existem ainda as seguintes fontes indiretas:

> Jurisprudência;

> Doutrina (BARREIROS NETO, 2012, p. 42);

> Resoluções do Tribunal Superior Eleitoral (TSE).

Fontes Diretas

Constituição Federal de 1988

A Constituição Federal de 1988 é a fonte primária do Direito Eleitoral Brasileiro (BARREIROS NETO, 2012, p. 43), ou seja, é a principal fonte do Direito Eleitoral, em razão da posição hierárquica por ela ocupada em nosso ordenamento jurídico. (SPITZKOVSKY, 2013, p. 23).

Ela estabelece os princípios e regras fundamentais da democracia, além das normas primárias sobre:

> Direito de nacionalidade;

> Condições de elegibilidade e causas de inelegibilidade;

> Sistemas eleitorais;

> Hipóteses de perda e suspensão dos direitos políticos;

> Previsão sobre a propositura de ação de impugnação de mandato eletivo.(BARREIROS NETO, 2012, p. 43).

→ Estabelece ainda normas gerais sobre:

> O funcionamento dos partidos políticos;

> A organização da Justiça Eleitoral. (BARREIROS NETO, 2012, p. 43).

Leis

Toda a legislação disciplinadora do campo eleitoral foi editada pela União, tendo em vista a competência que lhe foi atribuída pela Constituição, no artigo seguinte:

Art. 22. Compete privativamente à União legislar sobre:

*I. **direito** civil, comercial, penal, processual, **eleitoral**, agrário, marítimo, aeronáutico, espacial e do trabalho;*

Código Eleitoral (Lei nº 4.737/65)

Além da Constituição Federal, outra fonte relevante para o Direito Eleitoral é o Código Eleitoral, instituído pela Lei nº 4.737, em 15/07/1968. (BARREIROS NETO, 2012, p. 44).

Muito embora o referido Código se encontre defasado, encontramos nele diversas normas de importância substancial para o Direito Eleitoral, a exemplo das normas referentes a:

> Alistamento eleitoral;

> Sistemas eleitorais, atos preparatórios para a votação;

> Organização da Justiça Eleitoral;

> Recursos eleitorais; e

> Crimes eleitorais (BARREIROS NETO, 2012, p. 44);

> Competências do Ministério Público Eleitoral (SPITZKOVSKY, 2013, p. 24).

Lei das Inelegibilidades (Lei Complementar nº 64/90)

A Constituição Federal de 1988 prevê, em seu capítulo IV "Dos Direitos Políticos", do título II "Dos Direitos e Garantias Fundamentais", entre outras questões, condições de elegibilidade, bem como hipóteses de inelegibilidade.

Neste sentido, dispõe o art. 14, § 9º, da Carta Magna:

***Art. 14 § 9º** Lei complementar estabelecerá outros casos de inelegibilidade e os prazos de sua cessação, a fim de proteger a probidade administrativa, a moralidade para exercício de mandato considerada vida pregressa do candidato, e a normalidade*

> *e legitimidade das eleições contra a influência do poder econômico ou o abuso do exercício de função, cargo ou emprego na administração direta ou indireta. (Redação dada pela Emenda Constitucional de Revisão nº 4, de 1994)*

Em conformidade com o citado parágrafo, foi sancionada em 18/05/1990, a Lei Complementar nº 64, uma das mais importantes fontes do Direito Eleitoral brasileiro.

A referida Lei foi reformada por outra Lei Complementar de nº 135/10, mais conhecida como Lei da Ficha Limpa.

→ Além disso, a Lei nº 64/90 normatiza:

> Casos ou hipóteses de inelegibilidades;
> Prazos de cessação;
> Procedimento aplicável a algumas ações eleitorais, a exemplo da Ação de Investigação Judicial Eleitoral e da Ação por Captação Ilícita de Sufrágio.

Lei Orgânica dos Partidos Políticos (Lei nº 9.096/95)

A Lei Orgânica dos Partidos Políticos disciplina, dentre outras, questões relacionadas a:

> Natureza dessas agremiações;
> Requisitos necessários para o seu registro perante o Tribunal Superior Eleitoral (TSE);
> Regras sobre filiação partidária, sobre os seus estatutos, bem como de participação no fundo partidário e também na propaganda nos meios de comunicação.(SPITZKOVSKY, 2013, p. 24).

Lei das Eleições (Lei nº 9.504/97)

Assim que surgiu, em 1997, a Lei das Eleições passou a exercer papel fundamental para a estabilização da democracia brasileira. (BARREIROS NETO, 2012, p. 44).

Esta dita Lei estabelece normas perenes (permanentes) e que regulamentam os seguintes temas:

> Coligações;
> Convenções para a escolha de candidatos;
> Registro de candidatos;
> Prestação de contas;
> Pesquisas eleitorais;
> Propaganda eleitoral;
> Condutas vedadas aos agentes públicos em campanhas;
> Fiscalização das eleições (BARREIROS NETO, 2012, p. 44);
> Diplomação. (SPITZKOVSKY, 2013, p. 24).

Até a promulgação da Lei nº 9.504/97, para cada eleição eram criadas leis específicas, ao sabor dos interesses dos que se encontravam no poder. A referida Lei estabeleceu normas gerais aplicáveis a todas as eleições, permitindo o desenvolvimento de uma doutrina eleitoral e consolidação de uma jurisprudência eleitoral.

Esta Lei sofreu importantes modificações nos últimos anos, a saber:

> Lei nº 11.300, de 2006: "minirreforma eleitoral";
> Lei nº 12.034, de 2009.

Ambas as Leis, buscando aperfeiçoar o sistema eleitoral, alteraram dispositivos legais relacionados a:

> Financiamento de campanhas;
> Prestação de contas;
> Propaganda eleitoral.

Súmulas

As súmulas representam uma importante fonte do Direito Eleitoral. São editadas para uniformizar o entendimento do Tribunal sobre determinada matéria, mas não apresentam caráter vinculante. (SPITZKOVSKY, 2013, p. 25).

No entanto, há uma constante alteração do conteúdo dessas súmulas, em razão de mudança na composição dos órgãos que integram a Justiça Eleitoral, tendo em vista que o mandato é de dois anos, ou seja, é por prazo determinado, admitida uma prorrogação, gerando reflexos para a linha de pensamento prevalecente nos Tribunais.(SPITZKOVSKY, 2013, p. 25).

Dentre algumas dezenas de Súmulas editadas pelo Tribunal Superior Eleitoral (TSE), algumas já foram objeto de cancelamento. (SPITZKOVSKY, 2013, p. 25).

Fique Ligado

Os Tribunais Regionais Eleitorais (TRE's) não editam Súmulas, apenas cumprem o conteúdo daquelas editadas pelo Tribunal Superior Eleitoral (TSE), a teor do art. 30, inciso XVI, do Código Eleitoral – "Art. 30. Compete, privativamente, aos Tribunais Regionais: XVI – cumprir e fazer cumprir as decisões e instruções do Tribunal Superior;". (SPITZKOVSKY, 2013, p. 25).

Consultas

As consultas são espécies normativas que representam a possibilidade de direcionamento de questionamentos, para os Tribunais Eleitorais, acerca de dúvidas ou polêmicas relacionadas a um determinado tema. (SPITZKOVSKY, 2013, p. 25).

Esses questionamentos ou indagações apresentam-se balizados por algumas regras, dentre elas, a proibição de envolver casos concretos em relação à matéria eleitoral. (SPITZKOVSKY, 2013, p. 25).

Em outras palavras, as consultas devem ser feitas, em tese, para que os Tribunais se manifestem sobre elas no exercício de competência administrativa. (SPITZKOVSKY, 2013, p. 25).

Seu fundamento legal em relação ao Tribunal Superior Eleitoral (TSE) encontra-se no seguinte artigo do Código Eleitoral (SPITZKOVSKY, 2013, p. 25-26):

> ***Art. 23** - Compete, ainda, privativamente, ao Tribunal Superior,*
>
> ***XII.** responder, sobre matéria eleitoral, às consultas que lhe forem feitas em tese por autoridade com jurisdição federal ou órgão nacional de partido político;*

Este artigo, além de vedar consultas sobre casos concretos, estabelece, ainda, 2 (dois) tipos de legitimados para elaboração dessas consultas ao TSE:

> Autoridade com jurisdição federal; ou
> Órgão nacional de partido político. (SPITZKOVSKY, 2013, p. 26).

Já em relação aos Tribunais Regionais Eleitorais (TRE's), seu fundamento legal está no seguinte artigo do Código Eleitoral (SPITZKOVSKY, 2013, p. 26):

> ***Art. 30**. Compete, ainda, privativamente, aos Tribunais Regionais:*
>
> ***VIII.** responder, sobre matéria eleitoral, às consultas que lhe forem feitas, em tese, por autoridade pública ou partido político;*

→ Neste caso, a legitimidade para elaboração dessas consultas é atribuída a:

> Autoridade pública; ou
> Partidos políticos. (SPITZKOVSKY, 2013, p. 26).

Fique Ligado

As medidas provisórias não são fontes do Direito Eleitoral, ainda que a aprovação destas implique em sua conversão em lei ordinária, por força da previsão estabelecida no art. 62, da Constituição Federal de 1988. Tal conclusão resulta de expressa vedação constitucional estabelecida no art. 62, inciso I, alínea "a", da CF de 1988 – "Art. 62. Em caso de relevância e urgência, o Presidente da República poderá adotar medidas provisórias, com força de lei, devendo submetê-las de imediato ao Congresso Nacional. (Redação dada pela Emenda Constitucional nº 32, de 2001) § 1º É vedada a edição de medidas provisórias sobre matéria: (Incluído pela Emenda Constitucional nº 32, de 2001) I - relativa a: (Incluído pela Emenda Constitucional nº 32, de 2001) a) nacionalidade, cidadania, direitos políticos, partidos políticos e direito eleitoral; (Incluído pela Emenda Constitucional nº 32, de 2001)" (SPITZKOVSKY, 2013, p. 26).

Fontes Indiretas

A exemplo de outros ramos do Direito, também se apresentam como fontes indiretas para o Direito Eleitoral as seguintes:

> Jurisprudência;
> Doutrina;
> Princípios gerais do direito. (SPITZKOVSKY, 2013, p. 26).
> Resoluções do Tribunal Superior Eleitoral (TSE).

Resoluções do Tribunal Superior Eleitoral

As resoluções são espécies normativas editadas pelo Tribunal Superior Eleitoral (TSE), com força de lei, para regulamentar matéria eleitoral. (SPITZKOVSKY, 2013, p. 24).

Seu fundamento legal resulta da conjugação das seguintes previsões:

> ***Art. 1º - Parágrafo único.*** *O Tribunal Superior Eleitoral expedirá Instruções para sua fiel execução.*
>
> ***Art. 23*** *- Compete, ainda, privativamente, ao Tribunal Superior,*
>
> *IX. expedir as instruções que julgar convenientes à execução deste Código;*
>
> ***Art. 105****. Até o dia 5 de março do ano da eleição, o Tribunal Superior Eleitoral, atendendo ao caráter regulamentar e sem restringir direitos ou estabelecer sanções distintas das previstas nesta Lei, poderá expedir todas as instruções necessárias para sua fiel execução, ouvidos, previamente, em audiência pública, os delegados ou representantes dos partidos políticos. (Redação dada pela Lei nº 12.034, de 2009)*
>
> *§ 1º O Tribunal Superior Eleitoral publicará o código orçamentário para o recolhimento das multas eleitorais ao Fundo Partidário, mediante documento de arrecadação correspondente.*
>
> *§ 2º Havendo substituição da UFIR por outro índice oficial, o Tribunal Superior Eleitoral procederá à alteração dos valores estabelecidos nesta Lei pelo novo índice.*
>
> *§ 3º Serão aplicáveis ao pleito eleitoral imediatamente seguinte apenas as resoluções publicadas até a data referida no caput. (Incluído pela Lei nº 12.034, de 2009)*

Dentre as muitas peculiaridades da Justiça Eleitoral, temos o poder regulamentar, instituído pelo Código Eleitoral e reafirmado pela Lei nº 9.504/97, a partir do qual o legislador concedeu ao Poder Judiciário, e não ao Poder Executivo, a prerrogativa de densificar o conteúdo das normas gerais e abstratas produzidas pelo Poder Legislativo.

No âmbito da matéria eleitoral, as limitações ao poder regulamentar sempre foram polemizadas, a partir do questionamento acerca da possibilidade ou não de criação, pelo Tribunal Superior Eleitoral, de resoluções desvinculadas da lei, geradoras de sanções e restrições de direito, distintas das previstas nas normas produzidas pelo Legislativo.

Com a nova redação do art. 105, da Lei nº 9.504/97, dada pela Lei nº 12.034/2009, buscou o legislador esclarecer quais seriam os limites do poder normativo da Justiça Eleitoral, encerrando a antiga polêmica.

A edição dessas resoluções, portanto, não se apresenta de forma livre pelo TSE. O citado art. 105 traz limites das mais variadas ordens para a edição das ditas resoluções. Assim, além do limite de ordem temporal, vislumbra-se outro de ordem formal relacionado à realização de audiência pública. (SPITZKOVSKY, 2013, p. 24-25).

Princípios Constitucionais Relativos aos Direitos Políticos

(Nacionalidade, elegibilidade e partidos políticos) de que trata Capítulo IV, do Título I, da Constituição Federal em seus arts. 14 a 17

Princípios constitucionais relativos aos direitos políticos (nacionalidade, elegibilidade e partidos políticos).

O conhecimento dos princípios específicos em matéria eleitoral auxilia a compreensão e se revela importante também no campo da interpretação. (SPITZKOVSKY, 2013, p. 27).

Art. 14

Princípio Democrático

Cumpre, de início, registrar que os instrumentos através dos quais o povo atua diretamente, sem nenhum tipo de intermediário, e que viabilizam a democracia direta, estão previstos no art. 14, do Capítulo IV, da Constituição Federal de 1988, a seguir (SPITZKOVSKY, 2013, p. 28):

Capítulo IV - Dos Direitos Políticos

> ***Art. 14.*** *A **soberania popular** será exercida pelo **sufrágio** universal e pelo **voto direto e secreto**, com valor igual para todos, e, nos termos da lei, **mediante**:*
>
> *I. **plebiscito**;*
>
> *II. **referendo**;*
>
> *III. **iniciativa popular**.*

Neste dispositivo, encontram-se relacionados os instrumentos de manifestação direta da soberania popular, através dos quais o povo, como foi dito acima, exerce diretamente a soberania, sem nenhum intermediário. (SPITZKOVSKY, 2013, p. 28)

> ***Art. 14 § 1º*** *- O alistamento eleitoral e o voto são:*
>
> *I. obrigatórios para os maiores de dezoito anos;*
>
> *II. facultativos para:*
>
> *a) os analfabetos;*
>
> *b) os maiores de setenta anos;*
>
> *c) os maiores de dezesseis e menores de dezoito anos.*

§ 2º - Não podem alistar-se como eleitores os estrangeiros e, durante o período do serviço militar obrigatório, os conscritos.

Oportuno um registro em relação à democracia representativa, destacando-se os limites impostos pela própria Constituição, relacionados adiante no parágrafo 3º, do art. 14, acerca das condições de elegibilidade (SPITZKOVSKY, 2013, p. 28):

> ***Art. 14 § 3º** - São **condições de elegibilidade**, na forma da lei:*
>
> *I. a nacionalidade brasileira;*
>
> *II. o pleno exercício dos direitos políticos;*
>
> *III. o alistamento eleitoral;*
>
> *IV. o domicílio eleitoral na circunscrição;*
>
> *V. a filiação partidária; Regulamento*
>
> *VI. a idade mínima de:*
>
> *a) trinta e cinco anos para Presidente e Vice-Presidente da República e Senador;*
>
> *b) trinta anos para Governador e Vice-Governador de Estado e do Distrito Federal;*
>
> *c) vinte e um anos para Deputado Federal, Deputado Estadual ou Distrital, Prefeito, Vice-Prefeito e juiz de paz;*
>
> *d) dezoito anos para Vereador.*

Da leitura deste dispositivo, verifica-se que não será qualquer pessoa que poderá concorrer a mandato eletivo, ou seja, há limites para a obrigação de votar e também para se candidatar a mandatos eletivos. (SPITZKOVSKY, 2013, p. 28).

Importante destacar também a lista de hipóteses de inelegibilidades, conhecidas como direitos negativos, uma vez que representam as situações nomeadas pela Constituição em que não se poderá cogitar de candidaturas para mandatos eletivos e que se encontram previstas nos §§ 4º a 8º, do art. 14, da Constituição Federal, a seguir, sem prejuízo das hipóteses de inelegibilidades relacionadas em sede de legislação infraconstitucional, como veremos mais adiante (SPITZKOVSKY, 2013, p. 28-29):

> ***Art. 14 § 4º** - São inelegíveis os inalistáveis e os analfabetos.*
>
> *§ 5º O Presidente da República, os Governadores de Estado e do Distrito Federal, os Prefeitos e quem os houver sucedido, ou substituído no curso dos mandatos poderão ser reeleitos para um único período subsequente. (Redação dada pela Emenda Constitucional nº 16, de 1997)*
>
> *§ 6º - Para concorrerem a outros cargos, o Presidente da República, os Governadores de Estado e do Distrito Federal e os Prefeitos devem renunciar aos respectivos mandatos até seis meses antes do pleito.*
>
> *§ 7º - São inelegíveis, no território de jurisdição do titular, o cônjuge e os parentes consanguíneos ou afins, até o segundo grau ou por adoção, do Presidente da República, de Governador de Estado ou Território, do Distrito Federal, de Prefeito ou de quem os haja substituído dentro dos seis meses anteriores ao pleito, salvo se já titular de mandato eletivo e candidato à reeleição.*
>
> *§ 8º - O militar alistável é elegível, atendidas as seguintes condições:*
>
> *I. se contar menos de dez anos de serviço, deverá afastar-se da atividade;*
>
> *II. se contar mais de dez anos de serviço, será agregado pela autoridade superior e, se eleito, passará automaticamente, no ato da diplomação, para a inatividade.*

Princípio da Moralidade

O tema relacionado à moralidade se apresenta como princípio constitucional da Administração Pública, a teor do disposto no art. 37, *caput*, da Constituição Federal de 1988, a seguir reproduzido (SPITZKOVSKY, 2013, p. 38):

> ***Art. 37. A administração pública direta e indireta de qualquer dos Poderes da União, dos Estados, do Distrito Federal e dos Municípios obedecerá aos princípios de** legalidade, impessoalidade, **moralidade**, publicidade e eficiência e, também, ao seguinte: (Redação dada pela Emenda Constitucional nº 19, de 1998)*

Importante registrar que, em matéria eleitoral, a questão da moralidade assume um perfil específico, surgindo como uma hipótese de inelegibilidade voltada à proteção do mandato eletivo, tendo em vista a vida pregressa do candidato, a teor do disposto no art. 14, § 9º, da Constituição Federal de 1988, como se confere a seguir:

> ***Art. 14 § 9º Lei complementar estabelecerá outros casos de inelegibilidade** e os prazos de sua cessação, **a fim de proteger** a probidade administrativa, **a moralidade para exercício de mandato considerada vida pregressa do candidato**, e a normalidade e legitimidade das eleições contra a influência do poder econômico ou o abuso do exercício de função, cargo ou emprego na administração direta ou indireta. (Redação dada pela Emenda Constitucional de Revisão nº 4, de 1994)*

Em razão da autorização oferecida por este dispositivo, há, ainda, as hipóteses de inelegibilidades relacionadas em sede de legislação infraconstitucional (Lei Complementar nº 64/90, atualizada pela Lei Complementar nº 135/2010). (SPITZKOVSKY, 2013, p. 28-29)

Ademais, a leitura desse dispositivo deixa entrever a intenção da Constituição de proibir que aqueles que já tenham condenação contra si possam se candidatar a representantes do povo. (SPITZKOVSKY, 2013, p. 39)

Importante destacar que a redação conferida ao tal dispositivo pela Emenda Constitucional de Revisão nº 4, de 1994, foi responsável pela edição da Lei Complementar nº 135/2010, mais conhecida como Lei da Ficha Limpa, a qual proibiu candidaturas daqueles que já tenham condenação, mesmo sem o trânsito em julgado da decisão. (SPITZKOVSKY, 2013, p. 39)

Por fim, preceituam, ainda, os §§ 10 e 11, do art. 14, do texto constitucional:

> ***Art. 14 § 10** - O mandato eletivo poderá ser impugnado ante a Justiça Eleitoral no prazo de quinze dias contados da diplomação, instruída a ação com provas de abuso do poder econômico, corrupção ou fraude.*
>
> ***§ 11** - A ação de impugnação de mandato tramitará em segredo de justiça, respondendo o autor, na forma da lei, se temerária ou de manifesta má-fé.*

Art. 15

Princípio de Vedação da Cassação de Direitos Políticos

O art. 15, *caput*, da Constituição Federal proíbe, em princípio, a cassação de direitos políticos, excetuadas as hipóteses de perda ou suspensão desses direitos, previstas nos incisos I a V do mesmo artigo, a seguir transcrito:

> ***Art. 15.** É vedada a cassação de direitos políticos, cuja perda ou suspensão só se dará nos casos de:*
>
> *I. cancelamento da naturalização por sentença transitada em julgado;*

II. incapacidade civil absoluta;

III. condenação criminal transitada em julgado, enquanto durarem seus efeitos;

IV. recusa de cumprir obrigação a todos imposta ou prestação alternativa, nos termos do art. 5º, VIII;

V. improbidade administrativa, nos termos do art. 37, § 4º.

Art. 16

Princípio da Segurança das Relações Jurídicas em Matéria Eleitoral

(Princípio da Anualidade)

Este princípio, também chamado princípio da anterioridade eleitoral, tem como fundamento inicial a previsão estabelecida no art. 5º, inciso XXXVI, da Constituição Federal de 1988 (SPITZKOVSKY, 2013, p. 35):

> ***Art. 5º XXXVI** - a lei não prejudicará o direito adquirido, o ato jurídico perfeito e a coisa julgada;*

A leitura deste dispositivo permite concluir que o objetivo idealizado pela Constituição foi o de garantir a solidez de situações jurídicas já consolidadas ao longo do tempo. (SPITZKOVSKY, 2013, p. 35)

A aplicabilidade de tal princípio em matéria eleitoral encontra-se na previsão estabelecida no art. 16 da Constituição Federal de 1988, como se confere a seguir (SPITZKOVSKY, 2013, p. 36):

> ***Art. 16.** A lei que alterar o processo eleitoral entrará em vigor na data de sua publicação, não se aplicando à eleição que ocorra até um ano da data de sua vigência. (Redação dada pela Emenda Constitucional nº 4, de 1993)*

Assim, estabeleceu o legislador constituinte originário, o princípio da anualidade eleitoral, de funda mental importância para a preservação da segurança jurídica. Evita-se, a partir da aplicação deste princípio, que as normas eleitorais sejam modificadas faltando menos de um ano e um dia para as eleições, prejudicando, com a mudança das regras do jogo, o equilíbrio da disputa. (BARREIROS NETO, 2012, p. 51).

A leitura de tal dispositivo constitucional demonstra a intenção de se assegurar estabilidade para as relações jurídicas no campo eleitoral, na medida em que qualquer alteração que se promova no processo eleitoral deve ser feita por meio de lei, aprovada um ano antes das eleições. (SPITZKOVSKY, 2013, p. 36)

Ainda, quando se lê no mesmo dispositivo constitucional que a lei entra em vigor de imediato, isto significa, em outras palavras, que não existe espaço para a *vacatio legis* (vacância da lei – período entre a data da publicação de uma lei e o início de sua vigência) no campo eleitoral. Em suma, a obrigatoriedade da aprovação da legislação eleitoral um ano antes da realização do pleito permite aos que pretendam se candidatar ter conhecimento prévio das regras que vão permear todo o processo eleitoral. (SPITZKOVSKY, 2013, p. 36)

Por fim, no Recurso Extraordinário 633.703/MG, em seu voto, o eminente Ministro Gilmar Mendes asseverou:

O art. 16 da Constituição, ao submeter a alteração legal do processo eleitoral à regra da anualidade, constitui uma garantia fundamental para o pleno exercício de direitos políticos". (SPITZKOVSKY, 2013, p. 37)

Art. 17

Princípio do Pluralismo Político

Tal princípio é encontrado no art. 1º, inciso V, da Constituição Federal, onde aparece como um dos fundamentos da República Federativa brasileira, como se vê adiante (SPITZKOVSKY, 2013, p. 32):

> ***Art. 1º A República Federativa do Brasil**, formada pela união indissolúvel dos Estados e Municípios e do Distrito Federal, constitui-se em Estado Democrático de Direito e tem como **fundamentos**:*
>
> *I. a soberania;*
>
> *II. a cidadania;*
>
> *III. a dignidade da pessoa humana;*
>
> *IV. os valores sociais do trabalho e da livre iniciativa;*
>
> *V. o **pluralismo político**.*

Essa previsão constitucional permite concluir que a Constituição em vigor encerrou a fase política do país do bipartidarismo, que acabava por excluir a possibilidade de uma série de correntes políticas se abrigarem em uma agremiação política para concorrer às eleições. (SPITZKOVSKY, 2013, p. 32).

Além do mais, esta previsão acaba por gerar desdobramentos, dentre as quais uma das vertentes é a seguinte (SPITZKOVSKY, 2013, p. 32):

Pluralidade em Relação à Criação de Partidos Políticos

A pluralidade partidária representa uma grande conquista da democracia brasileira, pois que, até meados da década de 80, haviam apenas dois partidos: um de situação e outro de oposição. (SPITZKOVSKY, 2013, p. 34)

A ênfase dada a esta pluralidade partidária encontra-se também demonstrada na previsão estabelecida no art. 17, do Capítulo V, da Constituição Federal, nos termos seguintes (SPITZKOVSKY, 2013, p. 34):

Capítulo V - Dos Partidos Políticos

> ***Art. 17. É livre a criação**, fusão, incorporação e extinção **de partidos políticos, resguardados a soberania nacional**, o regime democrático, o pluripartidarismo, os direitos fundamentais da pessoa humana e observados os seguintes preceitos: Regulamento*
>
> *I. caráter nacional;*
>
> *II. proibição de recebimento de recursos financeiros de entidade ou governo estrangeiros ou de subordinação a estes;*
>
> *III. prestação de contas à Justiça Eleitoral;*
>
> *IV. funcionamento parlamentar de acordo com a lei.*

O *caput* do dispositivo supramencionado assegura a livre criação de partidos políticos, desde que respeitadas as diretrizes ali elencadas, quais sejam, a soberania nacional, o regime democrático, entre outras. Assim, não se pode admitir partidos que prevejam em seus estatutos discriminações de qualquer natureza, pois isso violaria direitos fundamentais. (SPITZKOVSKY, 2013, p. 35)

Outrossim, conforme dispõe o inciso II, do art. 17, supracitado, não se faz possível imaginar no Brasil partidos concorrendo às eleições financiados por governos ou ONGs (Organizações Não-Governamentais) estrangeiras, pois isso comprometeria a soberania nacional. (SPITZKOVSKY, 2013, p. 35)

Importante consignar que a alteração introduzida pela Emenda Constitucional nº 52, de 2006, ao art. 17, § 1º, da Constituição Federal de 1988, encerrou o período de verticalização em relação às coligações partidárias. (SPITZKOVSKY, 2013, p. 37)

Até o ano de 2006, as decisões tomadas pelos órgãos nacionais dos partidos, acerca das coligações partidárias, deveriam ser obrigatoriamente acatadas pelas instâncias nacional, estadual, distrital e municipal, o que acabava por lhes retirar autonomia para a tomada de decisões em vista da realidade política local. (SPITZKOVSKY, 2013, p. 37)

Com a referida alteração do § 1º, do art. 17, da Constituição Federal, esta vinculação desaparece, como se pode conferir:

> ***Art. 17 § 1º É assegurada aos partidos políticos autonomia para definir sua estrutura interna, organização e funcionamento e para adotar os critérios de escolha e o regime de suas coligações eleitorais, sem obrigatoriedade de vinculação entre as candidaturas em âmbito nacional,*** *estadual, distrital ou municipal, devendo seus estatutos estabelecer normas de disciplina e fidelidade partidária. (Redação dada pela Emenda Constitucional nº 52, de 2006)*

Por fim, preveem, ainda, os §§ 2º a 4º, do mesmo art. 17:

> ***Art. 17 § 2º*** *- Os partidos políticos, após adquirirem personalidade jurídica, na forma da lei civil, registrarão seus estatutos no Tribunal Superior Eleitoral.*
>
> ***§ 3º*** *- Os partidos políticos têm direito a recursos do fundo partidário e acesso gratuito ao rádio e à televisão, na forma da lei.*
>
> ***§ 4º*** *- É vedada a utilização pelos partidos políticos de organização paramilitar.*

Introdução (Arts. 1º a 11)

A Lei nº 4.737, de 15 de julho de 1965, institui o Código Eleitoral.

A "Parte Primeira" do referido Código diz respeito à Introdução, arts. 1º a 11.

O Código Eleitoral contém normas destinadas a assegurar a **organização** e o **exercício de direitos políticos**, precipuamente (principalmente) os de votar e ser votado (art. 1º), sendo que o Tribunal Superior Eleitoral (TSE) expedirá instruções para a fiel execução do referido Código (parágrafo único).

Ainda, estabelece, por sua vez, o art. 2º do Código Eleitoral:

> ***Art. 2º*** *Todo poder emana do povo e será exercido em seu nome, por mandatários escolhidos, direta e secretamente, dentre candidatos indicados por partidos políticos nacionais, ressalvada a eleição indireta nos casos previstos na Constituição e leis específicas.*

Investidura em Cargo Eletivo

Pode pretender investidura em cargo eletivo qualquer cidadão, desde que respeitadas as condições constitucionais e legais de elegibilidade e incompatibilidade (Art. 3º).

Condições de Elegibilidade

O art. 14, em especial no § 3º, da Constituição Federal, estabelece as condições de elegibilidade:

I. *a nacionalidade brasileira;*
II. *o pleno exercício dos direitos políticos;*
III. *o alistamento eleitoral;*
IV. *o domicílio eleitoral na circunscrição;*
V. *a filiação partidária; Regulamento*
VI. *a idade mínima de:*
  a) *35 anos para Presidente e Vice-Presidente da República e Senador;*
  b) *30 anos para Governador e Vice-Governador de Estado e do Distrito Federal;*
  c) *21 anos para Deputado Federal, Deputado Estadual ou Distrital, Prefeito, Vice-Prefeito e juiz de paz;*
  d) *18 anos para Vereador.*

Eleitores

Os eleitores são todos aqueles brasileiros maiores de 18 anos que se alistarem na forma da lei (Art. 4º).

Não Podem Alistar-se Eleitores (Art. 5º):

> Analfabetos; (Vide art. 14, § 1º, inciso II, alínea "a", da Constituição de 88);
> Os que não saibam exprimir-se na língua nacional;
> Os que estejam privados, temporária ou definitivamente dos direitos políticos.

Acompanhe-me

EXCEÇÃO (parágrafo único):

Militares, desde que oficiais, aspirantes a oficiais, guardas-marinha, subtenentes ou suboficiais, sargentos ou alunos das escolas militares de ensino superior para formação de oficiais.

Alistamento e Voto Obrigatórios (art. 6º)

→ Exceções:
→ Alistamento
  > Inválidos;
  > Maiores de 70 anos;
  > Os que se encontrem fora do país.
→ Voto
  > Enfermos;
  > Os que se encontrem fora de seu domicílio;
  > Funcionários civis e militares, em serviço que os impossibilite de votar.

Não Justificação do Voto e Pena de Multa (Art. 7º)

Incorrerá em multa de 3 a 10% sobre o salário mínimo da região, imposta pelo próprio juiz e cobrada na forma estabelecida no art. 367, o eleitor que deixar de votar e não justificar o voto, até 30 dias após a realização da eleição, perante o juiz eleitoral.

Prova de Votação, Pagamento da Multa ou Justificação do Voto (§ 1º E Incisos)

O eleitor não poderá, sem a prova de que votou na última eleição, pagou a respectiva multa ou se justificou devidamente:

> Inscrever-se em concurso ou prova, investir-se ou empossar-se em cargo ou função pública;
> Receber vencimentos, remuneração, salário ou proventos de função ou emprego público, autárquico ou para estatal, fundações governamentais, empresas, institutos e sociedades de qualquer natureza, mantidas ou subvencionadas pelo governo ou que exerçam serviço público delegado, correspondentes ao 2º mês subsequente ao da eleição;

- Participar de concorrência pública ou administrativa da União, Estados, Territórios, Distrito Federal ou Municípios, ou respectivas autarquias;
- Obter empréstimos nas autarquias, sociedades de economia mista, caixas econômicas federais ou estaduais, institutos e caixas de previdência social, e em qualquer estabelecimento de crédito mantido pelo governo, ou de cuja administração este participe, e com essas entidades celebrar contratos;
- Obter passaporte ou carteira de identidade;
- Renovar matrícula em estabelecimento de ensino oficial ou fiscalizado pelo governo;
- Praticar qualquer ato para o qual se exija quitação do serviço militar ou imposto de renda.

§ 2º Os brasileiros natos ou naturalizados, maiores de 18 anos, salvo os excetuados nos arts. 5º e 6º, nº 1, sem prova de estarem alistados não poderão praticar os atos relacionados no parágrafo anterior.

Cancelamento de Inscrição do Eleitor (§ 3º)

Uma vez realizado o alistamento eleitoral pelo processo eletrônico de dados, a inscrição do eleitor que não votar em 3 (três) eleições consecutivas, não pagar a multa ou não se justificar no prazo de 6 meses, a contar da data da última eleição a que deveria ter comparecido, será cancelada (§ 3º, incluído pela Lei nº 7.663, de 1988).

Multa aos Brasileiros Nato e Naturalizado Por Não se Alistarem (Art. 8º)

Incorrerá na multa de 3 a 10% sobre o valor do salário-mínimo da região, imposta pelo juiz e cobrada no ato da inscrição eleitoral através de selo federal inutilizado no próprio requerimento:

- Brasileiro nato que não se alistar até os 19 anos;
- Brasileiro naturalizado que não se alistar até 1 ano depois de adquirida a nacionalidade brasileira.

(Redação dada pela Lei nº 4.961, de 1966) (Vide Lei nº 5.337,1967) (Vide Lei nº 5.780, de 1972) (Vide Lei nº 6.018, de 1974).

Não Aplicação da Pena de Multa

Tal pena de multa (3 a 10% sobre o valor do salário-mínimo da região) não será aplicada ao não alistado que requerer sua inscrição eleitoral até o 101º dia anterior à eleição subsequente à data em que completar dezenove anos(Incluído pela Lei nº 9.041, de 1995).

Inobservância dos Arts. 7º E 8º - Multa ou Suspensão

Os responsáveis pela inobservância do disposto nos arts. 7º e 8º incorrerão na:

- Multa de 1 a 3 salários-mínimos vigentes na zona eleitoral; ou
- Suspensão disciplinar até 30 dias.

Documento de Isenção das Sanções Legais (Art. 10)

O juiz eleitoral fornecerá documento que os isente das sanções legais aos:

- Que não votarem por motivo justificado e;
- Não alistados nos termos dos arts. 5º e 6º, nº 1.

Eleitor Fora de sua Zona – Necessidade de Documento de Quitação com TE (Art. 11).

O eleitor que não votar e não pagar a multa, se estiver fora de sua zona e necessitar documento de quitação com a Justiça Eleitoral, poderá efetuar o pagamento perante o Juízo da zona em que estiver.

Multa Máxima (§ 1º)

A multa será cobrada no valor máximo previsto.

Exceção

O eleitor pode aguardar que o juiz da zona em que se encontrar solicite informações sobre o arbitramento ao Juízo da inscrição.

Comunicação da Multa (§ 2º)

Em qualquer das hipóteses, ou seja, no caso da multa ser cobrada no máximo previsto ou o eleitor aguardar que o juiz da zona em que se encontrar solicite informações sobre o arbitramento ao Juízo da inscrição, se o pagamento for efetuado através de selos federais inutilizados no próprio requerimento, o juiz que recolheu a multa comunicará o fato ao da zona de inscrição e fornecerá ao requerente comprovante do pagamento.

Órgãos da Justiça Eleitoral

Justiça Eleitoral

A Justiça Eleitoral é o órgão responsável pela organização, fiscalização e execução do processo eleitoral.

Dentre as inúmeras atribuições da Justiça Eleitoral, podemos citar: o alistamento eleitoral, registro de candidatos, fiscalização da propaganda eleitoral, fixação da data das eleições, julgamento de crimes eleitorais, etc.

Lei complementar disporá sobre a organização e competência dos tribunais, dos juízes de direito e das juntas eleitorais.

Os membros dos tribunais, os juízes de direito e os integrantes das juntas eleitorais, no exercício de suas funções, e no que lhes for aplicável, gozarão de plenas garantias e serão inamovíveis.

Características institucionais

A Justiça Eleitoral não dispõe de quadro próprio de profissionais.

A composição se faz de forma periódica por intermédio de magistrados e promotores de outros setores.

Há órgãos da Justiça Eleitoral no Brasil, mas não existe uma magistratura eleitoral exclusiva, própria, de carreira.

A composição de todas as 3 espécies de órgãos colegiados com jurisdição eleitoral é híbrida, integrando:

- Os juízes de outros tribunais;
- Juristas da classe dos advogados; e
- Pessoas sem formação jurídica, caso das juntas eleitorais.

O TSE é composto por, no mínimo, 7 integrantes, conforme reza o art. 119 da Constituição Federal.

A expressão "no mínimo" demonstra a intenção de não se oferecer um caráter estático à composição daquela Corte.

Características Peculiares

- A Justiça Eleitoral pode ter nos seus órgãos de primeira instância composição eventualmente colegiada, como na fase de apuração dos votos à diplomação dos eleitos. Já nos órgãos colegiados na Justiça Comum só existem as turmas recursais dos Juizados Especiais e o Tribunal Popular do Júri.
- Os tribunais não podem se subdividir em câmaras ou turmas, sem permissão constitucional.

Composição da Justiça Eleitoral

Os órgãos que compõem a Justiça Eleitoral estão disciplinados nos arts. 118 a 121, da Constituição em vigor.

A Constituição de 1988, Capítulo III – Do Poder Judiciário, Seção VI – Dos Tribunais e Juízes Eleitorais, Art. 118, estabelece que são órgãos da Justiça Eleitoral:

- O Tribunal Superior Eleitoral – TSE;
- Os Tribunais Regionais Eleitorais – TRE's;
- Os Juízes Eleitorais – JE's;
- As Juntas Eleitorais – JUE's.

O STF não se encontra neste elenco, mas não há dúvida de que se trata de órgão de cúpula da Justiça Eleitoral.

Por sua vez, o Art. 12, da Parte Segunda, da Lei nº 4.737/65 (Código Eleitoral) prescreve que são órgãos da Justiça Eleitoral:

> ***Art. 12**. São órgãos da Justiça Eleitoral:*
>
> *I. o Tribunal Superior Eleitoral, com sede na Capital da República e jurisdição em todo o País;*
>
> *II. um Tribunal Regional, na Capital de cada Estado, no Distrito Federal e, mediante proposta do Tribunal Superior, na Capital de Território;*
>
> *III. juntas eleitorais;*
>
> *IV. juízes eleitorais.*

Cada órgão, na sua respectiva área de atuação, exercerá a tarefa de organizar, fiscalizar e executar o processo eleitoral.

Tribunal Superior Eleitoral (TSE)

É o órgão máximo da Justiça Eleitoral, o qual traça as normas gerais a serem obedecidas na execução do processo eletivo.

O Tribunal Superior Eleitoral tem sede na Capital da República e jurisdição em todo o território nacional.

Composição do TSE

Segundo o mesmo art. 119, inciso I, alíneas "a" e "b", e inciso II, os membros do TSE são escolhidos:

- Mediante eleição, pelo voto secreto:
  - 3 Juízes dentre os Ministros do STF;
  - 2 Juízes dentre os Ministros do STJ;
- Por nomeação do Presidente da República:
  - 2 Juízes dentre 6 advogados de notável saber jurídico e idoneidade moral, indicados pelo STF.

Para preenchimento das vagas de juristas, não poderão figurar nas listas nomes de magistrados aposentados nem componentes do Ministério Público.

- A nomeação de juristas também não poderá recair em cidadão:
  - Que ocupe cargo público de que seja demissível *ad nutum*;
  - Que seja diretor, proprietário ou sócio de empresa beneficiada com subvenção, privilégio, isenção ou favor em virtude de contrato com a administração pública;
  - Que exerça mandato de caráter político, federal, estadual ou municipal.

Também não poderão fazer parte do TSE cidadãos que tenham entre si parentesco, ainda que por afinidade, até o 4º grau (art. 16, § 1º, do Código Eleitoral), excluindo-se, neste caso, o que tiver sido escolhido por último.

A Indicação de Advogados para o TSE

A indicação de advogados para o TSE é feita pelo STF.

O plenário do STF elegerá os 3 ministros (CF, art. 119, inciso I, alínea "a") e organizará a lista sêxtupla dos advogados, de acordo com seu regimento interno, enviando-a, em seguida, ao Presidente da República, o qual escolherá e nomeará 2 advogados.

Os outros 2 Juízes são escolhidos pelo STJ, em conformidade com seu regimento interno.

Verifica-se, em relação à forma de nomeação de advogados, a ausência de participação da OAB neste processo. Há realmente uma incoerência, pois a escolha da lista sêxtupla de advogados deveria ser feita pela OAB, como ocorre nos demais tribunais para preenchimento de vaga do quinto constitucional.

Como se vê, a indicação parte do próprio STF, demandando a ratificação pelo Presidente da República.

A Eleição do Presidente e do Vice-presidente do TSE

O TSE elegerá seu presidente e vice-presidente dentre os 3 Ministros do STF (CF de 1988, art. 119, parágrafo único).

A Eleição do Corregedor Eleitoral do TSE

O TSE elegerá o corregedor eleitoral dentre os 2 Ministros do STJ (CF de 1988, art. 119, parágrafo único).

Competência do TSE

As competências do TSE não se encontram relacionadas na CF de 1988, que as delegou ao legislador ordinário, incumbindo-se dessa tarefa a Lei nº 4.737/65 (Código Eleitoral), em seus arts. 22 e 23.

Enquanto a competência originária do TSE é a indicada no art. 22 do Código Eleitoral, sua competência privativa é normatizada no art. 23 do mesmo Código.

Competência Originária

> ***Art. 22**. Compete ao Tribunal Superior:*
>
> *I. Processar e julgar originariamente:*
>
> *a) o registro e a cassação de registro de partidos políticos, dos seus diretórios nacionais e de candidatos à Presidência e vice-presidência da República;*
>
> *b) os conflitos de jurisdição entre Tribunais Regionais e juízes eleitorais de Estados diferentes;*
>
> *c) a suspeição ou impedimento aos seus membros, ao Procurador Geral e aos funcionários da sua Secretaria;*
>
> *d) os crimes eleitorais e os comuns que lhes forem conexos cometidos pelos seus próprios juízes e pelos juízes dos Tribunais Regionais;*
>
> *e) o habeas corpus ou mandado de segurança, em matéria eleitoral, relativos a atos do Presidente da República, dos Ministros de Estado e dos Tribunais Regionais; ou, ainda, o habeas corpus, quando houver perigo de se consumar a violência antes que o juiz competente possa prover sobre a impetração; (Execução suspensa pela RSF nº 132, de 1984)*
>
> *f) as reclamações relativas a obrigações impostas por lei aos partidos políticos,*

quanto à sua contabilidade e à apuração da origem dos seus recursos;

g) as impugnações à apuração do resultado geral, proclamação dos eleitos e expedição de diploma na eleição de Presidente e Vice-Presidente da República;

h) os pedidos de desaforamento dos feitos não decididos nos Tribunais Regionais dentro de trinta dias da conclusão ao relator, formulados por partido, candidato, Ministério Público ou parte legitimamente interessada. (Redação dada pela Lei nº 4.961, de 1966)

i) as reclamações contra os seus próprios juízes que, no prazo de trinta dias a contar da conclusão, não houverem julgado os feitos a eles distribuídos. (Incluído pela Lei nº 4.961, de 1966)

j) a ação rescisória, nos casos de inelegibilidade, desde que intentada dentro de cento e vinte dias de decisão irrecorrível, possibilitando-se o exercício do mandato eletivo até o seu trânsito em julgado. (Incluído pela LCP nº 86, de 1996)

II. julgar os recursos interpostos das decisões dos Tribunais Regionais nos termos do Art. 276 inclusive os que versarem matéria administrativa.

Parágrafo único*. As decisões do Tribunal Superior são irrecorríveis, salvo nos casos do Art. 281.*

Competência Privativa

Art. 23 *- Compete, ainda, privativamente, ao Tribunal Superior,*

I. elaborar o seu regimento interno;

II. organizar a sua Secretaria e a Corregedoria Geral, propondo ao Congresso Nacional a criação ou extinção dos cargos administrativos e a fixação dos respectivos vencimentos, provendo-os na forma da lei;

III. conceder aos seus membros licença e férias assim como afastamento do exercício dos cargos efetivos;

IV. aprovar o afastamento do exercício dos cargos efetivos dos juízes dos Tribunais Regionais Eleitorais;

V. propor a criação de Tribunal Regional na sede de qualquer dos Territórios;

VI. propor ao Poder Legislativo o aumento do número dos juízes de qualquer Tribunal Eleitoral, indicando a forma desse aumento;

VII. fixar as datas para as eleições de Presidente e Vice-Presidente da República, senadores e deputados federais, quando não o tiverem sido por lei:

VIII. aprovar a divisão dos Estados em zonas eleitorais ou a criação de novas zonas;

IX. expedir as instruções que julgar convenientes à execução deste Código;

X. fixar a diária do Corregedor Geral, dos Corregedores Regionais e auxiliares em diligência fora da sede;

XI. enviar ao Presidente da República a lista tríplice organizada pelos Tribunais de Justiça nos termos do art. 25;

XII. responder, sobre matéria eleitoral, às consultas que lhe forem feitas em tese por autoridade com jurisdição federal ou órgão nacional de partido político;

XIII. autorizar a contagem dos votos pelas mesas receptoras nos Estados em que essa providência for solicitada pelo Tribunal Regional respectivo;

XIV. requisitar a força federal necessária ao cumprimento da lei, de suas próprias decisões ou das decisões dos Tribunais Regionais que o solicitarem, e para garantir a votação e a apuração; (Redação dada pela Lei nº 4.961, de 1966)

XV. organizar e divulgar a Súmula de sua jurisprudência;

XVI. requisitar funcionários da União e do Distrito Federal quando o exigir o acúmulo ocasional do serviço de sua Secretaria;

XVII. publicar um boletim eleitoral;

XVIII. tomar quaisquer outras providências que julgar convenientes à execução da legislação eleitoral.

Com base nestes dispositivos, o TSE possui:

> Competências jurisdicionais: originárias e recursais – promover o registro de partidos políticos (art. 17, § 2º, da CF de 1988);

> Competências recursais: apreciação de recursos oriundos dos TRE's;

> Competências administrativas: edição de resoluções, súmulas, bem como a resposta a consultas elaboradas.

Tribunal Regional Eleitoral (TRE)

Os Tribunais Regionais Eleitorais encontram-se disciplinados no art. 120 da CF de 88, conforme segue:

*Art. 120. Haverá **um Tribunal Regional Eleitoral** na **Capital de cada Estado** e no **Distrito Federal**.*

De acordo com tal dispositivo, conclui-se que cada Estado da Federação, incluindo o Distrito Federal, é dotado de um órgão dessa natureza.

Composição do TRE

A composição dos Tribunais Regionais Eleitorais está prevista no art. 120, § 1º, da CF de 88:

Art. 120 § 1º *- Os Tribunais Regionais Eleitorais compor-se-ão:*

I. mediante eleição, pelo voto secreto:

a) de dois juízes dentre os desembargadores do Tribunal de Justiça;

b) de dois juízes, dentre juízes de direito, escolhidos pelo Tribunal de Justiça;

II. de um juiz do Tribunal Regional Federal com sede na Capital do Estado ou no Distrito Federal, ou, não havendo, de juiz federal, escolhido, em qualquer caso, pelo Tribunal Regional Federal respectivo;

III. por nomeação, pelo Presidente da República, de dois juízes dentre seis advogados de notável saber jurídico e idoneidade moral, indicados pelo Tribunal de Justiça.

§ 2º *- O Tribunal Regional Eleitoral elegerá seu Presidente e o Vice-Presidente- dentre os desembargadores.*

Conforme o disposto no parágrafo acima transcrito, os Tribunais Regionais Eleitorais (TRE's) são compostos por 7 integrantes.

→ Dos 7 integrantes:

> Dois são indicados pelo Tribunal de Justiça entre os seus Desembargadores, por votação secreta;

> Outros dois são indicados pelo próprio Tribunal de Justiça, entre juízes estaduais, também por votação secreta;
> 1 integrante é oriundo do TRF, que faz a indicação de um dos seus desembargadores;
> 2 vagas são preenchidas por advogados indicados pelo TJ e nomeados pelo Presidente da República. Novamente, o processo de indicação dos advogados não inclui a participação da OAB.

Fique Ligado

→ ***Dos 7 componentes:***

> ***6 são indicados de forma direta ou indireta pelo TJ;***
> ***Exceção: indicação do representante do TRF.***

Indicação do Advogado para o TRE

A indicação dos advogados para o TRE é feita pelo Tribunal de Justiça (TJ).

Nos termos do art. 120, § 1º, inciso III, da Constituição, compete exclusivamente ao Tribunal de Justiça do Estado a indicação de advogados para composição de Tribunal Regional Eleitoral, sem a participação, portanto, do órgão de representação da respectiva classe, a que se refere o parágrafo único, do art. 94, da Constituição, quando trata da composição do quinto nos Tribunais Regionais Federais, dos Estados, do Distrito Federal e dos Territórios.

> ***Art. 94. Um quinto dos lugares dos Tribunais Regionais Federais****, dos Tribunais dos Estados, e do Distrito Federal e Territórios será composto de membros do Ministério Público, com mais de dez anos de carreira, e de* ***advogados de notório saber jurídico e de reputação ilibada, com mais de dez anos de efetiva atividade profissional, indicados em lista sêxtupla pelos órgãos de representação das respectivas classes****.*
>
> ***Parágrafo único****. Recebidas as indicações, o tribunal formará lista tríplice, enviando-a ao Poder Executivo, que, nos vinte dias subsequentes, escolherá um de seus integrantes para nomeação.*

O Tribunal Regional Eleitoral elegerá seu presidente e vice-presidente dentre os desembargadores.

A eleição do Corregedor do TRE

Preconiza o art. 26 do Código Eleitoral:

> ***Art. 26****. O Presidente e o Vice-Presidente do Tribunal Regional serão eleitos por este dentre os três desembargadores do Tribunal de Justiça; o terceiro desembargador será o Corregedor Regional da Justiça Eleitoral.*

A solução dada pelo Código Eleitoral é no sentido de que "o terceiro desembargador será o corregedor regional da Justiça Eleitoral".

Entende-se que o artigo em comento não foi recepcionado pela nova Constituição, que limita em 2 o número de desembargadores.

Portanto, a Corregedoria Regional Eleitoral deverá ser exercida por um dos juízes que compõem o Tribunal Regional Eleitoral ou pelo vice-presidente.

Competência do TRE

A exemplo do TSE, as competências dos TRE's não se encontram relacionadas na Constituição Federal de 88, que delegou essa tarefa para o legislador infraconstitucional.

A competência originária do TRE está disposta no art. 29 do Código Eleitoral (Lei nº 4.737/1965), a seguir transcrito:

> ***Art. 29****. Compete aos Tribunais Regionais:*
>
> *I. processar e julgar originariamente:*
>
> *a) o registro e o cancelamento do registro dos diretórios estaduais e municipais de partidos políticos, bem como de candidatos a Governador, Vice-Governadores, e membro do Congresso Nacional e das Assembleias Legislativas;*
>
> *b) os conflitos de jurisdição entre juízes eleitorais do respectivo Estado;*
>
> *c) a suspeição ou impedimentos aos seus membros ao Procurador Regional e aos funcionários da sua Secretaria assim como aos juízes e escrivães eleitorais;*
>
> *d) os crimes eleitorais cometidos pelos juízes eleitorais;*
>
> *e) o habeas corpus ou mandado de segurança, em matéria eleitoral, contra ato de autoridades que respondam perante os Tribunais de Justiça por crime de responsabilidade e, em grau de recurso, os denegados ou concedidos pelos juízes eleitorais; ou, ainda, o habeas corpus quando houver perigo de se consumar a violência antes que o juiz competente possa prover sobre a impetração;*
>
> *f) as reclamações relativas a obrigações impostas por lei aos partidos políticos, quanto a sua contabilidade e à apuração da origem dos seus recursos;*
>
> *g) os pedidos de desaforamento dos feitos não decididos pelos juízes eleitorais em trinta dias da sua conclusão para julgamento, formulados por partido, candidato, Ministério Público ou parte legitimamente interessada sem prejuízo das sanções decorrentes do excesso de prazo. (Redação dada pela Lei nº 4.961, de 1966)*
>
> *II. julgar os recursos interpostos:*
>
> *a) dos atos e das decisões proferidas pelos juízes e juntas eleitorais.*
>
> *b) das decisões dos juízes eleitorais que concederem ou denegarem habeas corpus ou mandado de segurança.*
>
> ***Parágrafo único****. As decisões dos Tribunais Regionais são irrecorríveis, salvo nos casos do Art. 276.*

Com base na leitura deste dispositivo, verifica-se que esses Tribunais apresentam competências jurisdicionais originárias e também aquelas exercidas em caráter recursal, apreciando decisões proferidas pela primeira instância.

Outrossim, a competência privativa, ou ainda chamada administrativa, é indicada no art. 30 do Código Eleitoral:

> ***Art. 30****. Compete, ainda, privativamente, aos Tribunais Regionais:*
>
> *I. elaborar o seu regimento interno;*
>
> *II. organizar a sua Secretaria e a Corregedoria Regional provendo-lhes os cargos na forma da lei, e propor ao Congresso Nacional, por intermédio do Tribunal Superior a criação ou supressão de cargos e a fixação dos respectivos vencimentos;*
>
> *III. conceder aos seus membros e aos juízes eleitorais licença e férias, assim como afastamento do exercício dos cargos efetivos submetendo, quanto àqueles, a decisão à aprovação do Tribunal Superior Eleitoral;*

IV. *fixar a data das eleições de Governador e Vice-Governador, deputados estaduais, prefeitos, vice-prefeitos , vereadores e juízes de paz, quando não determinada por disposição constitucional ou legal;*

V. *constituir as juntas eleitorais e designar a respectiva sede e jurisdição;*

VI. *indicar ao tribunal Superior as zonas eleitorais ou seções em que a contagem dos votos deva ser feita pela mesa receptora;*

VII. *apurar com os resultados parciais enviados pelas juntas eleitorais os resultados finais das eleições de Governador e Vice-Governador de membros do Congresso Nacional e expedir os respectivos diplomas, remetendo dentro do prazo de 10 (dez) dias após a diplomação, ao Tribunal Superior, cópia das atas de seus trabalhos;*

VIII. *responder, sobre matéria eleitoral, às consultas que lhe forem feitas, em tese, por autoridade pública ou partido político;*

IX. *dividir a respectiva circunscrição em zonas eleitorais, submetendo essa divisão, assim como a criação de novas zonas, à aprovação do Tribunal Superior;*

X. *aprovar a designação do Ofício de Justiça que deva responder pela escrivania eleitoral durante o biênio;*

~~XI. *nomear preparadores, unicamente dentre nomes indicados pelos juízes eleitorais, para auxiliarem o alistamento eleitoral;(Revogado pela Lei nº 8.868, de 1994)*~~

XII. *requisitar a força necessária ao cumprimento de suas decisões solicitar ao Tribunal Superior a requisição de força federal;*

XIII. *autorizar, no Distrito Federal e nas capitais dos Estados, ao seu presidente e, no interior, aos juízes eleitorais, a requisição de funcionários federais, estaduais ou municipais para auxiliarem os escrivães eleitorais, quando o exigir o acúmulo ocasional do serviço;*

XIV. *requisitar funcionários da União e, ainda, no Distrito Federal e em cada Estado ou Território, funcionários dos respectivos quadros administrativos, no caso de acúmulo ocasional de serviço de suas Secretarias;*

XV. *aplicar as penas disciplinares de advertência e de suspensão de até 30 (trinta) dias aos juízes eleitorais;*

XVI. *cumprir e fazer cumprir as decisões e instruções do Tribunal Superior;*

XVII. *determinar, em caso de urgência, providências para a execução da lei na respectiva circunscrição;*

XVIII. *organizar o fichário dos eleitores do Estado.*

XIX. *suprimir os mapas parciais de apuração mandando utilizar apenas os boletins e os mapas totalizadores, desde que o menor número de candidatos às eleições proporcionais justifique a supressão, observadas as seguintes normas: (Incluído pela Lei nº 4.961, de 1966)*

a) *qualquer candidato ou partido poderá requerer ao Tribunal Regional que suprima a exigência dos mapas parciais de apuração; (Incluído pela Lei nº 4.961, de 1966)*

b) *da decisão do Tribunal Regional qualquer candidato ou partido poderá, no prazo de três dias, recorrer para o Tribunal Superior, que decidirá em cinco dias; (Incluído pela Lei nº 4.961, de 1966)*

c) *a supressão dos mapas parciais de apuração só será admitida até seis meses antes da data da eleição; (Incluído pela Lei nº 4.961, de 1966)*

d) *os boletins e mapas de apuração serão impressos pelos Tribunais Regionais, depois de aprovados pelo Tribunal Superior; (Incluído pela Lei nº 4.961, de 1966)*

e) *o Tribunal Regional ouvirá os partidos na elaboração dos modelos dos boletins e mapas de apuração a fim de que estes atendam às peculiaridades locais, encaminhando os modelos que aprovar, acompanhados das sugestões ou impugnações formuladas pelos partidos, à decisão do Tribunal Superior.(Incluído pela Lei nº 4.961, de 1966)*

Entre as competências relacionadas nos dispositivos acima reproduzidos, destaca-se a do registro de diretórios estaduais e municipais dos partidos.

Em termos de competência recursal, os TRE's apreciam recursos oriundos de decisões proferidas pelos juízes de primeira instância.

Por fim, em relação às competências administrativas, destaca-se para a resposta a consultas a eles dirigidas por partidos políticos, candidatos, eleitores, obviamente no âmbito estadual e municipal, visto que para eleições no âmbito nacional o competente para responder a estas consultas é o TSE.

Juízes Eleitorais

Os juízes eleitorais são magistrados da Justiça Estadual, designados pelo Tribunal Regional Federal (TRE), para presidir as zonas eleitorais. (BARROS, 2013, p. 21)

São titulares de zonas eleitorais, funcionando como órgão singular em primeira instância, enquanto a junta que presidem, na ocasião dos pleitos, é órgão colegiado de primeira instância. (BARROS, 2013, p. 22) São também chamados Juízes Singulares (SPITZKOVSKY, 2013, p. 131)

Se a comarca tiver vara única, a função do juiz eleitoral pertence ao juiz de direito da comarca. Já se a comarca tiver mais de uma vara, o juiz eleitoral será escolhido de acordo com a organização judiciária de cada Estado. (BARROS, 2013, p. 22).

Em outras palavras, na zona eleitoral onde houver mais de uma vara da justiça comum estadual, o Tribunal Regional Eleitoral (TRE) designará aquela a que incumbe o serviço eleitoral. (BARREIROS NETO, 2012, p. 132).

Composição

Enquanto a Justiça Comum Estadual é dividida em comarcas, a Justiça Eleitoral é dividida em zonas eleitorais. (BARREIROS NETO, 2012, p. 132).

É a zona eleitoral o espaço territorial sob jurisdição do juiz eleitoral. Em cada zona eleitoral funcionará um juiz eleitoral, que, contudo, não integra uma carreira própria da magistratura eleitoral.(BARREIROS NETO, 2012, p. 132). Não existe, portanto, dentro da Constituição Federal de 1988, uma carreira eleitoral específica. (SPITZKOVSKY, 2013, p. 131)

Assim, os juízes eleitorais serão juízes de direito estaduais em efetivo exercício, que acumularão às suas funções próprias as funções de juiz eleitoral. (BARREIROS NETO, 2012, p. 132).

Não poderá servir como juiz eleitoral o cônjuge, parente consanguíneo ou afim, até o segundo grau, de candidato a cargo efetivo registrado na circunscrição, durante o período entre o registro de candidaturas até a apuração final da eleição. Outrossim, não se farão alterações na jurisdição eleitoral, prorrogando-se automaticamente o exercício do titular, entre 3 (três) meses antes e 2 (dois) meses após as eleições. (BARREIROS NETO, 2012, p. 133)

Quanto aos juízes eleitorais, preveem os arts. 32 a 34, do Código Eleitoral:

TÍTULO III - DOS JUÍZES ELEITORAIS

Art. 32*. Cabe a jurisdição de cada uma das zonas eleitorais a um juiz de direito em efetivo exercício e, na falta deste, ao seu substituto legal que goze das prerrogativas do Art. 95 da Constituição.*

Parágrafo único*. Onde houver mais de uma vara, o Tribunal Regional designara aquela ou aquelas a que incumbe o serviço eleitoral.*

Art. 33*. Nas zonas eleitorais onde houver mais de uma serventia de justiça, o juiz indicará ao Tribunal Regional a que deve ter o anexo da escrivania eleitoral pelo prazo de dois anos.*

§ 1º *Não poderá servir como escrivão eleitoral, sob pena de demissão, o membro de diretório de partido político, nem o candidato a cargo eletivo, seu cônjuge e parente consanguíneo ou afim até o segundo grau.*

§ 2º *O escrivão eleitoral, em suas faltas e impedimentos, será substituído na forma prevista pela lei de organização judiciária local.*

Art. 34*. Os juízes despacharão todos os dias na sede da sua zona eleitoral.*

Competências

Quanto às competências dos juízes eleitorais, encontram-se previstas na Lei nº 4.737/1965 (Código Eleitoral), em seu art.35, incisos, a seguir:

Art. 35*. Compete aos juízes:*

I. cumprir e fazer cumprir as decisões e determinações do Tribunal Superior e do Regional;

II. processar e julgar os crimes eleitorais e os comuns que lhes forem conexos, ressalvada a competência originária do Tribunal Superior e dos Tribunais Regionais;

III. decidir habeas corpus e mandado de segurança, em matéria eleitoral, desde que essa competência não esteja atribuída privativamente a instância superior.

IV. fazer as diligências que julgar necessárias à ordem e presteza do serviço eleitoral;

V. tomar conhecimento das reclamações que lhe forem feitas verbalmente ou por escrito, reduzindo-as a termo, e determinando as providências que cada caso exigir;

VI. indicar, para aprovação do Tribunal Regional, a serventia de justiça que deve ter o anexo da escrivania eleitoral;

VII. representar sobre a necessidade de nomeação dos preparadores para auxiliarem o alistamento eleitoral, indicando os nomes dos cidadãos que devem ser nomeados; (Revogado pela Lei nº 8.868, de 1994)

VIII. dirigir os processos eleitorais e determinar a inscrição e a exclusão de eleitores;

IX. expedir títulos eleitorais e conceder transferência de eleitor;

X. dividir a zona em seções eleitorais;

XI. mandar organizar, em ordem alfabética, relação dos eleitores de cada seção, para remessa a mesa receptora, juntamente com a pasta das folhas individuais de votação;

XII. ordenar o registro e cassação do registro dos candidatos aos cargos eletivos municipais e comunicá-los ao Tribunal Regional;

XIII. designar, até 60 (sessenta) dias antes das eleições, os locais das seções;

XIV. nomear, 60 (sessenta) dias antes da eleição, em audiência pública anunciada com pelo menos 5 (cinco) dias de antecedência, os membros das mesas receptoras;

XV. instruir os membros das mesas receptoras sobre as suas funções;

XVI. providenciar para a solução das ocorrências que se verificarem nas mesas receptoras;

XVII. tomar todas as providências ao seu alcance para evitar os atos viciosos das eleições;

XVIII. fornecer aos que não votaram por motivo justificado e aos não alistados, por dispensados do alistamento, um certificado que os isente das sanções legais;

XIX. comunicar, até às 12 horas do dia seguinte à realização da eleição, ao Tribunal Regional e aos delegados de partidos credenciados, o número de eleitores que votarem em cada uma das seções da zona sob sua jurisdição, bem como o total de votantes da zona.

Dentre as principais competências, podemos destacar:

> O processamento e julgamento dos crimes eleitorais e dos comuns que lhe forem conexos, ressalvada a competência originária do TSE e dos tribunais regionais eleitorais;

> A decisão sobre *habeas corpus* e mandado de segurança, desde que tal competência não seja atribuída privativamente à instância superior;

> O alistamento e a expedição dos títulos eleitorais, bem como a concessão de transferências de eleitores;

> A divisão da zona eleitoral em seções eleitorais e a designação dos seus locais de instalação> a nomeação de mesários;

> O fornecimento de justificativas de ausência nas eleições àqueles que não comparecerem à votação; e

> O exercício do poder de polícia, previsto no art. 41, da Lei nº 9.504/97. (BARREIROS NETO, 2012, p. 134).

Atribuições

Entre as atribuições previstas no Código Eleitoral, salienta-se aquela que atribui aos juízes eleitorais a presidência do processo eleitoral, em que se destaca o acolhimento ou não do registro de candidaturas. (SPITZKOVSKY, 2013, p. 133)

Importante, ainda, destacar que cabe ao juiz eleitoral a indicação daqueles que irão compor as Juntas Eleitorais. (SPITZKOVSKY, 2013, p. 133)

Fique Ligado

Há diferença entre zona eleitoral, seção eleitoral e circunscrição eleitoral.

Zona eleitoral: corresponde ao espaço territorial sob jurisdição de um juiz eleitoral, podendo abranger mais de um município ou área inferior ao território municipal.

Seção eleitoral: subdivisão da zona eleitoral, correspondendo ao local onde os eleitores comparecem para votar. Em cada seção é instalada uma urna, na data da eleição (ou consulta popular).

Circunscrição: também é considerada uma divisão territorial, variando de acordo com o pleito. Por exemplo, nas eleições presidenciais (presidentes e vice-presidentes), a circunscrição corresponde a todo o país. Já nas eleições estaduais (governadores, vice-governadores, deputados federais, deputados estaduais e senadores), a circunscrição é todo o Estado da Federação. Por fim, nas eleições municipais (prefeitos, vice-prefeitos e vereadores), cada município corresponde a uma circunscrição. (BARREIROS NETO, 2012, p. 134).

Juntas Eleitorais (Arts. 12 a 41)

Em um breve resumo, o conteúdo do presente capítulo trata das Juntas Eleitorais (arts. 12 a 41, com as alterações da Constituição da República de 1988; do Decreto-Lei nº 441/69; da Lei Complementar nº 86/96 e da Lei nº 9.504/97 e alterações posteriores).

Composição das Juntas Eleitorais

A composição das Juntas Eleitorais vem definida pelo Código Eleitoral, em seu art. 36:

> ***Art. 36****. Compor-se-ão as juntas eleitorais de um juiz de direito, que será o presidente, e de 2 (dois) ou 4 (quatro) cidadãos de notória idoneidade.*

De acordo com o Código Eleitoral (arts. 36 a 41), também funcionarão na primeira instância da Justiça Eleitoral, as Juntas Eleitorais, compostas por:

> Um juiz de Direito, que a presidirá: não necessariamente será o juiz eleitoral da zona eleitoral respectiva, embora haja preferência por este.

> 2 (dois) ou 4 (quatro) cidadãos de notória idoneidade. Ocorreu uma falha na legislação ao não colocar o fiscal da lei, ou seja, o Ministério Público, como integrante das juntas eleitorais.

A composição prevista pelo legislador tem por objetivo assegurar que as decisões proferidas por esse órgão jamais resultem em um empate, tendo em vista a quantidade ímpar de integrantes.

Em uma mesma zona eleitoral, poderá ser organizada mais de uma Junta Eleitoral, podendo ser organizadas tantas juntas quantas permitir o número de juízes atuantes na área territorial correspondente à zona eleitoral.

Não confundir zona eleitoral com seção eleitoral. A Seção Eleitoral corresponde ao menor núcleo da organização da Justiça Eleitoral, contendo, cada uma, um número máximo de 400 (quatrocentos) eleitores.

Os membros das juntas eleitorais serão nomeados 60 dias antes da eleição, depois da aprovação do Tribunal Regional Eleitoral (TRE), pelo presidente deste.

Importante notar que a indicação dos membros que compõem a Junta Eleitoral é feita pelo juiz eleitoral, sendo necessária sua confirmação pelo Presidente do Tribunal Regional Eleitoral, no prazo de 60 (sessenta) dias anteriores ao da realização das eleições:

> ***Art. 36 § 1º*** *Os membros das juntas eleitorais serão nomeados 60 (sessenta) dias antes da eleição, depois de aprovação do Tribunal Regional, pelo presidente deste, a quem cumpre também designar-lhes a sede.*

Cabe também ao presidente do TRE designar a sede da Junta Eleitoral.

Dispõe o parágrafo 2º do mesmo artigo:

> ***Art. 36 § 2º*** *Até 10 (dez) dias antes da nomeação os nomes das pessoas indicadas para compor as juntas serão publicados no órgão oficial do Estado, podendo qualquer partido, no prazo de 3 (três) dias, em petição fundamentada, impugnar as indicações.*

Contudo, a nomeação dos integrantes dessas Juntas não se apresenta livre, sendo necessário o respeito aos limites impostos pelo legislador, conforme o seguinte dispositivo:

> ***Art. 36 § 3º*** *Não podem ser nomeados membros das Juntas, escrutinadores ou auxiliares:*
>
> *I. os candidatos e seus parentes, ainda que por afinidade, até o segundo grau, inclusive, e bem assim o cônjuge;*
>
> *II. os membros de diretorias de partidos políticos devidamente registrados e cujos nomes tenham sido oficialmente publicados;*
>
> *III. as autoridades e agentes policiais, bem como os funcionários no desempenho de cargos de confiança do Executivo;*
>
> *IV. os que pertencerem ao serviço eleitoral.*

Não podem ser nomeados membros das juntas eleitorais os candidatos e seus parentes, ainda que por afinidade, até o segundo grau, assim como o cônjuge; os membros de diretórios de partidos políticos, as autoridades e agentes policiais; funcionários no desempenho de cargos de confiança do Poder Executivo; além de servidores da Justiça Eleitoral.

Os membros da junta, entrando em exercício, gozam da garantia da inamovibilidade e demais prerrogativas comuns aos magistrados, no que for aplicável.

Competência das Juntas Eleitorais

As Juntas Eleitorais possuem por objetivo precípuo auxiliar o juiz eleitoral na apuração das eleições, conforme o que se observa no art. 40 da Lei nº 4.737/1965:

> ***Art. 40****. Compete à Junta Eleitoral;*
>
> *I. apurar, no prazo de 10 (dez) dias, as eleições realizadas nas zonas eleitorais sob a sua jurisdição.*
>
> *II. resolver as impugnações e demais incidentes verificados durante os trabalhos da contagem e da apuração;*
>
> *III. expedir os boletins de apuração mencionados no Art. 178;*
>
> *IV. expedir diploma aos eleitos para cargos municipais.*
>
> ***Parágrafo único****. Nos municípios onde houver mais de uma junta eleitoral a expedição dos diplomas será feita pela que for presidida pelo juiz eleitoral mais antigo, à qual as demais enviarão os documentos da eleição.*

Sendo assim, compete às Juntas Eleitorais, de acordo com o citado artigo:

> Apurar as eleições;

> Resolver as impugnações e demais incidentes verificados durante os trabalhos de contagem e apuração;

> Expedir os boletins de apuração, bem como os diplomas aos eleitos para cargos municipais (prefeito, vice-prefeito e vereadores).

A leitura do dispositivo acima transcrito bem demonstra que gradativamente essas Juntas Eleitorais vem perdendo espaço, na medida em que se implanta o sistema eletrônico de votação, subsistindo, tão somente, a competência para a expedição de diploma aos eleitos no pleito Municipal.

Nos municípios onde houver mais de uma junta eleitoral, a expedição dos diplomas do prefeito, vice-prefeito e vereadores eleitos será feita pela junta que for presidida pelo juiz eleitoral mais antigo.

Exercício Comentado

01. São fontes diretas do Direito Eleitoral, EXCETO:

a) Código Eleitoral.

b) Resoluções do Tribunal Superior Eleitoral.

c) A Lei das Inelegibilidades.

d) Constituição Federal.

RESPOSTA. ***A resposta certa é a alternativa "b". As resoluções emitidas pelo Tribunal Superior Eleitoral (TSE) figuram entre as fontes subsidiárias (ou indiretas) do Direito Eleitoral. Este tópico pode ser questionado em uma prova a partir da composição, membros das Juntas Eleitorais, além da expedição de diploma.***

Anotações

CAPÍTULO 02

Ministério Público Eleitoral: Atribuições

Durante a unidade, trabalharemos, em suma: "Ministério Público Eleitoral: atribuições", além de "órgãos, funções, garantias, deveres e impedimentos".

Os conteúdos mais relevantes serão: "Ministério Público Eleitoral: atribuições".

Noções

De acordo com o art. 127 da Constituição Federal:

> ***Art. 127.*** *O Ministério Público é instituição permanente, essencial à função jurisdicional do Estado, incumbindo-lhe a defesa da ordem jurídica, do regime democrático e dos interesses sociais e individuais indisponíveis.*

No âmbito do Direito Eleitoral, o Ministério Público também atua, em todas as fases e instâncias do processo eleitoral. (BARREIROS NETO, 2012, p. 138).

Embora dotado de grande relevância para a garantia do processo eleitoral, a existência do Ministério Público não está expressamente prevista na Constituição de 1988. (BARREIROS NETO, 2012, p. 138).

Conforme disposto no art. 128 da Carta Magna:

> ***Art. 128.*** *O Ministério Público abrange:*
>
> *I. o Ministério Público da União, que compreende:*
>
> *a) o Ministério Público Federal;*
>
> *b) o Ministério Público do Trabalho;*
>
> *c) o Ministério Público Militar;*
>
> *d) o Ministério Público do Distrito Federal e Territórios;*
>
> *II. os Ministérios Públicos dos Estados.*

Este fato não exclui a existência e importância do Ministério Público Eleitoral, cuja previsão de funcionamento encontra-se na Lei Complementar nº 75, de 20/05/1993 (Lei Orgânica do Ministério Público da União), e, residualmente, no próprio Código Eleitoral, nos arts. 18, 24 e 27, a seguir transcritos:

> ***Art. 18.*** *Exercerá as funções de Procurador Geral, junto ao Tribunal Superior Eleitoral, o Procurador Geral da República, funcionando, em suas faltas e impedimentos, seu substituto legal.*
>
> ***Parágrafo único.*** *O Procurador Geral poderá designar outros membros do Ministério Público da União, com exercício no Distrito Federal, e sem prejuízo das respectivas funções, para auxiliá-lo junto ao Tribunal Superior Eleitoral, onde não poderão ter assento.*
>
> ***Art. 24.*** *Compete ao Procurador Geral, como Chefe do Ministério Público Eleitoral;*
>
> *I. assistir às sessões do Tribunal Superior e tomar parte nas discussões;*
>
> *II. exercer a ação pública e promovê-la até final, em todos os feitos de competência originária do Tribunal;*
>
> *III. oficiar em todos os recursos encaminhados ao Tribunal;*
>
> *IV. manifestar-se, por escrito ou oralmente, em todos os assuntos submetidos à deliberação do Tribunal, quando solicitada sua audiência por qualquer dos juízes, ou por iniciativa sua, se entender necessário;*
>
> *V. defender a jurisdição do Tribunal;*
>
> *VI. representar ao Tribunal sobre a fiel observância das leis eleitorais, especialmente quanto à sua aplicação uniforme em todo o País;*
>
> *VII. requisitar diligências, certidões e esclarecimentos necessários ao desempenho de suas atribuições;*
>
> *VIII. expedir instruções aos órgãos do Ministério Público junto aos Tribunais Regionais;*
>
> *IX. acompanhar, quando solicitado, o Corregedor Geral, pessoalmente ou por intermédio de Procurador que designe, nas diligências a serem realizadas.*
>
> ***Art. 27.*** *Servirá como Procurador Regional junto a cada Tribunal Regional Eleitoral o Procurador da República no respectivo Estado e, onde houver mais de um, aquele que for designado pelo Procurador Geral da República.*
>
> *§ 1º No Distrito Federal, serão as funções de Procurador Regional Eleitoral exercidas pelo Procurador Geral da Justiça do Distrito Federal.*
>
> *§ 2º Substituirá o Procurador Regional, em suas faltas ou impedimentos, o seu substituto legal.*
>
> *§ 3º Compete aos Procuradores Regionais exercer, perante os Tribunais junto aos quais servirem, as atribuições do Procurador Geral.*
>
> *§ 4º Mediante prévia autorização do Procurador Geral, podendo os Procuradores Regionais requisitar, para auxiliá-los nas suas funções, membros do Ministério Público local, não tendo estes, porém, assento nas sessões do Tribunal.*

Conforme previsão do art. 72, da Lei Complementar nº 75, de 20/05/1993 (Lei Orgânica do Ministério Público da União):

> ***Art. 72.*** *Compete ao Ministério Público Federal exercer, no que couber, junto à Justiça Eleitoral, as funções do Ministério Público, atuando em todas as fases e instâncias do processo eleitoral.*
>
> ***Parágrafo único.*** *O Ministério Público Federal tem legitimação para propor, perante o juízo competente, as ações para declarar ou decretar a nulidade de negócios jurídicos ou atos da administração pública, infringentes de vedações legais destinadas a proteger a normalidade e a legitimidade das eleições, contra a influência do poder econômico ou o abuso do poder político ou administrativo.*

Assim como a Justiça Eleitoral, o Ministério Público é dotado de peculiaridades, não contando com um quadro próprio de agentes políticos e servidores de carreira.(BARREIROS NETO, 2012, p. 138).

Cabe ao Ministério Público Federal, e, residualmente, aos Ministérios Públicos dos Estados, o exercício das atribuições do Ministério Público Eleitoral. (BARREIROS NETO, 2012, p. 138).

Atribuições (e Organização)

Nas zonas eleitorais, junto aos juízes e juntas eleitorais, oficiam promotores de justiça estaduais, que acumulam às suas atribuições cotidianas aquelas inerentes ao Ministério Público Eleitoral. (BARREIROS NETO, 2012, p. 141).

Segundo o art. 79, *caput* e parágrafo único, da Lei Complementar n.º 75/1993:

> ***Art. 79.*** *O Promotor Eleitoral será o membro do Ministério Público local que oficie junto ao Juízo incumbido do serviço eleitoral de cada Zona.*
>
> ***Parágrafo único.*** *Na inexistência de Promotor que oficie perante a Zona Eleitoral, ou havendo*

impedimento ou recusa justificada, o Chefe do Ministério Público local indicará ao Procurador Regional Eleitoral o substituto a ser designado.

O Conselho Nacional do Ministério Público (CNMP), com o intuito de esclarecer e definir os parâmetros de escolha dos membros dos Ministérios Públicos Estaduais, que atuarão como promotores eleitorais, junto aos juízes e juntas eleitorais, baixou a Resolução n.º 30, de 19/05/2008, estabelecendo o seguinte procedimento (BARREIROS NETO, 2012, p. 141):

> ***Art. 1º*** *Para os fins do art. 79 da Lei Complementar nº 75/93, a designação de membros do Ministério Público de primeiro grau para exercer função eleitoral perante a Justiça Eleitoral de primeira instância, observará o seguinte:*
>
> *I. a designação será feita por ato do Procurador Regional Eleitoral, com base em indicação do Chefe do Ministério Público local;*
>
> *II. a indicação feita pelo Procurador-Geral de Justiça do Estado recairá sobre o membro lotado em localidade integrante de zona eleitoral que por último houver exercido a função eleitoral;*
>
> *III. nas indicações e designações subsequentes, obedecer-se-á, para efeito de titularidade ou substituição, à ordem decrescente de antiguidade na titularidade da função eleitoral, prevalecendo, em caso de empate, a antiguidade na zona eleitoral;*
>
> *IV. a designação será feita pelo prazo ininterrupto de dois anos, nele incluídos os períodos de férias, licenças e afastamentos, admitindo-se a recondução apenas quando houver um membro na circunscrição da zona eleitoral;*
>
> ***§1º*** *- Não poderá ser indicado para exercer a função eleitoral o membro do Ministério Público:*
>
> *I. lotado em localidade não abrangida pela zona eleitoral perante a qual este deverá oficiar, salvo em caso de ausência, impedimento ou recusa justificada, e quando ali não existir outro membro desimpedido;*
>
> *II. que se encontrar afastado do exercício do ofício do qual é titular, inclusive quando estiver exercendo cargo ou função de confiança na administração superior da Instituição, ou*
>
> *III. que estiver respondendo a processo administrativo disciplinar por atraso injustificado no serviço.*
>
> ***§2º*** *Em caso de ausência, impedimento ou recusa justificada, terá preferência, para efeito de indicação e designação, o membro do Ministério Público que, sucessivamente, exercer suas funções:*
>
> *I. na sede da respectiva zona eleitoral;*
>
> *II. em município que integra a respectiva zona eleitoral;*
>
> *III. em comarca contígua à sede da zona eleitoral.*
>
> ***Art. 5º*** *As investiduras em função eleitoral não ocorrerão em prazo inferior a noventa dias da data do pleito eleitoral e não cessarão em prazo inferior a noventa dias após a eleição, devendo ser providenciadas pelo Procurador Regional Eleitoral as prorrogações eventualmente necessárias à observância deste preceito.*
>
> ***§2º*** *Fica vedada a fruição de férias ou licença voluntária do promotor eleitoral no período de noventa dias que antecedem o pleito até quinze dias após a diplomação dos eleitos.*

Por sua vez, junto aos Tribunais Regionais Eleitorais (TRE's), oficiam os Procuradores Regionais Eleitorais, um para cada Tribunal Regional Eleitoral (TRE), a quem incumbe exercer as funções do Ministério Público nas causas de competência do Tribunal Regional Eleitoral (TRE) respectivo, além de dirigir, no Estado, as atividades do setor. (BARREIROS NETO, 2012, p. 143).

O dito Procurador Regional Eleitoral, juntamente com o seu substituto, será designado pelo Procurador-Geral Eleitoral, dentre os Procuradores Regionais da República no Estado e no Distrito Federal, ou, onde não houver, dentre os Procuradores da República vitalícios, para um mandato de 2 (dois) anos, podendo ser reconduzido uma vez e destituído, antes do término do mandato, por iniciativa do Procurador-Geral Eleitoral, anuindo a maioria absoluta do Conselho Superior do Ministério Público Federal. (BARREIROS NETO, 2012, p. 143).

Finalmente, junto ao Tribunal Superior Eleitoral (TSE), atua o Procurador-Geral Eleitoral, que será o próprio Procurador-Geral da República (chefe do Ministério Público da União), a quem compete exercer as funções do Ministério Público nas causas de competência do Tribunal Superior Eleitoral (TSE). (BARREIROS NETO, 2012, p. 143).

O Procurador-Geral Eleitoral designará, dentre os Subprocuradores-Gerais da República, o Vice-Procurador-Geral Eleitoral, que o substituirá em seus impedimentos e exercerá o cargo em caso de vacância, até o provimento definitivo. Além deste, o Procurador-Geral poderá designar, por necessidade de serviço, membros do Ministério Público Federal para oficiarem, com sua aprovação, perante o Tribunal Superior Eleitoral (TSE). (BARREIROS NETO, 2012, p. 143).

→ Incumbe ao Procurador-Geral Eleitoral:

- > Designar o Procurador Regional Eleitoral em cada Estado e no Distrito Federal;
- > Acompanhar os procedimentos do Corregedor--Geral Eleitoral;
- > Dirimir conflitos de atribuições;
- > Requisitar servidores da União e de suas autarquias, quando o exigir a necessidade do serviço, sem prejuízo dos direitos e vantagens inerentes ao exercício de seus cargos ou empregos. (BARREIROS NETO, 2012, p. 144).

Funções (ou Atividades)

As principais atividades desempenhadas pelo Ministério Público Eleitoral, em cada fase do pleito, são:

→ Fase probatória do pleito:

- > Opinar em todos os processos de pedidos de registro de candidaturas, inclusive promovendo impugnações;
- > Fiscalizar o exercício da propaganda política, zelando pelo cumprimento da lei eleitoral;
- > Acompanhar o processo de nomeação de mesários e de membros das juntas eleitorais;
- > Ajuizar Ação de Investigação Judicial Eleitoral.

→ Fase da eleição (dia do pleito):

- > Impugnar atuação de mesário, fiscal ou delegado de partido político;
- > Fiscalizar a entrega das urnas;
- > Opinar, oralmente ou por escrito, em todos os casos surgidos nesse dia, em sua esfera de atribuição.

→ Fase de apuração:

> Fiscalizar a instalação de junta eleitoral;

> Acompanhar a apuração dos votos;

> Zelar pela concessão do direito de ampla fiscalização do processo pelos partidos políticos;

> Impugnar votos ou urnas;

> Atuar como fiscal da lei (*custos legis*).

→ Fase da diplomação:

> Fiscalizar a expedição dos diplomas eleitorais;

> Ajuizar Ação de Impugnação de Mandato Eletivo e Recurso contra a Diplomação. (BARREIROS NETO, 2012, p. 144).

Garantias e Impedimentos

As garantias e impedimentos surgem para a preservação das atribuições do cargo, de forma a impedir que os integrantes do Ministério Público possam tirar proveito do seu exercício. (SPITZKOVSKY, 2013, p. 144).

Portanto, estas garantias e impedimentos só subsistem enquanto estiverem eles no exercício das atribuições do cargo, sendo as mesmas do Ministério Público em geral (SPITZKOVSKY, 2013, p. 144).

Garantias

As garantias estão previstas no art. 128, § 5º, inciso I, do texto constitucional, a seguir:

> ***Art. 128 § 5º*** *- Leis complementares da União e dos Estados, cuja iniciativa é facultada aos respectivos Procuradores-Gerais, estabelecerão a organização, as atribuições e o estatuto de cada Ministério Público, observadas, relativamente a seus membros:*
>
> *I. as seguintes garantias:*
>
> *a) vitaliciedade, após dois anos de exercício, não podendo perder o cargo senão por sentença judicial transitada em julgado;*
>
> *b) inamovibilidade, salvo por motivo de interesse público, mediante decisão do órgão colegiado competente do Ministério Público, pelo voto da maioria absoluta de seus membros, assegurada ampla defesa; (Redação dada pela Emenda Constitucional nº 45, de 2004)*
>
> *c) irredutibilidade de subsídio, fixado na forma do art. 39, § 4º, e ressalvado o disposto nos arts. 37, X e XI, 150, II, 153, III, 153, § 2º, I; (Redação dada pela Emenda Constitucional nº 19, de 1998)*

Vitaliciedade

Trata-se de garantia atribuída aos integrantes da carreira, que lhes assegura a permanência no cargo após a aprovação em estágio probatório de 2 (dois) anos. (SPITZKOVSKY, 2013, p. 144).

Importante destacar que essa garantia no campo eleitoral apresenta-se com perfil diferenciado, tendo em vista a configuração de mandato com prazo determinado, a teor do disposto no art. 121, § 2º, da Constituição Federal de 1988 (SPITZKOVSKY, 2013, p. 145):

> ***Art. 121.*** *Lei complementar disporá sobre a organização e competência dos tribunais, dos juízes de direito e das juntas eleitorais.*
>
> ***§ 2º*** *- Os juízes dos tribunais eleitorais, salvo motivo justificado, servirão por dois anos, no mínimo, e nunca por mais de dois biênios consecutivos, sendo os substitutos escolhidos na mesma ocasião e pelo mesmo processo, em número igual para cada categoria.*

Importante lembrar, ainda, que a perda do cargo, ao contrário do que se verifica nas hipóteses de estabilidade, só terá lugar por sentença judicial transitada em julgado. (SPITZKOVSKY, 2013, p. 145).

Inamovibilidade

Trata-se de garantia conferida aos integrantes da carreira, que impede, regra geral, sejam transferidos compulsoriamente (obrigatoriamente) do local em que exercem as suas atribuições. (SPITZKOVSKY, 2013, p. 145).

Oportuno citar que a Constituição consignou exceção a essa regra geral, desde que observadas as formalidades por ela estabelecidas, por razões de interesse público e mediante quórum de maioria absoluta do órgão colegiado competente. (SPITZKOVSKY, 2013, p. 145).

Irredutibilidade de Subsídio

Cuida-se da garantia atribuída aos integrantes da carreira com o objetivo de evitar o comprometimento do exercício das suas atribuições em decorrência de redução na remuneração. (SPITZKOVSKY, 2013, p. 145).

Importante lembrar que o conceito de subsídio impede a percepção de vantagens, a teor do disposto no art. 39, § 4º, da Constituição Federal de 1988, como se vê adiante:

> ***Art. 39 § 4º*** *O membro de Poder, o detentor de mandato eletivo, os Ministros de Estado e os Secretários Estaduais e Municipais serão remunerados exclusivamente por subsídio fixado em parcela única, vedado o acréscimo de qualquer gratificação, adicional, abono, prêmio, verba de representação ou outra espécie remuneratória, obedecido, em qualquer caso, o disposto no art. 37, X e XI. (Incluído pela Emenda Constitucional nº 19, de 1998)*

Impedimentos

Os impedimentos incidem sobre os integrantes da carreira, com o objetivo de evitar que eles possam tirar proveito pessoal dos cargos que titularizam. (SPITZKOVSKY, 2013, p. 146).

Encontram-se relacionados no art. 128, § 5º, inciso II, da Constituição Federal, que se confere adiante:

> ***Art. 128 § 5º*** *- Leis complementares da União e dos Estados, cuja iniciativa é facultada aos respectivos Procuradores-Gerais, estabelecerão a organização, as atribuições e o estatuto de cada Ministério Público, observadas, relativamente a seus membros:*
>
> ***§ 5º II*** *- as seguintes vedações:*
>
> *a) receber, a qualquer título e sob qualquer pretexto, honorários, percentagens ou custas processuais;*
>
> *b) exercer a advocacia;*
>
> *c) participar de sociedade comercial, na forma da lei;*
>
> *d) exercer, ainda que em disponibilidade, qualquer outra função pública, salvo uma de magistério;*
>
> *e) exercer atividade político-partidária; (Redação dada pela Emenda Constitucional nº 45, de 2004)*
>
> *f) receber, a qualquer título ou pretexto, auxílios ou contribuições de pessoas físicas, entidades públicas ou privadas, ressalvadas as exceções previstas em lei. (Incluída pela Emenda Constitucional nº 45, de 2004)*

Percepção de Custas

Esta vedação impede que os integrantes da carreira possam tirar qualquer proveito pecuniário nos processos em que atuam. (SPITZKOVSKY, 2013, p. 146).

Exercício da Advocacia

Esta proibição resulta da impossibilidade de se compatibilizar o exercício da advocacia com o papel de preservação dos interesses da coletividade, assumido pelo Ministério Público. (SPITZKOVSKY, 2013, p. 146).

No entanto, ao contrário do que se verifica em relação à Magistratura, a proibição quanto ao exercício da advocacia não se estende para o período de tempo posterior ao afastamento do cargo, quer em razão de aposentadoria, quer em razão de exoneração. (SPITZKOVSKY, 2013, p. 146).

Participação em Sociedade Comercial

A participação em sociedades comerciais, em razão do posicionamento do Ministério Público em nosso ordenamento jurídico, por certo se revelaria conflitante, em razão dos interesses envolvidos. (SPITZKOVSKY, 2013, p. 146).

Acumulação de Cargos e Funções

Da mesma forma que em relação aos integrantes da Magistratura, a Constituição veda a possibilidade de acumulação de cargos ou funções em relação aos integrantes do Ministério Público, excepcionando a situação envolvendo as atribuições de Magistério. (SPITZKOVSKY, 2013, p. 146).

Em que pese a ausência de qualquer referência na Constituição Federal, art. 128, § 5º, inciso II, alínea "d", para que essa acumulação possa ter lugar, há a necessidade de configuração de compatibilidade de horários. (SPITZKOVSKY, 2013, p. 146).

Exercício de Atividade Político-partidária

Até a promulgação da Emenda Constitucional n.º 45/2004, os membros do Ministério Público tinham apenas o impedimento de filiação partidária. (SPITZKOVSKY, 2013, p. 147).

Com sua promulgação, houve uma importante inovação, equiparando o Ministério Público à Magistratura. (SPITZKOVSKY, 2013, p. 147).

Atualmente, encontram-se os integrantes do Ministério Público equiparados aos integrantes da Magistratura, não se podendo cogitar de qualquer participação durante a campanha eleitoral, quer para apoiar, quer para criticar qualquer candidato. (SPITZKOVSKY, 2013, p. 147).

Exercício Comentado

01. ***Acerca das atribuições do MP Eleitoral, assinale a opção correta.***

a) ***Em se tratando de eleição para deputado estadual, apenas o procurador regional eleitoral, promotor natural com atribuição para atuar perante as juntas eleitorais nesse tipo de eleição, poderá interpor o recurso parcial.***

b) ***O prazo para o MP interpor e arrazoar recurso contra a expedição de diploma é de seis dias.***

c) ***A legitimidade para interpor recurso contra a expedição de diploma de senador é do procurador-geral eleitoral.***

d) ***O procurador regional eleitoral originalmente possui legitimidade para interpor recursos contra a expedição de diploma de vereador.***

e) ***Tendo a junta eleitoral decidido pela impugnação, o MP poderá interpor, imediatamente, por escrito ou verbalmente, recurso ao tribunal regional eleitoral.***

RESPOSTA. ***A resposta certa é a alternativa "e".***

RESPOSTA. ***"A" O recurso parcial é o recurso oponível às juntas eleitorais quando estas houverem decidido sobre urnas, cédulas e votos. A legitimidade para a sua interposição é concorrente entre o Ministério Público (MP), candidatos e partidos políticos (por meio de seus delegados e fiscais).***

RESPOSTA. ***"B" O prazo para interposição do recurso, previsto no art. 258 do Código Eleitoral, será de 3 (três) dias, e não 6 (seis), com termo inicial no primeiro dia subsequente à data marcada para sessão solene de diplomação, por aplicação subsidiária do art. 184 do Código de Processo Civil, conforme já decidiu o Tribunal Superior Eleitoral (TSE).***

RESPOSTA. ***"C" A legitimidade para interpor o recurso contra a expedição de diploma é concorrente entre o Ministério Público (MP),candidatos e partidos políticos (por meio de seus delegados e fiscais).***

RESPOSTA. ***"D" Tem legitimidade para a interposição de recursos contra a expedição de diploma de vereador o Ministério Público (membro do MP Eleitoral), candidatos e partidos políticos (por meio de seus delegados e fiscais).***

Anotações

CAPÍTULO 03

Alistamento Eleitoral: Da Qualificação e Inscrição (Arts. 42 a 50)

Durante a unidade, trabalharemos, em suma: "Alistamento eleitoral: Da Qualificação e Inscrição (arts. 42 a 50); Ato e efeitos da inscrição; Da Segunda Via".

Os conteúdos mais relevantes serão: "Da Qualificação e Inscrição (arts. 42 a 50)".

Noções

Sobre o alistamento diz o art. 42 do Código Eleitoral:

> ***Art. 42****. O alistamento se faz mediante a qualificação e inscrição do eleitor.*

→ O alistamento, portanto, é feito mediante:

- > Qualificação; e
- > Inscrição do eleitor. (BARROS, 2013, p. 27).

Por sua vez, estabelece o parágrafo único do mesmo artigo:

> ***Parágrafo único****. Para o efeito da inscrição, é domicílio eleitoral o lugar de residência ou moradia do requerente, e, verificado ter o alistando mais de uma, considerar-se-á domicílio qualquer delas.*

Da Qualificação

Segundo Barros (2013, p. 27), qualificação "é o ato ou efeito de qualificar-se; é a comprovação de informações para preencher requisitos para determinado ato".

Da Inscrição

Já a inscrição, de acordo com o mesmo autor, é "o ato de inscrever alguém ou de se inscrever".

Neste caso, a ação de inscrever cabe ao juiz eleitoral que verificará as condições de qualificação e deferirá o pedido, determinando a inscrição do eleitor na listagem geral de eleitores. (CÂNDIDO BARROS, 2013, p. 27).

O alistamento Eleitoral

O alistamento é a consumação da inscrição, é o resultado das 2 (duas) etapas iniciais do processo: 1) qualificação e 2) inscrição. (BARROS, 2013, p. 27).

→ A título de observações:

- > O alistamento eleitoral é condição singular de elegibilidade.
- > Uma vez realizado o alistamento eleitoral pelo processo eletrônico de dados, será cancelada a inscrição do eleitor que:
  - » Não votar em 3 (três) eleições consecutivas;
  - » Não pagar a multa; ou
  - » Não se justificar no prazo de 6 (seis) meses, a contar da data da última eleição a que deveria ter comparecido (Lei nº 7.663/1988).

De acordo com o art. 43 do Código Eleitoral:

> ***Art. 43****. O alistando apresentará em cartório ou local previamente designado, requerimento em fórmula que obedecerá ao modelo aprovado pelo Tribunal Superior.*

Fique Ligado

Posicionamento do TSE – Resolução nº 21.538/2003/TSE, arts. 4º a 8º: "Para alistamento eleitoral, transferência, revisão ou segunda via, será utilizado o Requerimento de Alistamento Eleitoral (RAE)". (BARROS, 2013, p. 28).

Tipos de Alistamento

→ O alistamento eleitoral é:

- > em regra, obrigatório para:
  - » maiores de 18 (dezoito) anos;
- > facultativo para:
  - » analfabetos;
  - » maiores de 70 (setenta) anos;
  - » maiores de 16 (dezesseis) anos e menores de 18 (dezoito) anos.

Inalistáveis

Os inalistáveis estão elencados no Código Eleitoral, art. 5º, incisos I a III:

> ***Art. 5º*** *Não podem alistar-se eleitores:*
>
> *I. os analfabetos; (Vide art. 14, § 1º, II, "a", da Constituição/88);*
>
> *II. os que não saibam exprimir-se na língua nacional;*
>
> *III. os que estejam privados, temporária ou definitivamente dos direitos políticos.*
>
> ***Parágrafo único*** *- Os militares são alistáveis, desde que oficiais, aspirantes a oficiais, guardas-marinha, subtenentes ou suboficiais, sargentos ou alunos das escolas militares de ensino superior para formação de oficiais.*

O Naturalizado Brasileiro e o Alistamento

A regra do art. 8º do Código Eleitoral permanece. Segundo ela, o naturalizado brasileiro deverá se alistar 1 (um) ano após a aquisição de nacionalidade, sob pena de multa:

> ***Art. 8º*** *O brasileiro nato que não se alistar até os 19 anos ou o naturalizado que não se alistar até um ano depois de adquirida a nacionalidade brasileira, incorrerá na multa de 3 (três) a 10 (dez) por cento sobre o valor do salário-mínimo da região, imposta pelo juiz e cobrada no ato da inscrição eleitoral através de selo federal inutilizado no próprio requerimento. (Redação dada pela Lei nº 4.961, de 1966)(Vide Lei nº 5.337,1967) (Vide Lei nº 5.780, de 1972) (Vide Lei nº 6.018, de 1974) (Vide Lei nº 7.373, de 1985)*

De outro lado, não se aplicará a pena, no caso do parágrafo único do mesmo artigo:

> ***Parágrafo único****. Não se aplicará a pena ao não alistado que requerer sua inscrição eleitoral até o centésimo primeiro dia anterior à eleição subsequente à data em que completar dezenove anos. (Incluído pela Lei nº 9.041, de 1995)*

Exceções Quanto à Obrigatoriedade do Alistamento

De acordo com Ribeiro (BARROS, 2013, p. 29), "as exceções são os inválidos, os maiores de 70 anos, os que se encontrem fora do país, os analfabetos e os maiores de 16 e menores de 18 anos".

Assim preconiza o art. 6º do Código Eleitoral:

> ***Art. 6º*** *O alistamento e o voto são obrigatórios para os brasileiros de um e outro sexo, salvo:*
>
> *I. quanto ao* ***alistamento****:*
>
> *a) os* ***inválidos****;*
>
> *b) os* ***maiores de setenta anos****;*
>
> ***c) os que se encontrem fora do país.***

Do Requerimento de Alistamento

Segundo o Código Eleitoral, art. 44, o requerimento, acompanhado de 3 (três) fotos, será instruído com um dos seguintes documentos:

> ***Art. 44.*** *O requerimento, acompanhado de* ***3 (três) retratos,*** *será instruído com um dos seguintes documentos, que não poderão ser supridos mediante justificação:*

Com relação à expressão grifada, a Lei nº 7.444/1985, em seu art. 5º, § 4º, c/c o art. 1º, *caput*, dispensa as fotografias no alistamento por processamento eletrônico.

> *I. carteira de identidade expedida pelo órgão competente do* ***Distrito Federal ou dos Estados;***

Com relação às palavras grifadas, a Lei nº 7.444/1985, art. 5º, § 2º, traz apenas "carteira de identidade expedida pelo órgão competente".

> *II. certificado de quitação do serviço militar;*
>
> *III. certidão de idade extraída do Registro Civil;*

A Lei nº 7.444/1985, no mesmo art. 5º, § 2º, completa o inciso III acima citado, quando admite a "carteira emitida pelos órgãos criados por lei federal, controladores do exercício profissional".

> *IV. instrumento público do qual se infira, por direito ter o requerente* ***idade superior a dezoito anos*** *e do qual conste, também, os demais elementos necessários à sua qualificação;*

Com relação às palavras grifadas, a Constituição Federal, no art. 14, § 1º, inciso II, admite o alistamento facultativo aos maiores de 16 (dezesseis) e menores de 18 (dezoito) anos.

> *V. documento do qual se infira a nacionalidade brasileira,* ***originária ou adquirida,*** *do requerente.*

A Lei nº 6.192/1974, que dispõe sobre restrições a brasileiros naturalizados, estabelece em seus arts. 1º e 4º:

> ***Art. 1º*** *É vedada qualquer distinção entre brasileiros natos e naturalizados.*
>
> ***Art. 4º*** *Nos documentos públicos, a indicação da nacionalidade brasileira alcançada mediante naturalização far-se-á sem referência a esta circunstância.*

Fique Ligado

Posicionamento do TSE – Resolução nº 21.385/2003/TSE: "Inexigibilidade de prova de opção de nacionalidade brasileira para fins de alistamento eleitoral, não prevista na legislação pertinente".

→ A título de observações:

Estabelece o Código Eleitoral, art. 44, parágrafo único:

> ***Parágrafo único.*** *Será devolvido o requerimento que não contenta os dados constantes do modelo oficial, na mesma ordem, e em caracteres inequívocos.*

Preconiza o art. 45 do mesmo Código:

> ***Art. 45.*** *O escrivão, o funcionário ou o preparador recebendo a fórmula e documentos determinará que o alistando date e assine a petição e em ato contínuo atestará terem sido a data e a assinatura lançados na sua presença; em seguida, tomará a assinatura do requerente na folha individual de votação" e nas duas vias do título eleitoral, dando recibo da petição e do documento.*
>
> ***§ 1º*** *O requerimento será submetido ao despacho do juiz nas 48 (quarenta e oito), horas seguintes.*
>
> ***§ 2º*** *Poderá o juiz, se tiver dúvida quanto a identidade do requerente ou sobre qualquer outro requisito para o alistamento, converter o julgamento em diligência para que o alistando esclareça ou complete a prova ou, se for necessário, compareça pessoalmente à sua presença.*
>
> ***§ 3º*** *Se se tratar de qualquer omissão ou irregularidade que possa ser sanada, fixará o juiz para isso prazo razoável.*
>
> ***§ 4º*** *Deferido o pedido, no prazo de cinco dias, o título e o documento que instruiu o pedido serão entregues pelo juiz, escrivão, funcionário ou preparador. A entrega far-se-á ao próprio eleitor, mediante recibo, ou a quem o eleitor autorizar por escrito o recebimento, cancelando-se o título cuja assinatura não for idêntica à do requerimento de inscrição e à do recibo. (Redação dada pela Lei nº 4.961, de 1966)*

O recibo será obrigatoriamente anexado ao processo eleitoral, incorrendo o juiz que não o fizer na multa de um a cinco salários-mínimos regionais na qual incorrerão ainda o escrivão, funcionário ou preparador, se responsáveis bem como qualquer deles, se entregarem ao eleitor o título cuja assinatura não for idêntica à do requerimento de inscrição e do recibo ou o fizerem a pessoa não autorizada por escrito. (Redação dada pela Lei nº 4.961, de 1966)

Ao revogar o inciso XI do art. 30 e o inciso VII do art. 35, além dos arts. 62 a 65 e 294 do Código Eleitoral, o art. 14 da Lei nº 8.868/1994 torna sem efeito a menção ao preparador.

Além disso, conforme a Lei nº 7.444/1985, art. 5º, § 1º, no caso de analfabeto, será colhida a impressão digital do polegar direito.

> ***§ 5º*** *A restituição de qualquer documento não poderá ser feita antes de despachado o pedido de alistamento pelo juiz eleitoral.*
>
> ***§ 6º*** *Quinzenalmente o juiz eleitoral fará publicar pela imprensa, onde houver ou por editais, a lista dos pedidos de inscrição, mencionando os deferidos, os indeferidos e os convertidos em diligência, contando-se dessa publicação o prazo para os recursos a que se refere o parágrafo seguinte.*
>
> ***§ 7º*** *Do despacho que indeferir o requerimento de inscrição caberá recurso interposto pelo alistando, e do que o deferir poderá recorrer qualquer delegado de partido.*

A Lei nº 6.996/1982, art. 7º, § 1º, estabelece, nos casos de inscrição originária ou de transferência, que o prazo para interposição de recurso pelo alistando é de 5 (cinco) dias e pelo delegado de partido é de 10 (dez) dias.

> ***§ 8º*** *Os recursos referidos no parágrafo anterior serão julgados pelo Tribunal Regional Eleitoral dentro de 5 (cinco) dias.*
>
> ***§ 9º*** *Findo esse prazo, sem que o alistando se manifeste, ou logo que seja desprovido o recurso em instância superior, o juiz inutilizará a* ***folha individual de votação*** *assinada pelo requerente, a qual ficará fazendo parte integrante do processo e não poderá, em qualquer tempo, ser substituída, nem dele retirada, sob pena de incorrer o responsável nas sanções previstas no Art. 293.*

O art. 293 do Código Eleitoral estabelece *in verbis*:

> ***Art. 293.*** *Perturbar ou impedir de qualquer forma o alistamento:*
>
> ***Pena*** *- Detenção de 15 dias a seis meses ou pagamento de 30 a 60 dias-multa.*

A Lei nº 6.996/1982, art. 12, substituiu a folha individual de votação por listas de eleitores emitidas por computador no processamento eletrônico de dados.

*§ 10. No caso de indeferimento do pedido, o Cartório devolverá ao requerente, mediante recibo, as **fotografias** e o documento com que houver instruído o seu requerimento.*

O assunto fotografias já foi abordado no comentário feito acima ao § 1º, do art. 44, do Código Eleitoral.

*§ 11. O título eleitoral e a **folha individual** de votação somente serão assinados pelo juiz eleitoral depois de preenchidos pelo cartório e de deferido o pedido, sob as penas do artigo 293. (Redação dada pela Lei nº 4.961, de 1966)*

O assunto folha individual de votação já foi abordado no comentário feito acima ao § 9º, do art. 44, do Código Eleitoral.

§ 12. É obrigatória a remessa ao Tribunal Regional da ficha do eleitor, após a expedição do seu título. (Incluído pela Lei nº 4.961, de 1966)

O Código Eleitoral dispõe ainda sobre o alistamento dos cegos:

Art. 49. Os cegos alfabetizados pelo sistema "Braille", que reunirem as demais condições de alistamento, podem qualificar-se mediante o preenchimento da fórmula impressa e a aposição do nome com as letras do referido alfabeto.

§ 1º De forma idêntica serão assinadas a folha individual de votação e as vias do título.

§ 2º Esses atos serão feitos na presença também de funcionários de estabelecimento especializado de amparo e proteção de cegos, conhecedor do sistema "Braille", que subscreverá, com o Escrivão ou funcionário designado, a seguinte declaração a ser lançada no modelo de requerimento; "Atestamos que a presente fórmula bem como a folha individual de votação e vias do título foram subscritas pelo próprio, em nossa presença".

Art. 50. O juiz eleitoral providenciará para que se proceda ao alistamento nas próprias sedes dos estabelecimentos de proteção aos cegos, marcando previamente, dia e hora para tal fim, podendo se inscrever na zona eleitoral correspondente todos os cegos do município.

§ 1º Os eleitores inscritos em tais condições deverão ser localizados em uma mesma seção da respectiva zona.

§ 2º Se no alistamento realizado pela forma prevista nos artigos anteriores, o número de eleitores não alcançar o mínimo exigido, este se completará com a inclusão de outros ainda que não sejam cegos.

~~Art. 51. Nos estabelecimentos de internação coletiva de hansenianos somente poderão ser alistados como eleitores do município os doentes que, antes do internamento, residiam no território do município.~~ (Revogado pela Lei nº 7.914, de 1989)

~~§ 1º O internado que já era eleitor na sua zona de residência continuará inscrito nessa zona.~~ (Revogado pela Lei nº 7.914, de 1989)

~~§ 2º Se a zona de origem do internado for do próprio Estado em que estiver localizado o Sanatório, o eleitor votará nas eleições de âmbito nacional e estadual; se de outro Estado, apenas nas eleições de âmbito nacional, feita, em qualquer caso, a devida comunicação ao juiz da zona de origem.~~ (Revogado pela Lei nº 7.914, de 1989)

~~§ 3º Se o internado não estava alistado na sua zona de residência, o requerimento feito no Sanatório será enviado, por intermédio do juiz eleitoral, ao juízo da zona de origem, que, após processá-lo, remeterá o título para ser entregue ao eleitor.~~ (Revogado pela Lei nº 7.914, de 1989)

Aos partidos políticos é lícito, por seus delegados, acompanhar os processos de inscrição e examinar, sem perturbação do serviço e em presença dos servidores designados, os documentos relativos ao alistamento eleitoral, podendo deles tirar cópias. (BARROS, 2013, p. 33).

Da Segunda Via

No que diz respeito à segunda via do título de eleitor, dispõe o art. 52, *caput*, do Código Eleitoral, *in verbis*:

Capítulo I - Da Segunda Via

Art. 52. No caso de perda ou extravio de seu título, requererá o eleitor ao juiz do seu domicílio eleitoral, até 10 (dez) dias antes da eleição, que lhe expeça segunda via.

O Procedimento

Quanto ao procedimento do pedido de segunda via, dispõe, por sua vez, os §§ 1º e 2º, do mesmo art. 52, *in verbis*:

§ 1º O pedido de segunda via será apresentado em cartório, pessoalmente, pelo eleitor, instruído o requerimento, no caso de inutilização ou dilaceração, com a primeira via do título.

§ 2º No caso de perda ou extravio do título, o juiz, após receber o requerimento de segunda via, fará publicar, pelo prazo de 5 (cinco) dias, pela imprensa, onde houver, ou por editais, a notícia do extravio ou perda e do requerimento de segunda via, deferindo o pedido, findo este prazo, se não houver impugnação.

A Segunda Via Quando o Eleitor Estiver Fora do seu Domicílio Eleitoral.

No caso do eleitor se encontrar fora do seu domicílio eleitoral, vale a regra do art. 53, *caput*, do Código Eleitoral, *in verbis*:

Art. 53. Se o eleitor estiver fora do seu domicílio eleitoral poderá requerer a segunda via ao juiz da zona em que se encontrar, esclarecendo se vai recebê-la na sua zona ou na em que requereu.

Há exigência no Código Eleitoral, no § 1º, do mesmo art. 53, *in verbis*:

§ 1º O requerimento, acompanhado de um novo título assinado pelo eleitor na presença do escrivão ou de funcionário designado e de uma fotografia, será encaminhado ao juiz da zona do eleitor.

O art. 5º, § 4º, cumulado com o art. 1º, *caput*, da Lei nº 7.444/1985, dispensa as fotografias no alistamento e na segunda via por processamento eletrônico. (BARROS, 2013, p. 35).

Ainda, exigem os §§ 2º e 3º, do art. 53, do Código Eleitoral, *in verbis*:

§ 2º Antes de processar o pedido, na forma prevista no artigo anterior, o juiz determinará que se confira a assinatura constante do novo título com a da folha individual de votação ou do requerimento de inscrição.

§ 3º Deferido o pedido, o título será enviado ao juiz da Zona que remeteu o requerimento, caso o eleitor haja solicitado essa providência, ou ficará em cartório aguardando que o interessado o procure.

O tempo para o Pedido de Segunda Via

Com relação ao tempo para o pedido de segunda via, exige o § 4º, do mesmo art. 53, *in verbis*:

§ 4º O pedido de segunda via formulado nos termos deste artigo só poderá ser recebido até 60 (sessenta) dias antes do pleito.

O Valor da Segunda Via

Afirma o art. 54 do Código Eleitoral que:

> ***Art. 54.*** *O requerimento de segunda via, em qualquer das hipóteses, deverá ser assinado sobre selos federais, correspondentes a **2% (dois por cento) do salário-mínimo da zona eleitoral de inscrição**.*

A Lei nº 5.143, de 20/10/1966, em seu art. 15, aboliu o imposto do selo.

Condição à Expedição da Segunda Via

Segundo o art. 54, parágrafo único, do Código Eleitoral:

> ***Parágrafo único.*** *Somente será expedida segunda via a eleitor que estiver quite com a Justiça Eleitoral, exigindo-se, para o que foi multado e ainda não liquidou a dívida, o prévio pagamento, através de selo federal inutilizado nos autos.*

Por fim, em caso de mudança de domicílio, cabe ao eleitor requerer sua transferência ao juiz do novo domicílio, anexando o título anterior. (BARROS, 2013, p. 36).

Exercício Comentado

01. A respeito do alistamento eleitoral, considere:

I. Os estrangeiros.

II. Os maiores de setenta anos.

III. Os maiores de 16 e menores de 18 anos.

IV. Os maiores de 14 e menores de 16 anos.

Podem alistar-se como eleitores os indicados APENAS nos itens:

a) I e II.
b) I, III e IV.
c) I, II e IV.
d) II e III.
e) II, III e IV.

RESPOSTA. ***A resposta correta é a alternativa "d". Sobre o alistamento eleitoral, preceitua a Constituição Federal, em seu art. 14, § 1º, incisos, o seguinte: "§ 1º - O alistamento eleitoral e o voto são: I - obrigatórios para os maiores de dezoito anos; II - facultativos para: a) os analfabetos; b) os maiores de setenta anos; c) os maiores de dezesseis e menores de dezoito anos. § 2º - Não podem alistar-se como eleitores os estrangeiros e, durante o período do serviço militar obrigatório, os conscritos". Ou seja, podem alistar-se como eleitores os indicados apenas nos itens "II. Os maiores de setenta anos" (art. 14, inciso II, alínea "b", da CF) e "III. Os maiores de 16 e menores de 18 anos" (art. 14, inciso II, alínea "c", da CF).***

Anotações

CAPÍTULO 04

Da Transferência e do Encerramento e dos Delegados de Partido perante o Alistamento

Durante a unidade, trabalharemos, em suma: "Da Transferência e do Encerramento. Dos Delegados de Partido perante o Alistamento".

Os conteúdos mais relevantes serão: "Da Transferência e do Encerramento".

Da Transferência

Sobre a transferência, estabelece, inicialmente, o art. 55, *caput*, do Código Eleitoral:

Capítulo II - da Transferência

> ***Art. 55***. *Em caso de mudança de domicílio, cabe ao eleitor requerer ao juiz do novo domicílio sua transferência, juntando o título anterior.*

Condições da Transferência

A transferência só será admitida, satisfeitas as exigências contidas nos incisos I a III, do § 1º, do mesmo art. 55, do Código Eleitoral, a seguir:

> ***Art. 55 § 1º*** *A transferência só será admitida, satisfeitas as seguintes exigências:*

O Tempo do Requerimento

> *I. entrada do requerimento no cartório eleitoral do novo domicílio até 100 (cem) dias antes da data da eleição.*

O Tempo da Inscrição Primitiva

> *II. transcorrência de pelo menos 1 (um) ano da inscrição primitiva;*

O Tempo no Novo Domicílio

> *III. residência mínima de 3 (três) meses no novo domicílio, atestada pela autoridade policial ou provada por outros meios convincentes.*

Não é necessário o atestado de residência expedido pela autoridade policial. O próprio eleitor pode declarar o seu tempo de residência. (Vide Lei n.º 9.996/1982, art. 8º, inciso III: residência declarada, sob as penas da lei, pelo próprio eleitor; e Acórdão – TSE n.º 196/1996: o inciso III foi derrogado pelo art. 8º, inciso III, da lei citada). (BARROS, 2013, p. 37).

Por sua vez, dispõe o § 2º, do art. 55, do Código Eleitoral, *in verbis*:

> ***Art. 55 § 2º*** *O disposto nos nºs II e III, do parágrafo anterior, não se aplica quando se tratar de transferência de título eleitoral de servidor público civil, militar, autárquico, ou de membro de sua família, por motivo de remoção ou transferência. (Redação dada pela Lei nº 4.961, de 1966)*

O Procedimento no Caso de Perda ou Extravio do Título Anterior

No caso de perda ou extravio do título, prevê o art. 56, *caput* e §§ 1º e 2º, do Código Eleitoral, *in verbis*:

> ***Art. 56***. *No caso de perda ou extravio do título anterior declarado esse fato na petição de transferência, o juiz do novo domicílio, como ato preliminar, requisitará, por telegrama, a confirmação do alegado à Zona Eleitoral onde o requerente se achava inscrito.*
>
> *§ 1º O Juiz do antigo domicílio, no prazo de 5 (cinco) dias, responderá por ofício ou telegrama, esclarecendo se o interessado é realmente eleitor, se a inscrição está em vigor, e, ainda, qual o número e a data da inscrição respectiva.*
>
> *§ 2º A informação mencionada no parágrafo anterior suprirá a falta do título extraviado, ou perdido, para o efeito da transferência, devendo fazer parte integrante do processo.*

Segundo o art. 57, *caput* e §§ 1º a 4º, do mesmo Código:

> ***Art. 57***. *O requerimento de transferência de domicílio eleitoral será imediatamente publicado na imprensa oficial na Capital, e em cartório nas demais localidades, podendo os interessados impugná-lo no prazo de dez dias. (Redação dada pela Lei nº 4.961, de 1966)*
>
> *§ 1º Certificado o cumprimento do disposto neste artigo o pedido deverá ser desde logo decidido, devendo o despacho do juiz ser publicado pela mesma forma. (Redação dada pela Lei nº 4.961, de 1966)*

Nos casos de inscrição originária ou de transferência, o prazo é de cinco dias para interposição de recurso pelo alistando e de dez dias pelo delegado de partido (Vide Lei nº 6.996/1982, art. 7º, § 1º). (BARROS, 2013, p. 38).

O Recurso Contra a Denegação do Pedido de Transferência

Segundo o Código Eleitoral, em seu art. 57, § 2º, *in verbis*:

> *§ 2º Poderá recorrer para o Tribunal Regional Eleitoral, no prazo de 3 (três) dias, o eleitor que pediu a transferência, sendo-lhe a mesma negada, ou qualquer delegado de partido, quando o pedido for deferido.*

Fique Ligado

O Acórdão do TSE nº 10.725/1989 reconheceu a legitimidade recursal a partido político de decisão que indefere transferência de eleitor. (BARROS, 2013, p. 38).

Em caso de deferimento da transferência, o prazo é de 10 (dez) dias, contados da afixação da listagem dos eleitores, sendo que a legitimidade para recorrer do deferimento da transferência é do delegado de partido político e do Ministério Público Eleitoral (MPE).

Já em caso de indeferimento da transferência, o eleitor poderá recorrer da decisão no prazo de 5 (cinco) dias, pois que o art. 7º, § 1º, da Lei n.º 6.996/1982, derrogou o § 2º, do art. 57, do Código Eleitoral. (BARROS, 2013, p. 38).

O Procedimento

Acerca do procedimento, dispõem o art. 57, em seus §§ 3º e 4º, e também o art. 58, § 1º, do Código Eleitoral, *in verbis*:

> ***Art. 57 § 3º*** *Dentro de 5 (cinco) dias, o Tribunal Regional Eleitoral decidirá do recurso interposto nos termos do parágrafo anterior.*
>
> *§ 4º Só será expedido o novo título decorridos os prazos previstos neste artigo e respectivos parágrafos.*
>
> ***Art. 58***. *Expedido o novo título, o juiz comunicará a transferência ao Tribunal Regional competente, no prazo de 10 (dez) dias, enviando-lhe o título eleitoral, se houver, ou documento a que se refere o § 1º do artigo 56.*

In verbis:

Art. 56 § 1º O Juiz do antigo domicílio, no prazo de 5 (cinco) dias, responderá por ofício ou telegrama, esclarecendo se o interessado é realmente eleitor, se a inscrição está em vigor, e, ainda, qual o número e a data da inscrição respectiva.

Art. 58 § 1º Na mesma data comunicará ao juiz da zona de origem a concessão da transferência e requisitará a "folha individual de votação".

Diz o art. 58, § 2º, do Código Eleitoral, que:

*§ 2º Na nova **folha individual de votação** ficará consignado, na coluna destinada a "anotações", que a inscrição foi obtida por transferência, e, de acordo com os elementos constantes do título primitivo, qual o ultimo pleito em que o eleitor transferido votou. Essa anotação constará também, de seu título.*

O Arquivamento do Processo de Transferência

Segundo o Código Eleitoral, art. 58, §§ 3º e 4º, *in verbis*:

Art. 58 § 3º O processo de transferência só será arquivado após o recebimento da folha individual de votação da Zona de origem, que dele ficará constando, devidamente inutilizada, mediante aposição de carimbo a tinta vermelha.

§ 4º No caso de transferência de município ou distrito dentro da mesma zona, deferido o pedido, o juiz determinará a transposição da folha individual de votação para a pasta correspondente ao novo domicílio, a anotação de mudança no título eleitoral e comunicará ao Tribunal Regional para a necessária averbação na ficha do eleitor.

O Procedimento do Juiz

Relata o Código Eleitoral, em seu art. 59, que recebida do juiz do novo domicílio a comunicação de transferência, o juiz da zona de origem tomará as providências elencadas nos incisos I a IV, *in verbis*:

Art. 59. Na Zona de origem, recebida do juiz do novo domicílio a comunicação de transferência, o juiz tomará as seguintes providencias:

I. determinará o cancelamento da inscrição do transferido e a remessa dentro de três dias, da folha individual de votação ao juiz requisitante;

II. a retirada do fichário da segunda parte do título;

III. comunicará o cancelamento ao Tribunal Regional a que estiver subordinado, que fará a devida anotação na ficha de seus arquivos;

IV. se o eleitor havia assinado ficha de registro de partido, comunicará ao juiz do novo domicílio e, ainda, ao Tribunal Regional, se a transferência foi concedida para outro Estado.

Na sequência, relata o mesmo Código, em seu art. 60, *in verbis*:

Art. 60. O eleitor transferido não poderá votar no novo domicílio eleitoral em eleição suplementar à que tiver sido realizada antes de sua transferência.

Impedimento ao Pedido de Transferência

Somente será concedida transferência ao eleitor que estiver quite com a Justiça Eleitoral, nos termos do art. 61, *caput*, do Código Eleitoral, *in verbis*:

Art. 61. Somente será concedida transferência ao eleitor que estiver quite com a Justiça Eleitoral.

Na sequência, estabelecem os §§ 1º ao 3º, do mesmo art. 61, *in verbis*:

Art. 61 § 1º Se o requerente não instruir o pedido de transferência com o título anterior, o juiz do novo domicílio, ao solicitar informação ao da zona de origem, indagará se o eleitor está quite com a Justiça Eleitoral, ou não o estando, qual a importância da multa imposta e não paga.

§ 2º Instruído o pedido com o título, e verificado que o eleitor não votou em eleição anterior, o juiz do novo domicílio solicitará informações sobre o valor da multa arbitrada na zona de origem, salvo se o eleitor não quiser aguardar a resposta, hipótese em que pagará o máximo previsto.

§ 3º O pagamento da multa, em qualquer das hipóteses dos parágrafos anteriores, será comunicado ao juízo de origem para as necessárias anotações.

Dos Delegados de Partido perante o Alistamento

Sobre os delegados partidários perante o alistamento, dispõem o art. 66, incisos I a III, e seus §§ 1º a 4º, *in verbis*:

Capítulo Iv - Dos Delegados de Partido Perante o Alistamento

Art. 66. É licito aos partidos políticos, por seus delegados:

I. acompanhar os processos de inscrição;

II. promover a exclusão de qualquer eleitor inscrito ilegalmente e assumir a defesa do eleitor cuja exclusão esteja sendo promovida;

III. examinar, sem perturbação do serviço e em presença dos servidores designados, os documentos relativos ao alistamento eleitoral, podendo deles tirar cópias ou fotocópias.

§ 1º Perante o juízo eleitoral, cada partido poderá nomear 3 (três) delegados.

§ 2º Perante os preparadores, cada partido poderá nomear até 2 (dois) delegados, que assistam e fiscalizem os seus atos.

§ 3º Os delegados a que se refere este artigo serão registrados perante os juízes eleitorais, a requerimento do presidente do Diretório Municipal.

§ 4º O delegado credenciado junto ao Tribunal Regional Eleitoral poderá representar o partido junto a qualquer juízo ou preparador do Estado, assim como o delegado credenciado perante o Tribunal Superior Eleitoral poderá representar o partido perante qualquer Tribunal Regional, juízo ou preparador.

Do Encerramento do Alistamento

Segundo os arts. 67 e 68 do Código Eleitoral:

Capítulo V - Do Encerramento do Alistamento

Art. 67. Nenhum requerimento de inscrição eleitoral ou de transferência será recebido dentro dos 100 (cem) dias anteriores à data da eleição.

Art. 68. Em audiência pública, que se realizará às 14 (quatorze) horas do 69º (sexagésimo nono) dia anterior à eleição, o juiz eleitoral declarará encerrada a inscrição de eleitores na respectiva zona e proclamará o número dos inscritos até as 18 (dezoito) horas do dia anterior, o que comunicará incontinente ao Tribunal Regional Eleitoral, por telegrama, e fará público em edital, imediatamente afixado no lugar próprio do juízo e divulgado pela imprensa, onde houver, declarando nele o nome do último eleitor inscrito e o número do respectivo título, fornecendo aos diretórios municipais dos partidos cópia autêntica desse edital.

A leitura do artigo supra deve ser realizada em conjunto com o art. 91, da Lei n.º 9.504/1997, que diz: "Art. 91. Nenhum requerimento de inscrição eleitoral ou de transferência será recebido dentro dos cento e cinquenta dias anteriores à data da eleição". (BARROS, 2013, p. 33).

Ainda, segundo o § 1º, do mesmo art. 68:

> ***Art. 68 § 1º*** *Na mesma data será encerrada a transferência de eleitores, devendo constar do telegrama do juiz eleitoral ao Tribunal Regional Eleitoral, do edital e da cópia deste fornecida aos diretórios municipais dos partidos e da publicação da imprensa, os nomes dos 10 (dez) últimos eleitores, cujos processos de transferência estejam definitivamente ultimados e o número dos respectivos títulos eleitorais.*

Por sua vez, o § 2º, do art. 68, diz:

> ***Art. 68 § 2º*** *O despacho de pedido de inscrição, transferência, ou segunda via, proferido após esgotado o prazo legal, sujeita o juiz eleitoral às penas do Art. 291.*

In verbis:

> ***Art. 291****. Efetuar o juiz, fraudulentamente, a inscrição de alistando.*
>
> ***Pena*** *- Reclusão até 5 anos e pagamento de cinco a quinze dias-multa.*

Segundo o art. 69 do Código Eleitoral:

> ***Art. 69****. Os títulos eleitorais resultantes dos pedidos de inscrição ou de transferência serão entregues até 30 (trinta) dias antes da eleição.*
>
> ***Parágrafo único****. A segunda via poderá ser entregue ao eleitor até a véspera do pleito.*

Por fim, o alistamento reabrir-se-á em cada zona, assim que forem concluídos os trabalhos da sua junta eleitoral, nos termos do art. 70, do Código Eleitoral, *in verbis*:

> ***Art. 70****. O alistamento reabrir-se-á em cada zona, logo que estejam concluidos os trabalhos da sua junta eleitoral.*

É inadmissível o alistamento de ofício, dependendo sempre de um requerimento, datado e assinado pelo alistando, em presença de autoridade ou serventuário da Justiça Eleitoral. (BARROS, 2013, p. 34).

Exercício Comentado

01. Paulo é servidor público federal e foi removido para cidade de outro Estado da Federação. A transferência do domicílio eleitoral no prazo estabelecido pela legislação vigente só será admitida se Paulo:

a) Demonstrar o transcurso de, pelo menos, seis meses do alistamento ou da última transferência.

b) Estiver quite com a Justiça Eleitoral.

c) Declarar, sob as penas da lei, residência mínima de três meses no novo domicílio.

d) Demonstrar o transcurso de, pelo menos, um ano do alistamento ou da última transferência.

e) Provar residência mínima de seis meses no novo domicílio.

RESPOSTA. ***A resposta certa é a alternativa "b".***

RESPOSTA. ***"A" Errado. Transcurso de, pelo menos, um ano.***

RESPOSTA. ***"B" Certo. Vide art. 18, da Resolução nº 21.538/2003: "A transferência do eleitor só será admitida se satisfeitas as seguintes exigências: (...) IV - prova de quitação com a Justiça Eleitoral".***

RESPOSTA. ***"C" Errado. Não se aplica ao servidor público em virtude do § 1º, do art. 18: O disposto nos incisos II e III não se aplica à transferência de título eleitoral de servidor público civil, militar, autárquico, ou de membro de sua família, por motivo de remoção ou transferência (Lei n.º 6.996/82, art. 8º, parágrafo único).***

RESPOSTA. ***"D" Errado. Idem ao comentário anterior.***

RESPOSTA. ***"E" Errado. Residência mínima de três meses no novo domicílio.***

Anotações

CAPÍTULO 05

Do Cancelamento e da Exclusão de eleitores (Arts. 71 a 81)

Durante a unidade, trabalharemos, em suma: "Do Cancelamento e da Exclusão de eleitores (arts. 71 a 81)".

Os conteúdos mais relevantes serão: "Do Cancelamento e da Exclusão de eleitores (arts. 71 a 81)".

Do Cancelamento e da Exclusão

Noções

Via de regra, as inscrições eleitorais são permanentes, habilitando o eleitor ao direito de sufrágio nos pleitos que se realizarem na área política a que pertence, até que sobrevenha decisão judicial impondo o cancelamento da inscrição e a exclusão do eleitor do rol dos inscritos. (BARROS, 2013, p. 41).

O **Código Eleitoral** alterna, em vários artigos, os termos **cancelamento** e **exclusão**. (BARROS, 2013, p. 41).

Ferreira (apud BARROS, 2013, p. 41) faz a seguinte distinção:

> *"O **cancelamento** se realiza quando a inscrição de que se trata deixa de existir, como nas hipóteses de pluralidade de inscrições, ou na de transferência do eleitor para outra zona ou circunscrição."*

A exclusão é feita contra o próprio eleitor, que deixa de ser eleitor, até que cesse o motivo da exclusão, quando poderá novamente requerer a sua inscrição.

Causas do Cancelamento e da Exclusão

As causas do cancelamento e da exclusão podem ser:

> Individuais;

> Genéricas. (BARROS, 2013, p. 41).

Cancelamentos Individuais

O art. 71, incisos I a V, do Código Eleitoral discrimina as causas individuais do cancelamento de inscrições, *in verbis*:

> ***Art. 71**. São causas de cancelamento:*
>
> *I. a infração dos artigos. 5º e 42;*

Trata-se de infração às regras do domicílio eleitoral. (BARREIROS NETO, 2012, p. 160).

Sempre que ficar comprovada burla ao art. 42, parágrafo único, do Código Eleitoral, será possível a instauração de procedimento de cancelamento de inscrição para exclusão de eleitor (BARREIROS NETO, 2012, p. 160-161).

> *II. a suspensão ou perda dos direitos políticos;*
>
> *III. a pluralidade de inscrição;*
>
> *IV. o falecimento do eleitor;*
>
> *V. deixar de votar em 3 (três) eleições consecutivas. (Redação dada pela Lei nº 7.663, de 27.5.1988)*

Trata-se de falta injustificada em três eleições consecutivas, sem pagamento de multa (BARREIROS NETO, 2012, p. 160).

A falta injustificada em três eleições consecutivas, sem pagamento de multa ou justificativa de ausência, ocasiona o cancelamento do título.

O eleitor, contudo, quando realiza a justificativa, não é apenado. (BARREIROS NETO, 2012, p. 161).

A Legitimidade para Propor o Cancelamento e a Exclusão

Prevê o § 1º, do art. 71, do Código Eleitoral, *in verbis*:

> ***Art. 71 § 1º** A ocorrência de qualquer das causas enumeradas neste artigo acarretará a exclusão do eleitor, que poderá ser promovida ex officio , a requerimento de delegado de partido ou de qualquer eleitor.*

Em verdade, segundo Barreiros Neto (2012, p. 160), qualquer eleitor, assim como o Ministério Público, partidos políticos e, até mesmo, o Juiz Eleitoral, poderão, de ofício, provocar a deflagração de procedimento de exclusão de eleitor.

Por sua vez, prevê o § 2º, do mesmo art. 71, *in verbis*:

> ***Art. 71 § 2º** No caso de ser algum cidadão maior de 18 (dezoito) anos privado temporária ou definitivamente dos direitos políticos, a autoridade que impuser essa pena providenciará para que o fato seja comunicado ao juiz eleitoral ou ao Tribunal Regional da circunscrição em que residir o réu.*

A exclusão por Óbito

Preconiza o art. 71, § 3º, *in verbis*:

> ***§ 3º** Os oficiais de Registro Civil, sob as penas do Art. 293, enviarão, até o dia 15 (quinze) de cada mês, ao juiz eleitoral da zona em que oficiarem, comunicação dos óbitos de cidadãos alistáveis, ocorridos no mês anterior, para cancelamento das inscrições.*

Cancelamento Genérico

A legislação eleitoral contempla uma modalidade de cancelamento em caráter genérico, no § 4º, do art. 71, *in verbis*:

> ***§ 4º** Quando houver denúncia fundamentada de fraude no alistamento de uma zona ou município, o Tribunal Regional poderá determinar a realização de correição e, provada a fraude em proporção comprometedora, ordenará a revisão do eleitorado obedecidas as Instruções do Tribunal Superior e as recomendações que, subsidiariamente, baixar, com o cancelamento de ofício das inscrições correspondentes aos títulos que não forem apresentados à revisão. (Incluído pela Lei nº 4.961, de 4.5.1966)*

Na sequência, preveem os arts. 72 a 76, do Código Eleitoral, *in verbis*:

> ***Art. 72**. Durante o processo e até a exclusão pode o eleitor votar validamente.*
>
> ***Parágrafo único**. Tratando-se de inscrições contra as quais hajam sido interpostos recursos das decisões que as deferiram, desde que tais recursos venham a ser providos pelo Tribunal Regional ou Tribunal Superior, serão nulos os votos se o seu número for suficiente para alterar qualquer representação partidária ou classificação de candidato eleito pelo princípio majoritário.*
>
> ***Art. 73**. No caso de exclusão, a defesa pode ser feita pelo interessado, por outro eleitor ou por delegado de partido.*
>
> ***Art. 74**. A exclusão será mandada processar "ex officio" pelo juiz eleitoral, sempre que tiver conhecimento de alguma das causas do cancelamento.*

A Exclusão pela Pluralidade de Inscrição

Sobre a preferência para efetuar o cancelamento, estabelece o art. 75, incisos I a IV, do Código Eleitoral, *in verbis*:

> ***Art. 75**. O Tribunal Regional, tomando conhecimento através de seu fichário, da inscrição do mesmo eleitor em mais de uma zona sob sua jurisdição, comunicará o fato ao juiz competente para o cancelamento, que de preferência deverá recair:*

I. na inscrição que não corresponda ao domicílio eleitoral;

II. naquela cujo título não haja sido entregue ao eleitor;

III. naquela cujo título não haja sido utilizado para o exercício do voto na última eleição;

IV. na mais antiga.

O Processamento da Exclusão e do Cancelamento

A respeito, prevê, inicialmente, o art. 76, do Código Eleitoral, *in verbis*:

> ***Art. 76.*** *Qualquer irregularidade determinante de exclusão será comunicada por escrito e por iniciativa de qualquer interessado ao juiz eleitoral, que observará o processo estabelecido no artigo seguinte.*

Instaurado o procedimento, observar-se-á, portanto, o disposto no art. 77, *caput* e incisos I a IV, do Código Eleitoral, *in verbis*:

> ***Art. 77.*** *O juiz eleitoral processará a exclusão pela forma seguinte:*
>
> *I. mandará autuar a petição ou representação com os documentos que a instruírem:*
>
> *II. **fará publicar edital com prazo de 10 (dez) dias para ciência dos interessados, que poderão contestar dentro de 5 (cinco) dias;***
>
> *III. concederá **dilação probatória de 5 (cinco) a 10 (dez) dias,** se requerida;*
>
> *IV. **decidirá no prazo de 5 (cinco) dias**.*

Este procedimento para a exclusão e cancelamento do título de eleitor irregular poderá ser instaurado a qualquer tempo, sem qualquer prazo, seja decadencial ou prescricional. (BARREIROS NETO, 2012, p. 161).

Partidos políticos tanto podem desencadear o processo, como já visto, como também assumir a defesa do eleitor, cuja exclusão esteja sendo questionada, conforme art. 27, inciso II, da Resolução TSE n.º 21.538/03 (BARREIROS NETO, 2012, p. 161).

Ainda, estabelecem os arts. 78 e 79, do Código Eleitoral, *in verbis*:

> ***Art. 78.*** *Determinado, por sentença, o cancelamento, o cartório tomará as seguintes providências:*
>
> *I. retirará, da respectiva pasta, a folha de votação, registrará a ocorrência no local próprio para "Anotações" e juntá-la-á ao processo de cancelamento;*
>
> *II. registrará a ocorrência na coluna de "observações" do livro de inscrição;*
>
> *III. dos fichários as respectivas fichas, colecionando-as à parte;*
>
> *IV. anotará, de forma sistemática, os claros abertos na pasta de votação para o oportuno preenchimento dos mesmos;*
>
> *V. comunicará o cancelamento ao Tribunal Regional para anotação no seu fichário.*
>
> ***Art. 79.*** *No caso de exclusão por falecimento, tratando-se de caso notório, serão dispensadas as formalidades previstas nos nºs. II e III do artigo 77.*

O Recurso da Exclusão e do Cancelamento

Por sua vez, estabelece o art. 80, do mesmo Código, *in verbis*:

> ***Art. 80.*** *Da decisão do juiz eleitoral caberá recurso no prazo de 3 (três) dias, para o Tribunal Regional, interposto pelo excluendo ou por delegado de partido.*

Por fim, uma vez cessada a causa do cancelamento, o interessado poderá requerer nova inscrição, segundo o que estabelece o art. 81, do Código Eleitoral, *in verbis*:

> ***Art. 81.*** *Cessada a causa do cancelamento, poderá o interessado requerer novamente a sua qualificação e inscrição.*

Exercício Comentado

01. A respeito do cancelamento e da exclusão de eleitores, considere:

I. A suspensão dos direitos políticos não acarreta o cancelamento nem a exclusão do eleitor, posto que se trata de decisão provisória que pode ou não resultar em perda.

II. A instauração do processo não impedirá, até a exclusão, o eleitor de votar validamente.

III. O processo de exclusão não poderá ser instaurado ex officio pelo Juiz Eleitoral que tiver conhecimento de alguma das causas do cancelamento, dependendo de requerimento de partido político.

Está correto o que se afirma APENAS em:

a) I.
b) I e II.
c) II.
d) I e III.
e) II e III.

RESPOSTA. ***A resposta certa é a alternativa "c".***

RESPOSTA. ***I. Errado. Vide art. 71,** caput, **inciso II, § 1º, do Código Eleitoral: "Art. 71. São causas de cancelamento: (...) II - a suspensão ou perda dos direitos políticos; (...) § 1º A ocorrência de qualquer das causas enumeradas neste artigo acarretará a exclusão do eleitor, que poderá ser promovida ex officio, a requerimento de delegado de partido ou de qualquer eleitor".***

RESPOSTA. ***II. Certo. Vide art. 71, inciso V, do Código Eleitoral: "Art. 71. São causas de cancelamento: (...) V - deixar de votar em 3 (três) eleições consecutivas. (Redação dada pela Lei nº 7.663, de 27.5.1988)".***

RESPOSTA. ***III. Errado. Vide art. 71, § 1º, do Código Eleitoral: "Art. 71. São causas de cancelamento: (...) § 1º A ocorrência de qualquer das causas enumeradas neste artigo acarretará a exclusão do eleitor, que poderá ser promovida ex officio, a requerimento de delegado de partido ou de qualquer eleitor".***

Anotações

CAPÍTULO 06

Revisão e Correição Eleitoral e Domicílio Eleitoral

Durante a unidade, trabalharemos, em suma: "Revisão e correição eleitorais. Domicílio eleitoral. Título eleitoral".

Os conteúdos mais relevantes serão: "Domicílio eleitoral. Título eleitoral".

A Correição e a Revisão do Eleitorado

Anualmente, de forma ordinária ou extraordinária, o corregedor-regional eleitoral, sempre que entender necessário ou ante a existência de indícios de irregularidade, realizará correição do eleitorado, a fim de verificar se existem irregularidades no processo de alistamento eleitoral, que comprometam a normalidade e a legitimidade das eleições, como, por exemplo, no caso de excesso de eleitores em determinado município ou inscrição de eleitores falecidos. (BARREIROS NETO, 2012, p. 161-162).

Acaso reste comprovada irregularidade na correição, será realizada a revisão do eleitorado, procedimento equivalente a um recadastramento, a partir do qual todos os eleitores de determinada zona ou região serão convocados para uma revisão eleitoral, sob pena de cancelamento do título. (BARREIROS NETO, 2012, p. 162).

O procedimento de revisão eleitoral poderá ser provocado mediante denúncia fundamentada de fraude no alistamento em zona ou município, dirigida ao Tribunal Regional Eleitoral (TRE). Restando provada a fraude em proporção comprometedora, o Tribunal Regional Eleitoral (TRE) determina a revisão, comunicando ao Tribunal Superior Eleitoral (TSE). (BARREIROS NETO, 2012, p. 162).

O juiz eleitoral da zona submetida à revisão deverá presidir os trabalhos, que poderão ser fiscalizados pelos partidos políticos, dando início aos procedimentos no prazo máximo de 30 (trinta) dias da aprovação da revisão pelo tribunal competente. (BARREIROS NETO, 2012, p. 162).

O Tribunal Regional Eleitoral (TRE), através da corregedoria regional, inspecionará os trabalhos de revisão, que deverão ter ampla divulgação junto ao eleitorado. O edital deverá ser publicado pelo juiz 5 (cinco) dias antes do início dos trabalhos, comunicando a população. (BARREIROS NETO, 2012, p. 162).

O juiz eleitoral proferirá sentença de cancelamento dos títulos não revisados, cabendo recurso ao Tribunal Regional Eleitoral (TRE), no prazo de 3 (três) dias. (BARREIROS NETO, 2012, p. 162).

Após, o juiz fará relatório e o encaminhará à Corregedoria Regional Eleitoral. (BARREIROS NETO, 2012, p. 162).

Por fim, ouvido o Ministério Público, o Corregedor Regional Eleitoral, se verificar irregularidades na realização dos trabalhos, indica eventuais providências a serem tomadas, e, se entender regular os trabalhos revisionais, submete o relatório ao Tribunal Regional Eleitoral (TRE), para homologação. (BARREIROS NETO, 2012, p. 162).

Fique Ligado

O Tribunal Superior Eleitoral (TSE) determinará, de ofício, a revisão, sempre que:

I. Total de transferências de eleitores ocorridas no ano em curso seja dez por cento superior à do ano anterior;

II. Eleitorado for superior ao dobro da população entre dez e quinze anos, somada à idade superior a 70 anos do território daquele município;

III. Eleitorado for superior a 65% da proposição projetada para aquele ano pelo Instituto Brasileiro de Geografia e Estatística (IBGE). (BARREIROS NETO, 2012, p. 162).

Não será realizada revisão do eleitorado em ano eleitoral, salvo quando autorizada pelo Tribunal Superior Eleitoral (TSE), em situações excepcionais. (BARREIROS NETO, 2012, p. 163).

Domicílio Eleitoral

Preconiza o art. 42, parágrafo único, do Código Eleitoral, *in verbis*:

> ***Art. 42 Parágrafo único**. Para o efeito da inscrição, é domicílio eleitoral o lugar de residência ou moradia do requerente, e, verificado ter o alistando mais de uma, considerar-se-á domicílio qualquer delas.*

Entendimento do Tribunal Superior Eleitoral (TSE)

Segundo jurisprudência consolidada do Tribunal Superior Eleitoral (TSE), o domicílio eleitoral não, necessariamente, se confunde com o domicílio civil. O fato de o eleitor residir em determinado município não constitui óbice para que o mesmo se aliste como eleitor de outro, desde que com este mantenha vínculos (sociais, políticos, negociais, patrimoniais etc.), chamado por isso de "domicílio eleitoral afetivo". (Acórdãos nos 16.397/2000 e 18.124/2000 do TSE). (BARREIROS NETO, 2013, p. 158).

Em outras palavras, o domicílio eleitoral não se confunde com o domicílio civil, ficando aquele também caracterizado quando a pessoa, mesmo não residindo no lugar com ânimo definitivo, mantenha com ele vínculos de natureza afetiva, social, econômica, política etc. (BARREIROS NETO, 2012, p. 158).

Fique Ligado

O eleitor só poderá se candidatar na circunscrição eleitoral que abranja o município em que estiver inscrito como eleitor. Um eleitor inscrito no município de Cascavel/PR, por exemplo, só poderá candidatar-se a prefeito ou vice-prefeito ou vereador de Cascavel, deputado estadual, deputado federal ou senador do Paraná, governador ou vice-governador do Paraná e presidente ou vice-presidente da República. (BARREIROS NETO, 2012, p. 158).

Por fim, o domicílio eleitoral, na circunscrição, é condição de elegibilidade. (BARREIROS NETO, 2012, p. 159).

Transferência do Domicílio Eleitoral

A transferência do título eleitoral ocorre sempre que o eleitor desejar alterar seu domicílio eleitoral, deixando de ser eleitor de determinado município e passando a sê-lo em outro. (BARREIROS NETO, 2012, p. 159).

Segundo o art. 18 da Resolução n.º 21.538/03, *in verbis*:

> ***Art. 18.*** *A transferência do eleitor só será admitida se satisfeitas as seguintes exigências:*

→ Prov.-CGE nº 1/2004.

> *I. recebimento do pedido no cartório eleitoral do novo domicílio no prazo estabelecido pela legislação vigente;*
>
> *II. transcurso de, pelo menos, um ano do alistamento ou da última transferência;*
>
> *III. residência mínima de três meses no novo domicílio, declarada, sob as penas da lei, pelo próprio eleitor (Lei nº 6.996/82, art. 8º);*

→ Lei nº 6.996/1982, art. 8º, III: residência declarada, sob as penas da lei, pelo próprio eleitor; Lei nº 7.115/1983, art. 1º, *caput*: "A declaração destinada a fazer prova de vida, residência, pobreza, dependência econômica, homonímia ou bons antecedentes, quando firmada pelo próprio interessado ou por procurador bastante, e sob as penas da lei, presume-se verdadeira"; e Res.-TSE nº 11.917/1984: as regras de direito probatório contidas na Lei nº 7.115/1983 são aplicáveis ao processo eleitoral, com exceção do processo penal eleitoral.

→ Ac.-TSE nº 16.397/2000: "O conceito de domicílio eleitoral não se confunde com o de domicílio do direito comum, regido pelo Direito Civil. Mais flexível e elástico, identifica-se com a residência e o lugar onde o interessado tem vínculos políticos e sociais". No mesmo sentido, Ac.-TSE nºs 21.829/2004 e 4.769/2004.

> *IV. prova de quitação com a Justiça Eleitoral.*

→ V. notas ao art. 82, § 4º, desta resolução: conceito de quitação eleitoral.

→ Res.-TSE nº 21.667/2004: "Dispõe sobre a utilização do serviço de emissão de certidão de quitação eleitoral por meio da Internet e dá outras providências".

O disposto nos incisos II e III, anteriormente transcritos, não se aplica à transferência de título eleitoral de servidor público civil, militar, autárquico, ou de membro da sua família, por motivo de remoção ou transferência (Lei n.º 6.996/1982, art. 8º, parágrafo único). (BARREIROS NETO, 2012, p. 159).

Título Eleitoral

O título eleitoral é o documento que comprova o alistamento do eleitor, emitido obrigatoriamente por computador, devendo ser preto e verde, com dimensões de 9,5 X 6,0 cm. (BARREIROS NETO, 2012, p. 159-160).

→ Constarão do título:

- Nome do eleitor;
- Data de nascimento;
- Unidade da Federação;
- Município;
- Zona eleitoral;
- Seção onde vota;
- Número de inscrição eleitoral;
- Data da emissão;
- Assinatura do eleitor ou seu polegar;
- Assinatura do juiz eleitoral;
- Expressão "segunda via", quando for o caso. (BARREIROS NETO, 2012, p. 160).

O título eleitoral prova a quitação do eleitor com a Justiça Eleitoral até a data de sua emissão. (BARREIROS NETO, 2012, p. 160).

Exercício Comentado

01. Assinale a opção correta com relação à revisão do eleitorado.

a) A revisão do eleitorado é presidida pelo corregedor-regional eleitoral.

b) A prova de identidade é admitida se feita pelo próprio eleitor ou por procurador devidamente constituído, mediante apresentação dos documentos especificados em resolução.

c) A comprovação de domicílio pode ser feita mediante apresentação de documentos dos quais se infira ter o eleitor vínculo profissional, patrimonial ou comunitário no município, de modo a abonar a residência exigida.

d) Quando há denúncia fundamentada de fraude no alistamento de zona eleitoral ou município, o TSE determina de ofício a realização de revisão do eleitorado, com o cancelamento das inscrições correspondentes aos títulos não apresentados à revisão.

e) A revisão de eleitorado somente pode ser realizada em ano eleitoral ou em situações excepcionais, com prévia autorização do tribunal regional eleitoral.

RESPOSTA. ***A resposta certa é a alternativa "e".***

RESPOSTA. ***"A" Errado. Vide art. 62, da Resolução n.º 21538/03: "Art. 62. A revisão do eleitorado deverá ser sempre presidida pelo juiz eleitoral da zona submetida à revisão".***

RESPOSTA. ***"B" Errado. Vide art. 64, da Resolução n.º 21538/03: "Art. 64. A prova de identidade só será admitida se feita pelo próprio eleitor mediante apresentação de um ou mais dos documentos especificados no art. 13 desta resolução".***

RESPOSTA. ***"C" Errado. Vide art. 35, da Resolução n.º 21538/03: "Art. 65. A comprovação de domicílio poderá ser feita mediante um ou mais documentos dos quais se infira ser o eleitor residente ou ter vínculo profissional, patrimonial ou comunitário no município a abonar a residência exigida". Na revisão do eleitorado não se admite como prova do domicilio eleitoral a mera declaração pelo eleitor (é uma exceção).***

RESPOSTA. ***"D" Errado. Vide Resolução n.º 21538/03: Neste caso, primeiro o TRE realiza uma correição e, se provada a fraude, ordena a revisão, porém, comunicando a decisão ao TSE: "Art. 58. Quando houver denúncia fundamentada de fraude no alistamento de uma zona ou município, o Tribunal Regional Eleitoral poderá determinar a realização de correição e, provada a fraude em proporção comprometedora, ordenará, comunicando a decisão ao Tribunal Superior Eleitoral, a revisão do eleitorado, obedecidas as instruções contidas nesta resolução e as recomendações que subsidiariamente baixar, com o cancelamento de ofício das inscrições correspondentes aos títulos que não forem apresentados à revisão" (Código Eleitoral, art. 71, § 4º).***

RESPOSTA. ***"E" Certo. Vide art. 58, § 2º, da Resolução n.º 21538/03: "Art. 58 (...): § 2º Não será realizada revisão de eleitorado em ano eleitoral, salvo em situações excepcionais, quando autorizada pelo Tribunal Superior Eleitoral".***

CAPÍTULO 07

Elegibilidade

Durante a unidade, trabalharemos, em suma: "Elegibilidade: conceito e condições".

Os conteúdos mais relevantes serão: "Elegibilidade: condições".

Conceito de Elegibilidade

Para Edson de Resende Castro (2008, p. 146-148, *apud* BARREIROS NETO, 2012, p. 196):

> *"elegibilidade é a capacidade eleitoral passiva, consistente na possibilidade de o cidadão pleitear determinados mandatos políticos, mediante eleição popular".*

Em outras palavras, a elegibilidade é o direito subjetivo público de submeter alguém (o seu nome) ao eleitorado, visando à obtenção de um mandato. (BARROS, 2013, p. 71).

Já nas palavras do professor Pinto Ferreira (*apud* BARROS, 2013, p. 71), é "a capacidade eleitoral passiva, o poder de ser votado".

Segundo os seguidores da "Teoria Clássica", doutrina majoritária no estudo das condições de elegibilidade e das causas de inelegibilidade, tem elegibilidade aquele que reúne as condições fixadas na lei (aspecto positivo) e não incorre nas causas de inelegibilidade (aspecto negativo). (BARREIROS NETO, 2012, p. 196).

Condições

Para o mesmo Edson de Resende Castro (2008, p. 146-148, *apud* BARREIROS NETO, 2012, p. 196):

> *"Condições de elegibilidade são requisitos positivos a serem preenchidos por aquele que pretende concorrer a cargos públicos eletivos".*

Prevalece, na doutrina nacional, a concepção clássica, formulada pelo ex-ministro do Supremo Tribunal Federal (STF), José Carlos Moreira Alves, no artigo "Pressupostos de Elegibilidade e Inelegibilidades", publicado em meados dos anos setenta, cujo trecho mais relevante é citado por Carlos Eduardo de Oliveira Lula (2010, p. 268, *apud* BARREIROS NETO, 2012, p. 197-198), e a seguir transcrito:

> *"Pressupostos de elegibilidade são requisitos que devem preencher para que se possa concorrer a eleições. (...) Já as inelegibilidades são impedimentos que, se não afastados por quem preencha os pressupostos de elegibilidade, lhe obstam a concorrer a eleições, ou – se supervenientes ao registro ou se de natureza constitucional – servem de fundamento à impugnação de sua diplomação, se eleito".*

Condições de Elegibilidade Previstas na Constituição Federal de 1988

As condições de elegibilidade próprias são as previstas diretamente na Constituição Federal de 1988, a saber:

> Nacionalidade brasileira;
> Pleno exercício dos direitos políticos;
> Alistamento eleitoral;
> Domicílio eleitoral na circunscrição;
> Filiação partidária;
> Idade mínima exigível. (BARROS, 2013, p. 71).

Essas condições de elegibilidade aparecem relacionadas no art. 14, § 3º, da Constituição Federal, nos termos reproduzidos a seguir:

***Art. 14 § 3º** - São condições de elegibilidade, na forma da lei:*

Trata-se de uma norma de eficácia contida, uma vez que gera efeitos de imediato, mas admite regulamentação posterior nos termos previstos em lei. (SPITZKOVSKY, 2013, p. 57).

Assim, além das condições de elegibilidade relacionadas no art. 14, § 3º, permitiu a Constituição que o legislador pudesse tanto detalhá-las, quanto inovar em relação à matéria, como se vê na Lei n.º 9.504/1997, em seu art. 11. (SPITZKOVSKY, 2013, p. 57).

Seguindo a Teoria Clássica, abraçada pelo Supremo Tribunal Federal (STF), as condições propriamente ditas estão estabelecidas nos 6 (seis) incisos a seguir, do art. 14, § 3º, da Constituição, acima citado:

***Art. 14 § 3º I** - a nacionalidade brasileira;*

I. o pleno exercício dos direitos políticos;

II. o alistamento eleitoral;

III. o domicílio eleitoral na circunscrição;

IV. a filiação partidária; Regulamento

V. a idade mínima de:

a) trinta e cinco anos para Presidente e Vice-Presidente da República e Senador;

b) trinta anos para Governador e Vice-Governador de Estado e do Distrito Federal;

c) vinte e um anos para Deputado Federal, Deputado Estadual ou Distrital, Prefeito, Vice-Prefeito e juiz de paz;

d) dezoito anos para Vereador.

Idade Mínima

Cargos eletivos	Idade mínima para o exercício (conforme art. 14, § 3º, da CF/1988)
Presidente e Vice-Presidente da República e Senador	*35 anos*
Governador e Vice-Governador de Estado e do Distrito Federal	*30 anos*
Deputado Federal, Deputado Estadual ou Distrital, Prefeito, Vice-Prefeito e juiz de paz	*21 anos*
Vereador	*18 anos*

Fique Ligado

"A idade mínima constitucionalmente estabelecida como condição de elegibilidade é verificada tendo por referência a data da posse" (§ 2º, do art. 11, da Lei nº 9.504/97 – Lei das Eleições).

Condições de Elegibilidade Previstas na Legislação Infraconstitucional

As condições de elegibilidade impróprias são as previstas na legislação infraconstitucional, a saber:

> Alfabetização;
> Especiais para militares;
> Indicação em convenção partidária;
> DesIncompatibilização. (BARROS, 2013, p. 71).

Exercício Comentado

01. Caio Tício, cantor profissional, resolve se lançar candidato ao cargo de deputado estadual. A respeito da possibilidade de seguir exercendo a sua atividade profissional durante o período eleitoral, conforme entendimento do TSE, é correto afirmar que:

a) É livre o exercício da atividade profissional do candidato, sem restrição de qualquer ordem, com base no artigo 5º, IX, da Constituição da República, garantido o seu direito de se apresentar em showmícios.

b) É permitido o exercício de sua profissão, desde que restrita a casas de espetáculo de natureza particular, em eventos de natureza privada.

c) Se permite a apresentação profissional do candidato com a finalidade de promover sua candidatura, desde que não seja remunerado pelo exercício dessa atividade.

d) Caio Tício está impedido de exercer sua atividade profissional até o término do período eleitoral.

e) O candidato pode seguir no exercício de sua profissão, em eventos de natureza pública ou particular, desde que não tenha finalidade eleitoral, vedada qualquer alusão à candidatura, ainda que em caráter subliminar.

RESPOSTA. A resposta certa é a alternativa "e".

O art. 5º, inciso XIII, da Constituição Federal de 1988 estabelece: "Art. 5º (...) XIII - é livre o exercício de qualquer trabalho, ofício ou profissão, atendidas as qualificações profissionais que a lei estabelecer.

De outro lado, estabelece a Lei n.º 9.504/97, art. 39, § 7º: "É proibida a realização de showmício e de evento assemelhado para promoção de candidatos, bem como a apresentação, remunerada ou não, de artistas com a finalidade de animar comício e reunião eleitoral".

No entender do Tribunal Superior Eleitoral (TSE), o candidato pode seguir no exercício de sua profissão, em eventos públicos ou privados, desde que não tenha finalidade eleitoral e não haja alusão à candidatura, mesmo em caráter subliminar.

Anotações

CAPÍTULO 08

Inelegibilidade

Durante a unidade, trabalharemos, em suma: "Inelegibilidade (Lei Complementar nº 64/1990 e alterações posteriores, inclusive Lei Complementar n.º 135/2010): conceito, fatos geradores de inelegibilidade; incompatibilidades, prazos e suspensão por decisão judicial dos efeitos da inelegibilidade".

Os conteúdos mais relevantes serão: "Fatos geradores de inelegibilidade".

Conceito de Inelegibilidade

A inelegibilidade é a inaptidão jurídica para receber voto, obstando a existência da candidatura, independentemente da manifestação do partido ou do próprio interessado. (BARROS, 2013, p. 71-72).

No caso, a ausência de um dos requisitos da elegibilidade é que impede o seu surgimento, e, assim, da candidatura. (BARROS, 2013, p. 72).

Fatos Geradores de Inelegibilidade

Os casos de inelegibilidade em nível infraconstitucional são os previstos no art. 1º, da Lei Complementar nº 64/1990:

Art. 1º São inelegíveis:

I. para qualquer cargo:

a) os inalistáveis e os analfabetos;

b) os membros do Congresso Nacional, das Assembleias Legislativas, da Câmara Legislativa e das Câmaras Municipais, que hajam perdido os respectivos mandatos por infringência do disposto nos incisos I e II do art. 55 da Constituição Federal, dos dispositivos equivalentes sobre perda de mandato das Constituições Estaduais e Leis Orgânicas dos Municípios e do Distrito Federal, para as eleições que se realizarem durante o período remanescente do mandato para o qual foram eleitos e nos oito anos subsequentes ao término da legislatura; (Redação dada pela LCP 81, de 13/04/94)

c) o Governador e o Vice-Governador de Estado e do Distrito Federal e o Prefeito e o Vice--Prefeito que perderem seus cargos eletivos por infringência a dispositivo da Constituição Estadual, da Lei Orgânica do Distrito Federal ou da Lei Orgânica do Município, para as eleições que se realizarem durante o período remanescente e nos 8 (oito) anos subsequentes ao término do mandato para o qual tenham sido eleitos; (Redação dada pela Lei Complementar nº 135, de 2010)

d) os que tenham contra sua pessoa representação julgada procedente pela Justiça Eleitoral, em decisão transitada em julgado ou proferida por órgão colegiado, em processo de apuração de abuso do poder econômico ou político, para a eleição na qual concorrem ou tenham sido diplomados, bem como para as que se realizarem nos 8 (oito) anos seguintes; (Redação dada pela Lei Complementar nº 135, de 2010)

e) os que forem condenados, em decisão transitada em julgado ou proferida por órgão judicial colegiado, desde a condenação até o transcurso do prazo de 8 (oito) anos após o cumprimento da pena, pelos crimes: (Redação dada pela Lei Complementar nº 135, de 2010)

1. contra a economia popular, a fé pública, a administração pública e o patrimônio público; (Incluído pela Lei Complementar nº 135, de 2010)

2. contra o patrimônio privado, o sistema financeiro, o mercado de capitais e os previstos na lei que regula a falência; (Incluído pela Lei Complementar nº 135, de 2010)

3. contra o meio ambiente e a saúde pública; (Incluído pela Lei Complementar nº 135, de 2010)

4. eleitorais, para os quais a lei comine pena privativa de liberdade; (Incluído pela Lei Complementar nº 135, de 2010)

5. de abuso de autoridade, nos casos em que houver condenação à perda do cargo ou à inabilitação para o exercício de função pública; (Incluído pela Lei Complementar nº 135, de 2010)

6. de lavagem ou ocultação de bens, direitos e valores; (Incluído pela Lei Complementar nº 135, de 2010)

7. de tráfico de entorpecentes e drogas afins, racismo, tortura, terrorismo e hediondos; (Incluído pela Lei Complementar nº 135, de 2010)

8. de redução à condição análoga à de escravo; (Incluído pela Lei Complementar nº 135, de 2010)

9. contra a vida e a dignidade sexual; e (Incluído pela Lei Complementar nº 135, de 2010)

10. praticados por organização criminosa, quadrilha ou bando; (Incluído pela Lei Complementar nº 135, de 2010)

f) os que forem declarados indignos do oficialato, ou com ele incompatíveis, pelo prazo de 8 (oito) anos; (Redação dada pela Lei Complementar nº 135, de 2010)

g) os que tiverem suas contas relativas ao exercício de cargos ou funções públicas rejeitadas por irregularidade insanável que configure ato doloso de improbidade administrativa, e por decisão irrecorrível do órgão competente, salvo se esta houver sido suspensa ou anulada pelo Poder Judiciário, para as eleições que se realizarem nos 8 (oito) anos seguintes, contados a partir da data da decisão, aplicando-se o disposto no inciso II do art. 71 da Constituição Federal, a todos os ordenadores de despesa, sem exclusão de mandatários que houverem agido nessa condição; (Redação dada pela Lei Complementar nº 135, de 2010)

h) os detentores de cargo na administração pública direta, indireta ou fundacional, que beneficiarem a si ou a terceiros, pelo abuso do poder econômico ou político, que forem condenados em decisão transitada em julgado ou proferida por órgão judicial colegiado, para a eleição na qual concorrem ou tenham sido diplomados, bem como para as que se realizarem nos 8 (oito) anos seguintes; (Redação dada pela Lei Complementar nº 135, de 2010)

i) os que, em estabelecimentos de crédito, financiamento ou seguro, que tenham sido ou estejam sendo objeto de processo de liquidação judicial ou extrajudicial, hajam exercido, nos 12 (doze) meses anteriores à respectiva decretação, cargo ou função de direção, administração ou representação, enquanto não forem exonerados de qualquer responsabilidade;

j) os que forem condenados, em decisão transitada em julgado ou proferida por órgão colegiado da Justiça Eleitoral, por corrupção eleitoral, por captação ilícita de sufrágio, por doação, captação ou gastos ilícitos de recursos de campanha ou por conduta vedada aos agentes públicos em campanhas eleitorais que impliquem cassação do registro ou do diploma, pelo prazo de 8 (oito) anos a contar da eleição; (Incluído pela Lei Complementar nº 135, de 2010)

k) o Presidente da República, o Governador de Estado e do Distrito Federal, o Prefeito, os membros do Congresso Nacional, das Assembleias Legislativas, da Câmara Legislativa, das Câmaras Municipais, que renunciarem a seus mandatos desde o oferecimento de representação ou petição capaz de autorizar a abertura de processo por infringência a dispositivo da Constituição Federal, da Constituição Estadual, da Lei Orgânica do Distrito Federal ou da Lei Orgânica do Município, para as eleições que se realizarem durante o período remanescente do mandato para o qual foram eleitos e nos 8 (oito) anos subsequentes ao término da legislatura; (Incluído pela Lei Complementar nº 135, de 2010)

l) os que forem condenados à suspensão dos direitos políticos, em decisão transitada em julgado ou proferida por órgão judicial colegiado, por ato doloso de improbidade administrativa que importe lesão ao patrimônio público e enriquecimento ilícito, desde a condenação ou o trânsito em julgado até o transcurso do prazo de 8 (oito) anos após o cumprimento da pena; (Incluído pela Lei Complementar nº 135, de 2010)

m) os que forem excluídos do exercício da profissão, por decisão sancionatória do órgão profissional competente, em decorrência de infração ético-profissional, pelo prazo de 8 (oito) anos, salvo se o ato houver sido anulado ou suspenso pelo Poder Judiciário; (Incluído pela Lei Complementar nº 135, de 2010)

n) os que forem condenados, em decisão transitada em julgado ou proferida por órgão judicial colegiado, em razão de terem desfeito ou simulado desfazer vínculo conjugal ou de união estável para evitar caracterização de inelegibilidade, pelo prazo de 8 (oito) anos após a decisão que reconhecer a fraude; (Incluído pela Lei Complementar nº 135, de 2010)

o) os que forem demitidos do serviço público em decorrência de processo administrativo ou judicial, pelo prazo de 8 (oito) anos, contado da decisão, salvo se o ato houver sido suspenso ou anulado pelo Poder Judiciário; (Incluído pela Lei Complementar nº 135, de 2010)

p) a pessoa física e os dirigentes de pessoas jurídicas responsáveis por doações eleitorais tidas por ilegais por decisão transitada em julgado ou proferida por órgão colegiado da Justiça Eleitoral, pelo prazo de 8 (oito) anos após a decisão, observando-se o procedimento previsto no art. 22; (Incluído pela Lei Complementar nº 135, de 2010)

q) os magistrados e os membros do Ministério Público que forem aposentados compulsoriamente por decisão sancionatória, que tenham perdido o cargo por sentença ou que tenham pedido exoneração ou aposentadoria voluntária na pendência de processo administrativo disciplinar, pelo prazo de 8 (oito) anos; (Incluído pela Lei Complementar nº 135, de 2010)

II. para Presidente e Vice-Presidente da República:

a) até 6 (seis) meses depois de afastados definitivamente de seus cargos e funções:

1. os Ministros de Estado:

2. os chefes dos órgãos de assessoramento direto, civil e militar, da Presidência da República;

3. o chefe do órgão de assessoramento de informações da Presidência da República;

4. o chefe do Estado-Maior das Forças Armadas;

5. o Advogado-Geral da União e o Consultor-Geral da República;

6. os chefes do Estado-Maior da Marinha, do Exército e da Aeronáutica;

7. os Comandantes do Exército, Marinha e Aeronáutica;

8. os Magistrados;

9. os Presidentes, Diretores e Superintendentes de autarquias, empresas públicas, sociedades de economia mista e fundações públicas e as mantidas pelo poder público;

10. os Governadores de Estado, do Distrito Federal e de Territórios;

11. os Interventores Federais;

12, os Secretários de Estado;

13. os Prefeitos Municipais;

14. os membros do Tribunal de Contas da União, dos Estados e do Distrito Federal;

15. o Diretor-Geral do Departamento de Polícia Federal;

16. os Secretários-Gerais, os Secretários-Executivos, os Secretários Nacionais, os Secretários Federais dos Ministérios e as pessoas que ocupem cargos equivalentes;

b) os que tenham exercido, nos 6 (seis) meses anteriores à eleição, nos Estados, no Distrito Federal, Territórios e em qualquer dos poderes da União, cargo ou função, de nomeação pelo Presidente da República, sujeito à aprovação prévia do Senado Federal;

c) (Vetado);

d) os que, até 6 (seis) meses antes da eleição, tiverem competência ou interesse, direta, indireta ou eventual, no lançamento, arrecadação ou fiscalização de impostos, taxas e contribuições de caráter obrigatório, inclusive parafiscais, ou para aplicar multas relacionadas com essas atividades;

e) os que, até 6 (seis) meses antes da eleição, tenham exercido cargo ou função de direção, administração ou representação nas empresas de que tratam os arts. 3° e 5° da Lei n° 4.137, de 10 de setembro de 1962, quando, pelo âmbito e natureza de suas atividades, possam tais empresas influir na economia nacional;

f) os que, detendo o controle de empresas ou grupo de empresas que atuem no Brasil, nas condições monopolísticas previstas no parágrafo único do art. 5°da lei citada na alínea anterior, não apresentarem à Justiça Eleitoral, até 6 (seis) meses antes do pleito, a prova de que fizeram cessar o abuso apurado, do poder econômico, ou de que transferiram, por força regular, o controle de referidas empresas ou grupo de empresas;

g) os que tenham, dentro dos 4 (quatro) meses anteriores ao pleito, ocupado cargo ou função de direção, administração ou representação em entidades representativas de classe, mantidas, total ou parcialmente, por contribuições impostas pelo poder Público ou com recursos arrecadados e repassados pela Previdência Social;

h) os que, até 6 (seis) meses depois de afastados das funções, tenham exercido cargo de Presidente, Diretor ou Superintendente de sociedades com objetivos exclusivos de operações financeiras e façam publicamente apelo à poupança e ao crédito, inclusive através de cooperativas e da empresa ou estabelecimentos que gozem, sob qualquer forma, de vantagens asseguradas pelo poder público, salvo se decorrentes de contratos que obedeçam a cláusulas uniformes;

i) os que, dentro de 6 (seis) meses anteriores ao pleito, hajam exercido cargo ou função de direção, administração ou representação em pessoa jurídica ou em empresa que mantenha contrato de execução de obras, de prestação de serviços ou de fornecimento de bens com órgão do Poder Público ou sob seu controle, salvo no caso de contrato que obedeça a cláusulas uniformes;

j) os que, membros do Ministério Público, não se tenham afastado das suas funções até 6 (seis)) meses anteriores ao pleito;

l) os que, servidores públicos, estatutários ou não, dos órgãos ou entidades da Administração direta ou indireta da União, dos Estados, do Distrito Federal, dos Municípios e dos Territórios, inclusive das fundações mantidas pelo Poder Público, não se afastarem até 3 (três) meses anteriores ao pleito, garantido o direito à percepção dos seus vencimentos integrais;

III. para Governador e Vice-Governador de Estado e do Distrito Federal;

a) os inelegíveis para os cargos de Presidente e Vice-Presidente da República especificados na alínea a do inciso II deste artigo e, no tocante às demais alíneas, quando se tratar de repartição pública, associação ou empresas que operem no território do Estado ou do Distrito Federal, observados os mesmos prazos;

b) até 6 (seis) meses depois de afastados definitivamente de seus cargos ou funções:

1. os chefes dos Gabinetes Civil e Militar do Governador do Estado ou do Distrito Federal;

2. os comandantes do Distrito Naval, Região Militar e Zona Aérea;

3. os diretores de órgãos estaduais ou sociedades de assistência aos Municípios;

4. os secretários da administração municipal ou membros de órgãos congêneres;

IV. para Prefeito e Vice-Prefeito:

a) no que lhes for aplicável, por identidade de situações, os inelegíveis para os cargos de Presidente e Vice-Presidente da República, Governador e Vice-Governador de Estado e do Distrito Federal, observado o prazo de 4 (quatro) meses para a desincompatibilização;

b) os membros do Ministério Público e Defensoria Pública em exercício na Comarca, nos 4 (quatro) meses anteriores ao pleito, sem prejuízo dos vencimentos integrais;

c) as autoridades policiais, civis ou militares, com exercício no Município, nos 4 (quatro) meses anteriores ao pleito;

V. para o Senado Federal:

a) os inelegíveis para os cargos de Presidente e Vice-Presidente da República especificados na alínea a do inciso II deste artigo e, no tocante às demais alíneas, quando se tratar de repartição pública, associação ou empresa que opere no território do Estado, observados os mesmos prazos;

b) em cada Estado e no Distrito Federal, os inelegíveis para os cargos de Governador e Vice-Governador, nas mesmas condições estabelecidas, observados os mesmos prazos;

VI. para a Câmara dos Deputados, Assembleia Legislativa e Câmara Legislativa, no que lhes for aplicável, por identidade de situações, os inelegíveis para o Senado Federal, nas mesmas condições estabelecidas, observados os mesmos prazos;

VII. para a Câmara Municipal:

a) no que lhes for aplicável, por identidade de situações, os inelegíveis para o Senado Federal e para a Câmara dos Deputados, observado o prazo de 6 (seis) meses para a desincompatibilização;

b) em cada Município, os inelegíveis para os cargos de Prefeito e Vice-Prefeito, observado o prazo de 6 (seis) meses para a desincompatibilização .

§ 1º Para concorrência a outros cargos, o Presidente da República, os Governadores de Estado e do Distrito Federal e os Prefeitos devem renunciar aos respectivos mandatos até 6 (seis) meses antes do pleito.

§ 2º O Vice-Presidente, o Vice-Governador e o Vice-Prefeito poderão candidatar-se a outros cargos, preservando os seus mandatos respectivos, desde que, nos últimos 6 (seis) meses anteriores ao pleito, não tenham sucedido ou substituído o titular.

§ 3º São inelegíveis, no território de jurisdição do titular, o cônjuge e os parentes, consanguíneos ou afins, até o segundo grau ou por adoção, do Presidente da República, de Governador de Estado ou Território, do Distrito Federal, de Prefeito ou de quem os haja substituído dentro dos 6 (seis) meses anteriores ao pleito, salvo se já titular de mandato eletivo e candidato à reeleição.

§ 4º A inelegibilidade prevista na alínea e do inciso I deste artigo não se aplica aos crimes culposos e àqueles definidos em lei como de menor potencial ofensivo, nem aos crimes de ação penal privada. (Incluído pela Lei Complementar nº 135, de 2010)

§ 5º A renúncia para atender à desincompatibilização com vistas a candidatura a cargo eletivo ou para assunção de mandato não gerará a inelegibilidade prevista na alínea k, a menos que a Justiça Eleitoral reconheça fraude ao disposto nesta Lei Complementar. (Incluído pela Lei Complementar nº 135, de 2010)

Incompatibilidades, Prazos e Suspensão por Decisão Judicial dos Efeitos da Inelegibilidade

Impugnações

Competência

Compete à Justiça Eleitoral conhecer e decidir as arguições de inelegibilidade. (BARROS, 2013, p. 81).

→ A arguição de inelegibilidade será feita perante:

> O Tribunal Superior Eleitoral, quando se tratar de candidato a presidente ou vice-presidente da República.
> Os Tribunais Regionais Eleitorais, quando se tratar de candidato a senador, governador e vice-governador de Estado e do Distrito Federal, deputado federal, deputado estadual e deputado distrital.
> Os juízes eleitorais, quando se tratar de candidato a prefeito, vice-prefeito e vereador. (BARROS, 2013, p. 82).

Legitimidade

→ É reconhecida a legitimidade à iniciativa de impugnação ao registro de candidatos a:

> Qualquer candidato.
> Partido político.
> Coligação.
> Ministério Público. (BARROS, 2013, p. 74).

A condição de candidato para compartilhar dessa qualidade postulacional é definida precisamente com o registro. Enquanto não se efetivar o registro, há apenas o estado potencial de candidato. (BARROS, 2013, p. 74).

A impugnação por parte do candidato, partido político ou coligação não impede a ação do Ministério Público no mesmo sentido. (BARROS, 2013, p. 82).

Entretanto, não poderá impugnar o registro de candidato o representante do Ministério Público que, nos 2 (dois) anos anteriores, tenha disputado cargo eletivo, integrado diretório de partido ou exercido atividade político-partidária. (BARROS, 2013, p. 82).

O eleitor, embora não arrolado dentre os que têm legitimidade para impugnar (Lei Complementar n.º 64/1990, art. 3º), pode noticiar ao juiz eleitoral, mediante exercício do direito de petição, inelegibilidade de que tenha conhecimento. (Djalma Pinto, apud BARROS, 2013, p. 75).

Fique Ligado

Posicionamento do TSE: "Qualquer cidadão no gozo dos seus direitos políticos poderá, no mesmo prazo de cinco dias, mediante petição fundamentada, dar notícia da inelegibilidade, sobre a qual decidirá o juiz. (Resolução do TSE n.º 20.100, de 26/02/1998, art. 23, § 2º). (BARROS, 2013, p. 75).

Oferecimento

O impugnante deverá oferecer a impugnação em petição fundamentada, indicando os meios de prova que pretende produzir, apresentando, se necessário, o rol de testemunhas, em número não excedente a 6 (seis). (BARROS, 2013, p. 74).

Prazo

O oferecimento de impugnação ao registro de candidato deverá ser efetuado no prazo de 5 (cinco) dias, a contar da publicação ou afixação do edital. (BARROS, 2013, p. 73).

Atividade do Magistrado

Recebido o pedido de registro, o juiz eleitoral, no caso de eleições municipais, ou o relator, nos processos de competência dos Tribunais, mandará publicar edital na Imprensa Oficial para ciência dos interessados. Nas zonas eleitorais fora das capitais, o edital será publicado no cartório eleitoral (art. 97 do Código Eleitoral). (BARROS, 2013, p. 74).

Exercício Comentado

01. Considere as assertivas abaixo.

I. Com base no teor da Lei Complementar no 64/1990, as investigações judiciais que apurarem transgressões pertinentes à origem de valores pecuniários, abuso de poder econômico ou político serão realizadas, nas eleições nacionais e municipais, pelo Corregedor-Geral e pelos Corregedores Regionais Eleitorais.

II. As inelegibilidades eleitorais estão previstas na Constituição Federal bem como na Lei Complementar no 64/1990.

III. Na investigação judicial prevista na Lei no 9.504/1997 (Lei das Eleições) para apurar eventuais irregularidades na arrecadação e nos gastos de recursos, o procedimento adotado é o da Lei Complementar no 64/1990.

Quais são corretas?

a) Apenas I.
b) Apenas II.
c) Apenas III.
d) Apenas II e III.
e) I, II e III.

RESPOSTA. ***A resposta certa é a alternativa "d".***

RESPOSTA. ***I – Errado. Vide Lei Complementar 64/94: "Art. 19. As transgressões pertinentes à origem de valores pecuniários, abuso do poder econômico ou político, em detrimento da liberdade de voto, serão apuradas mediante investigações jurisdicionais realizadas pelo Corregedor-Geral e Corregedores Regionais Eleitorais".***

RESPOSTA. ***II – Certo. Vide art. 14 da Constituição Federal de 1988 c/c § 9º da Lei complementar estabelecerá outros casos de inelegibilidade e os prazos de sua cessação, a fim de proteger a probidade administrativa, a moralidade para exercício de mandato considerada vida pregressa do candidato, e a normalidade e legitimidade das eleições contra a influência do poder econômico ou o abuso do exercício de função, cargo ou emprego na administração direta ou indireta. (Redação dada pela Emenda Constitucional de Revisão nº 4, de 1994)***

RESPOSTA. ***III – Certo. Vide art. 30-A, caput e § 1º, da Lei nº 9.504/1997: "Art. 30-A. Qualquer partido político ou coligação poderá representar à Justiça Eleitoral, no prazo de 15 (quinze) dias da diplomação, relatando fatos e indicando provas, e pedir a abertura de investigação judicial para apurar condutas em desacordo com as normas desta Lei, relativas à arrecadação e gastos de recursos. (Redação dada pela Lei nº 12.034, de 2009). § 1º Na apuração de que trata este artigo, aplicar-se-á o procedimento previsto no art. 22 da Lei Complementar no 64, de 18 de maio de 1990, no que couber. (Incluído pela Lei nº 11.300, de 2006)",***

CAPÍTULO 09

Do Sistema Eleitoral e da Representação Proporcional

Durante a unidade, trabalharemos, em suma: "Do Sistema Eleitoral (art. 82 a 86). Da Representação Proporcional".

Os conteúdos mais relevantes serão: "Do Sistema Eleitoral (art. 82 a 86)".

Do Sistema Eleitoral

(Artigos 82 a 86)

O Código Eleitoral prescreve na Parte Quarta, "Das Eleições", Título I, "Do Sistema Eleitoral", art. 82 e seguintes:

> **Art. 82**. *O sufrágio é universal e direto; o voto, obrigatório e secreto.*

Vejamos o mandamento constitucional constante do art. 14, *caput*:

> **Art. 14**. *A soberania popular será exercida pelo* ***sufrágio universal*** *e pelo* ***voto direto e secreto****, com valor igual para todos, e, nos termos da lei, mediante:*

Quando este mandamento, bem como o art. 82, do Código Eleitoral, acima dele, estabelece que o sufrágio é universal e o voto é direto e secreto, visualizamos a diferença entre ambos.

Sufrágio vem do latim *suffragium*, que significa voto. O direito de sufrágio é igual a direito de votar. A elegibilidade é igual ao direito de ser votado.

Já o voto, nas palavras de José Afonso da Silva apud Barros, é o "ato político que materializa, na prática, o direito público subjetivo de sufrágio".

Não se deve confundir sufrágio com voto. O primeiro é um direito em sua expressão genérica, o segundo é o exercício desse direito.

Fique Ligado

> ***Nem todo sufrágio é voto, mas todo voto é sufrágio.***
> ***VOTO é o meio pelo qual se exerce o SUFRÁGIO.***

> **Art. 83**. *Na eleição direta para o Senado Federal, para Prefeito e Vice-Prefeito, adotar-se-á o princípio majoritário. (Redação dada pela Lei nº 6.534, de 26.5.1978)*

> **Art. 84**. *A eleição para a Câmara dos Deputados, Assembleias Legislativas e Câmaras Municipais, obedecerá ao princípio da representação proporcional na forma desta lei.*

> **Art. 85**. *A eleição para deputados federais, senadores e suplentes, presidente e vice-presidente da República, governadores, vice-governadores e deputados estaduais far-se-á, simultaneamente, em todo o País.*

> **Art. 86**. *Nas eleições presidenciais, a circunscrição será o País; nas eleições federais e estaduais, o Estado; e nas municipais, o respectivo município.*

Princípio Majoritário e Proporcional

Princípio ou Sistema Majoritário

Com base no sistema majoritário, atribui-se o mandato ao candidato mais votado na circunscrição, ou seja, aquele que tiver obtido maior quantidade de votos válidos será eleito. (SPITZCOVSKY, 2013, p. 29).

Via de regra, aplica-se tal sistema para as eleições para o Poder Executivo, abrangendo os cargos de Presidente da República, governadores e prefeitos. (SPITZCOVSKY, 2013, p. 29).

Tal informação consta da Constituição Federal, no art. 77, §§ 2º e 3º, *in verbis*:

> **Art. 77. § 2º** - *Será considerado eleito Presidente o candidato que, registrado por partido político, obtiver a maioria absoluta de votos, não computados os em branco e os nulos.*

> **§ 3º** - *Se nenhum candidato alcançar maioria absoluta na primeira votação, far-se-á nova eleição em até vinte dias após a proclamação do resultado, concorrendo os dois candidatos mais votados e considerando-se eleito aquele que obtiver a maioria dos votos válidos.*

No segundo turno das eleições, o candidato que obtiver a maioria simples dos votos válidos estará eleito. (SPITZCOVSKY, 2013, p. 29).

Além do Poder Executivo, o critério majoritário é utilizado apenas para uma Casa Legislativa: o Senado Federal, porque representa os interesses dos Estados e do Distrito Federal, conforme estabelece o art. 46, *caput* e § 1º, da Constituição Federal de 1988 (SPITZCOVSKY, 2013, p. 29), *in verbis*:

> **Art. 46**. *O Senado Federal compõe-se de representantes dos Estados e do Distrito Federal, eleitos segundo o* ***princípio majoritário****.*

> **§ 1º** - *Cada Estado e o Distrito Federal elegerão três Senadores, com mandato de oito anos.*

Para todas as demais Casas Legislativas, o critério será o proporcional.

Princípio ou Sistema Proporcional

Pelo critério proporcional, atribui-se maior importância à quantidade de votos atribuída à legenda e não ao candidato. (SPITZCOVSKY, 2013, p. 30).

Tal critério, via de regra, aplica-se ao Legislativo, à exceção do Senado Federal. (SPITZCOVSKY, 2013, p. 30).

A Constituição Federal faz referência a tal critério no art. 45, *caput* e §§ 1º e 2º, para a Câmara dos Deputados, estendendo-se às Assembleias Legislativas e Câmara de Vereadores (SPITZCOVSKY, 2013, p. 30), que se confere a seguir:

> **Art. 45**. *A Câmara dos Deputados compõe-se de representantes do povo, eleitos, pelo sistema proporcional, em cada Estado, em cada Território e no Distrito Federal.*

> **§ 1º** - *O número total de Deputados, bem como a representação por Estado e pelo Distrito Federal, será estabelecido por lei complementar, proporcionalmente à população, procedendo-se aos ajustes necessários, no ano anterior às eleições, para que nenhuma daquelas unidades da Federação tenha menos de oito ou mais de setenta Deputados. (Vide Lei Complementar nº 78, de 1993)*

> **§ 2º** - *Cada Território elegerá quatro Deputados.*

Por tal critério, o que se privilegia é a quantidade de votos obtidos pela legenda. (SPITZCOVSKY, 2013, p. 30).

Nesse contexto, assume importância o chamado quociente eleitoral, previsto no art. 106 do Código Eleitoral (SPITZCOVSKY, 2013, p. 30), que se confere a seguir:

> **Art. 106**. *Determina-se o quociente eleitoral dividindo-se o número de votos válidos apurados pelo de lugares a preencher em cada circunscrição eleitoral, desprezada a fração se igual ou inferior a meio, equivalente a um, se superior.*

O dispositivo acima reproduzido permite concluir que o atingimento do quociente eleitoral depende de dois fatores básicos:

> A quantidade de votos válidos; e

> A quantidade de vagas disponibilizadas. (SPITZCOVSKY, 2013, p. 31).

Assim, inúmeras distorções podem se verificar nesse sistema, uma vez que candidatos que tenham obtido expressiva votação podem não se eleger haja vista a quantidade de votos obtida pelo partido ou coligação. (SPITZCOVSKY, 2013, p. 31).

Representação Proporcional

Sobre a representação proporcional, estabelece o Capítulo IV, arts. 105 a 113, do Código Eleitoral, *in verbis*:

Capítulo IV - Da Representação Proporcional

Art. 105 *- Fica facultado a 2 (dois) ou mais Partidos coligarem-se para o registro de candidatos comuns a deputado federal, deputado estadual e vereador. (Redação dada pela Lei nº 7.454, de 30.12.1985)*

§ 1º - A deliberação sobre coligação caberá à Convenção Regional de cada Partido, quando se tratar de eleição para a Câmara dos Deputados e Assembleias Legislativas, e à Convenção Municipal, quando se tratar de eleição para a Câmara de Vereadores, e será aprovada mediante a votação favorável da maioria, presentes 2/3 (dois terços) dos convencionais, estabelecendo-se, na mesma oportunidade, o número de candidatos que caberá a cada Partido. (Incluído pela Lei nº 7.454, de 30.12.1985)

§ 2º - Cada Partido indicará em Convenção os seus candidatos e o registro será promovido em conjunto pela Coligação. (Incluído pela Lei nº 7.454, de 30.12.1985)

Art. 106*. Determina-se o quociente eleitoral dividindo-se o número de votos válidos apurados pelo de lugares a preencher em cada circunscrição eleitoral, desprezada a fração se igual ou inferior a meio, equivalente a um, se superior.*

~~***Parágrafo único****. Contam-se como válidos os votos em branco para determinação do quociente eleitoral.*~~ *(Revogado pela Lei nº 9.504, de 30.9.1997)*

Art. 107 *- Determina-se para cada Partido ou coligação o quociente partidário, dividindo-se pelo quociente eleitoral o número de votos válidos dados sob a mesma legenda ou coligação de legendas, desprezada a fração. (Redação dada pela Lei nº 7.454, de 30.12.1985)*

Art. 108 *- Estarão eleitos tantos candidatos registrados por um Partido ou coligação quantos o respectivo quociente partidário indicar, na ordem da votação nominal que cada um tenha recebido. (Redação dada pela Lei nº 7.454, de 30.12.1985)*

Art. 109 *- Os lugares não preenchidos com a aplicação dos quocientes partidários serão distribuídos mediante observância das seguintes regras: (Redação dada pela Lei nº 7.454, de 30.12.1985)*

I. dividir-se-á o número de votos válidos atribuídos a cada Partido ou coligação de Partidos pelo número de lugares por ele obtido, mais um, cabendo ao Partido ou coligação que apresentar a maior média um dos lugares a preencher; (Redação dada pela Lei nº 7.454, de 30.12.1985)

II. repetir-se-á a operação para a distribuição de cada um dos lugares. (Redação dada pela Lei nº 7.454, de 30.12.1985)

§ 1º - O preenchimento dos lugares com que cada Partido ou coligação for contemplado far-se-á segundo a ordem de votação recebida pelos seus candidatos. (Redação dada pela Lei nº 7.454, de 30.12.1985)

§ 2º - Só poderão concorrer à distribuição dos lugares os Partidos e coligações que tiverem obtido quociente eleitoral. (Redação dada pela Lei nº 7.454, de 30.12.1985)

Art. 110*. Em caso de empate, haver-se-á por eleito o candidato mais idoso.*

Art. 111 *- Se nenhum Partido ou coligação alcançar o quociente eleitoral, considerar-se-ão eleitos, até serem preenchidos todos os lugares, os candidatos mais votados. (Redação dada pela Lei nº 7.454, de 30.12.1985)*

Art. 112*. Considerar-se-ão suplentes da representação partidária:*

I. os mais votados sob a mesma legenda e não eleitos efetivos das listas dos respectivos partidos;

II. em caso de empate na votação, na ordem decrescente da idade.

Art. 113*. Na ocorrência de vaga, não havendo suplente para preenchê-la, far-se-á eleição, salvo se faltarem menos de nove meses para findar o período de mandato.*

Exercício Comentado

01. Obedecerá ao princípio da representação proporcional a eleição para

a) A Câmara dos Deputados.

b) O Senado Federal.

c) Governador de Estado.

d) Prefeito Municipal.

e) Vice-Prefeito Municipal.

RESPOSTA. ***A resposta certa é a alternativa "a".***

a) Princípio da representação proporcional.

b) Princípio majoritário simples (é considerado vencedor aquele que obtiver a maioria dos votos válidos).

c) Princípio majoritário de dois turnos.

d) Princípio majoritário simples/dois turnos (conforme haja ou não mais de 200 mil eleitores no município).

e) Princípio majoritário simples/dois turnos (conforme haja ou não mais de 200 mil eleitores no município).

Anotações

CAPÍTULO 10

Das Mesas Receptoras, dos Diplomas e das Nulidades de Votação

Durante a unidade, trabalharemos, em suma: "Das Mesas Receptoras. Dos Diplomas. Das Nulidades da Votação".

Os conteúdos mais relevantes serão: "Das Mesas Receptoras".

Das Mesas Receptoras

As Mesas Receptoras

Estabelece o Código Eleitoral, Capítulo II, "Das Mesas Receptoras", art. 119:

Capítulo II - Das Mesas Receptoras

> ***Art. 119.*** *A cada seção eleitoral corresponde uma mesa receptora de votos.*

Seções Eleitorais

As seções eleitorais são os locais de votação. Segundo o art. 11, parágrafo único, da Lei n.º 6.996, de 7/6/1982, "cada seção eleitoral terá, no mínimo, duas cabinas". (BARROS, 2013, p. 143).

As zonas são divididas em seções, contendo cada uma o mínimo de 50 e o máximo de 400 eleitores, nas capitais, e 300, nos demais Municípios. (BARROS, 2013, p. 143).

Composição da Mesa Receptora

Segundo o art. 120, do Código Eleitoral, *in verbis*:

> ***Art. 120. Constituem a mesa receptora um presidente, um primeiro e um segundo mesários, dois secretários e um suplente****, nomeados pelo juiz eleitoral sessenta dias antes da eleição, em audiência pública, anunciado pelo menos com cinco dias de antecedência. (Redação dada pela Lei nº 4.961, de 4.5.1966)*

Nomeação da Mesa

Os integrantes acima mencionados são nomeados pelo juiz eleitoral 60 (sessenta) dias antes da eleição, em audiência pública, anunciada pelo menos com 5 (cinco) dias de antecedência.

Prescrevem os §§ 1º a 5º do art. 120 do Código Eleitoral:

> ***§ 1º*** *Não podem ser nomeados presidentes e mesários:*
>
> *I. os candidatos e seus parentes ainda que por afinidade, até o segundo grau, inclusive, e bem assim o cônjuge;*
>
> *II. os membros de diretórios de partidos desde que exerçam função executiva;*
>
> *III. as autoridades e agentes policiais, bem como os funcionários no desempenho de cargos de confiança do Executivo;*
>
> *IV. os que pertencerem ao serviço eleitoral.*
>
> ***§ 2º*** *Os mesários serão nomeados, de preferência entre os eleitores da própria seção, e, dentre estes, os diplomados em escola superior, os professores e os serventuários da Justiça.*
>
> ***§ 3º*** *O juiz eleitoral mandará publicar no jornal oficial, onde houver, e, não havendo, em cartório, as nomeações que tiver feito, e intimará os mesários através dessa publicação, para constituírem as mesas no dia e lugares designados, às 7 horas.*
>
> ***§ 4º*** *Os motivos justos que tiverem os nomeados para recusar a nomeação, e que ficarão a livre apreciação do juiz eleitoral, somente poderão ser alegados até 5 (cinco) dias a contar da nomeação, salvo se sobrevindos depois desse prazo.*
>
> ***§ 5º*** *Os nomeados que não declararem a existência de qualquer dos impedimentos referidos no § 1º incorrem na pena estabelecida pelo Art. 310.*

Impugnação da Nomeação dos Membros da Mesa

O art. 121, *caput* e § 1º, do Código Eleitoral, foi derrogado pelo art. 63, da Lei n.º 9.504/1997, *in verbis*:

> ***Art. 121.*** *Da nomeação da mesa receptora qualquer partido poderá reclamar ao juiz eleitoral, no prazo de 2 (dois) dias, a contar da audiência, devendo a decisão ser proferida em igual prazo.*
>
> ***§ 1º*** *Da decisão do juiz eleitoral caberá recurso para o Tribunal Regional, interposto dentro de 3 (três) dias, devendo, dentro de igual prazo, ser resolvido.*
>
> ***Art. 63.*** *Qualquer partido pode reclamar ao Juiz Eleitoral, no prazo de cinco dias, da nomeação da Mesa Receptora, devendo a decisão ser proferida em 48 horas.*
>
> ***§ 1º*** *Da decisão do Juiz Eleitoral caberá recurso para o Tribunal Regional, interposto dentro de três dias, devendo ser resolvido em igual prazo.*

Por sua vez, dizem os §§ 2º e 3º, do mesmo art. 121, *in verbis*:

> ***§ 2º*** *Se o vício da constituição da mesa resultar da incompatibilidade prevista no nº I, do § 1º, do Art. 120, e o registro do candidato for posterior à nomeação do mesário, o prazo para reclamação será contado da publicação dos nomes dos candidatos registrados. Se resultar de qualquer das proibições dos nºs II, III e IV, e em virtude de fato superveniente, o prazo se contará do ato da nomeação ou eleição.*
>
> ***§ 3º*** *O partido que não houver reclamado contra a composição da mesa não poderá arguir sob esse fundamento, a nulidade da seção respectiva.*

Neste caso, leia-se partido ou coligação.

Os menores de 18 (dezoito) anos não poderão ser nomeados presidentes nem mesários, quer de mesa receptora, quer de mesa apuradora de votos.

A Instrução dos Mesários

Sobre a instrução dos mesários, estabelece o art. 122, do Código Eleitoral, *in verbis*:

> ***Art. 122.*** *Os juízes deverão instruir os mesários sobre o processo da eleição, em reuniões para esse fim convocadas com a necessária antecedência.*

Da Substituição do Presidente

A respeito da substituição do presidente, prevê o art. 123, §§ 1º a 3º, do mesmo Código, *in verbis*:

> ***Art. 123.*** *Os mesários substituirão o presidente, de modo que haja sempre quem responda pessoalmente pela ordem e regularidade do processo eleitoral, e assinarão a ata da eleição.*
>
> ***§ 1º*** *O presidente deve estar presente ao ato de abertura e de encerramento da eleição, salvo força maior, comunicando o impedimento aos mesários e secretários pelo menos 24 (vinte e quatro) horas antes da abertura dos trabalhos, ou imediatamente, se o impedimento se der dentro desse prazo ou no curso da eleição.*
>
> ***§ 2º*** *Não comparecendo o presidente até as sete horas e trinta minutos, assumirá a presidência o primeiro mesário e, na sua falta ou impedimento, o segundo mesário, um dos secretários ou o suplente.*

§ 3º Poderá o presidente, ou membro da mesa que assumir a presidência, nomear ad hoc, dentre os eleitores presentes e obedecidas as prescrições do § 1º, do Art. 120, os que forem necessários para completar a mesa.

A Sanção Pelo não Comparecimento

Neste caso, dispõe o art. 124, *caput* e §§ 1º a 4º, do Código Eleitoral, *in verbis*:

> ***Art. 124**. O membro da mesa receptora que não comparecer no local, em dia e hora determinados para a realização de eleição, sem justa causa apresentada ao juiz eleitoral até 30 (trinta) dias após, incorrerá na multa de 50% (cinquenta por cento) a 1 (um) salário-mínimo vigente na zona eleitoral cobrada mediante selo federal inutilizado no requerimento em que for solicitado o arbitramento ou através de executivo fiscal.*
>
> ***§ 1º** Se o arbitramento e pagamento da multa não for requerido pelo mesário faltoso, a multa será arbitrada e cobrada na forma prevista no artigo 367.*
>
> ***§ 2º** Se o faltoso for servidor público ou autárquico, a pena será de suspensão até 15 (quinze) dias.*
>
> ***§ 3º** As penas previstas neste artigo serão aplicadas em dobro se a mesa receptora deixar de funcionar por culpa dos faltosos.*
>
> ***§ 4º** Será também aplicada em dobro, observado o disposto nos §§ 1º e 2º, a pena ao membro da mesa que abandonar os trabalhos no decurso da votação sem justa causa apresentada ao juiz até 3 (três) dias após a ocorrência.*

A Falta dos Integrantes da Mesa

Quando na falta dos integrantes da mesa, estabelece o art. 125, *caput* e §§ 1º e 2º, do mesmo Código, *in verbis*:

> ***Art. 125**. Não se reunindo, por qualquer motivo, a mesa receptora, poderão os eleitores pertencentes à respectiva seção votar na seção mais próxima, sob a jurisdição do mesmo juiz, recolhendo-se os seus votos à urna da seção em que deveriam votar, a qual será transportada para aquela em que tiverem de votar.*
>
> ***§ 1º** As assinaturas dos eleitores serão recolhidas nas folhas de votação da seção a que pertencerem, as quais, juntamente com as cédulas oficiais e o material restante, acompanharão a urna.*
>
> ***§ 2º** O transporte da urna e dos documentos da seção será providenciado pelo presidente da mesa, mesário ou secretário que comparecer, ou pelo próprio juiz, ou pessoa que ele designar para esse fim, acompanhando-a os fiscais que o desejarem.*

Da Impossibilidade de Realização do Pleito

No caso de impossibilidade de realização do pleito, prevê o art. 126, *caput* e parágrafo único, da legislação eleitoral, *in verbis*:

> ***Art. 126**. Se no dia designado para o pleito deixarem de se reunir todas as mesas de um município, o presidente do Tribunal Regional determinará dia para se realizar o mesmo, instaurando-se inquérito para a apuração das causas da irregularidade e punição dos responsáveis.*
>
> ***Parágrafo único**. Essa eleição deverá ser marcada dentro de 15 (quinze) dias, pelo menos, para se realizar no prazo máximo de 30 (trinta) dias.*

Atribuições do Presidente da Mesa

> ***Art. 127**. Compete ao presidente da mesa receptora, e, em sua falta, a quem o substituir:*
>
> *I. receber os votos dos eleitores;*
>
> *II. decidir imediatamente todas as dificuldades ou dúvidas que ocorrerem;*
>
> *III. manter a ordem, para o que disporá de força pública necessária;*
>
> *IV. comunicar ao juiz eleitoral, que providenciará imediatamente as ocorrências cuja solução deste dependerem;*
>
> *V. remeter à Junta Eleitoral todos os papéis que tiverem sido utilizados durante a recepção dos votos;*
>
> *VI. autenticar, com a sua rubrica, as cédulas oficiais e numerá-las nos termos das Instruções do Tribunal Superior Eleitoral;*
>
> *VII. assinar as fórmulas de observações dos fiscais ou delegados de partido, sobre as votações;*
>
> *VIII. fiscalizar a distribuição das senhas e, verificando que não estão sendo distribuídas segundo a sua ordem numérica, recolher as de numeração intercalada, acaso retidas, as quais não se poderão mais distribuir.*
>
> *IX. anotar o não comparecimento do eleitor no verso da folha individual de votação. (Incluído pela Lei nº 4.961, de 4.5.1966)*

Atribuições do Secretário da Mesa

Compete aos secretários, conforme art. 128, *caput* e incisos I a III, do Código Eleitoral, *in verbis*:

> ***Art. 128**. Compete aos secretários:*
>
> *I. distribuir aos eleitores as senhas de entrada previamente rubricadas ou carimbadas segundo a respectiva ordem numérica;*
>
> *II. lavrar a ata da eleição;*
>
> *III. cumprir as demais obrigações que lhes forem atribuídas em instruções.*
>
> ***Parágrafo único**. As atribuições mencionadas no n.º 1 serão exercidas por um dos secretários e os constantes dos nºs. II e III pelo outro.*

Por fim, estabelecem os arts. 129, *caput* e parágrafo único, e 130, *caput*, também do Código Eleitoral, *in verbis*:

> ***Art. 129.** Nas eleições proporcionais, os presidentes das mesas receptoras deverão zelar pela preservação das listas de candidatos afixadas dentro das cabinas indevassáveis tomando imediatas providências para a colocação de nova lista no caso de inutilização total ou parcial.*
>
> ***Parágrafo único**. O eleitor que inutilizar ou arrebatar as listas afixadas nas cabinas indevassáveis ou nos edifícios onde funcionarem mesas receptoras, incorrerá nas penas do artigo 297.*
>
> ***Art. 130**. Nos estabelecimentos de internação coletiva de hansenianos, os membros das mesas receptoras serão escolhidos de preferência entre os médicos e funcionários sadios do próprio estabelecimento.*

Dos Diplomas

Aqueles que tiveram as contas aprovadas partem para a etapa consistente na sua diplomação pela Justiça Eleitoral, disciplinada nos arts. 215 a 218 do Código Eleitoral.

Vejamos:

Capítulo V - Dos Diplomas

> ***Art. 215**. Os candidatos eleitos, assim como os suplentes, receberão diploma assinado pelo Presidente do Tribunal Regional ou da Junta Eleitoral, conforme o caso.*

A diplomação é a última fase do processo eleitoral e é também chamada proclamação.

Pode ser entendida, segundo a doutrina dominante como:

> *"ato pelo qual a Justiça Eleitoral, por intermédio de seus órgãos, em solenidade própria, concede aos candidatos eleitos o diploma e o direito de assumirem e exercerem o respectivo mandato eletivo para o qual foram eleitos". (Melo apud Barreiros Neto, 2012, p. 302).*

Fique Ligado

A diplomação é um ato declaratório (e não constitutivo) praticado pelo Poder Judiciário, não ficando prejudicado o candidato que não comparecer, uma vez que poderá comparecer ao órgão competente da Justiça Eleitoral para receber seu diploma (Barreiros Neto, 2012, p. 302).

O ato da diplomação será realizado em audiência pública, até o dia 19 de dezembro do ano eleitoral, no qual serão diplomados os eleitos e os respectivos suplentes.

Competência para a Diplomação dos Eleitos e Suplentes

O ato de diplomação não pode ser realizado aleatoriamente por qualquer instância da Justiça Eleitoral, mas, ao contrário, devem ser seguidas as regras de competência estabelecidas, em especial no Código Eleitoral, a teor do art. 89 (SPITZCOVSKY, 2013, p. 215):

> ***Art. 89**. Serão registrados:*
>
> *I. no Tribunal Superior Eleitoral os candidatos a presidente e vice-presidente da República;*
>
> *II. nos Tribunais Regionais Eleitorais os candidatos a senador, deputado federal, governador e vice-governador e deputado estadual;*
>
> *III. nos Juízos Eleitorais os candidatos a vereador, prefeito e vice-prefeito e juiz de paz.*

Ainda que o dispositivo acima cuide da competência para o registro de candidaturas, aplica-se ao ato de diplomação, diretriz estabelecida pelo art. 215, *caput*, do mesmo Código, já acima transcrito.

Em suma:

Tribunal Superior Eleitoral (TSE)	***Diplomas do:*** > ***Presidente.*** > ***Vice-presidente da república.***
Tribunais Regionais Eleitorais (TRE's) respectivos	***Diplomas dos:*** > ***Deputados federais, estaduais, distritais, senadores, respectivos suplentes.*** > ***Governadores de estado e vice--governadores.***
Juntas eleitorais	***Diplomas de:*** > ***Prefeitos e vice-prefeitos.*** > ***Vereadores.*** > ***Suplentes de vereadores, da respectiva circunscrição eleitoral.***

(BARREIROS NETO, 2012, p. 303).

O que o Diploma Deve Conter

Prescreve o art. 215 do Código Eleitoral em seu parágrafo único:

> ***Art. 215 Parágrafo único**. Do diploma deverá constar o nome do candidato, a indicação da legenda sob a qual concorreu, o cargo para o qual foi eleito ou a sua classificação como suplente, e, facultativamente, outros dados a critério do juiz ou do Tribunal.*

Como se vê, do diploma, cujo prazo de validade coincidirá com o período de duração do mandato do diplomado, deverá constar:

- Nome do candidato eleito;
- Indicação da legenda para a qual o candidato concorreu, bem como de eventual coligação eleitoral;
- Cargo para o qual o candidato foi eleito, ou sua classificação como suplente (BARREIROS NETO, 2012, p. 303).

Ao diploma do suplente será acrescentada a classificação, ou ainda o que mais necessário se fizer a que se determine a ordem de convocação, em caso de renúncia ou substituição (BARROS, 2013, p. 157).

Impedimento à Diplomação

A inobservância do prazo para encaminhamento das prestações de contas impede a diplomação dos eleitos, enquanto perdurar (BARROS, 2013, p. 157).

O Diploma em Caso de Recurso

Preceitua o art. 216 do Código Eleitoral:

> ***Art. 216**. Enquanto o Tribunal Superior não decidir o recurso interposto contra a expedição do diploma, poderá o diplomado exercer o mandato em toda a sua plenitude.*

Mesmo que haja recurso pendente, serão atribuídos os diplomas aos candidatos à:

- Câmara dos Deputados;
- Senado Federal;
- Assembleias Legislativas; e
- Câmara de Vereadores.

As funções poderão ser exercidas normalmente (BARROS, 2013, p. 157).

> ***Art. 217**. Apuradas as eleições suplementares, o juiz ou o Tribunal reverá a apuração anterior, confirmando ou invalidando os diplomas que houver expedido.*
>
> ***Parágrafo único**. No caso de provimento, após a diplomação, de recurso contra o registro de candidato ou de recurso parcial, será também revista a apuração anterior, para confirmação ou invalidação de diplomas, observado o disposto no § 3º do Art. 261.*

Em caso de provimento do recurso contra a expedição do diploma, tornar-se-á insubsistente o diploma anteriormente expedido (BARROS, 2013, p. 157).

Por fim, estabelece o art. 218 do Código Eleitoral:

> ***Art. 218**. O presidente de Junta ou de Tribunal que diplomar militar candidato a cargo eletivo, comunicará imediatamente a diplomação à autoridade a que o mesmo estiver subordinado, para os fins do Art. 98.*

Das Nulidades da Votação

As nulidades da votação estão previstas no Código Eleitoral, em seus arts. 219 a 224. (BARREIROS NETO, 2012, p. 294).

Em homenagem ao princípio do *in dubio* pro voto:

> **Capítulo VI - Das Nulidades Da Votação**
>
> ***Art. 219**. Na aplicação da lei eleitoral, o juiz atenderá sempre aos fins e resultados a que ela se dirige, abstendo-se de pronunciar nulidades sem demonstração de prejuízo.*
>
> ***Parágrafo único**. A declaração de nulidade não poderá ser requerida pela parte que lhe deu causa nem a ela aproveitar.*

Dispõe o art. 220, em seu *caput* e parágrafo único, do Código Eleitoral:

Art. 220. É nula a votação:

I. quando feita perante mesa não nomeada pelo juiz eleitoral, ou constituída com ofensa à letra da lei;

II. quando efetuada em folhas de votação falsas;

III. quando realizada em dia, hora, ou local diferentes dos designados ou encerrada antes das 17 horas;

IV. quando preterida formalidade essencial do sigilo dos sufrágios.

V. quando a seção eleitoral tiver sido localizada com infração do disposto nos §§ 4º e 5º do art. 135. (Incluído pela Lei nº 4.961, de 4.5.1966)

***Parágrafo único**. A nulidade será pronunciada quando o órgão apurador conhecer do ato ou dos seus efeitos e o encontrar provada, não lhe sendo lícito supri-la, ainda que haja consenso das partes.*

Já o art. 221 estabelece:

***Art. 221**. É anulável a votação:*

I. quando a seção eleitoral tiver sido localizada com infração do disposto nos §§ 4º e 5º do art. 135. (Revogado pela Lei nº 4.961, de 4.5.1966)

I. quando houver extravio de documento reputado essencial; (Renumerado do inciso II pela Lei nº 4.961, de 4.5.1966)

II. quando for negado ou sofrer restrição o direito de fiscalizar, e o fato constar da ata ou de protesto interposto, por escrito, no momento: (Renumerado do inciso III pela Lei nº 4.961, de 4.5.1966)

III. quando votar, sem as cautelas do Art. 147, § 2º. (Renumerado do inciso IV pela Lei nº 4.961, de 4.5.1966)

a) eleitor excluído por sentença não cumprida por ocasião da remessa das folhas individuais de votação à mesa, desde que haja oportuna reclamação de partido;

b) eleitor de outra seção, salvo a hipótese do Art. 145;

c) alguém com falsa identidade em lugar do eleitor chamado.

Por sua vez, preceitua o art. 222, *caput*, revogados os §§ 1º e 2º:

***Art. 222**. É também anulável a votação, quando viciada de falsidade, fraude, coação, uso de meios de que trata o Art. 237, ou emprego de processo de propaganda ou captação de sufrágios vedado por lei.*

***§ 1º** A prova far-se-á em processo apartado, que o Tribunal Superior regulará, observados os seguintes princípios: (Revogado pela Lei nº 4.961, de 4.5.1966)*

I. é parte legítima para promovê-lo o Ministério Público ou o representante de partido que possa ser prejudicado; (Revogado pela Lei nº 4.961, de 4.5.1966)

II. a denúncia, instruída com justificação ou documentação idônea, será oferecida ao Tribunal ou juízo competente para diplomação, e poderá ser rejeitada in limine se manifestamente infundada; (Revogado pela Lei nº 4.961, de 4.5.1966)

III. feita a citação do partido acusado na pessoa do seu representante ou delegado, terá este 48 (quarenta e oito) horas para contestar a arguição, seguindo-se uma instrução sumária por 5 (cinco) dias, e as legações, no prazo de 24 (vinte e quatro) horas, com as quais se encerrará provisoriamente o processo incidente; (Revogado pela Lei nº 4.961, de 4.5.1966)

I. antes da diplomação o Tribunal ou Junta competente proferirá decisão sobre os processos, determinando as retificações consequentes às nulidades que pronunciar. (Revogado pela Lei nº 4.961, de 4.5.1966)

***2º** A sentença anulatória de votação poderá, conforme a intensidade do dolo, ou grau de culpa, denegar o diploma ao candidato responsável, independentemente dos resultados escoimados das nulidades.(Revogado pela Lei nº 4.961, de 4.5.1966)*

Conforme previsão do art. 223, *caput* e §§ 1º ao 3º, do Código:

***Art. 223**. A nulidade de qualquer ato, não decretada de ofício pela Junta, só poderá ser arguida quando de sua prática, não mais podendo ser alegada, salvo se a arguição se basear em motivo superveniente ou de ordem constitucional.*

***§ 1º** Se a nulidade ocorrer em fase na qual não possa ser alegada no ato, poderá ser arguida na primeira oportunidade que para tanto se apresente.*

***§ 2º** Se se basear em motivo superveniente deverá ser alegada imediatamente, assim que se tornar conhecida, podendo as razões do recurso ser aditadas no prazo de 2 (dois) dias.*

***§ 3º** A nulidade de qualquer ato, baseada em motivo de ordem constitucional, não poderá ser conhecida em recurso interposto fora do prazo. Perdido o prazo numa fase própria, só em outra que se apresentar poderá ser arguida. (Redação dada pela Lei nº 4.961, de 4.5.1966)*

Por fim, no que se refere à questão das nulidades eleitorais, vale destacar a questão da possibilidade (ou impossibilidade) de nulidade da votação em virtude da ocorrência de maioria absoluta de votos nulos (BARREIROS NETO, 2012, p. 295-296), prevista no art. 224, *caput* e §§1º e 2º, do Código Eleitoral:

***Art. 224**. Se a nulidade atingir a mais de metade dos votos do país nas eleições presidenciais, do Estado nas eleições federais e estaduais ou do município nas eleições municipais, julgar-se-ão prejudicadas as demais votações e o Tribunal marcará dia para nova eleição dentro do prazo de 20 (vinte) a 40 (quarenta) dias.*

***§ 1º** Se o Tribunal Regional na área de sua competência, deixar de cumprir o disposto neste artigo, o Procurador Regional levará o fato ao conhecimento do Procurador Geral, que providenciará junto ao Tribunal Superior para que seja marcada imediatamente nova eleição.*

***§ 2º** Ocorrendo qualquer dos casos previstos neste capítulo, o Ministério Público promoverá, imediatamente a punição dos culpados.*

Exercício Comentado

01. Maria é advogada. Ana é professora. Luiz é investigador de polícia. Pedro pertence ao serviço eleitoral. No que concerne às Mesas Receptoras, somente poderão ser nomeados mesários:

a) Maria e Ana.

b) Luiz e Pedro.

c) Maria e Pedro.

d) Ana e Pedro.

e) Maria e Luiz.

RESPOSTA. A resposta certa é a alternativa "a".

Vide art. 120, caput, § 1º, incisos I a IV, do Código Eleitoral:

> *Art. 120. Constituem a mesa receptora um presidente, um primeiro e um segundo mesários, dois secretários e um suplente, nomeados pelo juiz eleitoral sessenta dias antes da eleição, em audiência pública, anunciada pelo menos com cinco dias de antecedência. (Redação dada pela Lei nº 4.961, de 4.5.1966).*
>
> *§ 1º Não podem ser nomeados presidentes e mesários:*
>
> *II. os candidatos e seus parentes ainda que por afinidade, até o segundo grau, inclusive, e bem assim o cônjuge;*
>
> *III. os membros de diretórios de partidos desde que exerça função executiva;*
>
> *IV. as autoridades e agentes policiais, bem como os funcionários no desempenho de cargos de confiança do Executivo;*
>
> *V. os que pertencerem ao serviço eleitoral.*

Não poderão ser nomeados mesários Luiz, investigador de polícia (agente policial) (art. 120, § 1º, inciso III, do Código Eleitoral), e Pedro, que pertence ao serviço eleitoral (art. 120, § 1º, inciso IV, do Código Eleitoral).

Anotações

CAPÍTULO 11

Disposições Gerais e Coligações

(Artigos 1º ao 6º)

Durante a unidade, trabalharemos, em suma: "Lei nº 9.504/97 – Lei das Eleições: Disposições gerais e coligações (arts. 1º ao 6º)".

Os conteúdos mais relevantes serão: "coligações".

Disposições Gerais

A Lei nº 9.504/97 – Lei das Eleições estabelece nas "Disposições gerais", arts. 1º a 5º:

Disposições Gerais

> ***Art 1º*** *As eleições para Presidente e Vice-Presidente da República, Governador e Vice-Governador de Estado e do Distrito Federal, Prefeito e Vice-Prefeito, Senador, Deputado Federal, Deputado Estadual, Deputado Distrital e Vereador dar-se-ão, em todo o País, no primeiro domingo de outubro do ano respectivo.*
>
> ***Parágrafo único****. Serão realizadas simultaneamente as eleições:*
>
> *I. para Presidente e Vice-Presidente da República, Governador e Vice-Governador de Estado e do Distrito Federal, Senador, Deputado Federal, Deputado Estadual e Deputado Distrital;*
>
> *II. para Prefeito, Vice-Prefeito e Vereador.*
>
> ***Art. 2º*** *Será considerado eleito o candidato a Presidente ou a Governador que obtiver a maioria absoluta de votos, não computados os em branco e os nulos.*
>
> ***§ 1º*** *Se nenhum candidato alcançar maioria absoluta na primeira votação, far-se-á nova eleição no último domingo de outubro, concorrendo os dois candidatos mais votados, e considerando-se eleito o que obtiver a maioria dos votos válidos.*
>
> ***§ 2º*** *Se, antes de realizado o segundo turno, ocorrer morte, desistência ou impedimento legal de candidato, convocar-se-á, dentre os remanescentes, o de maior votação.*
>
> ***§ 3º*** *Se, na hipótese dos parágrafos anteriores, remanescer em segundo lugar mais de um candidato com a mesma votação, qualificar-se-á o mais idoso.*
>
> ***§ 4º*** *A eleição do Presidente importará a do candidato a Vice-Presidente com ele registrado, o mesmo se aplicando à eleição de Governador.*
>
> ***Art. 3º*** *Será considerado eleito Prefeito o candidato que obtiver a maioria dos votos, não computados os em branco e os nulos.*
>
> ***§ 1º*** *A eleição do Prefeito importará a do candidato a Vice-Prefeito com ele registrado.*
>
> ***§ 2º*** *Nos Municípios com mais de duzentos mil eleitores, aplicar-se-ão as regras estabelecidas nos §§ 1º a 3º do artigo anterior.*
>
> ***Art 4º*** *Poderá participar das eleições o partido que, até um ano antes do pleito, tenha registrado seu estatuto no Tribunal Superior Eleitoral, conforme o disposto em lei, e tenha, até a data da convenção, órgão de direção constituído na circunscrição, de acordo com o respectivo estatuto.*
>
> ***Art. 5º*** *Nas eleições proporcionais, contam-se como válidos apenas os votos dados a candidatos regularmente inscritos e às legendas partidárias.*

Coligações

As coligações partidárias podem ser conceituadas como "acordos entre dois ou mais partidos para apresentação à eleição da mesma ou das mesmas candidaturas". (BARREIROS NETO, 2012, p. 110).

É a Lei das Eleições (Lei n.º 9.504/97), em seu art. 6º, e não a Lei Geral dos Partidos Políticos (Lei n.º 9.096/95), que estabelece as regras relativas ao funcionamento das coligações partidárias (BARREIROS NETO, 2012, p. 110), *in verbis*:

Das Coligações

> ***Art. 6º*** *É facultado aos partidos políticos, dentro da mesma circunscrição, celebrar coligações para eleição majoritária, proporcional, ou para ambas, podendo, neste último caso, formar-se mais de uma coligação para a eleição proporcional dentre os partidos que integram a coligação para o pleito majoritário.*

Fique Ligado

Conforme a art. 35, § 4º, da Resolução n.º 23.191/2009, do Tribunal Superior Eleitoral (TSE), in verbis "As coligações sempre serão tratadas como um único partido político". (BARROS, 2013, p. 101).

As coligações têm suas existências confirmadas nas convenções partidárias, que ocorrem no mês de junho dos anos eleitorais, e se extinguem com o fim do processo eleitoral, possuindo denominação própria e funcionando como um só partido no relacionamento com a Justiça Eleitoral e no trato de interesses interpartidários (BARREIROS NETO, 2012, p. 110), conforme estabelece o § 1º, do mesmo art. 6º, *in verbis*:

> ***Art. 6º § 1º*** *A coligação terá denominação própria, que poderá ser a junção de todas as siglas dos partidos que a integram, sendo a ela atribuídas as prerrogativas e obrigações de partido político no que se refere ao processo eleitoral, e devendo funcionar como um só partido no relacionamento com a Justiça Eleitoral e no trato dos interesses interpartidários.*

Fique Ligado

As coligações têm a mesma natureza de um partido e a ele correspondem nas relações com a Justiça Eleitoral. (BARREIROS NETO, 2012, p. 110).

As coligações terão denominações próprias, que poderão ser a junção de todas as siglas dos partidos que as integram, sendo a elas atribuídas, no que se refere ao processo eleitoral, as prerrogativas e obrigações de partido político. (BARREIROS NETO, 2012, p. 111).

Fique Ligado

As coligações terão denominações próprias. (BARREIROS NETO, 2012, p. 111).

Destaque da Reforma Eleitoral

A reforma eleitoral acrescentou ao art. 6º, da Lei nº 9.504/1997, o § 1º-A (BARROS, 2013, p. 102), *in verbis*:

> ***Art. 6º § 1º-A.*** *A denominação da coligação não poderá coincidir, incluir ou fazer referência a nome ou número de candidato, nem conter pedido de voto para partido político. (Incluído pela Lei nº 12.034, de 2009)*

O objetivo desta norma é o de assegurar a observância do princípio da impessoalidade, bem como com o intuito de evitar um desequilíbrio em favor de determinado partido. (BARREIROS NETO, 2012, p. 111).

Art. 6º § 2º Na propaganda para eleição majoritária, a coligação usará, obrigatoriamente, sob sua denominação, as legendas de todos os partidos que a integram; na propaganda para eleição proporcional, cada partido usará apenas sua legenda sob o nome da coligação.

Nas eleições majoritárias, é possível uma chapa ser formada por candidatos de partidos diversos, que estejam coligados. Da mesma forma, nas eleições proporcionais, os candidatos de uma mesma coligação concorrem juntos, como se fizessem parte de um único partido. BARREIROS NETO, 2012, p. 110).

Outras Regras que Devem ser Observadas na Formação de Coligações

A esse respeito, estabelece o § 3º, do art. 6º, da Lei nº 9.504/1997:

> ***Art. 6º § 3º*** *Na formação de coligações, devem ser observadas, ainda, as seguintes normas:*
>
> *I.* ***na chapa da coligação, podem inscrever-se candidatos filiados a qualquer partido político dela integrante;***
>
> *II.* ***o pedido de registro dos candidatos deve ser subscrito pelos presidentes dos partidos coligados, por seus delegados, pela maioria dos membros dos respectivos órgãos executivos de direção ou por representante da coligação,*** *na forma do inciso III;*
>
> *III.* ***os partidos integrantes da coligação devem designar um representante, que terá atribuições equivalentes às de presidente de partido político, no trato dos interesses e na representação da coligação, no que se refere ao processo eleitoral;***

Vale destacar a polêmica questão da verticalização das coligações, determinada, no passado, pelo Tribunal Superior Eleitoral (TSE), por meio da Resolução n.º 20.993/2002. Segundo sua lógica, deveria ser mantida uma coerência (simetria) entre as coligações firmadas, em uma mesma eleição, em âmbito nacional e aquelas firmadas em âmbito regional. (BARREIROS NETO, 2012, p. 112).

No entanto, a Emenda Constitucional n.º 52/2006, que modificou o art. 17, § 1º, da Constituição Federal, terminou por revogar a questão da verticalização, dando plena autonomia aos partidos políticos para firmar o regime de suas coligações. (BARREIROS NETO, 2012, p. 112).

> ***Art. 6º IV*** *- a coligação será representada perante a Justiça Eleitoral pela pessoa designada na forma do inciso III ou por delegados indicados pelos partidos que a compõem, podendo nomear até:*
>
> *a) três delegados perante o Juízo Eleitoral;*
>
> *b) quatro delegados perante o Tribunal Regional Eleitoral;*
>
> *c) cinco delegados perante o Tribunal Superior Eleitoral.*
>
> ***§ 4º O partido político coligado somente possui legitimidade para atuar de forma isolada no processo eleitoral quando questionar a validade da própria coligação, durante o período compreendido entre a data da convenção e o termo final do prazo para a impugnação do registro de candidatos.*** *(Incluído pela Lei nº 12.034, de 2009)*

Este parágrafo encerra uma antiga polêmica acerca dos partidos políticos. Tal disposição se coaduna com o disposto no § 1º, do mesmo artigo, já anteriormente transcrito. (BARREIROS NETO, 2012, p. 111).

Diferentemente de outros dispositivos incluídos na Lei n.º 9.504/97 pela recente reforma eleitoral, o novo § 4º, do art. 6º, não seguiu entendimento consolidado do Tribunal Superior Eleitoral (TSE), o qual, nas eleições de 2008, expediu a Resolução n.º 22.717, que, em seu art. 6º, admitia a atuação de partido político, na hipótese de dissidência interna, o que dividia a coligação. (BARREIROS NETO, 2012, p. 112).

Por fim, prevê o § 5º, do mesmo art. 6º, *in verbis*:

> ***§ 5º*** *A responsabilidade pelo pagamento de multas decorrentes de propaganda eleitoral é solidária entre os candidatos e os respectivos partidos, não alcançando outros partidos mesmo quando integrantes de uma mesma coligação. (Incluído pela Lei nº 12.891, de 2013)*

Exercício Comentado

01. Augustus é candidato a Prefeito Municipal pela coligação integrada pelos partidos Alpha, Beta e Gama, com a denominação "Augustus para o bem de todos". Os partidos Alpha e Beta celebraram coligação para Vereador, com a denominação "Vote só nos candidatos dos partidos Alpha e Beta", sendo que o partido Gama preferiu lançar candidatos próprios para a eleição proporcional. Nesse caso:

a) As duas coligações podem ser formadas, mas não podem ter as denominações que lhes foram dadas.

b) As duas coligações podem ser formadas e podem ter as denominações que lhes foram dadas.

c) A coligação para a eleição proporcional não pode ser formada, porque não inclui todos os partidos que compõe a coligação para a eleição majoritária.

d) A coligação para as eleições majoritárias não pode ser formada, porque inclui mais partidos do que os que compõem a coligação para a eleição proporcional.

e) A coligação para a eleição majoritária pode ser formada e ter a denominação que lhe foi dada, sendo que a coligação para a eleição proporcional pode ser formada, mas não pode ter a denominação que lhe foi dada.

RESPOSTA. ***A resposta certa é a alternativa "a".***

Vide art. 6º, §§ 1º, 1º-A e 2º, da Lei n.º 9.504-97 (Lei das Eleições):

> ***"Art. 6º É facultado aos partidos políticos, dentro da mesma circunscrição, celebrar coligações para eleição majoritária, proporcional, ou para ambas, podendo, neste último caso, formar-se mais de uma coligação para a eleição proporcional dentre os partidos que integram a coligação para o pleito majoritário".***

Logo, as coligações estão dentro do critério da lei. Porém as denominações dadas aos candidatos estão em ordem inversa à lei. Vejamos:

> ***"§ 1º A coligação terá denominação própria, que poderá ser a junção de todas as siglas dos partidos que a integram, sendo a ela atribuídas as prerrogativas e obrigações de partido político no que se refere ao processo eleitoral, e devendo funcionar como um só partido no relacionamento com a Justiça Eleitoral e no trato dos interesses interpartidários.***
>
> ***§ 1º-A. A denominação da coligação não poderá coincidir, incluir ou fazer referência a nome ou número de candidato, nem conter pedido de voto para partido político***

§ 2º Na propaganda para eleição majoritária, a coligação usará, obrigatoriamente, sob sua denominação, as legendas de todos os partidos que a integram; na propaganda para eleição proporcional, cada partido usará apenas sua legenda sob o nome da coligação".

A denominação "Augustus para o bem de todos" não corresponde à regra da lei. Neste caso, como se trata de uma eleição majoritária, a denominação deveria ser a legenda de todos os partidos e não fazer referência ao candidato, o que fere o § 1º.

No caso da outra denominação "Vote só nos candidatos dos partidos Alpha e Beta", que se refere à eleição proporcional, a referência deveria ser a sigla do partido do candidato e não da coligação.

Anotações

CAPÍTULO 12

Das Convenções para a Escolha de Candidatos

(Artigos 7º ao 9º)

Durante a unidade, trabalharemos, em suma: "Da convenção para escolha de candidatos (arts. 7º a 9º)".

Os conteúdos mais relevantes serão: "Da convenção para escolha de candidatos (arts. 7º a 9º)".

Convenções Partidárias

Definição

As convenções partidárias são órgãos de deliberação dos partidos políticos, em que são escolhidos os seus representantes para as eleições, bem como a realização ou não de coligações. (SPITZCOVSKY, 2013, p. 149).

São atos político-partidários e dependerão da espécie de eleição que se realizará. (BARROS, 2013, p. 100).

As convenções partidárias encontram-se previstas nos arts. 7º a 9º da Lei n.º 9.504/1997. (SPITZCOVSKY, 2013, p. 149).

Encerrado o alistamento, que deve ocorrer 150 (cento e cinquenta) dias antes da data do pleito (art. 91, da Lei nº 9.504/1997), ocorrerão as convenções partidárias, cuja data de realização é fixada na lei. Com elas, tem início a fase preparatória do processo eleitoral (1ª fase). (BARROS, 2013, p. 100).

Sobre as convenções para a escolha de candidatos, preconiza a Lei n.º 9.504/1997 (Lei das Eleições), *in verbis*:

Das Convenções para a Escolha de Candidatos

> ***Art. 7º*** *As normas para a escolha e substituição dos candidatos e para a formação de coligações serão estabelecidas no estatuto do partido, observadas as disposições desta Lei.*
>
> ***§ 1º*** *Em caso de omissão do estatuto, caberá ao órgão de direção nacional do partido estabelecer as normas a que se refere este artigo, publicando-as no Diário Oficial da União até cento e oitenta dias antes das eleições.*
>
> ***§ 2º*** *Se a convenção partidária de nível inferior se opuser, na deliberação sobre coligações, às diretrizes legitimamente estabelecidas pelo órgão de direção nacional, nos termos do respectivo estatuto, poderá esse órgão anular a deliberação e os atos dela decorrentes. (Redação dada pela Lei nº 12.034, de 2009)*
>
> ***§ 3º*** *As anulações de deliberações dos atos decorrentes de convenção partidária, na condição acima estabelecida, deverão ser comunicadas à Justiça Eleitoral no prazo de 30 (trinta) dias após a data limite para o registro de candidatos. (Redação dada pela Lei nº 12.034, de 2009)*
>
> ***§ 4º*** *Se, da anulação, decorrer a necessidade de escolha de novos candidatos, o pedido de registro deverá ser apresentado à Justiça Eleitoral nos 10 (dez) dias seguintes à deliberação, observado o disposto no art. 13. (Incluído pela Lei nº 12.034, de 2009)*

Momento

Observando o calendário eleitoral, estas convenções partidárias se realizam no período de 12 a 30 de junho do ano das eleições, conforme disposto no art. 8º, *caput*, da Lei n.º 9.504/1997 (SPITZCOVSKY, 2013, p. 149), in verbis:

> ***Art. 8º*** *A escolha dos candidatos pelos partidos e a deliberação sobre coligações deverão ser feitas no período de 12 a 30 de junho do ano em que se realizarem as eleições, lavrando-se a respectiva ata em livro aberto, rubricado pela Justiça Eleitoral, publicada em 24 (vinte e quatro) horas em qualquer meio de comunicação. (Redação dada pela Lei nº 12.891, de 2013)*

Percebe-se a necessidade de lavrarem-se, em ata, todas as decisões tomadas naquele momento, a qual deverá ser apresentada perante a Justiça Eleitoral, para efeito de registro da candidatura, consoante o disposto no art. 11, § 1º, inciso I, da Lei n.º 9.504/1997. (SPITZKOVSKY, 2013, p. 149).

Sobre esse tema, ainda, é importante notar que, por decisão proferida pelo Supremo Tribunal Federal (STF), quando do julgamento de liminar da ADIN 2.530-9, em 2002, foram abolidas as chamadas candidaturas natas, vale dizer, daqueles que já sejam detentores de mandato eletivo que até então tinham assegurado lugar na chapa de candidatos, não necessitando submeter seus nomes aos convencionais do partido. (SPITZKOVSKY, 2013, p. 149).

Assim, encontra-se suspensa a redação do art. 8º, § 1º, da Lei nº 9.504/1997, in verbis:

> ***§ 1º*** *Aos detentores de mandato de Deputado Federal, Estadual ou Distrital, ou de Vereador, e aos que tenham exercido esses cargos em qualquer período da legislatura que estiver em curso, é assegurado o registro de candidatura para o mesmo cargo pelo partido a que estejam filiados. (**Vide ADIN - 2.530-9**)*

Outro ponto importante sobre esse tema refere-se à possibilidade de cessão gratuita de prédios públicos, para que os partidos realizem suas convenções, desde que, por óbvio, essa possibilidade seja aberta para todas as agremiações. (SPITZKOVSKY, 2013, p. 150).

> ***§ 2º*** *Para a realização das convenções de escolha de candidatos, os partidos políticos poderão usar gratuitamente prédios públicos, responsabilizando-se por danos causados com a realização do evento.*

Outra não é a razão pela qual normalmente as convenções são realizadas na sede do Poder Legislativo, vale dizer, Câmara dos Vereadores, Assembleia Legislativa ou Congresso Nacional. (SPITZKOVSKY, 2013, p. 150).

Por sua vez, estabelece o art. 9º, *caput* e parágrafo único, da Lei n.º 9.504/1997, *in verbis*:

> ***Art. 9º*** *Para concorrer às eleições, o candidato deverá possuir domicílio eleitoral na respectiva circunscrição pelo prazo de, pelo menos, um ano antes do pleito e estar com a filiação deferida pelo partido no mesmo prazo.*
>
> ***Parágrafo único.*** *Havendo fusão ou incorporação de partidos após o prazo estipulado no caput, será considerada, para efeito de filiação partidária, a data de filiação do candidato ao partido de origem.*

Exercício Comentado

01. ***Num determinado município, a convenção partidária realizada no último dia do prazo legal deliberou a respeito da formação de coligação, deliberação esta contrária às diretrizes legitimamente estabelecidas pelo órgão de direção nacional, que, por isso, anulou a deliberação e todos os atos dela decorrentes. Em vista disso, houve necessidade de escolha de candidatos. Nesse caso, observadas as demais exigências legais:***

a) *Deverá ser realizada nova convenção partidária para esse fim nos quinze dias posteriores à anulação.*
b) *Deverá ser realizada nova convenção partidária para esse fim nos trinta dias posteriores à anulação da deliberação.*
c) *O partido ficará sem candidatos para esse pleito eleitoral, por já ter esgotado o prazo legal para realização das convenções.*
d) *O pedido de registro de novos candidatos deverá ser apresentado à Justiça Eleitoral nos dez dias seguintes à deliberação relativa à anulação.*
e) *O pedido de registro de candidatos só poderá ser feito por estes pessoalmente, diretamente à Justiça Eleitoral, nos quinze dias seguintes ao ato de anulação.*

RESPOSTA. *A e B) ERRADAS. Não será necessária nova convenção, bastando que se proceda à apresentação do pedido de registro dos novos candidatos à Justiça Eleitoral, conforme Lei n. 9.504/97, em seu art. 7º, "§ 4º Se, da anulação, decorrer a necessidade de escolha de novos candidatos, o pedido de registro deverá ser apresentado à Justiça Eleitoral nos 10 (dez) dias seguintes à deliberação, observado o disposto no art. 13".*

RESPOSTA. *C) ERRADA. O partido pode registrar novos candidatos, desde que observado o prazo legal de 10 (dez) dias após a deliberação da anulação da convenção, consoante a Lei n. 9.504/97, art. 7º, § 4º.*

RESPOSTA. *D) CORRETA. Vide a mesma Lei n. 9.504/97, art. 7º, § 4º.*

RESPOSTA. *E) ERRADA. O prazo é de 10 (dez) dias, conforme o art. 7º, § 4º, acima.*

Anotações

CAPÍTULO 13

Do Registro de Candidatos e da Arrecadação e da Aplicação de Recursos nas Campanhas Eleitorais

Durante a unidade, trabalharemos, em suma: "Do Registro de Candidatos (arts. 10 a 16); Da Arrecadação e da Aplicação de Recursos nas Campanhas Eleitorais (arts. 17 a 27)".

Os conteúdos mais relevantes serão: "Do Registro de Candidatos (arts. 10 a 16)".

Do Registro de Candidatos

Registro das Candidaturas

O momento do registro das candidaturas tem lugar após a realização das convenções partidárias, no mês de junho. (SPITZKOVSKY, 2013, p. 153).

→ Prevê o art. 10, §§ 1º ao 5º, da Lei n.º 9.504/1997, *in verbis*:

Do Registro de Candidatos

Art. 10. *Cada partido poderá registrar candidatos para a Câmara dos Deputados, Câmara Legislativa, Assembleias Legislativas e Câmaras Municipais, até cento e cinquenta por cento do número de lugares a preencher.*

§ 1º *No caso de coligação para as eleições proporcionais, independentemente do número de partidos que a integrem, poderão ser registrados candidatos até o dobro do número de lugares a preencher.*

§ 2º *Nas unidades da Federação em que o número de lugares a preencher para a Câmara dos Deputados não exceder de vinte, cada partido poderá registrar candidatos a Deputado Federal e a Deputado Estadual ou Distrital até o dobro das respectivas vagas; havendo coligação, estes números poderão ser acrescidos de até mais cinqüenta por cento.*

§ 3º *Do número de vagas resultante das regras previstas neste artigo, cada partido ou coligação preencherá o mínimo de 30% (trinta por cento) e o máximo de 70% (setenta por cento) para candidaturas de cada sexo. (Redação dada pela Lei nº 12.034, de 2009)*

§ 4º *Em todos os cálculos, será sempre desprezada a fração, se inferior a meio, e igualada a um, se igual ou superior.*

§ 5º *No caso de as convenções para a escolha de candidatos não indicarem o número máximo de candidatos previsto no caput e nos §§ 1º e 2º deste artigo, os órgãos de direção dos partidos respectivos poderão preencher as vagas remanescentes até sessenta dias antes do pleito.*

Assim, o registro das candidaturas tem uma data limite, ou seja, 19 horas do dia 5 de julho do ano das eleições, de acordo com o previsto no art. 11, *caput*, da Lei nº 9.504/1997 (SPITZKOVSKY, 2013, p. 153), que se confere a seguir:

Art. 11. *Os partidos e coligações solicitarão à Justiça Eleitoral o registro de seus candidatos até as dezenove horas do dia 5 de julho do ano em que se realizarem as eleições.*

O pedido de registro desta candidatura será feito perante os órgãos da Justiça Eleitoral, de acordo com a esfera de governo em que o pleito seja realizado. (SPITZKOVSKY, 2013, p. 153).

As variações encontram-se relacionadas no art. 89, da Lei n.º 4.737/1965 (Código Eleitoral), que se confere a seguir:

Art. 89. Serão registrados:

I. no Tribunal Superior Eleitoral os candidatos a presidente e vice-presidente da República;

II. nos Tribunais Regionais Eleitorais os candidatos a senador, deputado federal, governador e vice-governador e deputado estadual;

III. nos Juízos Eleitorais os candidatos a vereador, prefeito e vice-prefeito e juiz de paz.

Importante lembrar que as condições de elegibilidade, cujo preenchimento viabiliza o registro de candidatura, encontram-se no art. 14, § 3º, da Constituição Federal de 1988 (SPITZKOVSKY, 2013, p. 153), que se confere a seguir:

Art. 14 § 3º *- São condições de elegibilidade, na forma da lei:*

I. a nacionalidade brasileira;

II. o pleno exercício dos direitos políticos;

III. o alistamento eleitoral;

IV. o domicílio eleitoral na circunscrição;

V. a filiação partidária; Regulamento

VI. a idade mínima de:

a) trinta e cinco anos para Presidente e Vice-Presidente da República e Senador;

b) trinta anos para Governador e Vice-Governador de Estado e do Distrito Federal;

c) vinte e um anos para Deputado Federal, Deputado Estadual ou Distrital, Prefeito, Vice-Prefeito e juiz de paz;

d) dezoito anos para Vereador.

Trata-se de norma de eficácia contida, uma vez que admite a ampliação dessas exigências pelo legislador infraconstitucional. Nesse sentido, importante lembrar que a matéria foi disciplinada pela Lei n.º 9.504/1997, em seus arts. 9º e 11, § 1º (SPITZKOVSKY, 2013, p. 154), *in verbis*:

Art. 9º *Para concorrer às eleições, o candidato deverá possuir domicílio eleitoral na respectiva circunscrição pelo prazo de, pelo menos, um ano antes do pleito e estar com a filiação deferida pelo partido no mesmo prazo.*

Parágrafo único. *Havendo fusão ou incorporação de partidos após o prazo estipulado no caput, será considerada, para efeito de filiação partidária, a data de filiação do candidato ao partido de origem.*

Art. 11. *Os partidos e coligações solicitarão à Justiça Eleitoral o registro de seus candidatos até as dezenove horas do dia 5 de julho do ano em que se realizarem as eleições.*

§ 1º *O pedido de registro deve ser instruído com os seguintes documentos:*

I. cópia da ata a que se refere o art. 8º;

II. autorização do candidato, por escrito;

III. prova de filiação partidária;

IV. declaração de bens, assinada pelo candidato;

V. cópia do título eleitoral ou certidão, fornecida pelo cartório eleitoral, de que o candidato é eleitor na circunscrição ou requereu sua inscrição ou transferência de domicílio no prazo previsto no art. 9º;

VI. certidão de quitação eleitoral;

VII. certidões criminais fornecidas pelos órgãos de distribuição da Justiça Eleitoral, Federal e Estadual;

VIII. fotografia do candidato, nas dimensões estabelecidas em instrução da Justiça Eleitoral, para efeito do disposto no § 1º do art. 59.

IX. propostas defendidas pelo candidato a Prefeito, a Governador de Estado e a Presidente da República. (Incluído pela Lei nº 12.034, de 2009)

Somente após cumpridas essas exigências se confirma a condição de candidato para o pleito eleitoral. Importante notar que mesmo com a aprovação do registro pela Justiça Eleitoral, abre-se espaço para sua impugnação, a qual poderá ser apresentada pelo partido político, coligação, candidatos, eleitor e também Ministério Público Eleitoral, com o objetivo de preservar a normalidade e a legitimidade das eleições (SPITZKOVSKY, 2013, p. 154-155).

→ Disciplinam, ainda, os §§ 2º a 13, do art. 11, da Lei n.º 9.504/1997, *in verbis*:

§ 2º A idade mínima constitucionalmente estabelecida como condição de elegibilidade é verificada tendo por referência a data da posse.

§ 3º Caso entenda necessário, o Juiz abrirá prazo de setenta e duas horas para diligências.

§ 4º Na hipótese de o partido ou coligação não requerer o registro de seus candidatos, estes poderão fazê-lo perante a Justiça Eleitoral, observado o prazo máximo de quarenta e oito horas seguintes à publicação da lista dos candidatos pela Justiça Eleitoral. (Redação dada pela Lei nº 12.034, de 2009)

§ 5º Até a data a que se refere este artigo, os Tribunais e Conselhos de Contas deverão tornar disponíveis à Justiça Eleitoral relação dos que tiveram suas contas relativas ao exercício de cargos ou funções públicas rejeitadas por irregularidade insanável e por decisão irrecorrível do órgão competente, ressalvados os casos em que a questão estiver sendo submetida à apreciação do Poder Judiciário, ou que haja sentença judicial favorável ao interessado.

§ 6º A Justiça Eleitoral possibilitará aos interessados acesso aos documentos apresentados para os fins do disposto no § 1º. (Incluído pela Lei nº 12.034, de 2009)

§ 7º A certidão de quitação eleitoral abrangerá exclusivamente a plenitude do gozo dos direitos políticos, o regular exercício do voto, o atendimento a convocações da Justiça Eleitoral para auxiliar os trabalhos relativos ao pleito, a inexistência de multas aplicadas, em caráter definitivo, pela Justiça Eleitoral e não remitidas, e a apresentação de contas de campanha eleitoral. (Incluído pela Lei nº 12.034, de 2009)

§ 8º Para fins de expedição da certidão de que trata o § 7º, considerar-se-ão quites aqueles que: (Incluído pela Lei nº 12.034, de 2009)

I. condenados ao pagamento de multa, tenham, até a data da formalização do seu pedido de registro de candidatura, comprovado o pagamento ou o parcelamento da dívida regularmente cumprido; (Incluído pela Lei nº 12.034, de 2009)

II. pagarem a multa que lhes couber individualmente, excluindo-se qualquer modalidade de responsabilidade solidária, mesmo quando imposta concomitantemente com outros candidatos e em razão do mesmo fato. (Incluído pela Lei nº 12.034, de 2009)

III. o parcelamento das multas eleitorais é direito do cidadão, seja ele eleitor ou candidato, e dos partidos políticos, podendo ser parceladas em até 60 (sessenta) meses, desde que não ultrapasse o limite de 10% (dez por cento) de sua renda. (Incluído pela Lei nº 12.891, de 2013)

§ 9º A Justiça Eleitoral enviará aos partidos políticos, na respectiva circunscrição, até o dia 5 de junho do ano da eleição, a relação de todos os devedores de multa eleitoral, a qual embasará a expedição das certidões de quitação eleitoral. (Incluído pela Lei nº 12.034, de 2009)

§ 10º As condições de elegibilidade e as causas de inelegibilidade devem ser aferidas no momento da formalização do pedido de registro da candidatura, ressalvadas as alterações, fáticas ou jurídicas, supervenientes ao registro que afastem a inelegibilidade. (Incluído pela Lei nº 12.034, de 2009)

§ 11. A Justiça Eleitoral observará, no parcelamento a que se refere o § 8º deste artigo, as regras de parcelamento previstas na legislação tributária federal. (Incluído pela Lei nº 12.034, de 2009)

§ 12. (VETADO) (Incluído pela Lei nº 12.034, de 2009)

§ 13. Fica dispensada a apresentação pelo partido, coligação ou candidato de documentos produzidos a partir de informações detidas pela Justiça Eleitoral, entre eles os indicados nos incisos III, V e VI do § 1º deste artigo. (Incluído pela Lei nº 12.891, de 2013)

→ Da mesma forma, disciplina o art. 12, *caput* e §§ 1º a 5º, da mesma Lei, *in verbis*:

***Art. 12.** O candidato às eleições proporcionais indicará, no pedido de registro, além de seu nome completo, as variações nominais com que deseja ser registrado, até o máximo de três opções, que poderão ser o prenome, sobrenome, cognome, nome abreviado, apelido ou nome pelo qual é mais conhecido, desde que não se estabeleça dúvida quanto à sua identidade, não atente contra o pudor e não seja ridículo ou irreverente, mencionando em que ordem de preferência deseja registrar-se.*

§ 1º Verificada a ocorrência de homonímia, a Justiça Eleitoral procederá atendendo ao seguinte:

I. havendo dúvida, poderá exigir do candidato prova de que é conhecido por dada opção de nome, indicada no pedido de registro;

II. ao candidato que, na data máxima prevista para o registro, esteja exercendo mandato eletivo ou o tenha exercido nos últimos quatro anos, ou que nesse mesmo prazo se tenha candidatado com um dos nomes que indicou, será deferido o seu uso no registro, ficando outros candidatos impedidos de fazer propaganda com esse mesmo nome;

III. ao candidato que, pela sua vida política, social ou profissional, seja identificado por um dado nome que tenha indicado, será deferido o registro com esse nome, observado o disposto na parte final do inciso anterior;

IV. tratando-se de candidatos cuja homonímia não se resolva pelas regras dos dois incisos anteriores, a Justiça Eleitoral deverá notificá-los para que, em dois dias, cheguem a acordo sobre os respectivos nomes a serem usados;

V. não havendo acordo no caso do inciso anterior, a Justiça Eleitoral registrará cada candidato com o nome e sobrenome constantes do pedido de registro, observada a ordem de preferência ali definida.

§ 2º A Justiça Eleitoral poderá exigir do candidato prova de que é conhecido por determinada opção de nome por ele indicado, quando seu uso puder confundir o eleitor.

§ 3º A Justiça Eleitoral indeferirá todo pedido de variação de nome coincidente com nome de candidato a eleição majoritária, salvo para candidato

que esteja exercendo mandato eletivo ou o tenha exercido nos últimos quatro anos, ou que, nesse mesmo prazo, tenha concorrido em eleição com o nome coincidente.

§ 4º Ao decidir sobre os pedidos de registro, a Justiça Eleitoral publicará as variações de nome deferidas aos candidatos.

§ 5º A Justiça Eleitoral organizará e publicará, até trinta dias antes da eleição, as seguintes relações, para uso na votação e apuração:

I. a primeira, ordenada por partidos, com a lista dos respectivos candidatos em ordem numérica, com as três variações de nome correspondentes a cada um, na ordem escolhida pelo candidato;

II. a segunda, com o índice onomástico e organizada em ordem alfabética, nela constando o nome completo de cada candidato e cada variação de nome, também em ordem alfabética, seguidos da respectiva legenda e número.

Outra questão, depois de aprovada a candidatura pela Justiça Eleitoral, refere-se à eventual necessidade de substituição do candidato, regida pelo art. 13, §§ 1º a 3º, da Lei n.º 9.504/1997, nos seguintes termos (SPITZKOVSKY, 2013, p. 155):

***Art. 13.** É facultado ao partido ou coligação substituir candidato que for considerado inelegível, renunciar ou falecer após o termo final do prazo do registro ou, ainda, tiver seu registro indeferido ou cancelado.*

§ 1º A escolha do substituto far-se-á na forma estabelecida no estatuto do partido a que pertencer o substituído, e o registro deverá ser requerido até 10 (dez) dias contados do fato ou da notificação do partido da decisão judicial que deu origem à substituição. (Redação dada pela Lei nº 12.034, de 2009)

§ 2º Nas eleições majoritárias, se o candidato for de coligação, a substituição deverá fazer-se por decisão da maioria absoluta dos órgãos executivos de direção dos partidos coligados, podendo o substituto ser filiado a qualquer partido dela integrante, desde que o partido ao qual pertencia o substituído renuncie ao direito de preferência.

§ 3º Tanto nas eleições majoritárias como nas proporcionais, a substituição só se efetivará se o novo pedido for apresentado até 20 (vinte) dias antes do pleito, exceto em caso de falecimento de candidato, quando a substituição poderá ser efetivada após esse prazo. (Redação dada pela Lei nº 12.891, de 2013)

Importante observar não ser a decisão pela substituição um ato de livre vontade da agremiação partidária, eis que limitada às hipóteses previstas na Lei n.º 9.504/1997. (SPITZKOVSKY, 2013, p. 155).

O prazo para a substituição, de acordo com o § 1º, do art. 13, acima reproduzido, é de 10 dias contados a partir da ocorrência do fato. (SPITZKOVSKY, 2013, p. 155).

Outro item importante refere-se à possibilidade de cancelamento do registro obtido por candidatos que até a data da eleição sejam expulsos do partido, através de processo em que seja assegurada a ampla defesa, na forma do art. 14, da Lei n.º 9.504/1997, que se confere a seguir:

***Art. 14.** Estão sujeitos ao cancelamento do registro os candidatos que, até a data da eleição, forem expulsos do partido, em processo no qual seja assegurada ampla defesa e sejam observadas as normas estatutárias.*

***Parágrafo único.** O cancelamento do registro do candidato será decretado pela Justiça Eleitoral, após solicitação do partido.*

A matéria relacionada à disciplina partidária foi objeto de regulamentação pela Lei n.º 9.096/1995, em seus arts. 23 a 26, que se confere a seguir:

Capítulo V - Da Fidelidade e da Disciplina Partidárias

***Art. 23.** A responsabilidade por violação dos deveres partidários deve ser apurada e punida pelo competente órgão, na conformidade do que disponha o estatuto de cada partido.*

§ 1º Filiado algum pode sofrer medida disciplinar ou punição por conduta que não esteja tipificada no estatuto do partido político.

§ 2º Ao acusado é assegurado amplo direito de defesa.

***Art. 24.** Na Casa Legislativa, o integrante da bancada de partido deve subordinar sua ação parlamentar aos princípios doutrinários e programáticos e às diretrizes estabelecidas pelos órgãos de direção partidários, na forma do estatuto.*

***Art. 25.** O estatuto do partido poderá estabelecer, além das medidas disciplinares básicas de caráter partidário, normas sobre penalidades, inclusive com desligamento temporário da bancada, suspensão do direito de voto nas reuniões internas ou perda de todas as prerrogativas, cargos e funções que exerça em decorrência da representação e da proporção partidária, na respectiva Casa Legislativa, ao parlamentar que se opuser, pela atitude ou pelo voto, às diretrizes legitimamente estabelecidas pelos órgãos partidários.*

***Art. 26.** Perde automaticamente a função ou cargo que exerça, na respectiva Casa Legislativa, em virtude da proporção partidária, o parlamentar que deixar o partido sob cuja legenda tenha sido eleito.*

Ainda, a expulsão do partido resulta no cancelamento imediato da filiação à agremiação política, conforme art. 22, *caput*, inciso III, da Lei n.º 9.096/1995 (SPITZKOVSKY, 2013, p. 155), *in verbis*:

***Art. 22.** O cancelamento imediato da filiação partidária verifica-se nos casos de:*

III. expulsão;

Importante notar que o indeferimento do registro da candidatura pela Justiça Eleitoral não impede que o postulante ao mandato eletivo participe de toda a campanha eleitoral e também o impede de ser votado no dia das eleições, desde que deposite este indeferimento do registro da candidatura *sub judice*. (SPITZKOVSKY, 2013, p. 155).

Regulamentam os arts. 15, incisos I a IV, e §§ 1º a 3º, e 16, §§ 1º e 2º, da Lei n.º 9.504/1997, *in verbis*:

***Art. 15.** A identificação numérica dos candidatos se dará mediante a observação dos seguintes critérios:*

I. os candidatos aos cargos majoritários concorrerão com o número identificador do partido ao qual estiverem filiados;

II. os candidatos à Câmara dos Deputados concorrerão com o número do partido ao qual estiverem filiados, acrescido de dois algarismos à direita;

III. os candidatos às Assembleias Legislativas e à Câmara Distrital concorrerão com o número do partido ao qual estiverem filiados acrescido de três algarismos à direita;

IV. o Tribunal Superior Eleitoral baixará resolução sobre a numeração dos candidatos concorrentes às eleições municipais.

§ 1º Aos partidos fica assegurado o direito de manter os números atribuídos à sua legenda na eleição anterior, e aos candidatos, nesta hipótese, o direito de manter os números que lhes foram atribuídos na eleição anterior para o mesmo cargo.

§ 2º Aos candidatos a que se refere o § 1º do art. 8º, é permitido requerer novo número ao órgão de direção de seu partido, independentemente do sorteio a que se refere o § 2º do art. 100 da Lei nº 4.737, de 15 de julho de 1965 - Código Eleitoral.

§ 3º Os candidatos de coligações, nas eleições majoritárias, serão registrados com o número de legenda do respectivo partido e, nas eleições proporcionais, com o número de legenda do respectivo partido acrescido do número que lhes couber, observado o disposto no parágrafo anterior.

***Art. 16.** Até quarenta e cinco dias antes da data das eleições, os Tribunais Regionais Eleitorais enviarão ao Tribunal Superior Eleitoral, para fins de centralização e divulgação de dados, a relação dos candidatos às eleições majoritárias e proporcionais, da qual constará obrigatoriamente a referência ao sexo e ao cargo a que concorrem.*

§ 1º Até a data prevista no caput, todos os pedidos de registro de candidatos, inclusive os impugnados, e os respectivos recursos, devem estar julgados em todas as instâncias, e publicadas as decisões a eles relativas. (Incluído pela Lei nº 12.034, de 2009)

§ 2º Os processos de registro de candidaturas terão prioridade sobre quaisquer outros, devendo a Justiça Eleitoral adotar as providências necessárias para o cumprimento do prazo previsto no § 1º, inclusive com a realização de sessões extraordinárias e a convocação dos juízes suplentes pelos Tribunais, sem prejuízo da eventual aplicação do disposto no art. 97 e de representação ao Conselho Nacional de Justiça. (Incluído pela Lei nº 12.034, de 2009)

Verifica-se na Lei n.º 9.504/1997, em seu art. 16-A, *caput* e parágrafo único, e art. 16-B, a seguir reproduzidos:

***Art. 16-A.** O candidato cujo registro esteja sub judice poderá efetuar todos os atos relativos à campanha eleitoral, inclusive utilizar o horário eleitoral gratuito no rádio e na televisão e ter seu nome mantido na urna eletrônica enquanto estiver sob essa condição, ficando a validade dos votos a ele atribuídos condicionada ao deferimento de seu registro por instância superior. (Incluído pela Lei nº 12.034, de 2009)*

***Parágrafo único.** O cômputo, para o respectivo partido ou coligação, dos votos atribuídos ao candidato cujo registro esteja sub judice no dia da eleição fica condicionado ao deferimento do registro do candidato. (Incluído pela Lei nº 12.034, de 2009)*

***Art. 16-B.** O disposto no art. 16-A quanto ao direito de participar da campanha eleitoral, inclusive utilizar o horário eleitoral gratuito, aplica-se igualmente ao candidato cujo pedido de registro tenha sido protocolado no prazo legal e ainda não tenha sido apreciado pela Justiça Eleitoral. (Incluído pela Lei nº 12.891, de 2013)*

Da Arrecadação e da Aplicação de Recursos nas Campanhas Eleitorais

Introdução

Seguindo o calendário eleitoral, de acordo com a Lei nº 9.504/1997, a partir do dia 6 de julho iniciam-se as campanhas eleitorais, que se estenderão até o primeiro domingo do mês de outubro, data prevista pela Constituição, para a realização do primeiro turno das eleições, na forma do art. 77, *caput* (SPITZKOVSKY, 2013, p. 159), *in verbis*:

***Art. 77.** A eleição do Presidente e do Vice-Presidente da República realizar-se-á, simultaneamente, no primeiro domingo de outubro, em primeiro turno, e no último domingo de outubro, em segundo turno, se houver, do ano anterior ao do término do mandato presidencial vigente. (Redação dada pela Emenda Constitucional nº 16, de 1997)*

A parte financeira da campanha é matéria disciplinada nos arts. 17 a 27 da Lei n.º 9.504/1997. Vejamos.

Da Arrecadação e da Aplicação de Recursos

É necessário o estabelecimento de limites não só para as fontes de arrecadação, como também para a destinação das verbas, e para que a arrecadação ocorra, a legislação eleitoral exige o cumprimento de requisitos (SPITZKOVSKY, 2013, p. 159).

Requisitos para a Arrecadação e Gastos

O primeiro requisito aponta para a necessidade de registro da candidatura pela Justiça Eleitoral. (SPITZKOVSKY, 2013, p. 159).

O segundo requisito refere-se à necessidade de registro do comitê financeiro, que é o órgão da campanha responsável pelo oferecimento de todas as informações perante a Justiça Eleitoral. (SPITZKOVSKY, 2013, p. 160).

Dispõem os arts. 17, 17-A e 18, §§ 1º e 2º, da Lei n.º 9.504/1997, *in verbis*:

***Art. 17.** As despesas da campanha eleitoral serão realizadas sob a responsabilidade dos partidos, ou de seus candidatos, e financiadas na forma desta Lei.*

***Art. 17-A.** A cada eleição caberá à lei, observadas as peculiaridades locais, fixar até o dia 10 de junho de cada ano eleitoral o limite dos gastos de campanha para os cargos em disputa; não sendo editada lei até a data estabelecida, caberá a cada partido político fixar o limite de gastos, comunicando à Justiça Eleitoral, que dará a essas informações ampla publicidade. (Redação dada pela Lei nº 11.300, de 2006)*

***Art. 18.** No pedido de registro de seus candidatos, os partidos e coligações comunicarão aos respectivos Tribunais Eleitorais os valores máximos de gastos que farão por cargo eletivo em cada eleição a que concorrerem, observados os limites estabelecidos, nos termos do art. 17-A desta Lei. (Redação dada pela Lei nº 11.300, de 2006)*

§ 1º Tratando-se de coligação, cada partido que a integra fixará o valor máximo de gastos de que trata este artigo.

§ 2º Gastar recursos além dos valores declarados nos termos deste artigo sujeita o responsável ao pagamento de multa no valor de cinco a dez vezes a quantia em excesso.

O prazo para a constituição do comitê financeiro é de 10 (dez) dias úteis após a convenção partidária, de acordo com o disposto na Lei nº 9.504/1997, em seu art. 19, *caput* e §§ 1º e 2º (SPITZKOVSKY, 2013, p. 160), que se confere a seguir:

***Art. 19.** Até dez dias úteis após a escolha de seus candidatos em convenção, o partido constituirá comitês financeiros, com a finalidade de arrecadar recursos e aplicá-los nas campanhas eleitorais.*

§ 1º Os comitês devem ser constituídos para cada uma das eleições para as quais o partido apresente candidato próprio, podendo haver reunião, num único comitê, das atribuições relativas às eleições de uma dada circunscrição.

§ 2º Na eleição presidencial é obrigatória a criação de comitê nacional e facultativa a de comitês nos Estados e no Distrito Federal.

Cumpre consignar que o prazo para o registro deste comitê financeiro é de 5 (cinco) dias após a sua constituição, conforme reza o art. 19, § 3º, da Lei nº 9.504/1997 (SPITZKOVSKY, 2013, p. 160), que se confere a seguir:

> ***Art. 19 § 3º*** *Os comitês financeiros serão registrados, até cinco dias após sua constituição, nos órgãos da Justiça Eleitoral aos quais compete fazer o registro dos candidatos.*

Por sua vez, consigna o art. 20, da mesma Lei:

> ***Art. 20.*** *O candidato a cargo eletivo fará, diretamente ou por intermédio de pessoa por ele designada, a administração financeira de sua campanha, usando recursos repassados pelo comitê, inclusive os relativos à cota do Fundo Partidário, recursos próprios ou doações de pessoas físicas ou jurídicas, na forma estabelecida nesta Lei.*

Oportuno destacar que a responsabilidade pelas informações relacionadas à parte financeira da campanha eleitoral será do candidato, de acordo com o art. 21, da Lei nº 9.504/1997 (SPITZKOVSKY, 2013, p. 160), a seguir reproduzido:

> ***Art. 21.*** *O candidato é solidariamente responsável com a pessoa indicada na forma do art. 20 desta Lei pela veracidade das informações financeiras e contábeis de sua campanha, devendo ambos assinar a respectiva prestação de contas. (Redação dada pela Lei nº 11.300, de 2006)*

Outro requisito é aquele relacionado à abertura de conta bancária específica para que fique registrada toda a movimentação financeira da campanha, sendo que os bancos não poderão se recusar a abrir a conta solicitada, conforme previsto no art. 22, da Lei n.º 9.504/1997 (SPITZKOVSKY, 2013, p. 160), nos seguintes termos:

> ***Art. 22.*** *É obrigatório para o partido e para os candidatos abrir conta bancária específica para registrar todo o movimento financeiro da campanha.*
>
> ***§ 1º*** *Os bancos são obrigados a: (Redação dada pela Lei nº 12.891, de 2013)*
>
> *I. acatar, em até 3 (três) dias, o pedido de abertura de conta de qualquer comitê financeiro ou candidato escolhido em convenção, sendo-lhes vedado condicioná-la a depósito mínimo e a cobrança de taxas ou a outras despesas de manutenção; (Incluído pela Lei nº 12.891, de 2013)*
>
> *II. identificar, nos extratos bancários das contas correntes a que se refere o caput, o CPF ou o CNPJ do doador. (Incluído pela Lei nº 12.891, de 2013)*
>
> ***§ 2º*** *O disposto neste artigo não se aplica aos casos de candidatura para Prefeito e Vereador em Municípios onde não haja agência bancária, bem como aos casos de candidatura para Vereador em Municípios com menos de vinte mil eleitores.*
>
> ***§ 3º*** *O uso de recursos financeiros para pagamentos de gastos eleitorais que não provenham da conta específica de que trata o caput deste artigo implicará a desaprovação da prestação de contas do partido ou candidato; comprovado abuso de poder econômico, será cancelado o registro da candidatura ou cassado o diploma, se já houver sido outorgado. (Incluído pela Lei nº 11.300, de 2006)*
>
> ***§ 4º*** *Rejeitadas as contas, a Justiça Eleitoral remeterá cópia de todo o processo ao Ministério Público Eleitoral para os fins previstos no art. 22 da Lei Complementar nº 64, de 18 de maio de 1990. (Incluído pela Lei nº 11.300, de 2006)*

O candidato não poderá lançar mão de uma conta bancária comum que possua em uma instituição financeira, exigência que se apresenta para facilitar o controle na prestação de contas pela Justiça Eleitoral (SPITZKOVSKY, 2013, p. 161).

Ainda, apresenta-se a exigência relacionada à confecção de talonário eleitoral, para que ali seja registrada toda a movimentação financeira da campanha, em ordem cronológica, também com o objetivo de facilitar a averiguação das contas pela Justiça Eleitoral (SPITZKOVSKY, 2013, p. 160).

Importante observar que o registro do comitê financeiro deverá ocorrer perante a Justiça Eleitoral, sendo que será obrigado a promover sua inscrição no CNPJ (Cadastro Nacional de Pessoas Jurídicas), a teor do art. 22-A, §§ 1º e 2º, da Lei n.º 9.504/1997, *in verbis*:

> ***Art. 22-A.*** *Candidatos e Comitês Financeiros estão obrigados à inscrição no Cadastro Nacional da Pessoa Jurídica - CNPJ. (Incluído pela Lei nº 12.034, de 2009)*
>
> ***§ 1º*** *Após o recebimento do pedido de registro da candidatura, a Justiça Eleitoral deverá fornecer em até 3 (três) dias úteis, o número de registro de CNPJ. (Incluído pela Lei nº 12.034, de 2009)*
>
> ***§ 2º*** *Cumprido o disposto no § 1º deste artigo e no § 1º do art. 22, ficam os candidatos e comitês financeiros autorizados a promover a arrecadação de recursos financeiros e a realizar as despesas necessárias à campanha eleitoral. (Incluído pela Lei nº 12.034, de 2009)*

Origem do Financiamento da Campanha

A Lei n.º 9.504/1997, em seu art. 23, §§ 1º a 7º, estabelece:

> ***Art. 23.*** *Pessoas físicas poderão fazer doações em dinheiro ou estimáveis em dinheiro para campanhas eleitorais, obedecido ao disposto nesta Lei. (Redação dada pela Lei nº 12.034, de 2009)*
>
> ***§ 1º*** *As doações e contribuições de que trata este artigo ficam limitadas:*
>
> *I. no caso de pessoa física, a dez por cento dos rendimentos brutos auferidos no ano anterior à eleição;*
>
> *II. no caso em que o candidato utilize recursos próprios, ao valor máximo de gastos estabelecido pelo seu partido, na forma desta Lei.*
>
> ***§ 2º*** *As doações estimáveis em dinheiro a candidato específico, comitê ou partido deverão ser feitas mediante recibo, assinado pelo doador, exceto na hipótese prevista no § 6º do art. 28. (Redação dada pela Lei nº 12.891, de 2013)*
>
> ***§ 3º*** *A doação de quantia acima dos limites fixados neste artigo sujeita o infrator ao pagamento de multa no valor de cinco a dez vezes a quantia em excesso.*
>
> ***§ 4º*** *As doações de recursos financeiros somente poderão ser efetuadas na conta mencionada no art. 22 desta Lei por meio de: (Redação dada pela Lei nº 11.300, de 2006)*
>
> *I. cheques cruzados e nominais ou transferência eletrônica de depósitos; (Incluído pela Lei nº 11.300, de 2006)*
>
> *II. depósitos em espécie devidamente identificados até o limite fixado no inciso I do § 1º deste artigo. (Incluído pela Lei nº 11.300, de 2006)*
>
> *III. mecanismo disponível em sítio do candidato, partido ou coligação na internet, permitindo inclusive o uso de cartão de crédito, e que deverá atender aos seguintes requisitos: (Incluído pela Lei nº 12.034, de 2009)*

a) *identificação do doador; (Incluído pela Lei nº 12.034, de 2009)*

b) *emissão obrigatória de recibo eleitoral para cada doação realizada. (Incluído pela Lei nº 12.034, de 2009)*

§ 5º Ficam vedadas quaisquer doações em dinheiro, bem como de troféus, prêmios, ajudas de qualquer espécie feitas por candidato, entre o registro e a eleição, a pessoas físicas ou jurídicas. (Incluído pela Lei nº 11.300, de 2006)

§ 6º Na hipótese de doações realizadas por meio da internet, as fraudes ou erros cometidos pelo doador sem conhecimento dos candidatos, partidos ou coligações não ensejarão a responsabilidade destes nem a rejeição de suas contas eleitorais. (Incluído pela Lei nº 12.034, de 2009)

§ 7º O limite previsto no inciso I do § 1º não se aplica a doações estimáveis em dinheiro relativas à utilização de bens móveis ou imóveis de propriedade do doador, desde que o valor da doação não ultrapasse R$ 50.000,00 (cinquenta mil reais). (Incluído pela Lei nº 12.034, de 2009)

Fontes Vedadas pela Legislação Eleitoral

As fontes vedadas encontram-se previstas no art. 24, da Lei n.º 9.504/1997, a seguir reproduzido:

Art. 24. *É vedado, a partido e candidato, receber direta ou indiretamente doação em dinheiro ou estimável em dinheiro, inclusive por meio de publicidade de qualquer espécie, procedente de:*

I. *entidade ou governo estrangeiro;*

II. *órgão da administração pública direta e indireta ou fundação mantida com recursos provenientes do Poder Público;*

III. *concessionário ou permissionário de serviço público;*

IV. *entidade de direito privado que receba, na condição de beneficiária, contribuição compulsória em virtude de disposição legal;*

V. *entidade de utilidade pública;*

VI. *entidade de classe ou sindical;*

VII. *pessoa jurídica sem fins lucrativos que receba recursos do exterior.*

VIII. *entidades beneficentes e religiosas; (Incluído pela Lei nº 11.300, de 2006)*

IX. *entidades esportivas; (Redação dada pela Lei nº 12.034, de 2009)*

X. *organizações não-governamentais que recebam recursos públicos; (Incluído pela Lei nº 11.300, de 2006)*

XI. *organizações da sociedade civil de interesse público. (Incluído pela Lei nº 11.300, de 2006)*

Parágrafo único. *Não se incluem nas vedações de que trata este artigo as cooperativas cujos cooperados não sejam concessionários ou permissionários de serviços públicos, desde que não estejam sendo beneficiadas com recursos públicos, observado o disposto no art. 81. (Incluído pela Lei nº 12.034, de 2009)*

Por sua vez, prevê o art. 25, *caput* e parágrafo único, da mesma Lei, *in verbis*:

Art 25. *O partido que descumprir as normas referentes à arrecadação e aplicação de recursos fixadas nesta Lei perderá o direito ao recebimento da quota do Fundo Partidário do ano seguinte, sem prejuízo de responderem os candidatos beneficiados por abuso do poder econômico.*

Parágrafo único. *A sanção de suspensão do repasse de novas quotas do Fundo Partidário, por desaprovação total ou parcial da prestação de contas do candidato, deverá ser aplicada de forma proporcional e razoável, pelo período de 1 (um) mês a 12 (doze) meses, ou por meio do desconto do valor a ser repassado, na importância apontada como irregular, não podendo ser aplicada a sanção de suspensão, caso a prestação de contas não seja julgada, pelo juízo ou tribunal competente, após 5 (cinco) anos de sua apresentação. (Incluído pela Lei nº 12.034, de 2009)*

Percebe-se, nos dispositivos acima reproduzidos, a intenção do legislador de preservar a normalidade e a legitimidade das eleições contra abusos do poder econômico ou político. (SPITZKOVSKY, 2013, p. 162).

Gastos Eleitorais Permitidos

No que diz respeito à destinação das verbas arrecadadas durante a campanha, observa-se não ter o candidato liberdade irrestrita para sua aplicação. (SPITZKOVSKY, 2013, p. 165).

Assim, estabelece limitações para estes gastos o art. 26, *caput* e incisos I a XVII, da Lei n.º 9.504/1997, que se confere a seguir:

Art. 26. *São considerados gastos eleitorais, sujeitos a registro e aos limites fixados nesta Lei: (Redação dada pela Lei nº 11.300, de 2006)*

I. *confecção de material impresso de qualquer natureza e tamanho, observado o disposto no § 3º do art. 38 desta Lei; (Redação dada pela Lei nº 12.891, de 2013)*

II. *propaganda e publicidade direta ou indireta, por qualquer meio de divulgação, destinada a conquistar votos;*

III. *aluguel de locais para a promoção de atos de campanha eleitoral;*

IV. *despesas com transporte ou deslocamento de candidato e de pessoal a serviço das candidaturas; (Redação dada pela Lei nº 11.300, de 2006)*

V. *correspondência e despesas postais;*

VI. *despesas de instalação, organização e funcionamento de Comitês e serviços necessários às eleições;*

VII. *remuneração ou gratificação de qualquer espécie a pessoal que preste serviços às candidaturas ou aos comitês eleitorais;*

VIII. *montagem e operação de carros de som, de propaganda e assemelhados;*

IX. *a **realização de comícios** ou eventos destinados à promoção de candidatura; (Redação dada pela Lei nº 11.300, de 2006)*

X. *produção de **programas de rádio, televisão ou vídeo, inclusive os destinados à propaganda gratuita**;*

XI. *~~pagamento de cachê de artistas ou animadores de eventos relacionados a campanha eleitoral~~; (Revogado pela Lei nº 11.300, de 2006)*

XII. *realização de pesquisas ou testes pré-eleitorais;*

XIII. *~~confecção, aquisição e distribuição de camisetas, chaveiros e outros brindes de campanha~~; (Revogado pela Lei nº 11.300, de 2006)*

XIV. *(revogado); (Redação dada pela Lei nº 12.891, de 2013)*

XV. *custos com a criação e inclusão de sítios na Internet;*

XVI. ***multas aplicadas aos partidos ou candidatos por infração do disposto na legislação eleitoral.***

XVII. *produção de jingles, vinhetas e slogans para propaganda eleitoral. (Incluído pela Lei nº 11.300, de 2006)*

***Parágrafo único**. São estabelecidos os seguintes limites com relação ao total do gasto da campanha: (Incluído pela Lei nº 12.891, de 2013)*

I. *alimentação do pessoal que presta serviços às candidaturas ou aos comitês eleitorais: 10% (dez por cento); (Incluído pela Lei nº 12.891, de 2013)*

II. *aluguel de veículos automotores: 20% (vinte por cento). (Incluído pela Lei nº 12.891, de 2013)*

A importância dessas limitações de gastos está em que a destinação irregular das verbas arrecadadas pode levar à rejeição das contas a serem apresentadas perante a Justiça Eleitoral, o que pode impedir a diplomação (mesmo de candidato já eleito). (SPITZKOVSKY, 2013, p. 166).

Por fim, estabelece o art. 27, da mesma Lei, *in verbis*:

> **Art. 27**. *Qualquer eleitor poderá realizar gastos, em apoio a candidato de sua preferência, até a quantia equivalente a um mil UFIR, não sujeitos a contabilização, desde que não reembolsados.*

Exercício Comentado

***01.** Quanto ao registro dos candidatos, é correto afirmar que:*

***a)** Na situação de coligação para as eleições proporcionais, havendo até dois partidos que a integrem, poderão ser registrados candidatos até o dobro do número de lugares a preencher.*

***b)** Nas unidades da Federação, independente do número de lugares a preencher para a Câmara dos Deputados, cada partido poderá registrar candidatos a Deputado Federal até o dobro das respectivas vagas.*

***c)** No caso de o partido ou coligação não requerer o registro de seus candidatos, estes poderão fazê-lo perante a Justiça Eleitoral, observado o prazo máximo de quarenta e oito horas seguintes à publicação da lista dos candidatos pela Justiça Eleitoral.*

***d)** As causas de inelegibilidade devem ser aferidas no prazo de até trinta dias do momento da formalização do pedido de registro da candidatura, ressalvadas as alterações, fáticas ou jurídicas, supervenientes ao registro que afastem a inelegibilidade.*

***e)** Será indeferido todo pedido de variação de nome coincidente com nome de candidato a eleição majoritária, inclusive para o candidato que esteja exercendo mandato eletivo ou o tenha exercido nos últimos quatro anos.*

*RESPOSTA. **a) Errada. Vide Lei nº 9.504/1997, art. 10, caput e § 1º: "Art. 10. Cada partido poderá registrar candidatos para a Câmara dos Deputados, Câmara Legislativa, Assembleias Legislativas e Câmaras Municipais, até cento e cinquenta por cento do número de lugares a preencher. § 1º No caso de coligação para as eleições proporcionais, independentemente do número de partidos que a integrem, poderão ser registrados candidatos até o dobro do número de lugares a preencher".***

*RESPOSTA. **b) Errada. Vide Lei n.º 9.504/1997, art. 10, § 2º: "§ 2º Nas unidades da Federação em que o número de lugares a preencher para a Câmara dos Deputados não exceder de vinte, cada partido poderá registrar candidatos a Deputado Federal e a Deputado Estadual ou Distrital até o dobro das respectivas vagas"; havendo coligação, estes números poderão ser acrescidos de até mais cinquenta por cento.***

*RESPOSTA. **c) Certo. Vide Lei n.º 9.504/1997, art. 10, § 4º: "§ 4o Na hipótese de o partido ou coligação não requerer o registro de seus candidatos, estes poderão fazê-lo perante a Justiça Eleitoral, observado o prazo máximo de quarenta e oito horas seguintes à publicação da lista dos candidatos pela Justiça Eleitoral".***

*RESPOSTA. **d) Errado. As condições de elegibilidade e as causas de inelegibilidade devem ser aferidas no momento da formalização do pedido de registro da candidatura, ressalvadas as alterações, fáticas ou jurídicas, supervenientes ao registro que afastem a inelegibilidade.***

*RESPOSTA. **e) Errado. Vide Lei n.º 9.504/1997, art. 10, § 3º: "§ 3º A Justiça Eleitoral indeferirá todo pedido de variação de nome coincidente com nome de candidato a eleição majoritária, salvo para candidato que esteja exercendo mandato eletivo ou o tenha exercido nos últimos quatro anos, ou que, nesse mesmo prazo, tenha concorrido em eleição com o nome coincidente".***

Anotações

CAPÍTULO 14

Da Prestação de Contas

(Artigo 28 a 32)

Durante a unidade, trabalharemos, em suma: "Da Prestação de Contas (art. 28 a 32)".

Os conteúdos mais relevantes serão: "Da Prestação de Contas (art. 28 a 32)".

Prestação de Contas para Justiça Eleitoral

Encerradas as eleições, todos os candidatos, vitoriosos ou derrotados nas urnas, deverão prestar contas para a Justiça Eleitoral, tendo em vista os limites legais estabelecidos quanto à origem dos recursos e a sua destinação. (SPITZCOVSKY, 2013, p. 209).

Assim, os candidatos vitoriosos poderão não conseguir sua diplomação e a posse no mandato se tiverem suas contas rejeitadas pela Justiça Eleitoral. (SPITZCOVSKY, 2013, p. 209).

Tal matéria se encontra disciplinada nos arts. 28 a 32, da Lei n.º 9.504/1997.

Inicialmente, disciplina o art. 28, incisos I e II, da referida Lei, *in verbis*:

> **Da Prestação de Contas**
>
> ***Art. 28.*** *A prestação de contas será feita:*
>
> ***I.*** *no caso dos candidatos às eleições majoritárias, na forma disciplinada pela Justiça Eleitoral;*
>
> ***II.*** *no caso dos candidatos às eleições proporcionais, de acordo com os modelos constantes do Anexo desta Lei.*

Obrigação de Prestar Contas para a Justiça Eleitoral

Para eleições majoritárias, a legislação eleitoral dispõe que será responsável pela prestação de contas o comitê financeiro, órgão que tem de ser constituído depois da realização da convenção partidária e deve ser registrado antes do início da campanha, conforme art. 28, § 1º, da Lei nº 9.504/1997 (SPITZCOVSKY, 2013, p. 209), que se confere a seguir:

> ***Art. 28 § 1º*** *As prestações de contas dos candidatos às eleições majoritárias serão feitas por intermédio do comitê financeiro, devendo ser acompanhadas dos extratos das contas bancárias referentes à movimentação dos recursos financeiros usados na campanha e da relação dos cheques recebidos, com a indicação dos respectivos números, valores e emitentes.*

A responsabilidade do comitê financeiro abrange o oferecimento de informações em relação à origem das verbas percebidas, respeitados os limites do art. 24, da Lei nº 9.504/1997, bem como em relação a sua destinação, atendidas as condições do art. 26, do mesmo diploma. (SPITZCOVSKY, 2013, p. 210).

Em relação aos cargos proporcionais, a previsão legal é aquela estabelecida no art. 28, § 2º, da mesma Lei, que se confere a seguir:

> ***Art. 28 § 2º*** *As prestações de contas dos candidatos às eleições proporcionais serão feitas pelo comitê financeiro ou pelo próprio candidato.*

Importante consignar que, quando da prestação de contas perante a Justiça Eleitoral, o candidato não pode alegar ignorância sobre os dados apresentados, em relação a gastos feitos e recursos obtidos, durante a campanha eleitoral. (SPITZCOVSKY, 2013, p. 210).

Outrossim, oportuno consignar que a ausência de movimentação durante a campanha não isenta o candidato do dever de prestação de contas perante a Justiça Eleitoral. (SPITZCOVSKY, 2013, p. 210).

Na sequência, disciplina o art. 28, em seus §§ 3º a 6º, da Lei nº 9.504/1997, *in verbis*:

> ***Art. 28 § 3º*** *As contribuições, doações e as receitas de que trata esta Lei serão convertidas em UFIR, pelo valor desta no mês em que ocorrerem.*

Com o objetivo de facilitar a fiscalização pela Justiça Eleitoral, destaca-se a necessidade de inserção em página por ela criada na internet, da movimentação financeira da campanha em duas datas distintas, 8 de agosto e 8 de setembro, a teor do disposto no art. 28, § 4º, da Lei n.º 9.504/1997 (SPITZCOVSKY, 2013, p. 211), que se confere a seguir:

> ***Art. 28 § 4º*** *Os partidos políticos, as coligações e os candidatos são obrigados, durante a campanha eleitoral, a divulgar, pela rede mundial de computadores (internet), nos dias 8 de agosto e 8 de setembro, relatório discriminando os recursos em dinheiro ou estimáveis em dinheiro que tenham recebido para financiamento da campanha eleitoral e os gastos que realizarem, em sítio criado pela Justiça Eleitoral para esse fim, exigindo-se a indicação dos nomes dos doadores e os respectivos valores doados somente na prestação de contas final de que tratam os incisos III e IV do art. 29 desta Lei. (Redação dada pela Lei nº 12.891, de 2013)*

Após a prestação das contas, as datas serão as mesmas comparadas com os dados oferecidos pelo candidato, de forma a verificar a identidade dos números apresentados na página da internet com o que consta de recibos, extratos e conta bancária eleitoral. (SPITZCOVSKY, 2013, p. 211).

Por fim, dispõem os §§ 5º e 6º, incisos I e II, da Lei nº 9.504/1997, *in verbis*:

> ***Art. 28 § 5º*** *(VETADO). (Incluído pela Lei nº 12.891, de 2013)*
>
> ***§ 6º*** *Ficam também dispensadas de comprovação na prestação de contas: (Incluído pela Lei nº 12.891, de 2013)*
>
> ***I.*** *a cessão de bens móveis, limitada ao valor de R$ 4.000,00 (quatro mil reais) por pessoa cedente; (Incluído pela Lei nº 12.891, de 2013)*
>
> ***II.*** *doações estimáveis em dinheiro entre candidatos, partidos ou comitês financeiros, decorrentes do uso comum tanto de sedes quanto de materiais de propaganda eleitoral, cujo gasto deverá ser registrado na prestação de contas do responsável pelo pagamento da despesa. (Incluído pela Lei nº 12.891, de 2013)*

Do Prazo para que a Prestação de Contas Seja Entregue à Justiça Eleitoral

Como já dito anteriormente, encerradas as eleições, todos os candidatos, vitoriosos ou derrotados, deverão prestar contas perante a Justiça Eleitoral, no prazo limite de 30 dias, contados da data da realização das eleições, conforme disposto no art. 29, incisos III e IV, da Lei nº 9.504/1997 (SPITZCOVSKY, 2013, p. 210), que se confere a seguir:

> ***Art. 29.*** *Ao receber as prestações de contas e demais informações dos candidatos às eleições majoritárias*

e dos candidatos às eleições proporcionais que optarem por prestar contas por seu intermédio, os comitês deverão:

I. verificar se os valores declarados pelo candidato à eleição majoritária como tendo sido recebidos por intermédio do comitê conferem com seus próprios registros financeiros e contábeis;

II. resumir as informações contidas nas prestações de contas, de forma a apresentar demonstrativo consolidado das campanhas dos candidatos;

III. encaminhar à Justiça Eleitoral, até o trigésimo dia posterior à realização das eleições, o conjunto das prestações de contas dos candidatos e do próprio comitê, na forma do artigo anterior, ressalvada a hipótese do inciso seguinte;

IV. havendo segundo turno, encaminhar a prestação de contas dos candidatos que o disputem, referente aos dois turnos, até o trigésimo dia posterior a sua realização.

Por sua vez, dispõem os §§ 1º a 4º, do art. 29, da mesma Lei, *in verbis*:

> ***Art. 29 § 1º** Os candidatos às eleições proporcionais que optarem pela prestação de contas diretamente à Justiça Eleitoral observarão o mesmo prazo do inciso III do caput.*
>
> ***§ 2º** A inobservância do prazo para encaminhamento das prestações de contas impede a diplomação dos eleitos, enquanto perdurar.*
>
> ***§ 3º** Eventuais débitos de campanha não quitados até a data de apresentação da prestação de contas poderão ser assumidos pelo partido político, por decisão do seu órgão nacional de direção partidária. (Incluído pela Lei nº 12.034, de 2009)*
>
> ***§ 4º** No caso do disposto no § 3º, o órgão partidário da respectiva circunscrição eleitoral passará a responder por todas as dívidas solidariamente com o candidato, hipótese em que a existência do débito não poderá ser considerada como causa para a rejeição das contas. (Incluído pela Lei nº 12.034, de 2009)*

Da Decisão a ser Proferida pela Justiça Eleitoral Diante das Contas Apresentadas pelos Candidatos

Diante das contas apresentadas pelos candidatos, as possibilidades de decisão da Justiça Eleitoral encontram-se relacionadas nos incisos I a IV, do art. 30, da Lei nº 9.504/1997 (SPITZCOVSKY, 2013, p. 212), que se confere a seguir:

> ***Art. 30.** A Justiça Eleitoral verificará a regularidade das contas de campanha, decidindo: (Redação dada pela Lei nº 12.034, de 2009)*
>
> *I. pela aprovação, quando estiverem regulares; (Incluído pela Lei nº 12.034, de 2009)*
>
> *II. pela aprovação com ressalvas, quando verificadas falhas que não lhes comprometam a regularidade; (Incluído pela Lei nº 12.034, de 2009)*
>
> *III. pela desaprovação, quando verificadas falhas que lhes comprometam a regularidade; (Incluído pela Lei nº 12.034, de 2009)*
>
> *IV. pela não prestação, quando não apresentadas as contas após a notificação emitida pela Justiça Eleitoral, na qual constará a obrigação expressa de prestar as suas contas, no prazo de setenta e duas horas. (Incluído pela Lei nº 12.034, de 2009)*

A título apenas de esclarecimento, se desaprovadas as contas, quer por sua não apresentação, quer pela constatação de irregularidades, não poderá o candidato ser diplomado, nem tomar posse do mandato. (SPITZCOVSKY, 2013, p. 212-213).

Importante notar que o legislador atribuiu um prazo limite para que a Justiça Eleitoral apresente sua decisão, qual seja, 8 (oito) dias antes da data marcada para a diplomação, a teor do disposto no art. 30, § 1º, da Lei n.º 9.504/1997 (SPITZCOVSKY, 2013, p. 213), que se confere a seguir:

> ***Art. 30 § 1º** A decisão que julgar as contas dos candidatos eleitos será publicada em sessão até 8 (oito) dias antes da diplomação. (Redação dada pela Lei nº 11.300, de 2006)*

Dispõem, ainda, os §§ 2º a 4º, do mesmo artigo:

> ***Art. 30 § 2º** Erros formais e materiais corrigidos não autorizam a rejeição das contas e a cominação de sanção a candidato ou partido.*
>
> ***§ 2º-A.** Erros formais ou materiais irrelevantes no conjunto da prestação de contas, que não comprometam o seu resultado, não acarretarão a rejeição das contas. (Incluído pela Lei nº 12.034, de 2009)*
>
> ***§ 3º** Para efetuar os exames de que trata este artigo, a Justiça Eleitoral poderá requisitar técnicos do Tribunal de Contas da União, dos Estados, do Distrito Federal ou dos Municípios, pelo tempo que for necessário.*
>
> ***§ 4º** Havendo indício de irregularidade na prestação de contas, a Justiça Eleitoral poderá requisitar diretamente do candidato ou do comitê financeiro as informações adicionais necessárias, bem como determinar diligências para a complementação dos dados ou o saneamento das falhas.*

A decisão proferida pela Justiça Eleitoral não tem força de coisa julgada, podendo ser combatida através de recurso, nos prazos e condições estabelecidas pelo art. 30, §§ 5º e 6º, da Lei n.º 9.504/1997 (SPITZCOVSKY, 2013, p. 213), que se confere a seguir:

> ***Art. 30 § 5º** Da decisão que julgar as contas prestadas pelos candidatos e comitês financeiros caberá recurso ao órgão superior da Justiça Eleitoral, no prazo de 3 (três) dias, a contar da publicação no Diário Oficial.(Incluído pela Lei nº 12.034, de 2009)*
>
> ***§ 6º** No mesmo prazo previsto no § 5º, caberá recurso especial para o Tribunal Superior Eleitoral, nas hipóteses previstas nos incisos I e II do § 4º do art. 121 da Constituição Federal. (Incluído pela Lei nº 12.034, de 2009)*

Por fim, estabelecem o § 7º, do art. 30, e também o art. 30-A, §§ 1º a 3º, do mesmo diploma legal, *in verbis*:

> ***Art. 30 § 7º** O disposto neste artigo aplica-se aos processos judiciais pendentes. (Incluído pela Lei nº 12.034, de 2009)*
>
> ***Art. 30-A.** Qualquer partido político ou coligação poderá representar à Justiça Eleitoral, no prazo de 15 (quinze) dias da diplomação, relatando fatos e indicando provas, e pedir a abertura de investigação judicial para apurar condutas em desacordo com as normas desta Lei, relativas à arrecadação e gastos de recursos. (Redação dada pela Lei nº 12.034, de 2009)*
>
> ***§ 1º** Na apuração de que trata este artigo, aplicar-se-á o procedimento previsto no art. 22 da Lei Complementar nº 64, de 18 de maio de 1990, no que couber. (Incluído pela Lei nº 11.300, de 2006)*
>
> ***§ 2º** Comprovados captação ou gastos ilícitos de recursos, para fins eleitorais, será negado diploma ao candidato, ou cassado, se já houver sido outorgado. (Incluído pela Lei nº 11.300, de 2006)*

§ 3º O prazo de recurso contra decisões proferidas em representações propostas com base neste artigo será de 3 (três) dias, a contar da data da publicação do julgamento no Diário Oficial. (Incluído pela Lei nº 12.034, de 2009)

O que Deve Constar da Prestação de Contas

Deve constar da prestação de contas toda a movimentação financeira verificada durante a campanha eleitoral, envolvendo entradas e saídas, para que se possa apurar sua legitimidade em face dos limites estabelecidos nos arts. 24 e 26, da Lei n.º 9.504/1997 (SPITZCOVSKY, 2013, p. 210), *in verbis*:

> ***Art. 24***. *É vedado, a partido e candidato, receber direta ou indiretamente doação em dinheiro ou estimável em dinheiro, inclusive por meio de publicidade de qualquer espécie, procedente de:*
>
> *I. entidade ou governo estrangeiro;*
>
> *II. órgão da administração pública direta e indireta ou fundação mantida com recursos provenientes do Poder Público;*
>
> *III. concessionário ou permissionário de serviço público;*
>
> *IV. entidade de direito privado que receba, na condição de beneficiária, contribuição compulsória em virtude de disposição legal;*
>
> *V. entidade de utilidade pública;*
>
> *VI. entidade de classe ou sindical;*
>
> *VII. pessoa jurídica sem fins lucrativos que receba recursos do exterior.*
>
> *VIII. entidades beneficentes e religiosas; (Incluído pela Lei nº 11.300, de 2006)*
>
> *IX. entidades esportivas; (Redação dada pela Lei nº 12.034, de 2009)*
>
> *X. organizações não-governamentais que recebam recursos públicos; (Incluído pela Lei nº 11.300, de 2006)*
>
> *XI. organizações da sociedade civil de interesse público. (Incluído pela Lei nº 11.300, de 2006)*
>
> ***Parágrafo único***. *Não se incluem nas vedações de que trata este artigo as cooperativas cujos cooperados não sejam concessionários ou permissionários de serviços públicos, desde que não estejam sendo beneficiadas com recursos públicos, observado o disposto no art. 81. (Incluído pela Lei nº 12.034, de 2009)*
>
> ***Art. 26***. *São considerados gastos eleitorais, sujeitos a registro e aos limites fixados nesta Lei: (Redação dada pela Lei nº 11.300, de 2006)*
>
> *I. confecção de material impresso de qualquer natureza e tamanho, observado o disposto no § 3º do art. 38 desta Lei; (Redação dada pela Lei nº 12.891, de 2013)*
>
> *II. propaganda e publicidade direta ou indireta, por qualquer meio de divulgação, destinada a conquistar votos;*
>
> *III. aluguel de locais para a promoção de atos de campanha eleitoral;*
>
> *IV. despesas com transporte ou deslocamento de candidato e de pessoal a serviço das candidaturas; (Redação dada pela Lei nº 11.300, de 2006)*
>
> *V. correspondência e despesas postais;*
>
> *VI. despesas de instalação, organização e funcionamento de Comitês e serviços necessários às eleições;*
>
> *VII. remuneração ou gratificação de qualquer espécie a pessoal que preste serviços às candidaturas ou aos comitês eleitorais;*
>
> *VIII. montagem e operação de carros de som, de propaganda e assemelhados;*
>
> *IX. a realização de comícios ou eventos destinados à promoção de candidatura; (Redação dada pela Lei nº 11.300, de 2006)*
>
> *X. produção de programas de rádio, televisão ou vídeo, inclusive os destinados à propaganda gratuita;*
>
> *XI. pagamento de cachê de artistas ou animadores de eventos relacionados a campanha eleitoral; (Revogado pela Lei nº 11.300, de 2006)*
>
> *XII. realização de pesquisas ou testes pré-eleitorais;*
>
> *XIII. confecção, aquisição e distribuição de camisetas, chaveiros e outros brindes de campanha; (Revogado pela Lei nº 11.300, de 2006)*
>
> *XIV. revogado); (Redação dada pela Lei nº 12.891, de 2013)*
>
> *XV. custos com a criação e inclusão de sítios na Internet;*
>
> *XVI. multas aplicadas aos partidos ou candidatos por infração do disposto na legislação eleitoral.*
>
> *XVII. produção de jingles, vinhetas e slogans para propaganda eleitoral. (Incluído pela Lei nº 11.300, de 2006)*
>
> ***Parágrafo único***. *São estabelecidos os seguintes limites com relação ao total do gasto da campanha: (Incluído pela Lei nº 12.891, de 2013)*
>
> *I. alimentação do pessoal que presta serviços às candidaturas ou aos comitês eleitorais: 10% (dez por cento); (Incluído pela Lei nº 12.891, de 2013)*
>
> *II. aluguel de veículos automotores: 20% (vinte por cento). (Incluído pela Lei nº 12.891, de 2013)*

As sobras de campanha também devem estar incluídas na prestação de contas, caso tenham ocorrido, a teor do disposto no art. 31, *caput*, incisos I a IV e parágrafo único, da Lei n.º 9.504/1997 (SPITZCOVSKY, 2013, p. 210), que se confere a seguir:

> ***Art. 31***. *Se, ao final da campanha, ocorrer sobra de recursos financeiros, esta deve ser declarada na prestação de contas e, após julgados todos os recursos, transferida ao partido, obedecendo aos seguintes critérios: (Redação dada pela Lei nº 12.891, de 2013)*
>
> *I. no caso de candidato a Prefeito, Vice-Prefeito e Vereador, esses recursos deverão ser transferidos para o órgão diretivo municipal do partido na cidade onde ocorreu a eleição, o qual será responsável exclusivo pela identificação desses recursos, sua utilização, contabilização e respectiva prestação de contas perante o juízo eleitoral correspondente; (Incluído pela Lei nº 12.891, de 2013)*
>
> *II. no caso de candidato a Governador, Vice-Governador, Senador, Deputado Federal e Deputado Estadual ou Distrital, esses recursos deverão ser transferidos para o órgão diretivo regional do partido no Estado onde ocorreu a eleição ou no Distrito Federal, se for o caso, o qual será responsável exclusivo pela identificação desses recursos, sua utilização, contabilização e respectiva prestação de contas perante o Tribunal Regional Eleitoral correspondente; (Incluído pela Lei nº 12.891, de 2013)*

> III. *no caso de candidato a Presidente e Vice-Presidente da República, esses recursos deverão ser transferidos para o órgão diretivo nacional do partido, o qual será responsável exclusivo pela identificação desses recursos, sua utilização, contabilização e respectiva prestação de contas perante o Tribunal Superior Eleitoral; (Incluído pela Lei nº 12.891, de 2013)*
>
> IV. *o órgão diretivo nacional do partido não poderá ser responsabilizado nem penalizado pelo descumprimento do disposto neste artigo por parte dos órgãos diretivos municipais e regionais. (Incluído pela Lei nº 12.891, de 2013)*
>
> ***Parágrafo único****. As sobras de recursos financeiros de campanha serão utilizadas pelos partidos políticos, devendo tais valores ser declarados em suas prestações de contas perante a Justiça Eleitoral, com a identificação dos candidatos. (Redação dada pela Lei nº 12.034, de 2009)*

Para que a Justiça Eleitoral possa ter facilitado seu trabalho de análise das contas apresentadas, importante lembrar que toda a movimentação financeira a ser considerada deve ser apenas a da conta eleitoral, especificamente aberta para esta finalidade, surgindo como elemento facilitador desta fiscalização a necessidade de que toda a movimentação financeira tenha sido registrada em talonário eleitoral (SPITZCOVSKY, 2013, p. 211).

Por fim, dispõe o art. 32, em seu *caput* e parágrafo único, da Lei nº 9.504/1997, *in verbis*:

> ***Art. 32****. Até cento e oitenta dias após a diplomação, os candidatos ou partidos conservarão a documentação concernente a suas contas.*
>
> ***Parágrafo único****. Estando pendente de julgamento qualquer processo judicial relativo às contas, a documentação a elas concernente deverá ser conservada até a decisão final.*

Exercício Comentado

01. No que diz respeito à arrecadação e à prestação de contas, assinale a alternativa INCORRETA:

a) A responsabilidade pelas despesas de campanha é autônoma em relação a candidatos e partidos.

b) Nos documentos integrantes da prestação de contas, são obrigatórias as assinaturas do candidato e do seu administrador financeiro, caso exista.

c) Quanto à veracidade das informações financeiras e contábeis da campanha, a responsabilidade é autônoma entre o candidato e o seu administrador financeiro.

d) É obrigatória a abertura de conta específica para registrar o movimento financeiro da campanha.

RESPOSTA. ***A resposta certa é a alternativa "c".***

RESPOSTA. ***"A" Certo. As despesas da campanha eleitoral serão realizadas sob a responsabilidade dos partidos ou de seus candidatos (Vide Lei n.º 9.504/97, art. 17).***

RESPOSTA. ***"B" Certo. O candidato a cargo eletivo fará, diretamente ou por intermédio de pessoa por ele designada, a administração financeira de sua campanha, usando recursos repassados pelo comitê, inclusive os relativos à cota do Fundo Partidário, recursos próprios ou doações de pessoas físicas ou jurídicas, na forma estabelecida na Lei das Eleições (Vide Lei n.º 9.504/97, art. 20).***

RESPOSTA. ***"C" Errado. O candidato é solidariamente responsável com o seu administrador financeiro pela veracidade das informações financeiras e contábeis de sua campanha, devendo ambos assinar a respectiva prestação de contas (Vide Lei nº 9.504/97, art. 21).***

RESPOSTA. ***"D" Certo. É obrigatório para o partido e para os candidatos abrir conta bancária específica para registrar todo o movimento financeiro da campanha (Lei nº 9.504/97, art. 22,*** *caput****).***

Anotações

CAPÍTULO 15

Das Pesquisas e Testes Pré-Eleitorais e da Propaganda Eleitoral

Durante a unidade, trabalharemos, em suma: "Das Pesquisas e Testes Pré-Eleitorais (arts. 33 a 35) e Da propaganda eleitoral (arts. 36 a 57)".

Os conteúdos mais relevantes serão: "Da propaganda eleitoral (arts. 36 a 57)".

Das Pesquisas e Teste Pré-eleitorais

As pesquisas eleitorais encontram previsão nos arts. 33 a 35 da Lei n.º 9.504/1997.

Para que o pedido de registro da pesquisa seja deferido pela Justiça Eleitoral, deverá conter obrigatoriamente todas as informações relacionadas no art. 33, da Lei acima mencionada, que se confere a seguir:

Das Pesquisas e Testes Pré-Eleitorais

> ***Art. 33.*** *As entidades e empresas que realizarem pesquisas de opinião pública relativas às eleições ou aos candidatos, para conhecimento público, são obrigadas, para cada pesquisa, a registrar, junto à Justiça Eleitoral, até cinco dias antes da divulgação, as seguintes informações:*
>
> *I. quem contratou a pesquisa;*
>
> *II. valor e origem dos recursos despendidos no trabalho;*
>
> *III. metodologia e período de realização da pesquisa;*
>
> *IV. plano amostral e ponderação quanto a sexo, idade, grau de instrução, nível econômico e área física de realização do trabalho a ser executado, intervalo de confiança e margem de erro; (Redação dada pela Lei nº 12.891, de 2013)*
>
> *V. sistema interno de controle e verificação, conferência e fiscalização da coleta de dados e do trabalho de campo;*
>
> *VI. questionário completo aplicado ou a ser aplicado;*
>
> *VII. nome de quem pagou pela realização do trabalho e cópia da respectiva nota fiscal. (Redação dada pela Lei nº 12.891, de 2013)*
>
> ***§ 1º As informações relativas às pesquisas serão registradas nos órgãos da Justiça Eleitoral aos quais compete fazer o registro dos candidatos.***
>
> ***§ 2º A Justiça Eleitoral afixará no prazo de vinte e quatro horas, no local de costume, bem como divulgará em seu sítio na internet, aviso comunicando o registro das informações a que se refere este artigo, colocando-as à disposição dos partidos ou coligações com candidatos ao pleito, os quais a elas terão livre acesso pelo prazo de 30 (trinta) dias.*** *(Redação dada pela Lei nº 12.034, de 2009)*
>
> ***§ 3º*** *A divulgação de pesquisa sem o prévio registro das informações de que trata este artigo sujeita os responsáveis a multa no valor de cinquenta mil a cem mil UFIR.*
>
> ***§ 4º A divulgação de pesquisa fraudulenta constitui crime,*** *punível com detenção de seis meses a um ano e multa no valor de cinquenta mil a cem mil UFIR.*
>
> ***§ 5º*** *É vedada, no período de campanha eleitoral, a realização de enquetes relacionadas ao processo eleitoral. (Incluído pela Lei nº 12.891, de 2013)*

O objetivo das exigências acima, formuladas pelo legislador, foi o de permear a elaboração dessas pesquisas com transparência, de forma a garantir a normalidade e a legitimidade das eleições. (SPITZCOVSKY, 2013, p. 168).

Ademais, as mesmas exigências relacionadas para o registro da pesquisa devem ser disponibilizadas quando de sua veiculação nos meios de comunicação, em especial o número do registro, para que possa ser localizada, bem como o responsável pela sua contratação. (SPITZCOVSKY, 2013, p. 168).

Por fim, preveem os arts. 34, §§ 1º a 3º, e 35, da Lei n.º 9.504/1997, *in verbis*:

> ***Art. 34.*** *(VETADO)*
>
> ***§ 1º*** *Mediante requerimento à Justiça Eleitoral, os partidos poderão ter acesso ao sistema interno de controle, verificação e fiscalização da coleta de dados das entidades que divulgaram pesquisas de opinião relativas às eleições, incluídos os referentes à identificação dos entrevistadores e, por meio de escolha livre e aleatória de planilhas individuais, mapas ou equivalentes, confrontar e conferir os dados publicados, preservada a identidade dos respondentes.*
>
> ***§ 2º*** *O não-cumprimento do disposto neste artigo ou qualquer ato que vise a retardar, impedir ou dificultar a ação fiscalizadora dos partidos constitui crime, punível com detenção, de seis meses a um ano, com a alternativa de prestação de serviços à comunidade pelo mesmo prazo, e multa no valor de dez mil a vinte mil UFIR.*
>
> ***§ 3º*** *A comprovação de irregularidade nos dados publicados sujeita os responsáveis às penas mencionadas no parágrafo anterior, sem prejuízo da obrigatoriedade da veiculação dos dados corretos no mesmo espaço, local, horário, página, caracteres e outros elementos de destaque, de acordo com o veículo usado.*
>
> ***Art. 35.*** *Pelos crimes definidos nos arts. 33, § 4º e 34, §§ 2º e 3º, podem ser responsabilizados penalmente os representantes legais da empresa ou entidade de pesquisa e do órgão veiculador.*
>
> ~~***Art. 35-A.*** *É vedada a divulgação de pesquisas eleitorais por qualquer meio de comunicação, a partir do décimo quinto dia anterior até as 18 (dezoito) horas do dia do pleito. (Incluído pela Lei nº 11.300, de 2006) (Vide ADIN 3.741-2)*~~

Da Propaganda Eleitoral em Geral

Do Início

A propaganda eleitoral é permitida somente após o dia 5 (cinco) de julho do ano das eleições. (BARROS, 2013, p. 126).

A Propaganda Eleitoral

A Lei das Eleições (Lei n.º 9.504/1997) indica a data exata do início da propaganda, conforme se vê em seu art. 36, *caput* e §§ 1º a 5º, *in verbis*:

> ***Art. 36.*** *A propaganda eleitoral somente é permitida após o dia 5 de julho do ano da eleição.*
>
> ***§ 1º*** *Ao postulante a candidatura a cargo eletivo é permitida a realização, na quinzena anterior à escolha pelo partido, de propaganda intrapartidária com vista à indicação de seu nome, vedado o uso de rádio, televisão e outdoor.*
>
> ***§ 2º*** *No segundo semestre do ano da eleição, não será veiculada a propaganda partidária gratuita prevista em lei nem permitido qualquer tipo de propaganda política paga no rádio e na televisão.*
>
> ***§ 3º*** *A violação do disposto neste artigo sujeitará o responsável pela divulgação da propaganda e, quando comprovado o seu prévio conhecimento, o*

beneficiário, a multa no valor de R$ 5.000,00 (cinco mil reais) a R$ 25.000,00 (vinte e cinco mil reais), ou ao equivalente ao custo da propaganda, se este for maior. (Redação dada pela Lei nº 12.034, de 2009)

§ 4º Na propaganda dos candidatos a cargo majoritário, deverão constar, também, o nome dos candidatos a vice ou a suplentes de Senador, de modo claro e legível, em tamanho não inferior a 10% (dez por cento) do nome do titular. (Incluído pela Lei nº 12.034, de 2009)

§ 5º A comprovação do cumprimento das determinações da Justiça Eleitoral relacionadas a propaganda realizada em desconformidade com o disposto nesta Lei poderá ser apresentada no Tribunal Superior Eleitoral, no caso de candidatos a Presidente e Vice-Presidente da República, nas sedes dos respectivos Tribunais Regionais Eleitorais, no caso de candidatos a Governador, Vice-Governador, Deputado Federal, Senador da República, Deputados Estadual e Distrital, e, no Juízo Eleitoral, na hipótese de candidato a Prefeito, Vice-Prefeito e Vereador. (Incluído pela Lei nº 12.034, de 2009)

Na sequência, vê-se nos arts. 36-A, *caput*, incisos I a V, e parágrafo único, e 36-B, *caput* e parágrafo único, da mesma Lei, *in verbis*:

Art. 36-A*. Não serão consideradas propaganda antecipada e poderão ter cobertura dos meios de comunicação social, inclusive via internet: (Redação dada pela Lei nº 12.891, de 2013)*

I. a participação de filiados a partidos políticos ou de pré-candidatos em entrevistas, programas, encontros ou debates no rádio, na televisão e na internet, inclusive com a exposição de plataformas e projetos políticos, observado pelas emissoras de rádio e de televisão o dever de conferir tratamento isonômico; (Redação dada pela Lei nº 12.891, de 2013)

II. a realização de encontros, seminários ou congressos, em ambiente fechado e a expensas dos partidos políticos, para tratar da organização dos processos eleitorais, discussão de políticas públicas, planos de governo ou alianças partidárias visando às eleições, podendo tais atividades ser divulgadas pelos instrumentos de comunicação intrapartidária; (Redação dada pela Lei nº 12.891, de 2013)

III. a realização de prévias partidárias e sua divulgação pelos instrumentos de comunicação intrapartidária e pelas redes sociais; (Redação dada pela Lei nº 12.891, de 2013)

IV. a divulgação de atos de parlamentares e debates legislativos, desde que não se faça pedido de votos; (Redação dada pela Lei nº 12.891, de 2013)

V. a manifestação e o posicionamento pessoal sobre questões políticas nas redes sociais. (Incluído pela Lei nº 12.891, de 2013)

Parágrafo único*. É vedada a transmissão ao vivo por emissoras de rádio e de televisão das prévias partidárias. (Incluído pela Lei nº 12.891, de 2013)*

Art. 36-B*. Será considerada propaganda eleitoral antecipada a convocação, por parte do Presidente da República, dos Presidentes da Câmara dos Deputados, do Senado Federal e do Supremo Tribunal Federal, de redes de radiodifusão para divulgação de atos que denotem propaganda política ou ataques a partidos políticos e seus filiados ou instituições. (Incluído pela Lei nº 12.891, de 2013)*

Parágrafo único*. Nos casos permitidos de convocação das redes de radiodifusão, é vedada a utilização de símbolos ou imagens, exceto aqueles previstos no § 1º do art. 13 da Constituição Federal. (Incluído pela Lei nº 12.891, de 2013)*

Art. 37*. Nos bens cujo uso dependa de cessão ou permissão do Poder Público, ou que a ele pertençam, e nos de uso comum, inclusive postes de iluminação pública e sinalização de tráfego, viadutos, passarelas, pontes, paradas de ônibus e outros equipamentos urbanos, é vedada a veiculação de propaganda de qualquer natureza, inclusive pichação, inscrição a tinta, fixação de placas, estandartes, faixas, cavaletes e assemelhados. (Redação dada pela Lei nº 12.891, de 2013)*

§ 1º A veiculação de propaganda em desacordo com o disposto no caput deste artigo sujeita o responsável, após a notificação e comprovação, à restauração do bem e, caso não cumprida no prazo, a multa no valor de R$ 2.000,00 (dois mil reais) a R$ 8.000,00 (oito mil reais). (Redação dada pela Lei nº 11.300, de 2006)

§ 2º Em bens particulares, independe de obtenção de licença municipal e de autorização da Justiça Eleitoral a veiculação de propaganda eleitoral por meio da fixação de faixas, placas, cartazes, pinturas ou inscrições, desde que não excedam a 4m² (quatro metros quadrados) e que não contrariem a legislação eleitoral, sujeitando-se o infrator às penalidades previstas no § 1º. (Redação dada pela Lei nº 12.034, de 2009)

§ 3º Nas dependências do Poder Legislativo, a veiculação de propaganda eleitoral fica a critério da Mesa Diretora.

§ 4º Bens de uso comum, para fins eleitorais, são os assim definidos pela Lei no 10.406, de 10 de janeiro de 2002 - Código Civil e também aqueles a que a população em geral tem acesso, tais como cinemas, clubes, lojas, centros comerciais, templos, ginásios, estádios, ainda que de propriedade privada. (Incluído pela Lei nº 12.034, de 2009)

§ 5º Nas árvores e nos jardins localizados em áreas públicas, bem como em muros, cercas e tapumes divisórios, não é permitida a colocação de propaganda eleitoral de qualquer natureza, mesmo que não lhes cause dano. (Incluído pela Lei nº 12.034, de 2009)

§ 6º É permitida a colocação de mesas para distribuição de material de campanha e a utilização de bandeiras ao longo das vias públicas, desde que móveis e que não dificultem o bom andamento do trânsito de pessoas e veículos. (Redação dada pela Lei nº 12.891, de 2013)

§ 7º A mobilidade referida no § 6º estará caracterizada com a colocação e a retirada dos meios de propaganda entre as seis horas e as vinte e duas horas. (Incluído pela Lei nº 12.034, de 2009)

§ 8º A veiculação de propaganda eleitoral em bens particulares deve ser espontânea e gratuita, sendo vedado qualquer tipo de pagamento em troca de espaço para esta finalidade. (Incluído pela Lei nº 12.034, de 2009)

Art. 38*. Independe da obtenção de licença municipal e de autorização da Justiça Eleitoral a veiculação de propaganda eleitoral pela distribuição de folhetos, adesivos, volantes e outros impressos, os quais devem ser editados sob a responsabilidade do partido, coligação ou candidato. (Redação dada pela Lei nº 12.891, de 2013)*

§ 1º Todo material impresso de campanha eleitoral deverá conter o número de inscrição no Cadastro Nacional da Pessoa Jurídica - CNPJ ou o número de inscrição no Cadastro de Pessoas Físicas - CPF do responsável pela confecção, bem como de quem a contratou, e a respectiva tiragem. (Incluído pela Lei nº 12.034, de 2009)

§ 2º Quando o material impresso veicular propaganda conjunta de diversos candidatos, os gastos

relativos a cada um deles deverão constar na respectiva prestação de contas, ou apenas naquela relativa ao que houver arcado com os custos. (Incluído pela Lei nº 12.034, de 2009)

§ 3º Os adesivos de que trata o caput deste artigo poderão ter a dimensão máxima de 50 (cinquenta) centímetros por 40 (quarenta) centímetros. (Incluído pela Lei nº 12.891, de 2013)

§ 4º É proibido colar propaganda eleitoral em veículos, exceto adesivos microperfurados até a extensão total do para-brisa traseiro e, em outras posições, adesivos até a dimensão máxima fixada no § 3º.(Incluído pela Lei nº 12.891, de 2013)

Art. 39. A realização de qualquer ato de propaganda partidária ou eleitoral, em recinto aberto ou fechado, não depende de licença da polícia.

§ 1º O candidato, partido ou coligação promotora do ato fará a devida comunicação à autoridade policial em, no mínimo, vinte e quatro horas antes de sua realização, a fim de que esta lhe garanta, segundo a prioridade do aviso, o direito contra quem tencione usar o local no mesmo dia e horário.

§ 2º A autoridade policial tomará as providências necessárias à garantia da realização do ato e ao funcionamento do tráfego e dos serviços públicos que o evento possa afetar.

§ 3º O funcionamento de alto-falantes ou amplificadores de som, ressalvada a hipótese contemplada no parágrafo seguinte, somente é permitido entre as oito e as vinte e duas horas, sendo vedados a instalação e o uso daqueles equipamentos em distância inferior a duzentos metros:

I. das sedes dos Poderes Executivo e Legislativo da União, dos Estados, do Distrito Federal e dos Municípios, das sedes dos Tribunais Judiciais, e dos quartéis e outros estabelecimentos militares;

II. dos hospitais e casas de saúde;

III. das escolas, bibliotecas públicas, igrejas e teatros, quando em funcionamento.

§ 4º A realização de comícios e a utilização de aparelhagens de sonorização fixas são permitidas no horário compreendido entre as 8 (oito) e as 24 (vinte e quatro) horas, com exceção do comício de encerramento da campanha, que poderá ser prorrogado por mais 2 (duas) horas. (Redação dada pela Lei nº 12.891, de 2013)

§ 5º Constituem crimes, no dia da eleição, puníveis com detenção, de seis meses a um ano, com a alternativa de prestação de serviços à comunidade pelo mesmo período, e multa no valor de cinco mil a quinze mil UFIR:

I. o uso de alto-falantes e amplificadores de som ou a promoção de comício ou carreata;

II. a arregimentação de eleitor ou a propaganda de boca de urna; (Redação dada pela Lei nº 11.300, de 2006)

III. a divulgação de qualquer espécie de propaganda de partidos políticos ou de seus candidatos. (Redação dada pela Lei nº 12.034, de 2009)

§ 6º É vedada na campanha eleitoral a confecção, utilização, distribuição por comitê, candidato, ou com a sua autorização, de camisetas, chaveiros, bonés, canetas, brindes, cestas básicas ou quaisquer outros bens ou materiais que possam proporcionar vantagem ao eleitor. (Incluído pela Lei nº 11.300, de 2006)

§ 7º É proibida a realização de showmício e de evento assemelhado para promoção de candidatos, bem como a apresentação, remunerada ou não, de artistas com a finalidade de animar comício e reunião eleitoral. (Incluído pela Lei nº 11.300, de 2006)

§ 8º É vedada a propaganda eleitoral mediante outdoors, inclusive eletrônicos, sujeitando-se a empresa responsável, os partidos, as coligações e os candidatos à imediata retirada da propaganda irregular e ao pagamento de multa no valor de R$ 5.000,00 (cinco mil reais) a R$ 15.000,00 (quinze mil reais). (Redação dada pela Lei nº 12.891, de 2013)

§ 9º Até as vinte e duas horas do dia que antecede a eleição, serão permitidos distribuição de material gráfico, caminhada, carreata, passeata ou carro de som que transite pela cidade divulgando jingles ou mensagens de candidatos. (Incluído pela Lei nº 12.034, de 2009)

§ 10. Fica vedada a utilização de trios elétricos em campanhas eleitorais, exceto para a sonorização de comícios. (Incluído pela Lei nº 12.034, de 2009)

§ 11. É permitida a circulação de carros de som e minitrios como meio de propaganda eleitoral, desde que observado o limite de 80 (oitenta) decibéis de nível de pressão sonora, medido a 7 (sete) metros de distância do veículo, e respeitadas as vedações previstas no § 3º deste artigo. (Incluído pela Lei nº 12.891, de 2013)

§ 12. Para efeitos desta Lei, considera-se: (Incluído pela Lei nº 12.891, de 2013)

I. carro de som: veículo automotor que usa equipamento de som com potência nominal de amplificação de, no máximo, 10.000 (dez mil) watts; (Incluído pela Lei nº 12.891, de 2013)

II. minitrio: veículo automotor que usa equipamento de som com potência nominal de amplificação maior que 10.000 (dez mil) watts e até 20.000 (vinte mil) watts; (Incluído pela Lei nº 12.891, de 2013)

III. trio elétrico: veículo automotor que usa equipamento de som com potência nominal de amplificação maior que 20.000 (vinte mil) watts. (Incluído pela Lei nº 12.891, de 2013)

Art. 39-A. É permitida, no dia das eleições, a manifestação individual e silenciosa da preferência do eleitor por partido político, coligação ou candidato, revelada exclusivamente pelo uso de bandeiras, broches, dísticos e adesivos. (Incluído pela Lei nº 12.034, de 2009)

§ 1º É vedada, no dia do pleito, até o término do horário de votação, a aglomeração de pessoas portando vestuário padronizado, bem como os instrumentos de propaganda referidos no caput, de modo a caracterizar manifestação coletiva, com ou sem utilização de veículos. (Incluído pela Lei nº 12.034, de 2009)

§ 2º No recinto das seções eleitorais e juntas apuradoras, é proibido aos servidores da Justiça Eleitoral, aos mesários e aos escrutinadores o uso de vestuário ou objeto que contenha qualquer propaganda de partido político, de coligação ou de candidato. (Incluído pela Lei nº 12.034, de 2009)

§ 3º Aos fiscais partidários, nos trabalhos de votação, só é permitido que, em seus crachás, constem o nome e a sigla do partido político ou coligação a que sirvam, vedada a padronização do vestuário. (Incluído pela Lei nº 12.034, de 2009)

§ 4º No dia do pleito, serão afixadas cópias deste artigo em lugares visíveis nas partes interna e externa das seções eleitorais. (Incluído pela Lei nº 12.034, de 2009)

Art. 40. *O uso, na propaganda eleitoral, de símbolos, frases ou imagens, associadas ou semelhantes às empregadas por órgão de governo, empresa pública ou sociedade de economia mista constitui crime, punível com detenção, de seis meses a um ano, com a alternativa de prestação de serviços à comunidade pelo mesmo período, e multa no valor de dez mil a vinte mil UFIR.*

Art. 40-A. *(VETADO) (Redação dada pela Lei nº 11.300, de 2006)*

Art. 40-B. *A representação relativa à propaganda irregular deve ser instruída com prova da autoria ou do prévio conhecimento do beneficiário, caso este não seja por ela responsável. (Incluído pela Lei nº 12.034, de 2009)*

Parágrafo único. *A responsabilidade do candidato estará demonstrada se este, intimado da existência da propaganda irregular, não providenciar, no prazo de quarenta e oito horas, sua retirada ou regularização e, ainda, se as circunstâncias e as peculiaridades do caso específico revelarem a impossibilidade de o beneficiário não ter tido conhecimento da propaganda. (Incluído pela Lei nº 12.034, de 2009)*

Art. 41. *A propaganda exercida nos termos da legislação eleitoral não poderá ser objeto de multa nem cerceada sob alegação do exercício do poder de polícia ou de violação de postura municipal, casos em que se deve proceder na forma prevista no art. 40. (Redação dada pela Lei nº 12.034, de 2009)*

§ 1º *O poder de polícia sobre a propaganda eleitoral será exercido pelos juízes eleitorais e pelos juízes designados pelos Tribunais Regionais Eleitorais. (Incluído pela Lei nº 12.034, de 2009)*

§ 2º *O poder de polícia se restringe às providências necessárias para inibir práticas ilegais, vedada a censura prévia sobre o teor dos programas a serem exibidos na televisão, no rádio ou na internet. (Incluído pela Lei nº 12.034, de 2009)*

Art. 41-A. *Ressalvado o disposto no art. 26 e seus incisos, constitui captação de sufrágio, vedada por esta Lei, o candidato doar, oferecer, prometer, ou entregar, ao eleitor, com o fim de obter-lhe o voto, bem ou vantagem pessoal de qualquer natureza, inclusive emprego ou função pública, desde o registro da candidatura até o dia da eleição, inclusive, sob pena de multa de mil a cinquenta mil Ufir, e cassação do registro ou do diploma, observado o procedimento previsto no art. 22 da Lei Complementar nº 64, de 18 de maio de 1990. (Incluído pela Lei nº 9.840, de 1999)*

§ 1º *Para a caracterização da conduta ilícita, é desnecessário o pedido explícito de votos, bastando a evidência do dolo, consistente no especial fim de agir. (Incluído pela Lei nº 12.034, de 2009)*

§ 2º *As sanções previstas no caput aplicam-se contra quem praticar atos de violência ou grave ameaça a pessoa, com o fim de obter-lhe o voto. (Incluído pela Lei nº 12.034, de 2009)*

§ 3º *A representação contra as condutas vedadas no caput poderá ser ajuizada até a data da diplomação. (Incluído pela Lei nº 12.034, de 2009)*

§ 4º *O prazo de recurso contra decisões proferidas com base neste artigo será de 3 (três) dias, a contar da data da publicação do julgamento no Diário Oficial. (Incluído pela Lei nº 12.034, de 2009)*

Da Propaganda Eleitoral Mediante Outdoors

Art. 42. *~~A propaganda por meio de outdoors somente é permitida após a realização de sorteio pela Justiça Eleitoral.~~ (Revogado pela Lei nº 11.300, de 2006)*

§ 1º *~~As empresas de publicidade deverão relacionar os pontos disponíveis para a veiculação de propaganda eleitoral em quantidade não inferior à metade do total dos espaços existentes no território municipal.~~ (Revogado pela Lei nº 11.300, de 2006)*

§ 2º *~~Os locais destinados à propaganda eleitoral deverão ser assim distribuídos:~~ (Revogado pela Lei nº 11.300, de 2006)*

~~I.~~ ~~trinta por cento, entre os partidos e coligações que tenham candidato a Presidente da República;~~ (Revogado pela Lei nº 11.300, de 2006)

~~II.~~ ~~trinta por cento, entre os partidos e coligações que tenham candidato a Governador e a Senador;~~ (Revogado pela Lei nº 11.300, de 2006)

~~III.~~ ~~quarenta por cento, entre os partidos e coligações que tenham candidatos a Deputado Federal, Estadual ou Distrital;~~ (Revogado pela Lei nº 11.300, de 2006)

~~IV.~~ ~~nas eleições municipais, metade entre os partidos e coligações que tenham candidato a Prefeito e metade entre os que tenham candidato a Vereador.~~ (Revogado pela Lei nº 11.300, de 2006)

§ 3º *~~Os locais a que se refere o parágrafo anterior deverão dividir-se em grupos equitativos de pontos com maior e menor impacto visual, tantos quantos forem os partidos e coligações concorrentes, para serem sorteados e usados durante a propaganda eleitoral.~~ (Revogado pela Lei nº 11.300, de 2006)*

§ 4º *~~A relação dos locais com a indicação dos grupos mencionados no parágrafo anterior deverá ser entregue pelas empresas de publicidade aos Juízes Eleitorais, nos Municípios, e ao Tribunal Regional Eleitoral, nas Capitais, até o dia 25 de junho do ano da eleição.~~ (Revogado pela Lei nº 11.300, de 2006)*

§ 5º *~~Os Tribunais Regionais Eleitorais encaminharão à publicação, na imprensa oficial, até o dia 8 de julho, a relação de partidos e coligações que requereram registro de candidatos, devendo o sorteio a que se refere o caput ser realizado até o dia 10 de julho.~~ (Revogado pela Lei nº 11.300, de 2006)*

§ 6º *~~Para efeito do sorteio, equipara-se a coligação a um partido, qualquer que seja o número de partidos que a integrem.~~ (Revogado pela Lei nº 11.300, de 2006)*

§ 7º *~~Após o sorteio, os partidos e coligações deverão comunicar às empresas, por escrito, como usarão os outdoors de cada grupo dos mencionados no § 3º, com especificação de tempo e quantidade.~~ (Revogado pela Lei nº 11.300, de 2006)*

§ 8º *~~Os outdoors não usados deverão ser redistribuídos entre os demais concorrentes interessados, fazendo-se novo sorteio, se necessário, a cada renovação.~~ (Revogado pela Lei nº 11.300, de 2006)*

§ 9º *~~Os partidos e coligações distribuirão, entre seus candidatos, os espaços que lhes couberem.~~ (Revogado pela Lei nº 11.300, de 2006)*

§ 10. *~~O preço para a veiculação da propaganda eleitoral de que trata este artigo não poderá ser superior ao cobrado normalmente para a publicidade comercial.~~ (Revogado pela Lei nº 11.300, de 2006)*

§ 11. *~~A violação do disposto neste artigo sujeita a empresa responsável, os partidos, coligações ou candidatos, à imediata retirada da propaganda irregular e ao pagamento de multa no valor de cinco mil a quinze mil UFIR.~~ (Revogado pela Lei nº 11.300, de 2006)*

Da Propaganda Eleitoral na Imprensa

Art. 43. *São permitidas, até a antevéspera das eleições, a divulgação paga, na imprensa escrita, e a reprodução na internet do jornal impresso, de até 10 (dez) anúncios de propaganda eleitoral, por veículo, em datas diversas, para cada candidato, no espaço máximo, por edição, de 1/8 (um oitavo) de página de jornal padrão e de 1/4 (um quarto) de página de revista ou tabloide. (Redação dada pela Lei nº 12.034, de 2009)*

§ 1º *Deverá constar do anúncio, de forma visível, o valor pago pela inserção. (Incluído pela Lei nº 12.034, de 2009)*

§ 2º *A inobservância do disposto neste artigo sujeita os responsáveis pelos veículos de divulgação e os partidos, coligações ou candidatos beneficiados a multa no valor de R$ 1.000,00 (mil reais) a R$ 10.000,00 (dez mil reais) ou equivalente ao da divulgação da propaganda paga, se este for maior. (renumerado do parágrafo único pela Lei nº 12.034, de 2009)*

Da Propaganda Eleitoral no Rádio e na Televisão

Art. 44. *A propaganda eleitoral no rádio e na televisão restringe-se ao horário gratuito definido nesta Lei, vedada a veiculação de propaganda paga.*

§ 1º *A propaganda eleitoral gratuita na televisão deverá utilizar a Linguagem Brasileira de Sinais - LIBRAS ou o recurso de legenda, que deverão constar obrigatoriamente do material entregue às emissoras. (Incluído pela Lei nº 12.034, de 2009)*

§ 2º *No horário reservado para a propaganda eleitoral, não se permitirá utilização comercial ou propaganda realizada com a intenção, ainda que disfarçada ou subliminar, de promover marca ou produto. (Incluído pela Lei nº 12.034, de 2009)*

§ 3º *Será punida, nos termos do § 1º do art. 37, a emissora que, não autorizada a funcionar pelo poder competente, veicular propaganda eleitoral. (Incluído pela Lei nº 12.034, de 2009)*

Art. 45. *A partir de 1º de julho do ano da eleição, é vedado às emissoras de rádio e televisão, em sua programação normal e noticiário:*

I. *transmitir, ainda que sob a forma de entrevista jornalística, imagens de realização de pesquisa ou qualquer outro tipo de consulta popular de natureza eleitoral em que seja possível identificar o entrevistado ou em que haja manipulação de dados;*

II. *usar trucagem, montagem ou outro recurso de áudio ou vídeo que, de qualquer forma, degradem ou ridicularizem candidato, partido ou coligação, ou produzir ou veicular programa com esse efeito;*

III. *veicular propaganda política ou difundir opinião favorável ou contrária a candidato, partido, coligação, a seus órgãos ou representantes;*

IV. *dar tratamento privilegiado a candidato, partido ou coligação;*

V. *veicular ou divulgar filmes, novelas, minisséries ou qualquer outro programa com alusão ou crítica a candidato ou partido político, mesmo que dissimuladamente, exceto programas jornalísticos ou debates políticos;*

VI. *divulgar nome de programa que se refira a candidato escolhido em convenção, ainda quando preexistente, inclusive se coincidente com o nome do candidato ou com a variação nominal por ele adotada. Sendo o nome do programa o mesmo que o do candidato, fica proibida a sua divulgação, sob pena de cancelamento do respectivo registro.*

§ 1º *A partir do resultado da convenção, é vedado, ainda, às emissoras transmitir programa apresentado ou comentado por candidato escolhido em convenção. (Redação dada pela Lei nº 11.300, de 2006)*

§ 2º *Sem prejuízo do disposto no parágrafo único do art. 55, a inobservância do disposto neste artigo sujeita a emissora ao pagamento de multa no valor de vinte mil a cem mil UFIR, duplicada em caso de reincidência.*

§ 3º *As disposições deste artigo aplicam-se aos sítios mantidos pelas empresas de comunicação social na Internet e demais redes destinadas à prestação de serviços de telecomunicações de valor adicionado. (Revogado pela Lei nº 12.034, de 2009)*

§ 4º *Entende-se por trucagem todo e qualquer efeito realizado em áudio ou vídeo que degradar ou ridicularizar candidato, partido político ou coligação, ou que desvirtuar a realidade e beneficiar ou prejudicar qualquer candidato, partido político ou coligação. (Incluído pela Lei nº 12.034, de 2009)*

§ 5º *Entende-se por montagem toda e qualquer junção de registros de áudio ou vídeo que degradar ou ridicularizar candidato, partido político ou coligação, ou que desvirtuar a realidade e beneficiar ou prejudicar qualquer candidato, partido político ou coligação. (Incluído pela Lei nº 12.034, de 2009)*

§ 6º *É permitido ao partido político utilizar na propaganda eleitoral de seus candidatos em âmbito regional, inclusive no horário eleitoral gratuito, a imagem e a voz de candidato ou militante de partido político que integre a sua coligação em âmbito nacional. (Incluído pela Lei nº 12.034, de 2009)*

Art 46. *Independentemente da veiculação de propaganda eleitoral gratuita no horário definido nesta Lei, é facultada a transmissão, por emissora de rádio ou televisão, de debates sobre as eleições majoritária ou proporcional, sendo assegurada a participação de candidatos dos partidos com representação na Câmara dos Deputados, e facultada a dos demais, observado o seguinte:*

I. *nas eleições majoritárias, a apresentação dos debates poderá ser feita:*

a) *em conjunto, estando presentes todos os candidatos a um mesmo cargo eletivo;*

b) *em grupos, estando presentes, no mínimo, três candidatos;*

II. *nas eleições proporcionais, os debates deverão ser organizados de modo que assegurem a presença de número equivalente de candidatos de todos os partidos e coligações a um mesmo cargo eletivo, podendo desdobrar-se em mais de um dia;*

III. *os debates deverão ser parte de programação previamente estabelecida e divulgada pela emissora, fazendo-se mediante sorteio a escolha do dia e da ordem de fala de cada candidato, salvo se celebrado acordo em outro sentido entre os partidos e coligações interessados.*

§ 1º *Será admitida a realização de debate sem a presença de candidato de algum partido, desde que o veículo de comunicação responsável comprove havê-lo convidado com a antecedência mínima de setenta e duas horas da realização do debate.*

§ 2º *É vedada a presença de um mesmo candidato a eleição proporcional em mais de um debate da mesma emissora.*

§ 3º O descumprimento do disposto neste artigo sujeita a empresa infratora às penalidades previstas no art. 56.

§ 4º O debate será realizado segundo as regras estabelecidas em acordo celebrado entre os partidos políticos e a pessoa jurídica interessada na realização do evento, dando-se ciência à Justiça Eleitoral. (Incluído pela Lei nº 12.034, de 2009)

§ 5º Para os debates que se realizarem no primeiro turno das eleições, serão consideradas aprovadas as regras que obtiverem a concordância de pelo menos 2/3 (dois terços) dos candidatos aptos no caso de eleição majoritária, e de pelo menos 2/3 (dois terços) dos partidos ou coligações com candidatos aptos, no caso de eleição proporcional. (Incluído pela Lei nº 12.034, de 2009)

***Art. 47**. As emissoras de rádio e de televisão e os canais de televisão por assinatura mencionados no art. 57 reservarão, nos quarenta e cinco dias anteriores à antevéspera das eleições, horário destinado à divulgação, em rede, da propaganda eleitoral gratuita, na forma estabelecida neste artigo.*

§ 1º A propaganda será feita:

I. na eleição para Presidente da República, às terças e quintas-feiras e aos sábados:

a) das sete horas às sete horas e vinte e cinco minutos e das doze horas às doze horas e vinte e cinco minutos, no rádio;

b) das treze horas às treze horas e vinte e cinco minutos e das vinte horas e trinta minutos às vinte horas e cinquenta e cinco minutos, na televisão;

II. nas eleições para Deputado Federal, às terças e quintas-feiras e aos sábados:

a) das sete horas e vinte e cinco minutos às sete horas e cinquenta minutos e das doze horas e vinte e cinco minutos às doze horas e cinquenta minutos, no rádio;

b) das treze horas e vinte e cinco minutos às treze horas e cinquenta minutos e das vinte horas e cinquenta e cinco minutos às vinte e uma horas e vinte minutos, na televisão;

III. nas eleições para Governador de Estado e do Distrito Federal, às segundas, quartas e sextas-feiras:

a) das sete horas às sete horas e vinte minutos e das doze horas às doze horas e vinte minutos, no rádio, nos anos em que a renovação do Senado Federal se der por 1/3 (um terço); (Redação dada pela Lei nº 12.034, de 2009)

b) das treze horas às treze horas e vinte minutos e das vinte horas e trinta minutos às vinte horas e cinquenta minutos, na televisão, nos anos em que a renovação do Senado Federal se der por 1/3 (um terço); (Redação dada pela Lei nº 12.034, de 2009)

c) das sete horas às sete horas e dezoito minutos e das doze horas às doze horas e dezoito minutos, no rádio, nos anos em que a renovação do Senado Federal se der por 2/3 (dois terços); (Incluído pela Lei nº 12.034, de 2009)

d) das treze horas às treze horas e dezoito minutos e das vinte horas e trinta minutos às vinte horas e quarenta e oito minutos, na televisão, nos anos em que a renovação do Senado Federal se der por 2/3 (dois terços); (Incluído pela Lei nº 12.034, de 2009)

IV. nas eleições para Deputado Estadual e Deputado Distrital, às segundas, quartas e sextas-feiras:

a) das sete horas e vinte minutos às sete horas e quarenta minutos e das doze horas e vinte minutos às doze horas e quarenta minutos, no rádio, nos anos em que a renovação do Senado Federal se der por 1/3 (um terço); (Redação dada pela Lei nº 12.034, de 2009)

b) das treze horas e vinte minutos às treze horas e quarenta minutos e das vinte horas e cinquenta minutos às vinte e uma horas e dez minutos, na televisão, nos anos em que a renovação do Senado Federal se der por 1/3 (um terço); (Redação dada pela Lei nº 12.034, de 2009)

c) das sete horas e dezoito minutos às sete horas e trinta e cinco minutos e das doze horas e dezoito minutos às doze horas e trinta e cinco minutos, no rádio, nos anos em que a renovação do Senado Federal se der por 2/3 (dois terços); (Incluído pela Lei nº 12.034, de 2009)

d) das treze horas e dezoito minutos às treze horas e trinta e cinco minutos e das vinte horas e quarenta e oito minutos às vinte e uma horas e cinco minutos, na televisão, nos anos em que a renovação do Senado Federal se der por 2/3 (dois terços); (Incluído pela Lei nº 12.034, de 2009)

V. na eleição para Senador, às segundas, quartas e sextas-feiras:

a) das sete horas e quarenta minutos às sete horas e cinquenta minutos e das doze horas e quarenta minutos às doze horas e cinquenta minutos, no rádio, nos anos em que a renovação do Senado Federal se der por 1/3 (um terço); (Redação dada pela Lei nº 12.034, de 2009)

b) das treze horas e quarenta minutos às treze horas e cinquenta minutos e das vinte e uma horas e dez minutos às vinte e uma horas e vinte minutos, na televisão, nos anos em que a renovação do Senado Federal se der por 1/3 (um terço); (Redação dada pela Lei nº 12.034, de 2009)

c) das sete horas e trinta e cinco minutos às sete horas e cinquenta minutos e das doze horas e trinta e cinco minutos às doze horas e cinquenta minutos, no rádio, nos anos em que a renovação do Senado Federal se der por 2/3 (dois terços); (Incluído pela Lei nº 12.034, de 2009)

d) das treze horas e trinta e cinco minutos às treze horas e cinquenta minutos e das vinte e uma horas e cinco minutos às vinte e uma horas e vinte minutos, na televisão, nos anos em que a renovação do Senado Federal se der por 2/3 (dois terços); (Incluído pela Lei nº 12.034, de 2009)

VI. nas eleições para Prefeito e Vice-Prefeito, às segundas, quartas e sextas-feiras:

a) das sete horas às sete horas e trinta minutos e das doze horas às doze horas e trinta minutos, no rádio;

b) das treze horas às treze horas e trinta minutos e das vinte horas e trinta minutos às vinte e uma horas, na televisão;

VII. nas eleições para Vereador, às terças e quintas-feiras e aos sábados, nos mesmos horários previstos no inciso anterior.

§ 2º Os horários reservados à propaganda de cada eleição, nos termos do § 1º, serão distribuídos entre todos os partidos e coligações que tenham candidato, observados os seguintes critérios: (Redação dada pela Lei nº 12.875, de 2013)

I. 2/3 (dois terços) distribuídos proporcionalmente ao número de representantes na Câmara dos Deputados, considerado, no caso de coligação, o resultado da soma do número de representantes de todos os partidos que a integram; (Redação dada pela Lei nº 12.875, de 2013)

II. do restante, 1/3 (um terço) distribuído igualitariamente e 2/3 (dois terços) proporcionalmente ao número de representantes eleitos no pleito imediatamente anterior para a Câmara dos Deputados, considerado, no caso de coligação, o resultado da soma do número de representantes de todos os partidos que a integram. (Redação dada pela Lei nº 12.875, de 2013)

§ 3º Para efeito do disposto neste artigo, a representação de cada partido na Câmara dos Deputados é a resultante da eleição. (Redação dada pela Lei nº 11.300, de 2006)

§ 4º O número de representantes de partido que tenha resultado de fusão ou a que se tenha incorporado outro corresponderá à soma dos representantes que os partidos de origem possuíam na data mencionada no parágrafo anterior.

§ 5º Se o candidato a Presidente ou a Governador deixar de concorrer, em qualquer etapa do pleito, e não havendo a substituição prevista no art. 13 desta Lei, far-se-á nova distribuição do tempo entre os candidatos remanescentes.

§ 6º Aos partidos e coligações que, após a aplicação dos critérios de distribuição referidos no caput, obtiverem direito a parcela do horário eleitoral inferior a trinta segundos, será assegurado o direito de acumulá-lo para uso em tempo equivalente.

§ 7º Para efeito do disposto no § 2º, serão desconsideradas as mudanças de filiação partidária, em quaisquer hipóteses, ressalvado o disposto no § 6º do art. 29 da Lei no 9.096, de 19 de setembro de 1995. (Incluído pela Lei nº 12.875, de 2013)

§ 8º As mídias com as gravações da propaganda eleitoral no rádio e na televisão serão entregues às emissoras, inclusive nos sábados, domingos e feriados, com a antecedência mínima: (Incluído pela Lei nº 12.891, de 2013)

I. de 6 (seis) horas do horário previsto para o início da transmissão, no caso dos programas em rede; (Incluído pela Lei nº 12.891, de 2013)

II. de 12 (doze) horas do horário previsto para o início da transmissão, no caso das inserções. (Incluído pela Lei nº 12.891, de 2013)

Art. 48. Nas eleições para Prefeitos e Vereadores, nos Municípios em que não haja emissora de rádio e televisão, a Justiça Eleitoral garantirá aos Partidos Políticos participantes do pleito a veiculação de propaganda eleitoral gratuita nas localidades aptas à realização de segundo turno de eleições e nas quais seja operacionalmente viável realizar a retransmissão. (Redação dada pela Lei nº 12.034, de 2009)

§ 1º A Justiça Eleitoral regulamentará o disposto neste artigo, de forma que o número máximo de Municípios a serem atendidos seja igual ao de emissoras geradoras disponíveis. (Redação dada pela Lei nº 12.034, de 2009)

§ 2º O disposto neste artigo aplica-se às emissoras de rádio, nas mesmas condições.

Art. 49. Se houver segundo turno, as emissoras de rádio e televisão reservarão, a partir de quarenta e oito horas da proclamação dos resultados do primeiro turno e até a antevéspera da eleição, horário destinado à divulgação da propaganda eleitoral gratuita, dividido em dois períodos diários de vinte minutos para cada eleição, iniciando-se às sete e às doze horas, no rádio, e às treze e às vinte horas e trinta minutos, na televisão.

§ 1º Em circunscrição onde houver segundo turno para Presidente e Governador, o horário reservado à propaganda deste iniciar-se-á imediatamente após o término do horário reservado ao primeiro.

§ 2º O tempo de cada período diário será dividido igualitariamente entre os candidatos.

Art. 50. A Justiça Eleitoral efetuará sorteio para a escolha da ordem de veiculação da propaganda de cada partido ou coligação no primeiro dia do horário eleitoral gratuito; a cada dia que se seguir, a propaganda veiculada por último, na véspera, será a primeira, apresentando-se as demais na ordem do sorteio.

Art. 51. Durante os períodos previstos nos arts. 47 e 49, as emissoras de rádio e televisão e os canais por assinatura mencionados no art. 57 reservarão, ainda, trinta minutos diários para a propaganda eleitoral gratuita, a serem usados em inserções de até sessenta segundos, a critério do respectivo partido ou coligação, assinadas obrigatoriamente pelo partido ou coligação, e distribuídas, ao longo da programação veiculada entre as oito e as vinte e quatro horas, nos termos do § 2º do art. 47, obedecido o seguinte:

I. o tempo será dividido em partes iguais para a utilização nas campanhas dos candidatos às eleições majoritárias e proporcionais, bem como de suas legendas partidárias ou das que componham a coligação, quando for o caso;

II. destinação exclusiva do tempo para a campanha dos candidatos a Prefeito e Vice-Prefeito, no caso de eleições municipais;

III. a distribuição levará em conta os blocos de audiência entre as oito e as doze horas, as doze e as dezoito horas, as dezoito e as vinte e uma horas, as vinte e uma e as vinte e quatro horas;

IV. na veiculação das inserções, é vedada a divulgação de mensagens que possam degradar ou ridicularizar candidato, partido ou coligação, aplicando-se-lhes, ainda, todas as demais regras aplicadas ao horário de propaganda eleitoral, previstas no art. 47. (Redação dada pela Lei nº 12.891, de 2013)

Parágrafo único. É vedada a veiculação de inserções idênticas no mesmo intervalo de programação, exceto se o número de inserções de que dispuser o partido exceder os intervalos disponíveis, sendo vedada a transmissão em sequência para o mesmo partido político. (Incluído pela Lei nº 12.891, de 2013)

Art. 52. A partir do dia 8 de julho do ano da eleição, a Justiça Eleitoral convocará os partidos e a representação das emissoras de televisão para elaborarem plano de mídia, nos termos do artigo anterior, para o uso da parcela do horário eleitoral gratuito a que tenham direito, garantida a todos participação nos horários de maior e menor audiência.

Art. 53. Não serão admitidos cortes instantâneos ou qualquer tipo de censura prévia nos programas eleitorais gratuitos.

§ 1º É vedada a veiculação de propaganda que possa degradar ou ridicularizar candidatos, sujeitando-se o partido ou coligação infratores à perda do direito à veiculação de propaganda no horário eleitoral gratuito do dia seguinte.

§ 2º Sem prejuízo do disposto no parágrafo anterior, a requerimento de partido, coligação ou candidato, a Justiça Eleitoral impedirá a reapresentação de propaganda ofensiva à honra de candidato, à moral e aos bons costumes.

Art. 53-A. *É vedado aos partidos políticos e às coligações incluir no horário destinado aos candidatos às eleições proporcionais propaganda das candidaturas a eleições majoritárias ou vice-versa, ressalvada a utilização, durante a exibição do programa, de legendas com referência aos candidatos majoritários ou, ao fundo, de cartazes ou fotografias desses candidatos, ficando autorizada a menção ao nome e ao número de qualquer candidato do partido ou da coligação. (Redação dada pela Lei nº 12.891, de 2013)*

§ 1º É facultada a inserção de depoimento de candidatos a eleições proporcionais no horário da propaganda das candidaturas majoritárias e vice-versa, registrados sob o mesmo partido ou coligação, desde que o depoimento consista exclusivamente em pedido de voto ao candidato que cedeu o tempo. (Incluído pela Lei nº 12.034, de 2009)

§ 2º Fica vedada a utilização da propaganda de candidaturas proporcionais como propaganda de candidaturas majoritárias e vice-versa. (Incluído pela Lei nº 12.034, de 2009)

§ 3º O partido político ou a coligação que não observar a regra contida neste artigo perderá, em seu horário de propaganda gratuita, tempo equivalente no horário reservado à propaganda da eleição disputada pelo candidato beneficiado. (Incluído pela Lei nº 12.034, de 2009)

Art. 54. *Dos programas de rádio e televisão destinados à propaganda eleitoral gratuita de cada partido ou coligação poderá participar, em apoio aos candidatos desta ou daquele, qualquer cidadão não filiado a outra agremiação partidária ou a partido integrante de outra coligação, sendo vedada a participação de qualquer pessoa mediante remuneração.*

Parágrafo único. *No segundo turno das eleições não será permitida, nos programas de que trata este artigo, a participação de filiados a partidos que tenham formalizado o apoio a outros candidatos.*

Art. 55. *Na propaganda eleitoral no horário gratuito, são aplicáveis ao partido, coligação ou candidato as vedações indicadas nos incisos I e II do art. 45.*

Parágrafo único. *A inobservância do disposto neste artigo sujeita o partido ou coligação à perda de tempo equivalente ao dobro do usado na prática do ilícito, no período do horário gratuito subsequente, dobrada a cada reincidência, devendo o tempo correspondente ser veiculado após o programa dos demais candidatos com a informação de que a não veiculação do programa resulta de infração da lei eleitoral. (Redação dada pela Lei nº 12.891, de 2013)*

Art. 56. *A requerimento de partido, coligação ou candidato, a Justiça Eleitoral poderá determinar a suspensão, por vinte e quatro horas, da programação normal de emissora que deixar de cumprir as disposições desta Lei sobre propaganda.*

§ 1º No período de suspensão a que se refere este artigo, a Justiça Eleitoral veiculará mensagem de orientação ao eleitor, intercalada, a cada 15 (quinze) minutos. (Redação dada pela Lei nº 12.891, de 2013)

§ 2º Em cada reiteração de conduta, o período de suspensão será duplicado.

Art. 57. *As disposições desta Lei aplicam-se às emissoras de televisão que operam em VHF e UHF e os canais de televisão por assinatura sob a responsabilidade do Senado Federal, da Câmara dos Deputados, das Assembleias Legislativas, da Câmara Legislativa do Distrito Federal ou das Câmaras Municipais.*

Art. 57-A. *É permitida a propaganda eleitoral na internet, nos termos desta Lei, após o dia 5 de julho do ano da eleição. (Incluído pela Lei nº 12.034, de 2009)*

Art. 57-B. *A propaganda eleitoral na internet poderá ser realizada nas seguintes formas: (Incluído pela Lei nº 12.034, de 2009) (Vide Lei nº 12.034, de 2009)*

I. em sítio do candidato, com endereço eletrônico comunicado à Justiça Eleitoral e hospedado, direta ou indiretamente, em provedor de serviço de internet estabelecido no País; (Incluído pela Lei nº 12.034, de 2009)

II. em sítio do partido ou da coligação, com endereço eletrônico comunicado à Justiça Eleitoral e hospedado, direta ou indiretamente, em provedor de serviço de internet estabelecido no País; (Incluído pela Lei nº 12.034, de 2009)

III. por meio de mensagem eletrônica para endereços cadastrados gratuitamente pelo candidato, partido ou coligação; (Incluído pela Lei nº 12.034, de 2009)

IV. por meio de blogs, redes sociais, sítios de mensagens instantâneas e assemelhados, cujo conteúdo seja gerado ou editado por candidatos, partidos ou coligações ou de iniciativa de qualquer pessoa natural. (Incluído pela Lei nº 12.034, de 2009)

Art. 57-C. *Na internet, é vedada a veiculação de qualquer tipo de propaganda eleitoral paga. (Incluído pela Lei nº 12.034, de 2009)*

§ 1º É vedada, ainda que gratuitamente, a veiculação de propaganda eleitoral na internet, em sítios: (Incluído pela Lei nº 12.034, de 2009)

I. de pessoas jurídicas, com ou sem fins lucrativos; (Incluído pela Lei nº 12.034, de 2009)

II. oficiais ou hospedados por órgãos ou entidades da administração pública direta ou indireta da União, dos Estados, do Distrito Federal e dos Municípios. (Incluído pela Lei nº 12.034, de 2009)

§ 2º A violação do disposto neste artigo sujeita o responsável pela divulgação da propaganda e, quando comprovado seu prévio conhecimento, o beneficiário à multa no valor de R$ 5.000,00 (cinco mil reais) a R$ 30.000,00 (trinta mil reais). (Incluído pela Lei nº 12.034, de 2009)

Art. 57-D. *É livre a manifestação do pensamento, vedado o anonimato durante a campanha eleitoral, por meio da rede mundial de computadores - internet, assegurado o direito de resposta, nos termos das alíneas a, b e c do inciso IV do § 3º do art. 58 e do 58-A, e por outros meios de comunicação interpessoal mediante mensagem eletrônica. (Incluído pela Lei nº 12.034, de 2009)*

§ 1º (VETADO) (Incluído pela Lei nº 12.034, de 2009)

§ 2º A violação do disposto neste artigo sujeitará o responsável pela divulgação da propaganda e, quando comprovado seu prévio conhecimento, o beneficiário à multa no valor de R$ 5.000,00 (cinco mil reais) a R$ 30.000,00 (trinta mil reais). (Incluído pela Lei nº 12.034, de 2009)

§ 3º Sem prejuízo das sanções civis e criminais aplicáveis ao responsável, a Justiça Eleitoral poderá determinar, por solicitação do ofendido, a retirada de

publicações que contenham agressões ou ataques a candidatos em sítios da internet, inclusive redes sociais. (Incluído pela Lei nº 12.891, de 2013)

Art. 57-E. São vedadas às pessoas relacionadas no art. 24 a utilização, doação ou cessão de cadastro eletrônico de seus clientes, em favor de candidatos, partidos ou coligações. (Incluído pela Lei nº 12.034, de 2009)

§ 1º É proibida a venda de cadastro de endereços eletrônicos. (Incluído pela Lei nº 12.034, de 2009)

§ 2º A violação do disposto neste artigo sujeita o responsável pela divulgação da propaganda e, quando comprovado seu prévio conhecimento, o beneficiário à multa no valor de R$ 5.000,00 (cinco mil reais) a R$ 30.000,00 (trinta mil reais). (Incluído pela Lei nº 12.034, de 2009)

Art. 57-F. Aplicam-se ao provedor de conteúdo e de serviços multimídia que hospeda a divulgação da propaganda eleitoral de candidato, de partido ou de coligação as penalidades previstas nesta Lei, se, no prazo determinado pela Justiça Eleitoral, contado a partir da notificação de decisão sobre a existência de propaganda irregular, não tomar providências para a cessação dessa divulgação. (Incluído pela Lei nº 12.034, de 2009)

Parágrafo único. O provedor de conteúdo ou de serviços multimídia só será considerado responsável pela divulgação da propaganda se a publicação do material for comprovadamente de seu prévio conhecimento. (Incluído pela Lei nº 12.034, de 2009)

Art. 57-G. As mensagens eletrônicas enviadas por candidato, partido ou coligação, por qualquer meio, deverão dispor de mecanismo que permita seu descadastramento pelo destinatário, obrigado o remetente a providenciá-lo no prazo de quarenta e oito horas. (Incluído pela Lei nº 12.034, de 2009)

Parágrafo único. Mensagens eletrônicas enviadas após o término do prazo previsto no caput sujeitam os responsáveis ao pagamento de multa no valor de R$ 100,00 (cem reais), por mensagem. (Incluído pela Lei nº 12.034, de 2009)

Art. 57-H. Sem prejuízo das demais sanções legais cabíveis, será punido, com multa de R$ 5.000,00 (cinco mil reais) a R$ 30.000,00 (trinta mil reais), quem realizar propaganda eleitoral na internet, atribuindo indevidamente sua autoria a terceiro, inclusive a candidato, partido ou coligação. (Incluído pela Lei nº 12.034, de 2009)

§ 1º Constitui crime a contratação direta ou indireta de grupo de pessoas com a finalidade específica de emitir mensagens ou comentários na internet para ofender a honra ou denegrir a imagem de candidato, partido ou coligação, punível com detenção de 2 (dois) a 4 (quatro) anos e multa de R$ 15.000,00 (quinze mil reais) a R$ 50.000,00 (cinquenta mil reais). (Incluído pela Lei nº 12.891, de 2013)

§ 2º Igualmente incorrem em crime, punível com detenção de 6 (seis) meses a 1 (um) ano, com alternativa de prestação de serviços à comunidade pelo mesmo período, e multa de R$ 5.000,00 (cinco mil reais) a R$ 30.000,00 (trinta mil reais), as pessoas contratadas na forma do § 1º. (Incluído pela Lei nº 12.891, de 2013)

Art. 57-I. A requerimento de candidato, partido ou coligação, observado o rito previsto no art. 96, a Justiça Eleitoral poderá determinar a suspensão, por vinte e quatro horas, do acesso a todo conteúdo informativo dos sítios da internet que deixarem de cumprir as disposições desta Lei. (Incluído pela Lei nº 12.034, de 2009)

§ 1º A cada reiteração de conduta, será duplicado o período de suspensão. (Incluído pela Lei nº 12.034, de 2009)

§ 2º No período de suspensão a que se refere este artigo, a empresa informará, a todos os usuários que tentarem acessar seus serviços, que se encontra temporariamente inoperante por desobediência à legislação eleitoral. (Incluído pela Lei nº 12.034, de 2009)

Exercício Comentado

01. No que concerne à propaganda no horário eleitoral gratuito no rádio e na televisão, é correto afirmar que:

a) O tempo diário de cada partido, se houver segundo turno, será proporcional à votação obtida no primeiro turno.

b) É permitida a utilização da propaganda de candidaturas proporcionais como propaganda de candidaturas majoritárias e vice-versa.

c) É permitida, no segundo turno das eleições, nos programas eleitorais de cada partido, a participação de filiados a partidos que tenham formalizado apoio a outros candidatos.

d) A Justiça Eleitoral fará corte instantâneo de programa eleitoral gratuito ofensivo à honra de candidato, à moral e aos bons costumes.

e) É permitido ao partido político utilizar na propaganda eleitoral de seus candidatos, em âmbito regional, a imagem e a voz de candidato ou militante de partido político que integre a sua coligação em âmbito nacional.

RESPOSTA. **A resposta certa é a alternativa "e".**

RESPOSTA. **"A". Errado. Vide Lei n.º 9.504/1997, art. 49, caput e § 2º: "Art. 49. Se houver segundo turno, as emissoras de rádio e televisão reservarão, a partir de quarenta e oito horas da proclamação dos resultados do primeiro turno e até a antevéspera da eleição, horário destinado à divulgação da propaganda eleitoral gratuita, dividido em dois períodos diários de vinte minutos para cada eleição, iniciando-se às sete e às doze horas, no rádio, e às treze e às vinte horas e trinta minutos, na televisão. (...) § 2º O tempo de cada período diário será dividido igualitariamente entre os candidatos.**

RESPOSTA. **"B". Errado. Vide Lei n.º 9.504/1997, art. 53-A: "Art. 53-A. É vedado aos partidos políticos e às coligações incluir no horário destinado aos candidatos às eleições proporcionais propaganda das candidaturas a eleições majoritárias ou vice-versa, ressalvada a utilização, durante a exibição do programa, de legendas com referência aos candidatos majoritários ou, ao fundo, de cartazes ou fotografias desses candidatos, ficando autorizada a menção ao nome e ao número de qualquer candidato do partido ou da coligação. (Redação dada pela Lei nº 12.891, de 2013)**

RESPOSTA. **"C". Errado. Vide Lei n.º 9.504/1997, art. 54, caput e parágrafo único: "Art. 54. Dos programas de rádio e televisão destinados à propaganda eleitoral gratuita de cada partido ou coligação poderá participar, em apoio aos candidatos desta ou daquele, qualquer cidadão não filiado a outra agremiação partidária ou a partido integrante de outra coligação, sendo vedada a participação de qualquer pessoa mediante remuneração. Parágrafo único. No segundo turno das eleições não será permitida, nos programas de que trata este artigo, a participação de filiados a partidos que tenham formalizado o apoio a outros candidatos".**

RESPOSTA. *"D". Errado. Vide Lei n.º 9.504/1997, art. 53: "Art. 53. Não serão admitidos cortes instantâneos ou qualquer tipo de censura prévia nos programas eleitorais gratuitos.*

RESPOSTA. *"E". Certo. Vide Lei n.º 9.504/1997, art. 45, caput e § 6º: " Art. 45. A partir de 1º de julho do ano da eleição, é vedado às emissoras de rádio e televisão, em sua programação normal e noticiário: (...)§ 6º É permitido ao partido político utilizar na propaganda eleitoral de seus candidatos em âmbito regional, inclusive no horário eleitoral gratuito, a imagem e a voz de candidato ou militante de partido político que integre a sua coligação em âmbito nacional. (Incluído pela Lei nº 12.034, de 2009)".*

Anotações

CAPÍTULO 16

Do Direito de Resposta e do Sistema Eletrônico de Votação e Totalização dos Votos

Durante a unidade, trabalharemos, em suma: "Do Direito de Resposta (art. 58) e do Sistema Eletrônico de Votação e Totalização dos Votos (arts. 59 a 62, com as alterações da Lei nº 10.740/03)".

Os conteúdos mais relevantes serão: "Do Sistema Eletrônico de Votação e Totalização dos Votos (arts. 59 a 62, com as alterações da Lei nº 10.740/03)".

Do Direito de Resposta

(Artigo 58)

Direito de Resposta em Matéria Eleitoral

No campo eleitoral, o direito de resposta encontra-se disciplinado nos arts. 58 e 58-A, da Lei n.º 9.504/1997, que se conferem a seguir:

Do Direito de Resposta

> ***Art. 58.*** *A partir da escolha de candidatos em convenção, é assegurado o direito de resposta a candidato, partido ou coligação atingidos, ainda que de forma indireta, por conceito, imagem ou afirmação caluniosa, difamatória, injuriosa ou sabidamente inverídica, difundidos por qualquer veículo de comunicação social.*

Momento

De acordo com o art. 58, da Lei Eleitoral (Lei n.º 9.504/1997), o momento inicial para que se possa exercer o direito de resposta é a partir da escolha do candidato em convenção partidária. (SPITZCOVSKY, 2013, p. 194).

Neste particular, o legislador cometeu uma impropriedade, pois aqueles que tiveram o seu nome aprovado em convenção partidária apresentam-se ainda como pré-candidatos, dependendo de confirmação do registro pela Justiça Eleitoral. (SPITZCOVSKY, 2013, p. 194).

De toda sorte, a previsão legal impede a utilização desse direito em momento anterior à realização das convenções, ou seja, no período compreendido entre 12 e 30 de junho do ano das eleições. (SPITZCOVSKY, 2013, p. 194).

Legitimidade

Com base no disposto no mesmo art. 58, apresentam-se como legitimados para o ajuizamento do direito de resposta a:

> Candidato;
> Partido; ou
> Coligação. (SPITZCOVSKY, 2013, p. 194).

Fato Gerador

O fato gerador desse direito de resposta exige a comprovação pela vítima de ter sido atingida, ainda que de forma indireta, por conceito, imagem ou afirmação caluniosa, difamatória, injuriosa ou sabidamente inverídica, difundida por qualquer veículo de comunicação social (rádio, televisão, imprensa escrita). (SPITZCOVSKY, 2013, p. 194).

Não se pode confundir o fato gerador acima descrito com a mera realização de críticas a um determinado candidato, governo ou gestão. (SPITZCOVSKY, 2013, p. 194).

Por fim, destaca-se a possibilidade de utilização desse direito de resposta também por terceiros, que não se candidataram a mandato eletivo, mas que tiveram sua reputação atingida. (SPITZCOVSKY, 2013, p. 195).

Em seguida, estabelece o § 1º do mesmo artigo:

> ***Art. 58 § 1º*** *O ofendido, ou seu representante legal, poderá pedir o exercício do direito de resposta à Justiça Eleitoral nos seguintes prazos, contados a partir da veiculação da ofensa:*
>
> *I. vinte e quatro horas, quando se tratar do horário eleitoral gratuito;*
>
> *II. quarenta e oito horas, quando se tratar da programação normal das emissoras de rádio e televisão;*
>
> *III. setenta e duas horas, quando se tratar de órgão da imprensa escrita.*

Prazos

Neste parágrafo e seus incisos, encontram-se consignados os seguintes prazos:

> 24 horas, quando o agravo foi cometido durante o programa eleitoral gratuito, contadas a partir do instante em que foi praticado, conforme o disposto no art. 58, § 1º, da Lei Eleitoral (Lei n.º 9.504/1997);
> 48 horas, se a ofensa foi veiculada na programação normal das emissoras de rádio ou televisão;
> 72 horas, se a ofensa foi cometida através de matéria veiculada na imprensa escrita. (SPITZCOVSKY, 2013, p. 195).

Importante notar que esses prazos são computados inclusive aos finais de semana, pelo menos durante os meses de julho a outubro, quando se desenvolve a campanha eleitoral. (SPITZCOVSKY, 2013, p. 195).

De outra parte, apresentado o pedido de resposta perante a Justiça Eleitoral, fica consignado o prazo de 24 horas, em respeito ao contraditório, para aquele que está sendo acusado possa produzir sua defesa, a teor do mesmo art. 58, § 2º (SPITZCOVSKY, 2013, p. 195), *in verbis*:

> ***Art. 58 § 2º*** *Recebido o pedido, a Justiça Eleitoral notificará imediatamente o ofensor para que se defenda em vinte e quatro horas, devendo a decisão ser prolatada no prazo máximo de setenta e duas horas da data da formulação do pedido.*

Conforme esta mesma previsão, apresentada a defesa, terá a Justiça Eleitoral o prazo de 72 horas para proferir a sua decisão, contadas a partir da data da formulação do pedido. (SPITZCOVSKY, 2013, p. 195).

Por fim, estabelece o restante do art. 58 e também o art. 58-A, da Lei Eleitoral (Lei n.º 9.504/1997), *in verbis*:

> ***§ 3º*** *Observar-se-ão, ainda, as seguintes regras no caso de pedido de resposta relativo a ofensa veiculada:*
>
> *I. em órgão da imprensa escrita:*
>
> *a) o pedido deverá ser instruído com um exemplar da publicação e o texto para resposta;*
>
> *b) deferido o pedido, a divulgação da resposta dar-se-á no mesmo veículo, espaço, local, página, tamanho, caracteres e outros elementos de realce usados na ofensa, em até*

quarenta e oito horas após a decisão ou, tratando-se de veículo com periodicidade de circulação maior que quarenta e oito horas, na primeira vez em que circular;

c) por solicitação do ofendido, a divulgação da resposta será feita no mesmo dia da semana em que a ofensa foi divulgada, ainda que fora do prazo de quarenta e oito horas;

d) se a ofensa for produzida em dia e hora que inviabilizem sua reparação dentro dos prazos estabelecidos nas alíneas anteriores, a Justiça Eleitoral determinará a imediata divulgação da resposta;

e) o ofensor deverá comprovar nos autos o cumprimento da decisão, mediante dados sobre a regular distribuição dos exemplares, a quantidade impressa e o raio de abrangência na distribuição;

II. em programação normal das emissoras de rádio e de televisão:

a) a Justiça Eleitoral, à vista do pedido, deverá notificar imediatamente o responsável pela emissora que realizou o programa para que entregue em vinte e quatro horas, sob as penas do art. 347 da Lei nº 4.737, de 15 de julho de 1965 - Código Eleitoral, cópia da fita da transmissão, que será devolvida após a decisão;

b) o responsável pela emissora, ao ser notificado pela Justiça Eleitoral ou informado pelo reclamante ou representante, por cópia protocolada do pedido de resposta, preservará a gravação até a decisão final do processo;

c) deferido o pedido, a resposta será dada em até quarenta e oito horas após a decisão, em tempo igual ao da ofensa, porém nunca inferior a um minuto;

III. no horário eleitoral gratuito:

a) o ofendido usará, para a resposta, tempo igual ao da ofensa, nunca inferior, porém, a um minuto;

b) a resposta será veiculada no horário destinado ao partido ou coligação responsável pela ofensa, devendo necessariamente dirigir-se aos fatos nela veiculados;

c) se o tempo reservado ao partido ou coligação responsável pela ofensa for inferior a um minuto, a resposta será levada ao ar tantas vezes quantas sejam necessárias para a sua complementação;

d) deferido o pedido para resposta, a emissora geradora e o partido ou coligação atingidos deverão ser notificados imediatamente da decisão, na qual deverão estar indicados quais os períodos, diurno ou noturno, para a veiculação da resposta, que deverá ter lugar no início do programa do partido ou coligação;

e) o meio magnético com a resposta deverá ser entregue à emissora geradora, até trinta e seis horas após a ciência da decisão, para veiculação no programa subsequente do partido ou coligação em cujo horário se praticou a ofensa;

f) se o ofendido for candidato, partido ou coligação que tenha usado o tempo concedido sem responder aos fatos veiculados na ofensa, terá subtraído tempo idêntico do respectivo programa eleitoral; tratando-se de terceiros, ficarão sujeitos à suspensão de igual tempo em eventuais novos pedidos de resposta e à multa no valor de duas mil a cinco mil UFIR.

IV. em propaganda eleitoral na internet: (Incluído pela Lei nº 12.034, de 2009)

a) deferido o pedido, a divulgação da resposta dar-se-á no mesmo veículo, espaço, local, horário, página eletrônica, tamanho, caracteres e outros elementos de realce usados na ofensa, em até quarenta e oito horas após a entrega da mídia física com a resposta do ofendido; (Incluído pela Lei nº 12.034, de 2009)

b) a resposta ficará disponível para acesso pelos usuários do serviço de internet por tempo não inferior ao dobro em que esteve disponível a mensagem considerada ofensiva; (Incluído pela Lei nº 12.034, de 2009)

c) os custos de veiculação da resposta correrão por conta do responsável pela propaganda original. (Incluído pela Lei nº 12.034, de 2009)

§ 4º Se a ofensa ocorrer em dia e hora que inviabilizem sua reparação dentro dos prazos estabelecidos nos parágrafos anteriores, a resposta será divulgada nos horários que a Justiça Eleitoral determinar, ainda que nas quarenta e oito horas anteriores ao pleito, em termos e forma previamente aprovados, de modo a não ensejar tréplica.

§ 5º Da decisão sobre o exercício do direito de resposta cabe recurso às instâncias superiores, em vinte e quatro horas da data de sua publicação em cartório ou sessão, assegurado ao recorrido oferecer contrarrazões em igual prazo, a contar da sua notificação.

§ 6º A Justiça Eleitoral deve proferir suas decisões no prazo máximo de vinte e quatro horas, observando-se o disposto nas alíneas d e e do inciso III do § 3º para a restituição do tempo em caso de provimento de recurso.

§ 7º A inobservância do prazo previsto no parágrafo anterior sujeita a autoridade judiciária às penas previstas no art. 345 da Lei nº 4.737, de 15 de julho de 1965 - Código Eleitoral.

§ 8º O não-cumprimento integral ou em parte da decisão que conceder a resposta sujeitará o infrator ao pagamento de multa no valor de cinco mil a quinze mil UFIR, duplicada em caso de reiteração de conduta, sem prejuízo do disposto no art. 347 da Lei nº 4.737, de 15 de julho de 1965 - Código Eleitoral.

§ 9º Caso a decisão de que trata o § 2º não seja prolatada em 72 (setenta e duas) horas da data da formulação do pedido, a Justiça Eleitoral, de ofício, providenciará a alocação de Juiz auxiliar. (Incluído pela Lei nº 12.891, de 2013)

***Art. 58-A.** Os pedidos de direito de resposta e as representações por propaganda eleitoral irregular em rádio, televisão e internet tramitarão preferencialmente em relação aos demais processos em curso na Justiça Eleitoral. (Incluído pela Lei nº 12.034, de 2009)*

Sistema Eletrônico de Votação e Totalização dos Votos

(Artigos 59 a 62, com as alterações da Lei nº 10.740/03)

Do Sistema Eletrônico de Votação e da Totalização dos Votos

Estabelece, inicialmente, o art. 59, da Lei n.º 9.504/1997, *in verbis*:

***Art. 59.** A votação e a totalização dos votos serão feitas por sistema eletrônico, podendo o Tribunal*

Superior Eleitoral autorizar, em caráter excepcional, a aplicação das regras fixadas nos arts. 83 a 89.

Dispõem os arts. 83 a 89, da Lei das Eleições:

> ***Art. 83****. As cédulas oficiais serão confeccionadas pela Justiça Eleitoral, que as imprimirá com exclusividade para distribuição às Mesas Receptoras, sendo sua impressão feita em papel opaco, com tinta preta e em tipos uniformes de letras e números, identificando o gênero na denominação dos cargos em disputa.*
>
> *§ 1º Haverá duas cédulas distintas, uma para as eleições majoritárias e outra para as proporcionais, a serem confeccionadas segundo modelos determinados pela Justiça Eleitoral.*
>
> *§ 2º Os candidatos à eleição majoritária serão identificados pelo nome indicado no pedido de registro e pela sigla adotada pelo partido a que pertencem e deverão figurar na ordem determinada por sorteio.*
>
> *§ 3º Para as eleições realizadas pelo sistema proporcional, a cédula terá espaços para que o eleitor escreva o nome ou o número do candidato escolhido, ou a sigla ou o número do partido de sua preferência.*
>
> *§ 4º No prazo de quinze dias após a realização do sorteio a que se refere o § 2º, os Tribunais Regionais Eleitorais divulgarão o modelo da cédula completa com os nomes dos candidatos majoritários na ordem já definida.*
>
> *§ 5° Às eleições em segundo turno aplica-se o disposto no § 2º, devendo o sorteio verificar-se até quarenta e oito horas após a proclamação do resultado do primeiro turno e a divulgação do modelo da cédula nas vinte e quatro horas seguintes.*

O Momento da Votação

Em caso de eleição manual, estabelece o art. 84, da Lei n.º 9.504/1997, *in verbis*:

> ***Art. 84****. No momento da votação, o eleitor dirigir-se-á à cabina duas vezes, sendo a primeira para o preenchimento da cédula destinada às eleições proporcionais, de cor branca, e a segunda para o preenchimento da cédula destinada às eleições majoritárias, de cor amarela.*

O Tempo da Votação

Ainda em caso de eleição manual, estabelece o parágrafo único, do mesmo art. 84, da Lei n.º 9.504/1997, *in verbis*:

> ***Art. 84 Parágrafo único****. A Justiça Eleitoral fixará o tempo de votação e o número de eleitores por seção, para garantir o pleno exercício do direito de voto.*

Na sequência, estabelecem os arts. 85 a 89, da referida Lei, *in verbis*:

> ***Art. 85****. Em caso de dúvida na apuração de votos dados a homônimos, prevalecerá o número sobre o nome do candidato.*
>
> ***Art. 86****. No sistema de votação convencional considerar-se-á voto de legenda quando o eleitor assinalar o número do partido no local exato reservado para o cargo respectivo e somente para este será computado.*
>
> ***Art. 87****. Na apuração, será garantido aos fiscais e delegados dos partidos e coligações o direito de observar diretamente, a distância não superior a um metro da mesa, a abertura da urna, a abertura e a contagem das cédulas e o preenchimento do boletim.*
>
> *§ 1º O não-atendimento ao disposto no caput enseja a impugnação do resultado da urna, desde que apresentada antes da divulgação do boletim.*
>
> *§ 2º Ao final da transcrição dos resultados apurados no boletim, o Presidente da Junta Eleitoral é obrigado a entregar cópia deste aos partidos e coligações concorrentes ao pleito cujos representantes o requeiram até uma hora após sua expedição.*
>
> *§ 3º Para os fins do disposto no parágrafo anterior, cada partido ou coligação poderá credenciar até três fiscais perante a Junta Eleitoral, funcionando um de cada vez.*
>
> *§ 4º O descumprimento de qualquer das disposições deste artigo constitui crime, punível com detenção de um a três meses, com a alternativa de prestação de serviços à comunidade pelo mesmo período e multa, no valor de um mil a cinco mil UFIR.*
>
> *§ 5º O rascunho ou qualquer outro tipo de anotação fora dos boletins de urna, usados no momento da apuração dos votos, não poderão servir de prova posterior perante a Junta apuradora ou totalizadora.*
>
> *§ 6º O boletim mencionado no § 2º deverá conter o nome e o número dos candidatos nas primeiras colunas, que precederão aquelas onde serão designados os votos e o partido ou coligação.*
>
> ***Art. 88****. O Juiz Presidente da Junta Eleitoral é obrigado a recontar a urna, quando:*
>
> *I. o boletim apresentar resultado não-coincidente com o número de votantes ou discrepante dos dados obtidos no momento da apuração;*
>
> *II. ficar evidenciada a atribuição de votos a candidatos inexistentes, o não-fechamento da contabilidade da urna ou a apresentação de totais de votos nulos, brancos ou válidos destoantes da média geral das demais Seções do mesmo Município, Zona Eleitoral.*
>
> ***Art. 89****. Será permitido o uso de instrumentos que auxiliem o eleitor analfabeto a votar, não sendo a Justiça Eleitoral obrigada a fornecê-los.*

O Voto de Legenda na Eleição Proporcional

Dispõe o art. 59, § 1º, da Lei das Eleições (Lei n.º 9.504/1997), *in verbis*:

> ***Art. 59 § 1º*** *A votação eletrônica será feita no número do candidato ou da legenda partidária, devendo o nome e fotografia do candidato e o nome do partido ou a legenda partidária aparecer no painel da urna eletrônica, com a expressão designadora do cargo disputado no masculino ou feminino, conforme o caso.*

Na sequência, estabelece o § 2º do mesmo artigo:

> ***Art. 59 § 2º*** *Na votação para as eleições proporcionais, serão computados para a legenda partidária os votos em que não seja possível a identificação do candidato, desde que o número identificador do partido seja digitado de forma correta.*

A Sequência do Painel

Estabelece, por sua vez, o § 3º, do art. 59, da Lei das Eleições (Lei nº 9.504/1997), *in verbis*:

> ***Art. 59 § 3º*** *A urna eletrônica exibirá para o eleitor, primeiramente, os painéis referentes às eleições proporcionais e, em seguida, os referentes às eleições majoritárias.*

Fique Ligado

Na Medida Cautelar proposta na Ação Direta de Inconstitucionalidade nº 4.543-DF, o Supremo Tribunal Federal (STF) julgou inconstitucional o voto impresso. (BARROS, 2013, p. 156).

Ainda, estabelecem os §§ 4º a 6º, do mesmo art. 59, da Lei das Eleições (Lei nº 9.504/1997), *in verbis*:

> ***Art. 59 § 4º*** *A urna eletrônica disporá de recursos que, mediante assinatura digital, permitam o registro digital de cada voto e a identificação da urna*

em que foi registrado, resguardado o anonimato do eleitor. (Redação dada pela Lei nº 10.740, de 2003)

§ 5º Caberá à Justiça Eleitoral definir a chave de segurança e a identificação da urna eletrônica de que trata o § 4º. (Redação dada pela Lei nº 10.740, de 2003)

§ 6º Ao final da eleição, a urna eletrônica procederá à assinatura digital do arquivo de votos, com aplicação do registro de horário e do arquivo do boletim de urna, de maneira a impedir a substituição de votos e a alteração dos registros dos termos de início e término da votação. (Redação dada pela Lei nº 10.740, de 2003)

Do Treinamento

Acerca do treinamento, dispõem os §§ 7º e 8º, ainda do art. 59, da Lei das Eleições (Lei n.º 9.504/1997), *in verbis*:

§ 7º O Tribunal Superior Eleitoral colocará à disposição dos eleitores urnas eletrônicas destinadas a treinamento. (Redação dada pela Lei nº 10.740, de 2003)

§ 8º O Tribunal Superior Eleitoral colocará à disposição dos eleitores urnas eletrônicas destinadas a treinamento. (Incluído pela Lei nº 10.408, de 2002)

Voto de Legenda

Sobre o voto de legenda, descreve o art. 60, da Lei das Eleições (Lei nº 9.504/1997), *in verbis*:

Art. 60. *No sistema eletrônico de votação considerar-se-á voto de legenda quando o eleitor assinalar o número do partido no momento de votar para determinado cargo e somente para este será computado.*

O Sigilo de uma Urna Eletrônica

A respeito do sigilo de uma urna eletrônica, prevê o art. 61, da Lei das Eleições (Lei n.º 9.504/1997), *in verbis*:

Art 61. *A urna eletrônica contabilizará cada voto, assegurando-lhe o sigilo e inviolabilidade, garantida aos partidos políticos, coligações e candidatos ampla fiscalização.*

Art. 61A. *Os tribunais eleitorais somente proclamarão o resultado das eleições depois de procedida a conferência a que se referem os §§ 6o e 7o do art. 59.(Incluído pela Lei nº 10.408, de 2002) (Revogada pela Lei nº 10.740, de 2003)*

Art. 62. *Nas Seções em que for adotada a urna eletrônica, somente poderão votar eleitores cujos nomes estiverem nas respectivas folhas de votação, não se aplicando a ressalva a que se refere o art. 148, § 1º Lei nº 4.737, de 15 de julho de 1965 - Código Eleitoral.*

Parágrafo único. *O Tribunal Superior Eleitoral disciplinará a hipótese de falha na urna eletrônica que prejudique o regular processo de votação.*

Exercício Comentado

01. Assinale a opção correta com referência ao sistema eletrônico de votação.

a) O juiz eleitoral pode votar em qualquer urna eletrônica da seção da zona eleitoral sob sua jurisdição, mesmo sem ter seu nome incluído na listagem de eleitores da seção.

b) Após a implementação do voto por meio de urnas eletrônicas, proibiu-se o uso de cédulas de papel no processo eleitoral.

c) Na votação para as eleições majoritárias, os votos em que seja impossível a identificação do candidato são computados para a legenda partidária, desde que o número identificador do partido seja digitado de forma correta.

d) A urna eletrônica exibe para o eleitor, primeiramente, os painéis referentes às eleições majoritárias e, em seguida, os referentes às eleições proporcionais.

e) A urna eletrônica mostra, em seu painel, a expressão designadora do cargo disputado no masculino ou feminino, conforme o caso.

RESPOSTA. **"A". Errado. Vide art. 62, da Lei n.º 9.504/1997: "Art. 62. Nas Seções em que for adotada a urna eletrônica, somente poderão votar eleitores cujos nomes estiverem nas respectivas folhas de votação, não se aplicando a ressalva a que se refere o art. 148, § 1º, da Lei nº 4.737, de 15 de julho de 1965 - Código Eleitoral".**

RESPOSTA. **"B". Errado. Vide art. 59, caput e § 1º, da Lei n.º 9.504/1997: "Art. 59. A votação e a totalização dos votos serão feitas por sistema eletrônico, podendo o Tribunal Superior Eleitoral autorizar, em caráter excepcional, a aplicação das regras fixadas nos arts. 83 a 89 (regulam a votação em cédulas de papel). § 1º A votação eletrônica será feita no número do candidato ou da legenda partidária, devendo o nome e fotografia do candidato e o nome do partido ou a legenda partidária aparecer no painel da urna eletrônica, com a expressão designadora do cargo disputado no masculino ou feminino, conforme o caso".**

RESPOSTA. **"C". Errado. Vide art. 59, § 2º, da Lei n.º 9.504/1997: "§ 2º Na votação para as eleições proporcionais, serão computados para a legenda partidária os votos em que não seja possível a identificação do candidato, desde que o número identificador do partido seja digitado de forma correta".**

RESPOSTA. **"D". Errado. Vide art. 59, § 3º, da Lei n.º 9.504/1997: "§ 3º A urna eletrônica exibirá para o eleitor, primeiramente, os painéis referentes às eleições proporcionais e, em seguida, os referentes às eleições majoritárias".**

RESPOSTA. **"E". Certo.**

Anotações

CAPÍTULO 17

Das Condutas Vedadas aos Agentes Públicos em Campanhas Eleitorais

(Artigo. 73 a 78)

Durante a unidade, trabalharemos, em suma: "Das Condutas Vedadas aos Agentes Públicos em Campanhas Eleitorais (art. 73 a 78)".

Os conteúdos mais relevantes serão: "Das Condutas Vedadas aos Agentes Públicos em Campanhas Eleitorais (art. 73 a 78)".

Condutas Vedadas aos Agentes Públicos

Essa matéria encontra-se disciplinada nos arts. 73 a 78 da Lei nº 9.504/1997 (Lei das Eleições).

Objetivo

O objetivo do legislador ao estabelecer tais condutas vedadas foi o de assegurar a igualdade de oportunidades entre os candidatos, de forma a preservar a normalidade e a legitimidade das eleições, principalmente contra abusos de poder político, consoante o disposto no art. 73, *caput*, da Lei n.º 9.504/1997 (SPITZCOVSKY, 2013, p. 197), que se confere a seguir:

Das Condutas Vedadas aos Agentes Públicos em Campanhas Eleitorais

> ***Art. 73****. São proibidas aos agentes públicos, servidores ou não, as seguintes condutas tendentes a afetar a igualdade de oportunidades entre candidatos nos pleitos eleitorais:*

Extensão

Importante destacar que no próprio *caput*, do art. 73, da Lei n.º 9.504/1997, o legislador fez incidir essas vedações para os agentes públicos, abrangendo, desta forma, todas as pessoas que se encontram dentro da Administração (SPITZCOVSKY, 2013, p. 198).

Nesse sentido, de forma a eliminar qualquer dúvida em relação à expressão "agentes públicos", cuidou o legislador de afastá-la descrevendo todos aqueles que se encontram por ela contemplados, consoante se verifica pelo art. 73, § 1º, da Lei n.º 9.504/1997 (SPITZCOVSKY, 2013, p. 198), que se confere a seguir:

> ***§ 1º*** *Reputa-se agente público, para os efeitos deste artigo, quem exerce, ainda que transitoriamente ou sem remuneração, por eleição, nomeação, designação, contratação ou qualquer outra forma de investidura ou vínculo, mandato, cargo, emprego ou função nos órgãos ou entidades da administração pública direta, indireta, ou fundacional.*

O dispositivo reproduzido permite concluir que a vedação criada pelo legislador, embora atinja a todos, tem por objetivo alcançar, principalmente, os agentes políticos, em especial aqueles contemplados pela possibilidade de reeleição, sem a necessidade de desincompatibilização, a teor do disposto no art. 14, § 5º, do texto constitucional (SPITZCOVSKY, 2013, p. 198), *in verbis*:

> ***Art. 14 § 5º*** *O Presidente da República, os Governadores de Estado e do Distrito Federal, os Prefeitos e quem os houver sucedido, ou substituído no curso dos mandatos poderão ser reeleitos para um único período subsequente. (Redação dada pela Emenda Constitucional nº 16, de 1997)*

Vedações

As vedações encontram-se previstas nos diversos incisos do art. 73, da Lei n.º 9.504/1997.

A primeira refere-se à impossibilidade de cessão de bens públicos móveis ou imóveis para partidos, candidatos e coligações, excetuada a cessão desses bens para a realização de convenções partidárias, desde que concedida a todos os partidos (art. 8º, § 2º, da Lei n.º 9.504/1997), a teor do disposto no art. 73, inciso, I, da Lei n.º 9.504/1997 (SPITZCOVSKY, 2013, p. 198), *in verbis*:

> ***Art. 73 I*** *- ceder ou usar, em benefício de candidato, partido político ou coligação, bens móveis ou imóveis pertencentes à administração direta ou indireta da União, dos Estados, do Distrito Federal, dos Territórios e dos Municípios, ressalvada a realização de convenção partidária;*

Por sua vez, dispõe inciso II, do mesmo artigo:

> ***Art. 73 II*** *- usar materiais ou serviços, custeados pelos Governos ou Casas Legislativas, que excedam as prerrogativas consignadas nos regimentos e normas dos órgãos que integram;*

Na sequência, destaca-se a vedação estabelecida pelo legislador para a cessão de servidores para comitê de campanha eleitoral, durante o horário de expediente, conforme o disposto no art. 73, inciso III, da Lei n.º 9.504/1997 (SPITZCOVSKY, 2013, p. 198), *in verbis*:

> ***Art. 73 III*** *- ceder servidor público ou empregado da administração direta ou indireta federal, estadual ou municipal do Poder Executivo, ou usar de seus serviços, para comitês de campanha eleitoral de candidato, partido político ou coligação, durante o horário de expediente normal, salvo se o servidor ou empregado estiver licenciado;*

Não se deve confundir tal proibição com a possibilidade do servidor participar de campanha eleitoral, desde que o faça fora do horário de trabalho e sem lançar mão de eventuais prerrogativas relacionadas ao cargo que titulariza. (SPITZCOVSKY, 2013, p. 199).

Dispõe, ainda, o inciso IV, do mesmo artigo:

> ***Art. 73 IV*** *- fazer ou permitir uso promocional em favor de candidato, partido político ou coligação, de distribuição gratuita de bens e serviços de caráter social, custeados ou subvencionados pelo Poder Público;*

Outra vedação importante estabelecida pelo legislador, de forma a evitar abuso de poder político, resultante da máquina administrativa, encontra-se relacionada no art. 73, inciso V, da Lei n.º 9.504/1997 (SPITZCOVSKY, 2013, p. 199), *in verbis*:

> ***Art. 73 V*** *- nomear, contratar ou de qualquer forma admitir, demitir sem justa causa, suprimir ou readaptar vantagens ou por outros meios dificultar ou impedir o exercício funcional e, ainda, ex officio, remover, transferir ou exonerar servidor público, na circunscrição do pleito, nos três meses que o antecedem e até a posse dos eleitos, sob pena de nulidade de pleno direito, ressalvados:*

Esta vedação consiste na proibição de nomeação, contratação, admissão, demissão ou exoneração na circunscrição do pleito eleitoral, a partir do dia 5 de julho (início da campanha eleitoral) do ano das eleições até o dia 1º de janeiro do ano seguinte, data marcada para a posse dos eleitos. (SPITZCOVSKY, 2013, p. 199).

Destaca-se, de início, a vedação imposta para a nomeação, contratação ou demissão, incide tão somente para aquelas veiculadas sem justa causa, não afastando, no entanto, a possibilidade de demissão com justa causa. (SPITZCOVSKY, 2013, p. 199).

Outro destaque refere-se à incidência desta proibição tão somente na circunscrição do pleito eleitoral, liberando as demais esferas do governo. (SPITZCOVSKY, 2013, p. 199).

De outra parte, a vedação de que se trata encontra exceções nas quatro alíneas do art. 73, inciso V, da Lei n.º 9.504/1997, que se confere a seguir:

> ***Art. 73, V***
>
> *a)* *a nomeação ou exoneração de cargos em comissão e designação ou dispensa de funções de confiança;*
>
> *b)* *a nomeação para cargos do Poder Judiciário, do Ministério Público, dos Tribunais ou Conselhos de Contas e dos órgãos da Presidência da República;*
>
> *c)* ***a nomeação dos aprovados em concursos públicos homologados até o início daquele prazo;***
>
> *d)* *a nomeação ou contratação necessária à instalação ou ao funcionamento inadiável de serviços públicos essenciais, com prévia e expressa autorização do Chefe do Poder Executivo;*
>
> *e)* *a transferência ou remoção ex officio de militares, policiais civis e de agentes penitenciários;*

Da leitura do dispositivo acima, destaca-se a hipótese estabelecida na alínea "c", relacionada à nomeação dos aprovados em concursos públicos, homologados até três meses antes da realização das eleições. (SPITZCOVSKY, 2013, p. 200).

De outra parte, com o mesmo objetivo de evitar desigualdade de oportunidades entre os candidatos, o legislador eleitoral estabeleceu uma limitação dirigida em particular aos agentes políticos candidatos à reeleição, tendo em vista a necessidade de se desincompatibilizarem do mandato que titularizam (SPITZCOVSKY, 2013, p. 200), a teor do art. 73, inciso VI, da Lei n.º 9.504/1997, *in verbis*:

> ***Art. 73 VI*** *- nos três meses que antecedem o pleito:*
>
> *a)* *realizar transferência voluntária de recursos da União aos Estados e Municípios, e dos Estados aos Municípios, sob pena de nulidade de pleno direito, ressalvados os recursos destinados a cumprir obrigação formal preexistente para execução de obra ou serviço em andamento e com cronograma prefixado, e os destinados a atender situações de emergência e de calamidade pública;*
>
> *b)* *com exceção da propaganda de produtos e serviços que tenham concorrência no mercado, autorizar publicidade institucional dos atos, programas, obras, serviços e campanhas dos órgãos públicos federais, estaduais ou municipais, ou das respectivas entidades da administração indireta, salvo em caso de grave e urgente necessidade pública, assim reconhecida pela Justiça Eleitoral;*
>
> *c)* *fazer pronunciamento em cadeia de rádio e televisão, fora do horário eleitoral gratuito, salvo quando, a critério da Justiça Eleitoral, tratar-se de matéria urgente, relevante e característica das funções de governo;*

Assim, durante a campanha eleitoral, em que pese a obrigação de veicularem publicidade institucional dos atos do governo, a teor do disposto no art. 37, § 1º, da Constituição Federal de 1988, passam a experimentar limites por acumularem mandato e serem candidatos à reeleição, conforme art. 73, inciso VI, alínea "b", da Lei n.º 9.504/1997, acima reproduzido (SPITZCOVSKY, 2013, p. 200).

Assim, de forma a harmonizar os dois comandos legais, durante a campanha eleitoral, está o agente político, candidato à reeleição, proibido de fazer propaganda dos atos institucionais que não atendam ao interesse público e que representem propaganda pessoal. (SPITZCOVSKY, 2013, p. 201).

Em sequência, estabelece o inciso VII, do mesmo artigo:

> ***Art. 73 VII*** *- realizar, em ano de eleição, antes do prazo fixado no inciso anterior, despesas com publicidade dos órgãos públicos federais, estaduais ou municipais, ou das respectivas entidades da administração indireta, que excedam a média dos gastos nos três últimos anos que antecedem o pleito ou do último ano imediatamente anterior à eleição.*

Com o mesmo objetivo, restou proibida ao agente público promover, na circunscrição do pleito, revisão geral na remuneração dos servidores, para evitar qualquer sorte de pressão sobre esta categoria, conforme art. 73, inciso VIII, da Lei n.º 9.504/1997 (SPITZCOVSKY, 2013, p. 201), *in verbis*:

> ***VIII.*** *fazer, na circunscrição do pleito, revisão geral da remuneração dos servidores públicos que exceda a recomposição da perda de seu poder aquisitivo ao longo do ano da eleição, a partir do início do prazo estabelecido no art. 7º desta Lei e até a posse dos eleitos.*

Ainda, estabelecem os §§ 2º a 13, do mesmo artigo:

> ***Art. 73 § 2º*** *A vedação do inciso I do caput não se aplica ao uso, em campanha, de transporte oficial pelo Presidente da República, obedecido o disposto no art. 76, nem ao uso, em campanha, pelos candidatos a reeleição de Presidente e Vice-Presidente da República, Governador e Vice-Governador de Estado e do Distrito Federal, Prefeito e Vice-Prefeito, de suas residências oficiais para realização de contatos, encontros e reuniões pertinentes à própria campanha, desde que não tenham caráter de ato público.*
>
> ***§ 3º*** *As vedações do inciso VI do caput, alíneas b e c, aplicam-se apenas aos agentes públicos das esferas administrativas cujos cargos estejam em disputa na eleição.*
>
> ***§ 4º*** *O descumprimento do disposto neste artigo acarretará a suspensão imediata da conduta vedada, quando for o caso, e sujeitará os responsáveis a multa no valor de cinco a cem mil UFIR.*
>
> ***§ 5º*** *Nos casos de descumprimento do disposto nos incisos do caput e no § 10, sem prejuízo do disposto no § 4º, o candidato beneficiado, agente público ou não, ficará sujeito à cassação do registro ou do diploma. (Redação dada pela Lei nº 12.034, de 2009)*
>
> ***§ 6º*** *As multas de que trata este artigo serão duplicadas a cada reincidência.*
>
> ***§ 7º*** *As condutas enumeradas no caput caracterizam, ainda, atos de improbidade administrativa, a que se refere o art. 11, inciso I, da Lei nº 8.429, de 2 de junho de 1992, e sujeitam-se às disposições daquele diploma legal, em especial às cominações do art. 12, inciso III.*
>
> ***§ 8º*** *Aplicam-se as sanções do § 4º aos agentes públicos responsáveis pelas condutas vedadas e aos partidos, coligações e candidatos que delas se beneficiarem.*
>
> ***§ 9º*** *Na distribuição dos recursos do Fundo Partidário (Lei nº 9.096, de 19 de setembro de 1995) oriundos da aplicação do disposto no § 4º, deverão ser excluídos os partidos beneficiados pelos atos que originaram as multas.*

§ 10. No ano em que se realizar eleição, fica proibida a distribuição gratuita de bens, valores ou benefícios por parte da Administração Pública, exceto nos casos de calamidade pública, de estado de emergência ou de programas sociais autorizados em lei e já em execução orçamentária no exercício anterior, casos em que o Ministério Público poderá promover o acompanhamento de sua execução financeira e administrativa. (Incluído pela Lei nº 11.300, de 2006)

§ 11. Nos anos eleitorais, os programas sociais de que trata o § 10 não poderão ser executados por entidade nominalmente vinculada a candidato ou por esse mantida. (Incluído pela Lei nº 12.034, de 2009)

§ 12. A representação contra a não observância do disposto neste artigo observará o rito do art. 22 da Lei Complementar no 64, de 18 de maio de 1990, e poderá ser ajuizada até a data da diplomação. (Incluído pela Lei nº 12.034, de 2009)

§ 13. O prazo de recurso contra decisões proferidas com base neste artigo será de 3 (três) dias, a contar da data da publicação do julgamento no Diário Oficial. (Incluído pela Lei nº 12.034, de 2009)

Por sua vez, estabelece o art. 74, da Lei n.º 9.504/1997:

Art. 74. Configura abuso de autoridade, para os fins do disposto no art. 22 da Lei Complementar nº 64, de 18 de maio de 1990, a infringência do disposto no § 1º do art. 37 da Constituição Federal, ficando o responsável, se candidato, sujeito ao cancelamento do registro ou do diploma. (Redação dada pela Lei nº 12.034, de 2009)

De outra parte, proibiu o legislador, nos três meses que antecedem as eleições, a contratação de shows artísticos, pagos com recursos públicos, proibição que se desrespeitada, poderá levar à cassação do registro da candidatura ou do diploma, a teor do disposto no art. 75, *caput* e parágrafo único, da Lei n.º 9.504/1997 (SPITZCOVSKY, 2013, p. 201), *in verbis*:

Art. 75. Nos três meses que antecederem as eleições, na realização de inaugurações é vedada a contratação de shows artísticos pagos com recursos públicos.

Parágrafo único. Nos casos de descumprimento do disposto neste artigo, sem prejuízo da suspensão imediata da conduta, o candidato beneficiado, agente público ou não, ficará sujeito à cassação do registro ou do diploma. (Incluído pela Lei nº 12.034, de 2009)

Na sequência, dispõe o art. 76, da mesma Lei:

Art. 76. O ressarcimento das despesas com o uso de transporte oficial pelo Presidente da República e sua comitiva em campanha eleitoral será de responsabilidade do partido político ou coligação a que esteja vinculado.

§ 1º O ressarcimento de que trata este artigo terá por base o tipo de transporte usado e a respectiva tarifa de mercado cobrada no trecho correspondente, ressalvado o uso do avião presidencial, cujo ressarcimento corresponderá ao aluguel de uma aeronave de propulsão a jato do tipo táxi aéreo.

§ 2º No prazo de dez dias úteis da realização do pleito, em primeiro turno, ou segundo, se houver, o órgão competente de controle interno procederá ex officio à cobrança dos valores devidos nos termos dos parágrafos anteriores.

§ 3º A falta do ressarcimento, no prazo estipulado, implicará a comunicação do fato ao Ministério Público Eleitoral, pelo órgão de controle interno.

§ 4º Recebida a denúncia do Ministério Público, a Justiça Eleitoral apreciará o feito no prazo de trinta dias, aplicando aos infratores pena de multa correspondente ao dobro das despesas, duplicada a cada reiteração de conduta.

Ainda, proíbe-se que qualquer candidato compareça nos três meses anteriores ao pleito a inaugurações de obras públicas, sendo irrelevante, para a caracterização da conduta, ter o candidato comparecido como mero expectador ou tendo posição de destaque na solenidade, a teor do art. 77, da Lei n.º 9.504/1997, *in verbis*:

Art. 77. É proibido a qualquer candidato comparecer, nos 3 (três) meses que precedem o pleito, a inaugurações de obras públicas. (Redação dada pela Lei nº 12.034, de 2009)

Parágrafo único. A inobservância do disposto neste artigo sujeita o infrator à cassação do registro ou do diploma. (Redação dada pela Lei nº 12.034, de 2009)

Por derradeiro, dispõe o art. 78 da mesma Lei:

Art. 78. A aplicação das sanções cominadas no art. 73, §§ 4º e 5º, dar-se-á sem prejuízo de outras de caráter constitucional, administrativo ou disciplinar fixadas pelas demais leis vigentes.

Exercício Comentado

01. João é esportista e candidatou-se por seu partido ao cargo de Deputado Estadual. Dois meses antes das eleições, foi convidado para a inauguração de obra pública relevante para a sua atividade profissional. Consultou o advogado de seu partido que lhe respondeu que o comparecimento à inauguração de obras públicas nos três meses que antecedem as eleições é vedado:

a) Somente a candidatos a eleições municipais.

b) Apenas a candidatos a cargos do Poder Executivo.

c) Somente a candidatos a cargos do Poder Legislativo.

d) Apenas a agentes públicos em campanha eleitoral para qualquer cargo eletivo.

e) A qualquer candidato.

RESPOSTA. A resposta certa é a alternativa "e". Vide art. 77,** caput **e parágrafo único, da Lei n.º 9.504/1997: "Art. 77 É proibido a qualquer candidato comparecer, nos 3 (três) meses que precedem o pleito, a inaugurações de obras públicas. Parágrafo único. A inobservância do disposto neste artigo sujeita o infrator à cassação do registro ou do diploma".

Anotações

CAPÍTULO 18

Partidos Políticos

(Lei nº 9.096/95 e alterações posteriores)

Durante a unidade, trabalharemos, em suma:

> Conceituação e destinação dos partidos políticos;
> Natureza jurídica dos partidos políticos;
> Liberdade e autonomia partidárias;
> Caráter nacional, funcionamento parlamentar, programa e estatuto;
> Personalidade jurídica;
> Organização e funcionamento dos partidos políticos (criação e registro, fusão, incorporação e extinção de partidos políticos);
> Finanças e contabilidade dos partidos políticos (prestação de contas e sanções dela decorrentes);
> Filiação, fidelidade e disciplina partidárias;
> Fundo partidário;
> Acesso gratuito ao rádio e à televisão (propaganda partidária);
> Decretação de perda de mandato por infidelidade partidária (Resolução TSE n.º 22.610/2007).

Os conteúdos mais relevantes serão: "Organização e funcionamento dos partidos políticos (criação e registro, fusão, incorporação e extinção de partidos políticos); Finanças e contabilidade dos partidos políticos (prestação de contas e sanções dela decorrentes); Filiação, fidelidade e disciplina partidárias".

Disposições Preliminares

Conceituação e Destinação

Em 1995, foi promulgada a Lei n.º 9.096, Lei Geral dos Partidos Políticos, garantindo autonomia aos partidos, considerados pessoas jurídicas de direito privado, e regulamentando os limites desta autonomia, em consonância com a Constituição Federal. (BARREIROS NETO, 2012, p. 80).

Fique Ligado

Os partidos políticos são pessoas jurídicas de direito privado.

No Título I "Disposições Preliminares", a Lei n.º 9,096/95 estabelece logo no art. 1º:

> ***Art. 1º*** *O partido político,* ***pessoa jurídica de direito privado****, destina-se a assegurar, no interesse do regime democrático, a autenticidade do sistema representativo e a defender os direitos fundamentais definidos na Constituição Federal.*

Posteriormente, o Código Civil de 2002, em seu art. 44, inciso V, consagrou, uma vez mais, a seguinte regra:

→ *Caput* do artigo Art. 44. São pessoas jurídicas de direito privado:

> *V. os partidos políticos. (Incluído pela Lei nº 10.825, de 22.12.2003)*

Segundo esta regra, os partidos políticos são pessoas jurídicas de direito privado que gozam de autonomia para organização e funcionamento. (BARREIROS NETO, 2012, p. 80).

Por sua vez, a mesma Lei n.º 9.096/95 estabelece nos arts. 2º a 5º:

> ***Art. 2º É livre a criação, fusão, incorporação e extinção de partidos políticos*** *cujos programas respeitem a soberania nacional, o regime democrático, o pluripartidarismo e os direitos fundamentais da pessoa humana.*

Por fim, segundo afirma Pinto Ferreira, "partidos políticos são grupos sociais, regulados pelo direito positivo, congregando eleitores para a conquista do poder político e a realização de determinado programa". (FERREIRA, 1964, p. 378, *apud* BARROS, 2013, p. 88).

Liberdade e Autonomia Partidárias

A questão relativa à autonomia dos partidos políticos encontra-se disciplinada no art. 17, § 1º, da Constituição Federal de 1988, que se reproduz a seguir:

> ***Art. 17 § 1º*** *É assegurada aos partidos políticos autonomia para definir sua estrutura interna, organização e funcionamento e para adotar os critérios de escolha e o regime de suas coligações eleitorais, sem obrigatoriedade de vinculação entre as candidaturas em âmbito nacional, estadual, distrital ou municipal, devendo seus estatutos estabelecer normas de disciplina e fidelidade partidária. (Redação dada pela Emenda Constitucional nº 52, de 2006)*

O dispositivo acima reproduzido permite concluir que a autonomia atribuída pela Constituição a essas agremiações abrange:

> A definição de sua estrutura interna, organização e funcionamento;
> A adoção dos critérios de escolha e o regime de suas coligações;
> O estabelecimento de normas sobre disciplina e fidelidade partidária. (SPITZCOVSKY, 2013, p. 104).

Autonomia Quanto à Estrutura, Organização e Funcionamento

Os partidos políticos têm liberdade para a definição de sua estrutura interna, fixando órgãos de deliberação para a tomada de suas decisões. (SPITZCOVSKY, 2013, p. 104).

Em outras palavras, eles têm ampla liberdade para:

> Estabelecer formas de filiação (decidir sobre a filiação);
> Competências para cada uma de suas instâncias, em especial para aquelas responsáveis pelo desenvolvimento de suas investigações acerca de eventuais irregularidades praticadas por seus integrantes com repercussão no campo disciplinar;
> Expulsão, de seus quadros, de integrantes que desrespeitarem as diretrizes estabelecidas nos seus estatutos. (SPITZCOVSKY, 2013, p. 104).

Autonomia para Fusão

A Constituição ofereceu autonomia para os partidos para decidir sobre processos de fusão, na forma prevista pelo art. 17, *caput*:

> ***Art. 17.*** *É livre a criação, fusão, incorporação e extinção de partidos políticos, resguardados a soberania nacional, o regime democrático, o pluripartidarismo, os direitos fundamentais da pessoa humana e observados os seguintes preceitos: Regulamento*

Entende-se por fusão o instituto através do qual 2 (dois) ou mais partidos se reúnem, em caráter permanente, para a formação de um terceiro. (SPITZCOVSKY, 2013, p. 104).

Autonomia para incorporação

A extensão da autonomia atribuída aos partidos inclui também sua liberdade para levar a efeito processo de incorporação em que também há a união permanente entre 2 (dois) ou mais partidos. (SPITZCOVSKY, 2013, p. 104).

A diferença em relação ao processo de fusão está no fato de que desta reunião permanente, uma das duas agremiações desaparece, sendo incorporada pela outra. (SPITZCOVSKY, 2013, p. 105).

Autonomia para Extinção

Por derradeiro, os partidos têm liberdade para se extinguir, a teor do disposto no mesmo art. 17, *caput*, da Constituição Federal de 1988, já acima transcrito. (SPITZCOVSKY, 2013, p. 107).

Sua extinção deve atender às formalidades exigidas pela Constituição, a teor do disposto no mesmo art. 17, § 2º (SPITZCOVSKY, 2013, p. 108):

> ***Art. 17 § 2º*** *- Os partidos políticos, após adquirirem personalidade jurídica, na forma da lei civil, registrarão seus estatutos no Tribunal Superior Eleitoral.*

Da mesma forma, sua extinção demanda o cancelamento do registro no Tribunal Superior Eleitoral (TSE), bem como no Cartório das Pessoas Jurídicas, na forma da lei civil. (SPITZCOVSKY, 2013, p. 108).

Assim sendo, é assegurada, aos partidos políticos, autonomia para definir sua estrutura interna, organização e funcionamento, devendo seus estatutos estabelecer normas de fidelidade e disciplina partidárias (BARROS, 2013, p. 88), conforme a Lei n.º 9.096/95, no art. 3º, em seu *caput* e parágrafo único:

> ***Art. 3º É assegurada, ao partido político, autonomia*** *para definir sua estrutura interna, organização e funcionamento.*
>
> ***Parágrafo único. É assegurada aos candidatos, partidos políticos e coligações autonomia*** *para definir o cronograma das atividades eleitorais de campanha e executá-lo em qualquer dia e horário, observados os limites estabelecidos em lei. (Incluído pela Lei nº 12.891, de 2013)*
>
> ***Art. 4º*** *Os filiados de um partido político têm iguais direitos e deveres.*

O princípio constitucional da autonomia partidária, além de repelir qualquer possibilidade de controle ideológico do Estado sobre os partidos políticos, cria, em favor destes, sempre que se tratar da definição de sua estrutura interna, de sua organização ou de seu funcionamento, uma área de reserva estatutária absolutamente indevassável pela ação normativa do Poder Público. (BARROS, 2013, p. 89).

Caráter Nacional

No Título I referente às "Disposições Preliminares", a Lei n.º 9.096/95 estabelece no art. 5º:

> ***Art. 5º*** *A ação do partido tem caráter nacional e é exercida de acordo com seu estatuto e programa, sem subordinação a entidades ou governos estrangeiros.*

Ainda no Título I referente às "Disposições Preliminares", a Lei n.º 9.096/95, em consonância com a Constituição Federal, disciplinou a vedação constitucional de utilização da organização paramilitar pelos partidos políticos, estabelecendo no seu art. 6º (BARREIROS NETO, 2012, p. 80-81):

> ***Art. 6º É vedado ao partido político ministrar instrução militar ou paramilitar,*** *utilizar-se de organização da mesma natureza e adotar uniforme para seus membros.*

Por fim, no que se refere às "Disposições Preliminares" da Lei n.º 9.096/95, destaca-se o disposto no art. 7º, § 1º, que, ao começar a dispor sobre a forma de criação e registro dos partidos (Título II da mesma Lei), disciplina a obrigatoriedade de obediência ao caráter nacional do partido político, verificado através do chamado "apoiamento mínimo" para sua criação. (BARREIROS NETO, 2012, p. 81).

Segundo o referido dispositivo legal:

> ***Art. 7º*** *O partido político, após adquirir personalidade jurídica na forma da lei civil, registra seu estatuto no Tribunal Superior Eleitoral.*
>
> ***§ 1º Só é admitido o registro do estatuto de partido político que tenha caráter nacional, considerando-se como tal aquele que comprove o apoiamento de eleitores correspondente a, pelo menos, meio por cento dos votos dados na última eleição geral para a Câmara dos Deputados, não computados os votos em branco e os nulos, distribuídos por um terço, ou mais, dos Estados, com um mínimo de um décimo por cento do eleitorado que haja votado em cada um deles.***

→ Apoiamento mínimo:

0,5% dos votos válidos dados nas últimas eleições para a Câmara dos Deputados	+	Distribuição dos citados votos em um terço ou mais dos Estados, com um mínimo de 0,1% do eleitorado que haja votado em cada um deles	=	Reconhecimento do caráter nacional do partido político

Sendo assim, de acordo com a Constituição Federal e a lei de regência vigente, os partidos políticos, após adquirirem personalidade jurídica, nos termos da lei civil, devem obter, preenchidos os requisitos legais, o registro no TSE para adquirir capacidade jurídica para funcionamento, devendo, para tanto, comprovar o seu caráter nacional mediante o apoiamento de eleitores correspondentes a, pelo menos, meio por cento dos votos dados na última eleição para a Câmara dos Deputados, não computados os votos em branco e os nulos, distribuídos por um terço, ou mais, dos Estados, com um mínimo de um décimo por cento do eleitorado que haja votado em cada um deles. (BARREIROS NETO, 2012, p. 81).

Por fim, segundo o mesmo art. 7º, porém §§ 2º e 3º:

> ***§ 2º*** *Só o partido que tenha registrado seu estatuto no Tribunal Superior Eleitoral pode participar do processo eleitoral, receber recursos do Fundo Partidário e ter acesso gratuito ao rádio e à televisão, nos termos fixados nesta Lei.*
>
> ***§ 3º*** *Somente o registro do estatuto do partido no Tribunal Superior Eleitoral assegura a exclusividade da sua denominação, sigla e símbolos, vedada a utilização, por outros partidos, de variações que venham a induzir a erro ou confusão.*

Funcionamento Parlamentar

O Capítulo II, do Título II, da Lei n.º 9.096/95 estabelece as regras do "funcionamento parlamentar". (BARREIROS NETO, 2012, p. 86).

Assim, conforme o art. 12 da referida Lei:

CAPÍTULO II - Do Funcionamento Parlamentar

> ***Art. 12****. O partido político funciona, nas Casas Legislativas, por intermédio de uma bancada, que deve constituir suas lideranças de acordo com o estatuto do partido, as disposições regimentais das respectivas Casas e as normas desta Lei.*

Por sua vez, o art. 13 dispõe sobre os critérios para que o partido político possa ter funcionamento parlamentar, determinando como requisito para tal fim, que (BARREIROS NETO, 2012, p. 87):

> ***Art. 13****. Tem direito a funcionamento parlamentar, em todas as Casas Legislativas para as quais tenha elegido representante, o partido que, em cada eleição para a Câmara dos Deputados obtenha o apoio de, no mínimo, cinco por cento dos votos apurados, não computados os brancos e os nulos, distribuídos em, pelo menos, um terço dos Estados, com um mínimo de dois por cento do total de cada um deles. (Vide Adins nºs 1.351-3 e 1.354-8)*

Esta é a chamada "cláusula de barreira", que foi prevista, historicamente, para ser aplicada a partir das eleições de 2006. Assim, os partidos que não obtivessem um número considerável de votos seriam, na prática, "degolados", pois passariam a ter restrições ao funcionamento parlamentar, ao acesso gratuito ao rádio e à TV e ao recebimento de recursos do fundo partidário. (BARREIROS NETO, 2012, p. 87).

Após as eleições de 2006, o PC do B e o PSC ajuizaram duas ações diretas de inconstitucionalidade (ADI's n.ºs 1351-3 e 1354-8), sob o argumento de que a cláusula de barreira seria inconstitucional, por afrontar o princípio da liberdade partidária, sendo que o Supremo Tribunal Federal (STF), julgando as duas ações, derrubou tal cláusula, por decisão unânime, em 17/12/2006, portanto, não mais aplicada, permitindo o funcionamento parlamentar dos partidos políticos independentemente do cumprimento dos requisitos previstos no art. 13 da Lei n.º 9.096/95. (BARREIROS NETO, 2012, p. 87).

Programa e Estatuto

Os partidos políticos são regidos por seus respectivos estatutos. (BARREIROS NETO, 2012, p. 88).

A Constituição Federal, ao proclamar os postulados básicos que informam o regime democrático, consagrou, em seu texto, o estatuto jurídico dos partidos políticos. (BARROS, 2013, p. 88-89).

No entanto, a Lei Geral dos Partidos Políticos, respeitando a liberdade inerente a cada partido, para fixar seu programa, objetivos políticos, estrutura interna, organização e funcionamento, impõe algumas regras, de observância obrigatória, que, necessariamente, deverão ser contempladas em seus programas e estatutos. (BARREIROS NETO, 2012, p. 88).

Assim sendo, o estatuto do partido deverá conter, dentre outras, normas sobre:

- Seu nome;
- Denominação abreviada;
- Sede na capital federal;
- Filiação e desligamento dos seus membros;
- Direitos e deveres dos seus filiados;
- Modo de organização e administração;
- Fidelidade e disciplina partidárias;
- Condições e formas de escolha de seus candidatos a cargos e funções eletivas;
- Finanças e contabilidade;
- Critérios de distribuição dos recursos do fundo partidário entre os órgãos de nível municipal, estadual e nacional e procedimentos de reforma do programa e do estatuto. (BARREIROS NETO, 2012, p. 88).

Natureza Jurídica

Antes da entrada em vigor da Constituição Federal de 1988, os partidos políticos, pelo regime da Lei n.º 5.682/1971 (Lei Orgânica dos Partidos Políticos), tinham personalidade jurídica de direito público interno. (BARROS, 2013, p. 89).

Com a vigência da Carta Magna, esse panorama foi alterado pelo art. 17, § 2º:

> ***Art. 17 § 2º*** *- Os partidos políticos, após adquirirem personalidade jurídica, na forma da lei civil, registrarão seus estatutos no Tribunal Superior Eleitoral.*

Posteriormente, a Lei n.º 10.825, de 22/12/2003, modificou o novo Código Civil (2002), em seu art. 44, inciso V:

> ***Art. 44****. São **pessoas jurídicas de direito privado**:*
>
> *V. os **partidos políticos**. (Incluído pela Lei nº 10.825, de 22.12.2003)*

Os partidos políticos são pessoas jurídicas, sendo, pois, dotadas de personalidade jurídica, capacidade processual e são, portanto, sujeitos de direitos e obrigações, podendo responder em juízo por danos que causarem a terceiros. (SPITZKOVSKY, 2013, p. 99).

Oportuno destacar que eles têm personalidade jurídica de direito privado, conforme previsto na Lei n.º 9.096/1995 (Lei Orgânica dos Partidos Políticos), em seu art. 1º, que se confere a seguir:

> ***Art. 1º*** *O **partido político, pessoa jurídica de direito privado**, destina-se a assegurar, no interesse do regime democrático, a autenticidade do sistema representativo e a defender os direitos fundamentais definidos na Constituição Federal.*

O dispositivo acima reproduzido não só confirma o perfil da personalidade jurídica atribuída a essas agremiações, como permite entrever as finalidades que justificam sua criação. (SPITZKOVSKY, 2013, p. 100).

Da Organização e Funcionamento dos Partidos Políticos

Da Criação e do Registro dos Partidos Políticos

Criação

A Constituição estabeleceu ser livre a criação dos partidos políticos, desde que respeitados os limites constitucionalmente estabelecidos, a teor do disposto no Capítulo V, Dos Partidos Políticos, art. 17, *caput*, a seguir:

> ***Art. 17****. É livre a criação, fusão, incorporação e extinção de partidos políticos, resguardados a soberania nacional, o regime democrático, o pluripartidarismo, os direitos fundamentais da pessoa humana e observados os seguintes preceitos: Regulamento*

O dispositivo acima reproduzido permite concluir que não só a criação dessas agremiações é livre, sem qualquer interferência estatal, como também deixa clara a amplitude da autonomia a eles atribuída, uma vez que envolve também processo de fusão, incorporação e extinção. (SPITZKOVSKY, 2013, p. 100).

A Constituição estabeleceu que, nada obstante a liberdade para a criação, esta só irá se concretizar se respeitados os limites de ordem formal e material por ela também estabelecidos. (SPITZKOVSKY, 2013, p. 100).

Da Filiação Partidária

De acordo com o art. 14, § 3º, inciso V, da Constituição Federal de 1988, é condição de elegibilidade a filiação partidária:

§ 3º - São condições de elegibilidade, na forma da lei:

I. a nacionalidade brasileira;

II. o pleno exercício dos direitos políticos;

III. o alistamento eleitoral;

IV. o domicílio eleitoral na circunscrição;

V. a filiação partidária; Regulamento

VI. a idade mínima de:

a) trinta e cinco anos para Presidente e Vice-Presidente da República e Senador;

b) trinta anos para Governador e Vice-Governador de Estado e do Distrito Federal;

c) vinte e um anos para Deputado Federal, Deputado Estadual ou Distrital, Prefeito, Vice-Prefeito e juiz de paz;

d) dezoito anos para Vereador.

Coube à Lei n.º 9.096/95 disciplinar esta condição de elegibilidade, estabelecendo as normas relativas à filiação partidária no seu Capítulo IV, do Título II, arts. 16 a 22.

Dispõe o art. 16 da referida Lei:

Art. 16. *Só pode filiar-se a partido o eleitor que estiver no pleno gozo de seus direitos políticos.*

Fique Ligado

Neste sentido, vale ressaltar o recente entendimento do TSE, manifestado na Resolução n.º 23.117/2009, segundo o qual o eleitor considerado inelegível pode filiar-se a partido político.

Ainda, segundo o art. 17 da Lei n.º 9.096/95:

Art. 17. *Considera-se deferida, para todos os efeitos, a filiação partidária, com o atendimento das regras estatutárias do partido.*

Parágrafo único. *Deferida a filiação do eleitor, será entregue comprovante ao interessado, no modelo adotado pelo partido.*

Há de se destacar o art. 18 da mesma Lei:

Art. 18. *Para concorrer a cargo eletivo, o eleitor deverá estar filiado ao respectivo partido pelo menos um ano antes da data fixada para as eleições, majoritárias ou proporcionais.*

Este artigo estabelece como condição de elegibilidade a obrigatoriedade do eleitor estar filiado a partido político um ano antes da data fixada para as eleições.

Esta regra, no entanto, deverá ser flexibilizada em se tratando de candidatura de militar, magistrado, membro do Ministério Público e de tribunais de contas.

Fique Ligado

Conforme Resolução n.º 23.180 do TSE, de 17/11/2009, "o prazo de filiação partidária para aqueles que, por força de disposição constitucional, são proibidos de exercer atividade político-partidária, deve corresponder, no mínimo, ao prazo legal de desincompatibilização fixado na Lei Complementar n.º 64/90".

Assim, poderá haver filiação partidária após o prazo de um ano antes das eleições, para determinadas pessoas, sem que tal prazo gere a inelegibilidade.

Fique Ligado

Caso um partido passe por processo de fusão ou incorporação a outro partido, seu filiados serão, automaticamente, considerados filiados ao novo partido ou ao partido incorporador, mantidos, para os fins do art. 18 da Lei nº 9.096/95, os prazos de filiação relativos ao antigo partido.

Se, por outro lado, o partido vier a ser simplesmente extinto, sem ser fundido ou incorporado a outro, a menos de um ano das próximas eleições, seus filiados ficarão impedidos de concorrer a esse pleito (Resolução TSE nº 22.089, de 20/09/2005).

O art. 19, por sua vez, estabelece:

Art. 19. *Na segunda semana dos meses de abril e outubro de cada ano, o partido, por seus órgãos de direção municipais, regionais ou nacional, deverá remeter, aos juízes eleitorais, para arquivamento, publicação e cumprimento dos prazos de filiação partidária para efeito de candidatura a cargos eletivos, a relação dos nomes de todos os seus filiados, da qual constará a data de filiação, o número dos títulos eleitorais e das seções em que estão inscritos.(Redação dada pela Lei nº 9.504, de 30.9.1997)*

§ 1º *Se a relação não é remetida nos prazos mencionados neste artigo, permanece inalterada a filiação de todos os eleitores, constante da relação remetida anteriormente.*

§ 2º *Os prejudicados por desídia ou má-fé poderão requerer, diretamente à Justiça Eleitoral, a observância do que prescreve o caput deste artigo.*

§ 3º *Os órgãos de direção nacional dos partidos políticos terão pleno acesso às informações de seus filiados constantes do cadastro eleitoral.(Incluído pela Lei nº 12.034, de 2009)*

Fique Ligado

O filiado poderá, a qualquer tempo, pedir desligamento do partido, desde que o faça por escrito, em comunicação dirigida ao órgão de direção municipal e ao juiz eleitoral da zona em que estiver inscrito como eleitor.

Quem se filia a outro partido, deve fazer comunicação ao partido e ao juiz de sua respectiva zona eleitoral, para cancelar sua filiação no dia imediato à nova filiação, sob pena de nulidade, para todos os efeitos, de ambas filiações (duplicidade partidária).

Sobre o cancelamento da filiação partidária, estabelece o art. 22, incisos e parágrafo único, da Lei n.º 9.096/95:

Art. 22. O cancelamento imediato da filiação partidária verifica-se nos casos de:

I. morte;

II. perda dos direitos políticos;

III. expulsão;

IV. outras formas previstas no estatuto, com comunicação obrigatória ao atingido no prazo de quarenta e oito horas da decisão.

V. filiação a outro partido, desde que a pessoa comunique o fato ao juiz da respectiva Zona Eleitoral.(Incluído pela Lei nº 12.891, de 2013)

Parágrafo único. Havendo coexistência de filiações partidárias, prevalecerá a mais recente, devendo a Justiça Eleitoral determinar o cancelamento das demais.(Redação dada pela Lei nº 12.891, de 2013)

Fique Ligado

O art. 22, inciso II, da Lei, fala em PERDA dos direitos políticos e não em SUSPENSÃO dos mesmos, lembrando que há diferença entre perda e suspensão.

Fidelidade e Disciplina Partidárias

Fidelidade partidária é o instituto de direito público, que relaciona não apenas o mandatário ao seu partido político, mas sim ao próprio eleitor que, ao eleger o candidato, escolheu também votar em determinado partido. Assim sendo, o infiel deverá perder o mandato eletivo. (BARREIROS NETO, 2012, p. 97).

Já a indisciplina partidária é o instituto de direito privado, que relaciona os partidos políticos aos seus filiados. Nos termos do estatuto do partido, o filiado indisciplinado deverá ser advertido, suspenso, ou até mesmo expulso do partido, sem que tal fato, no entanto, acarrete a perda de eventual mandato que esteja exercendo. (BARREIROS NETO, 2012, p. 97).

A esse respeito, destacamos as seguintes consultas (BARREIROS NETO, 2012, p. 97):

Consulta nº 1398	*Formulada pelo antigo Partido da Frente Liberal (PFL)*	*O Tribunal Superior Eleito-ral (TSE) firmou entendi-mento que os mandatos de deputados e vereado-res pertencem aos parti-dos políticos.*
Consulta nº 1407	*Formulada pelo deputado federal Nilson Mourão (PT-AC), ao Tribu-nal Superior Eleitoral (TSE)*	*Foi estendida aos titulares de mandatos majoritários (presidente da república, vice-presidente, governa-dor, vice-governador, prefeito, vice-prefeito e senador) a possibilidade de perda de mandato eletivo pela prática de atos de infidelidade parti-dária.*

Quanto às resoluções, destacamos (BARREIROS NETO, 2012, p. 97):

Resolução nº 22.610	*O Tribunal Superior Eleitoral (TSE) disciplinou o procedi-mento de perda de mandato eletivo por infidelidade partidária, tendo o Supremo Tribunal Federal (STF) declarado a constitucio-nalidade da resolução.*
	São legitimados para propor a ação de perda de mandato por infidelidade partidária: > *O partido político, no prazo de 30 (trinta) dias; e* > *Após, em novo prazo de 30 (trinta) dias, o Ministério Público e demais interessa-dos jurídicos.*

A competência para processar e julgar ações de perda de mandato eletivo é do Tribunal Superior Eleitoral (TSE) no caso de:

> Presidente e vice-presidente da república.
> Senadores;
> Deputados federais.

Por sua vez, são de competência dos tribunais regionais eleitorais (TRE's), as relativas a mandatos de:

> Governador e vice-governador;
> Deputado estadual;
> Prefeito e vice-prefeito; e
> Vereador. (BARREIROS NETO, 2012, p. 97).

Ainda, considera-se justa causa para a troca de partido, sem perda do mandato por infidelidade partidária:

> A saída do partido para fundação de novo partido;
> A fusão ou incorporação do partido do mandatário a outro partido político;
> A grave discriminação pessoal sofrida pelo mandatário e praticada por seu partido;
> A mudança substancial ou o desvio reiterado do programa partidário. (BARREIROS NETO, 2012, p. 97).

Por fim, só há possibilidade de condenação de mandatários a perda de mandato por infidelidade partidária relativas a desfiliações consumadas:

> Após 27/03/2007, em se tratando de mandatários eleitos pelo sistema proporcional;
> Após 16/10/2007, em se tratando de mandatários eleitos pelo sistema majoritário. (BARREIROS NETO, 2012, p. 97).

Das Finanças e Contabilidade

Da Prestação de Contas

Quando se fala em prestação de contas, fala-se em finanças e contabilidades dos partidos políticos.

O Título III da Lei n.º 9.096/95 dispõe sobre as finanças e contabilidade dos partidos. (BARREIROS NETO, 2012, p. 100).

Conforme o art. 30 da referida Lei:

Título III - Das Finanças e Contabilidade dos Partidos

Capítulo I - Da Prestação de Contas

Art. 30. *O partido político, através de seus órgãos nacionais, regionais e municipais, deve manter escrituração contábil, de forma a permitir o conhecimento da origem de suas receitas e a destinação de suas despesas.*

De acordo com o art. 31 da Lei n.º 9.096/95:

Art. 31. É vedado ao partido receber, direta ou indiretamente, sob qualquer forma ou pretexto, contribuição ou auxílio pecuniário ou estimável em dinheiro, inclusive através de publicidade de qualquer espécie, procedente de:

I. *entidade ou governo estrangeiros;*

II. *autoridade ou órgãos públicos, ressalvadas as dotações referidas no art. 38;*

III. *autarquias, empresas públicas ou concessionárias de serviços públicos, sociedades de economia mista e fundações instituídas em virtude de lei e para cujos recursos concorram órgãos ou entidades governamentais;*

IV. *entidade de classe ou sindical.*

Assim:

Art. 32. O partido está obrigado a enviar, anualmente, à Justiça Eleitoral, o balanço contábil do exercício findo, até o dia 30 de abril do ano seguinte.

§ 1º O balanço contábil do órgão nacional será enviado ao Tribunal Superior Eleitoral, o dos órgãos estaduais aos Tribunais Regionais Eleitorais e o dos órgãos municipais aos Juízes Eleitorais.

§ 2º A Justiça Eleitoral determina, imediatamente, a publicação dos balanços na imprensa oficial, e, onde ela não exista, procede à afixação dos mesmos no Cartório Eleitoral.

§ 3º No ano em que ocorrem eleições, o partido deve enviar balancetes mensais à Justiça Eleitoral, durante os quatro meses anteriores e os dois meses posteriores ao pleito.

Fique Ligado

Quem analisa as prestações de contas dos partidos políticos é a Justiça Eleitoral (JE), e não os Tribunais de Contas (TC's). Porém, para efetuar os exames imprescindíveis à fiscalização sobre a escrituração contábil e a prestação de contas do partido e das despesas de campanha eleitoral, a Justiça Eleitoral pode requisitar técnicos do Tribunal de Contas da União e dos Estados, pelo tempo que for necessário. (BARREIROS NETO, 2012, p. 100).

Art. 33. *Os balanços devem conter, entre outros, os seguintes itens:*

I. *discriminação dos valores e destinação dos recursos oriundos do fundo partidário;*

II. *origem e valor das contribuições e doações;*

III. *despesas de caráter eleitoral, com a especificação e comprovação dos gastos com programas no rádio e televisão, comitês, propaganda, publicações, comícios, e demais atividades de campanha;*

IV. *discriminação detalhada das receitas e despesas.*

Art. 34. *A Justiça Eleitoral exerce a fiscalização sobre a escrituração contábil e a prestação de contas do partido e das despesas de campanha eleitoral, devendo atestar se elas refletem adequadamente a real movimentação financeira, os dispêndios e recursos aplicados nas campanhas eleitorais, exigindo a observação das seguintes normas:*

I. *obrigatoriedade de constituição de comitês e designação de dirigentes partidários específicos, para movimentar recursos financeiros nas campanhas eleitorais;*

II. *caracterização da responsabilidade dos dirigentes do partido e comitês, inclusive do tesoureiro, que responderão, civil e criminalmente, por quaisquer irregularidades;*

III. *escrituração contábil, com documentação que comprove a entrada e saída de dinheiro ou de bens recebidos e aplicados;*

IV. *obrigatoriedade de ser conservada pelo partido a documentação comprobatória de suas prestações de contas, por prazo não inferior a cinco anos;*

V. *obrigatoriedade de prestação de contas, pelo partido político, seus comitês e candidatos, no encerramento da campanha eleitoral, com o recolhimento imediato à tesouraria do partido dos saldos financeiros eventualmente apurados.*

§ 1º A fiscalização de que trata o caput tem por escopo identificar a origem das receitas e a destinação das despesas com as atividades partidárias e eleitorais, mediante o exame formal dos documentos contábeis e fiscais apresentados pelos partidos políticos, comitês e candidatos, sendo vedada a análise das atividades político-partidárias ou qualquer interferência em sua autonomia. (Incluído pela Lei nº 12.891, de 2013)

§ 2º Para efetuar os exames necessários ao atendimento do disposto no caput, a Justiça Eleitoral pode requisitar técnicos do Tribunal de Contas da União ou dos Estados, pelo tempo que for necessário. (Incluído pela Lei nº 12.891, de 2013)

Destacamos, ainda, o disposto no art. 35 da Lei n.º 9.096/95:

Art. 35. O Tribunal Superior Eleitoral e os Tribunais Regionais Eleitorais, à vista de denúncia fundamentada de filiado ou delegado de partido, de representação do Procurador-Geral ou Regional ou de iniciativa do Corregedor, determinarão o exame da escrituração do partido e a apuração de qualquer ato que viole as prescrições legais ou estatutárias a que, em matéria financeira, aquele ou seus filiados estejam sujeitos, podendo, inclusive, determinar a quebra de sigilo bancário das contas dos partidos para o esclarecimento ou apuração de fatos vinculados à denúncia.

Parágrafo único. *O partido pode examinar, na Justiça Eleitoral, as prestações de contas mensais ou anuais dos demais partidos, quinze dias após a publicação dos balanços financeiros, aberto o prazo de cinco dias para impugná-las, podendo, ainda, relatar fatos, indicar provas e pedir abertura de investigação para apurar qualquer ato que viole as prescrições legais ou estatutárias a que, em matéria financeira, os partidos e seus filiados estejam sujeitos.*

Outrossim, destacamos o art. 36 da mesma Lei:

Art. 36. *Constatada a violação de normas legais ou estatutárias, ficará o partido sujeito às seguintes sanções:*

I. ***no caso de recursos de origem não mencionada ou esclarecida, fica suspenso o recebimento das quotas do fundo partidário até que o esclarecimento seja aceito pela Justiça Eleitoral;***

II. ***no caso de recebimento de recursos mencionados no art. 31, fica suspensa a participação no fundo partidário por um ano;***

III. *no caso de recebimento de doações cujo valor ultrapasse os limites previstos no art. 39, § 4º, fica suspensa por dois anos a participação no fundo partidário e será aplicada ao partido multa correspondente ao valor que exceder aos limites fixados.*

Art. 37. *A falta de prestação de contas ou sua desaprovação total ou parcial implica a suspensão de novas cotas do Fundo Partidário e sujeita os responsáveis às penas da lei. (Redação dada pela Lei nº 9.693, de 1998)*

§ 1º. *A Justiça Eleitoral pode determinar diligências necessárias à complementação de informações ou ao saneamento de irregularidades encontradas nas contas dos órgãos de direção partidária ou de candidatos. (Parágrafo renumerado pela Lei nº 9.693, de 1998)*

§ 2º *A sanção a que se refere o caput será aplicada exclusivamente à esfera partidária responsável pela irregularidade. (Incluído pela Lei nº 9.693, de 1998)*

§ 3º *A sanção de suspensão do repasse de novas quotas do Fundo Partidário, por desaprovação total ou parcial da prestação de contas de partido, deverá ser aplicada de forma proporcional e razoável, pelo período de 1 (um) mês a 12 (doze) meses, ou por meio do desconto, do valor a ser repassado, da importância apontada como irregular, não podendo ser aplicada a sanção de suspensão, caso a prestação de contas não seja julgada pelo juízo ou tribunal competente, após 5 (cinco) anos de sua apresentação. (Incluído pela Lei nº 12.034, de 2009)*

§ 4º Da decisão que desaprovar total ou parcialmente a prestação de contas dos órgãos partidários caberá recurso para os Tribunais Regionais Eleitorais ou para o Tribunal Superior Eleitoral, conforme o caso, o qual deverá ser recebido com efeito suspensivo. (Incluído pela Lei nº 12.034, de 2009)

§ 5º As prestações de contas desaprovadas pelos Tribunais Regionais e pelo Tribunal Superior poderão ser revistas para fins de aplicação proporcional da sanção aplicada, mediante requerimento ofertado nos autos da prestação de contas. (Incluído pela Lei nº 12.034, de 2009)

§ 6º O exame da prestação de contas dos órgãos partidários tem caráter jurisdicional. (Incluído pela Lei nº 12.034, de 2009)

§ 7º (VETADO). (Incluído pela Lei nº 12.891, de 2013)

§ 8º (VETADO). (Incluído pela Lei nº 12.891, de 2013)

Do Acesso Gratuito ao Rádio e à Televisão

De modo a viabilizar a difusão do programa partidário e o estreitamento do seu relacionamento com o eleitorado, a Constituição estabeleceu o acesso gratuito aos meios de comunicação social, nos termos estabelecidos no art. 17, § 3º (SPITZKOVSKY, 2013, p. 114):

> ***Art. 17 § 3º** - Os partidos políticos têm direito a recursos do fundo partidário e acesso gratuito ao rádio e à televisão, na forma da lei.*

A matéria foi regulamentada pela Lei n.º 9.096/1995, que estabeleceu os objetivos relacionados a esse acesso aos meios de comunicação em seu art. 45 (SPITZKOVSKY, 2013, p. 114):

> ***Art. 45.** A propaganda partidária gratuita, gravada ou ao vivo, efetuada mediante transmissão por rádio e televisão, será realizada entre as dezenove horas e trinta minutos e as vinte e duas horas para, com exclusividade:*
>
> *I. difundir os programas partidários;*
>
> *II. transmitir mensagens aos filiados sobre a execução do programa partidário, dos eventos a este relacionados e das atividades congressuais do partido;*
>
> *III. divulgar a posição do partido em relação a temas político-comunitários.*
>
> *IV. promover e difundir a participação política feminina, dedicando às mulheres o tempo que será fixado pelo órgão nacional de direção partidária, observado o mínimo de 10% (dez por cento). (Incluído pela Lei nº 12.034, de 2009)*

A referida propaganda, que não deve ser confundida com aquela veiculada no horário eleitoral gratuito, ou seja, aquela veiculada durante a campanha eleitoral, não pode ser apresentada de forma livre, eis que necessário o respeito aos limites estabelecidos no § 1º, do mesmo art. 45 (SPITZKOVSKY, 2013, p. 115), que se confere a seguir:

> ***Art. 45 § 1º** Fica vedada, nos programas de que trata este Título:*
>
> *I. a participação de pessoa filiada a partido que não o responsável pelo programa;*
>
> *II. a divulgação de propaganda de candidatos a cargos eletivos e a defesa de interesses pessoais ou de outros partidos;*
>
> *III. a utilização de imagens ou cenas incorretas ou incompletas, efeitos ou quaisquer outros recursos que distorçam ou falseiem os fatos ou a sua comunicação.*
>
> *§ 2º O partido que contrariar o disposto neste artigo será punido: (Redação dada pela Lei nº 12.034, de 2009)*
>
> *I. quando a infração ocorrer nas transmissões em bloco, com a cassação do direito de transmissão no semestre seguinte; (Incluído pela Lei nº 12.034, de 2009)*
>
> *II. quando a infração ocorrer nas transmissões em inserções, com a cassação de tempo equivalente a 5 (cinco) vezes ao da inserção ilícita, no semestre seguinte. (Incluído pela Lei nº 12.034, de 2009)*
>
> *§ 3º A representação, que somente poderá ser oferecida por partido político, será julgada pelo Tribunal Superior Eleitoral quando se tratar de programa em bloco ou inserções nacionais e pelos Tribunais Regionais Eleitorais quando se tratar de programas em bloco ou inserções transmitidos nos Estados correspondentes. (Redação dada pela Lei nº 12.034, de 2009)*
>
> *§ 4º O prazo para o oferecimento da representação encerra-se no último dia do semestre em que for veiculado o programa impugnado, ou se este tiver sido transmitido nos últimos 30 (trinta) dias desse período, até o 15º (décimo quinto) dia do semestre seguinte. (Incluído pela Lei nº 12.034, de 2009)*
>
> *§ 5º Das decisões dos Tribunais Regionais Eleitorais que julgarem procedente representação, cassando o direito de transmissão de propaganda partidária, caberá recurso para o Tribunal Superior Eleitoral, que será recebido com efeito suspensivo. (Incluído pela Lei nº 12.034, de 2009)*
>
> *§ 6º A propaganda partidária, no rádio e na televisão, fica restrita aos horários gratuitos disciplinados nesta Lei, com proibição de propaganda paga. (Incluído pela Lei nº 12.034, de 2009)*

Por fim, cumpre destacar que a periodicidade e a duração desses programas, contrariamente ao que se verifica por ocasião da campanha eleitoral, é paritária, não levando em consideração o resultado obtido pelos partidos nas eleições anteriores. (SPITZKOVSKY, 2013, p. 115).

Do Fundo Partidário

Com a alteração da Lei nº 9.504/97

A questão relativa ao acesso pelos partidos ao chamado fundo partidário encontra-se localizada inicialmente na Constituição Federal, art. 17, § 3º, que, por oportuno, uma vez mais se reproduz (SPITZKOVSKY, 2013, p. 115):

> ***Art. 17 § 3º - Os partidos políticos têm direito a recursos do fundo partidário** e acesso gratuito ao rádio e à televisão, na forma da lei.*

Por força da redação "na forma da lei", esse tema foi disciplinado pela Lei n.º 9.096/1995. (SPITZKOVSKY, 2013, p. 115).

A Lei n.º 9.096/95 estabeleceu, nos arts. 38 e seguintes, o Fundo Especial de Assistência Financeira aos Partidos Políticos, também chamado de Fundo Partidário, como forma de colaborar financeiramente para o funcionamento dos partidos políticos.

O Fundo Partidário é constituído pelos seguintes recursos, como estabelece o art. 38 da referida Lei:

> ***Art. 38.** O Fundo Especial de Assistência Financeira aos Partidos Políticos (Fundo Partidário) é constituído por:*
>
> *I. multas e penalidades pecuniárias aplicadas nos termos do Código Eleitoral e leis conexas;*

II. *recursos financeiros que lhe forem destinados por lei, em caráter permanente ou eventual;*

III. *doações de pessoa física ou jurídica, efetuadas por intermédio de depósitos bancários diretamente na conta do Fundo Partidário;*

IV. *dotações orçamentárias da União em valor nunca inferior, cada ano, ao número de eleitores inscritos em 31 de dezembro do ano anterior ao da proposta orçamentária, multiplicados por trinta e cinco centavos de real, em valores de agosto de 1995.*

§ 1º (VETADO)

§ 2º (VETADO)

O legislador, preocupado com a destinação a ser oferecida pelos partidos a essas verbas, estabeleceu, em seu art. 44, claros limites. Essas verbas/recursos, oriundos do Fundo Partidário, deverão ser aplicados da forma prevista no art. 44 da Lei n.º 9.096/95 (SPITZKOVSKY, 2013, p. 116):

Art. 44. *Os recursos oriundos do Fundo Partidário serão aplicados:*

I. *na manutenção das sedes e serviços do partido, permitido o pagamento de pessoal, a qualquer título, observado neste último caso o limite máximo de 50% (cinquenta por cento) do total recebido; (Redação dada pela Lei nº 12.034, de 2009) (Item em consonância com a reforma eleitoral)*

II. *na propaganda doutrinária e política;*

III. *no alistamento e campanhas eleitorais;*

IV. *na criação e manutenção de instituto ou fundação de pesquisa e de doutrinação e educação política, sendo esta aplicação de, no mínimo, vinte por cento do total recebido.*

V. *na criação e manutenção de programas de promoção e difusão da participação política das mulheres conforme percentual que será fixado pelo órgão nacional de direção partidária, observado o mínimo de 5% (cinco por cento) do total. (Incluído pela Lei nº 12.034, de 2009) (Item em consonância com a reforma eleitoral)*

Importante salientar que, a qualquer tempo, a Justiça Eleitoral poderá levar a efeito investigações acerca da aplicação desses recursos. (SPITZKOVSKY, 2013, p. 116).

O partido que não cumprir o disposto no inciso V acima deverá, no ano subsequente, acrescer o percentual de 2,5% (dois inteiros e cinco décimos por cento) do Fundo Partidário para esta destinação, ficando impedido de utilizá-lo para finalidade diversa. (Item em consonância com a reforma eleitoral).

Fique Ligado

Até a promulgação da Lei nº 12.034/2009:

- ***O limite máximo de gastos de recursos do Fundo partidário com o pagamento de pessoal era de 20% (vinte por cento), percentual que foi elevado, agora, a 50% (cinquenta por cento).***
- ***Não havia a previsão de gastos mínimos com a manutenção de programas de promoção e difusão da participação política das mulheres.***

Na prestação de contas dos órgãos de direção partidária, de qualquer nível, devem ser discriminadas as despesas realizadas com recursos do Fundo Partidário, de modo a permitir o controle da Justiça Eleitoral sobre o cumprimento do disposto nos incisos I e IV do citado art. 44, podendo esta, a qualquer tempo, investigar sobre a aplicação de recursos oriundos do Fundo Partidário (Barros, 2013, p. 109).

Fique Ligado

Os recursos do Fundo Partidário não estão sujeitos ao regime da Lei das licitações (Lei nº 8.666, de 21/06/1993).

Por fim, é relevante destacar de que forma são repartidos os recursos do Fundo Partidário entre os vários partidos políticos.

Até o ano de 2007, vigorava o art. 41 da Lei n.º 9.096/95, que estabelecia que 1% (um por cento) do total do Fundo partidário seria repartido igualmente entre todos os partidos registrados no TSE, enquanto os outros 99% (noventa e nove por cento) seriam distribuídos aos partidos que tivessem superado a cláusula de barreira, prevista no art. 13 da mesma Lei, na proporção dos votos obtidos nas últimas eleições para a Câmara dos Deputados.

Ocorre que o citado art. 13 foi declarado inconstitucional pelo STF, no julgamento das ADI's 1351-3 e 1354-8.

Assim, o art. 41 se tornou inaplicável, sendo substituído pelo novo art. 41-A, incluído pela Lei n.º 11.459/2007, que estabeleceu critérios diferenciados para a distribuição das verbas deste fundo partidário. (SPITZKOVSKY, 2013, p. 116).

Com efeito, fixou um percentual para ser dividido em partes iguais entre todos os partidos registrados no Tribunal Superior Eleitoral (TSE), e outro para ser distribuído de acordo com o resultado obtido nas últimas eleições. (SPITZKOVSKY, 2013, p. 116).

Dessa forma, atualmente, o Fundo partidário é assim repartido:

Art. 41-A. *Do total do Fundo Partidário: (Redação dada pela Lei nº 12.875, de 2013)*

I. *5% (cinco por cento) serão destacados para entrega, em partes iguais, **a todos os partidos que tenham seus estatutos registrados no Tribunal Superior Eleitoral**; e (Incluído pela Lei nº 12.875, de 2013)*

II. ***95%** (noventa e cinco por cento) serão distribuídos **aos partidos na proporção dos votos obtidos na última eleição geral para a Câmara dos Deputados.** (Incluído pela Lei nº 12.875, de 2013)*

Parágrafo único. *Para efeito do disposto no inciso II, serão desconsideradas as mudanças de filiação partidária, em quaisquer hipóteses, ressalvado o disposto no § 6º do art. 29. (Incluído pela Lei nº 12.875, de 2013)*

Em caso de cancelamento ou caducidade do órgão de direção nacional do partido, a quota que caberia a este reverterá ao Fundo Partidário.

Os depósitos e movimentações dos recursos oriundos do Fundo Partidário serão feitos em estabelecimentos bancários controlados pelo poder público federal, estadual, ou inexistindo estes, no banco escolhido pelo órgão diretivo do partido.

Exercício Comentado

01. Assinale a opção correta acerca da Lei n.º 9.096/1995, que dispõe sobre partidos.

a) Para desligar-se de partido, o filiado deve encaminhar ao órgão de direção municipal seu pedido de desligamento, que, se negado, deverá ser apreciado pelo juiz eleitoral da zona em que for inscrito.

b) A decisão partidária no sentido do deferimento do cancelamento da filiação é necessária para que o vínculo com o partido torna-se extinto para todos os efeitos.

c) É proibida a filiação de um eleitor a um partido político antes de seu desligamento do outro partido ao qual era filiado.

d) A organização e o funcionamento dos partidos são determinados por lei específica.

e) Os órgãos de direção nacional de partidos políticos têm pleno acesso às informações de seus filiados constantes do cadastro eleitoral.

RESPOSTA. A resposta certa é a letra "e".

RESPOSTA. "A". Errado. Vide Lei nº 9.096/1995: "Art. 21. Para desligar-se do partido, o filiado faz comunicação escrita ao órgão de direção municipal e ao Juiz Eleitoral da Zona em que for inscrito".

RESPOSTA. "B". Errado. Vide Lei nº 9.096/1995, art. 21: "Parágrafo único. Decorridos dois dias da data da entrega da comunicação, o vínculo torna-se extinto, para todos os efeitos".

RESPOSTA. "C" Errado. Vide Lei nº 9.096/1995, art. 22: "Parágrafo único. Quem se filia a outro partido deve fazer comunicação ao partido e ao juiz de sua respectiva Zona Eleitoral, para cancelar sua filiação; se não o fizer no dia imediato ao da nova filiação, fica configurada dupla filiação, sendo ambas consideradas nulas para todos os efeitos".

RESPOSTA. "D". Errado. Vide Lei nº 9.096/95: "Art. 14. Observadas as disposições constitucionais e as desta Lei, o partido é livre para fixar, em seu programa, seus objetivos políticos e para estabelecer, em seu estatuto, a sua estrutura interna, organização e funcionamento".

RESPOSTA. "E". Certo. Vide Lei nº 9.096/95, art. 19: "§ 3o Os órgãos de direção nacional dos partidos políticos terão pleno acesso às informações de seus filiados constantes do cadastro eleitoral. (Incluído pela Lei nº 12.034, de 2009)".

Anotações

CAPÍTULO 19

Das Garantias Eleitorais

(Com as alterações da Constituição da República de 1988; da Lei Complementar nº 64/90 e da Lei nº 9.504/97 e alterações posteriores)

Sobre as garantias eleitorais, estabelecem os arts. 234 e 235, parágrafo único, do Código Eleitoral:

Parte Quinta - Disposições Várias

Título I - Das Garantias Eleitorais

> ***Art. 234.*** *Ninguém poderá impedir ou embaraçar o exercício do sufrágio.*
>
> ***Art. 235.*** *O juiz eleitoral, ou o presidente da mesa receptora, pode expedir salvo-conduto com a cominação de prisão por desobediência até 5 (cinco) dias, em favor do eleitor que sofrer violência, moral ou física, na sua liberdade de votar, ou pelo fato de haver votado.*
>
> ***Parágrafo único.*** *A medida será válida para o período compreendido entre 72 (setenta e duas) horas antes até 48 (quarenta e oito) horas depois do pleito.*

A Prisão do Eleitor

Conforme art. 236, *caput* e §§ 1º e 2º, do Código Eleitoral:

> ***Art. 236.*** *Nenhuma autoridade poderá, desde 5 (cinco) dias antes e até 48 (quarenta e oito) horas depois do encerramento da eleição, prender ou deter qualquer eleitor, salvo em flagrante delito ou em virtude de sentença criminal condenatória por crime inafiançável, ou, ainda, por desrespeito a salvo-conduto.*

→ Exceções:

- > Prisão em flagrante delito;
- > Prisão em virtude de sentença criminal condenatória por crime inafiançável;
- > Prisão por desrespeito a salvo-conduto.

> *§ 1º Os membros das mesas receptoras e os fiscais de partido, durante o exercício de suas funções, não poderão ser detidos ou presos, salvo o caso de flagrante delito; da mesma garantia gozarão os candidatos desde 15 (quinze) dias antes da eleição.*
>
> *§ 2º Ocorrendo qualquer prisão, o preso será imediatamente conduzido à presença do juiz competente que, se verificar a ilegalidade da detenção, a relaxará e promoverá a responsabilidade do coator.*

A Legitimidade para Denunciar o Abuso de Poder

Consoante art. 237 do Código Eleitoral:

> ***Art. 237.*** *A interferência do poder econômico e o desvio ou abuso do poder de autoridade, em desfavor da liberdade do voto, serão coibidos e punidos.*

Quanto à legitimidade para denunciar o abuso de poder, o § 1º, do art. 237, do Código Eleitoral, só faz referência ao eleitor, *in verbis* (BARROS, 2013, p. 173):

> *§ 1º O eleitor é parte legítima para denunciar os culpados e promover-lhes a responsabilidade, e a nenhum servidor público. Inclusive de autarquia, de entidade paraestatal e de sociedade de economia mista, será lícito negar ou retardar ato de ofício tendente a esse fim.*

Houve, porém, uma atualização ao Código Eleitoral, ampliando a legitimidade, como se vê no § 2º, do mesmo artigo:

> *§ 2º Qualquer eleitor ou partido político poderá se dirigir ao Corregedor Geral ou Regional, relatando fatos e indicando provas, e pedir abertura de investigação para apurar uso indevido do poder econômico, desvio ou abuso do poder de autoridade, em benefício de candidato ou de partido político.*

Assim também, prevê o art. 22 da Lei Complementar n.º 64/1990:

> ***Art. 22.*** *Qualquer partido político, coligação, candidato ou Ministério Público Eleitoral poderá representar à Justiça Eleitoral, diretamente ao Corregedor-Geral ou Regional, relatando fatos e indicando provas, indícios e circunstâncias e pedir abertura de investigação judicial para apurar uso indevido, desvio ou abuso do poder econômico ou do poder de autoridade, ou utilização indevida de veículos ou meios de comunicação social, em benefício de candidato ou de partido político, obedecido o seguinte rito: (Vide Lei nº 9.504, de 1997)*
>
> *§ 3º O Corregedor, verificada a seriedade da denúncia procederá ou mandará proceder a investigações, regendo-se estas, no que lhes for aplicável, pela Lei nº 1.579 de 18 de março de 1952.*

A Força Pública no Edifício

Estabelece o art. 238 do Código Eleitoral:

> ***Art. 238.*** *É proibida, durante o ato eleitoral, a presença de força pública no edifício em que funcionar mesa receptora, ou nas imediações, observado o disposto no Art. 141.*

Dispõe o mencionado art. 141 do mesmo Código:

> ***Art. 141.*** *A força armada conservar-se-á a cem metros da seção eleitoral e não poderá aproximar-se do lugar da votação, ou dele penetrar, sem ordem do presidente da mesa.*

Por fim, reza o art. 239:

> ***Art. 239.*** *Aos partidos políticos é assegurada a prioridade postal durante os 60 (sessenta) dias anteriores à realização das eleições, para remessa de material de propaganda de seus candidatos registrados.*

Exercício Comentado

01. ***O processo eleitoral é uma das formas de concretização do princípio democrático, razão pela qual é merecedor de diversas garantias previstas, expressamente, na legislação. Entre tais garantias, destaca-se que***

a) Nenhuma autoridade poderá, desde cinco dias antes e até quarenta e oito horas depois do encerramento da eleição, prender ou deter qualquer eleitor, ainda que em flagrante delito ou em virtude de sentença criminal condenatória por crime inafiançável.

b) Os membros das Mesas Receptoras, durante o exercício de suas funções, não poderão ser detidos ou presos, salvo o caso de flagrante delito. Tal garantia não se estende aos fiscais dos partidos.

c) O eleitor, embora não possua a prerrogativa de representar diretamente ao corregedor geral ou regional da Justiça Federal, pode provocar o Ministério Público ou o partido político para que o faça.

d) É proibida, durante o ato eleitoral, a presença de força pública no edifício em que funcionar Mesa Receptora, ou nas imediações, sendo que a força armada conservar-se-á a cem metros da Seção Eleitoral e não poderá aproximar-se do lugar da votação, ou nele penetrar, sem ordem do Presidente da Mesa.

e) *Aos partidos políticos é assegurada a prioridade postal durante o ano da realização das eleições, para remessa de material de propaganda de seus candidatos registrados.*

RESPOSTA. *A resposta certa é a alternativa "d".*

RESPOSTA. *"A". Errado. Nenhum eleitor poderá vir a ser preso 5 (cinco) dias antes até 48 (quarenta e oito) horas depois da eleição, salvo nos casos de flagrante delito, condenação criminal transitada em julgado por crime inafiançável e desrespeito a salvo-conduto.*

RESPOSTA. *"B". Errado. Não podem ser presos no exercício de suas funções: fiscais e membros de mesa receptora, exceto flagrante delito.*

RESPOSTA. *"C". Errado. Vide art. 237, § 2º, do Código Eleitoral: "Qualquer eleitor ou partido político poderá se dirigir ao Corregedor Geral ou Regional, relatando fatos e indicando provas, e pedir abertura de investigação para apurar uso indevido do poder econômico, desvio ou abuso do poder de autoridade, em benefício de candidato ou de partido político".*

RESPOSTA. *"D". Certo. As forças armadas (polícia militar e exército) deverão ficar até 100 (cem) metros afastadas dos locais de votação.*

RESPOSTA. *"E". Errado. Partidos e coligações têm prioridade de material de campanha, desde os 60 (sessenta) dias antes da eleição.*

Anotações

CAPÍTULO 20

Disposições Penais

→ Durante a unidade, trabalharemos, em suma:

> Disposições Preliminares: normas gerais;

> Crimes eleitorais: conceito, natureza, classificação, tipos previstos na legislação;

> Processo penal eleitoral (processos das infrações – arts. 283 a 364, com as alterações das Leis nº.s 9.504/97 e 10.732/03): investigação criminal eleitoral, ação penal, competência em matéria criminal eleitoral, rito processual penal eleitoral, com aplicação subsidiária do Código de Processo Penal, invalidação e nulidade de atos eleitorais, Lei das Eleições (Lei nº 9.504/1997);

> Revisão criminal eleitoral.

Os conteúdos mais relevantes serão: Crimes eleitorais.

Disposições Penais: disposições Preliminares (Normas Gerais)

Essa matéria se encontra disciplinada no Código Eleitoral, nos arts. 289 a 354. (SPITZCOVSKY, 2013.p. 235).

Como destinatários destas normas, surgem os agentes públicos, conforme a previsão do art. 283, §§ 1º e 2º, do Código Eleitoral (SPITZCOVSKY, 2013.p. 235), que se confere a seguir:

> ***Art. 283. § 1º*** *Considera-se funcionário público, para os efeitos penais, além dos indicados no presente artigo, quem, embora transitoriamente ou sem remuneração, exerce cargo, emprego ou função pública.*
>
> ***§ 2º*** *Equipara-se a funcionário público quem exerce cargo, emprego ou função em entidade paraestatal ou em sociedade de economia mista.*

Importante relembrar a possibilidade de aplicação subsidiária das disposições contidas no Código Penal, a teor do art. 287 do Código Eleitoral (SPITZCOVSKY, 2013.p. 235), o qual se confere adiante:

> ***Art. 287.*** *Aplicam-se aos fatos incriminados nesta lei as regras gerais do Código Penal.*

Crimes Eleitorais

Conceito de Crime

→ A doutrina diverge sobre o conceito de crime, apresentando as seguintes posições:

> Crime é um fato típico e antijurídico, sendo a culpabilidade apenas um pressuposto de aplicação da pena;

> Crime é um fato típico, antijurídico, culpável e punível;

> Crime é um fato típico e culpável, estando a antijuridicidade ínsita ao próprio tipo;

> Crime é um fato conglobalmente típico e antijurídico (adoção da tipicidade conglobante ampla e reconhecimento do princípio da insignificância como excludente de tipicidade material);

> Crime é um fato típico, antijurídico e culpável. Este é o conceito predominante na doutrina brasileira e alienígena (estrangeira). (BARROS, 2013, p. 159).

Natureza

Os crimes eleitorais são de ação pública incondicionada, ou seja, não dependem de iniciativa do eventual ofendido, quer por representação, quer pela propositura de ação penal, o que amplia as possibilidades de atuação do Ministério Público. (SPITZCOVSKY, 2013.p. 236).

Classificação

→ Para Spitzcovsky (2013, p. 235), os crimes em matéria eleitoral podem ser classificados de diversas formas, mas a principal delas é a que os agrupa em:

> Crimes próprios;

> Crimes impróprios.

Os crimes eleitorais próprios são aqueles que só têm previsão na legislação eleitoral. Exemplo: captação irregular de sufrágio. (SPITZCOVSKY, 2013.p. 236).

De outra parte, os crimes eleitorais impróprios são aqueles que apresentam seu espelho também na legislação penal. Exemplo: crimes contra a honra. (SPITZCOVSKY, 2013.p. 236).

No entanto, Barros (2013, p. 171), ao invés de duas classificações de crimes eleitorais, afirma que há duas espécies de crimes eleitorais, os mesmos crimes eleitorais próprios (previstos na legislação eleitoral) e os crimes eleitorais impróprios (previstos na legislação eleitoral e também no Código Penal).

Tipos Previstos na Legislação Eleitoral

Os crimes eleitorais podem ser agrupados da seguinte forma:

Crimes Relativos à Formação do Corpo Eleitoral (ou Crimes Eleitorais que Atentam Contra o Alistamento Eleitoral)

São aqueles que envolvem condutas que atentam contra a lisura (honradez, boa-fé), no momento do alistamento eleitoral (SPITZCOVSKY, 2013, p. 236):

> Vide arts. 289 a 293 do Código Eleitoral:

> **Capítulo II - Dos Crimes Eleitorais**
>
> ***Art. 289.*** *Inscrever-se fraudulentamente eleitor:*
>
> ***Pena -*** *Reclusão até cinco anos e pagamento de cinco a 15 dias-multa.*

Acórdão - TSE n.º 15.177/1998: inscrição ou transferência.

> ***Art. 290*** *Induzir alguém a se inscrever eleitor com infração de qualquer dispositivo deste Código.*
>
> ***Pena -*** *Reclusão até 2 anos e pagamento de 15 a 30 dias-multa.*

Acórdão - TSE n.º 68/2005: "induzir alguém" abrange as condutas de instigar, incitar ou auxiliar terceiro a alistar-se fraudulentamente, aproveitando-se de sua ingenuidade ou de sua ignorância.

> ***Art. 291.*** *Efetuar o juiz, fraudulentamente, a inscrição de alistando.*
>
> ***Pena -*** *Reclusão até 5 anos e pagamento de cinco a quinze dias-multa.*
>
> ***Art. 292.*** *Negar ou retardar a autoridade judiciária, sem fundamento legal, a inscrição requerida:*
>
> ***Pena -*** *Pagamento de 30 a 60 dias-multa.*
>
> ***Art. 293.*** *Perturbar ou impedir de qualquer forma o alistamento:*
>
> ***Pena -*** *Detenção de 15 dias a seis meses ou pagamento de 30 a 60 dias-multa.*

> Vide art. 91 da Lei n.º 9.504/1997:

> ***Art. 91.*** *Nenhum requerimento de inscrição eleitoral ou de transferência será recebido dentro dos cento e cinquenta dias anteriores à data da eleição.*

Parágrafo único. A retenção de título eleitoral ou do comprovante de alistamento eleitoral constitui crime, punível com detenção, de um a três meses, com a alternativa de prestação de serviços à comunidade por igual período, e multa no valor de cinco mil a dez mil UFIR.

Crimes que Atentam Contra o Funcionamento do Serviço Eleitoral

> Vide arts. 296, 339 a 347 do Código Eleitoral:

__Art. 296.__ Promover desordem que prejudique os trabalhos eleitorais;

__Pena__ - Detenção até dois meses e pagamento de 60 a 90 dias-multa.

__Art. 339__ - Destruir, suprimir ou ocultar urna contendo votos, ou documentos relativos à eleição:

__Pena__ - reclusão de dois a seis anos e pagamento de 5 a 15 dias-multa.

__Parágrafo único__. Se o agente é membro ou funcionário da Justiça Eleitoral e comete o crime prevalecendo-se do cargo, a pena é agravada.

__Art. 340__. Fabricar, mandar fabricar, adquirir, fornecer, ainda que gratuitamente, subtrair ou guardar urnas, objetos, mapas, cédulas ou papéis de uso exclusivo da Justiça Eleitoral:

__Pena__ - reclusão até três anos e pagamento de 3 a 15 dias-multa.

__Parágrafo único__. Se o agente é membro ou funcionário da Justiça Eleitoral e comete o crime prevalecendo-se do cargo, a pena é agravada.

__Art. 341__. Retardar a publicação ou não publicar, o diretor ou qualquer outro funcionário de órgão oficial federal, estadual, ou municipal, as decisões, citações ou intimações da Justiça Eleitoral:

__Pena__ - detenção até um mês ou pagamento de 30 a 60 dias-multa.

__Art. 342__. Não apresentar o órgão do Ministério Público, no prazo legal, denúncia ou deixar de promover a execução de sentença condenatória:

__Pena__ - detenção até dois meses ou pagamento de 60 a 90 dias-multa.

__Art. 343__. Não cumprir o juiz o disposto no § 3º do Art. 357:

__Pena__ - detenção até dois meses ou pagamento de 60 a 90 dias-multa.

__Art. 344__. Recusar ou abandonar o serviço eleitoral sem justa causa:

__Pena__ - detenção até dois meses ou pagamento de 90 a 120 dias-multa.

__Art. 345__. Não cumprir a autoridade judiciária, ou qualquer funcionário dos órgãos da Justiça Eleitoral, nos prazos legais, os deveres impostos por este Código, se a infração não estiver sujeita a outra penalidade: (Redação dada pela Lei nº 4.961, de 4.5.1966)

__Pena__ - pagamento de trinta a noventa dias-multa. (Redação dada pela Lei nº 4.961, de 4.5.1966)

__Art. 346.__ Violar o disposto no Art. 377:

__Pena__ - detenção até seis meses e pagamento de 30 a 60 dias-multa.

__Parágrafo único__. Incorrerão na pena, além da autoridade responsável, os servidores que prestarem serviços e os candidatos, membros ou diretores de partido que derem causa à infração.

__Art. 347__. Recusar alguém cumprimento ou obediência a diligências, ordens ou instruções da Justiça Eleitoral ou opor embaraços à sua execução:

__Pena__ - detenção de três meses a um ano e pagamento de 10 a 20 dias-multa.

> Vide arts. 34, 70, 72, 87 e 94 da Lei n.º 9.504/1997:

__Art. 34.__ (VETADO)

§ __1º__ Mediante requerimento à Justiça Eleitoral, os partidos poderão ter acesso ao sistema interno de controle, verificação e fiscalização da coleta de dados das entidades que divulgaram pesquisas de opinião relativas às eleições, incluídos os referentes à identificação dos entrevistadores e, por meio de escolha livre e aleatória de planilhas individuais, mapas ou equivalentes, confrontar e conferir os dados publicados, preservada a identidade dos respondentes.

§ __2º__ O não-cumprimento do disposto neste artigo ou qualquer ato que vise a retardar, impedir ou dificultar a ação fiscalizadora dos partidos constitui crime, punível com detenção, de seis meses a um ano, com a alternativa de prestação de serviços à comunidade pelo mesmo prazo, e multa no valor de dez mil a vinte mil UFIR.

§ __3º__ A comprovação de irregularidade nos dados publicados sujeita os responsáveis às penas mencionadas no parágrafo anterior, sem prejuízo da obrigatoriedade da veiculação dos dados corretos no mesmo espaço, local, horário, página, caracteres e outros elementos de destaque, de acordo com o veículo usado.

__Art. 70.__ O Presidente de Junta Eleitoral que deixar de receber ou de mencionar em ata os protestos recebidos, ou ainda, impedir o exercício de fiscalização, pelos partidos ou coligações, deverá ser imediatamente afastado, além de responder pelos crimes previstos na Lei nº 4.737, de 15 de julho de 1965 - Código Eleitoral.

__Art. 72__. Constituem crimes, puníveis com reclusão, de cinco a dez anos:

I. obter acesso a sistema de tratamento automático de dados usado pelo serviço eleitoral, a fim de alterar a apuração ou a contagem de votos;

II. desenvolver ou introduzir comando, instrução, ou programa de computador capaz de destruir, apagar, eliminar, alterar, gravar ou transmitir dado, instrução ou programa ou provocar qualquer outro resultado diverso do esperado em sistema de tratamento automático de dados usados pelo serviço eleitoral;

III. causar, propositadamente, dano físico ao equipamento usado na votação ou na totalização de votos ou a suas partes.

__Art. 87.__ Na apuração, será garantido aos fiscais e delegados dos partidos e coligações o direito de observar diretamente, a distância não superior a um metro da mesa, a abertura da urna, a abertura e a contagem das cédulas e o preenchimento do boletim.

§ 1º O não-atendimento ao disposto no caput enseja a impugnação do resultado da urna, desde que apresentada antes da divulgação do boletim.

§ 2º Ao final da transcrição dos resultados apurados no boletim, o Presidente da Junta Eleitoral é obrigado a entregar cópia deste aos partidos e coligações concorrentes ao pleito cujos representantes o requeiram até uma hora após sua expedição.

§ 3º Para os fins do disposto no parágrafo anterior, cada partido ou coligação poderá credenciar até três fiscais perante a Junta Eleitoral, funcionando um de cada vez.

§ 4º O descumprimento de qualquer das disposições deste artigo constitui crime, punível com detenção de um a três meses, com a alternativa de prestação de serviços à comunidade pelo mesmo período e multa, no valor de um mil a cinco mil UFIR.

§ 5º O rascunho ou qualquer outro tipo de anotação fora dos boletins de urna, usados no momento da apuração dos votos, não poderão servir de prova posterior perante a Junta apuradora ou totalizadora.

§ 6º O boletim mencionado no § 2º deverá conter o nome e o número dos candidatos nas primeiras colunas, que precederão aquelas onde serão designados os votos e o partido ou coligação.

***Art. 94.** Os feitos eleitorais, no período entre o registro das candidaturas até cinco dias após a realização do segundo turno das eleições, terão prioridade para a participação do Ministério Público e dos Juízes de todas as Justiças e instâncias, ressalvados os processos de habeas corpus e mandado de segurança.*

§ 1º É defeso às autoridades mencionadas neste artigo deixar de cumprir qualquer prazo desta Lei, em razão do exercício das funções regulares.

§ 2º O descumprimento do disposto neste artigo constitui crime de responsabilidade e será objeto de anotação funcional para efeito de promoção na carreira.

§ 3º Além das polícias judiciárias, os órgãos da receita federal, estadual e municipal, os tribunais e órgãos de contas auxiliarão a Justiça Eleitoral na apuração dos delitos eleitorais, com prioridade sobre suas atribuições regulares.

§ 4º Os advogados dos candidatos ou dos partidos e coligações serão notificados para os feitos de que trata esta Lei com antecedência mínima de vinte e quatro horas, ainda que por fax, telex ou telegrama.

> Vide art. 15 da Lei n.º 6.996/1982 (Dispõe sobre a utilização de processamento eletrônico de dados nos serviços eleitorais e dá outras providências):

***Art. 15** - Incorrerá nas penas do art. 315 do Código Eleitoral quem, no processamento eletrônico das cédulas, alterar resultados, qualquer que seja o método utilizado.*

Crimes que atentam contra a formação e funcionamento dos partidos (ou crimes eleitorais que atentam contra o alistamento partidário)

A previsão desses crimes tem por objetivo fortalecer essas agremiações políticas, impedindo sejam elas utilizadas de forma ilegal por aqueles pretendentes a mandatos políticos.

> Vide arts. 319 a 321 do Código Eleitoral:

***Art. 319.** Subscrever o eleitor mais de uma ficha de registro de um ou mais partidos:*

***Pena** - detenção até 1 mês ou pagamento de 10 a 30 dias-multa.*

***Art. 320.** Inscrever-se o eleitor, simultaneamente, em dois ou mais partidos:*

***Pena** - pagamento de 10 a 20 dias-multa.*

***Art. 321.** Colher a assinatura do eleitor em mais de uma ficha de registro de partido:*

***Pena** - detenção até dois meses ou pagamento de 20 a 40 dias-multa.*

Crimes que atentam contra a propaganda eleitoral

Existem inúmeras variações desses crimes apresentadas na legislação eleitoral, em especial na Lei n.º 9.504/1997. (SPITZCOVSKY, 2013, p. 236).

> Vide arts. 303, 304 e 323 a 338 do Código Eleitoral:

***Art. 303.** Majorar os preços de utilidades e serviços necessários à realização de eleições, tais como transporte e alimentação de eleitores, impressão, publicidade e divulgação de matéria eleitoral.*

***Pena** - pagamento de 250 a 300 dias-multa.*

***Art. 304.** Ocultar, sonegar açambarcar ou recusar no dia da eleição o fornecimento, normalmente a todos, de utilidades, alimentação e meios de transporte, ou conceder exclusividade dos mesmos a determinado partido ou candidato:*

***Pena** - pagamento de 250 a 300 dias-multa.*

***Art. 323.** Divulgar, na propaganda, fatos que sabe inverídicos, em relação a partidos ou candidatos e capazes de exercerem influência perante o eleitorado:*

***Pena** - detenção de dois meses a um ano, ou pagamento de 120 a 150 dias-multa.*

***Parágrafo único.** A pena é agravada se o crime é cometido pela imprensa, rádio ou televisão.*

***Art. 324.** Caluniar alguém, na propaganda eleitoral, ou visando fins de propaganda, imputando-lhe falsamente fato definido como crime:*

***Pena** - detenção de seis meses a dois anos, e pagamento de 10 a 40 dias-multa.*

§ 1º Nas mesmas penas incorre quem, sabendo falsa a imputação, a propala ou divulga.

§ 2º A prova da verdade do fato imputado exclui o crime, mas não é admitida:

I. se, constituindo o fato imputado crime de ação privada, o ofendido não foi condenado por sentença irrecorrível;

II. se o fato é imputado ao Presidente da República ou chefe de governo estrangeiro;

III. se do crime imputado, embora de ação pública, o ofendido foi absolvido por sentença irrecorrível.

***Art. 325.** Difamar alguém, na propaganda eleitoral, ou visando a fins de propaganda, imputando-lhe fato ofensivo à sua reputação:*

***Pena** - detenção de três meses a um ano, e pagamento de 5 a 30 dias-multa.*

***Parágrafo único.** A exceção da verdade somente se admite se ofendido é funcionário público e a ofensa é relativa ao exercício de suas funções.*

***Art. 326.** Injuriar alguém, na propaganda eleitoral, ou visando a fins de propaganda, ofendendo-lhe a dignidade ou o decoro:*

***Pena** - detenção até seis meses, ou pagamento de 30 a 60 dias-multa.*

§ 1º O juiz pode deixar de aplicar a pena:

I. se o ofendido, de forma reprovável, provocou diretamente a injúria;

II. no caso de retorsão imediata, que consista em outra injúria.

§ 2º Se a injúria consiste em violência ou vias de fato, que, por sua natureza ou meio empregado, se considerem aviltantes:

***Pena** - detenção de três meses a um ano e pagamento de 5 a 20 dias-multa, além das penas correspondentes à violência prevista no Código Penal.*

***Art. 327.** As penas cominadas nos artigos. 324, 325 e 326, aumentam-se de um terço, se qualquer dos crimes é cometido:*

I. contra o Presidente da República ou chefe de governo estrangeiro;

II. contra funcionário público, em razão de suas funções;

III. na presença de várias pessoas, ou por meio que facilite a divulgação da ofensa.

~~***Art. 328.** Escrever, assinalar ou fazer pinturas em muros, fachadas ou qualquer logradouro público, para fins de propaganda eleitoral, empregando qualquer tipo de tinta, piche, cal ou produto semelhante:*~~ *(Revogado pela Lei nº 9.504, de 30.9.1997)*

***Pena** - detenção até seis meses e pagamento de 40 a 90 dias-multa. (Revogado pela Lei nº 9.504, de 30.9.1997)*

~~*Parágrafo único. Se a inscrição for realizada em qualquer monumento, ou em coisa tombada pela autoridade competente em virtude de seu valor artístico, arqueológico ou histórico:*~~ *(Revogado pela Lei nº 9.504, de 30.9.1997)*

***Pena** - detenção de seis meses a dois anos, e pagamento de 40 a 90 dias-multa. (Revogado pela Lei nº 9.504, de 30.9.1997)*

~~***Art. 329**. Colocar cartazes, para fins de propaganda eleitoral, em muros, fachadas ou qualquer logradouro público:*~~ *(Revogado pela Lei nº 9.504, de 30.9.1997)*

***Pena** - detenção até dois meses e pagamento de 30 a 60 dias-multa. (Revogado pela Lei nº 9.504, de 30.9.1997)*

~~***Parágrafo único**. Se o cartaz for colocado em qualquer monumento, ou em coisa tombada pela autoridade competente em virtude de seu valor artístico, arqueológico ou histórico:*~~ *(Revogado pela Lei nº 9.504, de 30.9.1997)*

~~***Pena** - detenção de seis meses a dois anos e pagamento de 30 a 60 dias-multa.*~~ *(Revogado pela Lei nº 9.504, de 30.9.1997)*

***Art. 330**. Nos casos dos artigos. 328 e 329 se o agente repara o dano antes da sentença final, o juiz pode reduzir a pena.*

***Art. 331**. Inutilizar, alterar ou perturbar meio de propaganda devidamente empregado:*

***Pena** - detenção até seis meses ou pagamento de 90 a 120 dias-multa.*

***Art. 332**. Impedir o exercício de propaganda:*

***Pena** - detenção até seis meses e pagamento de 30 a 60 dias-multa.*

~~***Art. 333**. Colocar faixas em logradouros públicos:*~~ *(Revogado pela Lei nº 9.504, de 30.9.1997)*

~~***Pena** - detenção até dois meses ou pagamento de 30 a 60 dias-multa.*~~ *(Revogado pela Lei nº 9.504, de 30.9.1997)*

***Art. 334**. Utilizar organização comercial de vendas, distribuição de mercadorias, prêmios e sorteios para propaganda ou aliciamento de eleitores:*

***Pena** - detenção de seis meses a um ano e cassação do registro se o responsável for candidato.*

***Art. 335**. Fazer propaganda, qualquer que seja a sua forma, em língua estrangeira:*

***Pena** - detenção de três a seis meses e pagamento de 30 a 60 dias-multa.*

***Parágrafo único**. Além da pena cominada, a infração ao presente artigo importa na apreensão e perda do material utilizado na propaganda.*

***Art. 336**. Na sentença que julgar ação penal pela infração de qualquer dos artigos. 322, 323, 324, 325, 326,328, 329, 331, 332, 333, 334 e 335, deve o juiz verificar, de acordo com o seu livre convencionamento, se diretório local do partido, por qualquer dos seus membros, concorreu para a prática de delito, ou dela se beneficiou conscientemente.*

***Parágrafo único**. Nesse caso, imporá o juiz ao diretório responsável pena de suspensão de sua atividade eleitoral por prazo de 6 a 12 meses, agravada até o dobro nas reincidências.*

***Art. 337**. Participar, o estrangeiro ou brasileiro que não estiver no gozo dos seus direitos políticos, de atividades partidárias inclusive comícios e atos de propaganda em recintos fechados ou abertos:*

***Pena** - detenção até seis meses e pagamento de 90 a 120 dias-multa.*

***Parágrafo único**. Na mesma pena incorrerá o responsável pelas emissoras de rádio ou televisão que autorizar transmissões de que participem os mencionados neste artigo, bem como o diretor de jornal que lhes divulgar os pronunciamentos.*

***Art. 338**. Não assegurar o funcionário postal a prioridade prevista no Art. 239:*

***Pena** - Pagamento de 30 a 60 dias-multa.*

> Vide arts. 39 e 40 da Lei n.º 9.504/1997:

***Art. 39**. A realização de qualquer ato de propaganda partidária ou eleitoral, em recinto aberto ou fechado, não depende de licença da polícia.*

***§ 1º** O candidato, partido ou coligação promotora do ato fará a devida comunicação à autoridade policial em, no mínimo, vinte e quatro horas antes de sua realização, a fim de que esta lhe garanta, segundo a prioridade do aviso, o direito contra quem tencione usar o local no mesmo dia e horário.*

***§ 2º** A autoridade policial tomará as providências necessárias à garantia da realização do ato e ao funcionamento do tráfego e dos serviços públicos que o evento possa afetar.*

***§ 3º** O funcionamento de alto-falantes ou amplificadores de som, ressalvada a hipótese contemplada no parágrafo seguinte, somente é permitido entre as oito e as vinte e duas horas, sendo vedados a instalação e o uso daqueles equipamentos em distância inferior a duzentos metros:*

I. das sedes dos Poderes Executivo e Legislativo da União, dos Estados, do Distrito Federal e dos Municípios, das sedes dos Tribunais Judiciais, e dos quartéis e outros estabelecimentos militares;

II. dos hospitais e casas de saúde;

III. das escolas, bibliotecas públicas, igrejas e teatros, quando em funcionamento.

***§ 4º** A realização de comícios é permitida no horário compreendido entre as oito e as vinte e quatro horas.*

***§ 4º** A realização de comícios e a utilização de aparelhagem de sonorização fixa são permitidas no horário compreendido entre as 8 (oito) e as 24 (vinte e quatro) horas. (~~Redação dada pela Lei nº 11.300, de 2006~~)*

***§ 4º** A realização de comícios e a utilização de aparelhagens de sonorização fixas são permitidas no horário compreendido entre as 8 (oito) e as 24 (vinte e quatro) horas, com exceção do comício de encerramento da campanha, que poderá ser prorrogado por mais 2 (duas) horas. (Redação dada pela Lei nº 12.891, de 2013)*

***§ 5º** Constituem crimes, no dia da eleição, puníveis com detenção, de seis meses a um ano, com a alternativa de prestação de serviços à comunidade pelo mesmo período, e multa no valor de cinco mil a quinze mil UFIR:*

I. o uso de alto-falantes e amplificadores de som ou a promoção de comício ou carreata;

II. a distribuição de material de propaganda política, inclusive volantes e outros impressos, ou a prática de aliciamento, coação ou manifestação tendentes a influir na vontade do eleitor.

II. a arregimentação de eleitor ou a propaganda de boca de urna; (Redação dada pela Lei nº 11.300, de 2006)

III. a divulgação de qualquer espécie de propaganda de partidos políticos ou de seus candidatos, mediante publicações, cartazes, camisas, bonés, broches ou dísticos em vestuário. (~~Incluído pela Lei nº 11.300, de 2006~~)

III. *a divulgação de qualquer espécie de propaganda de partidos políticos ou de seus candidatos. (Redação dada pela Lei nº 12.034, de 2009)*

§ 6º É vedada na campanha eleitoral a confecção, utilização, distribuição por comitê, candidato, ou com a sua autorização, de camisetas, chaveiros, bonés, canetas, brindes, cestas básicas ou quaisquer outros bens ou materiais que possam proporcionar vantagem ao eleitor. (Incluído pela Lei nº 11.300, de 2006)

§ 7º É proibida a realização de showmício e de evento assemelhado para promoção de candidatos, bem como a apresentação, remunerada ou não, de artistas com a finalidade de animar comício e reunião eleitoral. (Incluído pela Lei nº 11.300, de 2006)

§ 8º É vedada a propaganda eleitoral mediante outdoors, sujeitando-se a empresa responsável, os partidos, coligações e candidatos à imediata retirada da propaganda irregular e ao pagamento de multa no valor de 5.000 (cinco mil) a 15.000 (quinze mil) UFIRs. (Incluído pela Lei nº 11.300, de 2006)

§ 8º É vedada a propaganda eleitoral mediante outdoors, inclusive eletrônicos, sujeitando-se a empresa responsável, os partidos, as coligações e os candidatos à imediata retirada da propaganda irregular e ao pagamento de multa no valor de R$ 5.000,00 (cinco mil reais) a R$ 15.000,00 (quinze mil reais). (Redação dada pela Lei nº 12.891, de 2013)

§ 9º Até as vinte e duas horas do dia que antecede a eleição, serão permitidos distribuição de material gráfico, caminhada, carreata, passeata ou carro de som que transite pela cidade divulgando jingles ou mensagens de candidatos. (Incluído pela Lei nº 12.034, de 2009)

*§ **10**. Fica vedada a utilização de trios elétricos em campanhas eleitorais, exceto para a sonorização de comícios. (Incluído pela Lei nº 12.034, de 2009)*

*§ **11**. É permitida a circulação de carros de som e minitrios como meio de propaganda eleitoral, desde que observado o limite de 80 (oitenta) decibéis de nível de pressão sonora, medido a 7 (sete) metros de distância do veículo, e respeitadas as vedações previstas no § 3º deste artigo. (Incluído pela Lei nº 12.891, de 2013)*

*§ **12**. Para efeitos desta Lei, considera-se: (Incluído pela Lei nº 12.891, de 2013)*

I. *carro de som: veículo automotor que usa equipamento de som com potência nominal de amplificação de, no máximo, 10.000 (dez mil) watts; (Incluído pela Lei nº 12.891, de 2013)*

II. *minitrio: veículo automotor que usa equipamento de som com potência nominal de amplificação maior que 10.000 (dez mil) watts e até 20.000 (vinte mil) watts; (Incluído pela Lei nº 12.891, de 2013)*

III. *trio elétrico: veículo automotor que usa equipamento de som com potência nominal de amplificação maior que 20.000 (vinte mil) watts. (Incluído pela Lei nº 12.891, de 2013)*

***Art. 40.** O uso, na propaganda eleitoral, de símbolos, frases ou imagens, associadas ou semelhantes às empregadas por órgão de governo, empresa pública ou sociedade de economia mista constitui crime, punível com detenção, de seis meses a um ano, com a alternativa de prestação de serviços à comunidade pelo mesmo período, e multa no valor de dez mil a vinte mil UFIR.*

Crimes que atentam contra o livre exercício do voto

> Vide arts. 295, 297, 302 e 309 do Código Eleitoral:

***Art. 295**. Reter título eleitoral contra a vontade do eleitor:*

***Pena** - Detenção até dois meses ou pagamento de 30 a 60 dias-multa.*

***Art. 297**. Impedir ou embaraçar o exercício do sufrágio:*

***Pena** - Detenção até seis meses e pagamento de 60 a 100 dias-multa.*

***Art. 302**. Promover, no dia da eleição, com o fim de impedir, embaraçar ou fraudar o exercício do voto, a concentração de eleitores, sob qualquer forma, inclusive o fornecimento gratuito de alimento e transporte coletivo: (Redação dada pelo Decreto-Lei nº 1.064, de 24.10.1969)*

***Pena** - reclusão de quatro (4) a seis (6) anos e pagamento de 200 a 300 dias-multa. ((Redação dada pelo Decreto-Lei nº 1.064, de 24.10.1969)*

***Art. 309**. Votar ou tentar votar mais de uma vez, ou em lugar de outrem:*

***Pena** - reclusão até três anos.*

Crimes que atentam contra o sigilo da votação

> Vide arts. 307, 308, 312 e 317 do Código Eleitoral:

***Art. 307**. Fornecer ao eleitor cédula oficial já assinalada ou por qualquer forma marcada:*

***Pena** - reclusão até cinco anos e pagamento de 5 a 15 dias-multa.*

***Art. 308**. Rubricar e fornecer a cédula oficial em outra oportunidade que não a de entrega da mesma ao eleitor.*

***Pena** - reclusão até cinco anos e pagamento de 60 a 90 dias-multa.*

***Art. 312**. Violar ou tentar violar o sigilo do voto:*

***Pena** - detenção até dois anos.*

***Art. 317**. Violar ou tentar violar o sigilo da urna ou dos invólucros.*

***Pena** - reclusão de três a cinco anos.*

Crimes que atentam contra o livre funcionamento da seção eleitoral

> Vide arts. 305, 306, 310 e 311 do Código Eleitoral:

***Art. 305**. Intervir autoridade estranha à mesa receptora, salvo o juiz eleitoral, no seu funcionamento sob qualquer pretexto:*

***Pena** - detenção até seis meses e pagamento de 60 a 90 dias-multa.*

***Art. 306**. Não observar a ordem em que os eleitores devem ser chamados a votar:*

***Pena** - pagamento de 15 a 30 dias-multa.*

***Art. 310**. Praticar, ou permitir membro da mesa receptora que seja praticada, qualquer irregularidade que determine a anulação de votação, salvo no caso do Art. 311:*

***Pena** - detenção até seis meses ou pagamento de 90 a 120 dias-multa.*

***Art. 311**. Votar em seção eleitoral em que não está inscrito, salvo nos casos expressamente previstos, e permitir, o presidente da mesa receptora, que o voto seja admitido:*

***Pena** - detenção até um mês ou pagamento de 5 a 15 dias-multa para o eleitor e de 20 a 30 dias-multa para o presidente da mesa.*

> Vide art. 68 da Lei nº 9.504/1997:

***Art. 68**. O boletim de urna, segundo modelo aprovado pelo Tribunal Superior Eleitoral, conterá os nomes e os números dos candidatos nela votados.*

§ 1º O Presidente da Mesa Receptora é obrigado a entregar cópia do boletim de urna aos partidos e coligações concorrentes ao pleito cujos representantes o requeiram até uma hora após a expedição.

§ 2º O descumprimento do disposto no parágrafo anterior constitui crime, punível com detenção, de um a três meses, com a alternativa de prestação de serviço à comunidade pelo mesmo período, e multa no valor de um mil a cinco mil UFIR.

Crimes eleitorais que atentam contra a lei das inelegibilidades

> Vide art. 25 da Lei Complementar n.º 64/1990:

Art. 25*. Constitui crime eleitoral a arguição de inelegibilidade, ou a impugnação de registro de candidato feito por interferência do poder econômico, desvio ou abuso do poder de autoridade, deduzida de forma temerária ou de manifesta má-fé:*

Pena*: detenção de 6 (seis) meses a 2 (dois) anos, e multa de 20 (vinte) a 50 (cinquenta) vezes o valor do Bônus do Tesouro Nacional (BTN) e, no caso de sua extinção, de título público que o substitua.*

Crimes contra a honra em matéria eleitoral

Representam exemplo clássico de crimes impróprios, eis que apresentam desdobramento tanto na área eleitoral, quanto na área penal. (SPITZCOVSKY, 2013.p. 237).

» Ex.: prática de calúnia, injúria ou difamação, conforme os arts. 324 a 326 do Código Eleitoral, que se confere a seguir:

Art. 324*. Caluniar alguém, na propaganda eleitoral, ou visando fins de propaganda, imputando-lhe falsamente fato definido como crime:*

***Pena** - detenção de seis meses a dois anos, e pagamento de 10 a 40 dias-multa.*

§ 1º Nas mesmas penas incorre quem, sabendo falsa a imputação, a propala ou divulga.

§ 2º A prova da verdade do fato imputado exclui o crime, mas não é admitida:

I. se, constituindo o fato imputado crime de ação privada, o ofendido, não foi condenado por sentença irrecorrível;

II. se o fato é imputado ao Presidente da República ou chefe de governo estrangeiro;

III. se do crime imputado, embora de ação pública, o ofendido foi absolvido por sentença irrecorrível.

Art. 325*. Difamar alguém, na propaganda eleitoral, ou visando a fins de propaganda, imputando-lhe fato ofensivo à sua reputação:*

***Pena** - detenção de três meses a um ano, e pagamento de 5 a 30 dias-multa.*

Parágrafo único*. A exceção da verdade somente se admite se ofendido é funcionário público e a ofensa é relativa ao exercício de suas funções.*

Art. 326*. Injuriar alguém, na propaganda eleitoral, ou visando a fins de propaganda, ofendendo-lhe a dignidade ou o decoro:*

***Pena** - detenção até seis meses, ou pagamento de 30 a 60 dias-multa.*

§ 1º O juiz pode deixar de aplicar a pena:

I. se o ofendido, de forma reprovável, provocou diretamente a injúria;

II. no caso de retorsão imediata, que consista em outra injúria.

§ 2º Se a injúria consiste em violência ou vias de fato, que, por sua natureza ou meio empregado, se considerem aviltantes:

***Pena** - detenção de três meses a um ano e pagamento de 5 a 20 dias-multa, além das penas correspondentes à violência prevista no Código Penal.*

Crimes praticados no dia da eleição

Com o intuito de assegurar a normalidade e a legitimidade da votação, o legislador incluiu como crime causar embaraço ao exercício do sufrágio, que representa (SPITZCOVSKY, 2013.p. 237):

> Garantia eleitoral, conforme arts. 298 e 236 do Código Eleitoral:

Art. 298*. Prender ou deter eleitor, membro de mesa receptora, fiscal, delegado de partido ou candidato, com violação do disposto no Art. 236:*

***Pena** - Reclusão até quatro anos.*

Art. 236*. Nenhuma autoridade poderá, desde 5 (cinco) dias antes e até 48 (quarenta e oito) horas depois do encerramento da eleição, prender ou deter qualquer eleitor, salvo em flagrante delito ou em virtude de sentença criminal condenatória por crime inafiançável, ou, ainda, por desrespeito a salvo-conduto.*

§ 1º Os membros das mesas receptoras e os fiscais de partido, durante o exercício de suas funções, não poderão ser detidos ou presos, salvo o caso de flagrante delito; da mesma garantia gozarão os candidatos desde 15 (quinze) dias antes da eleição.

§ 2º Ocorrendo qualquer prisão, o preso será imediatamente conduzido à presença do juiz competente que, se verificar a ilegalidade da detenção, a relaxará e promoverá a responsabilidade do coator.

> Concentração de eleitores para embaraçar o exercício do voto, consoante art. 302 do Código Eleitoral:

Art. 302*. Promover, no dia da eleição, com o fim de impedir, embaraçar ou fraudar o exercício do voto a concentração de eleitores, sob qualquer forma, inclusive o fornecimento gratuito de alimento e transporte coletivo: (Redação dada pelo Decreto-Lei nº 1.064, de 24.10.1969)*

***Pena** - reclusão de quatro (4) a seis (6) anos e pagamento de 200 a 300 dias-multa. ((Redação dada pelo Decreto-Lei nº 1.064, de 24.10.1969)*

Crimes contra a garantia do resultado das eleições

Esses crimes foram relacionados para assegurar a legitimidade das eleições. (SPITZCOVSKY, 2013.p. 237).

Exemplos:

» Alteração de mapas e boletins eleitorais, consoante art. 315 do Código Eleitoral:

Art. 315*. Alterar nos mapas ou nos boletins de apuração a votação obtida por qualquer candidato ou lançar nesses documentos votação que não corresponda às cédulas apuradas:*

***Pena** - reclusão até cinco anos e pagamento de 5 a 15 dias-multa.*

> Devassar o sigilo da urna, conforme art. 317 do Código Eleitoral:

Art. 317*. Violar ou tentar violar o sigilo da urna ou dos invólucros.*

***Pena** - reclusão de três a cinco anos.*

Crimes que atentam contra a fé pública eleitoral

A previsão desses crimes tem por objetivo também assegurar a legitimidade das eleições. (SPITZCOVSKY, 2013, p. 237):

> Vide arts. 313 a 316, 348 a 354 e 174, § 3º, do Código Eleitoral:

***Art. 313**. Deixar o juiz e os membros da Junta de expedir o boletim de apuração imediatamente após a apuração de cada urna e antes de passar à subsequente, sob qualquer pretexto e ainda que dispensada a expedição pelos fiscais, delegados ou candidatos presentes:*

***Pena** - pagamento de 90 a 120 dias-multa.*

***Parágrafo único**. Nas seções eleitorais em que a contagem for procedida pela mesa receptora incorrerão na mesma pena o presidente e os mesários que não expedirem imediatamente o respectivo boletim.*

***Art. 314**. Deixar o juiz e os membros da Junta de recolher as cédulas apuradas na respectiva urna, fechá-la e lacrá-la, assim que terminar a apuração de cada seção e antes de passar à subsequente, sob qualquer pretexto e ainda que dispensada a providência pelos fiscais, delegados ou candidatos presentes:*

***Pena** - detenção até dois meses ou pagamento de 90 a 120 dias-multa.*

***Parágrafo único**. Nas seções eleitorais em que a contagem dos votos for procedida pela mesa receptora, incorrerão na mesma pena o presidente e os mesários que não fecharem e lacrarem a urna após a contagem.*

***Art. 315**. Alterar nos mapas ou nos boletins de apuração a votação obtida por qualquer candidato ou lançar nesses documentos votação que não corresponda às cédulas apuradas:*

***Pena** - reclusão até cinco anos e pagamento de 5 a 15 dias-multa.*

***Art. 316**. Não receber ou não mencionar nas atas da eleição ou da apuração os protestos devidamente formulados ou deixar de remetê-los à instância superior:*

***Pena** - reclusão até cinco anos e pagamento de 5 a 15 dias-multa.*

***Art. 348**. Falsificar, no todo ou em parte, documento público, ou alterar documento público verdadeiro, para fins eleitorais:*

***Pena** - reclusão de dois a seis anos e pagamento de 15 a 30 dias-multa.*

***§ 1º** Se o agente é funcionário público e comete o crime prevalecendo-se do cargo, a pena é agravada.*

***§ 2º** Para os efeitos penais, equipara-se a documento público o emanado de entidade paraestatal inclusive Fundação do Estado.*

***Ar. 349**. Falsificar, no todo ou em parte, documento particular ou alterar documento particular verdadeiro, para fins eleitorais:*

***Pena** - reclusão até cinco anos e pagamento de 3 a 10 dias-multa.*

***Art. 350**. Omitir, em documento público ou particular, declaração que dele devia constar, ou nele inserir ou fazer inserir declaração falsa ou diversa da que devia ser escrita, para fins eleitorais:*

***Pena** - reclusão até cinco anos e pagamento de 5 a 15 dias-multa, se o documento é público, e reclusão até três anos e pagamento de 3 a 10 dias-multa se o documento é particular.*

***Parágrafo único**. Se o agente da falsidade documental é funcionário público e comete o crime prevalecendo-se do cargo ou se a falsificação ou alteração é de assentamentos de registro civil, a pena é agravada.*

***Art. 351**. Equipara-se a documento (348,349 e 350) para os efeitos penais, a fotografia, o filme cinematográfico, o disco fonográfico ou fita de ditafone a que se incorpore declaração ou imagem destinada à prova de fato juridicamente relevante.*

***Art. 352**. Reconhecer, como verdadeira, no exercício da função pública, firma ou letra que o não seja, para fins eleitorais:*

***Pena** - reclusão até cinco anos e pagamento de 5 a 15 dias-multa se o documento é público, e reclusão até três anos e pagamento de 3 a 10 dias-multa se o documento é particular.*

***Art. 353**. Fazer uso de qualquer dos documentos falsificados ou alterados, a que se referem os artigos. 348 a 352:*

***Pena** - a cominada à falsificação ou à alteração.*

***Art. 354**. Obter, para uso próprio ou de outrem, documento público ou particular, material ou ideologicamente falso para fins eleitorais:*

***Pena** - a cominada à falsificação ou à alteração.*

***Art. 174**. As cédulas oficiais, à medida em que forem sendo abertas, serão examinadas e lidas em voz alta por um dos componentes da Junta.*

***§ 3º** Não poderá ser iniciada a apuração dos votos da urna subsequente sob as penas do Art. 345, sem que os votos em branco da anterior estejam todos registrados pela forma referida no § 1º. (Incluído como § 2º pela Lei nº 4.961, de 4.5.1966 e renumerado do § 2º pela Lei nº 6.055, de 17.6.1974)*

> Vide art. 5º da Lei nº 7.021/1982:

***Art. 5º** - Constitui crime eleitoral destruir, suprimir ou, de qualquer modo, danificar relação de candidatos afixada na cabina indevassável.*

***Pena** - detenção, até seis meses, e pagamento de sessenta a cem dias-multa.*

> Vide arts. 2º a 5º, 8º, 10º e 11 da Lei n.º 6.091/1974:

***Art. 2º** Se a utilização de veículos pertencentes às entidades previstas no art. 1º não for suficiente para atender ao disposto nesta Lei, a Justiça Eleitoral requisitará veículos e embarcações a particulares, de preferência os de aluguel.*

***Parágrafo único**. Os serviços requisitados serão pagos, até trinta dias depois do pleito, a preços que correspondam aos critérios da localidade. A despesa correrá por conta do Fundo Partidário.*

***Art. 3º** Até cinquenta dias antes da data do pleito, os responsáveis por todas as repartições, órgãos e unidades do serviço público federal, estadual e municipal oficiarão à Justiça Eleitoral, informando o número, a espécie e lotação dos veículos e embarcações de sua propriedade, e justificando, se for o caso, a ocorrência da exceção prevista no parágrafo 1º do art. 1º desta Lei.*

***§ 1º** Os veículos e embarcações à disposição da Justiça Eleitoral deverão, mediante comunicação expressa de seus proprietários, estar em condições de ser utilizados, pelo menos, vinte e quatro horas antes das eleições e circularão exibindo de modo bem visível, dístico em letras garrafais, com a frase: "A serviço da Justiça Eleitoral."*

***§ 2º** A Justiça Eleitoral, à vista das informações recebidas, planejará a execução do serviço de transporte de eleitores e requisitará aos responsáveis pelas repartições, órgãos ou unidades, até trinta dias antes do pleito, os veículos e embarcações necessários.*

***Art. 4º** Quinze dias antes do pleito, a Justiça Eleitoral divulgará, pelo órgão competente, o quadro geral de percursos e horários programados para o transporte de eleitores, dele fornecendo cópias aos partidos políticos.*

***§ 1º** O transporte de eleitores somente será feito dentro dos limites territoriais do respectivo município e quando das zonas rurais para as mesas receptoras distar pelo menos dois quilômetros.*

§ 2º Os partidos políticos, os candidatos, ou eleitores em número de vinte, pelo menos, poderão oferecer reclamações em três dias contados da divulgação do quadro.

§ 3º As reclamações serão apreciadas nos três dias subsequentes, delas cabendo recurso sem efeito suspensivo.

§ 4º Decididas as reclamações, a Justiça Eleitoral divulgará, pelos meios disponíveis, o quadro definitivo.

Art. 5º Nenhum veículo ou embarcação poderá fazer transporte de eleitores desde o dia anterior até o posterior à eleição, salvo:

I. a serviço da Justiça Eleitoral;

II. coletivos de linhas regulares e não fretados;

III. de uso individual do proprietário, para o exercício do próprio voto e dos membros da sua família;

IV. o serviço normal, sem finalidade eleitoral, de veículos de aluguel não atingidos pela requisição de que trata o art. 2º.

***Art. 8º** Somente a Justiça Eleitoral poderá, quando imprescindível, em face da absoluta carência de recursos de eleitores da zona rural, fornecer-lhes refeições, correndo, nesta hipótese, as despesas por conta do Fundo Partidário.*

***Art. 10**. É vedado aos candidatos ou órgãos partidários, ou a qualquer pessoa, o fornecimento de transporte ou refeições aos eleitores da zona urbana.*

***Art. 11**. Constitui crime eleitoral:*

I. descumprir, o responsável por órgão, repartição ou unidade do serviço público, o dever imposto no art. 3º, ou prestar informação inexata que vise a elidir, total ou parcialmente, a contribuição de que ele trata:

***Pena** - detenção de quinze dias a seis meses e pagamento de 60 a 100 dias - multa;*

II. desatender à requisição de que trata o art. 2º:

***Pena** - pagamento de 200 a 300 dias-multa, além da apreensão do veículo para o fim previsto;*

III. descumprir a proibição dos artigos 5º, 8º e 10º;

***Pena** - reclusão de quatro a seis anos e pagamento de 200 a 300 dias-multa (art. 302 do Código Eleitoral);*

IV. obstar, por qualquer forma, a prestação dos serviços previstos nos arts. 4º e 8º desta Lei, atribuídos à Justiça Eleitoral:

***Pena** - reclusão de 2 (dois) a 4 (quatro) anos;*

V. utilizar em campanha eleitoral, no decurso dos 90 (noventa) dias que antecedem o pleito, veículos e embarcações pertencentes à União, Estados, Territórios, Municípios e respectivas autarquias e sociedades de economia mista:

***Pena** - cancelamento do registro do candidato ou de seu diploma, se já houver sido proclamado eleito.*

***Parágrafo único**. O responsável, pela guarda do veículo ou da embarcação, será punido com a pena de detenção, de 15 (quinze) dias a 6 (seis) meses, e pagamento de 60 (sessenta) a 100 (cem) dias-multa.*

Do Processo das Infrações

Artigos 355 a 364

A Instauração do Processo Penal Eleitoral e o Inquérito Policial Eleitoral

Os crimes eleitorais, de acordo com o art. 355 do Código Eleitoral, são de ação pública, como se confere a seguir (BARREIROS NETO, 2012, p. 364):

Capítulo III - Do Processo Das Infrações

***Art. 355**. **As infrações penais definidas neste Código** são de **ação pública**.*

Qualquer cidadão que tiver conhecimento de infração penal do Código Eleitoral deverá comunicá-la ao juiz eleitoral da zona onde a mesma se verificou, por escrito ou verbalmente (BARREIROS NETO, 2012, p. 364), conforme art. 356 do Código Eleitoral a seguir:

***Art. 356**. Todo cidadão que tiver conhecimento de infração penal deste Código deverá comunicá-la ao juiz eleitoral da zona onde a mesma se verificou.*

§ 1º Quando a comunicação for verbal, mandará a autoridade judicial reduzi-la a termo, assinado pelo apresentante e por duas testemunhas, e a remeterá ao órgão do Ministério Público local, que procederá na forma deste Código.

§ 2º Se o Ministério Público julgar necessários maiores esclarecimentos e documentos complementares ou outros elementos de convicção, deverá requisitá-los diretamente de quaisquer autoridades ou funcionários que possam fornecê-los.

Fique Ligado

Os crimes previstos no Código Eleitoral (Lei n.º 4.737/65) e na Lei das Eleições (Lei n.º 9.504/97) são todos de ação penal pública incondicionada (BARREIROS NETO, 2012, p. 364).

Em 17/11/2011, o Tribunal Superior Eleitoral (TSE), valendo-se do seu poder regulamentar, expediu a Resolução n.º 23.363/2011, que dispõe sobre a apuração de crimes eleitorais, além da instauração do inquérito policial eleitoral. (BARREIROS NETO, 2012, p. 364).

Assim, segundo o Capítulo I da referida Resolução:

Capítulo I - Da Polícia Judiciária Eleitoral

***Art. 1º** O Departamento de Polícia Federal ficará à disposição da Justiça Eleitoral sempre que houver eleições, gerais ou parciais, em qualquer parte do Território Nacional (Decreto-Lei nº 1.064/69, art. 2º).*

***Art. 2º A Polícia Federal exercerá, com prioridade sobre as suas atribuições regulares, a função de polícia judiciária em matéria eleitoral, limitada às instruções e requisições do Tribunal Superior Eleitoral, dos Tribunais Regionais, dos Juízes Eleitorais ou do Ministério Público Eleitoral** (Lei nº 9.504/97, art. 94, § 3º, e Resolução nº 8.906/70).*

***Parágrafo único. Quando no local da infração não existirem órgãos da Polícia Federal, a Polícia do respectivo Estado terá atuação supletiva** (Resolução nº 11.494/82 e HC nº 439, de 15 de maio de 2003).*

No seu Capítulo II, a nova Resolução n.º 23.363/2011 dispõe:

Capítulo II - Da Notícia-crime Eleitoral

***Art. 3º Qualquer pessoa que tiver conhecimento da existência de infração penal eleitoral deverá, verbalmente ou por escrito, comunicá-la ao Juiz Eleitoral** (Código Eleitoral, art. 356, e Código de Processo Penal, art. 5º, § 3º).*

***Art. 4º Recebida a notícia-crime, o Juiz Eleitoral a encaminhará ao Ministério Público Eleitoral ou, quando necessário, à polícia, com requisição para instauração de inquérito policial** (Código Eleitoral, art. 356, § 1º).*

Art. 5º Verificada a sua incompetência, o Juízo Eleitoral determinará a remessa dos autos ao Juízo competente.

Art. 6º Quando tiver conhecimento da prática da infração penal eleitoral, a autoridade policial deverá informar imediatamente o Juiz Eleitoral.

Parágrafo único. *Se necessário, a autoridade policial adotará as medidas acautelatórias previstas no art. 6º do Código de Processo Penal.*

Segundo este art. 6º:

> ***Art. 6º Logo que tiver conhecimento da prática da infração penal, a autoridade policial deverá:***
>
> ***I.*** ***dirigir-se ao local, providenciando para que não se alterem o estado e conservação das coisas, até a chegada dos peritos criminais; (Redação dada pela Lei nº 8.862, de 28.3.1994) (Vide Lei nº 5.970, de 1973)***
>
> ***II.*** ***apreender os objetos que tiverem relação com o fato, após liberados pelos peritos criminais; (Redação dada pela Lei nº 8.862, de 28.3.1994)***
>
> ***III.*** ***colher todas as provas que servirem para o esclarecimento do fato e suas circunstâncias;***
>
> ***IV.*** ***ouvir o ofendido;***
>
> ***V.*** ***ouvir o indiciado, com observância, no que for aplicável, do disposto no Capítulo III do Título VII, deste Livro, devendo o respectivo termo ser assinado por duas testemunhas que lhe tenham ouvido a leitura;***
>
> ***VI.*** ***proceder a reconhecimento de pessoas e coisas e a acareações;***
>
> ***VII.*** ***determinar, se for caso, que se proceda a exame de corpo de delito e a quaisquer outras perícias;***
>
> ***VIII.*** ***ordenar a identificação do indiciado pelo processo datiloscópico, se possível, e fazer juntar aos autos sua folha de antecedentes;***
>
> ***IX.*** ***averiguar a vida pregressa do indiciado, sob o ponto de vista individual, familiar e social, sua condição econômica, sua atitude e estado de ânimo antes e depois do crime e durante ele, e quaisquer outros elementos que contribuírem para a apreciação do seu temperamento e caráter.***

Seguindo no Capítulo II, da nova Resolução n.º 23.363/2011, dispõem o art. 7º e seguintes:

> ***Art. 7º As autoridades policiais deverão prender quem for encontrado em flagrante delito pela prática de infração eleitoral, comunicando imediatamente o fato ao Juiz Eleitoral, ao Ministério Público Eleitoral e à família do preso ou a pessoa por ele indicada*** *(Código de Processo Penal, art. 306).*
>
> ***§ 1º Em até 24 horas após a realização da prisão, será encaminhado ao Juiz Eleitoral o auto de prisão em flagrante e, caso o autuado não informe o nome de seu advogado, cópia integral para a Defensoria Pública*** *(Código de Processo Penal, art. 306, § 1º).*
>
> ***§ 2º No mesmo prazo de até 24 horas após a realização da prisão, será entregue ao preso, mediante recibo, a nota de culpa, assinada pela autoridade policial, com o motivo da prisão, o nome do condutor e os das testemunhas*** *(Código de Processo Penal, art. 306, § 2º).*
>
> ***§ 3º A apresentação do preso ao Juiz Eleitoral, bem como os atos subsequentes, observarão o disposto no art. 304 do Código de Processo Penal.***

O art. 304, *caput*, do Código de Processo Penal estabelece:

> ***Art. 304.*** *Apresentado o preso à autoridade competente, ouvirá esta o condutor e colherá, desde logo, sua assinatura, entregando a este cópia do termo e recibo de entrega do preso. Em seguida, procederá à oitiva das testemunhas que o acompanharem e ao interrogatório do acusado sobre a imputação que lhe é feita, colhendo, após cada oitiva suas respectivas assinaturas, lavrando, a autoridade, afinal, o auto. (Redação dada pela Lei nº 11.113, de 2005)*

Voltando ao Capítulo II, da nova Resolução n.º 23.363/2011, dispõem o restante dos parágrafos do art. 7º:

> ***§ 4º*** *Ao receber o auto de prisão em flagrante, o Juiz Eleitoral deverá fundamentadamente:*
>
> *I.* ***relaxar a prisão ilegal; ou***
>
> *II.* ***converter a prisão em flagrante em preventiva, quando presentes os requisitos constantes do art. 312 do Código de Processo Penal, e se revelarem inadequadas ou insuficientes as medidas cautelares diversas da prisão; ou***
>
> *III.* ***conceder liberdade provisória, com ou sem fiança*** *(Código de Processo Penal, art. 310).*
>
> ***§ 5º Se o juiz verificar, pelo auto de prisão em flagrante, que o agente praticou o fato nas condições constantes dos incisos I a III do*** *caput* ***do art. 23 do Código Penal, poderá, fundamentadamente, conceder ao acusado liberdade provisória, mediante termo de comparecimento a todos os atos processuais, sob pena de revogação*** *(Código de Processo Penal, art. 310, parágrafo único).*
>
> ***§ 6º Ausentes os requisitos que autorizam a decretação da prisão preventiva, o Juiz Eleitoral deverá conceder liberdade provisória, impondo, se for o caso, as medidas cautelares previstas no art. 319 e observados os critérios constantes do art. 282, ambos do Código de Processo Penal*** *(Código de Processo Penal, art. 321).*
>
> ***§ 7º*** *A fiança e as medidas cautelares serão aplicadas com a observância das respectivas disposições do Código de Processo Penal pela autoridade competente.*
>
> ***§ 8º Quando a infração for de menor potencial ofensivo, a autoridade policial elaborará termo circunstanciado de ocorrência e providenciará o encaminhamento ao Juiz Eleitoral.***

Por fim, no seu Capítulo III, a Resolução n.º 23.363/2011 dispõe sobre o inquérito policial eleitoral:

> **Capítulo III - Do Inquérito Policial Eleitoral**
>
> ***Art. 8º*** *O inquérito policial eleitoral somente será instaurado mediante requisição do Ministério Público Eleitoral ou determinação da Justiça Eleitoral, salvo a hipótese de prisão em flagrante.*

Segundo os arts. 9º e 10 da referida Resolução:

> ***Art. 9º*** *Se* ***o indiciado tiver sido preso em flagrante ou preventivamente, o inquérito policial eleitoral será concluído em até 10 dias, contado o prazo a partir do dia em que se executar a ordem de prisão*** *(Código de Processo Penal, art. 10).*
>
> ***§ 1º Se o indiciado estiver solto, o inquérito policial eleitoral será concluído em até 30 dias, mediante fiança ou sem ela*** *(Código de Processo Penal, art. 10).*
>
> ***§ 2º A autoridade policial fará minucioso relatório do que tiver sido apurado e enviará os autos ao Juiz Eleitoral*** *(Código de Processo Penal, art. 10, § 1º).*
>
> ***§ 3º No relatório, poderá a autoridade policial indicar testemunhas que não tiverem sido inquiridas, mencionando o lugar onde possam ser encontradas*** *(Código de Processo Penal, art. 10, § 2º).*
>
> ***§ 4º Quando o fato for de difícil elucidação e o indiciado estiver solto, a autoridade policial poderá requerer ao Juiz Eleitoral a devolução dos autos, para ulteriores diligências, que serão realizadas no prazo marcado pelo Juiz Eleitoral*** *(Código de Processo Penal, art. 10, § 3º).*

Art. 10. O Ministério Público Eleitoral poderá requerer novas diligências, desde que necessárias à elucidação dos fatos.

Parágrafo único. Se o Ministério Público Eleitoral considerar necessários maiores esclarecimentos e documentos complementares ou outros elementos de convicção, deverá requisitá-los diretamente de quaisquer autoridades ou funcionários que possam fornecê-los *(Código Eleitoral, art. 356, § 2º).*

Art. 11. Quando o inquérito for arquivado por falta de base para o oferecimento da denúncia, a autoridade policial poderá proceder a nova investigação se de outras provas tiver notícia, desde que haja nova requisição, nos termos dos arts. 4º e 6º desta resolução *(Código de Processo Penal, art. 18).*

Art. 12. *Aplica-se subsidiariamente ao inquérito policial eleitoral o disposto no Código de Processo Penal.*

A fase de conhecimento do processo penal eleitoral

Verificada a infração penal, o Ministério Público oferecerá a denúncia dentro do prazo de 10 (dez) dias, ou requererá o arquivamento da comunicação (BARREIROS NETO, 2012, p. 367-368), consoante art. 357, *caput* e parágrafos, do Código Eleitoral, a seguir:

> ***Art. 357.*** *Verificada a infração penal, o Ministério Público oferecerá a denúncia dentro do prazo de 10 (dez) dias.*
>
> *§ 1º Se o órgão do Ministério Público, ao invés de apresentar a denúncia, requerer o arquivamento da comunicação, o juiz, no caso de considerar improcedentes as razões invocadas, fará remessa da comunicação ao Procurador Regional, e este oferecerá a denúncia, designará outro Promotor para oferecê-la, ou insistirá no pedido de arquivamento, ao qual só então estará o juiz obrigado a atender.*
>
> *§ 2º A denúncia conterá a exposição do fato criminoso com todas as suas circunstâncias, a qualificação do acusado ou esclarecimentos pelos quais se possa identificá-lo, a classificação do crime e, quando necessário, o rol das testemunhas.*
>
> *§ 3º Se o órgão do Ministério Público não oferecer a denúncia no prazo legal representará contra ele a autoridade judiciária, sem prejuízo da apuração da responsabilidade penal.*
>
> *§ 4º Ocorrendo a hipótese prevista no parágrafo anterior, o juiz solicitará ao Procurador Regional a designação de outro promotor, que, no mesmo prazo, oferecerá a denúncia.*
>
> *§ 5º Qualquer eleitor poderá provocar a representação contra o órgão do Ministério Público se o juiz, no prazo de 10 (dez) dias, não agir de ofício.*

Ainda, estabelecem os arts. 358 a 363, do Código Eleitoral:

> ***Art. 358.*** *A denúncia, será rejeitada quando:*
>
> *I. o fato narrado evidentemente não constituir crime;*
>
> *II. já estiver extinta a punibilidade, pela prescrição ou outra causa;*
>
> *III. for manifesta a ilegitimidade da parte ou faltar condição exigida pela lei para o exercício da ação penal.*
>
> ***Parágrafo único.*** *Nos casos do número III, a rejeição da denúncia não obstará ao exercício da ação penal, desde que promovida por parte legítima ou satisfeita a condição.*
>
> ***Art. 359.*** *Recebida a denúncia, o juiz designará dia e hora para o depoimento pessoal do acusado, ordenando a citação deste e a notificação do Ministério Público. (Redação dada pela Lei nº 10.732, de 5.9.2003)*
>
> ***Parágrafo único.*** *O réu ou seu defensor terá o prazo de 10 (dez) dias para oferecer alegações escritas e arrolar testemunhas. (Incluído pela Lei nº 10.732, de 5.9.2003)*
>
> ***Art. 360.*** *Ouvidas as testemunhas da acusação e da defesa e praticadas as diligências requeridas pelo Ministério Público e deferidas ou ordenadas pelo juiz, abrir-se-á o prazo de 5 (cinco) dias a cada uma das partes - acusação e defesa - para alegações finais.*
>
> ***Art. 361.*** *Decorrido esse prazo, e conclusos os autos ao juiz dentro de quarenta e oito horas, terá o mesmo 10 (dez) dias para proferir a sentença.*
>
> ***Art. 362.*** *Das decisões finais de condenação ou absolvição cabe recurso para o Tribunal Regional, a ser interposto no prazo de 10 (dez) dias.*
>
> ***Art. 363.*** *Se a decisão do Tribunal Regional for condenatória, baixarão imediatamente os autos à instância inferior para a execução da sentença, que será feita no prazo de 5 (cinco) dias, contados da data da vista ao Ministério Público.*

Se o órgão do Ministério Público deixar de promover a execução da sentença, também caberá representação contra o mesmo, por parte da autoridade judiciária, devendo o juiz solicitar ao procurador regional a designação de outro promotor, a quem incumbirá a referida obrigação (BARREIROS NETO, 2012, p. 368), segundo o parágrafo único, do art. 363, do Código Eleitoral, a seguir:

> ***Parágrafo único.*** *Se o órgão do Ministério Público deixar de promover a execução da sentença serão aplicadas as normas constantes dos parágrafos 3º, 4º e 5º do Art. 357.*

Fique Ligado

Existem situações em que a denúncia formulada pelo Ministério Público poderá ser rejeitada. Tal fato ocorrerá quando o fato narrado:

- ***Não constituir crime;***
- ***Já estiver extinta a punibilidade pela prescrição ou outra causa;***
- ***For manifesta a ilegitimidade da parte; ou***
- ***Faltar condição exigida pela lei para o exercício da ação penal.***

Nas duas últimas hipóteses, a rejeição da denúncia não obstará o exercício da ação penal, desde que promovida por parte legítima ou satisfeita a condição. (BARREIROS NETO, 2012, p. 369).

Competência para o processamento e o julgamento dos crimes eleitorais

Por fim, prevê o art. 364 do Código Eleitoral, a seguir:

> ***Art. 364.*** *No processo e julgamento dos crimes eleitorais e dos comuns que lhes forem conexos, assim como nos recursos e na execução, que lhes digam respeito, aplicar-se-á, como lei subsidiária ou supletiva, o Código de Processo Penal.*

O Código de Processo Penal, portanto, é aplicável de forma subsidiária ou supletiva ao processo penal eleitoral, conforme previsão expressa no art. 364 do Código Eleitoral, anteriormente transcrito. (BARREIROS NETO, 2012, p. 369).

São 5 (cinco) os fatores determinantes, de acordo com o Código de Processo Penal, para a definição da competência para o processamento e o julgamento dos crimes eleitorais:

- Lugar da ocorrência do delito;

- O domicílio ou a residência do réu;
- A matéria;
- A pessoa; e
- A existência de conexão ou continência. (BARREIROS NETO, 2012, p. 369).

Revisão Criminal Eleitoral

Considerando a possibilidade de aplicação subsidiária do Código de Processo Penal ao processo penal eleitoral, é cabível a revisão criminal eleitoral, por analogia à previsão do art. 621 do Código de Processo Penal (BARREIROS NETO, 2012, p. 374):

> ***Art. 621.*** *A revisão dos processos findos será admitida:*
>
> *I. quando a sentença condenatória for contrária ao texto expresso da lei penal ou à evidência dos autos;*
>
> *II. quando a sentença condenatória se fundar em depoimentos, exames ou documentos comprovadamente falsos;*
>
> *III. quando, após a sentença, se descobrirem novas provas de inocência do condenado ou de circunstância que determine ou autorize diminuição especial da pena.*

A revisão criminal poderá ser requerida, a qualquer tempo, mesmo após a extinção da pena, pelo:

- Próprio réu;
- Procurador habilitado;
- Cônjuge;
- Irmão;
- Ascendente ou descendente de réu morto. (BARREIROS NETO, 2012, p. 375).

Por fim, a reiteração do pedido só será admitida se fundada em novas provas. (BARREIROS NETO, 2012, p. 375).

Exercício Comentado

01. Sobre disposições penais eleitorais, analise as assertivas abaixo e assinale a alternativa CORRETA.

I. Sempre que o Código Eleitoral não indicar o grau mínimo, entende-se que será ele de quinze dias para a pena de detenção e de seis meses para a de reclusão.

II. Quando a lei determina a agravação ou atenuação da pena sem mencionar o " quantum" , deve o juiz fixá-lo entre um quinto e um terço, guardados os limites da pena cominada ao crime.

III. As infrações penais eleitorais são de ação pública, respondendo os acusados pela prática do crime perante o juiz da zona eleitoral onde se verificou a infração, à exceção daqueles que detêm foro especial por prerrogativa de função. Porém, excepcionalmente, desde que decorrido o prazo legal sem que o ministério público eleitoral tenha oferecido a denúncia, admite-se a propositura da ação penal privada subsidiária.

IV. Das decisões finais de condenação ou absolvição proferidas pelo juiz da zona eleitoral cabe recurso para o Tribunal Regional, a ser interposto no prazo de dez dias.

a) Todas as assertivas são verdadeiras.

b) Somente as assertivas número II e IV são verdadeiras.

c) Somente as assertivas número II e III são verdadeiras.

d) As assertivas número II, III e IV são verdadeiras.

RESPOSTA. ***A resposta certa é a alternativa "D" – II, III e IV são verdadeiras.***

RESPOSTA. ***I – ERRADA. Conforme art. 284 do Código Eleitoral: "Art. 284. Sempre que este Código não indicar o grau mínimo, entende-se que será ele de quinze dias para a pena de detenção e de um ano para a de reclusão".***

RESPOSTA. ***II – CERTA. Consoante art. 285 do Código Eleitoral: "Art. 285. Quando a lei determina a agravação ou atenuação da pena sem mencionar o "quantum", deve o juiz fixá-lo entre um quinto e um terço, guardados os limites da pena cominada ao crime".***

RESPOSTA. ***III – CERTA. Segundo os arts. 355 e 356 do Código Eleitoral: "Art. 355. As infrações penais definidas neste Código são de ação pública. Art. 356. Todo cidadão que tiver conhecimento de infração penal deste Código deverá comunicá-la ao juiz eleitoral da zona onde a mesma se verificou". O TSE já decidiu ser cabível a ação penal subsidiária da pública no Ac.-TSE nº 21.295/2003: "cabimento de ação penal privada subsidiária no âmbito da Justiça Eleitoral, por tratar-se de garantia constitucional, prevista na CF/88, art. 5º, LIX. Inadmissibilidade da ação penal pública condicionada a representação do ofendido, em virtude do interesse público que envolve a matéria eleitoral.***

RESPOSTA. ***O foro de prerrogativa de função é cabível nos crimes eleitorais por ser uma garantia afeta ao cargo de índole constitucional".***

RESPOSTA. ***IV – CERTA. De acordo com o art. 362 do Código Eleitoral: "Art. 362. Das decisões finais de condenação ou absolvição cabe recurso para o Tribunal Regional, a ser interposto no prazo de 10 (dez) dias".***

Anotações

CAPÍTULO 21

Ações e Recursos Eleitorais

→ Durante a unidade, trabalharemos, em suma:

> Ação de impugnação de mandato eletivo (AIME);
> Ação de impugnação ao pedido de registro de candidatura;
> Ação de investigação judicial eleitoral (AIJE) (Lei complementar nº 64/1990 e alterações posteriores);
> Representação por captação de sufrágio (art. 41 da Lei nº 9.504/1997);
> Recurso contra a diplomação (recurso contra a expedição de diploma);
> Recursos eleitorais: cabimento, pressupostos de admissibilidade, processamento, efeitos e prazos, recursos perante as Juntas e Juízos Eleitorais e Tribunais Regionais, fiscalização da propaganda eleitoral.

Os conteúdos mais relevantes serão: Ação de impugnação de mandato eletivo (AIME).

Ações Eleitorais

Ação de Impugnação de Mandato Eletivo (AIME)

Esta ação é regulada no art. 14, §§ 10 e 11, do texto constitucional:

> ***Art. 14 § 10*** *- O mandato eletivo poderá ser impugnado ante a Justiça Eleitoral no prazo de quinze dias contados da diplomação, instruída a ação com provas de abuso do poder econômico, corrupção ou fraude.*
>
> ***§ 11*** *- A ação de impugnação de mandato tramitará em segredo de justiça, respondendo o autor, na forma da lei, se temerária ou de manifesta má-fé.*

A referida ação tem por finalidade específica, a de impugnar mandato eletivo em face do cometimento de abuso de poder econômico, político, corrupção ou fraude, para preservar a normalidade das eleições. (SPITZCOVSKY, 2013, p. 228).

Pressuposto para a propositura desta ação é que o mandato eletivo já tenha sido conquistado. (SPITZCOVSKY, 2013, p. 228).

→ A legitimidade desta ação foi também conferida aos:

> Candidatos;
> Partidos;
> Coligações;
> Ministério Público. (SPITZCOVSKY, 2013, p. 228).

Por derradeiro, esta ação poderá ser proposta em até 15 (quinze) dias, a partir da diplomação, a teor do disposto no art. 14, § 10, da Constituição Federal (SPITZCOVSKY, 2013, p. 229), que se confere adiante:

> *Art. 14 § 10 - O mandato eletivo poderá ser impugnado ante a Justiça Eleitoral no prazo de quinze dias contados da diplomação, instruída a ação com provas de abuso do poder econômico, corrupção ou fraude.*

Ação de Impugnação de Registro de Candidatura

O objeto da ação de impugnação de registro de candidatura refere-se a pedidos de cancelamento de candidaturas inelegíveis, em que se procura excluir do pleito eleitoral a candidatura daqueles que não consigam preencher as condições de elegibilidade previstas no art. 14, § 3º, da Constituição Federal, bem como no art. 11, da Lei n.º 9.504/1997. (SPITZCOVSKY, 2013, p. 226).

Importante relembrar que o dia cinco de julho do ano das eleições se apresenta como data limite para que aqueles que pretendam concorrer possam registrar sua candidatura perante a Justiça Eleitoral. (SPITZCOVSKY, 2013, p. 226).

Feito o pedido de registro, caso a Justiça Eleitoral o acolha, aqueles que entendam ser a candidatura irregular, poderão lançar mão desta ação, com o objetivo único de impugná-la. (SPITZCOVSKY, 2013, p. 226).

→ A legitimidade para a propositura desta ação foi entregue também para:

> Candidatos;
> Partidos;
> Coligações;
> Ministério Público. (SPITZCOVSKY, 2013, p. 226).

Por derradeiro, o prazo para a propositura de uma ação dessa natureza é de 5 (cinco) dias, contados a partir do registro da candidatura, a teor do disposto na Lei Complementar n.º 64/1990, em seus arts. 3º ao 17 (SPITZCOVSKY, 2013, p. 226), a seguir:

> ***Art. 3º*** *Caberá a qualquer candidato, a partido político, coligação ou ao Ministério Público, no prazo de 5 (cinco) dias, contados da publicação do pedido de registro do candidato, impugná-lo em petição fundamentada.*
>
> ***§ 1º*** *A impugnação, por parte do candidato, partido político ou coligação, não impede a ação do Ministério Público no mesmo sentido.*
>
> ***§ 2º*** *Não poderá impugnar o registro de candidato o representante do Ministério Público que, nos 4 (quatro) anos anteriores, tenha disputado cargo eletivo, integrado diretório de partido ou exercido atividade político-partidária.*
>
> ***§ 3º*** *O impugnante especificará, desde logo, os meios de prova com que pretende demonstrar a veracidade do alegado, arrolando testemunhas, se for o caso, no máximo de 6 (seis).*
>
> ***Art. 4º*** *A partir da data em que terminar o prazo para impugnação, passará a correr, após devida notificação, o prazo de 7 (sete) dias para que o candidato, partido político ou coligação possa contestá-la, juntar documentos, indicar rol de testemunhas e requerer a produção de outras provas, inclusive documentais, que se encontrarem em poder de terceiros, de repartições públicas ou em procedimentos judiciais, ou administrativos, salvo os processos em tramitação em segredo de justiça.*
>
> ***Art. 5º*** *Decorrido o prazo para contestação, se não se tratar apenas de matéria de direito e a prova protestada for relevante, serão designados os 4 (quatro) dias seguintes para inquirição das testemunhas do impugnante e do impugnado, as quais comparecerão por iniciativa das partes que as tiverem arrolado, com notificação judicial.*
>
> ***§ 1º*** *As testemunhas do impugnante e do impugnado serão ouvidas em uma só assentada.*
>
> ***§ 2º*** *Nos 5 (cinco) dias subsequentes, o Juiz, ou o Relator, procederá a todas as diligências que determinar, de ofício ou a requerimento das partes.*
>
> ***§ 3º*** *No prazo do parágrafo anterior, o Juiz, ou o Relator, poderá ouvir terceiros, referidos pelas partes, ou testemunhas, como conhecedores dos fatos e circunstâncias que possam influir na decisão da causa.*

§ 4º Quando qualquer documento necessário à formação da prova se achar em poder de terceiro, o Juiz, ou o Relator, poderá ainda, no mesmo prazo, ordenar o respectivo depósito.

§ 5º Se o terceiro, sem justa causa, não exibir o documento, ou não comparecer a juízo, poderá o Juiz contra ele expedir mandado de prisão e instaurar processo por crime de desobediência.

***Art. 6º** Encerrado o prazo da dilação probatória, nos termos do artigo anterior, as partes, inclusive o Ministério Público, poderão apresentar alegações no prazo comum de 5 (cinco) dias.*

***Art. 7º** Encerrado o prazo para alegações, os autos serão conclusos ao Juiz, ou ao Relator, no dia imediato, para sentença ou julgamento pelo Tribunal.*

***Parágrafo único.** O Juiz, ou Tribunal, formará sua convicção pela livre apreciação da prova, atendendo aos fatos e às circunstâncias constantes dos autos, ainda que não alegados pelas partes, mencionando, na decisão, os que motivaram seu convencimento.*

***Art. 8º** Nos pedidos de registro de candidatos a eleições municipais, o Juiz Eleitoral apresentará a sentença em cartório 3 (três) dias após a conclusão dos autos, passando a correr deste momento o prazo de 3 (três) dias para a interposição de recurso para o Tribunal Regional Eleitoral.*

§ 1º A partir da data em que for protocolizada a petição de recurso, passará a correr o prazo de 3 (três) dias para a apresentação de contrarrazões.

§ 2º Apresentadas as contrarrazões, serão os autos imediatamente remetidos ao Tribunal Regional Eleitoral, inclusive por portador, se houver necessidade, decorrente da exiguidade de prazo, correndo as despesas do transporte por conta do recorrente, se tiver condições de pagá-las.

***Art. 9º** Se o Juiz Eleitoral não apresentar a sentença no prazo do artigo anterior, o prazo para recurso só começará a correr após a publicação da mesma por edital, em cartório.*

***Parágrafo único.** Ocorrendo a hipótese prevista neste artigo, o Corregedor Regional, de ofício, apurará o motivo do retardamento e proporá ao Tribunal Regional Eleitoral, se for o caso, a aplicação da penalidade cabível.*

***Art. 10.** Recebidos os autos na Secretaria do Tribunal Regional Eleitoral, estes serão autuados e apresentados no mesmo dia ao Presidente, que, também na mesma data, os distribuirá a um Relator e mandará abrir vistas ao Procurador Regional pelo prazo de 2 (dois) dias.*

***Parágrafo único.** Findo o prazo, com ou sem parecer, os autos serão enviados ao Relator, que os apresentará em mesa para julgamento em 3 (três) dias, independentemente de publicação em pauta.*

***Art. 11.** Na sessão do julgamento, que poderá se realizar em até 2 (duas) reuniões seguidas, feito o relatório, facultada a palavra às partes e ouvido o Procurador Regional, proferirá o Relator o seu voto e serão tomados os dos demais Juízes.*

§ 1º Proclamado o resultado, o Tribunal se reunirá para lavratura do acórdão, no qual serão indicados o direito, os fatos e as circunstâncias com base nos fundamentos do Relator ou do voto vencedor.

§ 2º Terminada a sessão, far-se-á a leitura e a publicação do acórdão, passando a correr dessa data o prazo de 3 (três) dias, para a interposição de recurso para o Tribunal Superior Eleitoral, em petição fundamentada.

***Art. 12.** Havendo recurso para o Tribunal Superior Eleitoral, a partir da data em que for protocolizada a petição passará a correr o prazo de 3 (três) dias para a apresentação de contrarrazões, notificado por telegrama o recorrido.*

***Parágrafo único.** Apresentadas as contrarrazões, serão os autos imediatamente remetidos ao Tribunal Superior Eleitoral.*

***Art. 13.** Tratando-se de registro a ser julgado originariamente por Tribunal Regional Eleitoral, observado o disposto no art. 6º desta lei complementar, o pedido de registro, com ou sem impugnação, será julgado em 3 (três) dias, independentemente de publicação em pauta.*

***Parágrafo único.** Proceder-se-á ao julgamento na forma estabelecida no art. 11 desta lei complementar e, havendo recurso para o Tribunal Superior Eleitoral, observar-se-á o disposto no artigo anterior.*

***Art. 14.** No Tribunal Superior Eleitoral, os recursos sobre registro de candidatos serão processados e julgados na forma prevista nos arts. 10 e 11 desta lei complementar.*

***Art. 15.** Transitada em julgado ou publicada a decisão proferida por órgão colegiado que declarar a inelegibilidade do candidato, ser-lhe-á negado registro, ou cancelado, se já tiver sido feito, ou declarado nulo o diploma, se já expedido. (Redação dada pela Lei Complementar nº 135, de 2010)*

***Parágrafo único.** A decisão a que se refere o caput, independentemente da apresentação de recurso, deverá ser comunicada, de imediato, ao Ministério Público Eleitoral e ao órgão da Justiça Eleitoral competente para o registro de candidatura e expedição de diploma do réu. (Incluído pela Lei Complementar nº 135, de 2010)*

***Art. 16.** Os prazos a que se referem o art. 3º e seguintes desta lei complementar são peremptórios e contínuos e correm em secretaria ou Cartório e, a partir da data do encerramento do prazo para registro de candidatos, não se suspendem aos sábados, domingos e feriados.*

***Art. 17.** É facultado ao partido político ou coligação que requerer o registro de candidato considerando inelegível dar-lhe substituto, mesmo que a decisão passada em julgado tenha sido proferida após o termo final do prazo de registro, caso em que a respectiva Comissão Executiva do Partido fará a escolha do candidato.*

Ação de Investigação Judicial Eleitoral (AIJE)

Esta ação tem por objetivo combater ou investigar abusos de poder econômico ou político, ocorridos durante a campanha eleitoral, de forma a impedir a desequiparação de candidatos e, como consequência, assegurar a normalidade das eleições. (SPITZCOVSKY, 2013, p. 226).

→ A legitimidade para sua propositura foi entregue para:

> Candidatos;
> Partidos;
> Coligações;
> Ministério Público. (SPITZCOVSKY, 2013, p. 226).

Isso a teor do disposto na Lei Complementar n.º 64/1990, que disciplina a legitimidade, em especial, em seu art. 22, *caput*, que se confere adiante:

> ***Art. 22.** Qualquer partido político, coligação, candidato ou Ministério Público Eleitoral poderá representar à Justiça Eleitoral, diretamente ao Corregedor-Geral ou Regional, relatando fatos e indicando provas, indícios e circunstâncias e pedir abertura de investigação judicial para apurar uso indevido, desvio ou abuso do poder econômico ou do poder de autoridade, ou utilização indevida de veículos ou meios de*

> *comunicação social, em benefício de candidato ou de partido político, obedecido ao seguinte rito: (Vide Lei nº 9.504, de 1997)*

Por fim, importante destacar que a utilização desta ação tem lugar no período compreendido entre o registro da candidatura e a diplomação, podendo ser ajuizada até 15 (quinze) dias antes desta última, conforme art. 30-A, *caput*, da Lei nº 9.504/1997 (SPITZCOVSKY, 2013, p. 227), que se confere a seguir:

> ***Art. 30-A.*** *Qualquer partido político ou coligação poderá representar à Justiça Eleitoral, no prazo de 15 (quinze) dias da diplomação, relatando fatos e indicando provas, e pedir a abertura de investigação judicial para apurar condutas em desacordo com as normas desta Lei, relativas à arrecadação e gastos de recursos. (Redação dada pela Lei nº 12.034, de 2009)*
>
> *§ 1º Na apuração de que trata este artigo, aplicar-se-á o procedimento previsto no art. 22 da Lei Complementar no 64, de 18 de maio de 1990, no que couber. (Incluído pela Lei nº 11.300, de 2006)*
>
> *§ 2º Comprovados captação ou gastos ilícitos de recursos, para fins eleitorais, será negado diploma ao candidato, ou cassado, se já houver sido outorgado. (Incluído pela Lei nº 11.300, de 2006)*
>
> *§ 3º O prazo de recurso contra decisões proferidas em representações propostas com base neste artigo será de 3 (três) dias, a contar da data da publicação do julgamento no Diário Oficial. (Incluído pela Lei nº 12.034, de 2009).*

Representação por Captação de Sufrágio (Art. 41 da Lei nº 9.504/1997)

(Ação por Captação Ilícita/Irregular de Sufrágio)

A ação por captação irregular de sufrágio apresenta objeto único, qual seja, combater, como o próprio nome diz, captação irregular de sufrágio, protegendo o eleitor contra tentativas ilegais de convencimento. (SPITZCOVSKY, 2013, p. 227).

Tal ação encontra amparo no art. 41-A, *caput*, da Lei n.º 9.504/1997 (com redação dada pela Lei n.º 12.034/2009 – Lei de Iniciativa Popular) (SPITZCOVSKY, 2013, p. 227), que se confere a seguir:

> ***Art. 41-A.*** *Ressalvado o disposto no art. 26 e seus incisos, constitui captação de sufrágio, vedada por esta Lei, o candidato doar, oferecer, prometer, ou entregar, ao eleitor, com o fim de obter-lhe o voto, bem ou vantagem pessoal de qualquer natureza, inclusive emprego ou função pública, desde o registro da candidatura até o dia da eleição, inclusive, sob pena de multa de mil a cinquenta mil Ufir, e cassação do registro ou do diploma, observado o procedimento previsto no art. 22 da Lei Complementar no 64, de 18 de maio de 1990. (Incluído pela Lei nº 9.840, de 1999)*

O dispositivo legal acima reproduzido demonstra as inúmeras possibilidades contempladas, de forma a caracterizar a captação irregular de sufrágio. (SPITZCOVSKY, 2013, p. 227).

Importante notar que a aceitação ou não, pelo eleitor, de vantagem oferecida, bem como a forma pela qual foi apresentada, explícita ou não, assume importância secundária para a caracterização deste crime, consoante se verifica pelos §§ 1º e 2º do referido dispositivo legal, que se confere a seguir (SPITZCOVSKY, 2013, p. 227):

> ***Art. 41-A § 1º*** *Para a caracterização da conduta ilícita, é desnecessário o pedido explícito de votos, bastando a evidência do dolo, consistente no especial fim de agir. (Incluído pela Lei nº 12.034, de 2009)*
>
> ***§ 2º*** *As sanções previstas no caput aplicam-se contra quem praticar atos de violência ou grave ameaça a pessoa, com o fim de obter-lhe o voto. (Incluído pela Lei nº 12.034, de 2009)*

→ A legitimidade para sua utilização foi entregue, da mesma forma, aos:

> Candidatos;
> Partidos;
> Coligações;
> Ministério Público. (SPITZCOVSKY, 2013, p. 228).

Quanto ao prazo, importante notar que a irregularidade descrita no art. 41-A da Lei n.º 9.504/1997 pode ter lugar do registro da candidatura até a data da eleição, podendo, ainda, a respectiva ação ser ajuizada até a data da diplomação, a teor do disposto no art. 41-A, § 3º, da Lei n.º 9.504/1997 (SPITZCOVSKY, 2013, p. 228), que se confere a seguir:

> ***Art. 41-A § 3º*** *A representação contra as condutas vedadas no caput poderá ser ajuizada até a data da diplomação. (Incluído pela Lei nº 12.034, de 2009)*

Por fim, proferida a decisão, o prazo recursal será de 3 (três) dias, consoante se verifica pelo § 4º, do mesmo dispositivo legal (SPITZCOVSKY, 2013, p. 228), que se confere a seguir:

> ***Art. 41-A § 4º*** *O prazo de recurso contra decisões proferidas com base neste artigo será de 3 (três) dias, a contar da data da publicação do julgamento no Diário Oficial. (Incluído pela Lei nº 12.034, de 2009)*

Recurso Contra a Diplomação

Em que pese ser-lhe atribuída a qualidade de recurso, em verdade, trata-se de ação judicial, cujo objetivo único é o de suspender o ato da diplomação e o exercício do mandato. (SPITZCOVSKY, 2013, p. 229).

→ Sua legitimidade igualmente foi atribuída aos:

> Candidatos;
> Partidos;
> Coligações; e
> Ministério Público. (SPITZCOVSKY, 2013, p. 229).

De outro lado, sua propositura poderá ocorrer no prazo limite de 3 (três) dias, contados a partir da diplomação, a teor do disposto no art. 258 do Código Eleitoral (SPITZCOVSKY, 2013, p. 229), que se confere a seguir:

> ***Art. 258.*** *Sempre que a lei não fixar prazo especial, o recurso deverá ser interposto em três dias da publicação do ato, resolução ou despacho.*

Importante saber algumas ponderações acerca da ação de impugnação de mandato eletivo e o recurso contra a diplomação, que apresentam, aparentemente, o mesmo objeto, qual seja, punição do corrupto ou fraudador eleitoral após a diplomação. (SPITZCOVSKY, 2013, p. 229).

Assim, é importante notar que a ação de impugnação de mandato eletivo pode ser apresentada até 15 (quinze) dias depois da diplomação, não se exigindo prova pré-constituída. De outra parte, o recurso contra a diplomação pode ser apresentado em um prazo de até 3 (três) dias da diplomação, exigindo-se, em contrário, prova pré-constituída, sendo que possui efeito suspensivo (SPITZCOVSKY, 2013, p. 229), a teor do disposto no art. 216 do Código Eleitoral, a seguir:

> ***Art. 216****. Enquanto o Tribunal Superior não decidir o recurso interposto contra a expedição do diploma, poderá o diplomado exercer o mandato em toda a sua plenitude.*

Representações Eleitorais (Lei nº 9.504/97)

As representações eleitorais são utilizadas em caráter residual, ou seja, sempre que não houver nenhuma outra ação específica no campo eleitoral para combater irregularidades verificadas durante a campanha consoante art. 96, *caput*, da Lei n.º 9.504/1997 (SPITZCOVSKY, 2013, p. 225):

> ***Art. 96****. Salvo disposições específicas em contrário desta Lei, as reclamações ou representações relativas ao seu descumprimento podem ser feitas por qualquer partido político, coligação ou candidato, e devem dirigir-se:*

Oportuno citar, a título exemplificativo, as representações eleitorais propostas para combater irregularidades em relação à propaganda eleitoral e pesquisas eleitorais. (SPITZCOVSKY, 2013, p. 225).

→ A legitimidade para a sua propositura foi entregue para:

> Candidatos;
> Partidos;
> Coligações;
> Ministério Público. (SPITZCOVSKY, 2013, p. 225).

Essas representações poderão ser propostas no período compreendido pela campanha eleitoral, ou seja, do registro da candidatura até a realização do pleito. (SPITZCOVSKY, 2013, p. 225).

Quadro Comparativo das Ações Eleitorais

Ações	Objeto	Legitimidade	Prazo
Ação de impugnação de mandato eletivo (AIME)	*Combater abusos do poder econômico e político*	*Candidatos, partidos, coligações e Ministério Público*	*15 (quinze) dias contados da diplomação (art. 14, § 10, CF)*
Ação de impugnação de registro de candidatura	*Combate a candidaturas irregulares*	*Candidatos, partidos, coligações e Ministério Público*	*5 (cinco) dias contados do registro (arts. 3º a 17 da LC 64/1990)*
Ação de investigação judicial eleitoral (AIJE)	*Combate a abusos de poder econômico/político durante a campanha*	*Candidatos, partidos, coligações e Ministério Público*	*15 (quinze) dias da diplomação (art. 30-A da Lei 9.504/1997 e art. 22 da LC 64/1990)*
Ação por captação irregular de sufrágio	*Combater tentativas ilegais de convencimento do eleitor*	*Candidatos, partidos, coligações e Ministério Público*	*Do registro da candidatura até a diplomação*
Recurso contra a diplomação	*Suspender a diplomação e o exercício do mandato*	*Candidatos, partidos, coligações e Ministério Público*	*3 (três) dias a partir da diplomação (art. 258 do CE)*
Representação eleitoral	*Combate a irregularidades durante a campanha, na ausência de ação específica*	*Candidatos, partidos, coligações e Ministério Público*	*Do registro da candidatura até a eleição*

Recursos

(arts. 257 a 282)

Noções

A questão relacionada aos recursos eleitorais encontra-se disciplinada no art. 121, §§ 3º e 4º, da Constituição Federal, que se confere a seguir, bem como nos arts. 257 a 282 do Código Eleitoral (SPITZCOVSKY, 2013, p. 231):

CF

> ***Art. 121****. Lei complementar disporá sobre a organização e competência dos tribunais, dos juízes de direito e das juntas eleitorais.*
>
> *§ 3º - São irrecorríveis as decisões do Tribunal Superior Eleitoral, salvo as que contrariarem esta Constituição e as denegatórias de "habeas-corpus" ou mandado de segurança.*
>
> *§ 4º - Das decisões dos Tribunais Regionais Eleitorais somente caberá recurso quando:*
>
> *I. forem proferidas contra disposição expressa desta Constituição ou de lei;*
>
> *II. ocorrer divergência na interpretação de lei entre dois ou mais tribunais eleitorais;*
>
> *III. versarem sobre inelegibilidade ou expedição de diplomas nas eleições federais ou estaduais;*
>
> *IV. anularem diplomas ou decretarem a perda de mandatos eletivos federais ou estaduais;*
>
> *V. denegarem "habeas-corpus", mandado de segurança, "habeas-data" ou mandado de injunção.*

Importante observar a possibilidade de aplicação subsidiária das regras estabelecidas nos diplomas processuais civil e penal (Código de Processo Civil (CPC) e Código de Processo Penal (CPP). (SPITZCOVSKY, 2013, p. 231).

Como regra geral, os recursos eleitorais não são dotados de efeito suspensivo, o que significa que sua interposição não impede que a decisão continue gerando efeitos, conforme se verifica pelo art. 257 do Código Eleitoral (SPITZCOVSKY, 2013, p. 231), a seguir:

Título III - Dos Recursos

Capítulo I - Disposições Preliminares

> ***Art. 257****. **Os recursos eleitorais não terão efeito suspensivo.***
>
> ***Parágrafo único****. A execução de qualquer acórdão será feita imediatamente, através de comunicação por ofício, telegrama, ou, em casos especiais, a critério do presidente do Tribunal, através de cópia do acórdão.*

A partir dessa regra, a exceção que se apresenta refere-se ao recurso contra a diplomação, a teor do disposto no art. 216, do mesmo diploma legal (SPITZCOVSKY, 2013, p. 231), que se confere a seguir:

> ***Art. 216****. Enquanto o Tribunal Superior não decidir o recurso interposto contra a expedição do diploma, poderá o diplomado exercer o mandato em toda a sua plenitude.*

Quanto ao prazo para a apresentação de tais recursos será, em regra, de 3 (três) dias, salvo se existente qualquer disposição expressa em sentido contrário, como previsto no art. 258 do Código Eleitoral, *in verbis* (SPITZCOVSKY, 2013, p. 231):

> ***Art. 258.*** *Sempre que a lei não fixar prazo especial,* ***o recurso deverá ser interposto em três dias*** *da publicação do ato, resolução ou despacho.*

Neste sentido, perdido o prazo estabelecido em lei, configura-se a preclusão, salvo se o objeto envolver matéria constitucional, conforme o disposto no art. 259, *caput* e parágrafo único, do Código Eleitoral (SPITZCOVSKY, 2013, p. 231), que se confere a seguir:

> ***Art. 259.*** *São preclusivos os prazos para interposição de recurso, salvo quando neste se discutir matéria constitucional.*
>
> ***Parágrafo único.*** *O recurso em que se discutir matéria constitucional não poderá ser interposto fora do prazo. Perdido o prazo numa fase própria, só em outra que se apresentar poderá ser interposto.*

Dispõem ainda os arts. 260 a 264, do Código Eleitoral, *in verbis*:

> ***Art. 260.*** *A distribuição do primeiro recurso que chegar ao Tribunal Regional ou Tribunal Superior, prevenirá a competência do relator para todos os demais casos do mesmo município ou Estado.*
>
> ***Art. 261.*** *Os recursos parciais, entre os quais não se incluem os que versarem matéria referente ao registro de candidatos, interpostos para os Tribunais Regionais no caso de eleições municipais, e para o Tribunal Superior no caso de eleições estaduais ou federais, serão julgados à medida que derem entrada nas respectivas Secretarias.*
>
> *§ 1º Havendo dois ou mais recursos parciais de um mesmo município ou Estado, ou se todos, inclusive os de diplomação já estiverem no Tribunal Regional ou no Tribunal Superior, serão eles julgados seguidamente, em uma ou mais sessões.*
>
> *§ 2º As decisões, com os esclarecimentos necessários ao cumprimento, serão comunicadas de uma só vez ao juiz eleitoral ou ao presidente do Tribunal Regional.*
>
> *§ 3º Se os recursos de um mesmo município ou Estado deram entrada em datas diversas, sendo julgados separadamente, o juiz eleitoral ou o presidente do Tribunal Regional aguardará a comunicação de todas as decisões para cumpri-las, salvo se o julgamento dos demais importar em alteração do resultado do pleito que não tenha relação com o recurso já julgado.*
>
> *§ 4º Em todos os recursos, no despacho que determinar a remessa dos autos à instância superior, o juízo "a quo" esclarecerá quais os ainda em fase de processamento e, no último, quais os anteriormente remetidos.*
>
> *§ 5º Ao se realizar a diplomação, se ainda houver recurso pendente de decisão em outra instância, será consignado que os resultados poderão sofrer alterações decorrentes desse julgamento.*
>
> *§ 6º Realizada a diplomação, e decorrido o prazo para recurso, o juiz ou presidente do Tribunal Regional comunicará à instância superior se foi ou não interposto recurso.*
>
> ***Art. 262.*** *O recurso contra expedição de diploma caberá somente nos casos de inelegibilidade superveniente ou de natureza constitucional e de falta de condição de elegibilidade. (Redação dada pela Lei nº 12.891, de 2013)*
>
> ***I.*** *(revogado); (Redação dada pela Lei nº 12.891, de 2013)*
>
> ***II.*** *(revogado); (Redação dada pela Lei nº 12.891, de 2013)*
>
> ***III.*** *(revogado); (Redação dada pela Lei nº 12.891, de 2013)*
>
> ***IV.*** *(revogado); (Redação dada pela Lei nº 12.891, de 2013)*
>
> ***Art. 263.*** *No julgamento de um mesmo pleito eleitoral, as decisões anteriores sobre questões de direito constituem prejulgados para os demais casos, salvo se contra a tese votarem dois terços dos membros do Tribunal.*
>
> ***Art. 264.*** *Para os Tribunais Regionais e para o Tribunal Superior caberá, dentro de 3 (três) dias, recurso dos atos, resoluções ou despachos dos respectivos presidentes.*

Modalidades

Como já visto, a perspectiva de aplicação subsidiária das regras estabelecidas no Código de Processo Civil e no Código de Processo Penal, abre a possibilidade de utilização de todos os recursos previstos nestes diplomas, também no campo eleitoral. (SPITZCOVSKY, 2013, p. 232).

Assim sendo, das decisões proferidas pelos Juízes de primeira instância, o recurso cabível é o recurso inominado, dirigido ao Tribunal Regional Eleitoral (TRE), previsto no art. 265 do Código Eleitoral (SPITZCOVSKY, 2013, p. 232), que se confere a seguir:

Capítulo II - Dos Recursos Perante as Juntas E Juízos Eleitorais

> ***Art. 265.*** *Dos atos, resoluções ou despachos dos juízes ou juntas eleitorais caberá recurso para o Tribunal Regional.*
>
> ***Parágrafo único.*** *Os recursos das decisões das Juntas serão processados na forma estabelecida pelos artigos. 169 e seguintes.*

Na sequência, estabelecem os arts. 266 a 275, do Código Eleitoral, *in verbis*:

> ***Art. 266.*** *O recurso independerá de termo e será interposto por petição devidamente fundamentada, dirigida ao juiz eleitoral e acompanhada, se o entender o recorrente, de novos documentos.*
>
> ***Parágrafo único.*** *Se o recorrente se reportar a coação, fraude, uso de meios de que trata o art. 237 ou emprego de processo de propaganda ou captação de sufrágios vedado por lei, dependentes de prova a ser determinada pelo Tribunal, bastar-lhe-á indicar os meios a elas conducentes. (Incluído pela Lei nº 4.961, de 4.5.1966)*
>
> ***Art. 267.*** *Recebida a petição, mandará o juiz intimar o recorrido para ciência do recurso, abrindo-se-lhe vista dos autos a fim de, em prazo igual ao estabelecido para a sua interposição, oferecer razões, acompanhadas ou não de novos documentos.*
>
> *§ 1º A intimação se fará pela publicação da notícia da vista no jornal que publicar o expediente da Justiça Eleitoral, onde houver, e nos demais lugares, pessoalmente pelo escrivão, independente de iniciativa do recorrente.*
>
> *§ 2º Onde houver jornal oficial, se a publicação não ocorrer no prazo de 3 (três) dias, a intimação se fará pessoalmente ou na forma prevista no parágrafo seguinte.*
>
> *§ 3º Nas zonas em que se fizer intimação pessoal, se não for encontrado o recorrido dentro de 48 (quarenta e oito) horas, a intimação se fará por edital afixado no fórum, no local de costume.*
>
> *§ 4º Todas as citações e intimações serão feitas na forma estabelecida neste artigo.*
>
> *§ 5º Se o recorrido juntar novos documentos, terá o recorrente vista dos autos por 48 (quarenta e oito) horas para falar sobre os mesmos, contado o prazo na forma deste artigo.*

§ 6º Findos os prazos a que se referem os parágrafos anteriores, o juiz eleitoral fará, dentro de 48 (quarenta e oito) horas, subir os autos ao Tribunal Regional com a sua resposta e os documentos em que se fundar, sujeito à multa de dez por cento do salário-mínimo regional por dia de retardamento, salvo se entender de reformar a sua decisão. (Redação dada pela Lei nº 4.961, de 4.5.1966)

§ 7º Se o juiz reformar a decisão recorrida, poderá o recorrido, dentro de 3 (três) dias, requerer suba o recurso como se por ele interposto.

Capítulo III - Dos Recursos Nos Tribunais Regionais

***Art. 268.** No Tribunal Regional nenhuma alegação escrita ou nenhum documento poderá ser oferecido por qualquer das partes, salvo o disposto no art. 270. (Redação dada pela Lei nº 4.961, de 4.5.1966)*

***Art. 269.** Os recursos serão distribuídos a um relator em 24 (vinte e quatro) horas e na ordem rigorosa da antiguidade dos respectivos membros, esta última exigência sob pena de nulidade de qualquer ato ou decisão do relator ou do Tribunal.*

§ 1º Feita a distribuição, a Secretaria do Tribunal abrirá vista dos autos à Procuradoria Regional, que deverá emitir parecer no prazo de 5 (cinco) dias.

§ 2º Se a Procuradoria não emitir parecer no prazo fixado, poderá a parte interessada requerer a inclusão do processo na pauta, devendo o Procurador, nesse caso, proferir parecer oral na assentada do julgamento.

***Art. 270.** Se o recurso versar sobre coação, fraude, uso de meios de que trata o Art. 237, ou emprego de processo de propaganda ou captação de sufrágios vedado por lei dependente de prova indicada pelas partes ao interpô-lo ou ao impugná-lo, o relator no Tribunal Regional deferi-la-á em vinte e quatro horas da conclusão, realizando-se ela no prazo improrrogável de cinco dias. (Redação dada pela Lei nº 4.961, de 4.5.1966)*

§ 1º Admitir-se-ão como meios de prova para apreciação pelo Tribunal as justificações e as perícias processadas perante o juiz eleitoral da zona, com citação dos partidos que concorreram ao pleito e do representante do Ministério Público. (Incluído pela Lei nº 4.961, de 4.5.1966)

§ 2º Indeferindo o relator a prova , serão os autos, a requerimento do interessado, nas vinte e quatro horas seguintes, presentes à primeira sessão do Tribunal, que deliberará a respeito. (Incluído pela Lei nº 4.961, de 4.5.1966)

§ 3º Protocoladas as diligências probatórias, ou com a juntada das justificações ou diligências, a Secretaria do Tribunal abrirá, sem demora, vista dos autos, por vinte e quatro horas, seguidamente, ao recorrente e ao recorrido para dizerem a respeito. (Incluído pela Lei nº 4.961, de 4.5.1966)

§ 4º Findo o prazo acima, serão os autos conclusos ao relator. (Incluído pela Lei nº 4.961, de 4.5.1966)

***Art. 271.** O relator devolverá os autos à Secretaria no prazo improrrogável de 8 (oito) dias para, nas 24 (vinte e quatro) horas seguintes, ser o caso incluído na pauta de julgamento do Tribunal.*

§ 1º Tratando-se de recurso contra a expedição de diploma, os autos, uma vez devolvidos pelo relator, serão conclusos ao juiz imediato em antiguidade como revisor, o qual deverá devolvê-los em 4 (quatro) dias.

§ 2º As pautas serão organizadas com um número de processos que possam ser realmente julgados, obedecendo-se rigorosamente a ordem da devolução dos mesmos à Secretaria pelo Relator, ou Revisor, nos recursos contra a expedição de diploma, ressalvadas as preferências determinadas pelo regimento do Tribunal.

***Art. 272.** Na sessão do julgamento, uma vez feito o relatório pelo relator, cada uma das partes poderá, no prazo improrrogável de dez minutos , sustentar oralmente as suas conclusões.*

***Parágrafo único.** Quando se tratar de julgamento de recursos contra a expedição de diploma, cada parte terá vinte minutos para sustentação oral.*

***Art. 273.** Realizado o julgamento, o relator, se vitorioso, ou o relator designado para redigir o acórdão, apresentará a redação deste, o mais tardar, dentro em 5 (cinco) dias.*

§ 1º O acórdão conterá uma síntese das questões debatidas e decididas.

§ 2º Sem prejuízo do disposto no parágrafo anterior, se o Tribunal dispuser de serviço taquigráfico, serão juntas ao processo as notas respectivas.

***Art. 274.** O acórdão, devidamente assinado, será publicado, valendo como tal a inserção da sua conclusão no órgão oficial.*

§1º Se o órgão oficial não publicar o acórdão no prazo de 3 (três) dias, as partes serão intimadas pessoalmente e, se não forem encontradas no prazo de 48 (quarenta e oito) horas, a intimação se fará por edital afixado no Tribunal, no local de costume.

§ 2º O disposto no parágrafo anterior aplicar-se-á a todos os casos de citação ou intimação.

***Art. 275.** São admissíveis embargos de declaração:*

I. quando há no acórdão obscuridade, dúvida ou contradição;

II. quando for omitido ponto sobre que devia pronunciar-se o Tribunal.

§ 1º Os embargos serão opostos dentro em 3 (três) dias da data da publicação do acórdão, em petição dirigida ao relator, na qual será indicado o ponto obscuro, duvidoso, contraditório ou omisso.

§ 2º O relator porá os embargos em mesa para julgamento, na primeira sessão seguinte proferindo o seu voto.

§ 3º Vencido o relator, outro será designado para lavrar o acórdão.

§ 4º Os embargos de declaração suspendem o prazo para a interposição de outros recursos, salvo se manifestamente protelatórios e assim declarados na decisão que os rejeitar.

Por outro lado, as decisões proferidas pelo Tribunal Regional Eleitoral (TRE), em regra, são irrecorríveis, conforme dispõe o art. 121, § 4º, da Constituição Federal, a qual se encarrega de estabelecer também as exceções (SPITZCOVSKY, 2013, p. 232), que se conferem a seguir:

***Art. 121 § 4º** - Das decisões dos Tribunais Regionais Eleitorais somente caberá recurso quando:*

I. forem proferidas contra disposição expressa desta Constituição ou de lei;

II. ocorrer divergência na interpretação de lei entre dois ou mais tribunais eleitorais;

III. versarem sobre inelegibilidade ou expedição de diplomas nas eleições federais ou estaduais;

IV. anularem diplomas ou decretarem a perda de mandatos eletivos federais ou estaduais;

V. denegarem "habeas-corpus", mandado de segurança, "habeas-data" ou mandado de injunção.

Estes recursos são apresentados perante o Tribunal Superior Eleitoral (TSE), e sobre eles a Constituição não fez qualquer discriminação quanto às modalidades, matéria que foi regulamentada pelo art. 276, incisos I e

II, do Código Eleitoral (SPITZCOVSKY, 2013, p. 233), que se confere a seguir:

> ***Art. 276.*** *As decisões dos Tribunais Regionais são terminativas, salvo os casos seguintes em que cabe recurso para o Tribunal Superior:*
>
> *I. especial:*
>
> *a) quando forem proferidas contra expressa disposição de lei;*
>
> *b) quando ocorrer divergência na interpretação de lei entre dois ou mais tribunais eleitorais.*
>
> *II. ordinário:*
>
> *a) quando versarem sobre expedição de diplomas nas eleições federais e estaduais;*
>
> *b) quando denegarem habeas corpus ou mandado de segurança.*

Quanto ao prazo para apresentação desses recursos, é de 3 (três) dias, contados da sua publicação, conforme se verifica pelo § 1º, do mesmo dispositivo legal (SPITZCOVSKY, 2013, p. 233), que se confere a seguir:

> ***Art. 276 § 1º*** *É de 3 (três) dias o prazo para a interposição do recurso, contado da publicação da decisão nos casos dos nº I, letras a e b e II, letra b e da sessão da diplomação no caso do nº II, letra a.*

Ainda, dispõe o § 2º, do mesmo dispositivo:

> ***§ 2º*** *Sempre que o Tribunal Regional determinar a realização de novas eleições, o prazo para a interposição dos recursos, no caso do nº II, a, contar-se-á da sessão em que, feita a apuração das sessões renovadas, for proclamado o resultado das eleições suplementares.*

Dispõem, em seguida, o Código Eleitoral, nos arts. 277 a 279, *in verbis*:

> ***Art. 277.*** *Interposto recurso ordinário contra decisão do Tribunal Regional, o presidente poderá, na própria petição, mandar abrir vista ao recorrido para que, no mesmo prazo, ofereça as suas razões.*
>
> ***Parágrafo único.*** *Juntadas as razões do recorrido, serão os autos remetidos ao Tribunal Superior.*
>
> ***Art. 278.*** *Interposto recurso especial contra decisão do Tribunal Regional, a petição será juntada nas 48 (quarenta e oito) horas seguintes e os autos conclusos ao presidente dentro de 24 (vinte e quatro) horas.*
>
> ***§ 1º*** *O presidente, dentro em 48 (quarenta e oito) horas do recebimento dos autos conclusos, proferirá despacho fundamentado, admitindo ou não o recurso.*
>
> ***§ 2º*** *Admitido o recurso, será aberta vista dos autos ao recorrido para que, no mesmo prazo, apresente as suas razões.*
>
> ***§ 3º*** *Em seguida serão os autos conclusos ao presidente, que mandará remetê-los ao Tribunal Superior.*
>
> ***Art. 279.*** *Denegado o recurso especial, o recorrente poderá interpor, dentro em 3 (três) dias, agravo de instrumento.*
>
> ***§ 1º*** *O agravo de instrumento será interposto por petição que conterá:*
>
> *I. a exposição do fato e do direito;*
>
> *II. as razões do pedido de reforma da decisão;*
>
> *III. a indicação das peças do processo que devem ser trasladadas.*
>
> ***§ 2º*** *Serão obrigatoriamente trasladadas a decisão recorrida e a certidão da intimação.*
>
> ***§ 3º*** *Deferida a formação do agravo, será intimado o recorrido para, no prazo de 3 (três) dias, apresentar as suas razões e indicar as peças dos autos que serão também trasladadas.*
>
> ***§ 4º*** *Concluída a formação do instrumento o presidente do Tribunal determinará a remessa dos autos ao Tribunal Superior, podendo, ainda, ordenar a extração e a juntada de peças não indicadas pelas partes.*
>
> ***§ 5º*** *O presidente do Tribunal não poderá negar seguimento ao agravo, ainda que interposto fora do prazo legal.*
>
> ***§ 6º*** *Se o agravo de instrumento não for conhecido, porque interposto fora do prazo legal, o Tribunal Superior imporá ao recorrente multa correspondente a valor do maior salário-mínimo vigente no país, multa essa que será inscrita e cobrada na forma prevista no art. 367.*
>
> ***§ 7º*** *Se o Tribunal Regional dispuser de aparelhamento próprio, o instrumento deverá ser formado com fotocópias ou processos semelhantes, pagas as despesas, pelo preço do custo, pelas partes, em relação às peças que indicarem.*

Por fim, no Capítulo IV, "Dos Recursos no Tribunal Superior", dispõe, de início, o art. 280, *in verbis*:

> **Capítulo IV - Dos Recursos no Tribunal Superior**
>
> ***Art. 280.*** *Aplicam-se ao Tribunal Superior as disposições dos artigos. 268, 269, 270, 271 (caput), 272, 273, 274 e 275.*

Em relação às decisões proferidas pelo Tribunal Superior Eleitoral (TSE), via de regra, são irrecorríveis, comportando exceções, dirigidas ao Supremo Tribunal Federal (STF), a teor do disposto no art. 121, § 3º, da Constituição Federal (SPITZCOVSKY, 2013, p. 233), que se confere a seguir:

> ***Art. 121 § 3º*** *- São irrecorríveis as decisões do Tribunal Superior Eleitoral, salvo as que contrariarem esta Constituição e as denegatórias de "habeas-corpus" ou mandado de segurança.*

Por sua vez, o Código Eleitoral apresenta, em seu art. 281, uma das modalidades de recursos: o ordinário (SPITZCOVSKY, 2013, p. 233), que se confere a seguir:

> ***Art. 281.*** *São irrecorríveis as decisões do Tribunal Superior, salvo as que declararem a invalidade de lei ou ato contrário à Constituição Federal e as denegatórias de "habeas corpus" ou mandado de segurança, das quais caberá recurso ordinário para o Supremo Tribunal Federal, interposto no prazo de 3 (três) dias.*

Por fim, estabelecem os §§ 1º ao 3º do mesmo dispositivo legal e também o art. 282, *in verbis*:

> ***§ 1º*** *Juntada a petição nas 48 (quarenta e oito) horas seguintes, os autos serão conclusos ao presidente do Tribunal, que, no mesmo prazo, proferirá despacho fundamentado, admitindo ou não o recurso.*
>
> ***§ 2º*** *Admitido o recurso será aberta vista dos autos ao recorrido para que, dentro de 3 (três) dias, apresente as suas razões.*
>
> ***§ 3º*** *Findo esse prazo os autos serão remetidos ao Supremo Tribunal Federal.*
>
> ***Art. 282.*** *Denegado o recurso, o recorrente poderá interpor, dentro de 3 (três) dias, agravo de instrumento, observado o disposto no Art. 279 e seus parágrafos, aplicada a multa a que se refere o § 6º pelo Supremo Tribunal Federal.*

Exercício Comentado

01. João foi diplomado Vereador. O Ministério Público Eleitoral interpôs recurso contra a diplomação, alegando errônea interpretação da lei quanto à aplicação do sistema de representação proporcional. Nesse caso:

a) **O partido político a que João pertencer deverá integrar a lide na condição de litisconsorte passivo necessário.**

b) *O recurso contra a diplomação só pode ser interposto por candidato prejudicado pela errônea interpretação da lei quanto ao sistema de representação proporcional.*

c) *Não cabe recurso contra a diplomação, pois a matéria deveria ter sido suscitada quando da divulgação do resultado das eleições.*

d) *O recurso contra a diplomação só pode ser interposto por outro partido político ou coligação prejudicado pela errônea interpretação da lei quanto ao sistema de representação proporcional.*

e) *Todos os partidos políticos deverão integrar a lide na condição de litisconsortes passivos necessários, por tratar-se de questão relativa ao sistema de representação proporcional.*

RESPOSTA. "A". Correto. A respeito, diz o doutrinador José Jairo Gomes: "Já no que toca às eleições proporcionais, pronuncia-se a doutrina pela formação de litisconsórcio necessário nas hipóteses arroladas nos incisos II e III, do art. 262, do CE".

RESPOSTA. "B". Errada. Não só o candidato, mas também o partido, a coligação e o Ministério Público são legitimados.

RESPOSTA. "C". Errada. Cabe sim recurso, pois que a hipótese está expressamente prevista no inciso II, do art. 262, do Código Eleitoral.

RESPOSTA. "D". Errada. A justificativa é a mesma da alternativa "b", pois o partido, a coligação e o Ministério Público também são legitimados.

RESPOSTA. "E". Errada. A doutrina prega a exigência de participação apenas quanto ao partido do candidato cujo diploma foi impugnado, pois, em tese, caso aquele diploma seja cassado, o partido será prejudicado (perderá representação).

Anotações

CAPÍTULO 22

Resolução nº 21.538/03/TSE

Durante a unidade, trabalharemos, em suma: "Resolução nº 21.538/03/TSE: Do Alistamento. Da Transferência. Da Segunda Via. Do Restabelecimento de Inscrição Cancelada por Equívoco. Do Formulário de Atualização da Situação do Eleitor. Do Título Eleitoral. Do Acesso às Informações Constantes do Cadastro. Da Hipótese do Ilícito Penal. Da Restrição de Direitos Políticos. Da Revisão do Eleitorado. Da Justificação do Não-Comparecimento à Eleição (com a alteração do Acórdão nº 649/TSE, de 15/2/2005, publicado no Diário do Judiciário de 18/03/2005)".

Os conteúdos mais relevantes serão: Resolução nº 21.538/03/TSE.

Do Alistamento

V. nota ao art. 25, caput, desta resolução.

***Res.-TSE nº 21.920/2004**: "Dispõe sobre o alistamento eleitoral e o voto dos cidadãos portadores de deficiência, cuja natureza e situação impossibilitem ou tornem extremamente oneroso o exercício de suas obrigações eleitorais".*

V. segunda nota ao art. 18, III, desta resolução.

***Res.-TSE nº 23.088/2009**: "Autoriza a expansão do projeto de modernização dos serviços eleitorais voltados ao pré-atendimento do cidadão, via Internet, para requerimento de operações de alistamento, transferência e revisão", implementado em caráter experimental pela Res.-TSE nº 22.754/2007.*

***Súm. -STJ nº 368/2008:** "Compete à Justiça Comum Estadual processar e julgar os pedidos de retificação de dados cadastrais da Justiça Eleitoral".*

***Ac.-TSE, de 6.12.2011, no PA nº 180681**: alistamento facultativo dos indígenas como eleitores, observadas as exigências de natureza constitucional e eleitoral pertinentes à matéria.*

***Art. 9º** No cartório eleitoral ou no posto de alistamento, o servidor da Justiça Eleitoral preencherá o RAE ou digitará as informações no sistema de acordo com os dados constantes do documento apresentado pelo eleitor, complementados com suas informações pessoais, de conformidade com as exigências do processamento de dados, destas instruções e das orientações específicas.*

Lei nº 7.444/1985, Artigo 5º

***Res.-TSE nº 22.987/2008**: a informação da ocupação exercida pelo eleitor nas operações de alistamento, revisão e transferência visa auxiliar a escolha e nomeação de mesários, nos termos do art. 120, § 2º, do CE/65, e prescinde de prova.*

***§ 1º** O RAE deverá ser preenchido ou digitado e impresso na presença do requerente.*

***§ 2º** No momento da formalização do pedido, o requerente manifestará sua preferência sobre local de votação, entre os estabelecidos para a zona eleitoral.*

***Res.-TSE nº 21.407/2003**: impossibilidade de o eleitor escolher local de votação pertencente a zona eleitoral diversa daquela em que tem domicílio.*

***§ 3º** Para os fins o § 2º deste artigo, será colocada à disposição, no cartório ou posto de alistamento, a relação de todos os locais de votação da zona, com os respectivos endereços.*

***§ 4º** A assinatura do requerimento ou a aposição da impressão digital do polegar será feita na presença do servidor da Justiça Eleitoral, que deverá atestar, de imediato, a satisfação dessa exigência.*

***Lei nº 7.444/1985, art. 5º, § 1º**: no caso de analfabeto, será feita a impressão digital do polegar direito.*

***Art. 10**. Antes de submeter o pedido a despacho do juiz eleitoral, o servidor providenciará o preenchimento ou a digitação no sistema dos espaços que lhe são reservados no RAE.*

***Parágrafo único**. Para efeito de preenchimento do requerimento ou de digitação no sistema, será mantida em cada zona eleitoral relação de servidores, identificados pelo número do título eleitoral, habilitados a praticar os atos reservados ao cartório.*

***Art. 11**. Atribuído número de inscrição, o servidor, após assinar o formulário, destacará o protocolo de solicitação, numerado de idêntica forma, e o entregará ao requerente, caso a emissão do título não seja imediata.*

***Res.-TSE nº 13.511/1986**: "Dispõe sobre o prazo de eficácia do comprovante de pedido de alistamento". Lei nº 9.504/1997, art. 91, parágrafo único: "A retenção de título eleitoral ou do comprovante de alistamento eleitoral constitui crime, punível com detenção, de um a três meses, com a alternativa de prestação de serviços à comunidade por igual período, e multa no valor de cinco mil a dez mil Ufir".*

***Art. 12**. Os tribunais regionais eleitorais farão distribuir, observada a sequência numérica fornecida pela Secretaria de Informática, às zonas eleitorais da respectiva circunscrição, séries de números de inscrição eleitoral, a serem utilizados na forma deste artigo.*

***Parágrafo único**. O número de inscrição compor-se-á de até 12 algarismos, por unidade da Federação, assim discriminados:*

a) os oito primeiros algarismos serão sequenciados, desprezando-se, na emissão, os zeros à esquerda;

b) os dois algarismos seguintes serão representativos da unidade da Federação de origem da inscrição, conforme códigos constantes da seguinte tabela:

***01** – São Paulo*
***02** – Minas Gerais*
***03** – Rio de Janeiro*
***04** – Rio Grande do Sul*
***05** – Bahia*
***06** – Paraná*
***07** – Ceará*
***08** – Pernambuco*
***09** – Santa Catarina*
***10** – Goiás*
***11** – Maranhão*
***12** – Paraíba*
***13** – Pará*
***14** – Espírito Santo*
***15** – Piauí*
***16** – Rio Grande do Norte*
***17** – Alagoas*
***18** – Mato Grosso*
***19** – Mato Grosso do Sul*
***20** – Distrito Federal*
***21** – Sergipe*
***22** – Amazonas*
***23** – Rondônia*
***24** – Acre*
***25** – Amapá*
***26** – Roraima*
***27** – Tocantins*
***28** – Exterior (ZZ)*

c) *os dois últimos algarismos constituirão dígitos verificadores, determinados com base no módulo 11, sendo o primeiro calculado sobre o número sequencial e o último sobre o código da unidade da Federação seguido do primeiro dígito verificador.*

Art. 13. *Para o alistamento, o requerente apresentará um dos seguintes documentos do qual se infira a nacionalidade brasileira (Lei nº 7.444/85, art. 5º, § 2º):*

Res.-TSE nº 21.385/2003: *inexigibilidade de prova de opção pela nacionalidade brasileira para fins de alistamento eleitoral, não prevista na legislação pertinente.*

a) *carteira de identidade ou carteira emitida pelos órgãos criados por lei federal, controladores do exercício profissional;*

b) *certificado de quitação do serviço militar;*

Res.-TSE nº 21.384/2003: inexigibilidade de comprovação de quitação com o serviço militar nas operações de transferência de domicílio, revisão de dados e segunda via, à falta de previsão legal. Res.-TSE nº 22.097/2005: inexigibilidade do certificado de quitação do serviço militar daquele que completou 18 anos para o qual ainda esteja em curso o prazo de apresentação ao órgão de alistamento militar.

c) *certidão de nascimento ou casamento, extraída do Registro Civil;*

Ac.-TSE, de 6.12.2011, no PA nº 180681: faculta-se aos indígenas que não disponham do documento de registro civil de nascimento a apresentação do congênere administrativo expedido pela Funai.

d) *instrumento público do qual se infira, por direito, ter o requerente a idade mínima de 16 anos e do qual constem, também, os demais elementos necessários à sua qualificação.*

Parágrafo único. *A apresentação do documento a que se refere a alínea b é obrigatória para maiores de 18 anos, do sexo masculino.*

Art. 14. *É facultado o alistamento, no ano em que se realizarem eleições, do menor que completar 16 anos até a data do pleito, inclusive.*

CF/88, art. 14, § 1º, II, c: *alistamento e voto facultativos para os maiores de dezesseis e os menores de dezoito anos.*

§ 1º *O alistamento de que trata o caput poderá ser solicitado até o encerramento do prazo fixado para requerimento de inscrição eleitoral ou transferência.*

§ 2º *O título emitido nas condições deste artigo somente surtirá efeitos com o implemento da idade de 16 anos (Res.-TSE nº 19.465, de 12.3.96).*

Art. 15. *O brasileiro nato que não se alistar até os 19 anos ou o naturalizado que não se alistar até um ano depois de adquirida a nacionalidade brasileira incorrerá em multa imposta pelo juiz eleitoral e cobrada no ato da inscrição.*

V. *art. 85 desta resolução: base de cálculo para aplicação de multas previstas no Código Eleitoral e leis conexas.*

Res.-TSE nº 21.975/2004: *"Disciplina o recolhimento e a cobrança das multas previstas no Código Eleitoral e leis conexas e a distribuição do Fundo Especial de Assistência Financeira aos Partidos Políticos (Fundo Partidário)".*

Parágrafo único. Não se aplicará a pena ao não-alistado que requerer sua inscrição eleitoral até o centésimo quinquagésimo primeiro dia anterior à eleição subsequente à data em que completar 19 anos (Código Eleitoral, art. 8º c.c. a Lei nº 9.504/97, art. 91).

Art. 16. O alistamento eleitoral do analfabeto é facultativo (Constituição Federal, art. 14, § 1º, II, a).

Parágrafo único. *Se o analfabeto deixar de sê-lo, deverá requerer sua inscrição eleitoral, não ficando sujeito à multa prevista no art. 15 (Código Eleitoral, art. 8º).*

Lei nº 6.236/1975, art. 1º, § 1º: *"O diretor, professor ou responsável por curso de alfabetização de adolescentes e adultos encaminhará o aluno que o concluir ao competente juiz eleitoral, para obtenção do título de eleitor".*

Ac.-TSE, de 6.12.2011, no PA nº 180681: *isenção de multa para os índios que venham a se alfabetizar e se inscrever como eleitores.*

Art. 17. *Despachado o requerimento de inscrição pelo juiz eleitoral e processado pelo cartório, o setor da Secretaria do Tribunal Regional Eleitoral responsável pelos serviços de processamento eletrônico de dados enviará ao cartório eleitoral, que as colocará à disposição dos partidos políticos, relações de inscrições incluídas no cadastro, com os respectivos endereços.*

§ 1º *Do despacho que indeferir o requerimento de inscrição, caberá recurso interposto pelo alistando no prazo de cinco dias e, do que o deferir, poderá recorrer qualquer delegado de partido político no prazo de dez dias, contados da colocação da respectiva listagem à disposição dos partidos, o que deverá ocorrer nos dias 1º e 15 de cada mês, ou no primeiro dia útil seguinte, ainda que tenham sido exibidas ao alistando antes dessas datas e mesmo que os partidos não as consultem (Lei nº 6.996/1982, art. 7º).*

V. segunda nota ao art. 18, § 5º, desta resolução.

§ 2º *O cartório eleitoral providenciará, para o fim do disposto no § 1º, relações contendo os pedidos indeferidos.*

Da Transferência

V. nota ao art. 25, caput, desta resolução.

Res.-TSE nº 23.088/2009: *"Autoriza a expansão do projeto de modernização dos serviços eleitorais voltados ao pré-atendimento do cidadão, via Internet, para requerimento de operações de alistamento, transferência e revisão", implementado em caráter experimental pela Res.-TSE nº 22.754/2007.*

Art. 18. *A transferência do eleitor só será admitida se satisfeitas as seguintes exigências:*

Prov.-CGE nº 1/2004.

I. *recebimento do pedido no cartório eleitoral do novo domicílio no prazo estabelecido pela legislação vigente;*

II. *transcurso de, pelo menos, um ano do alistamento ou da última transferência;*

III. *residência mínima de três meses no novo domicílio, declarada, sob as penas da lei, pelo próprio eleitor (Lei nº 6.996/82, art. 8º);*

Lei nº 6.996/1982, art. 8º, III: *residência declarada, sob as penas da lei, pelo próprio eleitor; Lei nº 7.115/1983, art. 1º,caput: "A declaração destinada a fazer prova de vida, residência, pobreza, dependência econômica, homonímia ou bons antecedentes, quando firmada pelo próprio interessado ou por procurador bastante, e sob as penas da lei, presume-se verdadeira"; e Res.-TSE nº 11.917/1984: as regras de direito probatório contidas na Lei nº 7.115/1983 são aplicáveis ao processo eleitoral, com exceção do processo penal eleitoral.*

Ac.-TSE nº 16.397/2000: *"O conceito de domicílio eleitoral não se confunde com o de domicílio do direito comum, regido pelo Direito Civil. Mais flexível e elástico, identifica-se com a residência e o lugar onde o interessado tem vínculos políticos e sociais". No mesmo sentido, Ac.-TSE nºs 21.829/2004 e 4.769/2004.*

IV. prova de quitação com a Justiça Eleitoral.

V. notas ao art. 82, § 4º, desta resolução: conceito de quitação eleitoral.

***Res.-TSE nº 21.667/2004**: "Dispõe sobre a utilização do serviço de emissão de certidão de quitação eleitoral por meio da Internet e dá outras providências".*

§ 1º O disposto nos incisos II e III não se aplica à transferência de título eleitoral de servidor público civil, militar, autárquico, ou de membro de sua família, por motivo de remoção ou transferência (Lei nº 6.996/82, art. 8º, parágrafo único).

§ 2º Ao requerer a transferência, o eleitor entregará ao servidor do cartório o título eleitoral e a prova de quitação com a Justiça Eleitoral.

V. segunda nota ao inc. IV deste artigo.

§ 3º Não comprovada a condição de eleitor ou a quitação para com a Justiça Eleitoral, o juiz eleitoral arbitrará, desde logo, o valor da multa a ser paga.

V. art. 85 desta resolução: base de cálculo para aplicação de multas previstas no Código Eleitoral e leis conexas.

***Res.-TSE nº 21.975/2004**: "Disciplina o recolhimento e a cobrança das multas previstas no Código Eleitoral e leis conexas e a distribuição do Fundo Especial de Assistência Financeira aos Partidos Políticos (Fundo Partidário)".*

§ 4º Despachado o requerimento de transferência pelo juiz eleitoral e processado pelo cartório, o setor da Secretaria do Tribunal Regional Eleitoral responsável pelos serviços de processamento de dados enviará ao cartório eleitoral, que as colocará à disposição dos partidos políticos, relações de inscrições atualizadas no cadastro, com os respectivos endereços.

§ 5º Do despacho que indeferir o requerimento de transferência, caberá recurso interposto pelo eleitor no prazo de cinco dias e, do que o deferir, poderá recorrer qualquer delegado de partido político no prazo de dez dias, contados da colocação da respectiva listagem à disposição dos partidos, o que deverá ocorrer nos dias 1º e 15 de cada mês, ou no primeiro dia útil seguinte, ainda que tenham sido exibidas ao requerente antes dessas datas e mesmo que os partidos não as consultem (Lei nº 6.996/82, art. 8º).

***Lei nº 6.996/1982, art. 7º, § 2º**: dispositivo legal correspondente, em vez do art. 8º.*

***Ac.-TSE nº 4.339/2003**: "[...] o art. 7º, § 1º, da Lei nº 6.996/1982 não alterou o art. 57 do Código Eleitoral. Versam os artigos institutos diferentes – inscrição e transferência eleitorais, respectivamente". V., em sentido contrário, dec. monocráticas do corregedor-geral eleitoral, de 4.4.2006, no PA nº 19.536 e, de 19.3.2007, na Pet nº 1.817: "[...] as disposições contidas nos arts. 17, § 1º, e 18, § 5º, da Res.-TSE nº 21.538/2003, aprovadas em consonância com o art. 7º, § 1º, da Lei nº 6.996/1982, legitimamente alteraram o procedimento do art. 57 do Código Eleitoral, compatibilizando-o com a sistemática de prestação de serviços eleitorais introduzida com a implantação do processamento eletrônico no alistamento eleitoral (Lei nº 7.444/1985), ficando, por idênticas razões, parcialmente superado o disposto no § 2º do art. 52 do mesmo código, relativamente à segunda via".*

§ 6º O cartório eleitoral providenciará, para o fim do disposto no § 5º, relações contendo os pedidos indeferidos.

Da Segunda Via

***Art. 19.** No caso de perda ou extravio do título, bem assim de sua inutilização ou dilaceração, o eleitor deverá requerer pessoalmente ao juiz de seu domicílio eleitoral que lhe expeça segunda via.*

§ 1º Na hipótese de inutilização ou dilaceração, o requerimento será instruído com a primeira via do título.

§ 2º Em qualquer hipótese, no pedido de segunda via, o eleitor deverá apor a assinatura ou a impressão digital do polegar, se não souber assinar, na presença do servidor da Justiça Eleitoral, que deverá atestar a satisfação dessa exigência, após comprovada a identidade do eleitor.

Do Restabelecimento de Inscrição Cancelada por Equívoco

Art. 20. Será admitido o restabelecimento, mediante comando do código FASE 361, de inscrição cancelada em virtude de comando equivocado dos códigos FASE 019, 450 e 469.

V. nota à seção "Do Formulário de Atualização da Situação do Eleitor (FASE)".

Do Formulário de Atualização da Situação do Eleitor (FASE)

***Prov.-CGE nº 6/2009 aprova o Manual de ASE**; revoga, entre outras disposições, o Prov.-CGE nº 3/2007 e, no art. 4º, dispõe que as anotações realizadas na vigência do Prov.-CGE nº 3/2007 não serão objeto de alterações para adequação ao referido manual de instruções.*

***Art. 21.** Para registro de informações no histórico de inscrição no cadastro, utilizar-se-á, como documento de entrada de dados, o formulário de atualização da situação do eleitor (FASE), cuja tabela de códigos será estabelecida pela Corregedoria-Geral.*

V. nota à seção supra.

***Parágrafo único.** A atualização de registros de que trata o caput poderá ser promovida, desde que viabilizado, diretamente no sistema de alistamento eleitoral, dispensando-se o preenchimento do formulário FASE.*

V. nota à seção supra.

Do Título Eleitoral

***Art. 22.** O título eleitoral será confeccionado com características, formas e especificações constantes do modelo anexo II.*

***Parágrafo único.** O título eleitoral terá as dimensões de 9, 5x6, 0cm, será confeccionado em papel com marca d'água e peso de 120g/m2, impresso nas cores preto e verde, em frente e verso, tendo como fundo as Armas da República, e será contornado por serrilha.*

***Art. 23.** O título eleitoral será emitido, obrigatoriamente, por computador e dele constarão, em espaços próprios, o nome do eleitor, a data de nascimento, a unidade da Federação, o município, a zona e a seção eleitoral onde vota, o número da inscrição eleitoral, a data de emissão, a assinatura do juiz eleitoral, a assinatura do eleitor ou a impressão digital de seu polegar, bem como a expressão "segunda via", quando for o caso.*

§ 1º Os tribunais regionais poderão autorizar, na emissão on-line de títulos eleitorais e em situações excepcionais, a exemplo de revisão de eleitorado, recadastramento ou rezoneamento, o uso, mediante rígido controle, de impressão da assinatura (chancela) do presidente do Tribunal Regional Eleitoral respectivo, em exercício na data da autorização, em substituição à assinatura do juiz eleitoral da zona, nos títulos eleitorais.

§ 2º Nas hipóteses de alistamento, transferência, revisão e segunda via, a data da emissão do título será a de preenchimento do requerimento.

Art. 24. Juntamente com o título eleitoral, será emitido protocolo de entrega do título eleitoral (Pete) (canhoto), que conterá o número de inscrição, o nome do eleitor e de sua mãe e a data de nascimento, com espaços, no verso, destinados à assinatura do eleitor ou aposição da impressão digital de seu polegar, se não souber assinar, à assinatura do servidor do cartório responsável pela entrega e o número de sua inscrição eleitoral, bem como à data de recebimento.

§ 1º O título será entregue, no cartório ou no posto de alistamento, pessoalmente ao eleitor, vedada a interferência de pessoas estranhas à Justiça Eleitoral.

***Lei nº 9.504/1997, art. 91, parágrafo único**: "A retenção de título eleitoral ou do comprovante de alistamento eleitoral constitui crime, punível com detenção, de um a três meses, com a alternativa de prestação de serviços à comunidade por igual período, e multa no valor de cinco mil a dez mil Ufir". CE/65, art. 295: "Reter título eleitoral contra a vontade do eleitor: pena – detenção até dois meses ou pagamento de 30 a 60 dias-multa".*

§ 2º Antes de efetuar a entrega do título, comprovada a identidade do eleitor e a exatidão dos dados inseridos no documento, o servidor destacará o título eleitoral e colherá a assinatura ou a impressão digital do polegar do eleitor, se não souber assinar, no espaço próprio constante do canhoto.

***Art. 25.** No período de suspensão do alistamento, não serão recebidos requerimentos de alistamento ou transferência (Lei nº 9.504/97, art. 91, caput).*

***Lei nº 9.504/1997, art. 91, caput**: "Nenhum requerimento de inscrição eleitoral ou de transferência será recebido dentro dos cento e cinquenta dias anteriores à data da eleição".*

***Parágrafo único**. O processamento reabrir-se-á em cada zona logo que estejam concluídos os trabalhos de apuração em âmbito nacional (Código Eleitoral, art. 70).*

***Art. 26**. O título eleitoral prova a quitação do eleitor para com a Justiça Eleitoral até a data de sua emissão.*

Do Acesso às Informações Constantes do Cadastro

***Ac.-STF, de 12.2.2004, na ADI nº 1.570**: declaração de inconstitucionalidade do art. 3º da Lei nº 9.034/1995, na parte em que se refere à quebra de sigilos fiscal e eleitoral (a lei citada "Dispõe sobre a utilização de meios operacionais para a prevenção e repressão de ações praticadas por organizações criminosas". Os seus arts. 2º e 3º estabelecem: "Art. 2º Em qualquer fase de persecução criminal são permitidos, sem prejuízo dos já previstos em lei, os seguintes procedimentos de investigação e formação de provas: [...] III – o acesso a dados, documentos e informações fiscais, bancárias, financeiras e eleitorais. Art. 3º Nas hipóteses do inciso III do art. 2º desta lei, ocorrendo possibilidade de violação de sigilo preservado pela Constituição ou por lei, a diligência será realizada pessoalmente pelo juiz, adotado o mais rigoroso segredo de justiça [...]").*

V. segunda nota ao art. 79, caput, desta resolução.

***Art. 29**. As informações constantes do cadastro eleitoral serão acessíveis às instituições públicas e privadas e às pessoas físicas, nos termos desta resolução (Lei nº 7.444/85, art. 9º, I).*

***Prov.-CGE nº 6/2006**: "Disciplina o procedimento a ser observado para o acesso a dados do cadastro eleitoral".*

***Res.-TSE nº 21.966/2004**: "Partido político em processo de registro na Justiça Eleitoral tem direito de obter lista de eleitores, com os respectivos número do título e zona eleitoral".*

***Ac.-TSE, de 10.11.2011, no PA nº 168116**: faculta aos defensores públicos da União solicitar informações do cadastro de eleitores, inclusive as de natureza pessoal.*

***Ac.-TSE, de 20.8.2009, no PA nº 20198**: as informações do cadastro eleitoral são de acesso restrito ao próprio eleitor, às autoridades judiciárias, ao Ministério Público e às entidades autorizadas pelo TSE, desde que exista reciprocidade de interesses.*

§ 1º Em resguardo da privacidade do cidadão, não se fornecerão informações de caráter personalizado constantes do cadastro eleitoral.

***Res.-TSE nº 23.061/2009**: que "Disciplina os procedimentos para a atualização do cadastro eleitoral, decorrente da implantação, em municípios previamente selecionados pelos tribunais regionais eleitorais, de nova sistemática de identificação do eleitor, mediante incorporação de dados biométricos e fotografia, e dá outras providências", art. 7º: as informações referentes a documento de identidade e Cadastro de Pessoa Física, bem como a fotografia e as impressões digitais do eleitor, possuem caráter personalizado.*

§ 2º Consideram-se, para os efeitos deste artigo, como informações personalizadas, relações de eleitores acompanhadas de dados pessoais (filiação, data de nascimento, profissão, estado civil, escolaridade, telefone e endereço).

V. nota ao art. 29, § 1º, desta resolução.

§ 3º Excluem-se da proibição de que cuida o § 1º os pedidos relativos a procedimento previsto na legislação eleitoral e os formulados:

***Prov.-CGE nº 17/2011**: vedação de fornecimento do espelho de consulta ao cadastro a qualquer pessoa estranha à Justiça Eleitoral, inclusive ao próprio eleitor e aos legitimados à obtenção de dados do cadastro, na forma deste parágrafo.*

V. terceira nota ao caput deste artigo.

- *a) pelo eleitor sobre seus dados pessoais;*
- *b) por autoridade judicial e pelo Ministério Público, vinculada a utilização das informações obtidas, exclusivamente, às respectivas atividades funcionais;*
- *c) por entidades autorizadas pelo Tribunal Superior Eleitoral, desde que exista reciprocidade de interesses (Lei nº 7.444/85, art. 4º).*

***Lei nº 9.096/1995, art. 19, § 3º, acrescido pelo art. 2º da Lei nº 12.034/2009**: garantia de acesso pleno, pelos órgãos de direção nacional dos partidos políticos, às informações de seus filiados constantes do cadastro eleitoral.*

***Prov.-CGE nº 6/2006, art. 5º:** remessa à Presidência do TSE, para apreciação, de solicitação de órgão ou entidade destinada à formalização de ajuste voltado ao credenciamento para obtenção de dados do cadastro eleitoral, na forma desta alínea, recebida pelo juízo ou Tribunal Regional Eleitoral.*

***Art. 30**. Os tribunais e juízes eleitorais poderão, no âmbito de suas jurisdições, autorizar o fornecimento a interessados, desde que sem ônus para a Justiça Eleitoral e disponíveis em meio magnético, dos dados de natureza estatística levantados com base no cadastro eleitoral, relativos ao eleitorado ou ao resultado de pleito eleitoral, salvo quando lhes for atribuído caráter reservado.*

Art. 31. *Os juízes e os tribunais eleitorais não fornecerão dados do cadastro de eleitores não pertencentes a sua jurisdição, salvo na hipótese do art. 82 desta resolução.*

Art. 32. *O uso dos dados de natureza estatística do eleitorado ou de pleito eleitoral obriga a quem os tenha adquirido a citar a fonte e a assumir responsabilidade pela manipulação inadequada ou extrapolada das informações obtidas.*

Da Hipótese do Ilícito Penal

Art. 48. *Decidida a duplicidade ou pluralidade e tomadas as providências de praxe, se duas ou mais inscrições em cada grupo forem atribuídas a um mesmo eleitor, excetuados os casos de evidente falha dos serviços eleitorais, os autos deverão ser remetidos ao Ministério Público Eleitoral.*

§ 1º Manifestando-se o Ministério Público pela existência de indício de ilícito penal eleitoral a ser apurado, o processo deverá ser remetido, pela autoridade judiciária competente, à Polícia Federal para instauração de inquérito policial.

§ 2º Inexistindo unidade regional do Departamento de Polícia Federal na localidade onde tiver jurisdição o juiz eleitoral a quem couber decisão a respeito, a remessa das peças informativas poderá ser feita por intermédio das respectivas corregedorias regionais eleitorais.

§ 3º Concluído o apuratório ou no caso de pedido de dilação de prazo, o inquérito policial a que faz alusão o § 1º deverá ser encaminhado, pela autoridade policial que o presidir, ao juiz eleitoral a quem couber decisão a respeito na esfera penal.

§ 4º Arquivado o inquérito ou julgada a ação penal, o juiz eleitoral comunicará, sendo o caso, a decisão tomada à autoridade judiciária que determinou sua instauração, com a finalidade de tornar possível a adoção de medidas cabíveis na esfera administrativa.

§ 5º A espécie, no que lhe for aplicável, será regida pelas disposições do Código Eleitoral e, subsidiariamente, pelas normas do Código de Processo Penal.

§ 6º Não sendo cogitada a ocorrência de ilícito penal eleitoral a ser apurado, os autos deverão ser arquivados na zona eleitoral onde o eleitor possuir inscrição regular.

Art. 49. *Os procedimentos a que se refere esta resolução serão adotados sem prejuízo da apuração de responsabilidade de qualquer ordem, seja de eleitor, de servidor da Justiça Eleitoral ou de terceiros, por inscrição fraudulenta ou irregular.*

Parágrafo único. *Qualquer eleitor, partido político ou Ministério Público poderá se dirigir formalmente ao juiz eleitoral, corregedor regional ou geral, no âmbito de suas respectivas competências, relatando fatos e indicando provas para pedir abertura de investigação com o fim de apurar irregularidade no alistamento eleitoral.*

Da Restrição de Direitos Políticos

Art. 51. *Tomando conhecimento de fato ensejador de inelegibilidade ou de suspensão de inscrição por motivo de suspensão de direitos políticos ou de impedimento ao exercício do voto, a autoridade judiciária determinará a inclusão dos dados no sistema mediante comando de FASE.*

Prov.-CGE nº 4/2007: *"Estabelece normas para a atualização das anotações de crimes eleitorais efetuadas no cadastro eleitoral".*

Res.-TSE nº 22.193/2006 e Ac.-TSE nº 13.293/1996: *imposição de medida de segurança e condenação por prática de contravenção penal também ensejam a suspensão dos direitos políticos prevista no art. 15, III, da Constituição Federal.*

V. *nota à seção "Do Formulário de Atualização da Situação do Eleitor (FASE)", localizada antes do art. 21 desta resolução.*

§ 1º Não se tratando de eleitor de sua zona eleitoral, o juiz eleitoral comunicará o fato, por intermédio das correspondentes corregedorias regionais, à zona eleitoral a que pertencer a inscrição.

§ 2º Quando se tratar de pessoa não inscrita perante a Justiça Eleitoral ou com inscrição cancelada no cadastro, o registro será feito diretamente na base de perda e suspensão de direitos políticos pela Corregedoria Regional Eleitoral que primeiro tomar conhecimento do fato.

§ 3º Comunicada a perda de direitos políticos pelo Ministério da Justiça, a Corregedoria-Geral providenciará a imediata atualização da situação das inscrições no cadastro e na base de perda e suspensão de direitos políticos.

§ 4º A outorga a brasileiros do gozo dos direitos políticos em Portugal, devidamente comunicada ao Tribunal Superior Eleitoral, importará suspensão desses mesmos direitos no Brasil (Decreto nº 70.391, de 12.4.72).

Dec. nº 3.927/2001: *"Promulga o Tratado de Amizade, Cooperação e Consulta, entre a República Federativa do Brasil e a República Portuguesa, celebrado em Porto Seguro em 22 de abril de 2000", cujo art. 78 revoga a Convenção sobre Igualdade de Direitos e Deveres entre Brasileiros e Portugueses regulamentada pelo Dec. nº 70.391/72. O art. 17, item 3, do tratado dispõe: "O gozo de direitos políticos no Estado de residência importa na suspensão do exercício dos mesmos direitos no Estado da nacionalidade".*

Art. 52. *A regularização de situação eleitoral de pessoa com restrição de direitos políticos somente será possível mediante comprovação de haver cessado o impedimento.*

§ 1º Para regularização de inscrição envolvida em coincidência com outra de pessoa que perdeu ou está com seus direitos políticos suspensos, será necessária a comprovação de tratar-se de eleitor diverso.

§ 2º Na hipótese do artigo, o interessado deverá preencher requerimento e instruir o pedido com declaração de situação de direitos políticos e documentação comprobatória de sua alegação.

§ 3º Comprovada a cessação do impedimento, será comandado o código FASE próprio e/ou inativado(s), quando for o caso, o(s) registro(s) correspondente(s) na base de perda e suspensão de direitos políticos.

V. *nota à seção "Do Formulário de Atualização da Situação do Eleitor (FASE)", localizada antes do art. 21 desta resolução.*

Art. 53. *São considerados documentos comprobatórios de reaquisição ou restabelecimento de direitos políticos:*

CF/88, art. 15: *casos de perda ou de suspensão de direitos políticos.*

I. *Nos casos de perda:*

a) *decreto ou portaria;*

b) *comunicação do Ministério da Justiça.*

II. *Nos casos de suspensão:*

a) *para interditos ou condenados: sentença judicial, certidão do juízo competente ou outro documento;*

b) *para conscritos ou pessoas que se recusaram à prestação do serviço militar obrigatório: Certificado de Reservista, Certificado de Isenção, Certificado de Dispensa de Incorporação, Certificado do Cumprimento de Prestação Alternativa ao Serviço Militar Obrigatório, Certificado de Conclusão do Curso de Formação de Sargentos, Certificado de Conclusão de Curso em Órgão de Formação da Reserva ou similares;*

Res.-TSE nº 15.850/89: a palavra "conscrito" alcança também aqueles matriculados nos órgãos de formação de reserva e os médicos, dentistas, farmacêuticos e veterinários que prestam serviço militar inicial obrigatório.

c) *para beneficiários do Estatuto da Igualdade: comunicação do Ministério da Justiça ou de repartição consular ou missão diplomática competente, a respeito da cessação do gozo de direitos políticos em Portugal, na forma da lei.*

V. nota ao art. 51, § 4º, desta resolução.

III. *Nos casos de inelegibilidade: certidão ou outro documento.*

Da Revisão do Eleitorado

Art. 58. Quando houver denúncia fundamentada de fraude no alistamento de uma zona ou município, o Tribunal Regional Eleitoral poderá determinar a realização de correição e, provada a fraude em proporção comprometedora, ordenará, comunicando a decisão ao Tribunal Superior Eleitoral, a revisão do eleitorado, obedecidas as instruções contidas nesta resolução e as recomendações que subsidiariamente baixar, com o cancelamento de ofício das inscrições correspondentes aos títulos que não forem apresentados à revisão (Código Eleitoral, art. 71, § 4º).

§ 1º O Tribunal Superior Eleitoral determinará, de ofício, a revisão ou correição das zonas eleitorais sempre que:

Res.-TSE nºs 20.472/1999, 21.490/2003, 22.021/2005 e 22.586/2007, dentre outras: necessidade de preenchimento cumulativo dos três requisitos.

I. *o total de transferências de eleitores ocorridas no ano em curso seja dez por cento superior ao do ano anterior;*

II. *o eleitorado for superior ao dobro da população entre dez e quinze anos, somada à de idade superior a setenta anos do território daquele município;*

III. *o eleitorado for superior a sessenta e cinco por cento da população projetada para aquele ano pelo Instituto Brasileiro de Geografia e Estatística (IBGE) (Lei nº 9.504/97, art. 92).*

Res.-TSE nºs 20.472/1999 e 21.490/2003: revisão quando o eleitorado for superior a 80% da população. Res.-TSE nºs 21.490/2003: nos municípios em que a relação eleitorado/população for superior a 65% e menor ou igual a 80%, o cumprimento do disposto neste artigo se dá por meio da correição ordinária anual prevista na Res.-TSE nº 21.372/2003.

§ 2º Não será realizada revisão de eleitorado em ano eleitoral, salvo em situações excepcionais, quando autorizada pelo Tribunal Superior Eleitoral.

§ 3º Caberá à Secretaria de Informática apresentar, anualmente, até o mês de outubro, à presidência do Tribunal Superior Eleitoral, estudo comparativo que permita a adoção das medidas concernentes ao cumprimento da providência prevista no § 1º.

Art. 59. O Tribunal Regional Eleitoral, por intermédio da Corregedoria Regional, inspecionará os serviços de revisão (Res.-TSE nº 7.651/65, art. 8º).

Art. 60. O juiz eleitoral poderá determinar a criação de postos de revisão, que funcionarão em datas fixadas no edital a que se refere o art. 63 e em período não inferior a seis horas, sem intervalo, inclusive aos sábados e, se necessário, aos domingos e feriados.

§ 1º Nas datas em que os trabalhos revisionais estiverem sendo realizados nos postos de revisão, o cartório sede da zona poderá, se houver viabilidade, permanecer com os serviços eleitorais de rotina.

§ 2º Após o encerramento diário do expediente nos postos de revisão, a listagem geral e o caderno de revisão deverão ser devidamente guardados em local seguro e previamente determinado pelo juiz eleitoral.

§ 3º Os serviços de revisão encerrar-se-ão até as 18 horas da data especificada no edital de que trata o art. 63 desta resolução.

§ 4º Existindo, na ocasião do encerramento dos trabalhos, eleitores aguardando atendimento, serão distribuídas senhas aos presentes, que serão convidados a entregar ao juiz eleitoral seus títulos eleitorais para que sejam admitidos à revisão, que continuará se processando em ordem numérica das senhas até que todos sejam atendidos, sem interrupção dos trabalhos.

Art. 61. Aprovada a revisão de eleitorado, a Secretaria de Informática, ou órgão regional por ela indicado, emitirá ou colocará à disposição, em meio magnético, listagem geral do cadastro, contendo relação completa dos eleitores regulares inscritos e/ou transferidos no período abrangido pela revisão no(s) município(s) ou zona(s) a ela sujeito(s), bem como o correspondente caderno de revisão, do qual constará comprovante destacável de comparecimento (canhoto).

***Parágrafo único.** A listagem geral e o caderno de revisão serão emitidos em única via, englobarão todas as seções eleitorais referentes à zona ou município objeto da revisão e serão encaminhados, por intermédio da respectiva Corregedoria Regional, ao juiz eleitoral da zona onde estiver sendo realizada a revisão.*

Art. 62. A revisão do eleitorado deverá ser sempre presidida pelo juiz eleitoral da zona submetida à revisão.

§ 1º O juiz eleitoral dará início aos procedimentos revisionais no prazo máximo de 30 dias, contados da aprovação da revisão pelo Tribunal competente.

§ 2º A revisão deverá ser precedida de ampla divulgação, destinada a orientar o eleitor quanto aos locais e horários em que deverá se apresentar, e processada em período estipulado pelo Tribunal Regional Eleitoral, não inferior a 30 dias (Lei nº 7.444/85, art. 3º, § 1º).

§ 3º A prorrogação do prazo estabelecido no edital para a realização da revisão, se necessária, deverá ser requerida pelo juiz eleitoral, em ofício fundamentado, dirigido à presidência do Tribunal Regional Eleitoral, com antecedência mínima de cinco dias da data do encerramento do período estipulado no edital.

Art. 63. De posse da listagem e do caderno de revisão, o juiz eleitoral deverá fazer publicar, com antecedência mínima de cinco dias do início do processo revisional, edital para dar conhecimento da revisão aos eleitores cadastrados no(s) município(s) ou zona(s), convocando-os a se apresentarem, pessoalmente, no cartório ou nos postos criados, em datas previamente especificadas, atendendo ao disposto no art. 62, a fim de procederem às revisões de suas inscrições.

Parágrafo único. O edital de que trata o caput deverá:

I. *dar ciência aos eleitores de que:*

a) *estarão obrigados a comparecer à revisão a fim de confirmarem seu domicílio, sob pena de cancelamento da inscrição, sem prejuízo das sanções cabíveis, se constatada irregularidade;*

b) *deverão se apresentar munidos de documento de identidade, comprovante de domicílio e título eleitoral ou documento comprobatório da condição de eleitor ou de terem requerido inscrição ou transferência para o município ou zona (Código Eleitoral, art. 45).*

II. *estabelecer a data do início e do término da revisão, o período e a área abrangidos, e dias e locais onde serão instalados os postos de revisão;*

Direito Eleitoral

III. *ser disponibilizado no fórum da comarca, nos cartórios eleitorais, repartições públicas e locais de acesso ao público em geral, dele se fazendo ampla divulgação, por um mínimo de três dias consecutivos, por meio da imprensa escrita, falada e televisada, se houver, e por quaisquer outros meios que possibilitem seu pleno conhecimento por todos os interessados, o que deverá ser feito sem ônus para a Justiça Eleitoral.*

Art. 64. *A prova de identidade só será admitida se feita pelo próprio eleitor mediante apresentação de um ou mais dos documentos especificados no art. 13 desta resolução.*

Art. 65. *A comprovação de domicílio poderá ser feita mediante um ou mais documentos dos quais se infira ser o eleitor residente ou ter vínculo profissional, patrimonial ou comunitário no município a abonar a residência exigida.*

§ 1º *Na hipótese de ser a prova de domicílio feita mediante apresentação de contas de luz, água ou telefone, nota fiscal ou envelopes de correspondência, estes deverão ter sido, respectivamente, emitidos ou expedidos nos 3 (três) meses anteriores ao preenchimento do RAE, ressalvada a possibilidade de exigir-se documentação relativa a período anterior, na forma do § 3º deste artigo.*

Parágrafo com redação dada pelo art. 1º da Res.-TSE nº 23.392/2013.

§ 2º *Na hipótese de ser a prova de domicílio feita mediante apresentação de cheque bancário, este só poderá ser aceito se dele constar o endereço do correntista.*

§ 3º *O juiz eleitoral poderá, se julgar necessário, exigir o reforço, por outros meios de convencimento, da prova de domicílio quando produzida pelos documentos elencados nos §§ 1º e 2º.*

§ 4º *Subsistindo dúvida quanto à idoneidade do comprovante de domicílio apresentado ou ocorrendo a impossibilidade de apresentação de documento que indique o domicílio do eleitor, declarando este, sob as penas da lei, que tem domicílio no município, o juiz eleitoral decidirá de plano ou determinará as providências necessárias à obtenção da prova, inclusive por meio de verificação in loco.*

Art. 66. *A revisão de eleitorado ficará submetida ao direto controle do juiz eleitoral e à fiscalização do representante do Ministério Público que oficiar perante o juízo.*

Art. 67. *O juiz eleitoral deverá dar conhecimento aos partidos políticos da realização da revisão, facultando-lhes, na forma prevista nos arts. 27 e 28 desta resolução, acompanhamento e fiscalização de todo o trabalho.*

Art. 68. *O juiz eleitoral poderá requisitar diretamente às repartições públicas locais, observados os impedimentos legais, tantos auxiliares quantos bastem para o desempenho dos trabalhos, bem como a utilização de instalações de prédios públicos.*

Art. 69. *O juiz eleitoral determinará o registro, no caderno de revisão, da regularidade ou não da inscrição do eleitor, observados os seguintes procedimentos:*

a) *o servidor designado pelo juiz eleitoral procederá à conferência dos dados contidos no caderno de revisão com os documentos apresentados pelo eleitor;*

b) *comprovados a identidade e o domicílio eleitoral, o servidor exigirá do eleitor que aponha sua assinatura ou a impressão digital de seu polegar no caderno de revisão, e entregar-lhe-á o comprovante de comparecimento à revisão (canhoto);*

c) *o eleitor que não apresentar o título eleitoral deverá ser considerado como revisado, desde que atendidas as exigências dos arts. 64 e 65 desta resolução e que seu nome conste do caderno de revisão;*

d) *constatada incorreção de dado identificador do eleitor constante do cadastro eleitoral, se atendidas as exigências dos arts. 64 e 65 desta resolução, o eleitor deverá ser considerado revisado e orientado a procurar o cartório eleitoral para a necessária retificação;*

e) *o eleitor que não comprovar sua identidade ou domicílio não assinará o caderno de revisão nem receberá o comprovante revisional;*

f) *o eleitor que não constar do caderno de revisão, cuja inscrição pertença ao período abrangido pela revisão, deverá ser orientado a procurar o cartório eleitoral para regularizar sua situação eleitoral, na forma estabelecida nesta resolução.*

Art. 70. *Na revisão mediante sistema informatizado, observar-se-ão, no que couber, os procedimentos previstos no art. 69.*

Parágrafo único. *Nas situações descritas nas alíneas d e f do art. 69, o eleitor poderá requerer, desde que viável, regularização de sua situação eleitoral no próprio posto de revisão.*

Art. 71. *Se o eleitor possuir mais de uma inscrição liberada ou regular no caderno de revisão, apenas uma delas poderá ser considerada revisada.*

Parágrafo único. *Na hipótese do caput, deverá(ão) ser formalmente recolhido(s) e inutilizado(s) o(s) título(s) encontrado(s) em poder do eleitor referente(s) à(s) inscrição(ões) que exigir(em) cancelamento.*

Art. 72. *Compete ao Tribunal Regional Eleitoral autorizar, excetuadas as hipóteses previstas no § 1º do art. 58 desta resolução, a alteração do período e/ou da área abrangidos pela revisão, comunicando a decisão ao Tribunal Superior Eleitoral.*

Art. 73. *Concluídos os trabalhos de revisão, ouvido o Ministério Público, o juiz eleitoral deverá determinar o cancelamento das inscrições irregulares e daquelas cujos eleitores não tenham comparecido, adotando as medidas legais cabíveis, em especial quanto às inscrições consideradas irregulares, situações de duplicidade ou pluralidade e indícios de ilícito penal a exigir apuração.*

Parágrafo único. *O cancelamento das inscrições de que trata o caput somente deverá ser efetivado no sistema após a homologação da revisão pelo Tribunal Regional Eleitoral.*

Art. 74. *A sentença de cancelamento deverá ser específica para cada município abrangido pela revisão e prolatada no prazo máximo de dez dias contados da data do retorno dos autos do Ministério Público, podendo o Tribunal Regional Eleitoral fixar prazo inferior.*

§ 1º *A sentença de que trata o caput deverá:*

I. *relacionar todas as inscrições que serão canceladas no município;*

II. *ser publicada a fim de que os interessados e, em especial, os eleitores cancelados, exercendo a ampla defesa, possam recorrer da decisão.*

§ 2º *Contra a sentença a que se refere este artigo, caberá, no prazo de três dias, contados da publicidade, o recurso previsto no art. 80 do Código Eleitoral e serão aplicáveis as disposições do art. 257 do mesmo diploma legal.*

§ 3º No recurso contra a sentença a que se refere este artigo, os interessados deverão especificar a inscrição questionada, relatando fatos e fornecendo provas, indícios e circunstâncias ensejadoras da alteração pretendida.

Art. 75. *Transcorrido o prazo recursal, o juiz eleitoral fará minucioso relatório dos trabalhos desenvolvidos, que encaminhará, com os autos do processo de revisão, à Corregedoria Regional Eleitoral.*

Parágrafo único. *Os recursos interpostos deverão ser remetidos, em autos apartados, à presidência do Tribunal Regional Eleitoral.*

Art. 76. *Apreciado o relatório e ouvido o Ministério Público, o corregedor regional eleitoral:*

I. indicará providências a serem tomadas, se verificar a ocorrência de vícios comprometedores à validade ou à eficácia dos trabalhos;

II. submetê-lo-á ao Tribunal Regional, para homologação, se entender pela regularidade dos trabalhos revisionais.

Da Justificação do Não-Comparecimento à Eleição

(Com a alteração do Acórdão nº 649/TSE, de 15/2/2005, publicado no Diário do Judiciário de 18/03/2005)

Art. 80. *O eleitor que deixar de votar e não se justificar perante o juiz eleitoral até 60 dias após a realização da eleição incorrerá em multa imposta pelo juiz eleitoral e cobrada na forma prevista nos arts. 7º e 367 do Código Eleitoral, no que couber, e 85 desta resolução.*

Res.-TSE nº 21.975/2004: *"Disciplina o recolhimento e a cobrança das multas previstas no Código Eleitoral e leis conexas e a distribuição do Fundo Especial de Assistência Financeira aos Partidos Políticos (Fundo Partidário)".*

§ 1º Para eleitor que se encontrar no exterior na data do pleito, o prazo de que trata o caput será de 30 dias, contados do seu retorno ao país.

§ 2º O pedido de justificação será sempre dirigido ao juiz eleitoral da zona de inscrição, podendo ser formulado na zona eleitoral em que se encontrar o eleitor, a qual providenciará sua remessa ao juízo competente.

§ 3º Indeferido o requerimento de justificação ou decorridos os prazos de que cuidam o caput e os §§ 1º e 2º, deverá ser aplicada multa ao eleitor, podendo, após o pagamento, ser-lhe fornecida certidão de quitação.

V. primeira nota ao art. 82, § 4º, desta resolução: conceito de quitação eleitoral.

Lei nº 9.504/1997, art. 11, §§ 7º a 9º, acrescidos pelo art. 3º da Lei nº 12.034/2009.

§ 4º A fixação do valor da multa pelo não-exercício do voto observará o que dispõe o art. 85 desta resolução e a variação entre o mínimo de 3% e o máximo de 10% do valor utilizado como base de cálculo.

§ 5º A justificação da falta ou o pagamento da multa serão anotados no cadastro.

§ 6º Será cancelada a inscrição do eleitor que se abstiver de votar em três eleições consecutivas, salvo se houver apresentado justificativa para a falta ou efetuado o pagamento de multa, ficando excluídos do cancelamento os eleitores que, por prerrogativa constitucional, não estejam obrigados ao exercício do voto (suprimido).

Res.-TSE nº 23.334/2010: *"Estabelece prazos para execução dos procedimentos relativos ao cancelamento de inscrições e regularização da situação dos eleitores que deixaram de votar nas três últimas eleições".*

Suprimida a expressão "e cuja idade não ultrapasse 80 anos" pelo Ac.-TSE nº 649/2005.

Res.-TSE nº 22.127/2005, art. 2º e parágrafo único: *na contagem das três eleições consecutivas "[...] serão consideradas as ausências às eleições com data fixada pela Constituição, às novas eleições determinadas pelos tribunais regionais eleitorais e ao referendo realizado em 23.10.2005"; "Não serão computadas eleições que tiverem sido anuladas por força de determinação judicial".*

Res.-TSE nº 21.920/2004, art. 1º, parágrafo único: *"Não estará sujeita a sanção a pessoa portadora de deficiência que torne impossível ou demasiadamente oneroso o cumprimento das obrigações eleitorais, relativas ao alistamento e ao exercício de voto". O art. 2º, com redação dada pela Res.-TSE nº 22.545/20007, dispõe: "O juiz eleitoral, mediante requerimento de cidadão nas condições do parágrafo único do art. 1º ou de seu representante legal ou procurador devidamente constituído, acompanhado de documentação comprobatória da deficiência, poderá expedir, em favor do interessado, certidão de quitação eleitoral, com prazo de validade indeterminado".*

V. Prov.-CGE n° 1/2013: "Define orientações para a execução dos procedimentos para cancelamento de inscrições e regularização de situação de eleitores que deixaram de votar nas três últimas eleições".

§ 7º Para o cancelamento a que se refere o § 6º, a Secretaria de Informática colocará à disposição do juiz eleitoral do respectivo domicílio, em meio magnético ou outro acessível aos cartórios eleitorais, relação dos eleitores cujas inscrições são passíveis de cancelamento, devendo ser afixado edital no cartório eleitoral.

V. quinta nota ao § 6º deste artigo.

§ 8º Decorridos 60 dias da data do batimento que identificar as inscrições sujeitas a cancelamento, mencionadas no § 7º, inexistindo comando de quaisquer dos códigos FASE "078 – Quitação mediante multa", "108 – Votou em separado", "159 – Votou fora da seção" ou "167 – Justificou ausência às urnas", ou processamento das operações de transferência, revisão ou segunda via, a inscrição será automaticamente cancelada pelo sistema, mediante código FASE "035 – Deixou de votar em três eleições consecutivas", observada a exceção contida no § 6º.

Res.-TSE nºs 21.991/2005, art. 1º, § 2º; 22.127/2005, art. 1º, § 2º, e 22.508/2007, art. 1º, § 2º: *"Não estarão sujeitas ao cancelamento as inscrições atribuídas a pessoas portadoras de deficiência que torne impossível ou extremamente oneroso o cumprimento das obrigações eleitorais, para as quais houver comando do código FASE 396 (motivo/forma 4), até o final do período a que se refere o § 8º do art. 80 da Res.-TSE nº 21.538/2003".*

V. nota à seção "Do Formulário de Atualização da Situação do Eleitor (FASE)", localizada antes do art. 21 desta resolução.

Res.-TSE nºs 20.255/1998 e 20.686/2000, e Ac.-TSE nº 15.143/1998: *impossibilidade do voto em separado de eleitor excluído indevidamente do cadastro geral ou cujo nome não consta da folha de votação.*

Lei nº 9.504/1997, art. 62, caput: *impossibilidade do voto fora da seção na votação eletrônica.*

V. quinta nota ao § 6º deste artigo.

Art. 81. *O documento de justificação formalizado perante a Justiça Eleitoral, no dia da eleição, prova a ausência do eleitor do seu domicílio eleitoral.*

§ 1º A justificação será formalizada em impresso próprio fornecido pela Justiça Eleitoral ou, na falta do impresso, digitado ou manuscrito.

§ 2º O encarregado do atendimento entregará ao eleitor o comprovante, que valerá como prova da justificação, para todos os efeitos legais (Lei nº 6.091/74, art. 16 e parágrafos).

§ 3º Os documentos de justificação entregues em missão diplomática ou repartição consular brasileira serão encaminhados ao Ministério das Relações Exteriores, que deles fará entrega ao Tribunal Regional Eleitoral do Distrito Federal para processamento.

§ 4º Os documentos de justificação preenchidos com dados insuficientes ou inexatos, que impossibilitem a identificação do eleitor no cadastro eleitoral, terão seu processamento rejeitado pelo sistema, o que importará débito para com a Justiça Eleitoral.

§ 5º Os procedimentos estipulados neste artigo serão observados sem prejuízo de orientações específicas que o Tribunal Superior Eleitoral aprovar para o respectivo pleito.

Art. 82. O eleitor que não votar e não pagar a multa, caso se encontre fora de sua zona e necessite prova de quitação com a Justiça Eleitoral, poderá efetuar o pagamento perante o juízo da zona em que estiver (Código Eleitoral, art. 11).

Res.-TSE nº 21.823/2004: possibilidade de pagamento de multas impostas com base no Código Eleitoral e na Lei nº 9.504/1997 perante qualquer juízo eleitoral, ao qual deve preceder consulta ao juízo de origem sobre o quantum a ser exigido do devedor.

§ 1º A multa será cobrada no máximo previsto, salvo se o eleitor quiser aguardar que o juiz da zona em que se encontrar solicite informações sobre o arbitramento ao juízo da inscrição.

§ 2º Efetuado o pagamento, o juiz que recolheu a multa fornecerá certidão de quitação e determinará o registro da informação no cadastro.

V. segunda nota ao art. 18, IV, desta resolução. Res.-TSE nº 21.975/2004: "Disciplina o recolhimento e a cobrança das multas previstas no Código Eleitoral e leis conexas e a distribuição do Fundo Especial de Assistência Financeira aos Partidos Políticos (Fundo Partidário)".

§ 3º O alistando ou o eleitor que comprovar, na forma da lei, seu estado de pobreza, perante qualquer juízo eleitoral, ficará isento do pagamento da multa (Código Eleitoral, art. 367, § 3º).

§ 4º O eleitor que estiver quite com suas obrigações eleitorais poderá requerer a expedição de certidão de quitação em zona eleitoral diversa daquela em que é inscrito (Res.-TSE nº 20.497, de 21.10.99).

Prov.-CGE nº 5/2004, art. 1º: "A quitação eleitoral pressupõe a plenitude do gozo dos direitos políticos, o regular exercício do voto, salvo quando facultativo, o atendimento a convocações da Justiça Eleitoral para auxiliar os trabalhos relativos ao pleito e a inexistência de pendências referentes a multas aplicadas, em caráter definitivo, pela Justiça Eleitoral, com ressalva das anistias legais, e a prestação de contas pelo candidato."

Lei nº 9.504/1997, art. 11, §§ 7º a 11, acrescidos pelo art. 3º da Lei nº 12.034/2009:

§ 7º A certidão de quitação eleitoral abrangerá exclusivamente a plenitude do gozo dos direitos políticos, o regular exercício do voto, o atendimento a convocações da Justiça Eleitoral para auxiliar os trabalhos relativos ao pleito, a inexistência de multas aplicadas, em caráter definitivo, pela Justiça Eleitoral e não remitidas, e a apresentação de contas de campanha eleitoral.

§ 8º Para fins de expedição da certidão de que trata o § 7º, considerar-se-ão quites aqueles que:

I. condenados ao pagamento de multa, tenham, até a data da formalização do seu pedido de registro de candidatura, comprovado o pagamento ou o parcelamento da dívida regularmente cumprido;

II. pagarem a multa que lhes couber individualmente, excluindo-se qualquer modalidade de responsabilidade solidária, mesmo quando imposta concomitantemente com outros candidatos e em razão do mesmo fato.

§ 9º A Justiça Eleitoral enviará aos partidos políticos, na respectiva circunscrição, até o dia 5 de junho do ano da eleição, a relação de todos os devedores de multa eleitoral, a qual embasará a expedição das certidões de quitação eleitoral.

§ 10. As condições de elegibilidade e as causas de inelegibilidade devem ser aferidas no momento da formalização do pedido de registro da candidatura, ressalvadas as alterações, fáticas ou jurídicas, supervenientes ao registro que afastem a inelegibilidade.

§ 11. A Justiça Eleitoral observará, no parcelamento a que se refere o § 8º deste artigo, as regras de parcelamento previstas na legislação tributária federal".

V. segunda nota ao art. 18, IV, desta resolução.

Res.-TSE nº 22.783/2008: "A Justiça Eleitoral não emite 'certidão positiva com efeitos negativos' para fins de comprovação de quitação eleitoral, pois o débito oriundo de aplicação de multa eleitoral não possui natureza tributária, inexistindo, assim, analogia aos arts. 205 e 206 do CTN". Ainda na mesma decisão: "O parcelamento de débito oriundo da aplicação de multa eleitoral [...] obtido na Procuradoria-Geral da Fazenda Nacional ou na Justiça Eleitoral [...] possibilita o reconhecimento da quitação eleitoral, para fins de pedido de registro de candidatura, desde que tal parcelamento tenha sido requerido e obtido antes de tal pedido, estando devidamente pagas as parcelas vencidas".

Exercício Comentado

01. Com base na Resolução do TSE n.º 21.538/2003, assinale a opção correta a respeito da transferência do eleitor.

a) A transferência do eleitor independe de estar ele quite com a justiça eleitoral.

b) O despacho que indefere o pedido de transferência do eleitor é irrecorrível.

c) O pedido de transferência do eleitor é feito no cartório de seu antigo domicílio eleitoral, a quem cabe oficiar ao cartório do domicílio atual do eleitor para que se efetive a transferência requerida.

d) Para a transferência do eleitor, exige-se que ele resida há pelo menos três meses no novo domicílio, fato declarado, sob as penas da lei, pelo próprio eleitor.

e) A transferência do eleitor será admitida até três vezes em um mesmo ano.

RESPOSTA. **A resposta correta é a alternativa "d".**

RESPOSTA. **"A" Errada. Conforme art. 18, inciso IV, da Resolução do TSE n.º 21.538/2003: "Art. 18. A transferência do eleitor só será admitida se satisfeitas as seguintes exigências: IV - prova de quitação com a Justiça Eleitoral".**

RESPOSTA. **b) Errada. Conforme art. 18, § 5º, da Resolução do TSE n.º 21.538/2003: "Art. 18. A transferência do eleitor só será admitida se satisfeitas as seguintes exigências:§ 5º Do despacho que indeferir o requerimento de transferência, caberá recurso interposto pelo eleitor no prazo de cinco dias e, do que o** *deferir, poderá recorrer qualquer delegado de partido político no prazo de dez dias, contados da colocação da respectiva listagem à disposição dos partidos, o que deverá ocorrer nos dias 1º e 15 de cada mês, ou no primeiro dia útil seguinte, ainda que tenham sido exibidas ao requerente antes dessas datas e mesmo que os partidos não as consultem".*

RESPOSTA. "C" Errada. Conforme art. 18, inciso I, da Resolução do TSE n.º 21.538/2003: "Art. 18. A transferência do eleitor só será admitida se satisfeitas as seguintes exigências: I - recebimento do pedido no cartório eleitoral do novo domicílio no prazo estabelecido pela legislação vigente".

RESPOSTA. "D" Correta. Conforme art. 18, inciso III, da Resolução do TSE n.º 21.538/2003: "Art. 18. A transferência do eleitor só será admitida se satisfeitas as seguintes exigências: III - residência mínima de três meses no novo domicílio, declarada, sob as penas da lei, pelo próprio eleitor".

RESPOSTA. "E" Errada. Conforme art. 18, inciso II, da Resolução do TSE n.º 21.538/2003: "Art. 18. A transferência do eleitor só será admitida se satisfeitas as seguintes exigências: II - transcurso de, pelo menos, um ano do alistamento ou da última transferência".

Anotações

Referências Bibliográficas

BARREIROS NETO, Jaime. Direito Eleitoral. 2ª edição: revista, ampliada e atualizada. Bahia: JusPodivm, 2012.

BRASIL. Constituição da República Federativa do Brasil de 1988. Disponível em: http://www.planalto.gov.br/ccivil_03/constituicao/constituicao.htm.

BRASIL. Lei n.º 4.737, de 15 de julho de 1965. Institui o Código Eleitoral. Disponível em: www.planalto.gov.br/ccivil_03/leis/l4737.htm.

QUESTÕES DE Concursos. Disponível em: http://www.questoesdeconcursos.com.br/pesquisar/disciplina/direito-direito-eleitoral.

SPITSCOVSKY, Celso. Direito Eleitoral; coordenação Marco Antonio Araujo Jr., Darlan Barroso. 1. ed. São Paulo: Saraiva, 2013.

BARROS, Francisco Dirceu. Resumo de direito eleitoral. 6. ed. Rio de Janeiro : Elsevier, 2013.

BRASIL. Lei n.º 6.192, de 19 de dezembro de 1974. Dispõe sobre restrições a brasileiros naturalizados, e dá outras providências. Disponível em: http://www2.camara.leg.br/legin/fed/lei/1970-1979/lei-6192-19-dezembro-1974-357473-publicacaooriginal-1-pl.html.

BRASIL. Lei n.º 6.996, de 7 de junho de 1982. Dispõe sobre a utilização de processamento eletrônico de dados nos serviços eleitorais e dá outras providências. Disponível em: http://www.planalto.gov.br/ccivil_03/leis/1980-1988/L6996.htm.

BRASIL. Lei n.º 7.444, de 20 de dezembro de 1985. Dispõe sobre a implantarão do processamento eletrônico de dados no alistamento eleitoral e a revisão do eleitorado e dá outras providências. Disponível em: http://www.planalto.gov.br/ccivil_03/leis/1980-1988/L7444.htm.

QUESTÕES DE Concursos. Disponível em: http://www.questoesdeconcursos.com.br/pesquisar/disciplina/direito-direito-eleitoral.

Resolução TSE n.º 21.538, de 14 de outubro de 2003. Disponível em: http://www.tse.jus.br/legislacao/codigo-eleitoral/normas-editadas-pelo-tse/resolucao-nb0-21.538-de-14-de-outubro-de-2003-brasilia-2013-df.

BRASIL. Lei n.º 9.504, de 30 de setembro de 1997. Estabelece normas para as eleições. Disponível em: http://www.planalto.gov.br/ccivil_03/leis/l9504.htm.

BRASIL. Lei Complementar n.º 64, de 18 de maio de 1990. EBRASIL. Resolução nº 21.538, de 14 de outubro de 2003 – Brasília – DF. Disponível em: http://www.tse.jus.br/legislacao/codigo-eleitoral/normas-editadas-pelo-tse/resolucao-nb0-21.538-de-14-de-outubro-de-2003-brasilia-2013-df.stabelece, de acordo com o art. 14, § 9º da Constituição Federal, casos de inelegibilidade, prazos de cessação, e determina outras providências. Disponível em: http://www.planalto.gov.br/ccivil_03/leis/lcp/lcp64.htm.

BRASIL. Resolução nº 21.538, de 14 de outubro de 2003 – Brasília – DF. Disponível em: http://www.tse.jus.br/legislacao/codigo-eleitoral/normas-editadas-pelo-tse/resolucao-nb0-21.538-de-14-de-outubro-de-2003-brasilia-2013-df.

ÍNDICE

CAPÍTULO 01 .... **216**
Lei de Introdução às Normas do Direito Brasileiro - LINDB 216
Introdução 216
Disposições da LINDB 216
CAPÍTULO 02 .... **219**
Das Pessoas 219
Introdução 219
Pessoas Naturais 219
Das Pessoas Jurídicas 221
CAPÍTULO 03 .... **224**
Bens 224
Introdução 224
Distinção entre Bem e Coisa 224
Classificação dos Bens 224
Bem de Família 225
CAPÍTULO 04 .... **226**
Fato e Negócio Jurídico 226
Introdução 226
Fato - Ato Jurídico 226
Negócio Jurídico 226
Prescrição e Decadência 228
Provas 230
CAPÍTULO 05 .... **231**
Das Obrigações 231
Introdução e Conceitos Iniciais 231
Modalidades das Obrigações: 231
Transmissão das Obrigações 232
Pagamento 232
Inadimplemento das Obrigações 233
CAPÍTULO 06 .... **234**
Contratos 234
Introdução e Conceitos 234
Evicção 234
Promessa de Fato de Terceiro 234
Proposta 234
Estipulação em Favor de Terceiro 234
Contrato com Pessoa a Declarar 234
Classificação dos Contratos 235
Vício Redibitório 235
Extinção dos Contratos 235
Contratos em Espécies 235
Doação 236
Da Transação 239
Atos Unilaterais de Vontade 240
CAPÍTULO 07 .... **241**
Das Coisas 241
Introdução 241
Posse e Propriedade 241
Propriedade 241
Direitos Reais 243

CAPÍTULO 08 245
Responsabilidade Civil 245
CAPÍTULO 09 248
Direito de Família 248
Casamento 248
Parentesco 249
União Estável 249
Alimentos 250
CAPÍTULO 10 251
Sucessão 251
Abertura da Sucessão 251
Inventário 252

DIREITO CIVIL

CAPÍTULO 01

Lei de Introdução às Normas do Direito Brasileiro - LINDB

Introdução

Até recentemente tinha a denominação de "Lei de Introdução ao Código Civil", redação dada pela Lei 12.376, de 2010. Assim, o Decreto-lei 4.657/42 é aplicável a quase todos os ramos do direito, pois tem a função de:

> Regular a vigência da lei e a eficácia das normas jurídicas (artigos 1º e 2º);

> Apresentar soluções ao conflito de normas no tempo e espaço;

> Fornecer critérios de hermenêutica (artigo 5º);

> Estabelecer mecanismos de integração de normas quando houver lacunas (artigo 4º);

> Garantir a eficácia da lei não admitindo o erro de direito (artigo 3º);

> Regulamentar o Direito Internacional Privado (artigos 7º ao 17) ;

> Manter a segurança e estabilidade do ordenamento jurídico, preservando as situações em que o interesse individual prevalece.

Cabe antes de adentrar a LINDB, conceituar o que é Direito Objetivo e o que é Direito Subjetivo, visto que frequentemente aparece na lei e em algumas provas de concurso:

Direito objetivo (norma agendi): é o complexo de normas jurídicas, que, de forma obrigatória, prescreve uma sanção no caso de sua violação (direito material);

Direito subjetivo (facultas agendi): é a autorização dada por meio de norma jurídica, permitindo fazer ou não algo para ter ou não determinada coisa, ou, ainda, a autorização para exigir, por meio dos órgãos competentes do Poder Público, ou por meio dos processos, em caso de prejuízo causado por violação de norma (por exemplo, uma indenização por um acidente de trânsito), o cumprimento da norma infringida ou a reparação do mal sofrido, é a faculdade que cada um tem de agir dentro das regras da lei e de invocar a sua proteção e aplicação na defesa de seus legítimos interesses (direito processual).

Disposições da LINDB

Vigência da Lei no Tempo e Espaço

Após o processo legislativo com a promulgação e a publicação no Diário Oficial, a lei passa a vigorar. No que se refere à vigência no espaço, em razão da soberania, a lei se aplica em determinado espaço delimitado pelas fronteiras. Porém, em certos casos, a lei poderá ser aplicada no estrangeiro.

Atente-se para o artigo 7º:

Art. 7º A lei do país em que domiciliada a pessoa determina as regras sobre o começo e o fim da personalidade, o nome, a capacidade e os direitos de família.

§ 1º Realizando-se o casamento no Brasil, será aplicada a lei brasileira quanto aos impedimentos dirimentes e às formalidades da celebração.

§ 2º O casamento de estrangeiros poderá celebrar-se perante autoridades diplomáticas ou consulares do país de ambos os nubentes.

§ 3º Tendo os nubentes domicílio diverso, regerá os casos de invalidade do matrimônio a lei do primeiro domicílio conjugal.

Em resumo, quando uma lei é publicada, ela passa a ter vigência, validade, sendo aplicada em um determinado território (espaço) e, em regra, por tempo indeterminado (tempo).

Assim, uma lei federal tem aplicação no Brasil todo, já uma lei municipal se restringe ao território daquele município.

Inicio da Vigência da Lei

Se a lei não determinar o contrário, passará a vigorar 45 dias após sua publicação (artigo 1º da LINDB). Poderá a lei determinar prazo maior ou de vigência imediata (entra em vigor na data da sua publicação).

O período de intervalo entre a publicação da lei e sua entrada em vigor denomina-se ***vacatio legis.***

Se, no período de *vacatio legis,* o texto da lei sofrer qualquer alteração e for novamente publicado, inicia-se novamente o prazo a partir da nova publicação. Se ocorrer nova modificação após a entrada em vigor da lei, considera-se lei nova.

→ **Podemos esquematizar:**

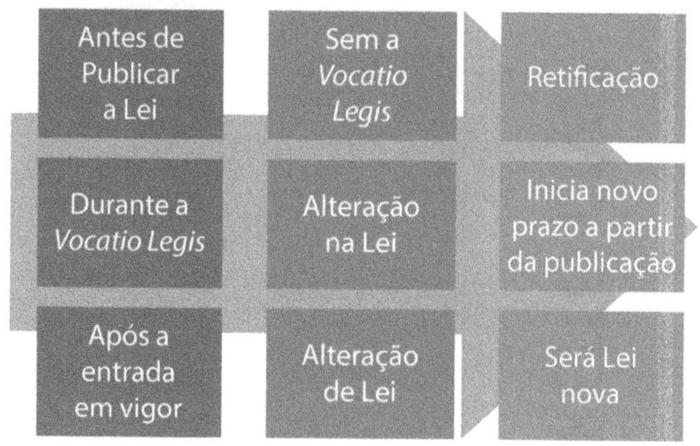

Se a lei brasileira for admitida no exterior, a sua obrigatoriedade se inicia após três meses a contar da sua publicação.

Atente-se para a LC 107/2001: determina que se inclui a data da publicação na contagem da *vacatio legis*, entrando a lei em vigor no dia seguinte:

§ 1º A contagem do prazo para entrada em vigor das leis que estabeleçam período de vacância far-se-á com a inclusão da data da publicação e do último dia do prazo, entrando em vigor no dia subseqüente à sua consumação integral.

§ 2º As leis que estabeleçam período de vacância deverão utilizar a cláusula 'esta lei entra em vigor após decorridos (o número de) dias de sua publicação oficial.

→ Para ficar mais claro como é feita a contagem do prazo, vamos ao exemplo:

Suponha que uma determinada lei tenha sido publicada no dia 10 de setembro do ano XXXX e no último artigo esteja escrito: "Esta Lei entra em vigor no prazo de trinta dias, a partir da data de sua publicação"

Qual o dia que ela estará em vigor?

10 de setembro de XXXX contando 30 dias o prazo fecharia em 30 de outubro de XXXX e entraria em vigor no dia 11 de outubro de XXXX.

E se cair em feriado, fim de semana? Não importa, a lei entra em vigor no dia subsequente ao fim do prazo.

Outras questões que são abordadas constantemente em concursos versam sobre o casamento e bens móveis e imóveis de uma pessoa.

Para resumir o disposto no artigo 7º da LINDB, que já foi citado anteriormente, podemos esquematizar :

→ **Quanto aos bens móveis e imóveis de uma pessoa a regra é: conheça o artigo 8º da LINDB:**

Vejamos o artigo 8º:

> ***Art. 8º*** *Para qualificar os bens e regular as relações a eles concernentes, aplicar-se-á a lei do país em que estiverem situados.*
>
> *§ 1º Aplicar-se-á a lei do país em que for domiciliado o proprietário, quanto aos bens moveis que ele trouxer ou se destinarem a transporte para outros lugares.*
>
> *§ 2º O penhor regula-se pela lei do domicílio que tiver a pessoa, em cuja posse se encontre a coisa apenhada.*

Revogação da Lei

A lei vigora por tempo indeterminado, salvo se estiver estipulada a vigência temporária.

Vigência Temporária-extinção:

- Advento ou termo fixado para sua duração;
- Implemento de condição resolutiva;
- Consecução de seus fins (quando a lei é criada para determinada finalidade e esta se cumpre. Exemplo: uma lei que seja criada especificamente para a Copa do Mundo).

A revogação de uma lei poderá ocorrer também com a publicação de nova lei, apresentando duas espécies:

- Ab-rogação: revogação total de uma lei.
- Derrogação: revogação parcial de uma lei.

A revogação poderá ser expressa quando a nova lei declara em seu texto extinta a norma antiga em todos os seus dispositivos (ab-rogação) ou quais os dispositivos que deixarão de produzir efeitos (derrogação). Já a revogação tácita decorre da incompatibilidade dos dispositivos da lei nova com a lei antiga.

Fique Ligado

Uma lei nova que estabelece disposições gerais ou especiais a par das já existentes (que tratarem da mesma matéria, exemplo: os contratos, que tem disposições no Código Civil e no Código de Defesa do Consumidor), não revoga a lei anterior (artigo 2º parágrafo segundo da LINDB).

Fique Ligado

O instituto da repristinação, que é dar nova vigência a lei que foi revogada é vedado pela Lei Brasileira, em regra, e seu conceito, disposto no parágrafo terceiro do artigo 2º da LINDB, é cobrado em provas:

"Salvo disposição em contrário, a lei revogada não se restaura por ter lei revogadora perdido a vigência"

Integração de Leis

Quando a lei for omissa, o juiz decidirá o caso conforme analogia, costumes e princípios (ver artigos 4º e 5º da LICC).

Isto é, o juiz não pode se eximir de julgar questões que lhe são apresentadas, e quando a lei for omissa no caso concreto, o juiz poderá se utilizar de tais instrumentos.

Quando o fato que está sendo julgado se enquadra no conceito da lei (fato típico) temos o fenômeno da Subsunção, caso contrário, deverá ser realizada a integração da lei.

→ **Assim, podemos conceituar:**

- **A analogia**: aplicar, no caso concreto não previsto em lei, norma já existente para outro caso distinto, mais semelhante.
- **Os costumes**: é a prática constante e geral de um ato com a convicção de sua necessidade jurídica, sem jamais ir contra a lei, temos como exemplo o cheque pré-datado.
- **Os princípios gerais de direito**: estão na norma de forma implícita, como por exemplo: dar a cada um o que é seu de direito, agir sempre com ética, entre outros.

Cuidado com a equidade: ela não é considerada integração nas provas de concurso, por não estar expressa no texto de lei.

→ A equidade é buscar fazer o correto, aplicar a justiça ao fato. Podemos dividi-la em:

- Equidade Legal: está prevista no texto da lei.
- Equidade Judicial: a lei determina que o juiz deve julgar por equidade.

A lei sempre será interpretada, para que possamos descobrir seu sentido e alcance, existindo métodos para tal, que é a chamada hermenêutica.

Interpretação e Integração da Leis

A LINDB levanta conceitos de interpretação da lei que você já pode ter ouvido no estudo de outras disciplinas, vamos a eles:

I. Ninguém se escusa de cumprir a lei, alegando que não a conhece: em regra, "não adianta alegar não sabia que era proibido" (é o famoso erro de direito).

II. Na aplicação da lei, o juiz atenderá aos fins sociais a que ela se dirige e às exigências do bem comum.

III. A lei em vigor terá efeito imediato e geral, respeitados o ato jurídico perfeito, o direito adquirido e a coisa julgada.

→ **E o que é o ato jurídico perfeito, direito adquirido e coisa julgada, que possuem esta "proteção legal" quando das mudanças da lei? Vamos resumir em:**

> O ato jurídico perfeito é aquele consumado segundo a lei vigente ao tempo. Exemplo: o novo Código Civil de 2002 estabeleceu que o regime de comunhão de bens aplicado como regra entre os nubentes é o de comunhão parcial de bens, caso não optem por outro. Já no Código Civil de 1916 o regime era o de Comunhão Universal. Portanto, os casamentos celebrados na vigência do Código anterior são perfeitamente válidos, são atos jurídicos perfeitos.

> O direito adquirido é aquele que se incorpora definitivamente ao patrimônio, personalidade da pessoa, como o direito a aposentadoria.

> E a coisa julgada é a decisão judicial que já não cabe mais recursos.

Fontes do Direito:

> **Fontes formais:** a lei, a analogia (aplicar no caso concreto não previsto diretamente em lei, norma prevista para outro caso distinto, mais semelhante), os costumes (é a prática constante e geral de um ato com a convicção de sua necessidade jurídica, sem jamais ir contra a lei) e os princípios gerais de direito (estão na norma de forma implícita).

> **Fontes não formais**: a doutrina (é opinião e estudo realizado por juristas e/ ou estudiosos sobre determinado ramo ou tema de direito) e a jurisprudência (conjunto de interpretações das normas do direito proferidas pela Justiça).

Princípios Básicos do Direito Civil: socialidade (prevalência dos valores coletivos sobre os individuais), eticidade (prioriza a equidade, a boa-fé e demais critérios éticos) e operabilidade (a norma dever ser efetiva e clara).

Exercícios Comentados

01. (CESPE) Uma lei entrará em vigor no país quarenta e cinco dias após sua publicação em diário oficial, salvo disposição em contrário. Nos estados estrangeiros, quando admitida, a lei entrará em vigor seis meses após sua publicação oficial.

ERRADO. A lei, quando for admitida no exterior, segue a regra de que entrará em vigor três meses após sua publicação (artigo 1º parágrafo primeiro da LINDB).

02. O ato jurídico perfeito promove a imutabilidade da situação jurídica que, de boa-fé, tenha sido realizada na vigência de uma lei, ainda que a edição de nova lei a revogue.

CERTO. Se faz necessária tal proteção para que uma nova lei não modifique uma situação anterior, concretizada na vigência da lei antiga. Exemplo: o novo Código Civil de 2002 estabeleceu que o regime de comunhão de bens aplicado como regra entre os nubentes é o de comunhão parcial de bens, caso não optem por outro. Já no Código Civil de 1916 o regime era o de Comunhão Universal. Portanto, os casamentos celebrados na vigência do Código anterior são perfeitamente válidos, são atos jurídicos perfeitos

Anotações

CAPÍTULO 02

Das Pessoas

Introdução

Quando se usa o termo "pessoas", abrange-se tanto pessoas naturais como pessoas jurídicas. Esse é um tema constantemente cobrado em concursos públicos.

Pessoas Naturais

Personalidade e Capacidade

As pessoas naturais são seres humanos, também sujeitos das relações jurídicas (Pontes de Miranda dita que: "relação jurídica é a relação inter-humana, a que a regra jurídica, incidindo sobre os fatos, torna jurídica") com aptidão para adquirir direitos e contrair obrigações.

→ **As pessoas naturais são dotadas de:**

> **Personalidade**: é a aptidão para adquirir direitos e contrair obrigações ou deveres. Conforme previsto no artigo 2º do Código Civil, a pessoa natural adquire personalidade com o nascimento com vida, porém, existe proteção legal desde a concepção (nascituro).

Agora você pode estar se perguntando: E se a criança nascer morta?

Nesta caso teremos a figura do **natimorto**. Este tem proteção no que tange os direitos de personalidade (que trataremos em seguida), como um nome, proteção a sua imagem e também a sepultura.

Sobre a questão da personalidade, surgem duas teorias:

» **Natalista**: personalidade se inicia com o nascimento com a vida;

» **Concepcionalista**: corrente minoritária, defende que a personalidade se inicia com a concepção.

> Capacidade: é a medida da personalidade. Divide-se em:

» De direito ou de gozo: consiste na capacidade para a aquisição de direito, que ocorre com o início da personalidade;

» De fato ou de exercício: consiste na aptidão para o exercício de seus direitos por si mesmo (início, com a maioridade, aos 18 anos completos, ou emancipação). Também se adquire em casos em que cessem as causas da incapacidade.

Incapacidade

Algumas pessoas não possuem sua capacidade plena. Todas as pessoas são capazes de direitos, porém, nem todas são consideradas capazes de fato.

Essa restrição imposta por lei é a chamada "incapacidade", que pode ser total (art. 3º do CC) ou parcial (art.4º CC):

> **Absoluta** – prevista no artigo 3º do Código Civil – menores de 16 anos, deficientes mentais ou doentes que não têm necessário discernimento para a prática dos atos da vida civil e/ou que por causa transitória não podem exprimir sua vontade.

» **Efeitos:** exige a representação.

Fique Ligado

Quando os incapazes são representados ou assistidos falamos que há o suprimento da incapacidade!

> **Relativa** – prevista no artigo 4º do Código Civil – maiores de 16 anos e menores de 18 anos, ébrios habituais, viciados em tóxicos, deficientes mentais com discernimento reduzido, excepcionais sem desenvolvimento mental completo e pródigos.

» **Efeitos:** o incapaz pratica os atos assistido.

A capacidade do índio (silvícola) é regulada por lei própria: Lei 6.001/73.

Em regra, os índios isolados são absolutamente incapazes.

Vale ressaltar o artigo 7º, parágrafo 8º:

> ***§ 8º*** *São nulos os atos praticados entre índios não integrados e qualquer pessoa estranha à comunidade indígena quando não tenha havido assistência do órgão tutelar competente.*
>
> ***Parágrafo único.*** *Não se aplica a regra deste artigo no caso em que o índio revele consciência e conhecimento do ato praticado, desde que não lhe seja prejudicial, e da extensão dos seus efetivos*

O artigo 9º da lei supracitada estabelece regras para que o silvícola possa solicitar ao judiciário a sua capacidade plena, sendo a FUNAI a responsável pela representação dos índios.

Cessação da Incapacidade:

A incapacidade cessa quando cessarem as causas que lhe deram origem ou com a emancipação, que pode ocorrer das seguintes maneiras:

> **Voluntária:** concedida pelos pais (idade mínima de 16 anos) por meio de escritura pública;

> **Judicial:** deferida pelo juiz ao menor com idade mínima de 16 anos, após ouvido o Ministério Público e o Tutor, por meio de sentença;

> **Legal:** de maneira automática nos casos previstos no artigo 5º, do inciso II ao V do CC:

II. *Pelo casamento;*

III. *pelo exercício de emprego público efetivo;*

IV. *pela colação de grau em curso de ensino superior;*

V. *pelo estabelecimento civil ou comercial, ou pela existência de relação de emprego, desde que, em função deles, o menor com dezesseis anos completos tenha economia própria.*

A regra é que a emancipação é irrevogável, porém poderá ser inválida se o ato que a concedeu for nulo ou anulável.

Pense na seguinte situação como exemplo: uma jovem de 16 anos casa-se com um rapaz de 19 anos. Um ano após a celebração do casamento ocorre o divórcio do casal. A jovem encontra-se com 17 anos de idade (idade em que seria considerada relativamente incapaz), porém, como o casamento foi válido e a jovem emancipada por tal ato, continua sendo capaz, mesmo com o divórcio.

Agora, no mesmo caso, se o casamento fosse considerado nulo, poderia esta emancipação ser considerada invalidada.

Também é importante ressaltar o Enunciado 397 da V Jornada de Direito Civil:

Art. 5º. A Emancipação por concessão dos pais ou por sentença do juiz está sujeita a desconstituição por vício de vontade.

Individualização da Pessoa Natural

Cada pessoa é única e se identifica pelo nome, estado e domicílio.

> **Nome:** composto por prenome (que pode ser simples ou composto) e sobrenome ou patronímico ou apelido de família (também pode ser simples ou composto).

Também existe o agnome (sinal distintivo de pessoas da mesma estirpe) e o que conhecemos por "apelido", que aqui será chamado de alcunha.

A regra é: o nome é imutável, porém, há casos em que a lei permite alteração, são eles:

» Expõe ao ridículo;

» Erro gráfico evidente;

» Proteção à testemunha;

» Uso prolongado e constante de nome diverso do registro civil;

» No primeiro ano após a maioridade (não podendo prejudicar o sobrenome);

» Inclusão de alcunha;

» Para evitar a homonímia;

» Adoção;

» Tradução;

» Mudança do estado familiar (exemplo: casamento).

→ **Estado**:

> **Individual:** relaciona-se a idade (maior ou menor), ao sexo e a saúde mental e física.

> **Familiar:** situação na família. O "estado civil" ou o vínculo de parentesco (consanguínio, por afinidade ou civil).

> **Político:** relação com o Estado, se brasileiro nato ou naturalizado e estrangeiro.

→ **Domicílio:**

> **Voluntário**: escolhido livremente pela pessoa para sua residência (geral), trabalho, existe o animo de constituir ali seu domicilio.

» **Cuidado**: domicilio é diferente de residência!

> **Contratual**: os contratantes especificam para que cumpram os direitos e obrigações firmados em contrato (eleição);

» A simples mudança de residência não configura mudança de domicílio, deve-se ter a intenção de mudança do domicílio.

> **Legal ou necessário**: determinado em lei:

Art. 76. Têm domicílio necessário o incapaz, o servidor público, o militar, o marítimo e o preso.

Parágrafo único. O domicílio do incapaz é o do seu representante ou assistente; o do servidor público, o lugar em que exercer permanentemente suas funções; o do militar, onde servir, e, sendo da Marinha ou da Aeronáutica, a sede do comando a que se encontrar imediatamente subordinado; o do marítimo, onde o navio estiver matriculado; e o do preso, o lugar em que cumprir a sentença.

> **Plural:** quando a pessoa natural tiver mais de uma residência, onde alternadamente viva, sendo considerada seu domicílio qualquer uma e quando for incerto, onde for encontrado.

Direitos da Personalidade

São direitos subjetivos que possuem como objeto os valores fundamentais da pessoa.

Não existe um rol taxativo (podendo surgir mais, não há uma limitação), com previsão nos artigos 11 a 21 do Código Civil.

Vale ressaltar inicialmente o artigo 11 do Código Civil, que vem sendo abordado em diversas provas, vejamos:

Art. 11. Com exceção dos casos previstos em lei, os direitos da personalidade são intransmissíveis e irrenunciáveis, não podendo o seu exercício sofrer limitação voluntária.

Como se percebe na leitura do artigo, os direitos de personalidade não podem sofrer limitação voluntária, porém, o Enunciado 4 da I Jornada de Direito, dita que "o exercício dos direitos da personalidade pode sofrer limitação voluntária, desde que não seja permanente nem geral", como é o caso do direito de imagem. Portanto, é uma regra que admite exceções.

Porém, cuidado com o comando da questão: se solicitar de acordo com o texto legal, assinale de acordo com o texto da lei.

Visam essencialmente a proteção da vida, honra, imagem, integridade física, liberdade, entre outros, sendo:

> **Intransmissíveis**: não existe à possibilidade de passar para terceiros;

> **Irrenunciáveis**: não há como renunciar o seu uso, visto que todo indivíduo nasce e morre com ele;

> **Imprescritíveis**: não recaem regras de prescrição;

> **Impenhoráveis**: sobre estes não recairá penhora;

> **Ilimitados**: não existe um rol taxativo, muitos outros poderão existir;

> **Absolutos**: é oponível erga omnes, isto é, todos têm o dever de abstenção, de respeito a estes direitos;

> **Inexpropriáveis**: ninguém terá sua propriedade.

No artigo 13 e nos seguintes, estão previstas diversas disposições sobre a personalidade, lembrando que não são taxativos:

> É proibida a disposição do próprio corpo quando importar diminuição permanente da integridade física, ou contrariar os bons costumes, salvo por exigência médica e para transplante conforme previsto em lei;

> É permitida, com cunho científico, ou altruístico, a disposição gratuita do próprio corpo, no todo ou em parte, para depois da morte, podendo este ato ser revogado a qualquer tempo;

> Ninguém pode ser constrangido a submeter-se, quando expõe sua vida em risco, a tratamento médico ou a intervenção cirúrgica;

> Toda pessoa tem direito ao nome, compreendendo o prenome e o sobrenome e este não pode ser empregado por outrem em publicações ou representações que a exponham ao desprezo público, ainda quando não haja intenção difamatória;

> Sem que haja autorização, não se pode usar o nome alheio em propaganda comercial;

> O pseudônimo adotado para atividades lícitas goza da proteção que se dá ao nome das pessoas;

- Salvo se autorizadas, ou se necessárias à administração da justiça ou à manutenção da ordem pública, a divulgação de escritos, a transmissão da palavra, ou a publicação, a exposição ou a utilização da imagem de uma pessoa poderão ser proibidas, por meio de seu requerimento e sem prejuízo da indenização que couber, caso lhe atingirem a honra, a boa fama ou a respeitabilidade, ou se destinem a fins comerciais e caso a pessoa seja falecida ou ausente. São partes legítimas para requerer essa proteção o cônjuge, os ascendentes ou os descendentes;
- A vida privada da pessoa natural é inviolável, e o juiz, a requerimento do interessado, adotará as providências necessárias para impedir ou fazer cessar ato contrário a essa disposição.

Fim da Personalidade da Pessoa Natural

→ **A morte é o fim da pessoa natural, extinguindo sua personalidade. Podendo ocorrer das seguintes maneiras:**

- **Morte Real:** quando o corpo da pessoa natural cessa suas atividades vitais (se atesta a morte com prova direta, isto é, um médico poderá atestar que aquele corpo não tem mais vida);
- **Morte Presumida:** ocorre nos casos de ausência ou desaparecimento da pessoa natural, sendo declarada da seguinte maneira (em Ação de Morte Presumida):
  - Sem decretação de ausência: se for extremamente provável a morte daquele que estava em perigo, desaparecido em campanha, feito prisioneiro de guerra ou, após o término da guerra, esteja desaparecido há mais de dois anos (artigo 7º do CC);
  - Com decretação de ausência: quando a pessoa desaparece sem deixar vestígios (artigo 6º CC) como costumamos falar: pessoa em LINS (lugar incerto e não sabido).

Nesses casos de ausência, decorrido um ano da arrecadação dos bens (estabelecido um curador, de preferência as pessoas citadas no artigo 25 do CC), ou decorridos três anos se este deixou um representante, os interessados (previstos no artigo 27 do CC) poderão requerer a abertura da sucessão provisória.

Após o período de dez anos da sentença que concedeu a abertura da sucessão provisória, poderá ser requerida a sucessão definitiva, com o levantamento das cauções prestadas na sucessão provisória, diminuindo o prazo para cinco anos se o ausente contar com mais de 80 anos de idade.

Assim, conclui-se que existem três fases da Ausência:

- Curadoria dos bens;
- Sucessão Provisória (atente-se que a sentença só produzirá efeitos 180 dias após publicada na impressa);
- Sucessão Definitiva.

- **Morte simultânea:** a chamada comoriência, quando duas pessoas morrem em uma mesma ocasião, sem que possa ser determinado qual faleceu primeiro.

Tais situações são importantes quando tratamos de direitos sucessórios, falecendo ao mesmo tempo pessoas da mesma família e com direitos sucessórios entre si, exemplo um pai e um filho.

A comoriência é uma presunção relativa (iuris tantum) podendo ser afastada por laudo médico.

Das Pessoas Jurídicas

"Pessoas são entidades a que a lei confere personalidade, capacitando-as a serem sujeitos de direitos e obrigações".

(Carlos Roberto Gonçalves).

As pessoas jurídicas são conjuntos de bens ou pessoas que acabam por adquirir personalidade jurídica por força da lei, ganhando uma "vida própria".

Portanto, a pessoa jurídica não pode ser confundida com as pessoas naturais (como por exemplo os sócios de uma empresa) que são membros daquela.

Com esta breve conceituação, vamos estudar os principais tópicos relacionado as pessoas jurídicas.

Classificação

- **Direito Público Interno:** União, Estados, Distrito Federal e os Territórios, Municípios, Autarquias (inclusive associações públicas) e demais entidades de caráter público criadas por lei;
- **Direito Público Externo:** Estados estrangeiros e todas as pessoas que forem regidas pelo direito internacional público;
- **Direito Privado:** Associações, Sociedades, Fundações, organizações religiosas e os partidos políticos.

Assim, as pessoas jurídicas são uma união de diversas pessoas naturais, com um objetivo comum.

A pessoa jurídica tem uma "vida própria", sendo autorizada por lei, tendo capacidade para adquirir direitos e contrair obrigações.

→ **Assim, podemos resumir que as pessoas jurídicas são caracterizadas:**

- Organização de pessoas ou de bens;
- Licitude de seus propósitos ou fins;
- Capacidade Jurídica reconhecida por norma jurídica.

Início da Personalidade Jurídica

- **Da pessoa jurídica de direito público:** "inicia-se em razão de fatos históricos, de criação constitucional, de lei especial e de tratados internacionais, se se tratar de pessoa jurídica de direito público externo" (Maria Helena Diniz).
- **Da pessoa jurídica de direito privado:** com a inscrição do ato constitutivo no respectivo registro (juntas comerciais, cartórios de registros de pessoas jurídicas, etc.).

Atenção ao artigo 45:

> ***Art. 45.*** *Começa a existência legal das pessoas jurídicas de direito privado com a inscrição do ato constitutivo no respectivo registro, precedida, quando necessário, de autorização ou aprovação do Poder Executivo, averbando-se no registro todas as alterações por que passar o ato constitutivo.*
>
> ***Parágrafo único.*** *Decai em três anos o direito de anular a constituição das pessoas jurídicas de direito privado, por defeito do ato respectivo, contado o prazo da publicação de sua inscrição no registro.*

As pessoas jurídicas têm os mesmos direitos de personalidade da pessoa natural, no que couber, inclusive o dano moral, conforme a Súmula 227 do STJ determina:

Pessoa Jurídica - Dano Moral

A pessoa jurídica pode sofrer dano moral.

Das Pessoas Jurídicas de Direito Privado

→ **As pessoas jurídicas de direito privado, previstas no artigo 44 do CC, são:**

> **Associações:** pessoas naturais que se organizam para fins não econômicos;

Fique Ligado

Podem realizar atividades que tenham finalidade lucrativa, devendo o lucro ser revertido em favor da associação.

Não há, entre os associados, direitos e obrigações recíprocos e os associados devem ter iguais direitos, porém, o estatuto poderá instituir categorias de associados com vantagens especiais, conforme previsto no artigo 55 do Código Civil.

→ **Ainda, cabe ressaltar que a associação é organizada da seguinte maneira:**

> Presidência;

> Conselho deliberativo;

> Conselho fiscal;

> Assembleia Geral.

Caberá à assembleia geral destituir os administradores e alterar o estatuto.

Seu ato constitutivo é o Estatuto sendo o registro realizado no Cartório de Registro de Pessoa Jurídica.

> **Fundações:** constituídas por ato de seu instituidor, escritura pública ou testamento, por meio de dotação de bens, especificando sua finalidade e declarando, se quiser, como devem ser administradas. Também não possuem fins econômicos e podem ter a finalidade religiosa, moral, cultural ou de assistência. Têm uma finalidade restrita;

O Ministério Público fiscalizará em cada Estado;

> **Sociedades:** são pessoas naturais que se organizam com fins econômicos;

Temos uma divisão em sociedades simples (aquelas formadas para prestação de serviços, como por exemplo, sociedades de advogados, de médicos etc) e sociedades empresariais (atividade voltada a produção e comercialização de produtos e serviços).

Cabe ressaltar o Enunciado 69 da I Jornada de Direito Civil que trata das sociedades cooperativas, vejamos:

"As sociedades cooperativas são sociedades simples sujeitas a inscrição nas juntas comerciais"

Fique Ligado

As empresas públicas e sociedades de economia mista tem personalidade jurídica de direito privado, mesmo contando com capital público.

As sociedades são estudadas de modo aprofundado no Direito Empresarial.

> **Organizações religiosas:** organizações com fins religiosos (igrejas, templos), sem fins lucrativos. O Estado não poderá negar sua existência;

> **Partidos políticos:** pessoas organizadas de modo formal e legal, têm por base a mesma ideologia política, visando à disputa do poder político do país.

> **As empresas individuais de responsabilidade limitada:**

São empresas constituídas por uma única pessoa que é a titular da totalidade do capital social. Foi inserida no Código Civil através da Lei 12.441 de 2011.

Por fim, atentem também para a determinação do artigo 46 do Código Civil, que dita dados que devem estar presentes no registro:

Art. 46. *O registro declarará:*

I. a denominação, os fins, a sede, o tempo de duração e o fundo social, quando houver;

II. o nome e a individualização dos fundadores ou instituidores, e dos diretores;

III. o modo por que se administra e representa, ativa e passivamente, judicial e extrajudicialmente;

IV. se o ato constitutivo é reformável no tocante à administração, e de que modo;

V. se os membros respondem, ou não, subsidiariamente, pelas obrigações sociais;

VI. as condições de extinção da pessoa jurídica e o destino do seu patrimônio, nesse caso.

Ainda, existem os chamados **Entes Despersonalizados** isto é, desprovidos de personalidade jurídica.

São exemplos de entes despersonalizados: a massa falida e o condomínio.

Domicílio das Pessoas Jurídicas

Assim como pessoas naturais, as pessoas jurídicas também possuem um domicílio, onde responderão pelos direitos e deveres assumidos.

O domicílio das pessoas jurídicas de direito público (artigo 75 CC), são:

> **União** = Distrito Federal;

> **Estados** = Respectivas Capitais;

> **Municípios** = local de sua administração do município.

Quanto às pessoas jurídicas de direito privado, segue a regra do artigo 75, IV:

IV. Das demais pessoas jurídicas, o lugar onde funcionarem as respectivas diretorias e administrações, ou onde elegerem domicílio especial no seu estatuto ou atos constitutivos.

§ 1º Tendo a pessoa jurídica diversos estabelecimentos em lugares diferentes, cada um deles será considerado domicílio para os atos nele praticados.

§ 2º Se a administração, ou diretoria, tiver a sede no estrangeiro, haver-se-á por domicílio da pessoa jurídica, no tocante às obrigações contraídas por cada uma das suas agências, o lugar do estabelecimento, sito no Brasil, a que ela corresponder.

Desconsideração da Personalidade Jurídica

Determina o artigo 50 do Código Civil:

"Em caso de abuso da personalidade jurídica, caracterizado pelo desvio de finalidade, ou pela confusão patrimonial, pode o juiz decidir, a requerimento da parte, ou do Ministério Público quando lhe couber intervir no processo, que os efeitos de certas e determinadas relações de obrigações sejam estendidos aos bens particulares dos administradores ou sócios da pessoa jurídica."

A desconsideração é a responsabilização da pessoa física pela má administração, sendo as obrigações estendidas ao seu patrimônio particular.

São legitimados para propor:

> Os interessados;

> O Ministério Público, no que couber.

Extinção da Pessoa Jurídica

> **Convencional**: os sócios acordam na dissolução;

> **Administrativa**: quando, por exemplo, a autorização concedida para funcionamento por órgão público é cancelada;

> **Judicial**: ocorre com a determinação judicial;

> **Fato Natural:** ocorrendo a morte dos membros da sociedade, e caso seu ato constitutivo não preveja o prosseguimento das atividades pelos herdeiros, a pessoa jurídica estará extinta.

A extinção da pessoa jurídica possui algumas regras, não ocorrendo de modo automático, atente assim, as regras do artigo 51 do Código Civil:

> ***Art. 51.*** *Nos casos de dissolução da pessoa jurídica ou cassada a autorização para seu funcionamento, ela subsistirá para os fins de liquidação, até que esta se conclua.*
>
> *§ 1º Far-se-á, no registro onde a pessoa jurídica estiver inscrita, a averbação de sua dissolução.*
>
> *§ 2º As disposições para a liquidação das sociedades aplicam-se, no que couber, às demais pessoas jurídicas de direito privado.*
>
> *§ 3º Encerrada a liquidação, promover-se-á o cancelamento da inscrição da pessoa jurídica.*
>
> ***Art. 52.*** *Aplica-se às pessoas jurídicas, no que couber, a proteção dos direitos da personalidade.*

Exercícios Comentados

01. ***A legislação brasileira não admite que empresa com diversos escritórios de administração em unidades diferentes da Federação tenha mais de um domicílio, devendo ser eleito como domicílio o local onde esteja instalado o escritório-sede da empresa.***

ERRADO. Poderá ser o local onde funcionarem as respectivas diretorias e administrações, ou onde elegerem domicílio especial no seu estatuto ou atos constitutivos, como reza o artigo 75 do Código Civil.

02. ***Considere a seguinte situação hipotética: Carla está no sétimo mês de gestação e, tendo conhecimento de que o bebê será do sexo feminino, escolheu o nome de Isadora para a criança. Nessa situação, Isadora é dotada de personalidade, podendo receber em doação um imóvel.***

ERRADO. A personalidade civil se inicia com o nascimento com vida (artigo 2º do Código Civil), sempre resguardada a proteção do nascituro (que é a situação da Isadora).

Anotações

CAPÍTULO 03
Bens

Introdução

Os bens configuram objetos que podem ser apropriados por todas as pessoas, naturais e jurídicas.

Distinção entre Bem e Coisa

Coisa é tudo o que existe na natureza e bem é aquilo que pode ser apropriável (que liga a posse, pode ser apropriado pelo homem) e apreciável (ter valor econômico), podendo ser corpóreo (objetos materiais) ou imateriais (ideais - bens imateriais).

Patrimônio

São os conjuntos de bens, tanto corpóreos quanto incorpóreos, que pertencem a determinada pessoa. Em sentido mais amplo, são também seus direitos e obrigações.

Classificação dos Bens

Dos considerados em si:

→ **De acordo com a tangibilidade**

- > Materiais ou corpóreos (exemplo: cadeira, celular);
- > Imateriais ou incorpóreos (exemplo: músicas).
- > De acordo com a mobilidade
  - » **Móveis**: podem ser classificados em: móveis por natureza (bens que podem ser transportados de um local para o outro sem deteriorar); móveis por antecipação (aqueles mobilizados pelo homem em atenção a sua finalidade econômica, como flores para colheita e venda); móveis por determinação legal (são os direitos reais sobre os bens móveis, como a energia elétrica) e; semoventes (animais: movem-se naturalmente):
  - » **Imóveis**: são classificados da seguinte maneira: imóveis por natureza, imóveis por acessão física artificial ou natural (é o que o homem incorpora definitivamente no solo ou surge naturalmente); imóveis por determinação legal (são assim considerados os bens que recebem uma proteção jurídica maior).

Atenção para o artigo 80 do Código Civil:

> ***Art. 80.*** *Consideram-se imóveis para os efeitos legais:*
>
> ***I.*** *os direitos reais sobre imóveis e as ações que os asseguram;*
>
> ***II.*** *o direito à sucessão aberta*

Fique Ligado

Os materiais desprendidos de construção para uma "reforma" que posteriormente forem colocados no imóvel novamente não perdem a característica de imóvel. Já se forem retirados definitivamente, tornam-se móveis.

→ **Quanto à fungibilidade**

- > Fungível (considerado aquele que pode ser substituído por outro da mesma espécie, qualidade e quantidade);
- > Infungível (é insubstituível).

→ **Quanto à consuntibilidade**

- > Consumíveis:
  - » **de fato**: consumo imediato, como os alimentos;
  - » **de direito**: destinados à cessão, como revistas em consultórios.
- > Inconsumíveis: são os bens que podem ser utilizados de modo contínuo sem que se deteriorem.

→ **De acordo com a Divisibilidade**

- > **Divisíveis** - podem ser divididos sem alterar sua substância e diminuição considerável de seu valor e destinação. Podem tornar-se indivisíveis caso haja determinação legal ou caso as partes assim desejem.
- > **Indivisíveis** - naturalmente não podem ser divididos sem que a substância ou valor sejam alterados.
  - » Por determinação legal (a lei determina sua indivisibilidade).
  - » Por vontade das partes (as partes estipulam, por meio de contrato, que o bem não pode ser dividido, como uma servidão).

→ **Quanto à Individualidade**

- > **Singulares ou individuais**: mesmo reunidos, consideram-se de per si independentemente dos demais;
- > **Coletivos ou universais:** podemos dividir em duas espécies: de fato: pluralidade de coisas homogêneas (biblioteca); e de direito: complexo de relações jurídicas de uma pessoa, que possui valor econômico (herança).

→ **De acordo com a reciprocidade ou dependência**

- > **Principais**: existem sem depender de outro;
- > **Acessórios**: existem em razão do bem principal. A regra geral é que o acessório sempre seguirá o bem principal, porém, pode haver exceções (quando as partes acordam ou a lei estipula em sentido contrário a tal regra).

Os bens acessórios são divididos nas seguintes espécies:

- > **Pertença**: são bens que destinam-se de modo duradouro ao uso, serviço. Apesar de serem acessórios, não seguem o bem principal, salvo se o contrário for estipulado pelas partes ou a lei determinar que seguirá o principal;
- > **Benfeitoria**: são os melhoramentos, obras realizadas, podendo ser para aumentar seu uso (benfeitorias úteis), evitar sua deterioração (benfeitorias necessárias) ou para lazer, um conforto maior (benfeitorias voluptuárias);
- > **Fruto**: são os resultados, a utilidade que a coisa produz de forma periódica e que mantém a substância da coisa intacta, podendo ser civis (rendimentos), naturais (que se renovam periodicamente), industriais (quando o homem intervém sobre a natureza), pendentes (os que ainda estão unidos à coisa), percebidos (aqueles já desvinculados da coisa), estantes (aqueles que estão armazenados para a venda ou disposição), percipiendos (aqueles que deveriam ter sido retirados e não foram) e consumidos (os que já foram utilizados/vendidos e não existem mais);
- > **Produto**: não se produz periodicamente, demorando anos para surgir (petróleo).

→ **Quanto à titularidade do domínio**

- **Bens Particulares:** os bens que pertençam às pessoas físicas e jurídicas de direito privado.

Bens Públicos

- Pertencentes às pessoas jurídicas de direito público interno, sendo classificados como:
  - **De uso comum do povo:** aqueles que podem ser utilizados por todos, sendo este uso gratuito ou oneroso;
  - **De uso especial:** são os bens que tem sua fruição atribuída a determinada pessoa jurídica de direito público, para a prestação de serviços público;
  - **Dominicais**: sãos os bens que integram o patrimônio público, mas que não são utilizados pelo povo nem pela administração pública, podendo ser alienados (seguindo as exigências impostas em lei), diferentemente dos demais bens públicos.

Características dos Bens Públicos:

Os bens públicos são inalienáveis (bens de uso comum do povo e de uso especial), imprescritíveis (não recaindo o usucapião - artigo 102, do Código Civil e 191 parágrafo único da Constituição Federal) e impenhoráveis (não podem ser dados em garantia de dívidas).

Bem de Família

Conforme previsto na Lei 8.009/90, visando a proteger o imóvel residencial próprio do casal ou família, este é impenhorável, não respondendo por qualquer tipo de dívida civil, fiscal, comercial, previdenciária ou de qualquer outra natureza. Nisso incluem-se o bens móveis, plantações, benfeitorias que existirem no imóvel, excluindo-se obras de arte, veículos de transporte e bens suntuosos e desnecessários, sendo também exceção a proteção legal quando a ação versar:

- Sobre créditos trabalhistas de empregados domésticos (incluída a dívida previdenciária);
- Decorrente de financiamento destinado à construção ou aquisição do imóvel (respeitado o limite dos créditos e acréscimos constituídos em função do contrato de financiamento);
- Movida pelo credor de pensão alimentícia;
- Para cobrança de impostos predial ou territorial, taxas e contribuições devidas em função do imóvel;
- Movida para execução de hipoteca que recai sobre o imóvel;
- Por obrigação decorrente de fiança em contrato de locação;
- Por ter sido o imóvel adquirido em razão de crime ou para a execução de sentença penal condenatória a ressarcimento, indenização ou perdimento de bens.

O bem de família voluntário é aquele a que os cônjuges ou entidade familiar, por meio de escritura pública ou testamento, destinam parte de seu patrimônio, como sendo bem de família - artigo 1.711 do Código Civil.

O bem de família poderá ser extinto quando houver acordo entre os cônjuges, família ou por determinação legal.

Atenção à Súmula 364 do STJ:

> ***Súmula 364:*** *O conceito de impenhorabilidade de bem de família abrange também o imóvel pertencente a pessoas solteiras, separadas e viúvas.*

Vimos neste capítulo os principais tópicos referentes aos bens, agora, vamos verificar como é cobrado em concursos:

Exercício Comentado

01. ***Os bens acessórios e as pertenças integram o bem principal e têm a sua existência subordinada à finalidade econômica da coisa principal, com o objetivo de complementá-la, ou seja, sempre seguem a principal e não têm valoração autônoma.***

ERRADO. ***A regra é que o acessório segue o principal, mas poderá ser acordado de forma diversa, exemplo: o som de um carro, posso acordar que o som não será vendido com o carro.***

Quanto as pertenças, dita o artigo 94 do Código Civil que os negócios jurídicos que dizem respeito ao bem principal não abrangem as pertenças, salvo se o contrário resultar da lei, da manifestação de vontade, ou das circunstâncias do caso.

Anotações

CAPÍTULO 04

Fato e Negócio Jurídico

Introdução

Os fatos, atos e negócios jurídicos são primordiais para a compreensão do Direito Privado: questões contratuais, responsabilidade civil etc.

Fato - Ato Jurídico

Classificação dos Fatos-Atos Jurídicos

O fato jurídico é todo o evento que tem relevância para o direito e, por consequência, produz efeitos jurídicos (em sentido amplo), **sem que seja necessária a vontade humana**.

→ **Assim, temos os fatos-atos jurídicos:**

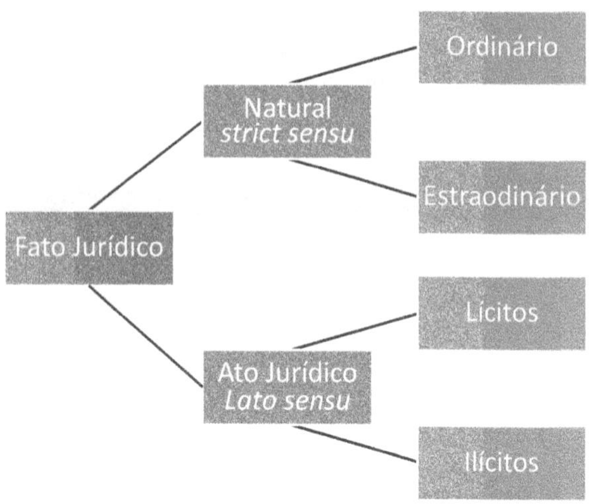

São exemplos de fato jurídico ordinário (que é comum ocorrer) o nascimento de uma pessoa, e extraordinário uma tempestade, que venha causar prejuízos.

Fique Ligado

A classificação dos fatos – atos jurídicos podem variar conforme os doutrinadores. Portanto, você poderá se deparar com classificações diferentes da exposta. A que estudamos aqui é a mais "comum"e que já apareceu em concursos públicos.

Já os atos jurídicos são nossas atitudes, **é a conduta humana**, que poderão ser lícitas (de acordo com a lei ou que não seja contrário a lei) ou ilícitas (um ato que, contrariando o permitido em lei, causa prejuízos a outros).

Atos Ilícitos

Prevê o artigo 186 do Código Civil que comete ato ilícito todo aquele **por ação ou omissão voluntária (é o agir com dolo, isto é com a intenção de causar dano)**, negligência ou imprudência (é o agir com culpa, quando o agente não desejava causar o dano), violar direito e causar dano a outrem, ainda que exclusivamente moral.

Fique Ligado

O artigo dá uma amplitude quando traz a expressão "violar direito", isto é, mesmo que a situação que gera um dano não estiver prevista expressamente em lei, surge o dever de reparar. É um princípio implícito de não causar dano a ninguém.

Primeiramente, vamos diferenciar a negligência da impudência, que se caracteriza pela falta de diligência do agente, que acaba por lesar outrem,com exemplo:

> **Negligência**: ocorre quando o agente deixa de fazer algo, é relapso. Exemplos: deixo de realizar a manutenção do meu carro e, por este motivo, acabo ocasionando um acidente. Ou quando um médico esquece um instrumento cirúrgico dentro do paciente.

> **Imprudência**: o agente age de maneira temerária, precipitado. Temos como exemplo, o sujeito que está dirigindo a uma velocidade superior a permitida para a via e acaba por atropelar alguém.

Outro assunto importante é o abuso de direito, previsto no artigo 187 do Código Civil.

No abuso de direito, o sujeito tem uma atitude lícita, mas uma consequência ruim, abusiva e ilícita, como por exemplo, o envio de *spam* nos e-mails.

Dita o artigo 187 do Código Civil que comete ato ilícito o titular de um direito que, ao exercê-lo, excede manifestamente os limites impostos pelo **seu fim econômico ou social, pela boa-fé ou pelos bons costumes**.

Já o artigo 188 do Código Civil dita as excludentes da ilicitude, quais sejam:

> Legitima Defesa;

> Exercício Regular de um Direito;

> Remoção de perigo iminente com a deterioração ou destruição de coisa alheia. Lembre-se: desde que, o sujeito não excedendo os limites do indispensável para a remoção do perigo.

Negócio Jurídico

É uma ação lícita que cria, modifica ou extingue relações jurídicas privadas.

Classificação

> **Manifestação da vontade**: unilaterais (testamento), bilaterais (compra e venda) e plurilaterais (consórcios).

> **Vantagem Patrimonial**: gratuitos e onerosos.

> **Efeitos no Aspecto Temporal:** inter vivos e causa mortis (testamento).

> **Autonomia**: principal/ independentes ou acessórios/ dependentes.

> **Condições Pessoais**: impessoais ou personalíssimos.

> **Aperfeiçoamento**: Consensuais (venda pura, geram efeitos no momento) e reais (só geram efeitos com a entrega do bem).

> **Forma**: solene ou não solene.

Validade e Eficácia do Negócio Jurídico

Para que os negócios jurídicos tenham validade, é necessária a observância de alguns elementos:

> **Partes**: agente capaz;

> **Objeto**: lícito, possível, determinado ou determinável;

> **Forma**: prescrita ou não defesa em lei (adota-se o princípio da liberdade);

> **Vontade:** pode ser tácita (quando a lei não exigir, onde há o silêncio vale: artigo 111, CC) ou expressa.

A eficácia acaba sendo uma consequência natural dos negócios jurídicos. De modo casual, podem as partes inserir algum elemento acidental, alterando assim, a eficácia do negócio jurídico. São elementos acidentais:

→ **Condição: pode ser suspensiva ou resolutiva**

É um evento futuro e incerto. Será inválida nos casos de ser contrária à lei, à ordem pública, aos bons costumes, ou naqueles em que prive de todo o negócio ou fique ao arbítrio de uma das partes.

A morte não pode ser condição, já que é evento certo. Porém, poderá se tornar, caso haja uma comparação: grosso modo, "quem vai primeiro".

→ **Termo, podendo ser suspensivo ou resolutivo**

É um evento futuro e certo.

Quando se trata de termo, tem-se em mente prazo, e, salvo disposição contrária, conta-se excluindo o dia do início e incluindo o do vencimento.

Podem existir em um mesmo negócio um termo e uma condição.

→ **Modo ou encargo tirar espaço, em regra, não suspende nem interrompe a eficácia do negócio jurídico.**

Pode ser uma obrigação de fazer, não fazer ou dar, inexistindo o encargo se for ilícito ou impossível (artigo 137, CC).

Pode ocorrer por testamento ou doações.

Fique Ligado

Termo suspensivo suspende o exercício mas não a aquisição do direito e na condição suspensiva, suspende o exercício e a aquisição.

Finalidade dos Negócios Jurídicos

→ **Os negócios jurídicos têm por finalidade:**

> Modificar ou;
> Adquirir ou;
> Resguardar ou;
> Transmitir ou;
> Extinguir os direitos ou relações jurídicas.

Interpretação dos Negócios Jurídicos

O Código Civil dita que, nas declarações de vontade, se atenderá mais a intenção nelas consubstanciadas do que ao sentido literal da linguagem (artigo 112, CC).

Estes também sempre serão interpretados conforme a boa-fé e os usos do local de sua celebração.

Quanto aos negócios jurídicos benéficos (aqueles que trazem vantagem a somente uma das partes e onera a outra, como uma doação), as cláusulas contratuais do negócio devem ser interpretadas estritamente ao disposto.

Cabe finalizar com outros dispositivos interessantes da lei:

> ***Art. 108.*** *Não dispondo a lei em contrário, a escritura pública é essencial à validade dos negócios jurídicos que visem à constituição, transferência, modificação ou renúncia de direitos reais sobre imóveis de valor superior a trinta vezes o maior salário mínimo vigente no País.*

Ainda, dita o Art. 109. No negócio jurídico celebrado com a cláusula de não valer sem instrumento público, este é da substância do ato.

Vícios ou Defeitos do Negócio Jurídico

Poderão ocorrer vícios ou defeitos do negócio jurídico nas seguintes situações:

> **Por erro ou ignorância** - o negócio torna-se anulável, tendo o prazo de quatro anos a contar da data da celebração do contrato.

É a falsa percepção da realidade: "A pessoa engana-se sozinha".

Atente-se para o artigo 138 do CC:

> ***Art. 138.*** *São anuláveis os negócios jurídicos, quando as declarações de vontade emanarem de erro substancial que poderia ser percebido por pessoa de diligência normal, em face das circunstâncias do negócio*

Isto é, não importa se o erro é escusável ou não, merece a anulabilidade devido à quebra da confiança, honestidade;

→ **Lembre-se:**

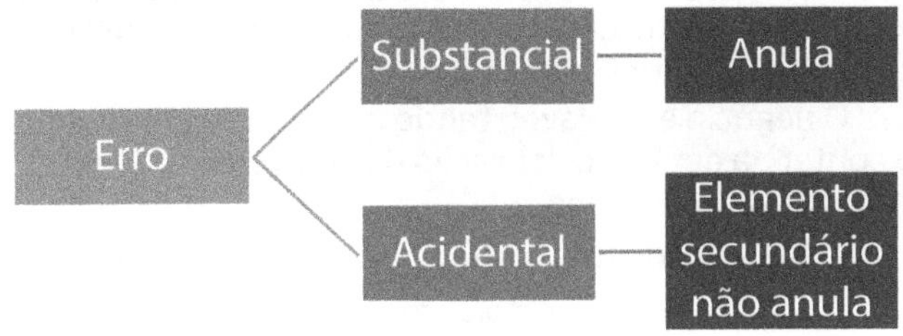

→ **Pode-se dividir o erro:**

> **Erro *in negotio***: o erro é sobre a natureza do negócio, como imaginar estar vendendo um imóvel e na verdade está doando ao "comprador".
> **Erro *in persona***: o erro é sobre a pessoa que se celebra o negócio.
> **Erro *in copore***: o erro é sobre o objeto. É o famoso "levar gato por lebre".
> **Erro de direito:** o erro recai sobre o conhecimento do alcance da norma jurídica sobre o bem. Exemplo: a pessoa compra um imóvel para abrir um comércio de bebidas e posteriormente descobre ser proibido este comércio naquela região.
> **Dolo** - o negócio torna-se anulável. Tem o prazo de quatro anos a contar da data da celebração do contrato, para requer a anulação.

Aqui, o sujeito é enganado por outro de modo negativo (omite) ou positivo (mente), sendo cabível até por terceiros (artigo 148 CC).

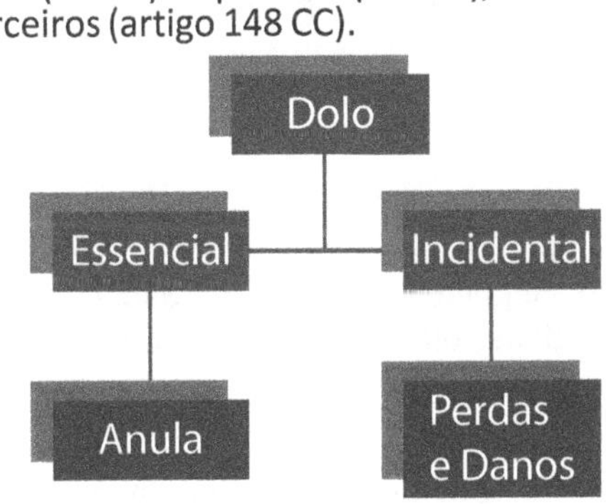

> **Coação** - o negócio torna-se anulável, tendo o prazo de quatro anos a contar da data da cessação da coação.

É o fundado temor de dano eminente e considerável a pessoa, familiar ou aos bens. Não cabe em situações de um exercício regular de um direito;

→ **Assim, temos:**

> **Coação moral (*vis compulsiva*)**: a chamada coação psicológica, devendo ser grave, existir o nexo de causalidade (se não tivesse a coação, o negócio não seria concretizado), ser injusta e atual.
> **Coação física (*vis absoluta*)**: aqui a manifestação de vontade da parte ocorre por violência, é exemplo o caso de apontar uma arma para a cabeça do indivíduo para que assine documento de doação de um bem.

- **Estado de Perigo** - deve haver a necessidade de salvar a si ou outro de grave dano conhecido pela outra parte.

O negócio torna-se anulável, tendo o prazo de quatro anos a contar da data da celebração do contrato.

- **Lesão**- o indivíduo se aproveita da ignorância ou inexperiência do outro para realizar o negócio, e este torna-se anulável, tendo o prazo de quatro anos a contar da data da celebração do contrato.
- **Fraude contra credores** – a pessoa encontra-se na iminência de tornar-se insolvente (quando não possui o suficiente para pagar suas dívidas) tendo atitudes como: remissão de dívidas, vendas, doações etc.

O negócio é anulável, tendo o prazo de quatro anos a contar da data da celebração do contrato para ingressar com Ação Pauliana.

- **Simulação** - dita o artigo 167 do Código Civil:

§ 1º Haverá simulação nos negócios jurídicos quando:

I. aparentarem conferir ou transmitir direitos a pessoas diversas daquelas às quais realmente se conferem, ou transmitem;

II. contiverem declaração, confissão, condição ou cláusula não verdadeira;

III. os instrumentos particulares forem antedatados, ou pós-datados.

§ 2º Ressalvam-se os direitos de terceiros de boa-fé em face dos contraentes do negócio jurídico simulado.

O negócio é nulo, devendo ser proposta ação declaratória de nulidade absoluta, sendo imprescritível.

Fique Ligado

Cuidado com a Reserva Mental!! Falamos da Reserva Mental quando o indivíduo camufla a intenção de não cumprir com o negócio. O negócio é válido (artigo 110 do Código Civil), salvo se o destinatário tinha conhecimento.

Invalidade do Negócio Jurídico

Quando falamos de negócio inválido temos a inexistência do negócio jurídico, a nulidade absoluta (nulo) e a nulidade relativa (anulabilidade).

- Negócio inexistente: faltam os requisitos mínimos: partes, objeto, forma e vontade.
- Nulidade relativa (negócio é anulável – efeito *ex nunc*):
    - Celebrado por relativamente incapaz sem representação;
    - A lei o declarar anulável (outorga uxória);
    - Casos de vícios: erro, dolo, coação moral, estado de perigo, lesão e fraude contra credores.

Nesta situação, o negócio será válido caso o prejudicado aceite a situação, por isso é prescritível, como nos casos dos vícios citados acima. Quando tratamos da Anulabilidade esta ofende interesse particular.

- Nulidade absoluta (negócio nulo – efeito *ex tunc*):
    - Por absolutamente incapaz sem representação;
    - Objeto ilícito, impossível, indeterminado ou indeterminável;
    - Sem a devida formalidade ou solenidade quando prevista em lei;
    - Quando o negócio for proibido por lei;
    - Negócio simulado;
    - Coação Física.

Nos casos de negócios nulos, estes não produzem efeitos por ofender a preceitos de norma pública.

Nos casos de anuláveis o "vício" pode ser sanado, isto é, poderá se tornar válido.

Os negócios nulos são imprescritíveis, isto é, a qualquer tempo poderá pedir a nulidade, inclusive pelo Ministério Público.

Representação

Para finalizarmos os negócios jurídicos, vamos abordar rapidamente a representação.

Sempre que necessário, desejado e possível, qualquer pessoa poderá escolher um representante para concluir um negócio (uma venda, compra, entre outros) em seu nome.

Assim, você poderá escolher um amigo, por exemplo, para comprar um carro em seu nome.

O representante é obrigado a provar, com quem tratar em nome do representado, a sua qualidade e a extensão de seus poderes, por meio de uma procuração por exemplo, sob pena de, não o fazendo, responder pelos atos que a estes excederem.

Os requisitos e efeitos desta representação voluntária (quando eu posso escolher e quando escolher um representante) encontram-se nos artigos 653 ao 666 que trata do mandato, enquanto a representação legal (nos casos que a lei determina, que é o caso por exemplo dos pais com os filhos menores) está prevista no artigo 1630 ao 1638, 1689 ao 1728 e 1767.

Quanto aos poderes da representação serão previstos na lei ou conferidos pelo interessado, da maneira que lhe convier, e a manifestação de vontade pelo representante, nos limites de seus poderes, produz efeitos em relação ao representado.

Salvo se o permitir a lei ou o representado, é anulável o negócio jurídico que o representante, no seu interesse ou por conta de outrem, celebrar consigo mesmo. Para esse efeito, tem-se como celebrado pelo representante o negócio realizado por aquele em quem os poderes houverem sido subestabelecidos (artigo 117 do CC).

O negócio que seja concluído pelo representante em conflito de interesses com o representado e se tal fato era ou devia ser do conhecimento de quem com aquele tratou, será considerado anulável, tendo o representado o prazo de 180 (cento e oitenta) dias, contando da conclusão do negócio ou da cessação da incapacidade, para buscar a anulação do negócio.

O prazo para pleitear a anulação é decadencial.

Prescrição e Decadência

Prescrição

Em resumo, é a perda do direito de agir. Tal instituto é necessário para que haja uma segurança jurídica, podendo ocorrer em duas espécies:

- **Extintiva**;
- **Aquisitiva**.

Para que a prescrição ocorra são necessários três requisitos: a violação do direito com o nascimento da pretensão, a inércia do titular e o decurso do tempo fixado em lei.

Prescrição Intercorrente: ocorre quando o autor do processo já iniciado permanece inerte durante determinado tempo, ocorrendo a perda da pretensão (artigo 202, parágrafo único do Código Civil).

A prescrição já iniciada continua a correr contra o sucessor.

Atenção para os artigos 197 a 199:

Art. 197. *Não corre a prescrição:*

I. entre os cônjuges, na constância da sociedade conjugal;

II. entre ascendentes e descendentes, durante o poder familiar;

III. entre tutelados ou curatelados e seus tutores ou curadores, durante a tutela ou curatela.

Art. 198. *Também não corre a prescrição:*

I. contra os incapazes de que trata o art. 3o;

II. contra os ausentes do País em serviço público da União, dos Estados ou dos Municípios;

III. contra os que se acharem servindo nas Forças Armadas, em tempo de guerra.

Art. 199. *Não corre igualmente a prescrição:*

I. pendendo condição suspensiva;

II. não estando vencido o prazo;

III. pendendo ação de evicção.

São Imprescritíveis (a regra é a prescrição, porém há exceções) as prestações:

> Que protegem o direito da personalidade;
> Referentes ao estado das pessoas;
> De exercício facultativo;
> Referentes aos bens públicos;
> Que protegem direito de propriedade;
> De reaver bem confiado à guarda de outro;
> Destinadas a anular inscrição do nome empresarial feita com violação de lei ou contrato.

O prazo geral é de 10 anos (artigo 205 CC) quando não se aplicam as hipóteses previstas no artigo 206 do CC (prazos especiais):

Art. 206. Prescreve:

§ 1º Em um ano:

I. a pretensão dos hospedeiros ou fornecedores de víveres destinados a consumo no próprio estabelecimento, para o pagamento da hospedagem ou dos alimentos;

II. a pretensão do segurado contra o segurador, ou a deste contra aquele, contado o prazo:

a) para o segurado, no caso de seguro de responsabilidade civil, da data em que é citado para responder à ação de indenização proposta pelo terceiro prejudicado, ou da data que a este indeniza, com a anuência do segurador;

b) quanto aos demais seguros, da ciência do fato gerador da pretensão;

III. a pretensão dos tabeliães, auxiliares da justiça, serventuários judiciais, árbitros e peritos, pela percepção de emolumentos, custas e honorários;

IV. a pretensão contra os peritos, pela avaliação dos bens que entraram para a formação do capital de sociedade anônima, contado da publicação da ata da assembleia que aprovar o laudo;

V. a pretensão dos credores não pagos contra os sócios ou acionistas e os liquidantes, contado o prazo da publicação da ata de encerramento da liquidação da sociedade.

§ 2º Em dois anos, a pretensão para haver prestações alimentares, a partir da data em que se vencerem.

§ 3º Em três anos:

I. a pretensão relativa a aluguéis de prédios urbanos ou rústicos;

II. a pretensão para receber prestações vencidas de rendas temporárias ou vitalícias;

III. a pretensão para haver juros, dividendos ou quaisquer prestações acessórias, pagáveis, em períodos não maiores de um ano, com capitalização ou sem ela;

IV. a pretensão de ressarcimento de enriquecimento sem causa;

V. a pretensão de reparação civil;

VI. a pretensão de restituição dos lucros ou dividendos recebidos de má-fé, correndo o prazo da data em que foi deliberada a distribuição;

VII. a pretensão contra as pessoas em seguida indicadas por violação da lei ou do estatuto, contado o prazo:

a) para os fundadores, da publicação dos atos constitutivos da sociedade anônima;

b) para os administradores, ou fiscais, da apresentação, aos sócios, do balanço referente ao exercício em que a violação tenha sido praticada, ou da reunião ou assembleia geral que dela deva tomar conhecimento;

c) para os liquidantes, da primeira assembleia semestral posterior à violação;

VIII. a pretensão para haver o pagamento de título de crédito, a contar do vencimento, ressalvadas as disposições de lei especial;

IX. a pretensão do beneficiário contra o segurador, e a do terceiro prejudicado, no caso de seguro de responsabilidade civil obrigatório.

§ 4º Em quatro anos, a pretensão relativa à tutela, a contar da data da aprovação das contas.

§ 5º Em cinco anos:

I. a pretensão de cobrança de dívidas líquidas constantes de instrumento público ou particular;

II. a pretensão dos profissionais liberais em geral, procuradores judiciais, curadores e professores pelos seus honorários, contado o prazo da conclusão dos serviços, da cessação dos respectivos contratos ou mandato;

III. a pretensão do vencedor para haver do vencido o que despendeu em juízo.

A prescrição pode ser renunciada de modo tácito ou expresso.

Decadência:

É a perda do direito potestativo (é um direito em relação ao qual não cabe contestação; subjetivo, cabe à pessoa) pela inércia do titular, em período determinado em lei (legal – em que o juiz alega de ofício, artigo 210 CC), contratos ou testamentos (convencional – juiz não alega de ofício, artigo 211 CC).

Todos os demais prazos previstos no Código que não sejam do 205 e 206 serão prazos decadenciais.

Em regra, a decadência não se interrompe e não suspende, porém, não "corre"contra os incapazes.

A decadência legal é alegada de ofício pelo juiz, isto é, ele verifica de imediato e extingue uma ação sobre um direito descendente. Já a convencional, a parte contrária, em uma ação, deverá se manifestar.

Atente-se para o seguinte esquema para facilitar o entendimento:

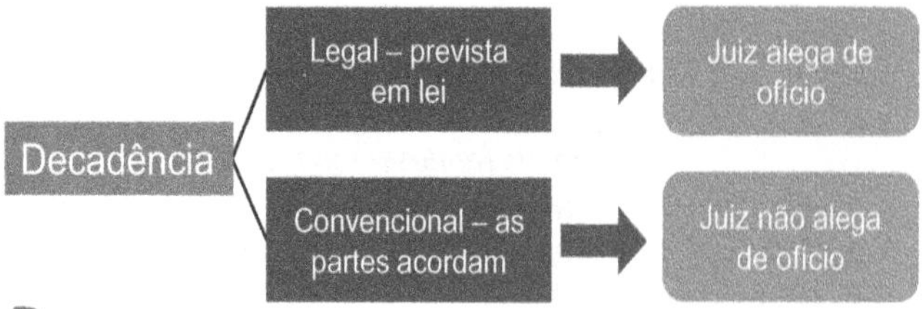

Provas

Não só os negócios jurídicos, mas todos os fatos jurídicos são suscetíveis de provas.

Dita o artigo 212 do CC quais são os meios de prova:

> ***Art. 212.*** *Salvo o negócio a que se impõe forma especial, o fato jurídico pode ser provado mediante:*
>
> *I. Confissão;*
>
> *II. Documento;*
>
> *III. Testemunha;*
>
> *IV. Presunção;*
>
> *V. Perícia.*
>
> ***Art. 213.*** *Não tem eficácia a confissão se provém de quem não é capaz de dispor do direito a que se referem os fatos confessados.*
>
> ***Parágrafo único.*** *Se feita a confissão por um representante, somente é eficaz nos limites em que este pode vincular o representado.*

Portanto, as provas podem ser:

- **Admissíveis**: não proibidas por lei;
- **Pertinentes**: adequadas para demonstrar o alegado;
- **Concludentes**: esclarecem fatos que sejam controvertidos.

Exercício Comentado

01. (CESPE) Cometerá ato ilícito por abuso de direito o motorista de ambulância que, trafegando em situação de emergência e, portanto, com a sirene ligada, ultrapassar semáforo fechado e abalroar veículo de particular que, sem justificativa, deixe de lhe dar passagem.

ERRADO. De acordo com o Código Civil, precisamente no artigo 188, não constituem atos ilícitos os praticados em legítima defesa ou no exercício regular de um direito reconhecido; a deterioração ou destruição da coisa alheia, ou a lesão a pessoa, a fim de remover perigo iminente. Portanto, a questão trata de uma excludente da ilicitude, não cometendo ato ilícito o motorista da ambulância.

Anotações

CAPÍTULO 05

Das Obrigações

Introdução e Conceitos Iniciais

Nos dizeres de Carlos Roberto Gonçalves:

"Obrigação é o vínculo jurídico que confere ao credor (sujeito ativo) o direito de exigir do devedor (sujeito passivo) o cumprimento de determinada prestação. Corresponde a uma relação de natureza pessoal, de crédito e débito, de caráter transitório (extingue-se pelo cumprimento), cujo objeto consiste numa prestação economicamente auferível."

Obrigações Naturais: a dívida existe, porém não pode ser cobrada (ex: a prescrita).

Obrigações Civis: é exigível e tem presentes todos os seguintes elementos:

> **Subjetivo**: sujeitos (credor: *accipiens* e devedor: solvens);

> **Objetivo**: prestação;

> **Vínculo Jurídico**: o débito e a responsabilidade (sujeita o devedor de cumprir o acordado com o credor, de maneira espontânea ou coercitivamente por meio do judiciário).

Modalidades das Obrigações:

As obrigações podem ser:

→ **Obrigação de dar**

> **Coisa Certa:** o devedor obriga-se a entregar ou restituir determinada coisa ao credor, não sendo o credor obrigado a receber coisa diversa da que é devida, mesmo que de maior valor. O acessório segue o bem principal (exceto se as partes acordarem o contrário).

Porém, a coisa poderá sofrer deterioração ou perecimento:

Quanto à perda da coisa:

> Sem culpa do devedor: antes da tradição ou pendente condição suspensiva, ficará resolvida a obrigação para ambas as partes;

> Com culpa do devedor: este responderá pela prestação mais perdas e danos.

No que diz respeito à deterioração da coisa:

> Sem culpa do devedor: o credor poderá aceitar a coisa abatido do seu preço o valor que perdeu, ou resolver a obrigação (exceção: compra e venda com reserva de domínio e alienação fiduciária);

> Com culpa do devedor: o credor poderá exigir o valor equivalente à prestação, aceitar a coisa no estado em que se encontra com o direito de reclamar indenização por perdas e danos.

A coisa, até a entrega ao credor, pertence ao devedor, podendo este aumentar o valor se houver melhoramentos. Os frutos serão percebidos pelo devedor ficando ao credor os frutos pendentes.

Nos casos de deterioração da coisa, ocorrendo culpa do devedor este responderá pelo equivalente mais perdas e danos. Caso não haja a culpa do devedor, o credor irá receber a coisa sem direito à indenização.

> **Coisa Incerta:** a coisa incerta deve ser indicada em pelo menos sua quantidade e gênero, cabendo ao devedor, ou credor, conforme combinação entre as partes, escolher a coisa (não podendo ser a pior, nem precisando também ser a melhor).

Na obrigação de coisa incerta, não ocorre a perda ou deterioração da coisa, sendo o momento da escolha (independente se do credor ou devedor) chamado de concentração.

→ **Obrigações de fazer**

É a prática de um ato ou a realização de uma tarefa, que decorre de uma vantagem para o credor, podendo ser:

> **Fungível**: pode ser realizada pelo credor ou terceiro;

> **Infungível**: só pode ser realizada pelo devedor, a chamada obrigação personalíssima.

> **Astreinte**: é a multa pecuniária diária que o juiz fixa, ou as partes estabelecem em contrato, com o objetivo de obrigar o devedor a cumprir a obrigação de fazer ou não fazer.

No que trata da impossibilidade de cumprimento da obrigação de fazer:

> **Sem culpa do devedor**: resolve-se a obrigação;

> **Com culpa do devedor**: responde por perdas e danos.

Se a obrigação não for personalíssima, o credor poderá contratar terceiro para realizar a prestação às custas do devedor (necessária autorização judicial, exceto em caso de urgência: artigo 249 CC), além da ação de indenização, se cabível.

→ **Obrigações de não fazer**

Nesta modalidade, o devedor se compromete a não praticar determinados atos e a ter uma determinada conduta.

Se o devedor praticar o ato, o credor pode exigir que o desfaça, sob pena de desfazer às suas custas, recaindo sobre aquele também perdas e danos. A obrigação se extingue caso torne-se impossível, sem culpa do devedor, abster-se do ato que se obrigou a não praticar.

→ **Classificação das Obrigações**

Obrigações Cumulativas, Alternativas e Facultativas

> **Cumulativa ou conjuntiva**

O devedor obriga-se a diversas prestações, sendo que alcança a quitação ao cumpri-los;

Obrigação A + Obrigação B = quitação

> **Alternativas ou disjuntivas**

Existe mais de uma obrigação, porém o devedor cumprindo uma delas, dá-se a quitação, podendo ocorrer as seguintes situações:

» Se a escolha competir ao credor e, por culpa do devedor, não se puder cumprir nenhuma das prestações, este ficará obrigado a pagar o valor da última obrigação que o impossibilitou, bem como perdas e danos;

» Quando a escolha couber ao credor e uma das prestações se tornar impossível por culpa do devedor, o credor poderá exigir o cumprimento da outra prestação ou seu valor, com perdas e danos;

» Se, por culpa do devedor, ambas as prestações não puderem ser cumpridas, o credor poderá reclamar o valor de qualquer uma e perdas e danos;

» Se nenhuma das prestações puder ser cumprida sem a culpa do devedor, se extingue a obrigação.

> **Facultativa**

O devedor pode substituir a prestação por outra diversa da combinada.

Obrigação A = quitação, porém, o devedor pode dar a Obrigação B = quitação

> **Obrigações Divisíveis e Indivisíveis:**

A obrigação será divisível quando a prestação puder ser fracionada entre os devedores ou credores; já no caso inverso, quando a prestação não tem como ser dividida, em razão de ordem econômica ou por sua natureza, a obrigação será indivisível.

> **Obrigações Solidárias**

Segundo determina o artigo 264 do CC:

"Há solidariedade, quando na mesma obrigação concorre mais de um credor, ou mais de um devedor, cada um com direito, ou obrigado, à dívida toda."

A solidariedade não se presume, ela resulta da lei ou de acordo entre as partes.

» **Solidariedade ativa:** vários credores, tendo cada um deles o direito de exigir do devedor o cumprimento da prestação.

» **Solidariedade passiva:** vários devedores, tendo cada um a obrigação do cumprimento da obrigação perante o credor. Se houver o pagamento parcial por um dos devedores ou a sua remissão, não se estende aos demais. Se a prestação tornar-se impossível por culpa de um dos devedores, os demais devem pagar, porém só irão recair perdas e danos sobre aquele que deu causa.

> **Obrigações Instantâneas, Diferidas e de Trato Sucessivo:**

A primeira é o "pagamento à vista". Na segunda, o pagamento ocorre em um único ato, porém posterior à entrega do bem. A última é o caso de pagamento parcelado.

> **Obrigações Líquidas e Ilíquidas:**

A primeira é certa quanto à existência e determinada no que se refere ao objeto; devendo a outra ser apurada no que se refere ao montante devido.

Obrigação *Propter Rem:* São as obrigações próprias das coisas, aquelas em que o devedor fica obrigado a cumprir não por sua vontade, mas por ser titular de um direito sobre a coisa (exemplo: taxas de condomínio, pagamento do IPTU).

Transmissão das Obrigações

> **Da cessão de Crédito**: o credor poderá ceder seu crédito (se não se opuser à lei, natureza da obrigação ou o acordo celebrado entre as partes), devendo o devedor ser notificado;

A notificação será dispensada nos casos que o devedor tenha declarado que tem conhecimento da cessão.

Tão relevante se faz a notificação, que no artigo 292 do Código Civil dita que o devedor ficará desobrigado se paga ao credor primitivo antes de ter conhecimento da cessão. E como fica o cessionário nesta situação? Tem direito de ação contra o cedente.

Fique Ligado

Não existe expressamente na lei um prazo para que seja feita a notificação

→ **Atente para o artigo 294 do Código Civil:**

> ***Art. 294.*** *O devedor pode opor ao cessionário as exceções que lhe competirem, bem como as que, no momento em que veio a ter conhecimento da cessão, tinha contra o cedente.*

A cessão de crédito poderá ser gratuita ou por título oneroso. Quando a título oneroso, o cedente, ainda que não se responsabilize, fica responsável ao cessionário pela existência do crédito ao tempo em que lhe cedeu; a mesma responsabilidade lhe cabe nas cessões por título gratuito, se tiver procedido de má-fé (artigo 295 CC)

Salvo acordado em contrário, a regra é que o cedente não responde pela solvência do devedor.

Somente com anuência expressa do devedor primitivo, consideram-se extintas, a partir da assunção da dívida, as garantias especiais por ele originariamente dadas ao credor e, no caso da substituição do devedor vier a ser anulada, restaura-se o débito, com todas as suas garantias, salvo as prestadas por terceiros, exceto se este conhecia o vício da obrigação.

Ao devedor que assumiu a dívida, não é possível opor ao credor as exceções pessoais que competiam ao devedor primitivo.

> **Assunção da Dívida**: terceiro poderá assumir a obrigação do devedor, desde que o credor expressamente concorde (o silêncio do credor será entendido como recusa).

Pagamento

O pagamento será da seguinte forma:

> A quem se deve pagar?

Tem-se o credor, o que parece ser credor (credor putativo), aquele que tem o título de quitação da dívida ou a quem ele legalmente represente e incapaz;

> Em que lugar?

São em regra do domicílio do devedor (dívidas quesíveis). Porém, se as partes convencionarem ou a lei determinar, o pagamento poderá ser feito no domicílio do credor (dívidas portáveis);

> Quem deve pagar?

O devedor, podendo também ser terceiro interessado ou não interessado.

Credor putativo: parece ser o credor, mas não é. Se o devedor pagar de boa-fé, será válido o pagamento.

Atente-se para o artigo 312 do CC:

> ***Art. 312.*** *Se o devedor pagar ao credor, apesar de intimado da penhora feita sobre o crédito, ou da impugnação a ele oposta por terceiros, o pagamento não valerá contra estes, que poderão constranger o devedor a pagar de novo, ficando-lhe ressalvado o regresso contra o credor*

Prazo do Pagamento

Pagamento indireto (com previsão dos artigos 334 ao 388 do CC). É uma forma especial de extinção da obrigação, que não ocorre por meio voluntário, como:

> Consignação em pagamento (por meio de depósito judicial);

> Dação em pagamento (o devedor da prestação dá diversa pactuada e o credor aceita dando recibo de quitação da dívida);

> Imputação do pagamento (uma forma de o devedor quitar um ou mais débitos vencidos que possui com o mesmo credor, escolhendo qual das dívidas irá pagar primeiro);

- > Novação (extingue-se a obrigação em decorrência de criação de nova, com novo objeto, por exemplo);
- > Compensação (quando duas pessoas forem credora e devedora uma da outra);
- > Confusão (quando credor e devedor se confundem na mesma pessoa);
- > Remissão das dívidas (perdão do devedor pelo credor).

Fique Ligado

Artigos importantes para a leitura: 334 ao 384 do Código Civil Brasileiro.

Inadimplemento das Obrigações

Ocorre o inadimplemento quando o devedor não cumpre a obrigação em tempo, lugar ou forma determinados. O inadimplemento pode ser absoluto ou relativo.

- > **Absoluto**: quando a obrigação não foi, nem poderá ser cumprida pelo devedor.
- > **Relativo**: a obrigação não foi cumprida, mais poderá ser, surgindo, assim, a mora.

Mora: incorre em mora aquele (credor ou devedor) que não cumprir a obrigação em tempo, forma ou lugar estabelecidos, porém ainda poderá cumprir (conforme previsto dos artigos 394 ao 401 do Código).

Nos casos de inadimplemento, podem existir as seguintes sanções:

- > **Cláusula Penal**: é considerada obrigação acessória que dispõe de uma multa pecuniária caso não seja comprida a obrigação;
- > **Multa moratória ou compensatória;**
- > **Arras**: é uma garantia dada para garantir o cumprimento da obrigação (quantia em dinheiro ou bem fungível), a qual será perdida caso não se cumpra com o assumido.

Exercício Comentado

01. Em relação ao direito das obrigações, marque a opção correta.

a) Se a coisa restituível se deteriorar sem culpa do devedor, recebê-la-á o credor, tal qual se ache, sem direito a indenização; se por culpa do devedor, resolver-se-á a obrigação pelo pagamento do valor equivalente.

b) Se um dos credores remitir a dívida, a obrigação não ficará extinta para com os outros; mas estes só a poderão exigir, descontada a quota do credor remitente, critério esse que se observará apenas nos casos de transação e compensação.

c) Se um dos credores solidários falecer, deixando herdeiros, cada um destes só terá direito a exigir e receber a quota do crédito que corresponder ao seu quinhão hereditário, ainda que se trate de obrigação indivisível.

d) O devedor pode opor ao cessionário as exceções que lhe competirem, bem como as que, no momento em que veio a ter conhecimento da cessão, tinha contra o cedente. Salvo estipulação em contrário, o cedente não responde pela solvência do devedor.

e) O terceiro não interessado, que pagar a dívida em seu próprio nome, tem direito a reembolsar- se do que pagar; mas não se sub-roga nos direitos do credor, salvo se o pagamento ocorreu antes do vencimento e sem o conhecimento do devedor.

RESPOSTA. *"A". Dita o artigo 239 que se a coisa se deteriorar por culpa do devedor, este responderá pelo equivalente, mais perdas e danos, e não que se resolve a obrigação, conforme afirma a questão. A primeira parte, é cópia do artigo 240 do CC.*

RESPOSTA. *"B". O erro da questão está na afirmativa "critério esse que se observará apenas nos casos de transação e compensação" quando também se observará na novação ou confusão, conforme dita o artigo 262, parágrafo único do CC.*

RESPOSTA. *"C". O erro esta na expressão "ainda que se trate de obrigação indivisível", quando deveria ser "salvo se a obrigação for indivisível". Mas uma afirmativa cópia do texto de lei, artigo 270 do CC.*

RESPOSTA. *"D". Afirmativa correta, artigos 294 e 296 do CC.*

RESPOSTA. *"E". Se o terceiro pagar antes de vencida a dívida, só terá direito ao reembolso do valor pago no vencimento, não se sub-rogando nos direitos do credor. Fundamentação no artigo 305 do CC.*

Anotações

CAPÍTULO 06

Contratos

Introdução e Conceitos

Os contratos são negócios jurídicos bilaterais, pois há dois polos que manifestam a vontade. Diferem do contrato bilateral, já que neste existe obrigação das duas partes (exemplo: compra e venda), tendo como princípios:

> Autonomia privada (autonomia da vontade, ou liberdade de contratar);

> Supremacia da ordem pública (o Estado intervém para que não ocorram abusos);

> Função social (equilíbrio nas contratações);

> Força obrigatória (Pacta Sunt Servanda: os contratos devem ser cumpridos, pois são a lei entre as partes);

> Consensualismo (consenso das partes);

> Relatividade contratual (gera efeitos entre as partes, exceto: promessa de fato a terceiro, estipulação em favor de terceiro e sucessão mortis causal);

> Boa-fé (pautado na probidade e boa-fé, aqui a boa-fé objetiva);

> Revisão contratual (rebus sic stantibus: é a teoria da imprevisão; quando, por fato superveniente, o contrato se torna excessivamente oneroso, tendo uma vantagem extrema para a outra parte).

Cabe também, fazermos um breve comentário a respeito do contrato de adesão, em que o aderente não poderá discutir as cláusulas contratuais. O importante é lembrar as suas restrições:

Cláusula ambígua: se existe, deve ser interpretada em favor do aderente (art. 423 CC);

Cláusula que importe a renúncia antecipada pelo aderente a direito inerente àquele negócio (424 CC);

Pacta Corvina: é a celebração de contrato sobre herança de pessoa viva (art. 426 CC).

Evicção

A evicção é a perda da coisa por força judicial, conferindo ao seu verdadeiro dono. O que perde o bem (chamado de evicto) deve ser indenizado pelo alienante. Pode a responsabilidade ser aumentada, diminuída ou excluída (deve ser por cláusula expressa).

→ Partes:

> **Alienante**: é o vendedor, não importa se de boa-fé ou má-fé, responde pelos riscos da evicção;

> **Evicto**: adquirente do bem. Será indenizado;

> **Evictor**: "Verdadeiro dono", que reivindica o bem.

Promessa de Fato de Terceiro

Artigo 439. Aquele que tiver prometido fato de terceiro responderá por perdas e danos, quando este o não executar.

A responsabilidade não existirá se o cônjuge do promitente for o terceiro; depender de sua anuência o ato e pelo regime de bem do casal; recair a indenização sobre seus bens.

A promessa poderá ser de modo tácito ou expresso e a inexecução somente acarretará ônus ao promitente, exceto se o terceiro aceitar expressamente.

Proposta

Aquele que propõe algo por meio de um orçamento, por exemplo, está obrigado a cumprir.

Dos artigos 428 e 429, estão previstas situações que deixam de ser obrigatórias:

Art. 427. *A proposta de contrato obriga o proponente, se o contrário não resultar dos termos dela, da natureza do negócio, ou das circunstâncias do caso.*

Art. 428. *Deixa de ser obrigatória a proposta:*

I. se, feita sem prazo a pessoa presente, não foi imediatamente aceita. Considera-se também presente a pessoa que contrata por telefone ou por meio de comunicação semelhante;

II. se, feita sem prazo a pessoa ausente, tiver decorrido tempo suficiente para chegar a resposta ao conhecimento do proponente;

III. se, feita a pessoa ausente, não tiver sido expedida a resposta dentro do prazo dado;

IV. se, antes dela, ou simultaneamente, chegar ao conhecimento da outra parte a retratação do proponente.

Art. 429. *A oferta ao público equivale a proposta quando encerra os requisitos essenciais ao contrato, salvo se o contrário resultar das circunstâncias ou dos usos.*

Parágrafo único. *Pode revogar-se a oferta pela mesma via de sua divulgação, desde que ressalvada esta faculdade na oferta realizada.*

Atenção ao artigo 433 CC:

Art. 433. *Considera-se inexistente a aceitação, se antes dela ou com ela chegar ao proponente a retratação do aceitante.*

Estipulação em Favor de Terceiro

Art. 436. *O que estipula em favor de terceiro pode exigir o cumprimento da obrigação.*

Parágrafo único. *Ao terceiro, em favor de quem se estipulou a obrigação, também é permitido exigi-la, ficando, todavia, sujeito às condições e normas do contrato, se a ele anuir, e o estipulante não o inovar nos termos do art. 438.*

→ Partes:

> **Beneficiário**: qualquer pessoa, não sendo necessário o aceite, podendo, porém, recusar;

> **Promitente**: deve cumprir a obrigação;

> **Estipulante**: convenciona a obrigação.

» Poderão ser estipulados encargos.

Contrato com Pessoa a Declarar

Art. 467. *No momento da conclusão do contrato, pode uma das partes reservar-se a faculdade de indicar a pessoa que deve adquirir os direitos e assumir as obrigações dele decorrentes.*

Art. 468. *Essa indicação deve ser comunicada à outra parte no prazo de cinco dias da conclusão do contrato, se outro não tiver sido estipulado.*

Parágrafo único. *A aceitação da pessoa nomeada não será eficaz se não se revestir da mesma forma que as partes usaram para o contrato.*

Serão produzidos efeitos entre os contratantes originários se não houver a indicação, aceite ou o indicado for incapaz ou insolvente.

Classificação dos Contratos

→ **Partes**
- > **Unilateral**: Uma pessoa tem obrigações, a outra vantagens (Contrato de Doação: um irá receber um bem sem dar nada em troca, e o outro dispor de um bem seu).
- > **Bilateral**: obrigações para duas partes (Compra e Venda, um entrega o bem e o outro paga).

→ **Benefício das Partes**
- > Gratuito.
- > Oneroso.

→ **Riscos no Contrato**
- > Cumulativo: prestações determinadas.
- > Aleatório: prestações indeterminadas (risco chamado de "álea").

→ **Previsão Legal**
- > **Típicos ou nominados**: estão expressos na lei.
- > **Atípicos ou inominados**: ao contrário dos típicos, não estão expressos no texto legal.

→ **Forma de Aperfeiçoamento**
- > Consensuais: manifestação de vontade.
- > Reais: entrega de bens.

→ **Consideração Recíproca**
- > Principais (ex.: locação).
- > Acessórias (ex.: exigir fiança para a locação).

→ **Momento da Execução**
- > Execução Instantânea (paga-se no ato).
- > Execução Diferida (paga-se tudo de uma vez, mas em momento posterior).
- > Execução de trato sucessivo (paga-se em parcela).

→ **Discussão de Cláusulas**
- > Adesão.
- > Paritários ("em pé de igualdade").
- > Contratos tipo-formulário.

→ **Formalidade**
- > **Formais**: possui uma forma prescrita pela legislação para que seja válido (exemplo: para compra de um imóvel, deve-se ter um contrato escrito).
- > **Informais**: sem exigência de formalidade legal.

→ **Solenidade**
- > **Solenes**: para que o contrato se aperfeiçoe, deve-se verificar se há solenidade, como por exemplo a necessidade de escritura para aquisição.
- > **Não-solenes**

→ **Definitividade**
- > **Preliminares**: antecede o definitivo, isto é, há uma obrigação de tornar este contrato definitivo, exceto se houver cláusula de arrependimento.
- > **Definitivos**

Vício Redibitório

É o vício oculto que torna impróprio o bem para o fim que se destina ou lhe diminua excessivamente o valor, podendo aquele que recebe o bem receber a coisa com abatimento de preço ou rejeitá-la.

Se o alienante conhecia o vício: restitui com perdas e danos.

Se o alienante desconhecia o vício: restitui o valor recebido mais as despesas do contrato.

O prazo decadencial para a propositura da Ação Redibitória (para desfazer o negócio) ou Ação Estimatória (para abater o valor e não desfazer o negócio) é de 30 dias para bens móveis e de 1 ano para bens imóveis.

Caso o adquirente já esteja na posse do bem (tradição brevi manu) esse prazo se reduz pela metade (art. 445 CC).

Extinção dos Contratos

- > Extinção normal (pagamento da prestação);
- > Extinção por fatos anteriores: invalidade contratual (artigos 166 e 167 CC); cláusula de arrependimento; cláusula resolutiva expressa;
- > Extinção por fatos posteriores: quando do não cumprimento ou quando não há mais interesse das partes.

→ **Resolução**: resolve-se o contrato por:
- > Inexecução voluntária;
- > Inexecução involuntária;
- > Onerosidade excessiva;

→ **Resilição**: dissolução contratual por:
- > Distrato (por vontade das partes);
- > Denúncia (por uma das partes, por descumprimento com previsão contratual ou legal), por meio de renúncia (daquele que recebe os direitos) ou por revogação (daquele que cede os direitos).

→ **Extinção pela morte:** contratos personalíssimos.

Contratos em Espécies

Como vimos, o tema contratos se dividem em uma "parte geral" e os contratos em espécies. Vamos abordar os principais, e os pontos que poderão ser abordados na sua prova.

Lembrando que é importantíssimo que você faça a leitura do texto da lei.

Compra e Venda

Uma parte se obriga a entregar determinado bem a outra mediante pagamento de certo preço.

Partes: vendedor e comprador

→ **Se concretiza:**
- > Imóvel: registro.
- > Móvel: tradição.
- > Partes: vendedor e comprador.

→ **Existem em tais contratos cláusulas especiais:**
- > Retrovenda (devolve o valor pago e indeniza as benfeitorias realizadas no prazo determinado).
  - » Prazo máximo: 3 anos.
- > Venda a Contento (comprador manifesta a vontade de comprar o bem) o comprador vai "conhecer"o bem.
- > Venda sujeita a prova (depende da qualidade) o comprador já "conhece"o bem.
- > Preferência ou Preempção (exemplo dos condomínios indivisíveis, em que se dá preferência de compra).
- > Atente para o artigo 513 do Código, que consta o prazo:

> ***Art. 513.*** *A preempção, ou preferência, impõe ao comprador a obrigação de oferecer ao vendedor a coisa que aquele vai vender, ou dar em pagamento, para que este use de seu direito de prelação na compra, tanto por tanto.*
>
> ***Parágrafo único.*** *O prazo para exercer o direito de preferência não poderá exceder a cento e oitenta dias, se a coisa for móvel, ou a dois anos, se imóvel.*

> Venda com reserva de domínio (é uma condição suspensiva, oponível contra terceiros através de Registro).

> Venda sobre documentos (a tradição é substituída por documentos).

Em regra, é contrato bilateral, cumulativo, mas poderá vir com riscos. Quando temos o risco podem existir duas cláusulas:

> *Emptio spei* = o risco é sobre a existência da coisa.

> *Empritio spei speratae* = o risco é sobre a quantidade.

→ Na compra e venda, existem também algumas restrições a sua autonomia:

> Venda de descendente para ascendente (art.496CC);

> Entre cônjuges (art. 499 CC);

> Bens sob administração (art. 497 CC);

> Condomínio ou coisa comum (art.504 CC).

→ Disposições sobre o Preço:

> Atente para os artigos abaixo, que tratam da fixação de valores:

Art. 485. *A fixação do preço pode ser deixada ao arbítrio de terceiro, que os contratantes logo designarem ou prometerem designar. Se o terceiro não aceitar a incumbência, ficará sem efeito o contrato, salvo quando acordarem os contratantes designar outra pessoa.*

Art. 486*. Também se poderá deixar a fixação do preço à taxa de mercado ou de bolsa, em certo e determinado dia e lugar.*

Art. 487*. É lícito às partes fixar o preço em função de índices ou parâmetros, desde que suscetíveis de objetiva determinação*

Art. 489*. Nulo é o contrato de compra e venda, quando se deixa ao arbítrio exclusivo de uma das partes a fixação do preço.*

Contrato Estimatório (Venda em Consignação)

Entrega de bem móvel para venda, pagando-se determinado preço ou, caso estabelecido, restituindo-se o bem consignado.

Partes: consignante ou consignatário

Doação

Transferência do patrimônio para outra.

Partes: doador (ofertante) e donatário (aceitante).

A doação pode ser pura/simples ou onerosa (quando tem encargos).

Para a doação existem restrições:

» doação por insolvente;

» sobre todos os bens sem nada para sua subsistência;

» sobre bens de que não pode dispor por testamento.

A doação é ato formal, far-se-á por escritura pública ou instrumento particular, podendo ser verbal quando versar sobre bens móveis e de pequeno valor, se lhe seguir imediatamente a tradição.

Revogação

A doação poderá ser revogada por ingratidão ou inexecução de encargo.

Art. 557: *podem ser revogadas por ingratidão as doações:*

I. Se o donatário atentou contra a vida do doador ou cometeu crime de homicídio doloso contra ele;

II. Se cometeu contra ele ofensa física;

III. Se o injuriou gravemente ou o caluniou;

IV. Se, podendo ministrá-los, recusou ao doador os alimentos de que este necessitava;

Art. 558: *quando o ofendido, nos casos do artigo anterior, for o cônjuge, ascendente, descendente, ainda que adotivo, ou irmão do doador.*

A revogação por tais motivos, deverá ser pleiteada dentro de um ano, a contar de quando chegue ao conhecimento do doador o fato.

O direito de revogar a doação não se transmite aos herdeiros do doador, nem prejudica os do donatário. Mas aqueles podem prosseguir na ação iniciada pelo doador, continuando-a contra os herdeiros do donatário, se este falecer depois de ajuizada a lide (artigo 560 CC), porém, quando tratar-se de homicídio doloso do doador, a ação caberá aos seus herdeiros, exceto se aquele houver perdoado, expressa ou tacitamente (através de atos inequívocos do doador ao donatário).

Assim, todos os atos do donatário praticados antes da revogação, são validos.

A doação onerosa pode ser revogada por inexecução do encargo, se o donatário incorrer em mora.

Não havendo prazo para o cumprimento, o doador poderá notificar judicialmente o donatário, concedendo prazo razoável para que cumpra a obrigação assumida.

Art. 563. *A revogação por ingratidão não prejudica os direitos adquiridos por terceiros, nem obriga o donatário a restituir os frutos percebidos antes da citação válida; mas sujeita-o a pagar os posteriores, e, quando não possa restituir em espécie as coisas doadas, a indenizá-la pelo meio termo do seu valor.*

Art. 564: *não se revogam por ingratidão:*

I. As doações puramente remuneratórias;

II. As oneradas com encargo já cumprido;

III. As que se fizerem em cumprimento de obrigação natural;

IV. As feitas para determinado casamento.

Empréstimo

O empréstimo nada mais é que a utilização de bem gratuitamente, se subdividindo em:

> **Comodato**: é um empréstimo para uso de coisa infungível. Partes: Comodante e Comodatário.

> **Mútuo**: é um empréstimo para consumo de coisa fungível. Partes: mutuante e mutuário.

O empréstimo é um contrato que constantemente aparece, vamos as principais disposições:

Comodato

Prazo: Poderá ser estabelecido um prazo para o contrato, porém, se não for estipulado prazo, presumir-se-lhe-á o necessário para o uso concedido.

Não pode o comodante, salvo necessidade imprevista e urgente, reconhecida pelo juiz, suspender o uso e gozo da coisa emprestada, antes de findo o prazo convencional, ou o que se determine pelo uso outorgado.

→ **Obrigação do comodatário**

Art. 582*. O comodatário é obrigado a conservar, como se sua própria fora, a coisa emprestada, não podendo usá-la senão de acordo com o contrato ou a natureza dela, sob pena de responder por perdas e* *danos. O comodatário constituído em mora, além de por ela responder, pagará, até restituí-la, o aluguel da coisa que for arbitrado pelo comodante.*

Art. 585. *Se duas ou mais pessoas forem simultaneamente comodatárias de uma coisa, ficarão solidariamente responsáveis para com o comodante.*

Mútuo

No contrato de mútuo, o mutuário é obrigado a restituir ao mutuante o que dele recebeu em coisa do mesmo gênero, qualidade e quantidade.

Este empréstimo transfere o domínio da coisa emprestada ao mutuário, por cuja conta correm todos os riscos dela desde a tradição.

O mútuo feito a pessoa menor, sem prévia autorização daquele sob cuja guarda estiver, não pode ser reavido nem do mutuário, nem de seus fiadores.

Art. 589. *Cessa a disposição do artigo antecedente:*

I. se a pessoa, de cuja autorização necessitava o mutuário para contrair o empréstimo, o ratificar posteriormente;

II. se o menor, estando ausente essa pessoa, se viu obrigado a contrair o empréstimo para os seus alimentos habituais;

III. se o menor tiver bens ganhos com o seu trabalho. Mas, em tal caso, a execução do credor não lhes poderá ultrapassar as forças;

IV. se o empréstimo reverteu em benefício do menor;

V. se o menor obteve o empréstimo maliciosamente.

Prestação de Serviços ou Locação de Serviços

O contrato de prestação de serviços se caracteriza pelo comprometimento de um sujeito realizar uma determinada atividade em favor do outro, mediante remineração.

→ **Assim determina o artigo 594 do Código Civil:**

Art. 594. *Toda a espécie de serviço ou trabalho lícito, material ou imaterial, pode ser contratada mediante retribuição.*

Aquele que realiza o serviço é chamado de prestador de serviço e o que tem interesse nesta atividade é o tomador.

Cabe também ressaltar que se aplicam as regras do CC quando o serviço não esteja sujeito às leis trabalhistas ou à lei especial.

Grande parte dos serviços incide o Código de Defesa do Consumidor, que é chamado de serviço de consumo. Alguns dos nossos doutrinadores defendem que as regras do Código Civil aplicam-se de maneira complementar as normas, por exemplo, que foram citadas, outros defendem que aplicam-se ambas, desde que não estejam em conflito. Portanto, na prova, atente para o comando da questão: segundo o disposto no CC NÃO se aplica.

→ **Assim, reza o artigo 593 CC:**

Art. 593. *A prestação de serviço, que não estiver sujeita às leis trabalhistas ou a lei especial, reger-se-á pelas disposições deste Capítulo*

No artigo 595 do Código Civil, é previsto que quando uma das partes não souber ler, nem escrever, o instrumento poderá ser assinado a rogo (outra pessoa assina por ele) e subscrito por duas testemunhas.

Atente, que o contrato não poderá ser por tempo indeterminado, não podendo também ultrapassar 4 anos. E se foi realizado contrato para determinada obra e esta não foi concluída? Decorridos os quatro anos, dar-se-á por findo o contrato, mesmo que a obra (quando prestação de serviços) não tenha sido concluída.

→ **Atenção para o artigo 599 do Código:**

Art. 599. *Não havendo prazo estipulado, nem se podendo inferir da natureza do contrato, ou do costume do lugar, qualquer das partes, a seu arbítrio, mediante prévio aviso, pode resolver o contrato.*

Parágrafo único. *Dar-se-á o aviso:*

I. com antecedência de oito dias, se o salário se houver fixado por tempo de um mês, ou mais;

II. com antecipação de quatro dias, se o salário se tiver ajustado por semana, ou quinzena;

III. de véspera, quando se tenha contratado por menos de sete dias.

Claro, temos o limite dos quatro anos, porém, o artigo nos levanta a situação da possibilidade da resilição, mediante denúncia, quando não houver prazo nem puder se determinar em razão de sua natureza ou costume.

No parágrafo único, a lei determina os prazos para que o sujeito realize a denúncia.

Ainda tratando de prazos e obrigações, quando o prestador de serviço, por culpa sua, ou seja negligência ou impudência, ação ou omissão, deixar de servir, o prazo para pagamento por parte do tomador de serviço será suspenso.

O artigo 601 do CC, reza que "Não sendo o prestador de serviço contratado para certo e determinado trabalho, entender-se-á que se obrigou a todo e qualquer serviço compatível com as suas forças e condições, significa dizer que, quando o prestador de serviços não for contratado para um serviço em específico, deve atender as determinações do tomador, que também não poderá abusar do seu direito.

Os contratos de prestação de serviços poderão ser extintos por justa causa ou sem justa causa.

Quando o prestador de serviço for contratado por tempo certo, ou por obra determinada, não se pode ausentar, ou despedir, sem justa causa, antes de preenchido o tempo, ou concluída a obra. Caso se despedir sem justa causa, terá direito à retribuição vencida, mas responderá por perdas e danos. O mesmo dar-se-á, se despedido por justa causa.(artigo 602 CC)

Caso o prestador de serviço for despedido sem justa causa, a outra parte será obrigada a pagar-lhe por inteiro a retribuição vencida, e por metade a que lhe tocaria de então ao final do contrato (artigo 603 CC).

O contrato de prestação de serviço também finda com a morte de qualquer das partes. Termina, ainda, pelo escoamento do prazo, pela conclusão da obra, pela rescisão do contrato mediante aviso prévio, por inadimplemento de qualquer das partes ou pela impossibilidade da continuação do contrato, motivada por força maior (artigo 607 CC).

Ao final do contrato, o prestador de serviço tem direito a exigir da outra parte a declaração de que o contrato foi concluído, sendo garantido igual direito, se for despedido sem justa causa, ou se tiver havido motivo justo para deixar o serviço.

Empreitada

Realização de obras, pessoalmente ou por terceiros.

Partes: empreiteiro e dono da obra.

A principal diferença entre a prestação de serviços e a empreitada é que nesta o objeto é a obra em si não se modificando a remuneração conforme o tempo demandado, bem como, na prestação de serviços há fiscalização por parte do tomador do serviço, existindo uma subordinação, que não há na empreitada, pois a direção compete ao empreiteiro.

Dita o artigo 610 que o empreiteiro poderá contribuir com seu trabalho ou com ele e materiais. O obrigação de fornecer materiais jamais de presume: ou deriva de lei ou contrato.

> *§ 2º O contrato para elaboração de um projeto não implica a obrigação de executá-lo, ou de fiscalizar-lhe a execução.*

Quando o empreiteiro fornece os materiais, correm por sua conta os riscos até o momento da entrega da obra, a contento de quem a encomendou, se este não estiver em mora de receber. Mas se estiver, por sua conta correrão os riscos (artigo 611 CC).

→ **Assim, empreitada poderá ser:**

> **De lavor**: é só a obrigação de fazer

Importante, neste caso, o artigo 613 CC:

> ***Art. 613****. Sendo a empreitada unicamente de lavor (art. 610), se a coisa perecer antes de entregue, sem mora do dono nem culpa do empreiteiro, este perderá a retribuição, se não provar que a perda resultou de defeito dos materiais e que em tempo reclamara contra a sua quantidade ou qualidade.*

> **De lavor e materiais**: aqui temos a obrigação de fazer e dar. Caso o empreiteiro, se por imperícia ou negligência, inutilizar os materiais que recebeu, tem a obrigação de pagá-lo.

> **Administração**: somente administrar a obra no interesses do dono.

O empreiteiro responde pelos riscos da obra, solidez e segurança da obra, que seja perfeita isto é, dentro das normas estabelecidas, contra os danos que venha causar a terceiros e os materiais, nos casos de inutilizar por negligência ou imprudência.

Ainda, nos contratos de empreitada de edifícios ou outras construções consideráveis, o empreiteiro de materiais e execução responderá, durante o prazo irredutível de cinco anos, pela solidez e segurança do trabalho, assim em razão dos materiais, como do solo (artigo 618 CC), desde que o dono da obra proponha ação contra o empreiteiro nos cento e oitenta dias seguintes do aparecimento do vício ou defeito.

Ainda, poderá ocorrer a **suspensão**, que poderá se dar pelo Dono da Obra, desde que pague ao empreiteiro as despesas e lucros relativos aos serviços já feitos, mais indenização razoável, de acordo com o artigo 623 do CC.

Quando for suspensa sem justa causa pelo empreiteiro, responderá por perdas e danos.

→ **Atenção as causas que permitem o empreiteiro suspender a obra:**

> ***Art. 625****. Poderá o empreiteiro suspender a obra:*
>
> *I. por culpa do dono, ou por motivo de força maior;*
>
> *II. quando, no decorrer dos serviços, se manifestarem dificuldades imprevisíveis de execução, resultantes de causas geológicas ou hídricas, ou outras semelhantes, de modo que torne a empreitada excessivamente onerosa, e o dono da obra se opuser ao reajuste do preço inerente ao projeto por ele elaborado, observados os preços;*
>
> *III. se as modificações exigidas pelo dono da obra, por seu vulto e natureza, forem desproporcionais ao projeto aprovado, ainda que o dono se disponha a arcar com o acréscimo de preço.*

Fique Ligado

Não se extingue o contrato de empreitada pela morte de qualquer das partes, salvo se ajustado em consideração às qualidades pessoais do empreiteiro.

Mandato

O contrato de mandato é aquele que alguém recebe de outrem poderes para, em seu nome, praticar atos ou administrar interesses, sendo a procuração é o instrumento do mandato.

→ Partes:

> Mandante.

> Mandatário ou Procurador.

→ O mandato poderá ser:

> **Legal**: deriva de lei, independendo de instrumento (exemplo: pais em relação aos seus filhos incapazes).

> **Judicial**: decorre de uma ação judicial (exemplo: o inventariante em relação ao espólio).

> **Convencional que se subdivide em**: *ad judicia* (privativo dos advogados) e *ad negotia* (é o extrajudicial).

O mandato pode ser classificado como oneroso ou gratuito, é contrato bilateral, *intuito personae* (ou personalíssimo) e consensual. Em regra, sua forma é livre, porém, em casos especiais previstos em lei, deverá ser realizado por instrumento público.

Também, é exigida a manifestação da vontade, o silencio aqui não se presume aceite ao encargo de mandatário. A manifestação poderá ser expressa ou tácita.

As pessoas capazes poderão dar procuração, através de instrumento particular, que valerá desde que tenha a assinatura do outorgante.

O instrumento particular deve conter a indicação do lugar onde foi passado, a qualificação do outorgante e do outorgado, a data e o objetivo da outorga com a designação e a extensão dos poderes conferidos (art. 654 CC).

Atente que, um terceiro poderá exigir, para a conclusão do negócio jurídico, firma reconhecida.

O mandato quando em termos gerais só confere poderes de administração, ou seja, para alienar, hipotecar, transigir, ou praticar outros quaisquer atos que exorbitem da administração ordinária, depende a procuração de poderes especiais e expressos para tais fins. O poder de transigir não importa o de firmar compromisso.

→ Atenção para o artigo 662 CC:

> ***Art. 662**. Os atos praticados por quem não tenha mandato, ou o tenha sem poderes suficientes, são ineficazes em relação àquele em cujo nome foram praticados, salvo se este os ratificar.*
>
> ***Parágrafo único**. A ratificação há de ser expressa, ou resultar de ato inequívoco, e retroagirá à data do ato.*
>
> ***Art. 663**. Sempre que o mandatário estipular negócios expressamente em nome do mandante, será este o único responsável; ficará, porém, o mandatário pessoalmente obrigado, se agir no seu próprio nome, ainda que o negócio seja de conta do mandante.*

Quanto ao poder de substabelecer, isto é, o procurador passar para outro os poderes por ele recebido, deve-se atentar se existe ou não a proibição. Se é proibido substabelecer, os atos praticados pelo substabelecido não obrigam o mandante, salvo ratificação expressa, que retroagirá à data do ato.

Mesmo quando se outorgue mandato por instrumento público, pode substabelecer-se, isto é "passar a terceiro" os poderes, mediante instrumento particular.

Sendo omissa a procuração quanto ao substabelecimento, o procurador será responsável se o substabelecido proceder culposamente (667, parágrafo quarto do CC).

Ainda, quando o mandatário não entregar os valores devidos ao mandante, ou utilizar os valores para despesas em seu proveito, responderá pelos juros desde o momento que abusou do seu poder.

Lembre-se, o substabelecimento pode ser com ou sem reserva de poderes:

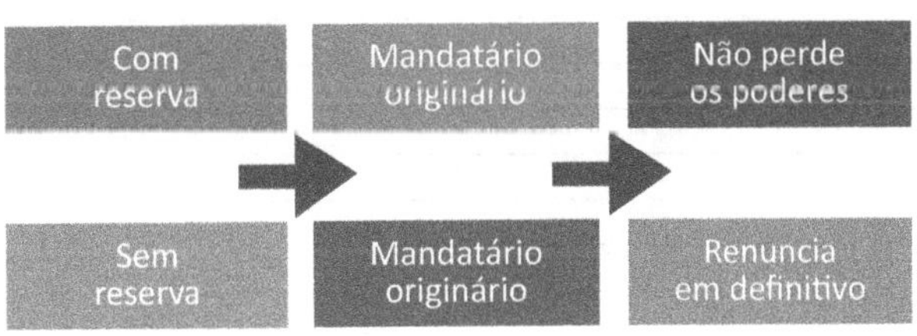

→ Atenção aos artigos 674, 690 e 691 do Código Civil:

Agora, imagine a situação: o sujeito deu procuração para outro para a venda de um imóvel e, o mandante falece, como fica?? O artigo 674 responde:

> ***Art. 674.** Embora ciente da morte, interdição ou mudança de estado do mandante, deve o mandatário concluir o negócio já começado, se houver perigo na demora.*
>
> ***Art. 690.** Se falecer o mandatário, pendente o negócio a ele cometido, os herdeiros, tendo ciência do mandato, avisarão o mandante, e providenciarão a bem dele, como as circunstâncias exigirem.*
>
> ***Art. 691.** Os herdeiros, no caso do artigo antecedente, devem limitar-se às medidas conservatórias, ou continuar os negócios pendentes que se não possam demorar sem perigo, regulando-se os seus serviços dentro desse limite, pelas mesmas normas a que os do mandatário estão sujeitos.*

Seguro

Garantia de riscos predeterminados. Partes: segurador e segurado.

→ **Pode se subdividir em:**

> Específica: abrange um único risco.
> Plúrima: abrange diversos riscos.
> Aberta: o risco se desenvolve no contrato.

Nos seguros de vida, para o beneficiário fazer jus ao prêmio, exige-se a carência de 2 anos. Porém, já é entendimento do STJ (Súmula 61) que devem cobrir o suicídio não premeditado, isto é, a Seguradora deve comprovar que havia intenção.

Segurado em mora: artigo 763 CC.

Seguro de vida não é herança e, consequentemente, não responde por dívidas.

Transporte

Transportar pessoas ou objetos de um local para outro. Partes: transportador e passageiro/transportado (passageiro) ou contratante (objetos).

O transporte é obrigação de resultado, eximindo-se da responsabilidade em casos de força maior.

Em casos de danos causados por terceiros, caberá ação de regresso, isto é, responderá igual.

Nos casos de culpa do passageiro, o transportador poderá ter sua responsabilidade reduzida ou excluída.

Da Transação

Conceito e Classificação

A transação é um contrato onde as partes põem fim ou previnem um litígio.

É classificado como um contrato bilateral, relacionado a direitos patrimoniais de caráter privado.

A transação far-se-á por escritura pública, nas obrigações em que a lei o exige, ou por instrumento particular, nas em que ela o admite (extrajudicial); se recair sobre direitos contestados em juízo (já existe uma ação tramitando), será feita por escritura pública, ou por termo nos autos, assinado pelos transigentes e homologado pelo juiz (judicial), conforme determina o artigo 842 CC.

A transação interpreta-se restritivamente, e por ela não se transmitem, apenas se declaram ou reconhecem direitos (artigo 843 CC).

Proibições e Invalidades

> A transação só é permitida com relação a direitos patrimoniais de caráter privado

> A transação não extingue a ação penal pública, só é possível para resolve questões patrimoniais (exemplo um crime de homicídio doloso. Só podem transigir sobre reparação de danos, não sobre a pena imposta pela legislação penal).

> É permitido que conste pena convencional

> Nulidade: Art. 850. É nula a transação a respeito do litígio decidido por sentença passada em julgado, se dela não tinha ciência algum dos transatores, ou quando, por título ulteriormente descoberto, se verificar que nenhum deles tinha direito sobre o objeto da transação.

> Anula: a transação eivada de dolo, coação ou erro essencial quanto a pessoa ou coisa controversa. O erro de direito não anula questões que foram objeto de controvérsia entre as partes (artigo 849 CC)

> Por fim: Art. 848. Sendo nula qualquer das cláusulas da transação, nula será esta.

Atos Unilaterais de Vontade

(Artigos 854 a 860 CC)

> **Promessa de recompensa**: por meio de publicidade o proponente compromete-se em entregar recompensa para quem desempenhe determinado serviço ou condição;

> **Gestão de negócios**: terceiro intervém em negócios e administra segundo interesses e vontade do "dono";

> **Pagamento indevido**: aquele que recebe de boa-fé faz jus aos frutos e benfeitorias do bem;

> **Enriquecimento sem causa** - artigos 884 a 886 CC.

Exercício Comentado

01. (FCC) A respeito da compra e venda, é correto afirmar:

a) É vedada a compra entre cônjuges de bens excluídos da comunhão.

b) Prevalece a amostra, o protótipo ou o modelo, se houver contradição ou diferença com a maneira pela qual se descreveu a coisa no contrato.

c) Os leiloeiros e seus prepostos podem adquirir os bens de cuja venda estejam encarregados por valor compatível com as propostas recebidas.

d) Na venda à vista, o devedor é obrigado a entregar a coisa antes de receber o preço.

e) Os tutores só podem comprar os bens confiados à sua guarda ou administração em hasta pública.

RESPOSTA. "A". Errada. É possível a compra e venda entre os cônjuges de bens excluídos da comunhão, conforme previsto no artigo 499 do Código Civil.

RESPOSTA. "B". Correta. com previsão no artigo 484 do Código Civil.

RESPOSTA. "C". Errada. Os leiloeiros e seus prepostos não podem adquirir os bens que tenham responsabilidade de venda, por força do artigo 497 do Código Civil.

RESPOSTA. "D". Errada. O vendedor não será obrigado a entregar a coisa, quando o pagamento for à vista, sem antes receber o valor (artigo 491 do Código Civil).

RESPOSTA. "E". Errada. Os tutores não podem adquirir os bens confiados a sua guarda (artigo 497, I do Código Civil).

Anotações

CAPÍTULO 07

Das Coisas

Introdução

Trata de um rol taxativo que pode incidir sobre a Propriedade; Direitos Reais de Gozo e Fruição (superfície, servidão, usufruto, uso e habitação); Direitos Reais de Garantia (penhor, hipoteca, anticrese e propriedade fiduciária) e Direito Real de Aquisição.

Trataremos dos principais pontos e conceitos abordados nas provas, lembrando você novamente da importância de ler o texto da lei.

Posse e Propriedade

Previsão Legal: a questão da propriedade e da posse encontra-se no Código Civil do artigo 1.196 ao 1.224 (Posse) e do 1.228 ao 1.276 (Propriedade).

Posse

É a exteriorização da propriedade. Assim determina o artigo 1.196 do Código Civil:

> ***Art. 1.196.*** *Considera-se possuidor todo aquele que tem de fato o exercício, pleno ou não, de algum dos poderes inerentes à propriedade.*

A posse pode ser exercida por:

- Proprietário;
- Seu representante;
- Outrem devidamente autorizado;
- Aquele que, guardadas as disposições legais, se apossa de coisa disponível como se sua fosse.

Detenção ou Fâmulo da Posse: exerce-se a posse no interesse de outro (exemplo o caseiro).

Teorias sobre a Posse

- Corrente subjetiva de Savigny: poder de alguém sobre a coisa;
- Corrente objetiva de Jhering: exteriorização da propriedade.

Classificação da Posse

- Boa-fé e má-fé: possuidor de boa-fé desconhece os vícios de sua posse, já o de má-fé conhece tais vícios.
- **Justa ou injusta:**
  - **Justa**: sem violência, de forma clandestina ou precária;
  - **Injusta**: violenta (uso da força), clandestina (forma oculta) e precária (obtida por abuso de confiança).
- **Direta ou indireta:** artigo 1.197. A posse direta, de pessoa que tem a coisa em seu poder, temporariamente, em virtude de direito pessoal, ou real, não anula a indireta, de quem aquela foi havida, podendo o possuidor direto defender a sua posse contra o indireto;
- **Nova e Velha:** menos de um ano e um dia será nova, mais de um ano e um dia será velha;
- **Posse *ad interdicta*:** é a posse que se pode amparar nos interditos (turbação, esbulho ou a perda do bem);
- **Posse *ad usucapionem*:** é a posse que permite a aquisição da propriedade por usucapião;
- **Posse exclusiva e composse.**

Proteção Possessória

- Interdito possessório: são as ações de reintegração de posse, manutenção de posse e a ação de interdito proibitório, quando houver o esbulho e a turbação.
- Interdito proibitório: quando houver a ameaça.
  - Esbulho: é uma agressão à posse que priva o possuidor;
  - Turbação: é uma agressão à posse, mas não priva o possuidor;
  - Ameaça: existe a possibilidade de ocorrer a agressão, mas ainda não ocorreu.

Aquisição

- Originária: pode ser por apreensão da coisa ou exercício do direito;
- Derivada: tradição que por sua vez pode ser real (com a entrega do bem), ficta (atos que simbolizam a entrega) ou consensual (consenso entre as partes-contrato);
- Constituída Possessória: quando o possuidor aliena bem de sua propriedade e nele permanece a outro título;
- Sucessão.

Perda da Posse: quando cessar o poder sobre o bem (mesmo contra a vontade do possuidor).

Efeitos da Posse

- Percepção dos frutos: tem direito enquanto durar sua posse;
- Perda ou deterioração da coisa: não responde, exceto se agiu com dolo ou culpa;
- Indenização por benfeitorias:

> ***Art. 1.219.*** *O possuidor de boa-fé tem direito à indenização das benfeitorias necessárias e úteis, bem como, quanto às voluptuárias, se não lhe forem pagas, a levantá-las, quando o puder sem detrimento da coisa, e poderá exercer o direito de retenção pelo valor das benfeitorias necessárias e úteis.*
>
> ***Art. 1.220.*** *Ao possuidor de má-fé serão ressarcidas somente as benfeitorias necessárias; não lhe assiste o direito de retenção pela importância destas, nem o de levantar as voluptuárias.*

Retenção: meio de defesa outorgado ao credor, a quem tem a faculdade de continuar detendo a coisa alheia, mantendo-a em seu poder até ser indenizado pelas benfeitorias e acessões que fez sobre a coisa.

Fique Ligado

O principal efeito da posse é a proteção que o possuidor poderá se valer, até mesmo contra o proprietário, e ainda, poderá adquirir a propriedade por usucapião.

Propriedade

É o direito real que confere maior amplitude de poderes sobre a coisa.

Poder-se-á usar, gozar, dispor e reaver o bem.

Espécies de Propriedade

- **Plena**: quando possui todos os poderes inerentes à propriedade;
- **Limitada**: quando desmembra um ou algum dos poderes;

- **Resolúvel**: quando estiver submetida a uma condição resolutiva.

Meios de Aquisição da Propriedade Imóvel

- Originário (usucapião e acessões);
- Derivado (registro de título e aquisição por herança).

→ **Acessões:**

- Por formação de ilhas;
- Aluvião (é o acréscimo de depósitos e aterros naturais ao longo das margens das correntes);
- Avulsão (é uma força natural violenta que desprende um pedaço de terra que junta-se a outro imóvel);
- Álveo abandonado (era o leito do rio coberto pela água, nos casos em que os rios secam ou são desviados);
- Construções e Plantações (art. 1253). Nesse caso podem surgir quatro situações:
  - Plantar ou edificar em terreno próprio com semente e materiais próprios;
  - Plantar ou edificar em terreno próprio com semente e materiais alheios: deve-se adquirir a propriedade, sendo obrigado a pagar o valor das semente e matérias (se de boa-fé), ou pagar os valores, indenizar por perdas e danos (se de má-fé);
  - Plantar ou edificar em terreno alheio, com sementes e material próprio: perde-se em proveito do proprietário de imóvel, sendo que, se agiu de boa-fé, terá direito a indenização;
  - Plantar ou edificar em terreno alheio com semente e matérias alheias: caberá indenização pelos materiais, mas a propriedade será do dono do imóvel.

Meios de Aquisição da Propriedade Móvel

- Usucapião (prazo de 3 anos ordinário e 5 anos a extraordinária, no qual não é exigido justo título e boa fé);
- Ocupação; (tomada de posse de coisa sem dono).
- Achado do Tesouro (consideram-se tesouro coisas preciosas que estavam ocultas e acerca de cujo dono não se tenha conhecimento. Se quem achar não for proprietário do solo, se divide por igual o tesouro;
- Tradição;
- Especificação (alguém que trabalha em matéria-prima em parte alheia obtendo nova espécie);
- Mistura:
  - Confusão (quando misturam-se coisas líquidas pertencentes a diversas pessoas);
  - Comissão (mistura de coisas sólidas pertencentes a diversos donos);
  - Adjunção (a justaposição de uma coisa em outra);

Perda da Propriedade

- Alienação: como por exemplo, a venda;
- Renúncia;
- Abandono;
- Perecimento da coisa;
- Desapropriação.

→ **Usucapião**

- **Extraordinária** – art. 1238 CC: independe de justo título e boa-fé e decurso do prazo de 15 anos. Pode ocorrer nos casos de posse injusta. Reduz para 10 anos o prazo se o possuidor lá morava ou fez obras de caráter produtivo;
- **Ordinária** – art. 1242 CC: decurso de 10 anos, justo título (documento que seria hábil para transferir a propriedade, porém existe um vício/defeito/irregularidade) e boa-fé, podendo o prazo diminuir para cinco anos, conforme art. 1242 CC, o qual vale citar:

  Parágrafo único. *Será de cinco anos o prazo previsto neste artigo se o imóvel houver sido adquirido, onerosamente, com base no registro constante do respectivo cartório, cancelada posteriormente, desde que os possuidores nele tiverem estabelecido a sua moradia, ou realizado investimentos de interesse social e econômico.*

- **Urbana** – art 183 CF e 1240 CC: decurso de 5 anos, área urbana de até 250 metros quadrados, o possuidor não poderá ter outro imóvel rural ou urbano e deve utilizar o imóvel como residência. Pode ser apartamento também, só podendo usucapir uma vez;
- **Rural** – art. 183 CF e 1240 CC: decurso de 5 anos, área rural de até cinqüenta hectares, não pode o possuidor possuir outro imóvel urbano ou rural, deve utilizar o imóvel como moradia e tornar a terra produtiva por seu trabalho ou de sua família;
- **Coletiva** – art. 10 Lei 10.257/01: decurso de 5 anos, área urbana com mais de duzentos e cinquenta metros quadrados, possuidor sem propriedade de imóvel urbano ou rural, área ocupada por população de baixa renda para fixar residência e não sendo possível a identificação dos terrenos ocupados por cada possuidor; Torna-se um condomínio;
- **Abandono de Lar:** acrescenta o artigo 1240-A ao CC, através da Lei 12.424/2011:

  Art. 1.240-A. *Aquele que exercer, por 2 (dois) anos ininterruptamente e sem oposição, posse direta, com exclusividade, sobre imóvel urbano de até 250m² (duzentos e cinquenta metros quadrados) cuja propriedade divida com ex-cônjuge ou ex-companheiro que abandonou o lar, utilizando-o para sua moradia ou de sua família, adquirir-lhe-á o domínio integral, desde que não seja proprietário de outro imóvel urbano ou rural.*

  § 1º *O direito previsto no caput não será reconhecido ao mesmo possuidor mais de uma vez.*

O STJ entende que a ocupação irregular de área urbana é ato de mera detenção.

Para adquirir a propriedade imóvel por meio da usucapião, é necessária em todos os casos a posse mansa, pacífica e ininterrupta.

A sentença é declaratória, não se cria a usucapião, somente se reconhece se houver, podendo inclusive ser arguida em defesa, conforme prevê a Súmula 237 do STF.

Atenção ao artigo 1243 CC:

> ***Art. 1.243.*** *O possuidor pode, para o fim de contar o tempo exigido pelos artigos antecedentes, acrescentar à sua posse a dos seus antecessores (art. 1.207), contanto que todas sejam contínuas, pacíficas e, nos casos do art. 1.242, com justo título e de boa-fé.*

Condomínio

Quando a mesma coisa pertence a mais de uma pessoa, em igual direito sobre o todo ou em uma das partes, teremos o condomínio.

Pode ser ***pro indiviso*** (sem uma divisão em partes, todos usam o todo) ou ***pro diviso*** (mesmo sendo condomínio, cada um usa uma fração ideal da terra).

→ **Subdivide-se em :**

- **Convencional:** convenção entre os condôminos. É o Condomínio Voluntário: cada condômino pode utilizar-se da coisa conforme sua destinação, sendo vetado a alteração da destinação da coisa comum, dar posse, uso ou gozo a outro sem o consentimento dos demais condôminos;
- **Eventual:** decorrente de causas alheias, como a doação;
- **Forçado ou legal:** a lei impõe, como ocorre com o condomínio necessário, que são, por exemplo, os muros diante de meação;
- **Condomínio Edilício:** este é constituído de frações ideais de cada unidade imobiliária e a área em comum de todos. Deve ter o Ato de Instituição, Convenção de Condomínio e Regulamento Interno.

Deve ter:

- Ato de instituição (Ato inter vivos, *causa mortis* ou incorporação imobiliária);
- Convenção de Condomínio (que estabelece direitos e deveres dos condôminos);
- Regulamento Interno (estabelece uso das coisas/áreas comuns).

Direitos Reais

Pode-se definir direitos reais como a relação que o ser humano exerce sobre a coisa (apropriável e com valor econômico).

Teorias:

- **Realista:** é o poder sobre a coisa sem intermédio;
- **Personalista:** é uma relação jurídica que se estabelece com uma generalidade anônima de indivíduos.

Características:

- **Taxatividade:** não existem direitos reais que não estejam previstos na lei;
- **Oponibilidade *erga omnes:*** ninguém pode interferir em direito alheio;
- **Sequela:** é o poder de reivindicação da coisa;
- **Aderência:** o direito real está preso à coisa.

Também, cabe tratar dos seguintes direitos reais sobre coisas alheias:

- **Superfície**: a concessão do direito de construir ou plantar. Há necessidade de registro no CRI, podendo essa concessão ser ou não onerosa;
- **Servidões**: é uma restrição ao uso e gozo da coisa;
- **Usufruto**: é o poder de usar e gozar coisa alheia. Aqui temos dois sujeitos: o usufrutuário e o nu-proprietário. Constitui-se com o Registro no CRI.
  - Pode ser próprio (infungível) ou impróprio (fungíveis e consumíveis);
- **Uso**: é o direito real de usar, perceber os frutos da coisa, nos limites de sua necessidade e de sua família;
- **Habitação**: uso do imóvel para moradia. O titular desse direito não poderá locar ou emprestar o bem;
- **Direito de Promitente Comprador**: existe o direito real de aquisição do imóvel por uma promessa de compra e venda sem o arrependimento.

Regras Gerais para os Direitos Reais de Garantia

1) Previstos no CC: o penhor, a hipoteca e a anticrese;
2) Deve-se haver especialização (descrição artigo 1424) e publicidade (com o registro) para eficácia *erga omnes*;
3) É indivisível, não pode ser liberada parte dos bens dados em garantia com o pagamento parcial do débito, salvo disposição expressa – artigo 1421 CC;
4) Só podem ser dados como garantia bens que podem ser alienados, já que é um início de alienação;
5) Quando for sobre condomínio: o condômino pode dar a sua quota em garantia (o bem todo só com a concordância de todos os condôminos);
6) Os credores hipotecários e pignoratícios têm a preferência (exceto se houver credor tributário e trabalhista) na execução;
7) Se o bem dado em garantia perecer e o devedor não der outro como garantia, considera-se dívida vencida.

Penhor:

Incide sobre bem móvel suscetível de alienação, em garantia de dívida, com a transmissão da posse. Subdivide-se em Penhor Rural, Industrial, Mercantil, Títulos de crédito, Veículos e Legal.

> ***Art. 1.431.*** *Constitui-se o penhor pela transferência efetiva da posse que, em garantia do débito ao credor ou a quem o represente, faz o devedor, ou alguém por ele, de uma coisa móvel, suscetível de alienação.*
>
> ***Parágrafo único.*** *No penhor rural, industrial, mercantil e de veículos, as coisas empenhadas continuam em poder do devedor, que as deve guardar e conservar.*

- Bens móveis.
- Regra: a posse fica com o credor pignoratício.
- É nulo pacto comissório: quando anteriormente se pactua que se não pagar a dívida, o credor ficará com o bem, salvo se posteriormente houver a dação em pagamento, só após vencimento da dívida. A Regra é que o bem deve ser vendido e então paga a dívida. Se o valor não for suficiente, persiste o valor como obrigação pessoal.
- Extinção: artigo 1436 CC.

Tipos de penhor:

Penhor	Rural	Industrial e Mercantil	Títulos de Crédito	Veículos	Legal
Conceito/ Objeto	Bens da atividade agrícola ou pecuária	Bens destinados a atividade empresarial instalados em funcionamento	Penhorar um crédito, devendo ser notificado o devedor	Veículos individuais ou frota	Independem de acordo. São situações previstas em lei que decorre de modo automático (artigo 1467 CC)
Registro	CRI – 1438 CC	CRI do imóvel onde estiverem os bens	Cartório de Registro de Títulos e Documentos	Cartório de Registro de Títulos e Documento com anotação no Certificado de Propriedade do Veículo	Automático, necessitando posteriormente de homologação judicial
Subdivisão	Em agrícola (máquinas, plantações, etc..) e Pecuária (animais para abate)				
Transmissão de posse	Não ocorre	Não ocorre	Ocorre	Não ocorre	Ocorre
Instrumento	Instr. Público ou Particular	Instrumento Público ou Particular	Instrumento Público ou Particular	Instrumento Público ou Particular	Instrumento Público ou Particular

Hipoteca

Não ocorre a transmissão da posse, incidente nos casos previstos no art. 1473. Subdivide-se em Convencional, Legal e Judicial.

Art. 1.473. *Podem ser objeto de hipoteca:*

I. os imóveis e os acessórios dos imóveis conjuntamente com eles;

II. o domínio direto;

III. o domínio útil;

IV. as estradas de ferro;

V. os recursos naturais a que se refere o art. 1.230, independentemente do solo onde se acham;

VI. os navios;

VII. as aeronaves.

VIII. o direito de uso especial para fins de moradia;

IX. o direito real de uso;

X. a propriedade superficiária.

> Pode haver mais de uma hipoteca sobre o bem, sendo que as mais antigas terão preferência no pagamento, podendo ser outro ou o mesmo credor.

> Extinção: 1499 CC.

→ **Espécies:**

Hipoteca	Convencional	Legal	Judicial
	Acordo de vontades	Imposta por lei no artigo 1489 CC	Vencido em litigio judicial 446 CPC

É possível existir mais de uma hipoteca sobre o mesmo bem.

> **Anticrese:** recebe a posse de bem imóvel frugífera para que possa perceber os frutos e rendimentos do bem.

> **Alienação Fiduciária:** garantia de imóveis regulamentada pela Lei 9.514/97.

Alienante originário vende o bem para o comprador (Devedor fiduciante). Alienação fiduciária em garantia do Credor Fiduciário (que possui a propriedade resolúvel da coisa e a garantia).

Concessão de uso especial para fins de moradia

Com os mesmos requisitos para adquirir a propriedade pela usucapião, a Administração Pública concede a posse de um bem público.

Cabe também falar sobre a Enfiteuse e o Aforamento. Em resumo:

Enfiteuse: o proprietário atribui a outra pessoa o domínio útil do imóvel;

Aforamento: é um efiteuta que possui contrato com o Estado, pagando um valor para tal.

Concessão de Direito Real de Uso

É a concessão de uso de terrenos públicos de propriedade da União.

Direitos de Vizinhança

O Código Civil estabelece regras para a boa convivência entre vizinhos, prevendo alguns institutos (é obrigação *propter rem*):

> **Uso anormal (art. 1.277 a 1.281 CC):** o direito de um vizinho reclamar de conduta nociva (prejudica a segurança, saúde e sucesso);

> **Árvores limítrofes (art. 1.282 a 1.284 CC);**

> **Passagem forçada (art. 1.285 CC):** o que tiver que conceder passagem será indenizado;

> **Passagem de cabos e tubulação (art. 1.286 e 1.287 CC):** também cabe indenização;

> **Águas (art. 1.288 a 1.296 CC);**

> **Limites de prédios e direito de tapagem (art. 1.297 e 1.298 CC);**

> **Direito de construir (art.1.299 a 1.313 CC).**

Anotações

CAPÍTULO 08

Responsabilidade Civil

A responsabilidade civil está voltada às consequências jurídicas geradas por uma ação ou omissão, ilicitude, entre outras formas, em que quem sofre os danos tem o direito a ser indenizado. É a responsabilidade de indenizar um dano.

Responsabilidade Civil e Responsabilidade Penal

- Responsabilidade Penal: segundo Maria Helena Diniz: "lesão aos deveres de cidadãos para com a sociedade, acarretando um dano social determinado pela violação de norma penal, exigindo, para restabelecer o equilíbrio, a aplicação de uma pena ao lesante". Portanto, de interesse de toda a sociedade, sendo intransferível de pessoa para pessoa.
- Responsabilidade Civil: versa sobre infração de ordem privada, sendo um prejuízo causado a terceiro particular (pessoas físicas ou jurídicas) ou o Estado, podendo a vítima pedir a reparação do status quo ante uma importância em dinheiro. Poderá ser transmissível.

Diferenças entre Civil e Penal

Responsabilidade Penal	Responsabilidade Civil
Lesão de interesse social	Lesão a interesse público
Intransmissível	Transmissível
Ônus da prova exclusiva do Estado	Ônus da prova: aplicável conforme cada caso (podendo o lesado ou o que causar o dano ter de comprovar ou, em alguns casos não há a prova da culpa)

A responsabilidade civil é independente da penal, sendo exceção fazer coisa julgada no civil:

- Absolvição por negativa da existência do fato;
- Absolvição por negativa de autoria;
- Absolvição por excludente de antijuridicidade, vale dizer, legítima defesa, estado de necessidade, estrito cumprimento do dever legal e exercício regular de um direito.

Pressupostos da Responsabilidade Civil

Para existir o dever de indenizar, sempre deve haver um agente e um dano. A culpa nem sempre será fundamental.

Assim, como explica Maria Helena Diniz: "a responsabilidade civil pode ser classificada quanto ao fato gerador, em relação ao seu fundamento, e por fim, relativamente ao agente."

Critério	Classificações
Fato Gerador	Contratual ou extracontratual (aquiliana)
Fundamento	Subjetiva ou Objetiva
Agente	Direito ou Indireto

Responsabilidade Contratual

Será contratual, quando o dano decorrer do inadimplemento de uma obrigação estabelecida em negócio jurídico (unilateral ou bilateral).

O ônus da prova (a obrigação de provar o dano) será daquele que acusa.

Responsabilidade Extracontratual

É o dano causado a outro sem que haja violação de um contrato, com previsão em lei nos artigos 186 a 188 (atos ilícitos) e 927 a 954 (responsabilidade civil) do Código Civil.

Responsabilidade Subjetiva

É a regra geral de acordo com a qual a culpa do agente passa a ser pressuposto para a indenização.

Portanto, a partir do momento em que alguém pratica um ato ilícito, de forma culposa (não tem intenção de causar o dano) ou dolosa (tem a intenção de causar o dano), surge o direito à indenização, devendo existir o nexo causal, isto é, a prova de que a conduta gerou um dano.

Os elementos da responsabilidade civil subjetiva são:

- Fato ou conduta;
- Dano ou prejuízo;
- Nexo causal;
- Culpa.

Responsabilidade Objetiva

Esta é exceção. Trata de casos em que a culpa não precisa ser comprovada, sendo seus elementos:

- Fato ou conduta;
- Dano;
- Nexo causal.

Responsabilidade Direta ou Indireta

A direta é quando o agente pessoalmente causa o dano; já na responsabilidade indireta, o agente não causa diretamente o dano, quem pratica é terceiro pressupondo a existência de um vínculo legal de responsabilidade.

Regras sobre Indenização

- Se a vítima tiver concorrido culposamente, a indenização será fixada levando-se em conta a gravidade de sua culpa em confronto com a culpa do autor do dano;
- Os bens do responsável pela ofensa ou violação de um direito de outro ficam sujeitos à reparação do dano. Havendo mais de um autor desta ofensa ou violação, todos respondem solidariamente;
- No caso de homicídio, além dos danos morais, consiste no pagamento com despesas de funeral, tratamento da vítima (caso de tentativa de homicídio), o luto da família, prestação de alimentos a quem a vítima devia (leva-se em conta a duração provável da vida da vítima);
- Nos casos de lesão ou ofensa à saúde, o ofensor indenizará o ofendido nas despesas com tratamento e lucros cessantes;
- No caso de ofensa que diminua ou cesse a sua capacidade para o trabalho (entende-se na profissão da vítima), a indenização englobará, além da indenização, as despesas com tratamento médico e lucros cessantes. A vítima poderá exigir que a indenização seja arbitrada e paga de uma só vez.

Excludentes da Responsabilidade Civil

- **Legitima Defesa**: para me defender, acabo causando um dano. Porém, tenho que agir sempre de modo moderado, somente para impedir a agressão injusta, atual e iminente.

> **Estado de Necessidade**: O estado de necessidade refere-se a uma agressão injusta a um direito alheio, de valor jurídico igual ou inferior aquele que se quer preservar, para remover o perigo.

→ **Cuidado ao artigo 929:**

> ***Art. 929.*** *Se a pessoa lesada, ou o dono da coisa, no caso do inciso II do art. 188, não forem culpados do perigo, assistir-lhes-á direito à indenização do prejuízo que sofreram.*

Vejamos como foi cobrado em prova para entender melhor:

Exercício Comentado

Ricardo, buscando evitar um atropelamento, realiza uma manobra e atinge o muro de uma casa, causando um grave prejuízo.

01. (FGV) Em relação à situação acima, é correto afirmar que Ricardo:

a) não responderá pela reparação do dano, pois agiu em estado de necessidade.

b) responderá pela reparação do dano, apesar de ter agido em estado de necessidade.

c) responderá pela reparação do dano, apesar de ter agido em legítima defesa.

d) praticou um ato ilícito e deverá reparar o dano.

RESPOSTA. ***Cuidado você poderia ir direto para a alternativa "A", mas pela regra do artigo 929 do Código Civil a correta é a alternativa "B", pois, apesar de agir em estado de necessidade, atingiu patrimônio de terceiro que não tem culpa alguma do perigo.***

> **Exercício Regular de um Direito**: não gera o dever de indenizar, como por exemplo, causar prejuízo ao devedor ao interpor uma ação contra o mesmo. Veja, uma cobrança judicial pode causar danos ao devedor, porém, o credor tem o direito de exercer esta faculdade.

> **Fato/Culpa da Vítima ou Terceiro**: neste caso, a vítima provocou o fato. O exemplo que é muito utilizado, e já apareceu em provas, é do indivíduo que deseja se suicidar e se joga na frente de um carro. Neste caso, o dono do veículo poderá se eximir da responsabilidade de indenizar.

> **Caso Furtuito ou Força Maior.**

> **Cláusula de Não-Indenizar**: podem existir tais cláusulas em contratos (tem exceções, por exemplo: no contrato de transporte, onde não será admitido cláusula de não-indenizar).

> **Estrito Cumprimento do Dever Legal**: O exemplo clássico é o caso do policial que arromba uma casa para cumprir um mandado de prisão.

A Responsabilidade Civil do Estado

A responsabilidade civil do Estado refere-se à obrigação atribuída ao Estado de reparar danos causados por seus agentes públicos ou prestadores de serviços públicos a terceiros, no exercício de suas funções ou em razão de exercê-las.

A Constituição da República versa sobre a responsabilidade civil do Estado no § 6º do art. 37:

> *"As pessoas jurídicas de direito público e as de direito privado prestadoras de serviços públicos responderão pelos danos que seus agentes, nessa qualidade, causarem a terceiros, assegurado o direito de regresso contra o responsável nos casos de dolo e culpa."*

O Código Civil dispõe sobre a responsabilidade civil do Estado no art. 43:

> *"As pessoas jurídicas de direito público interno são civilmente responsáveis por atos dos seus agentes que nessa qualidade causem danos a terceiros, ressalvado o direito regressivo contra os causadores do dano, se houver, por parte destes, culpa ou dolo."*

Teorias

Existem diversas teorias acerca da responsabilidade civil do Estado (irresponsabilidade, civilista, publicista e a do risco), sendo a teoria do risco a adotada no sistema brasileiro, em que o Estado responde por todos os danos sem a necessidade de comprovação de culpa do agente (a responsabilidade objetiva).

→ **A Teoria do Risco se divide em:**

> **Risco Integral:** o Estado responde sem excludentes;

> **Risco administrativo:** o Estado responde, observadas as excludentes (culpa exclusiva da vítima, caso fortinto, força maior e culpa concorrente).

A responsabilidade Objetiva do Estado:

Existindo relação de causalidade entre o dano suportado pelo particular e a atividade administrativa, independentemente de culpa, o Estado terá de indenizar.

Responsabilidade por Atos Legislativos:

Em regra, inexiste responsabilidade do Estado por dano resultante da atividade legislativa. Por esta atividade ter a característica da generalidade (a lei é para todos), não há como responsabilizar o Estado.

Mais uma vez, a toda regra, existem exceções, podendo o legislativo responder quando:

> As leis sejam declaradas inconstitucionais e gerem prejuízos;

> As leis de efeito concreto, ou seja, aquelas leis sem generalidade ou abstração também geram responsabilidade do Estado;

> O mandado de injunção que reconhece a omissão legislativa também poderá gerar responsabilidade por parte do Estado.

Responsabilidade por Atos Judiciais:

O Estado também não é responsável pela atividade jurisdicional. Contudo, na hipótese de erro do Poder Judiciário, apurado em revisão criminal ou na hipótese do preso ficar mais tempo na cadeia que o previsto, há indenização.

Ação de Regresso:

Caberá ação de regresso por parte do Estado contra o agente público causador do dano, se provar ter este agido com dolo ou culpa.

Se o agente não participa ou pratica o ato lesivo com culpa ou dolo, não pode ser este réu em ação de regresso.

Súmulas Importantes que aparecem em provas de concursos, referentes a responsabilidade civil.

→ **Supremo Tribunal Federal**

> ***Súmula nº 35:*** *em caso de acidente do trabalho ou de transporte, a concubina tem direito de ser indenizada pela morte do amásio, se entre eles não havia impedimento para o matrimônio.*

> ***Súmula nº 28:*** *o estabelecimento bancário é responsável pelo pagamento de cheque falso, ressalvadas as hipóteses de culpa exclusiva ou concorrente do correntista.*

Súmula nº 161: em contrato de transporte, é inoperante a cláusula de não indenizar.

Súmula nº 492: a empresa locadora de veículos responde, civil e solidariamente com o locatário, pelos danos por este causados a terceiro, no uso do carro locado.

Súmula nº 490: a pensão correspondente à indenização oriunda de responsabilidade civil deve ser calculada com base no salário mínimo vigente ao tempo da sentença e ajustar-se-á às variações ulteriores.

Súmula nº 562: na indenização de danos materiais decorrentes de ato ilícito cabe a atualização de seu valor, utilizando-se, para esse fim, dentre outros critérios, dos índices de correção monetária.

→ **Superior Tribunal de Justiça**

STJ Súmula nº 145: Transporte Cortesia - Responsabilidade Civil - Danos Causados ao Transportado. No transporte desinteressado, de simples cortesia, o transportador só será civilmente responsável por danos causados ao transportado quando incorrer em dolo ou culpa grave.

STJ Súmula nº 132: Registro de Transferência - Responsabilidade do Antigo Proprietário - Dano - Acidente - Veículo Alienado. A ausência de registro de transferência não implica a Responsabilidade do antigo proprietário por dano resultante de acidente que envolva veículo alienado.

STJ Súmula nº 246: Seguro Obrigatório - Indenização Judicial. O valor do seguro obrigatório deve ser deduzido da indenização judicialmente fixada.

STJ Súmula nº 420: Cabimento - Embargos de Divergência - Valor de Indenização por Danos Morais. Incabível, em embargos de divergência, discutir o valor de indenização por danos morais.

STJ Súmula nº 402: Contrato de Seguro por Danos Pessoais - Exclusão de Danos Morais - Possibilidade. O contrato de seguro por danos pessoais compreende os danos morais, salvo cláusula expressa de exclusão.

STJ Súmula nº 388: Devolução Indevida de Cheque - Dano Moral. A simples devolução indevida de cheque caracteriza dano moral

STJ Súmula nº 387: Licitude - Cumulação - Indenizações de Dano Estético e Dano Moral. É lícita a cumulação das indenizações de dano estético e dano moral.

STJ Súmula nº 370: Caracterização - Dano Moral - Apresentação Antecipada de Cheque Pré-Datado. Caracteriza dano moral a apresentação antecipada de cheque pré-datado.

STJ Súmula nº 362: Correção Monetária do Valor da Indenização do Dano Moral. A correção monetária do valor da indenização do dano moral incide desde a data do arbitramento.

STJ Súmula nº 227: Pessoa Jurídica - Dano Moral. A pessoa jurídica pode sofrer dano moral.

STJ Súmula nº 37: Indenizações - Danos - Material e Moral - Mesmo Fato - Cumulação. São cumuláveis as indenizações por dano material e dano moral oriundos do mesmo fato.

STJ Súmula nº 130: Reparação de Dano ou Furto de Veículo - Estacionamento - Responsabilidade. A empresa responde, perante o cliente, pela reparação de dano ou furto de veículo ocorridos em seu estacionamento.

STJ Súmula nº 221: Responsabilidade Civil - Publicação pela Imprensa - Ressarcimento de Dano. São civilmente responsáveis pelo ressarcimento de dano, decorrente de publicação pela imprensa, tanto o autor do escrito quanto o proprietário do veículo de divulgação.

Anotações

CAPÍTULO 09

Direito de Família

Casamento

O casamento é ato solene, que estabelece a união entre homem e mulher, com a finalidade de constituir família, tendo por base a igualdade de direitos e deveres, sendo proibido a qualquer pessoa interferir na vida familiar instituída. Tem como requisito essencial a capacidade (idade núbil a partir dos 16 anos, com a autorização de seus representantes até os 18 anos).

Cabe fazer uma ressalva quanto à união homoafetiva. Em decisão do STF foi reconhecida a União Estável entre casais do mesmo sexo. Há também inúmeras decisões judiciais pelo nosso país inclusive que reconhecem o casamento entre estes casais, assunto que será citado nas páginas seguintes.

Pressupostos:

> Diversidade de sexos;
> Consentimento;
> Celebração por autoridade competente.

O casamento religioso poderá ter efeito civil se seguir a regra do artigo 1515 e 1516:

__Art. 1.516.__ O registro do casamento religioso submete-se aos mesmos requisitos exigidos para o casamento civil.

§ 1º O registro civil do casamento religioso deverá ser promovido dentro de noventa dias de sua realização, mediante comunicação do celebrante ao ofício competente, ou por iniciativa de qualquer interessado, desde que haja sido homologada previamente a habilitação regulada neste Código. Após o referido prazo, o registro dependerá de nova habilitação.

§ 2º O casamento religioso, celebrado sem as formalidades exigidas neste Código, terá efeitos civis se, a requerimento do casal, for registrado, a qualquer tempo, no registro civil, mediante prévia habilitação perante a autoridade competente e observado o prazo do art. 1.532.

§ 3º Será nulo o registro civil do casamento religioso se, antes dele, qualquer dos consorciados houver contraído com outrem casamento civil.

Celebração do Casamento

Após o processo de habilitação (quando ocorre a verificação da documentação, capacidade e inexistência de impedimento), publicações de editais (dispensado somente em casos de urgência) e emissão do certificado de habilitação (eficácia: 90 dias), será celebrado o casamento.

O casamento é ato revestido de solenidade realizado por autoridade competente (juiz de paz).

→ **Além desta forma "comum", o Código estabelece outras:**

> Casamento por procuração: o casamento também poderá ser realizado por Procuração (feita através de escritura pública), tendo sua eficácia por 90 dias e somente por instrumento público poderá ser revogado;
> Casamento perante autoridade consular ou diplomática: quando realizado no exterior;
> Casamento nuncupativo: quando um dos nubentes encontra-se em risco de vida, não havendo tempo para o formalismo previsto.

Deveres Conjugais

→ **São deveres conjugais:**

> Fidelidade recíproca;
> Vida em comum em domicílio conjugal (existem exceções);
> Mútua assistência;
> Sustento, guarda e educação dos filhos;
> Respeito e consideração mútuos.

Regimes de Bens

→ **São os regimes de bens previstos no Código Civil:**

> Comunhão Parcial de bens: patrimônio em comum é o que se adquire na constância do casamento. No artigo 1.659 do CC, estão previstos os bens que não se comunicam. Os que se comunicam encontram-se no artigo 1.661 do CC;
> Comunhão Universal de bens: todos os bens se comunicam. Nesse caso, há a figura do "cônjuge meeiro". O artigo 1.668 do CC prevê situações em que há exclusão do regime;
> Participação Final de Aquestos: permite a separação dos bens individuais durante a união conjugal e, com a dissolução a participação final nesses bens;
> Separação de bens: não há comunicação de bens. Pode ocorrer a obrigatoriedade do regime (legal) ou ser de modo convencional. Atente para a Súmula 377 do STJ, que permite a divisão de bens adquiridos na constância do casamento.

Os cônjuges poderão, em casos excepcionais, alterar o regime de bens, desde que autorizado judicialmente, com pedido motivado por ambos e apurada a procedência das razões, ressalvados os direitos de terceiros.

Pacto Antenupcial: ato solene (feito por meio de escritura pública) que estipula o regime de bens.

Impedimentos

→ **A lei proíbe o casamento nas seguintes situações:**

> Ascendentes com descendentes (natural ou civil);
> Afins em linha reta(sogro, sogra, enteados e avós, netos e bisnetos do cônjuge);
> Adotante com quem foi cônjuge de adotado, bem como adotado com adotante;
> Irmãos unilaterais (irmãos só por parte de pai ou de mãe), bilaterais (mesmo pai e mãe) e demais colaterais até terceiro grau (tio, sobrinho);
> Adotado com filho de adotante;
> Casados;
> Cônjuge sobrevivente com o condenado por homicídio ou tentativa contra seu consorte.

Causas Suspensivas

As causas suspensivas não impedem o casamento nem o tornam nulo ou anulável, mas há uma sanção caso a lei seja descumprida.

→ **São os casos previstos no artigo 1.523 CC:**

__Art. 1.523.__ Não devem casar:

I. o viúvo ou a viúva que tiver filho do cônjuge falecido, enquanto não fizer inventário dos bens do casal e der partilha aos herdeiros;

II. a viúva, ou a mulher cujo casamento se desfez por ser nulo ou ter sido anulado, até dez meses depois do começo da viuvez, ou da dissolução da sociedade conjugal;

III. *o divorciado, enquanto não houver sido homologada ou decidida a partilha dos bens do casal;*

IV. *o tutor ou o curador e os seus descendentes, ascendentes, irmãos, cunhados ou sobrinhos, com a pessoa tutelada ou curatelada, enquanto não cessar a tutela ou curatela, e não estiverem saldadas as respectivas contas.*

A sanção aplicada é a imposição do regime de separação de bens. As partes podem requerer ao juiz que deixe de aplicar tal sanção provando a impossibilidade ou inexistência de confusão dos bens.

Invalidade do Casamento

Casamento inexistente: quando falta algum elemento essencial, o casamento não produz nenhum efeito.

→ **Será Nulo:**

Art. 1.548. *É nulo o casamento contraído:*

I. *pelo enfermo mental sem o necessário discernimento para os atos da vida civil;*

II. *por infringência de impedimento.*

→ **Será Anulável:**

Art. 1.550. *É anulável o casamento:*

I. *de quem não completou a idade mínima para casar;*

II. *do menor em idade núbil, quando não autorizado por seu representante legal;*

III. *por vício da vontade, nos termos dos arts. 1.556 a 1.558;*

IV. *do incapaz de consentir ou manifestar, de modo inequívoco, o consentimento;*

V. *realizado pelo mandatário, sem que ele ou o outro contraente soubesse da revogação do mandato, e não sobrevindo coabitação entre os cônjuges;*

VI. *por incompetência da autoridade celebrante.*

O Ministério Público não poderá intervir, sendo que tal intervenção cabe somente aos interessados. Prazo para anular: artigo 1560 do CC.

Casamento Putativo: embora nulo ou anulável, se contraído de boa-fé produz todos os efeitos até sentença judicial anulatória de cônjuge que ignorava o vício do casamento.

Fim do Casamento

A dissolução do vínculo matrimonial ocorre em decorrência de morte, divórcio ou nulidade/anulação do casamento.

→ **A EC 66/2010 alterou o art. 226:**

§ 6º *O casamento civil pode ser dissolvido pelo divórcio.*

Portanto, não é mais exigida a separação (judicial ou de fato), como na redação anterior, sendo possível o "divórcio direto". Porém, continua existindo a Ação cautelar de separação de corpos, por meio da qual se tem reconhecimento da ruptura da vida em comum, além das Ações de separação em trâmite.

Divórcio:

É a extinção voluntária do casamento que rompe o vínculo de forma definitiva, põe fim aos deveres conjugais, possibilitando novo casamento.

→ **O divórcio poder ocorrer de duas formas:**

> Judicial (litigioso ou consensual);

> Extrajudicial (somente consensual, não podendo existir filhos menores).

Se o divórcio ocorrer no exterior, somente será reconhecido no Brasil após um ano da data da sentença.

Parentesco

É a relação entre o grupo família, de origem biológica ou social.

> Parentesco em linha reta e colateral (natural ou civil);

> Por afinidade: o cônjuge/companheiro passa a ter vínculo com a família do outro (ascendentes, descendentes e irmãos). Com o fim do casamento, somente deixará de ter parentesco com os colaterais;

> Filiação: os filhos nascidos do matrimônio ou não e adotados.

Na questão dos filhos, presume-se concebidos na constância do casamento os nascidos até 300 dias após a dissolução do casamento.

Na União Estável, não há presunção *pater is*, podendo ser afastada tal presunção caso haja impotência para gerar.

Art. 1.597. *Presumem-se concebidos na constância do casamento os filhos:*

I. *nascidos cento e oitenta dias, pelo menos, depois de estabelecida a convivência conjugal;*

II. *nascidos nos trezentos dias subsequentes à dissolução da sociedade conjugal, por morte, separação judicial, nulidade e anulação do casamento;*

III. *havidos por fecundação artificial homóloga, mesmo que falecido o marido;*

IV. *havidos, a qualquer tempo, quando se tratar de embriões excedentários, decorrentes de concepção artificial homóloga;*

V. *havidos por inseminação artificial heteróloga, desde que tenha prévia autorização do marido.*

União Estável

Art. 1.723. *É reconhecida como entidade familiar a união estável entre o homem e a mulher, configurada na convivência pública, contínua e duradoura e estabelecida com o objetivo de constituição de família.*

→ **São requisitos para a caracterização da União Estável:**

> Diversidade de sexo;

> Inexistência de impedimento matrimonial;

> Notoriedade ou publicidade da relação;

> Aparência de casamento perante a sociedade.

Existem mais dois requisitos que são amplamente discutidos, havendo divergências na doutrina e jurisprudência:

> **Coabitação** – atenção para a Súmula 382 do STJ, que não torna a coabitação um requisito indispensável.

> **Tempo de Convivência** – não há um mínimo estipulado, devendo somente ser duradouro e contínuo.

A união estável gera efeitos semelhantes ao casamento, se aplicando o regime de comunhão parcial de bens. Também, devem os companheiros obedecer os mesmos deveres conjugais previstos para o matrimônio.

Ainda, existe a questão do concubinato, que é uma união informal entre homem e mulher impedidos de casar, se subdividindo em:

> Concubinato adulterino;
> Concubinato Incestuoso.

Já no que se refere à União homoafetiva, o STF ampliou a interpretação do artigo 1723, aplicando-se as regras do Código Civil sobre a união estável em relação aos companheiros do mesmo sexo, inclusive com a conversão em casamento, depois de homologação judicial, conforme prevê o artigo 1726 CC.

Alimentos

Podem os parentes, cônjuges/companheiros pedir entre si alimentos de que necessitem (visando à condição social) .

Partes da relação: alimentante e alimentado.

→ **Assim, são princípios da obrigação alimentar:**

> Reciprocidade;
> Preferência;
> Complementariedade;
> Mutuabilidade;
> Transmissibilidade;
> Alternatividade;
> Irrenunciabilidade.

O marco inicial dos alimentos é o reconhecimento da paternidade (Súmula 277 STJ).

Em regra, quando o cônjuge se separa, deverá pagar alimentos, subdividindo-se em:

> **Alimentos civis:** ou côngruos, para manter seu padrão social;
> **Alimentos naturais:** o indispensável para sua sobrevivência (quando o "culpado" pelo fim do matrimônio necessitar).

Alimentos Gravídicos

Ocorre a obrigação antes do nascimento e depois da concepção, visando à proteção do nascituro, devidos a gestante.

Introduzido pela Lei 11.804/2004, levando-se em consideração a simples presença de indícios de paternidade.

Exercício Comentado

01. (FCC) Em relação ao casamento, é correto afirmar:

a) Não pode casar o divorciado, enquanto não houver sido homologada ou decidida a partilha dos bens do casal, podendo o ato ser anulado por seu ex-cônjuge.

b) O casamento religioso, que atender às exigências da lei para a validade do casamento civil, equipara-se a este, desde que registrado no registro próprio, data a partir da qual produzirá efeitos.

c) Os impedimentos matrimoniais podem ser opostos, até cinco dias após a publicação dos proclamas, por qualquer pessoa capaz.

d) É defeso a qualquer pessoa, de direito público ou privado, interferir na comunhão de vida instituída pela família por meio do casamento.

e) É nulo o casamento realizado por vício da vontade, se houve por parte de um dos nubentes, ao consentir, erro essencial quanto à pessoa do outro.

RESPOSTA. ***"A". Errada, pois os divorciados até a partilha dos bens não devem casar, sendo causa suspensiva, artigo 1523 do CC;***

RESPOSTA. ***"B". Errada, vide o artigo: "Art. 1.515. O casamento religioso, que atender às exigências da lei para a validade do casamento civil, equipara-se a este, desde que registrado no registro próprio, produzindo efeitos a partir da data de sua celebração.";***

RESPOSTA. ***"C". Errada, os impedimentos poderão ser opostos até o momento da celebração (art. 1522 CC);***

RESPOSTA. ***"D". Correta, de acordo com o artigo 1513 CC;***

RESPOSTA. ***"E". Errada, é anulável, não nulo.***

Anotações

CAPÍTULO 10

Sucessão

É a transmissão de bens de uma pessoa (*de cujus*) em razão da morte, a outra (sucessor).

Abertura da Sucessão

Ocorre no momento da morte do *de cujus*, transmitindo-se os bens aos herdeiros legítimos ou testamentários.

Exclusão por Indignidade e Deserdação

> **Exclusão por Indignidade:** exclusão daquele que pratica atos criminosos, ofensivos ou reprováveis contra o *de cujus* ou familiares.

> **Deserdação**: por meio de testamento, o autor da herança pode afastar da sucessão herdeiro que tenha cometido os atos descritos nos artigos 1.814, 1.962 e 1.963 do CC.

Aceite e Renúncia da Herança

O sucessor é livre para aceitar (ato unilateral no qual o sucessor manifesta a vontade de receber a herança, podendo ocorrer tacitamente, expressamente ou presumidamente) ou renunciar a herança (deve ser de modo solene, judicial ou por escritura pública, declarando não aceitar a herança).

→ **Atenção para o artigo 1811 CC:**

Art. 1.811. Ninguém pode suceder, representando herdeiro renunciante. Se, porém, ele for o único legítimo da sua classe, ou se todos os outros da mesma classe renunciarem a herança, poderão os filhos vir à sucessão, por direito próprio, e por cabeça.

Diferença entre Herança e Legado

> **Herança**: são direitos e deveres transmitidos ao sucessor.

> **Legado**: são os bens que foram destacados ou individualizados por meio de testamento.

Sucessão Legítima e Vocação Hereditária

Será legítima a sucessão que seguir a ordem da vocação hereditária (é a aptidão para ser sucessor do *de cujus*, sendo apto os nascidos ou já concebidos no momento da abertura), que é imposta na lei e testamentária.

→ **É a ordem hereditária:**

> Descendentes em concorrência com o cônjuge, exceto se casado nos regimes de comunhão universal, separação obrigatória e comunhão parcial sem bens particulares do *de cujus;*

Quando o cônjuge concorre com os descendentes em comum com o *de cujus* a sua quota nunca será inferior a ¼ da herança.

> Ascendentes em concorrência com o cônjuge: quinhão se divide por igual com pai e mãe do *de cujus;*

> Cônjuge;

> Colaterais até quarto grau (segundo grau = irmão; terceiro grau = sobrinhos, tios; e quarto grau = primo-irmão, sobrinho neto, tio avô). Os unilaterais herdam a metade do que os bilaterais têm direito.

→ **No que se refere aos efeitos da sucessão, classificam-se em:**

> Sucessão a título universal: quando um herdeiro sucede a totalidade da herança, fração ou porcentagem. A sucessão legitima é sempre universal;

> Sucessão a título singular: é o legado.

→ **Exemplos:**

» Maria é casada com José sob regime de comunhão universal de bens, e com ele teve dois filhos. Suponha que José faleça, Maria terá direito a metade dos bens do casal (pois é meeira e não herdeira), sendo os herdeiros os filhos, que dividirão o restante do patrimônio. Sempre que o cônjuge é meeiro, não será herdeiro (nos regime de comunhão universal, comunhão parcial sem bens particulares e separação legal ou obrigatória, o cônjuge não herda em concorrência);

» No caso de representação ("quando a lei chama certos parentes a suceder em todos os direitos, em que ele sucederia, se vivo fosse"artigo 1851 CC). Por exemplo: uma situação em que o *de cujus* deixa 3 filhos e dois netos do quarto filho, que é premorto (aquele falecido antes do *de cjus*), estes netos dividirão a parte que caberia ao seu pai;

» O *de cujus* deixa esposa (em regime de comunhão parcial de bens, deixando bens particulares) e dois filhos (de ambos). Todos serão herdeiros por cabeça no que se refere aos bens particulares do *de cujus*. Isto é, os bens comuns (meação do *de cujus*) serão partilhados somente entre os filhos do casal. Porém, cabe ressaltar que o assunto é divergente na doutrina e nos tribunais.

Quanto a Sucessão do Companheiro

O companheiro participará na sucessão do outro quanto aos bens adquiridos na vigência da união estável, nas seguintes condições:

> Concorrendo com os filhos em comum: quota equivalente à atribuída ao filho;

> Concorrendo com descendentes do *de cujus*: metade do que couber a cada um;

> Concorrendo com outros parentes: 1/3 da herança;

> Sem sucessores: herda tudo.

Sucessão Testamentária

É resultante de um testamento, onde o autor da herança expõe sua vontade, dispondo como seu patrimônio deve ser "repartido".

Será valido o testamento que assegurar à parte legítima 50% dos bens deixados os quais devem ser atribuídos para os descendentes, ascendentes e cônjuge), ficando a outra metade disponível a ser deixada para qualquer pessoa (exceto as excluídas da sucessão por força de lei).

O testador poderá revogar o testamento da mesma maneira que foi elaborado, de modo total ou parcial.

Não é permitida a sucessão por estirpe.

São facultadas também disposições versando sobre questões pessoais, sendo vetado:

> Nomear herdeiro a termo;

> Instituir como herdeiro pessoa incerta;

> Instituir como herdeiro ou legatário sob condição de que este disponha também em testamento como benefício do testador ou terceiro;
> Favorecer pessoa incerta;
> Deixar ao arbítrio do herdeiro ou outro a fixação do valor do legado;
> Favorecer os seguintes:

Art. 1.801. *Não podem ser nomeados herdeiros nem legatários:*

I. a pessoa que, a rogo, escreveu o testamento, nem o seu cônjuge ou companheiro, ou os seus ascendentes e irmãos;

II. as testemunhas do testamento;

III. o concubino do testador casado, salvo se este, sem culpa sua, estiver separado de fato do cônjuge há mais de cinco anos;

IV. o tabelião, civil ou militar, ou o comandante ou escrivão, perante quem se fizer, assim como o que fizer ou aprovar o testamento.

Art. 1.802. *São nulas as disposições testamentárias em favor de pessoas não legitimadas a suceder, ainda quando simuladas sob a forma de contrato oneroso, ou feitas mediante interposta pessoa.*

Parágrafo único. *Presumem-se pessoas interpostas os ascendentes, os descendentes, os irmãos e o cônjuge ou companheiro do não legitimado a suceder.*

→ **Existem duas formas de testamento, sendo elas:**

> **Ordinário:** que por sua vez de subdivide em:
» **Público**: é o único permitido ao cego, lavrado perante tabelião;
» **Cerrado**: é sigiloso e lacrado por tabelião. Permitido ao surdo-mudo que escreva de próprio punho;
» **Particular**: em que são necessárias mais de três testemunhas;
» **Codicilo**: disposição de última vontade sobre as despesas do funeral e destino de bens de pequena monta.
> **Extraordinário:** é feito por pessoas que se encontrem em situação especial. São três: testamento marítimo(aqueles que estão em navios de guerras ou mercantes), testamento aeronáutico (pessoas que se encontram em aeronaves militares ou comerciais) e testamento militar (militares que estejam prestando serviços para as Forças Armadas).

Lugar da Abertura da Sucessão

Em regra, o último domicílio do *de cujus* é o foro competente para promover o inventário e a partilha. Porém, existem outras situações:

> Ausência de domicílio certo: situação do imóvel;
> Pluralidade de domicílios: o local onde ocorreu o óbito;
> Falecimento no estrangeiro: o último domicílio no Brasil.

Inventário

O inventário pode ser realizado de duas maneiras, tendo o prazo de trinta dias para instauração, a contar da data da abertura da sucessão:

> Judicial;
> Extrajudicial: não podem existir herdeiros menores.

O inventário é o ato para descrever e avaliar os bens. A partilha é ato posterior, em que se dividirá o patrimônio entre os interessados.

Se houver dívidas do *de cujus*, a herança deverá ser utilizada para o pagamento.

Dos Sonegados:

O que deveria entrar na partilha, porém, foi omitido (de modo ciente), estará sujeito ao descrito no artigo 1.992 do CC:

Art.1.992. *O herdeiro que sonegar bens da herança, não os descrevendo no inventário quando estejam em seu poder, ou, com o seu conhecimento, no de outrem, ou que os omitir na colação, a que os deva levar, ou que deixar de restituí-los, perderá o direito que sobre eles lhe cabia.*

Art. 1.993. *Além da pena cominada no artigo antecedente, se o sonegador for o próprio inventariante, remover-se-á, em se provando a sonegação, ou negando ele a existência dos bens, quando indicados.*

Herança Jacente e Vacante

Entende-se por herança jacente aquela em que os herdeiros são desconhecidos ou renunciaram. Nesse caso, a herança incorpora o patrimônio dos municípios, DF e, quando em território nacional, União.

Já a vacância antecede a jacência. A vacância é um procedimento previsto no CPC, no qual os bens serão arrecadados, buscarão os herdeiros e, após um ano sem que haja habilitação de herdeiros, a herança será declarada vacante.

Anotações

Referências Bibliográficas

Direito Civil, Responsabilidade Civil, Sílvio de Salvo Venosa, nona edição, 2009, Atlas

Direito Civil, Direito das Sucessões, Sílvio de Salvo Venosa, nona edição, 2009, Atlas

ÍNDICE

CAPÍTULO 01 257
Princípios Processuais........ 257
Devido Processo Legal........ 257
Contraditório e Ampla Defesa........ 257
Dispositivo e Inquisitivo 257
Motivação das Decisões........ 257
Isonomia Processual........ 257
Publicidade........ 257
Instrumentalidade das Formas 257
Juiz Natural........ 257
Razoável Duração do Processo 257
Jurisdição........ 257
Equivalentes Jurisdicionais........ 258
Órgãos da Jurisdição 258
Principais Características da Jurisdição........ 258
Princípios da Jurisdição 259
Ação........ 259
Teorias Sobre o Direito de Ação........ 259
Requisitos da Ação (de Acordo com o CPC) 259
Tipos de Ação 259
Condições da Ação 260
Elementos da Ação........ 260
Competência 260
Competência Internacional........ 261
Espécies de Competência........ 261
Competência Relativa 262
Competência Absoluta 263
Modificação da Competência........ 263
Prevenção........ 263
Conflito de Competência........ 263
CAPÍTULO 02 264
Partes e Procuradores 264
Capacidade........ 264
Procuradores........ 264
Deveres 265
Da Responsabilidade por Dano Processual 265
Despesas e Multas 265
Litisconsórcio........ 266
Classificações........ 266
Hipóteses e Regras Gerais........ 266
Intervenção de Terceiros........ 267
Assistência........ 267
Oposição 267
Nomeação à Autoria 267
Denunciação à Lide 267
Chamamento ao Processo 268
CAPÍTULO 03 269
Ministério Público........ 269
Princípios Institucionais do MP 269
Regras Gerais sobre o Ministério Público 269

Dos Auxiliares da Justiça....269
Escrivão....269
Oficial de Justiça....270
Perito....270
Depositário e Administrador....270
Intérprete....270
Do Juiz....270
Princípios....271
Impedimento e Suspeição....271
CAPÍTULO 04 273
Atos Processuais....273
Dos Atos em Geral....273
Atos das Partes....273
Atos do Juiz....273
Atos do Escrivão ou Chefe de Secretaria....274
Do Tempo e do Lugar dos Atos Processuais....274
Prazos Processuais....275
Classificações dos Prazos....275
Preclusão....276
Contagem dos Prazos....276
Comunicação dos Atos Processuais....276
Cartas....276
Citação....277
Intimação....278
Nulidades....278
Princípios Referentes às Nulidades....279
Da Distribuição e do Registro....279
Do Valor da Causa....279
CAPÍTULO 05 280
Formação, Suspensão e Extinção do Processo....280
Formação do Processo....280
Suspensão do Processo....280
Extinção do Processo....280
Procedimento....281
Procedimento Sumário....281
Procedimento Ordinário....282
Petição Inicial e Rito Sumário....283
Respostas do Réu....284
Contestação....284
Exceções....284
Reconvenção....285
Revelia....285
CAPÍTULO 06 287
Provas....287
Espécies de Prova....287
Da Audiência....290
Da Instrução e Julgamento....290
Sentença....290
Requisitos da Sentença....291
Tipos de Sentença....292

Vícios na Sentença 292
Liquidação da Sentença 292
Coisa Julgada 292
CAPÍTULO 07 294
Cumprimento da Sentença 294
Tipos de Execução 294
Impugnação da Sentença 294
Títulos Executivos Judiciais 294
Competência para o Cumprimento da Sentença 295
Processo de Execução 295
Competência para a Execução 296
Da Responsabilidade Patrimonial 296
Ato Atentatório à Dignidade da Justiça 297
Espécies de Execução 297
Entrega de Coisa Certa 297
Entrega de Coisa Incerta 297
Obrigações de Fazer e de Não Fazer 297
Execução por Quantia Certa Contra Devedor Solvente 297
Expropriação de Bens 298
Penhora 298
Formas de Expropriação 298
Bens Absolutamente Impenhoráveis 298
Ordem Preferencial da Penhora 298
Substituição da Penhora 299
Impenhorabilidade do Bem de Família (Lei 8.009/90) 299
Exceções 299
Embargos do Devedor 300
Suspensão e Extinção da Execução 300
CAPÍTULO 08 301
Recursos 301
Disposições Gerais 301
Efeitos dos Recursos 301
Legitimidade para Interpor Recurso 301
Recurso Adesivo 301
Regras Gerais Sobre os Recursos 301
Recursos em Espécie 302
Apelação 302
Embargos Infringentes 302
Agravo 302
Embargos de Declaração 303
Ação Rescisória 304
Hipóteses 304
Regras Gerais 304
Prazo 304
CAPÍTULO 09 306
Processo Cautelar 306
Disposições Gerais 306
Procedimento Cautelar 306
Procedimentos Cautelares Específicos 306
Procedimentos Especiais 308

Ação de Consignação em Pagamento 308
Embargos de Terceiro 308
Ação Monitória 309
CAPÍTULO 10 310
Lei nº 11.419, de 19 de dezembro de 2006 310
Da Informatização do Processo Judicial 310
Da Comunicação Eletrônica dos Atos Processuais 310
Do Processo Eletrônico 311
Disposições Gerais e Finais 311
Lei 9.099/95 - Juizado Especial Cível 312

CAPÍTULO 01

Princípios Processuais

Devido Processo Legal

***Art. 5º, LIV da CF** - ninguém será privado da liberdade ou de seus bens sem o devido processo legal.*

Esse princípio estabelece que a tutela jurisdicional será prestada de acordo com as normas previamente estabelecidas no ordenamento jurídico.

Trata-se de um supra princípio ou princípio base (serve de norte para todos os demais princípios processuais), a doutrina defende que os demais princípios emanam dele. Ele deve ser observado tanto no momento da elaboração das leis (atividade legislativa), como também no momento da interpretação e aplicação dessas nos casos concretos.

Contraditório e Ampla Defesa

***Art. 5º, LV da CF** - aos litigantes, em processo judicial ou administrativo, e aos acusados em geral são assegurados o contraditório e ampla defesa, com os meios e recursos a ela inerentes.*

É a faculdade que as partes possuem de participar do processo e influenciar no convencimento do juiz.

A lei resguarda o direito de saber que existe um processo no qual é parte, assim como de produzir provas e praticar todos os atos que a lei lhe permite objetivando a proteção de seu direito.

Tutelas de Urgência inaudita altera partes – são medidas que visam à proteção do bem ou direito a ser disputado, concedidas antes mesmo da oitiva da outra parte. Nesse caso o contraditório também existe, mas ele é diferido ou postecipado (a parte será ouvida, mas apenas posteriormente). Ex.: concessão de um arresto sobre bens de uma empresa que, possuindo diversas dívidas, fechou suas portas e está dilapidando os seus bens.

Dispositivo e Inquisitivo

Sistema inquisitivo: nesse modelo, o Juiz é quem instaura e conduz a relação processual, sem necessidade de provocação das partes.

Sistema Dispositivo: a parte é quem instaura o processo e produz as provas, limitando a extensão do processo, dependendo de sua provocação para prosseguimento.

No Brasil → Sistema Misto: o processo é iniciado por iniciativa da parte, mas ele é desenvolvido por impulso oficial (ex. juiz pode determinar de ofício provas a respeito dos fatos).

Motivação das Decisões

(ou da fundamentação)

A CF, em seu art. 93, inciso IX, exige que todas as decisões prolatadas em processos judiciais e administrativos sejam fundamentadas, impondo ao julgador que explique suas razões de convencimento.

O juiz é livre para decidir, mas deve explicitar as razões de seu convencimento (essa exigência é importante para que a parte sucumbente possa elaborar seu recurso, para demonstrar a lisura e a imparcialidade do magistrado, gerar pacificação social etc.).

A não fundamentação da decisão acarreta nulidade absoluta.

Acompanhe-me

O juiz é livre para formar seu convencimento, mas deve expor as razões que embasaram sua decisão.

Isonomia Processual

Visa garantir às partes a "paridade de armas", equilibrando a relação processual. (ex. o prazo para contrarrazões nos recursos é sempre igual ao prazo para o recurso; as partes no processo podem produzir provas, participar da audiência, assistência judiciária gratuita etc.).

Em razão do grande acúmulo de serviço, existe tratamento diferenciado para a Fazenda Pública e Ministério Público (prazo 4x contestar e 2x recorrer; isenção no recolhimento de preparo, reexame necessário etc.).

Publicidade

Todos os atos praticados em juízo serão públicos, salvo quando prevalecer o interesse social ou a defesa da intimidade das partes.

Assim, qualquer um pode estar presente às audiências, ter acesso aos autos, ler o diário oficial etc., desde que não esteja enquadrada alguma hipótese justificadora da restrição dessa publicidade (processo tramitando em "segredo de justiça").

Instrumentalidade das Formas

O ato processual não é um fim em si mesmo. Ele é um instrumento para que determinado objetivo seja alcançado. Ainda que o ato esteja viciado, caso não tenha causado prejuízo para as partes, ele não será anulado (ex. autor pede citação por oficial de justiça, mas o juiz determina citação por carta com AR, sendo o réu devidamente citado). A formalidade dos atos processuais é importante para garantir a segurança jurídica, mas sempre que determinado ato praticado de forma diversa da exigida pela lei sem cominação de nulidade, e não gerando prejuízo para as partes, alcançando sua finalidade, ele poderá ser aproveitado.

Juiz Natural

O processo será julgado por um juiz previamente estabelecido (de acordo com as regras estabelecidas na leis de organização judiciária, regimentos internos dos tribunais etc.).

A constituição veda a existência de tribunais de exceção (formados após a ocorrência do fato, para julgamento desse).

***Art. 5º, XXXVII da CF** - não haverá juízo ou tribunal de exceção.*

Razoável Duração do Processo

A Constituição, no seu art.5º, LXXVIII, afirma: "a todos, no âmbito judicial e administrativo, são assegurados a razoável duração do processo e os meios que garantam a celeridade de sua tramitação" (criação de institutos processuais que garantam celeridade no processo, ex.: procedimento sumário, súmula impeditiva de recursos, julgamento de improcedência liminar etc.).

Jurisdição

É o **poder/dever** que o Estado tem de aplicar a lei ao caso concreto, solucionando os conflitos apresentados, com definitividade, gerando pacificação social.

Diferencia-se dos demais poderes do Estado (Executivo e Legislativo), pois pode apresentar a característica de ser imutável (formar coisa julgada material).

Encontramos duas espécies de jurisdição:

> **Contenciosa**: existe um conflito de interesses (lide).

> **Voluntária (ou graciosa ou administrativa)**: as partes possuem o mesmo objetivo. Apesar de não ser pacífico, prevalece que nessa espécie de jurisdição não existe o conflito de interesse, mas apenas a necessidade de intervenção judicial para que obtenham determinado bem jurídico. Assim, diz-se, também, que não possuem partes e sim interessados. A doutrina predominante também sustenta que, na jurisdição voluntária, não é formada coisa julgada material (não é imutável) (ex.: separações consensuais; execução de testamento; nomeação de tutores etc.).

***CPC - art. 1º** - a jurisdição civil, contenciosa e voluntária, é exercida pelos juízes, em todo o território nacional, conforme as disposições que este código estabelece.*

Equivalentes Jurisdicionais

São formas alternativas de solução dos conflitos, casos em que as partes podem agir sem a intervenção estatal.

Autotutela

Admitida em situações excepcionais apenas. Nesse caso a lei autoriza que a parte exercite diretamente o seu direito. Caracteriza-se principalmente por serem situações em que, naquele momento, o Estado está ausente, (ex.: legítima defesa e desforço imediato no esbulho).

Autocomposição

Pode ocorrer também no curso do processo judicial (reconhecimento jurídico do pedido, transação e renúncia), mas, nesse caso, a homologação judicial formará coisa julgada material. Quando o conflito é resolvido mediante autocomposição, mas é homologado judicialmente, há o exercício da jurisdição.

Arbitragem

As partes submetem a decisão a um determinado sujeito (apenas direitos disponíveis). Prevaleceu a tese de que a arbitragem não contraria o princípio da inafastabilidade da jurisdição (STF).

Órgãos da Jurisdição

Apesar da Jurisdição ser única (una), ela é dividida entre órgãos, através das normas de organização judiciária.

Dentre várias classificações elencadas pela doutrina, podemos destacar:

→ **Jurisdição Civil e Penal:** de acordo com esse critério, a jurisdição será distribuída de acordo com o direito material a que se refere. Na Jurisdição Penal, estão englobadas as causas penais, com pretensão punitiva. A Jurisdição Civil é encontrada por exclusão, isto é, trata-se de todas as causas que não tenham natureza penal.

→ **Jurisdição Comum ou Especial:** (critérios fixados na Constituição Federal):

> **Jurisdição Especial:**

- » Justiça do Trabalho (arts 111 a 116)
- » Justiça Eleitoral (arts. 118 a 121)
- » Justiça Militar (arts. 122 a 125, § 3)

> **Jurisdição Comum** (possui natureza residual, isto é, tudo que não for tratado pela jurisdição especial será de competência da jurisdição comum):

- » Justiça Federal (arts. 108 e 109)
- » Justiça Estadual (competência residual dentro da Justiça Comum)

→ **Jurisdição Inferior e Superior**

> **Jurisdição Inferior**: trata-se daquela exercida pelos magistrados que conhecem do processo originariamente (desde o início). Na Justiça Estadual ela é exercida, regra geral, pelos Juízes de Direito, distribuídos nas comarcas dentro do Estado. Chamada de primeiro grau de jurisdição (primeiro órgão que analisará esse processo). Cuidado, pois em determinadas hipóteses, a jurisdição originária poderá ser também dos Tribunais (causas que começarão direto nos Tribunais – competência originária).

> **Jurisdição Superior:** exercida em grau recursal, isto é, pelos órgãos que apreciarão os recursos interpostos das decisões proferidas pelos juízes inferiores (ex.: decisão do Juiz de Direito na qual a parte entrou com o recurso de Apelação para o Tribunal de Justiça a que este magistrado está vinculado). Pode ser de segundo grau de jurisdição (ex.: decisão do Juiz de Direito apelada para o Tribunal de Justiça) ou de terceiro grau (Tribunais superiores).

Principais Características da Jurisdição

Caráter substitutivo: a decisão irá substituir a vontade das partes pela vontade da lei, proferida pelo estado (regra geral pelo poder judiciário) nos casos concretos. Não é obrigatória em todos os pronunciamentos judiciais, como quando não há conflito entre as partes – divórcio consensual. Não há substituição, existe apenas uma atuação jurisdicional para dar eficácia ao acordo de vontade entre as partes.

Lide: pode-se dizer que a lide é um conflito de interesses qualificado por uma pretensão resistida. Também não é essencial à jurisdição, pois, como se viu, há casos em que inexiste conflito, mas é necessária a intervenção do poder judiciário para criação dessa situação jurídica.

Inércia: o juiz não pode iniciar um processo de ofício, sendo um ato que deve ser praticado exclusivamente pelo interessado. Há exceções, como o processo de inventário e partilha. Mas, uma vez exercido o direito de ação, boa parte do processo se desenvolve pelo **impulso oficial**, isto é, prática de atos processuais pelo juiz que dará andamento ao processo, sem depender de manifestação das partes.

***Art. 2º, CPC** - nenhum juiz prestará a tutela jurisdicional senão quando a parte ou o interessado a requerer, nos casos e forma legais.*

→ **Definitividade**: apenas as soluções dadas pelo meio jurisdicional é que se tornam imutáveis e definitivas (coisa julgada material).

Princípios da Jurisdição

Investidura: no Brasil dá-se de duas formas a obtenção: mediante concurso público e indicação pelo poder executivo (quinto constitucional).

Territorialidade ou Aderência ao Território: dispõe que a Jurisdição será exercida pelos magistrados no limite de território nacional. Da mesma forma, esse princípio limita o exercício da jurisdição dentro do território nacional (regras de competência territorial). A jurisdição é una, mas ela será exercida mediante as regras de competência fixadas nas normas de organização judiciária. Apesar da Jurisdição ser una, ela será exercida pelos magistrados de forma particionada, obedecendo a regras de competência (ex.: ações trabalhistas na comarca de Cascavel; ações eleitorais na comarca de Londrina etc.).

Indelegabilidade: o poder judiciário não pode transferir a sua função jurisdicional prevista pela Constituição Federal a outros órgãos, salvo nos casos em que essa expressamente previr tal hipótese ou estabelecer a função jurisdicional a outros órgãos (ex.: Senado julgando crime de responsabilidade dependendo do autor).

Inafastabilidade ou indeclinabilidade: o art. 5°, Inciso XXXV, da CF diz que "a lei não excluirá da apreciação do poder judiciário lesão ou ameaça a direito".

Se existirem mecanismos administrativos para solução do conflito, a parte não é obrigada a esgotá-los para depois ingressar na via judicial (exceção: justiça desportiva – precisa de prévio exaurimento na via administrativa para chegar à tutela jurisdicional).

Exercício Comentado

01. (CESPE) Uma das características da atividade jurisdicional é a sua inércia, razão pela qual, em nenhuma hipótese, o juiz deve determinar, de ofício, que se inicie o processo.

*ERRADO. **Embora a inércia seja realmente uma das características da jurisdição, isto é, o juiz não pode iniciar de ofício o processo, necessita para isso de iniciativa das partes, ela não é absoluta. Como se viu, existem exceções, como no caso do inventário, em que o art. 989 do CPC confere expressamente legitimidade ao juiz para dar início a ele, caso nenhum dos legitimados o faça.***

Ação

É o direito público subjetivo de deduzir uma pretensão em juízo, de exigir que o estado solucione determinado conflito de interesses no plano do direito material (direito que todos possuem de invocar a tutela jurisdicional).

Teorias Sobre o Direito de Ação

Civilista (ou imanentista): o direito de ação é considerado o próprio direito material, ele não existe de maneira autônoma (não existe direito de ação se não existir o direito material).

Concreta: diferenciou direito material do direito de ação, mas esse ainda era dependente daquele, não existia sem ele (reconheceu a autonomia do direito de ação, mas ele ainda é dependente do direito material).

Abstrata: o direito de ação é independente do direito material. Ele é abstrato, amplo e genérico, não exigindo nenhum requisito para sua existência.

Eclética (*liebman*): o direito de ação independe do direito material, ele é o direito a um julgamento de mérito, mas depende do preenchimento de certos requisitos formais (condições da ação). É a teoria adotada pelo nosso código de processo civil.

Teoria da asserção (*in statu assertionis ou della prospettazione*): mediante uma cognição sumária, tendo como base o disposto pelo autor na petição inicial; se estiverem presentes as condições da ação, a ação deve ser analisada. Se realmente aquelas condições da ação estão presentes ou não, será analisado posteriormente, ele apenas verifica se, tomando como verdadeiro o disposto pelo autor na sua peça inaugural, estão presentes as condições da ação.

Requisitos da Ação (de Acordo com o CPC)

Nos termos do CPC, para propor ou contestar uma ação, 2 requisitos são necessários:

→ **Interesse**

> Interesse do autor: pode limitar-se à declaração:

» De existência/inexistência de relação jurídica;

» De autenticidade/falsidade de documento.

É admissível a ação declaratória, ainda que tenha ocorrido a violação do direito.

→ **Legitimidade**

> Ninguém pode pleitear direito alheio em nome próprio, salvo quando a lei autorizar.

> De acordo com o CPC, se, no decorrer do processo, se tornar litigiosa relação jurídica de cuja existência ou inexistência depender o julgamento da lide, qualquer das partes poderá requerer que o juiz a declare por sentença.

CPC - Art. 3º *- Para propor ou contestar ação é necessário ter interesse e legitimidade.*

Art. 4º *- O interesse do autor pode limitar-se à declaração:*

I. da existência ou da inexistência de relação jurídica;

II. da autenticidade ou falsidade de documento.

Parágrafo único. *É admissível a ação declaratória, ainda que tenha ocorrido a violação do direito.*

Art. 5º *- Se, no curso do processo, se tornar litigiosa relação jurídica de cuja existência ou inexistência depender o julgamento da lide, qualquer das partes poderá requerer que o juiz a declare por sentença.*

Art. 6º *- Ninguém poderá pleitear, em nome próprio, direito alheio, salvo quando autorizado por lei.*

Tipos de Ação

Declaratória: objetiva uma declaração sobre determinada relação jurídica, tornando certo aquilo que é incerto, desfazendo eventual dúvida.

Condenatória: além da declaração sobre a existência de uma relação jurídica, ela visa também à condenação do réu.

Constitutiva: verifica e declara a existência das condições aptas a criar, modificar ou extinguir uma relação jurídica, sem estatuir qualquer condenação do réu ao cumprimento de uma prestação (ex.: anulação de negócio jurídico por vício de consentimento).

Executiva: tem por base um título executivo judicial ou extrajudicial, objetivando um adimplemento que não tenha sido cumprido.

Mandamental: busca a ordem do juízo para que se faça ou deixe de fazer alguma coisa.

Condições da Ação

São as exigências mínimas para que a ação seja apreciada.

A falta de qualquer uma delas gera o indeferimento da inicial ou extinção do processo por **carência de ação**, sem análise do mérito (nesse caso, faz apenas coisa julgada formal – imutável apenas dentro do processo). O juiz as analisa de ofício e, na falta de alguma, extinguirá o processo sem julgamento do mérito.

Fique Ligado

Ausência de alguma das condições da ação - Carência da ação (indeferimento da petição inicial ou extinção do processo sem julgamento do mérito).

1) Possibilidade jurídica do pedido:

A lei não pode vedar o pedido formulado (ex.: ação cobrando dívida de jogo).

2) Interesse de agir:

Caracteriza-se pela utilidade da prestação jurisdicional. Por meio do procedimento jurisdicional, o autor terá uma melhora na sua situação fática. A medida deve ser necessária e adequada para obter o bem da vida pretendido.

> **Necessidade**: o autor não pode receber o bem da vida pretendido sem a intervenção jurisdicional.

> **Adequação**: o pedido formulado deve ser apto a resolver o conflito.

3) Legitimidade:

Trata-se da correta distribuição das partes nos polos da relação jurídica (autor e réu).

> **Regra**: sujeito em nome próprio defendendo interesse próprio (legitimação ordinária)

> **Exceção**: em nome próprio, terceiro vem e defende direito alheio (legitimação extraordinária). Depende de previsão legal.

Elementos da Ação

Servem para identificar, individualizar a ação. Diz-se que uma ação é idêntica a outra quando elas possuem as mesmas partes, pedidos e causa de pedir (é relevante para fins de coisa julgada, perempção, litispendência etc.).

1) Partes:

São as pessoas envolvidas na relação jurídica processual.

2) Pedido:

É o bem da vida pretendido com a ação.

CPC - art. 286 - *O pedido deve ser certo ou determinado. É lícito, porém, formular pedido genérico:*

I. nas ações universais, se não puder o autor individuar na petição os bens demandados;

II. quando não for possível determinar, de modo definitivo, as consequências do ato ou do fato ilícito;

III. quando a determinação do valor da condenação depender de ato que deva ser praticado pelo réu.

Pedido certo: indicação clara e precisa de qual a tutela pretendida (ex.: indenização, anulação de contrato, separação etc.) e indicação do gênero do bem da vida pretendido.

Pedido determinado: refere-se à liquidez do pedido (quantidade e qualidade). A determinação pode ser dispensada com autorização legal (pedido genérico).

Embora a lei diga que o pedido deva ser certo ou determinado, a doutrina entende que se trata de requisitos cumulativos e não alternativos; o correto seria "pedido certo e determinado". Mas, em provas objetivas, não é raro a banca exigir apenas a memorização da letra fria da lei, apenas deve-se ter atenção em questões que realmente cobrem esse conhecimento do candidato.

Pedido Implícito: casos em que, mesmo não havendo pedido expresso da parte, a lei permite que o juiz conceda de ofício:

> Despesas e Custas processuais;

> Honorários Advocatícios (Art. 20 CPC);

> Correção Monetária (Art. 404 CC);

> Prestações vincendas e inadimplidas no curso do processo em caso de contratos de trato sucessivo (Art. 290 CPC);

> Juros legais e moratórios (arts. 404 e 406 CC).

3) Causa de pedir:

É a narração dos fatos que motivaram o ingresso da ação (causa de pedir remota) e dos fundamentos jurídicos previstos no ordenamento que amparam o pedido feito (causa de pedir próxima).

Fique Ligado

Ação = direito público, subjetivo, autônomo, abstrato e condicionado.

Público: exercido contra o estado, que tem o poder/dever de realizar a jurisdição.

Subjetivo: qualquer pessoa (autorizada pelo direito) o possui.

Autônomo: ele é desvinculado do direito material; existe autonomamente em relação a ele.

Abstrato: é o direito a um pronunciamento de mérito, seja ele favorável ou não.

Condicionado: para ser exercido, está condicionado ao preenchimento de certas condições (condições da ação).

Exercício Comentado

01. (CESPE) Para propor determinada ação judicial, é necessário que a parte autora detenha legitimidade e interesse de agir e que o pedido deduzido seja juridicamente possível.

CERTO. São as condições da ação (legitimidade, interesse de agir e pedido juridicamente possível), requisitos indispensáveis para a propositura de demandas judiciais.

Competência

A Jurisdição é una e alcança todo o território nacional, mas ela pode ser fracionada para o seu exercício.

Ela é fixada no momento da propositura da ação, sendo irrelevantes modificações posteriores (princípio da "*perpetuatio jurisctionis*"), salvo quando houver modificação da competência absoluta (em razão da matéria ou hierarquia).

Fique Ligado

Fixação da competência → Na propositura da ação.

Art. 86 - CPC - As causas cíveis serão processadas e decididas, ou simplesmente decididas, pelos órgãos jurisdicionais, nos limites de sua competência, ressalvada às partes a faculdade de instituírem juízo arbitral.

Art. 87 - CPC - Determina-se a competência no momento em que a ação é proposta. São irrelevantes as modificações do estado de fato ou de direito ocorridas posteriormente, salvo quando suprimirem o órgão judiciário ou alterarem a competência em razão da matéria ou da hierarquia.

Competência Internacional

Concorrente

A autoridade judiciária brasileira é competente, sem prejuízo da competência da estrangeira, isto é, a ação pode ser proposta tanto no território nacional como perante autoridade judiciária estrangeira.

A propositura de ação simultaneamente no nosso território e no estrangeiro, não gera litispendência. A sentença proferida no estrangeiro somente terá validade no Brasil após ser homologada pelo STJ, sendo ela executada pela Justiça Federal.

Hipóteses:

> O réu, qualquer que seja a sua nacionalidade, estiver domiciliado no Brasil (Pessoa Jurídica estrangeira com filial, sucursal ou agência no Brasil considera-se aqui domiciliada)

> No Brasil tiver de ser cumprida a obrigação;

> A ação se originar de fato ocorrido ou de ato praticado no Brasil.

Exclusiva

Nessas hipóteses, apenas a autoridade brasileira tem competência para solucionar o conflito.

> Ações relativas a imóveis situados no Brasil;

> Proceder a inventário e partilha de bens, situados no Brasil, ainda que o autor da herança seja estrangeiro e tenha residido fora do território nacional.

Art. 88 - CPC - *É competente a autoridade judiciária brasileira quando:*

I. o réu, qualquer que seja a sua nacionalidade, estiver domiciliado no Brasil;

II. no Brasil tiver de ser cumprida a obrigação;

III. a ação se originar de fato ocorrido ou de ato praticado no Brasil.

Parágrafo único. *Para o fim do disposto no I, reputa-se domiciliada no Brasil a pessoa jurídica estrangeira que aqui tiver agência, filial ou sucursal.*

Art. 89 - CPC - *Compete à autoridade judiciária brasileira, com exclusão de qualquer outra:*

I. conhecer de ações relativas a imóveis situados no Brasil;

II. proceder a inventário e partilha de bens, situados no Brasil, ainda que o autor da herança seja estrangeiro e tenha residido fora do território nacional.

Art. 90 - CPC - A ação intentada perante tribunal estrangeiro não induz litispendência, nem obsta a que a autoridade judiciária brasileira conheça da mesma causa e das que lhe são conexas."

Espécies de Competência

→ **Em Razão do Valor da Causa:**

Pode definir a competência para os Juizados Especiais. Trata-se de competência relativa

→ **Em Razão do Território (ou em razão do lugar):**

Também chama de competência "*ratione loci*". Trata-se de competência relativa.

Em regra: domicílio do réu (se ele possuir mais de um, será demandado em qualquer um deles)

Se o domicílio do réu for **incerto ou desconhecido**, ele será demandado onde for **encontrado ou no domicílio do autor.**

Se forem **dois ou mais réus**, com domicílios diversos, serão **demandados em qualquer um deles, à escolha do autor.**

Direitos reais sobre imóveis → Foro da **localização do imóvel**, podendo o autor optar por esse foro ou o de eleição, salvo se a ação versar sobre direito de propriedade, vizinhança, servidão, posse, divisão e demarcação de terras e nunciação de obra nova.

É competente o foro:

> **Da residência da mulher:** para a ação de separação dos cônjuges e a conversão desta em divórcio, e para a anulação de casamento;

> **De domicílio ou da residência do alimentando:** ação em que se pedem alimentos;

> **Do domicílio do devedor:** ação de anulação de títulos extraviados ou destruídos.

É competente o foro do **lugar**:

> **Da sede** - ações em que a pessoa jurídica for ré

> **Da agência ou sucursal** - para obrigações nelas contraídas

> **Sociedade sem personalidade jurídica** - onde exercer suas atividades

> **Onde a obrigação deve ser satisfeita** - para ação que lhe exija o cumprimento

É competente o foro do lugar do **ato** ou **fato**:

> Para ação de **reparação de dano** (mas dano decorrente de delito ou **acidente de veículos** - será competente o foro do domicílio do autor ou do local do fato)

> Para a ação em que for **réu o administrador ou gestor de negócios alheios.**

→ **Em Razão da Função (Competência Funcional):**

Relacionada com a distribuição da competência entre os diversos órgãos que podem atuar no processo.

Classifica-se principalmente pelas fases do procedimento(ex. Em regra a sentença é liquidada pelo próprio juízo que proferiu a sentença genérica), pelo grau de jurisdição (recursos) e pela relação entre a ação principal e as ações acessórias e incidentais (ex. Reconvenção e embargos de terceiro).

Também caracteriza-se a competência funcional em relação aos graus de jurisdição, alguns órgãos podem analisar as ações de maneira recursal ou originariamente (Ações que iniciam diretamente nos Tribunais por exemplo).

→ **Em Razão da Matéria (*Ratione Materiae*)**

Definida em razão da natureza da causa (ex. Justiça do Trabalho, Justiça Militar, etc.) Trata-se de competência absoluta.

→ **Em Razão da Pessoa (*Ratione Personae*)**

Estabelecido em razão das pessoas envolvidas (ex. Domicílio ou residência do alimentando para ação de alimentos)

Quando a União for autora, o domicílio é o do réu. Quando a União for ré, o autor pode optar entre seu domicílio, o da ocorrência do fato que deu origem à demanda ou o Distrito Federal.

Nos termos da Constituição Federal, nas causas em que for parte a União, Autarquia Federal ou Empresa Pública Federal, a competência será da Justiça Federal (salvo tratar-se de falência, acidente de trabalho ou matérias sujeitas à apreciação da Justiça do Trabalho ou Eleitoral).

> ***Art. 109 - CF*** *- Aos juízes federais compete processar e julgar:*
>
> *I. as causas em que a União, entidade autárquica ou empresa pública federal forem interessadas na condição de autoras, rés, assistentes ou oponentes, exceto as de falência, as de acidentes de trabalho e as sujeitas à Justiça Eleitoral e à Justiça do Trabalho".*
>
> **Art. 94 - CPC** *- A ação fundada em direito pessoal e a ação fundada em direito real sobre bens móveis serão propostas, em regra, no foro do domicílio do réu.*
>
> *§ 1º Tendo mais de um domicílio, o réu será demandado no foro de qualquer deles.*
>
> *§ 2º Sendo incerto ou desconhecido o domicílio do réu, ele será demandado onde for encontrado ou no foro do domicílio do autor.*
>
> *§ 3º Quando o réu não tiver domicílio nem residência no Brasil, a ação será proposta no foro do domicílio do autor. Se este também residir fora do Brasil, a ação será proposta em qualquer foro.*
>
> *§ 4º Havendo dois ou mais réus, com diferentes domicílios, serão demandados no foro de qualquer deles, à escolha do autor.*
>
> ***Art. 95 - CPC*** *- Nas ações fundadas em direito real sobre imóveis é competente o foro da situação da coisa. Pode o autor, entretanto, optar pelo foro do domicílio ou de eleição, não recaindo o litígio sobre direito de propriedade, vizinhança, servidão, posse, divisão e demarcação de terras e nunciação de obra nova.*
>
> ***Art. 96 - CPC*** *- O foro do domicílio do autor da herança, no Brasil, é o competente para o inventário, a partilha, a arrecadação, o cumprimento de disposições de última vontade e todas as ações em que o espólio for réu, ainda que o óbito tenha ocorrido no estrangeiro.*
>
> **Parágrafo único.** *É, porém, competente o foro:*
>
> *I. da situação dos bens, se o autor da herança não possuía domicílio certo;*
>
> *II. do lugar em que ocorreu o óbito se o autor da herança não tinha domicílio certo e possuía bens em lugares diferentes.*
>
> ***Art. 97 - CPC*** *- As ações em que o ausente for réu correm no foro de seu último domicílio, que é também o competente para a arrecadação, o inventário, a partilha e o cumprimento de disposições testamentárias.*
>
> ***Art. 98 - CPC*** *- A ação em que o incapaz for réu se processará no foro do domicílio de seu representante.*
>
> ***Art. 99 - CPC*** *- O foro da Capital do Estado ou do Território é competente:*
>
> *I. para as causas em que a União for autora, ré ou interveniente;*
>
> *II. para as causas em que o Território for autor, réu ou interveniente.*
>
> **Parágrafo único.** *Correndo o processo perante outro juiz, serão os autos remetidos ao juiz competente da Capital do Estado ou Território, tanto que neles intervenha uma das entidades mencionadas neste artigo.*
>
> *Excetuam-se:*
>
> *I. o processo de insolvência;*
>
> *II. os casos previstos em lei.*
>
> ***Art. 100 - CPC*** *- É competente o foro:*
>
> *I. da residência da mulher, para a ação de separação dos cônjuges e a conversão desta em divórcio, e para a anulação de casamento; (Redação dada pela Lei nº 6.515, de 1977)*
>
> *II. do domicílio ou da residência do alimentando, para a ação em que se pedem alimentos;*
>
> *III. do domicílio do devedor, para a ação de anulação de títulos extraviados ou destruídos;*
>
> *IV. do lugar:*
>
> *a) onde está a sede, para a ação em que for ré a pessoa jurídica;*
>
> *b) onde se acha a agência ou sucursal, quanto às obrigações que ela contraiu;*
>
> *c) onde exerce a sua atividade principal, para a ação em que for ré a sociedade, que carece de personalidade jurídica;*
>
> *d) onde a obrigação deve ser satisfeita, para a ação em que se lhe exigir o cumprimento;*
>
> *V. do lugar do ato ou fato:*
>
> *a) para a ação de reparação do dano;*
>
> *b) para a ação em que for réu o administrador ou gestor de negócios alheios.*
>
> ***Parágrafo único.*** *Nas ações de reparação do dano sofrido em razão de delito ou acidente de veículos, será competente o foro do domicílio do autor ou do local do fato.*

Exercício Comentado

01. *(CESPE) É critério geral que a competência se estabelece pelo local em que ocorreu o fato.*

ERRADO. Nos termos do art.94 do CPC, o critério que estabelece a regra geral de competênia é definida pelo foro do domicílio do réu.

Competência Relativa

Ela é estabelecida em razão do valor ou do território. Busca preservar o interesse das partes, assim, não pode ser pronunciada de ofício pelo magistrado (em regra), devendo ser provocada pelo réu.

Exceção: Cláusula de eleição de foro em contrato de adesão – O Juiz a declara nula e remete o processo para o juízo de domicílio do réu.

> ***Art. 112 do CPC - Parágrafo único.*** *A nulidade da cláusula de eleição de foro, em contrato de adesão, pode ser declarada de ofício pelo juiz, que declinará de competência para o juízo de domicílio do réu.*

Arguida por meio de exceção de incompetência relativa, no prazo da defesa (15 dias), sob pena de preclusão e consequente prorrogação da competência.

> ***Art. 114 - CPC*** *- Prorrogar-se-á a competência se dela o juiz não declinar na forma do parágrafo único do art. 112 desta Lei ou o réu não opuser exceção declinatória nos casos e prazos legais.*

Assim, quando o autor ingressar com a ação em foro que não possui a competência territorial para aquela demanda, cumpre ao réu arguir essa irregularidade no prazo da contestação. Caso ele não o faça, ocorrerá a prorrogação da competência e esse foro se tornará então competente para julgar a demanda (o réu não poderá mais arguir a incompetência relativa, o foro que era incompetente tornou-se competente em virtude da inércia do réu). Atenção que a prorrogação da competência ocorre apenas nas hipóteses de competência relativa.

Competência Absoluta

Fundada em razões de ordem pública, assim pode/deve ser reconhecida de ofício pelo Juiz. Pode ser arguida por todos os sujeitos processuais.

Pode ser deduzida a **qualquer momento** no processo, mas caso o réu não o faça no prazo da contestação (através de preliminar) ou na primeira oportunidade em que couber falar nos autos, será responsabilizado pelo pagamento das custas. Pode ser feito de qualquer forma e não apenas através de peça autônoma de exceção de incompetência.

Uma vez reconhecida, somente os **atos decisórios** serão nulos, sendo os **autos remetidos para o juízo competente** (os demais atos são aproveitados).

Pode ser reconhecida até mesmo após o trânsito em julgado, por meio de Ação Rescisória.

Cuidado que no caso de reconhecimento da incompetência absoluta, o processo não é extinto sem julgamento do mérito, ele será remetido para o juízo competente.

> **Art. 113 - CPC -** *A incompetência absoluta deve ser declarada de ofício e pode ser alegada, em qualquer tempo e grau de jurisdição, independentemente de exceção.*
>
> *§ 1º Não sendo, porém, deduzida no prazo da contestação, ou na primeira oportunidade em que lhe couber falar nos autos, a parte responderá integralmente pelas custas.*
>
> *§ 2º Declarada a incompetência absoluta, somente os atos decisórios serão nulos, remetendo-se os autos ao juiz competente.*

Exercício Comentado

01. (CESPE) A incompetência absoluta poderá ser arguida pelo réu por ocasião da contestação. Não o fazendo nesse momento processual, ele somente poderá suscitá-la em alegações finais.

ERRADO. A incompetência absoluta pode ser arguida em qualquer momento e grau de jurisdição, inclusive após o trânsito em julgado, via ação rescisória.

Modificação da Competência

A competência em razão **do valor e do território** poderá ser modificada pela **Conexão** (duas ou mais ações com objeto ou causa de pedir comum) ou Continência (identidade de partes e de causa de pedir, mas o objeto de uma, por ser mais amplo, abrange o das outras).

Nesses casos o Juiz **(de ofício ou mediante requerimento)** poderá ordenar a reunião desses processos para que sejam decididos simultaneamente.

A competência em razão do território ou do valor também pode ser alterada por **convenção das partes**, sendo que o foro contratual obriga os herdeiros e sucessores das partes (mas a competência em razão da matéria e hierarquia – absoluta – é inderrogável por convenção das partes).

Fique Ligado

Modificação da competência - apenas no caso de competência relativa (território/valor).

Prevenção

Trata-se da regra que define qual o juízo competente no caso de reunião de processos em virtude da conexão.

Se a competência for de foros diversos, será prevento o juiz que realizar a primeira citação válida no processo (art. 219). Caso trate-se mesma competência territorial (mesmo foro), estará prevento o juiz que primeiro despachar no processo (art. 106).

Assim, em caso de reunião de processos, se as ações estiverem tramitando perante juízos de foros diversos, será competente para apreciá-las o juízo que realizou a primeira citação. Caso estejam tramitando em foros da mesma competência territorial, será competente o juízo que primeiro despachar no processo.

Prevenção:

- **Foros diversos** - citação;
- **Mesmo foro** - despacho.

Exercício Comentado

01. (CESPE) Na hipótese de estarem correndo em separado ações conexas perante juízes que tenham mesma competência territorial, considerar-se-á prevento o juiz do processo no qual, em primeiro lugar, tiver ocorrido a citação válida.

ERRADO. Se as ações conexas forem reunidas e tratando-se de juízes com a mesma competência territorial (mesmo foro), estará prevento (será o competente para julgar) o que primeiro despachar no processo (e não aquele que realizou a primeira citação válida, esse critério é utilizado em caso de foros diversos).

Conflito de Competência

- **Negativo:** dois ou mais juízes entendem não possuir competência para apreciar e julgar o processo.
- **Positivo:** dois ou mais juízes entendem ser competentes para apreciar e julgar o processo.

O conflito pode ser suscitado por qualquer das partes, pelo MP ou pelo juiz (MP ouvido em todos os processos de conflito de competência, tendo qualidade de parte quando for ele quem suscitou o conflito).

A parte que ofereceu exceção de incompetência não pode suscitar o conflito (A doutrina que não pode fazer os dois ao mesmo tempo, mas em momentos diferentes pode. Cuidado com a afirmação, ela estará correta se a banca estiver cobrando apenas o texto de lei, mas em alguns casos, dependendo do enunciado, a banca pode estar cobrando essa interpretação doutrinária).

Se no tribunal existir jurisprudência dominante, o relator poderá decidir de plano o conflito de competência.

Anotações

CAPÍTULO 02

Partes e Procuradores

Capacidade

Capacidade de Ser Parte (ou de Direito)

Adquirida com a personalidade jurídica (pessoas físicas – nascimento com vida; pessoas jurídicas – registro de seus atos constitutivos no órgão competente). Também é conferida pela lei aos entes despersonalizados, como massa falida, o espólio, o condomínio, a sociedade sem personalidade jurídica etc. Trata-se da capacidade de ser autor ou réu em um processo.

A lei confere essa capacidade (de estar em juízo) a toda pessoa que se acha no exercício dos seus direitos, mas não se deve confundi-la com capacidade de exercício. Nessa primeira modalidade de capacidade, basta ter personalidade jurídica, assim, até mesmo os loucos, menores, absolutamente incapazes etc. podem estar em juízo figurando como autor ou réu (estar em juízo é uma coisa, agora se precisa ou não estar representado/assistido para isso é outra).

Capacidade Processual (ou de Exercício ou de Fato)

Capacidade de estar em juízo independentemente de representação ou assistência.

Nesse caso, encontra-se um pressuposto de validade do processo, não podendo o incapaz comparecer sozinho em juízo. A parte será representada (absolutamente incapazes) ou assistida (relativamente incapazes).

O juiz dará curador especial:

> Ao incapaz: sem representante ou se seus interesses colidirem com os daquele;
> Ao réu preso;
> Ao revel (citado por edital ou com hora certa).

A revelia tratada nesse dispositivo é aquela decorrente da citação *ficta* (réu citado por edital ou por hora certa). A citação real (feita pelo correio ou por oficial de justiça) não enseja a nomeação de curador especial pelo juiz.

Nas comarcas onde houver representante judicial de incapazes ou de ausentes, a esse competirá a função de curador especial.

Propor ação sobre direitos reais imobiliários: precisa de consentimento do outro cônjuge.

Citação obrigatória de ambos os cônjuges nas ações:

> Direitos reais imobiliários;
> Fatos que digam respeito aos dois, ou de atos praticados por eles;
> Dívida contraída por um deles a bem da família, mas cuja execução tenha de recair sobre os rendimentos do outro ou sobre seus bens reservados;
> Reconhecimento/Constituição/Extinção de ônus sobre imóveis (de um ou de ambos).

Recusa injusta da outorga uxória/marital – Pode ser suprida pelo juiz (falta de outorga não suprida, quando necessária, invalida o processo).

São representados em juízo (ativa e passivamente):

> **União, Estados, Distrito Federal e Territórios:** Procuradores;
> **Município:** Prefeito ou Procurador;
> **Massa Falida:** Síndico;
> **Espólio:** Inventariante (se for dativo - todos os herdeiros e sucessores serão autores e réus nas ações em que o espólio for parte);
> **Pessoas Jurídicas:** designado no estatuto (omissão = Diretores);
> **Sociedades sem personalidade jurídica:** Administrador de bens (quando forem demandadas em juízo, não podem opor a irregularidade de sua constituição);
> **Pessoa jurídica estrangeira:** Gerente/Representante/Administrador de sua filial/agência/sucursal aberta ou instalada no Brasil (O gerente da filial ou agência presume-se autorizado, pela pessoa jurídica estrangeira, a receber citação inicial para o processo de conhecimento, de execução, cautelar e especial.);
> **Condomínio:** Administrador ou Síndico.

Incapacidade processual ou irregularidade de representação - Processo suspenso e juiz abre prazo razoável para que o defeito seja sanado. Se a providência não for cumprida no prazo e couber:

> Autor - nulidade do processo;
> Réu - reputado revel;
> Terceiro - excluído do processo.

Capacidade Postulatória

Trata-se da capacidade de elaborar as peças que comporão os autos. Elas devem ser subscritas por advogado regularmente inscrito na Ordem dos Advogados do Brasil (OAB).

Esse tipo de capacidade é, em regra, privativa do Advogado (existem exceções legais, exemplo: Juizados Especiais Cíveis, em que a parte pode postular diretamente, sem assistência de advogado).

Procuradores

A parte será representada em juízo por advogado legalmente habilitado, mas a lei dispõe que poderá postular em causa própria quando:

> Tiver habilitação legal;
> Faltar advogado no local;
> Recusa ou impedimento dos que houver.

Advogado sem instrumento de mandato não poderá postular em juízo, salvo **propor ação para evitar prescrição ou decadência ou praticar atos urgentes**. Mas deve exibir a procuração em 15 dias (prorrogáveis por mais **15 dias por despacho do juiz**), sob pena desses atos serem havidos por **inexistentes**.

Procuração geral confere poderes para prática de todos os atos no processo, exceto para:

> Receber citação inicial;
> Confessar;
> Reconhecer a procedência do pedido;
> Transigir;
> Desistir;
> Renunciar ao direito sobre que se funda a ação;
> Receber, dar quitação;
> Firmar compromisso.

Da Substituição das Partes e dos Procuradores

A substituição voluntária no curso do processo só é permitida nos casos expressos em que a lei autorizar.

Se o direito ou bem litigioso for alienado (a título particular por ato entre vivos) → A legitimidade das partes **não será alterada**. A pessoa que recebeu esse bem (adquirente ou cessionário) **somente poderá substituir** o alienante/cedente em juízo com o **consentimento da parte contrária, mas poderá intervir no processo como assistente** (independentemente de autorização da outra parte).

A sentença proferida terá seus efeitos estendidos ao adquirente/cessionário.

Ocorrendo a **morte de qualquer das partes** - substituída pelo espólio ou pelos seus sucessores.

→ **Revogação/Renúncia do Mandato:**

A parte pode revogar o mandato passado a seu advogado, mas no mesmo ato constituirá outro que assumirá a causa.

O advogado pode renunciar o mandato a qualquer tempo. Entretanto, ele deve cientificar o mandante e durante os 10 dias seguintes continua a representar o mandante, desde que necessário para lhe evitar prejuízo.

Deveres

Nos termos do CPC, são deveres das partes e dos procuradores (assim como de todos aqueles que de qualquer forma participarem do processo):

1) Expor os fatos em juízo conforme a verdade;
2) Proceder com lealdade e boa-fé;
3) Não formular pretensões, nem alegar defesa, cientes de que são destituídas de fundamento;
4) Não produzir provas, nem praticar atos inúteis ou desnecessários à declaração ou defesa do direito.
5) Cumprir com exatidão os provimentos mandamentais e não criar embaraços à efetivação de provimentos judiciais, de natureza antecipatória ou final.

A violação do disposto no item 5, acima, configura ato atentatório ao exercício da jurisdição. Além das eventuais sanções criminais, civis e processuais cabíveis, o juiz poderá aplicar ao responsável uma multa de acordo com a gravidade da conduta (não superior a 20% do valor da causa). Se essa multa não for paga no prazo estabelecido (contado do trânsito em julgado da decisão final), ela será inscrita sempre como dívida ativa da União ou do Estado.

Fique Ligado

Isso não se aplica para os advogados, pois eles estão sujeitos exclusivamente aos estatutos da OAB.

Dispõe ainda o CPC que é defeso (proibido) às partes e seus advogados empregar expressões injuriosas nos escritos apresentados no processo, cabendo ao juiz, de ofício ou a requerimento do ofendido, mandar riscá-las. Se as expressões injuriosas forem proferidas em defesa oral, o juiz advertirá o advogado que não as use, sob pena de lhe ser cassada a palavra.

Da Responsabilidade por Dano Processual

Litigância de Má-Fé

É quando uma das partes (ou terceiro interveniente) postula de modo que foge do princípio da boa-fé processual, devendo responder por perdas e danos quando pleitear de má-fé. Caracteriza-se quando:

> Deduzir pretensão ou defesa contra texto expresso de lei ou fato incontroverso
> Alterar a verdade dos fatos
> Usar do processo para conseguir objetivo ilegal
> Opuser resistência injustificada ao andamento do processo
> Proceder de modo temerário em qualquer incidente ou ato do processo
> Provocar incidentes manifestamente infundados
> Interpuser recurso com intuito manifestamente protelatório

Quando uma das partes praticar algum desses atos será condenada (de ofício ou a requerimento):

> **Multa:** Não excedente 1% do valor da causa
> Indenização à parte contrária (com honorários e despesas) - Não excedente a 20% do valor da causa ou liquidado por arbitramento.

Despesas e Multas

Salvo nos casos de justiça gratuita, cabe às partes prover as despesas dos atos que realizam ou requerem no processo (pago antecipadamente, na ocasião da prática de cada ato processual).

Atos determinados de ofício ou pelo Ministério Público: Autor deve adiantar essas despesas.

Na sentença haverá a condenação do vencido pagar ao vencedor as despesas que antecipou mais honorários advocatícios (fixados entre 10% a 20% sobre a condenação - esses também devidos quando advogar em causa própria).

As despesas abrangem:

> Indenização de viagem;
> Diária de testemunha;
> Remuneração do assistente técnico.

Quando o réu que, por não arguir no momento oportuno (contestação) fato impeditivo, modificativo ou extintivo do direito do autor, dilatar o julgamento da lide, será condenado nas custas a partir do saneamento do processo e perderá, ainda que vencedor na causa, o direito a haver do vencido honorários advocatícios.

Responsabilidade pelas Despesas

Jurisdição voluntária: despesas adiantadas pelo requerente, mas rateadas entre os interessados.

Desistência ou Reconhecimento do Pedido: parte que desistiu ou reconheceu (se parcial, responde proporcionalmente).

Transação: divididas igualmente (em caso de omissão).

Atos efetuados a requerimento do Ministério Público ou da Fazenda Pública: pagas ao final pelo vencido.

Responsabilidade pela Remuneração do Perito

> Paga por quem requerer a perícia;

> Requerida pelas duas partes ou determinada de ofício pelo juiz → Autor paga.

Sanções Impostas

> Às partes (consequência de má-fé): Contadas como custas e revertidas para a parte contrária.

> Aos serventuários: Pertencerão ao Estado.

Exercício Comentado

01. (FCC) No que concerne às partes e aos procuradores, é correto afirmar:

a) As sociedades sem personalidade jurídica, quando demandadas, poderão opor a irregularidade de sua constituição.

b) O cônjuge não necessita do consentimento do outro para propor ações que versem sobre direitos reais imobiliários.

c) Responde por perdas e danos aquele que pleitear de má-fé como autor, réu ou interveniente.

d) O juiz dará curador especial ao réu que, pessoalmente citado, tornar-se revel.

e) A sentença, proferida entre as partes originárias, não estende os seus efeitos ao adquirente ou ao cessionário.

RESPOSTA. ***"A". O CPC diz o inverso, elas não podem opor irregularidade de sua constituição em juízo quando demandadas (Art. 12, § 2º);***

RESPOSTA. ***"B". Novamente a banca inverteu o disposto pela lei. O cônjuge somente necessitará do consentimento do outro para propor ações que versem sobre direitos reais imobiliários (Art. 10, caput);***

RESPOSTA. ***"C". Art. 16;***

RESPOSTA. ***"D". O juiz dará curador especial apenas ao revel com citado de forma ficta (edital ou hora certa). (Art. 9º);***

RESPOSTA. ***"E". O COC dispõe o inverso, a sentença, proferida entre as partes originárias, estende os seus efeitos ao adquirente ou ao cessionário. (Art. 42, § 3º).***

Litisconsórcio

É quando o processo possui mais de um autor e/ou réu.

Classificações

Em relação ao polo o litisconsórcio pode ser:

> ***Ativo:*** Mais de um autor

> ***Passivo:*** Mais de um réu

> ***Misto:*** Mais de um autor e mais de um réu

Em relação à obrigatoriedade o litisconsórcio pode ser:

> **Facultativo:** Como o nome diz, não é obrigatória a presença de todos os litisconsortes, ela é facultativa.

> **Necessário:** (ou obrigatório) - dado por imposição legal ou natureza da relação jurídica, nesse caso, deve haver obrigatoriamente a reunião dos litisconsortes. Divide-se em:

» **Simples**: A decisão não precisa ser igual para os litigantes.

» **Unitário**: A decisão será uniforme para os litisconsortes.

Hipóteses e Regras Gerais

A lei traz as hipóteses de **Litisconsórcio Facultativo**:

> Comunhão de direitos ou de obrigações relativamente à lide;

> Os direitos ou as obrigações derivarem do mesmo fundamento de fato ou de direito;

> Entre as causas houver conexão pelo objeto ou pela causa de pedir;

> Ocorrer afinidade de questões por um ponto comum de fato ou de direito.

Pode ser limitado quando o número de litigantes prejudicar a rápida solução da lide ou dificultar a defesa (litisconsórcio multitudinário). Esse pedido de limitação interrompe o prazo para resposta (ele recomeça do zero a partir da intimação da decisão de limitar ou não o litisconsórcio).

No **litisconsórcio necessário** a eficácia da sentença dependerá da citação de todos os litisconsortes.

Em regra, os litisconsortes serão considerados, em suas relações com a parte adversa, como litigantes distintos; os atos e as omissões de um não prejudicarão nem beneficiarão os outros. Cada um deles tem o direito de promover o andamento do processo, devendo todos serem intimados dos respectivos atos.

Acompanhe-me

Quando os litisconsortes tiverem diferentes procuradores, possuirão prazo em DOBRO para contestar, recorrer e, de modo geral, falar nos autos (esse dispositivo é um dos mais cobrados em prova).

Exercício Comentado

01. (TJ-PR) Relativamente às disposições do Código de Processo Civil sobre litisconsórcio, assinale a alternativa correta.

a) Há litisconsórcio necessário quando, por disposição de lei ou pela natureza da relação jurídica, o juiz tiver de decidir a lide de modo uniforme para todas as partes.

b) Salvo disposição em contrário, os litisconsortes serão considerados, em suas relações com a parte adversa, como se fossem o mesmo litigante; os atos e as omissões de um prejudicarão ou beneficiarão os outros.

c) O juiz ordenará ao autor que promova a citação de todos os litisconsortes necessários, dentro do prazo que assinar, sob pena de preclusão.

d) A realização de intimação de um dos litisconsortes, ativos ou passivos, desde que feita na pessoa de seu procurador, supre a necessidade de intimação dos demais.

RESPOSTA. ***"A". Art. 47;***

RESPOSTA. ***"B". Em regra, os litisconsortes serão considerados, em suas relações com a parte adversa, como litigantes distintos, consequentemente, os atos e as omissões de um não prejudicarão nem beneficiarão os outros (art. 48);***

RESPOSTA. ***"C". Caso não seja promovida a citação de todos os litisconsortes necessários no prazo assinado, a consequência será a extinção do processo (e não a preclusão) (art. 47, p.u.);***

RESPOSTA. ***"D". O Art. 49 diz que todos os litisconsortes deverão ser intimados.***

Intervenção de Terceiros

Assistência

É a possibilidade de um terceiro ingressar no processo para ajudar uma das partes, uma vez que tem interesse jurídico que a sentença seja favorável a essa parte assistida. Ela pode ser feita em todos os tipos de procedimentos e em todos os graus de jurisdição (assistente pode ingressar no processo a qualquer momento), mas recebe o processo no estado em que se encontra.

O assistente não defende (em regra) um direito que é seu e sim da parte com a qual mantém relação jurídica, sendo que poderá ter seu direito afetado de acordo com o julgamento do processo.

Prazo para impugnação do pedido do assistente → 5 dias (se não for impugnado ele, será deferido).

A impugnação **não suspende** o processo, sendo autorizada a produção de provas e o incidente será decidido em 5 dias.

O assistente atua como auxiliar do assistido, exercendo os mesmos poderes e sujeito aos mesmos ônus processuais (assistido revel → Assistente será seu gestor de negócios).

> **Assistência Simples** - O assistente mantém uma relação jurídica com o assistido.

> **Assistência Litisconsorcial** - Ele é diretamente atingido pela decisão, ele também é titular do direito material discutido, mantendo uma relação jurídica tanto com o assistido como com a parte contrária.

A assistência simples é encerrada nos casos em que o processo termina por opção do assistido independentemente da concordância do assistente. (reconheça a procedência do pedido, desista ou transacione). Entretanto, na assistência litisconsorcial, o processo prosseguirá para o interveniente.

Ocorrendo o trânsito em julgado da sentença na causa em que o assistente interveio, não poderá ele em outro processo discutir a justiça da decisão (fundamentos de fato e de direito nela contidos), salvo se alegar e provar:

> Foi impedido de produzir provas que influenciassem na decisão (pelo estado em que recebeu o processo ou pelos atos e declarações do assistido).

> Não conhecia a existência de alegações ou de provas de que o assistido não se valeu (por dolo ou culpa).

Oposição

Busca defender direito seu que é demandado em juízo, opondo-se ao direito das partes originárias (na oposição ele busca a derrota do autor e do réu).

Enquanto na assistência o terceiro ingressa no processo para auxiliar o autor ou o réu, na oposição ele vai contra ambas as partes.

A oposição deve ser oferecida antes do proferimento da sentença.

Os opostos são citados para contestar no prazo comum de 15 dias. Caso um deles reconheça a procedência do pedido, o processo prosseguirá contra o outro.

Caso a oposição seja oferecida:

> **Antes da audiência:** Apensada aos autos principais, correm simultaneamente e são julgadas na mesma sentença

> **Depois de iniciada a audiência:** Será processada pelo rito ordinário, sem prejuízo da causa principal. O magistrado poderá sobrestar o andamento do processo para que seja julgado conjuntamente com a oposição (por prazo nunca superior a 90 dias).

Quando for decidir simultaneamente a ação e oposição, o juiz conhecerá da oposição primeiro.

Nomeação à Autoria

Objetiva corrigir o polo passivo da demanda. A ação deveria ter sido promovida em face do nomeado (terceiro) e não em nome do nomeante (réu originário).

Utilizada quando o réu que foi demandado pelo autor não é a pessoa correta para figurar no polo passivo dessa ação, de modo a corrigir esse erro.

O réu originário é apenas o mero detentor da coisa, indicando, nesse caso, o proprietário ou possuidor (ex.: o autor demanda o funcionário que detém o bem por prática de esbulho ou turbação, quando na verdade ele está na posse do bem apenas por ordem do empregador, que é o verdadeiro possuidor ou proprietário).

Cabe também nas ações de indenização, quando o réu alega que praticou o ato por ordem ou em cumprimento de instruções de terceiro.

Deve ser **requerida no prazo da defesa**. O juiz ao deferir o pedido, suspenderá o processo e ouvirá o autor em 5 dias, que tem 3 opções:

01. Aceitar a nomeação expressamente (devendo promover a citação do novo réu).
02. Não se manifestar dentro do prazo (ocorre a presunção da aceitação).
03. Recusar a nomeação (o processo prosseguirá contra o nomeante – réu original – com o retorno do prazo para resposta).

Condutas do Nomeado

Se o nomeado reconhecer a qualidade que lhe é atribuída → Contra ele correrá o processo.

Se a negar → O processo continuará contra o nomeante.

Aquele a quem incumbia a nomeação responderá por perdas e danos quando:

> Deixar de nomear quando lhe competia.

> Nomear pessoa diversa daquela em cujo nome detém a coisa demandada.

Denunciação à Lide

Consiste na medida que o réu possui para assegurar seu direito de regresso gerado por uma eventual derrota na demanda, contra um terceiro. Tem por objetivo garantir que o réu responsabilize um terceiro (direito de regresso) caso ele seja vencido naquela ação.

Caberá à parte denunciar à lide nas seguintes hipóteses:

> Ao alienante: na ação em que terceiro reivindica a coisa, cujo domínio foi transferido à parte, a fim de que esta possa exercer o direito que da evicção lhe resulta;

> Ao proprietário ou ao possuidor indireto: quando, por força de obrigação ou direito, em casos como o do usufrutuário, do credor pignoratício, do locatário, o réu, citado em nome próprio, exerça a posse direta da coisa demandada;

> Àquele que estiver obrigado, pela lei ou pelo contrato, a indenizar, em ação regressiva, o prejuízo do que perder a demanda.

Apesar do CPC dizer que a denunciação à lide é obrigatória nesses casos, prevalece que apenas na evicção ela realmente é obrigatória (podendo, nos demais casos, buscar o direito de regresso em outra ação).

→ Citação do denunciado:

> **Pelo autor:** Feita juntamente com a do réu.

> **Pelo réu:** Feita no prazo para contestar.

Uma vez ordenada, a citação do denunciado suspende o processo.

→ A citação será feita em:

> **10 dias:** Residir na mesma comarca.

> **30 dias:** Residir em comarca diversa ou em lugar incerto.

Se a denunciação à lide for feita pelo autor e o denunciado comparecer, ele assumirá a posição de litisconsorte do denunciante e poderá aditar a petição inicial.

Na denunciação feita pelo réu, o denunciado pode assumir 3 posições:

01. Aceitar a denunciação e contestar o pedido: Processo prosseguirá com o autor de um lado e do outro, como litisconsortes, o denunciante e o denunciado.
02. Não se manifestar (revel) ou apenas negar sua qualidade: O denunciante deverá prosseguir na defesa até o final.
03. Confessar os fatos alegados pelo autor: O denunciante pode prosseguir na defesa até o final.

A sentença (de procedência) declarará, conforme o caso, o direito do evicto ou a responsabilidade por perdas e danos, valendo como título executivo.

Chamamento ao Processo

Nessa modalidade, o réu chama para integrar a demanda os outros coobrigados, com a intenção de dividirem a responsabilidade.

Poderá ser feito o chamamento ao processo nas seguintes hipóteses:

> **Do devedor:** na ação em que o fiador for réu

> **Dos outros fiadores:** quando for citado apenas um deles.

> **De todos os devedores solidários:** quando o credor exigir de um ou de alguns deles, parcial ou totalmente, a dívida comum.

Deve ser feito no prazo da contestação, de modo que o juiz declarará, na mesma sentença, a responsabilidade dos obrigados.

A sentença que condenar os devedores valerá como título executivo em favor daquele devedor que satisfizer a dívida (pode exigi-la por inteiro do devedor principal ou a cada um dos codevedores, na proporção de suas quotas).

Modalidade	Finalidade
Assistência	Prestar auxílio
Nomeação à autoria	Sair do processo
Oposição	Obter um bem litigioso
Denunciar à lide	Garantir o direito de regresso
Chamamento ao processo	Responsabilizar os codevedores

Exercício Comentado

01. ***(TJ-PR) Com base nas disposições do Código de Processo Civil sobre intervenção de terceiros, é correto afirmar:***

a) Distribuída a oposição por dependência, serão os opostos citados, na pessoa dos seus respectivos advogados, para contestar o pedido no prazo comum de 30 (trinta) dias.

b) Aquele que detiver a coisa em nome próprio, sendo-lhe demandada em nome alheio, deverá nomear à autoria o proprietário ou o possuidor.

c) A denunciação da lide é obrigatória ao proprietário ou ao possuidor indireto quando, por força de obrigação ou direito, em casos como o do usufrutuário, do credor pignoratício, do locatário, o réu, citado em nome próprio, exerça a posse direta da coisa demandada.

d) Quando o réu recusar o nomeado, ou quando este negar a qualidade que lhe é atribuída, assinar-se-á ao nomeante novo prazo para contestar.

RESPOSTA. ***"A". O prazo para contestarem a oposição é de 15 dias (art. 57);***

RESPOSTA. ***"B". A nomeação à autoria ocorrerá quando aquele que detiver a coisa em nome alheio for demandada em nome próprio. (art. 62 do CPC);***

RESPOSTA. ***"C". Art. 70, inciso II;***

RESPOSTA. ***"D". O réu é quem nomeia, não há como ele recusar o nomeante. O CPC diz que quando o autor recusar o nomeado (e não o réu recusar), ou quando esse negar a qualidade que lhe é atribuída, é que será assinado ao nomeante novo prazo para contestar (art. 67).***

Anotações

CAPÍTULO 03

Ministério Público

Nos termos do art. 127 da Constituição Federal, o Ministério Público é instituição permanente, essencial à função jurisdicional do estado, incumbindo-lhe a defesa da ordem jurídica, do regime democrático e dos interesses sociais e individuais indisponíveis.

Princípios Institucionais do MP

Unidade: os membros do MP pertencem a um só órgão, sob direção de uma única chefia.

Indivisibilidade: os membros do MP podem ser substituídos uns pelos outros, de forma não arbitrária e dentro de cada MP (ex.: MPF - MPT - MP Estaduais).

Independência funcional: não há hierarquia entre os membros do MP, podendo o *parquet* atuar de acordo com o seu livre convencimento.

Regras Gerais sobre o Ministério Público

Nas causas cíveis o *parquet* atuará como **substituto processual** (defende direito alheio em nome próprio) ou como **órgão interveniente** (custos legais – fiscal da lei).

Compete ao MP Intervir nas Seguintes Causas

> Interesse de incapazes;
> Concernentes ao estado da pessoa, pátrio poder, tutela, curatela, interdição, casamento, declaração de ausência e disposições de última vontade;
> Litígios coletivos pela posse de terra rural;
> Demais causas em que há interesse público.

Quando Intervier como Fiscal da Lei, o MP

> Terá vista dos autos depois das partes e será intimado de todos os atos do processo.
> Poderá fazer dilação probatória necessária ao descobrimento da verdade (juntar documentos e certidões, produzir prova em audiência e requerer medidas ou diligências).

Nos casos em que a lei dispõe ser obrigatória a sua intervenção, a falta de sua intimação acarreta a nulidade do processo.

Importante lembrar que o MP possui prazo em quádruplo para contestar e em dobro para recorrer, além de não estar obrigado a adiantar as despesas processuais.

Exercício Comentado

01. (CESPE) Com relação à atuação do Ministério Público (MP) no processo civil, assinale a opção correta.

a) Compete ao MP atuar como substituto processual do réu preso ou do revel citado por edital.

b) O membro ministerial será civilmente responsável quando, no exercício de suas funções, proceder com culpa, dolo ou fraude.

c) Sendo as partes maiores e capazes, não há necessidade de intervenção ministerial nas causas que versem acerca do estado da pessoa.

d) O interesse público que legitima o MP a intervir na causa pode ser evidenciado tanto pela natureza da lide, como pela qualidade da parte.

e) Quando intervém como parte, o MP tem vista dos autos e é intimado de todos os atos do processo. Quando intervém como fiscal da lei, tem vista dos autos depois das partes, mas não é intimado de todos os atos do processo.

*RESPOSTA. **"A". No caso de réu preso ou revel citado por edital será nomeado um curador especial (art. 9º, II).***

*RESPOSTA. **"B". O CPC dispõe que será civilmente responsável quando, no exercício de suas funções, proceder com dolo ou fraude, ele não traz a responsabilização no caso de culpa (art. 85).***

RESPOSTA. **"C". O CPC diz que o MP intervirá nas causas concernentes ao estado da pessoa (art. 82, II).**

*RESPOSTA. **"D". Art. 82.***

*RESPOSTA. **"E". Intervindo como fiscal da lei, o MP também será intimado de todos os atos do processo (art. 83, I).***

Dos Auxiliares da Justiça

O CPC estabelece que em cada juízo haverá **um ou mais ofícios de justiça**, cujas atribuições são determinadas pelas normas de organização judiciária.

São auxiliares do juízo (além de outros, cujas atribuições são determinadas pelas normas de organização judiciária):

> Escrivão;
> Oficial de justiça;
> Perito;
> Depositário;
> Administrador;
> Intérprete.

Escrivão

Nos termos do CPC, incumbe ao escrivão:

→ Redigir, em forma legal, os ofícios, mandados, cartas precatórias e mais atos que pertençam ao seu ofício;

→ Executar as ordens judiciais, promovendo citações e intimações, bem como praticando todos os demais atos que lhe forem atribuídos pelas normas de organização judiciária;

→ Comparecer às audiências, ou, não podendo fazê-lo, designar para substituí-lo escrevente juramentado, de preferência datilógrafo ou taquígrafo;

→ Ter, sob sua guarda e responsabilidade, os autos, não permitindo que saiam de cartório, exceto:

> Quando tenham de subir à conclusão do juiz;
> Com vista aos procuradores, ao Ministério Público ou à Fazenda Pública;
> Quando devam ser remetidos ao contador ou ao partidor;
> Quando, modificando-se a competência, forem transferidos a outro juízo;

→ Dar, independentemente de despacho, certidão de qualquer ato ou termo do processo, observado o disposto no art. 155.

Quando o escrivão estiver impedido, o juiz convocará o seu substituto (não havendo: uma pessoa idônea será nomeada para o ato).

Oficial de Justiça

Encontram-se no CPC as funções do oficial de justiça:

- → Fazer pessoalmente as citações, prisões, penhoras, arrestos e mais diligências próprias do seu ofício, certificando no mandado o ocorrido, com menção de lugar, dia e hora (**sempre que possível**, a diligência será feita na presença de **duas testemunhas**);
- → Executar as ordens do juiz a que estiver subordinado;
- → Entregar, em cartório, o mandado, logo depois de cumprido;
- → Estar presente às audiências e coadjuvar o juiz na manutenção da ordem;
- → Efetuar avaliações.

Escrivão e o oficial de justiça são civilmente responsáveis:

- > Quando se recusarem a cumprir, dentro do prazo, os atos determinados pela lei ou pelo juiz a que estão subordinados (sem justo motivo).
- > Praticarem ato nulo com dolo ou culpa.

Perito

Auxilia o juiz quando a prova exige conhecimento técnico ou científico.

Escolhido entre profissionais de nível universitário, devidamente inscritos no órgão de classe competente. (Quando na localidade não houver, a indicação dos peritos será de livre escolha do juiz).

Pode recusar-se ao encargo, apresentado **motivo legítimo** (em 5 dias da intimação ou do impedimento superveniente).

Se por **dolo ou culpa** prestar informações inverídicas (além das sanções penais):

- > Responderá pelos prejuízos causados à parte;
- > Perderá a remuneração que lhe foi arbitrada;
- > Será inabilitado por 2 anos de funcionar em outras perícias.

Depositário e Administrador

Incumbido da guarda e conservação de bens penhorados, arrestados, sequestrados ou arrecadados (quando a lei não dispuser de outro modo). Receberá remuneração fixada pelo juiz (de acordo com a situação dos bens, o tempo de serviço despendido e a dificuldade da execução).

Responde pelos prejuízos que causar à parte (por dolo ou culpa), perdendo a remuneração atribuída, mas pode receber por aquilo que legitimamente despendeu no exercício do encargo.

Intérprete

Nomeado pelo juiz sempre que for necessário para:

- > Análise de documento de entendimento duvidoso, redigido em língua estrangeira;
- > Traduzir para o português as declarações das partes e testemunhas que não conheçam o idioma nacional;
- > Traduzir a linguagem mímica dos surdos-mudos (que não puderem fazer isso por escrito).

O intérprete tem o direito de escusar-se ao cumprimento do encargo, nos moldes do disposto para o perito (apresentado **motivo legítimo** - em 5 dias da intimação ou do impedimento superveniente).

De acordo com o CPC, a pessoa **não poderá** ser nomeada intérprete quando:

- > Não tiver a livre administração dos seus bens;
- > For arrolada como testemunha ou servir como perito no processo;
- > Estiver inabilitada ao exercício da profissão por sentença penal condenatória, enquanto durar o seu efeito.

Exercício Comentado

01. ***(FCC) Sobre os auxiliares da Justiça analise:***

I. ***Incumbe ao Oficial de Justiça, dentre outras atribuições, estar presente às audiências e coadjuvar o juiz na manutenção da ordem.***

II. ***A prática de ato nulo com dolo ou culpa caracteriza uma das hipóteses através da qual o escrivão e o oficial de justiça são civilmente responsáveis.***

III. ***O perito nomeado poderá escusar-se do encargo alegando motivo legítimo, recusa esta que deverá ser apresentada dentro de 10 dias, contados da intimação ou do impedimento superveniente.***

IV. ***Incumbe ao escrivão, dentre outras atribuições, dar independentemente de despacho, certidão de qualquer ato ou termo do processo, respeitando as restrições previstas em lei.***

De acordo com o Código de Processo Civil, está correto o que se afirma APENAS em:

a) I, II e III.
b) I, II e IV.
c) I e IV.
d) II, III e IV.
e) II e IV.

RESPOSTA. ***"B". I. Art. 143; II. Art. 144; III. O prazo para escusa é de 5 dias. (art. 146, p.u.); IV. Art. 141, V.***

Do Juiz

O juiz é quem dirige o processo, julgando os casos concretos que forem submetidos à sua apreciação. De acordo com o CPC, compete ao juiz:

- > Assegurar às partes igualdade de tratamento;
- > Velar pela rápida solução do litígio;
- > Prevenir ou reprimir qualquer ato contrário à dignidade da justiça;
- > Tentar, a qualquer tempo, conciliar as partes.

Quando ocorrer lacuna ou obscuridade da lei, o juiz não pode eximir-se de julgar (princípio da inafastabilidade da jurisdição). Nesses casos, para decidir, ele deve usar:

- > **Analogia** (aplicação do direito existente para um caso semelhante. Exemplo: legislação trabalhista que trata dos ferroviários sendo aplicada para os funcionários de Metrô Urbano);
- > **Costumes** (repetição habitual de determinado comportamento em certo tempo e local);
- > **Princípios gerais de direito** (princípios amplamente adotados pelo nosso ordenamento jurídico, independente de existirem de forma expressa ou não, ex.: todos são iguais perante a lei).

Nos termos do CPC, ele apenas decidirá por **equidade** (termo utilizado quando o juiz decide de forma a equilibrar a justiça de acordo com o caso concreto e o disposto em lei) **nos casos previstos em lei.**

O juiz deve decidir a lide nos limites em que foi proposta, ele **não pode** conhecer de questões não suscitadas pelas partes, quando a lei exigir a iniciativa dessas.

Se o juiz ficar convencido de que o autor e o réu estão usando do processo para praticar ato simulado ou conseguir fim proibido por lei, ele proferirá sentença que **obste aos objetivos das partes.**

O juiz determinará a produção de provas necessárias à instrução da lide (de ofício ou a requerimento), indeferindo as inúteis ou meramente protelatórias.

Princípios

Princípio da persuasão racional (ou livre convencimento motivado): o juiz apreciará livremente a prova, atendendo aos fatos e circunstâncias constantes dos autos, ainda que não alegados pelas partes, mas ao sentenciar, deverá indicar os motivos que lhe formaram o convencimento.

Princípio da identidade física do juiz: o juiz que concluir a audiência deverá julgá-la (titular ou substituto). Não se aplica, caso esse juiz esteja convocado, licenciado, afastado por qualquer motivo, promovido ou aposentado. Nesses casos passará os autos ao seu sucessor quem, se entender necessário, poderá, antes de proferir a sentença, mandar repetir as provas já produzidas.

O juiz responderá por perdas e danos quando:

> No exercício de suas funções, proceder com dolo ou fraude;

> Recusar, omitir ou retardar, sem justo motivo, providência que deva ordenar de ofício, ou a requerimento da parte (verifica-se depois que a parte requerer a providência ao juiz, por intermédio do escrivão, e esse não atender ao pedido dentro de 10 dias).

Impedimento e Suspeição

Trata-se de uma modalidade de defesa processual, em que se objetiva afastar o magistrado de determinado processo, em situações em que sua imparcialidade estaria prejudicada (no processo contencioso ou voluntário).

Impedimento

Nas hipóteses de impedimento, existe a presunção absoluta de parcialidade do juiz, ele possui caráter objetivo. Constitui matéria de ordem pública, podendo ser arguido a qualquer momento, fundamentando até mesmo uma eventual Ação Rescisória.

Hipóteses de impedimento em que é **defeso** ao juiz exercer suas funções no processo:

> **For parte**;

> **Interveio anteriormente no processo com outra função** (mandatário da parte, perito, órgão do Ministério Público ou testemunha);

> **Conheceu em primeiro grau de jurisdição** (tendo-lhe proferido sentença ou decisão);

> **Relação de parentesco entre o Juiz e advogado da parte** (cônjuge ou parente até segundo grau). Nesse caso só se aplica se o advogado já estava exercendo suas atividades no processo, sendo vedado ao advogado pleitear no processo a fim de criar o impedimento do juiz;

> **Relação de parentesco entre o juiz e uma das partes** (cônjuge ou parente até terceiro grau);

> **Exercer função de direção ou administração de pessoa jurídica parte na causa.**

Fique Ligado

Quando a questão quiser saber quando é defeso ao juiz exercer suas funções... A banca quer saber as hipóteses de Impedimento.

Suspeição

Na suspeição há apenas presunção relativa de parcialidade do juiz.

→ **Hipóteses:**

> Amigo íntimo ou inimigo capital de qualquer das partes;

> Parte for credora ou devedora do juiz, do cônjuge do juiz ou parente destes **até terceiro grau**;

> Herdeiro presuntivo, donatário ou empregador de alguma das partes;

> Recebeu dádivas antes ou depois de iniciado o processo (sinônimo de doação, mas entende-se as de pequena expressão econômica);

> Aconselhado alguma das partes acerca do objeto do processo;

> Subministrado meios para atender às despesas do litígio;

> Interessado no julgamento em favor de uma das partes.

O juiz pode declarar-se suspeito por motivo íntimo.

Quando dois ou mais juízes forem parentes em linha reta ou em linha colateral (na linha colateral até segundo grau), o primeiro que conhecer da causa no tribunal impede que o outro participe do julgamento (o segundo se escusará, remetendo o processo ao seu substituto legal).

As causas de suspeição e impedimento aplicam-se aos juízes de todos os tribunais. Quando o juiz não declarar-se suspeito ou impedido, poderá ser recusado por qualquer das partes.

As hipóteses de impedimento e suspeição também aplicam-se para:

> **Órgão do Ministério Público** (se ele for parte, não se aplica o inciso V do art. 135 – interessado no julgamento em favor de uma das partes);

> Serventuários da justiça;

> Perito;

> Intérprete.

Nos termos do art. 306 do CPC, recebida a exceção de suspeição ou impedimento, o processo **ficará suspenso** até que seja definitivamente julgada.

Exercício Comentado

01. (FCC) Fábio é juiz de direito na comarca de Barra de Ouro onde tramitam os processos Prata, Bronze e Cobre. No processo Prata ele é herdeiro presuntivo do autor, no processo Bronze ele é amigo intimo do réu e no processo Cobre ele é cunhado do advogado do autor. Nestes casos, é defeso a Fábio exercer as suas funções

a) Nos processos bronze e cobre, somente.
b) No processo prata, somente.
c) Nos processos prata, bronze e cobre.
d) Nos processos prata e bronze, somente.
e) No processo cobre, somente.

RESPOSTA. "E". A banca quer saber quando é defeso ao juiz exercer suas funções, então ela quer saber em quais processos existe hipótese de impedimento.

> Processo Prata, ser herdeiro presuntivo: Suspeição
> Processo Bronze, amizade íntima: Suspeição
> Processo Cobre, cônjuge ou parente até 2º de ADVOGADO da parte (cunhado do advogado do autor) = Impedimento

Desse modo, apenas no processo Cobre existe impedimento, nos outros dois processos encontramos hipóteses de suspeição.

Anotações

CAPÍTULO 04

Atos Processuais

Dos Atos em Geral

Os atos e termos processuais não dependem de forma determinada senão quando a lei expressamente a exigir. São considerados válidos os atos que, mesmo realizados de outro modo, preencham sua finalidade essencial (princípio da instrumentalidade das formas). Um exemplo comum é a interposição de exceção de incompetência. A lei diz que deve ser feita por meio de uma peça autônoma, mas, com base nesse princípio, existe jurisprudência tolerando a sua apresentação em preliminar de contestação (mas cuidado com provas objetivas, deve-se seguir o disposto na lei para responder; apenas nos casos da banca cobrar a aplicação desse princípio expressamente é que se deve analisar se, no caso trazido na questão, incide ou não esse princípio).

Os atos processuais são públicos (princípio da publicidade) mas existem **exceções** (o processo correrá em segredo de justiça) se:

> Interesse público exigir;

> Caso seja relativo:

» Casamento;

» Filiação;

» Separação/conversão em divórcio;

» Alimentos;

» Guarda de menores.

Tramitando em segredo de justiça, o direito de consultar autos e pedir certidões é **restrito às partes e seus procuradores** (terceiro com interesse jurídico pode requerer ao juiz certidão do dispositivo da sentença, bem como de inventário e partilha resultante do desquite).

Uso do vernáculo - é a prática obrigatória de todos os atos e termos do processo na língua nacional. Caso seja juntado um documento em língua estrangeira, ele deve vir acompanhado da respectiva tradução, firmada por tradutor juramentado.

> ***Art. 155****. Os atos processuais são públicos. Correm, todavia, em segredo de justiça os processos:*
>
> ***I.*** *em que o exigir o interesse público;*
>
> ***II.*** *que dizem respeito a casamento, filiação, separação dos cônjuges, conversão desta em divórcio, alimentos e guarda de menores.*
>
> ***Parágrafo único.*** *O direito de consultar os autos e de pedir certidões de seus atos é restrito às partes e a seus procuradores. O terceiro, que demonstrar interesse jurídico, pode requerer ao juiz certidão do dispositivo da sentença, bem como de inventário e partilha resultante do desquite.*
>
> ***Art. 156****. Em todos os atos e termos do processo é obrigatório o uso do vernáculo.*
>
> ***Art. 157****. Só poderá ser junto aos autos documento redigido em língua estrangeira, quando acompanhado de versão em vernáculo, firmada por tradutor juramentado".*

Prática e comunicação dos atos processuais por meios eletrônicos - disciplinados pelos Tribunais na respectiva jurisdição (atendidos requisitos de autenticidade, integridade, validade jurídica e interoperabilidade da ICP-Brasil).

Todos os atos e termos do processo podem ser produzidos, transmitidos, armazenados e assinados por meio eletrônico (na forma da lei).

Exercício Comentado

01. ***(CESPE) Os atos processuais, em regra, são públicos e dependem de forma determinada, independentemente de exigência legal expressa, pois, de acordo com a sistemática processual, tais atos são validados pela forma.***

ERRADO. Questão corriqueira, a banca simplesmente altera palavras (independe por depende). Os atos processuais independem de forma determinada, salvo quando a lei expressamente exigir.

Atos das Partes

Os atos das partes (declarações unilaterais ou bilaterais de vontade) produzem **imediatamente efeitos** (constituição, modificação ou extinção de direitos processuais), mas a desistência da ação só produz efeitos depois que for **homologada por sentença**.

Acompanhe-me

Desistência da ação - Precisa ser homologada por sentença para produzir efeitos.

Autos suplementares - Formados pelo escrivão ou chefe de secretaria, só podem sair do cartório para conclusão ao juiz, na falta dos autos originais.

Lançamento de cotas marginais ou interlineares (escrever nas entrelinhas ou nas laterais das folhas do processo) - vedado. Juiz mandará riscá-las e imporá multa a quem as escrever (meio salário mínimo).

Atos do Juiz

1) **Sentença**: pronunciamento do juiz que põe termo a uma das fases do processo, com ou sem resolução do mérito. A sentença extingue o processo naquela instância; ele pode continuar a tramitar no Tribunal. (ato do juiz que implica em alguma das situações expressas nos arts. 267 ou 269 do CPC) (deve se ter cuidado com conceitos ultrapassados que dizem que é o ato do juiz que encerra o processo, pois muitas vezes o processo prosseguirá no Tribunal).
2) **Decisão interlocutória:** ato pelo qual o juiz decide questão incidente, no curso do processo (não coloca termo ao processo). Por meio da decisão interlocutória o juiz resolve uma questão pendente no processo, mas não coloca fim ao mesmo (não profere sentença).
3) **Despachos**: todos os demais atos que o juiz praticar no processo, a cujo respeito a lei não estabeleça outra forma (não possuem carga decisória).

Outros atos processuais:

> **Atos meramente ordinatórios**: eles independem de despacho. Devem ser praticados de ofício pelo servidor e **revistos pelo juiz quando necessário**. (ex. Juntada e Vista obrigatória)

> **Acórdão**: julgamento proferido pelos tribunais.

Fique Ligado

Despachos, decisões, sentenças e acórdãos: redigidos, assinados e datados pelos juízes; podem ser proferidos verbalmente (servidor os registra e submete ao juiz para revisão e assinatura). A assinatura pode ser feita eletronicamente (em todos os graus de jurisdição).

As sentenças devem observar os requisitos do art. 458 (relatório, fundamentos e parte dispositiva). As demais decisões devem ser fundamentadas, ainda que de modo conciso.

Nos termos do CPC (Art. 189), o juiz possui os seguintes prazos:

> Proferir **decisões** (10 dias).
> Proferir **despachos** (2 dias).

Art. 162. *Os atos do juiz consistirão em sentenças, decisões interlocutórias e despachos.*

§1º Sentença é o ato do juiz que implica alguma das situações previstas nos arts. 267 e 269 desta Lei. (Redação dada pela Lei nº 11.232, de 2005)

§2º Decisão interlocutória é o ato pelo qual o juiz, no curso do processo, resolve questão incidente.

§3º São despachos todos os demais atos do juiz praticados no processo, de ofício ou a requerimento da parte, a cujo respeito a lei não estabelece outra forma.

§4º Os atos meramente ordinatórios, como a juntada e a vista obrigatória, independem de despacho, devendo ser praticados de ofício pelo servidor e revistos pelo juiz quando necessários. (Incluído pela Lei nº 8.952, de 1994)

Art. 163. *Recebe a denominação de acórdão o julgamento proferido pelos tribunais.*

Art. 164. *Os despachos, decisões, sentenças e acórdãos serão redigidos, datados e assinados pelos juízes. Quando forem proferidos, verbalmente, o taquígrafo ou o datilógrafo os registrará, submetendo-os aos juízes para revisão e assinatura.*

Parágrafo único. *A assinatura dos juízes, em todos os graus de jurisdição, pode ser feita eletronicamente, na forma da lei.(Incluído pela Lei nº 11.419, de 2006).*

Art. 165. *As sentenças e acórdãos serão proferidos com observância do disposto no art. 458; as demais decisões serão fundamentadas, ainda que de modo conciso.*

Exercício Comentado

01. ***(CESPE) Considerando que, após instrução processual, tenha sido proferida decisão judicial que acatou preliminar de ilegitimidade da parte e extinguiu o processo sem resolução de mérito, assinale a opção que contém o tipo de ato praticado.***

a) Despacho
b) Decisão interlocutória
c) Acórdão
d) Sentença
e) Ato ordinatório

RESPOSTA. ***"D". Sentença é o ato do juiz que acarreta a extinção do processo com ou sem julgamento do mérito naquela instância (arts. 267 ou 269 do CPC). Nesse caso ocorreu a extinção sem análise do mérito, o pronunciamento jurisdicional que faz isso é a sentença. Bastante atenção aos conceitos para nunca perder questões como essa.***

Atos do Escrivão ou Chefe de Secretaria

Quando receber a petição inicial de qualquer processo, o escrivão a autuará, mencionando o juízo, a natureza do feito, o número de seu registro, os nomes das partes e a data do seu início; fará o mesmo quanto aos volumes que se forem formando. Todas as folhas dos autos serão rubricadas e assinadas, sendo feito o mesmo nos atos suplementares (partes, advogados, MP, peritos e testemunhas, também podem rubricar as folhas correspondentes aos atos em que intervieram).

Atos e termos do processo: datilografados ou escritos com tinta escura e indelével (que não pode ser apagada), assinados pelos que intervieram nesses atos (se não puder/quiser - escrivão certifica a ocorrência), sendo proibido o uso de abreviaturas.

Processo eletrônico: atos praticados na presença do juiz podem ser produzidos e armazenados de modo **integralmente digital**, mediante assinatura digital do juiz, escrivão ou chefe de secretaria e advogados das partes. Eventuais contradições devem ser **suscitadas oralmente no momento da realização do ato**, sob pena de preclusão. O juiz decidirá essa contradição de plano, sendo tal alegação e a respectiva decisão registradas.

Do Tempo e do Lugar dos Atos Processuais

Os atos processuais serão realizados nos **dias úteis**, das **6 às 20 horas** (podem ser concluídos após as 20h os atos **iniciados antes**, quando o adiamento prejudicar a diligência ou causar grave dano).

Citação e Penhora (em casos excepcionais) podem ser praticadas em domingos e feriados, ou nos dias úteis fora do horário, mediante autorização expressa do juiz.

Ato com prazo para ser praticado por meio de petição deve ser apresentado no protocolo dentro do expediente forense.

Durante férias e feriados não se praticarão atos, salvo:

> **Produção antecipada de provas;**
> **Citação** (para evitar perecimento do direito - assim como **outras medidas urgentes** como arresto, sequestro, penhora, arrecadação, busca e apreensão, prisão, separação de corpos, abertura de testamento, embargos de terceiro, nunciação de obra nova e outros atos análogos). Nesse caso, o prazo para resposta só correrá no **primeiro dia útil seguinte**.

São processados durante as férias e não se suspendem pela superveniência dela:

> Atos de jurisdição voluntária (bem como necessários à conservação de direitos - prejudicados pelo adiamento);
> Alimentos provisionais, dação ou remoção de tutores e curadores;
> As ações de rito sumário (art. 275 do CPC);
> Determinadas pela lei federal (ex. demandas inquilinitárias - despejo, revisional de aluguéis etc).

Para efeito forense, são considerados feriados os domingos e dias declarados por lei.

Os atos são praticados na sede do juízo, mas podem ser excepcionalmente efetuados em outro lugar (ex.: inspeção judicial e a oitiva de testemunhas indicadas no art. 411 do CPC).

De acordo com a Lei 11.419/06 (art. 3º, p.u.) - A petição eletrônica (enviada para atender prazo processual) será considerada tempestiva (feita dentro do prazo) se for transmitida até as 24 horas do último dia do prazo. (Ex.: prazo vence no dia 20. Se até as 23h 59m 59s desse dia ocorrer a transmissão do ato, ele é considerado tempestivo, isto é, ele foi praticado dentro do prazo).

Essa lei também estabelece que se considera como data da publicação o primeiro dia útil seguinte ao da disponibilização da informação no Diário da Justiça eletrônico. Os prazos processuais terão início no primeiro dia útil que seguir ao considerado como data da publicação. Ex.: disponibilização no dia 20. Se dia 21 for dia útil, ele será o dia de início do prazo, começando esse prazo a correr no próximo dia útil (dia 22 se considerarmos que ele é dia útil).

Acompanhe-me

Atos processuais: ***dias úteis das 6h às 20h (iniciados antes + prejuízo - pode concluir depois das 20h).***

Citação/Penhora: ***em Domingos, feriados ou fora do horário: excepcionalmente + autorização judicial.***

Citação e outras medidas urgentes: ***se for para evitar o perecimento do direito: realizadas em férias e feriados.***

Exercício Comentado

01. (CESPE) Quanto ao tempo e ao lugar dos atos processuais, assinale a opção correta.

a) Nos feriados, poderá ser realizada citação da parte, a fim de evitar-se o perecimento do direito.

b) Os atos processuais devem ser realizados em dias úteis das 8 às 22 horas.

c) Os atos de jurisdição voluntária não se processarão durante as férias, mas o serão os necessários à conservação de direitos.

d) Se o ato a ser praticado pela parte em determinado prazo depender de petição, esta deverá ser apresentada até as 18 horas.

e) Durante as férias e nos feriados, o prazo para resposta do réu começará a correr no último dia destes períodos.

RESPOSTA. ***"A". Segue o texto de lei (Art. 173, II do CPC)***

RESPOSTA. ***"B". Serão realizados nos dias úteis das 6h às 20h.***

RESPOSTA. ***"C". Os atos de jurisdição voluntária serão processados durante as férias e não se suspendem por superveniência delas.***

RESPOSTA. ***"D". O CPC diz que deverá ser apresentado dentro do horário do expediente forense (estabelecido pela lei de organização judiciária local), ele não diz expressamente até às 18h.***

RESPOSTA. ***"E". Se um ato for praticado durante as férias ou feriado, o prazo para resposta só começará a correr no primeiro dia útil seguinte ao feriado ou às férias.***

Prazos Processuais

Os atos processuais devem ser feitos nos prazos fixados pela lei. Quando ela for omissa, o juiz determinará os prazos (observando a complexidade da causa). Caso a lei seja omissa e o juiz não fixe prazo, os atos processuais a cargo da parte deverão ser praticados em 5 dias.

Fique Ligado

Prazo: fixado em lei → (omissão da lei) juiz fixa → (omissão do juiz) 5 dias.

Esses prazos são contínuos, **não sendo interrompidos nos feriados**. Por outro lado, durante as férias, os prazos serão suspensos, voltando a correr (o restante) do primeiro dia útil seguinte ao final das férias (deve-se ter atenção ao fato de que as férias ocasionam a **suspensão** dos prazos e não a interrupção, é o tipo de coisa que as bancas adoram usar para confundir os candidatos)

Fique Ligado

Suspensão ***- prazo recomeça a correr do ponto em que parou.***

Interrupção ***- prazo recomeça integralmente, volta do zero.***

Suspendem os prazos:

> **Férias;**

> **Obstáculo criado pela parte;**

> **Morte ou perda da capacidade processual** de qualquer das partes, de seu representante legal ou de seu procurador.

> **Oposta exceção de incompetência, suspeição ou impedimento.**

Nesses casos, será restituído por tempo igual ao que faltava para sua complementação.

Classificações dos Prazos

1) **Prazos Próprios**: impostos às partes. No caso de não praticar o ato antes do vencimento do seu termo, ocorrerá a preclusão, não podendo ser praticado posteriormente. Se a parte não praticar o ato dentro do prazo, perde o direito de praticar esse ato.

2) **Prazos Impróprios**: impostos ao juiz e seus auxiliares. Sua não observância não gera nenhuma consequência processual, apenas podem ocorrer penalidades administrativas. Existindo motivo justificado, o juiz poderá exceder os prazos a ele fixados (por igual tempo). O juiz e os auxiliares da justiça mesmo quando perderem o prazo, devem praticar o ato, ficando sujeitos às penalidades administrativas eventualmente cabíveis.

1) **Prazos dilatórios**: são aqueles que podem ser reduzidos ou prorrogados por comum acordo das partes. Essa convenção só terá eficácia se requerida antes do vencimento do prazo e se fundar em motivo legítimo. Nesses casos, os custos acrescidos ficarão a cargo da parte favorecida pela prorrogação.

2) **Prazos peremptórios**: não podem ser alterados, exceto nas comarcas de difícil acesso (nesses casos o juiz pode prorrogar quaisquer prazos, mas sem ultrapassar 60 dias - no caso de calamidade pública, até mesmo esse limite de 60 dias pode ser excedido).

Prorrogar ou reduzir prazos dilatórios - por meio de comum acordo das partes:

> Requerido antes do vencimento;

> Fundado em motivo legítimo;

Transcorrido o prazo, o direito de praticar o ato se extingue, **não dependendo de declaração judicial para tanto.**

Porém, a parte pode provar que não realizou o ato dentro do prazo por **justa causa** (evento imprevisto, alheio à vontade da parte, que a impediu de praticar o ato, pessoalmente ou por mandatário). Uma vez que o juiz verificar que ocorreu uma justa causa, permitirá que a parte pratique o ato no prazo e lhe assinará um prazo para tanto.

Preclusão

Perda da faculdade processual de praticar um ato.

> **Temporal**: por não ter observado um prazo (ex.: não apresentou a contestação dentro do prazo de 15 dias).

> **Lógica**: prática de um ato anterior incompatível com outro ato que se pretende realizar (ex.: cumpre a sentença integralmente e para depois entrar com o recurso ou autor que teve sentença totalmente procedente entrando com apelação).

> **Consumativa**: já praticou o ato, mas de forma incompleta (ex.: interpôs recurso de apelação mas não fez o preparo).

Contagem dos Prazos

> É **excluído o dia do começo** e **incluído o dia do vencimento** na contagem.

> Os prazos só começam a **correr** do **primeiro dia útil após a intimação.**

Será prorrogado até o primeiro dia útil o prazo quando o vencimento recair nas seguintes hipóteses:

> Feriados;

> Determinado o fechamento do fórum;

> Expediente encerrar antes da hora normal.

Por ocasião das férias forenses, os prazos terão seu **curso suspenso**, voltando a correr, do ponto em que pararam, a partir **do primeiro dia útil seguinte** ao termo das férias (deve-se ter atenção ao fato de que as férias forenses ocasionam a suspensão e não a interrupção do prazo).

Quando um prazo for estabelecido exclusivamente a favor de uma das partes, ela poderá renunciar a esse prazo.

Fazenda Pública e Ministério Público possuem prazo dilatado para:

> **Contestar** - em quádruplo;

> **Recorrer** - em dobro;

Prazos para o Juiz:

> **Despachos** - 2 dias;

> **Decisões** - 10 dias.

Acompanhe-me

Em qualquer grau de jurisdição, havendo motivo justificado, pode o juiz exceder, por igual tempo, os prazos que o CPC lhe assina.

Prazos para o serventuário:

> Remeter autos conclusos - 24h.

> Executar atos processuais - 48h.

Esses prazos impostos ao serventuário contam-se:

> Conclusão do ato processual anterior (a ele imposto pela lei)

> Ciência da ordem (determinada pelo juiz)

Acompanhe-me

→ ***Litisconsortes com diferentes procuradores -> prazo em dobro para contestar, recorrer e, de modo geral, falar nos autos.***

→ ***Se a lei não marcar outro prazo, as intimações somente obrigarão ao comparecimento depois de decorridas 24h.***

→ ***Se o advogado não devolver os autos no prazo legal, o juiz mandará riscar o que neles houver escrito e desentranhar alegações e documentos que apresentar.***

Fique Ligado

Prazo só começa a correr e só termina em dia útil!

Exercício Comentado

01. (CESPE) Considere que João e Maria são litisconsortes, mas constituíram diferentes procuradores nos autos contra a Fazenda Pública. Nesse caso, João e Maria terão contado em quádruplo o prazo para recorrerem e em dobro para contestarem e se manifestarem nos autos.

ERRADO. A banca misturou os privilégios de prazo para tentar confundir o candidato. Litisconsortes com diferentes procuradores → prazo em dobro para contestar, recorrer e de modo geral falar nos autos. Fazenda Pública e Ministério Público → Prazo em quádruplo para contestar e em dobro para recorrer.

Comunicação dos Atos Processuais

Os atos processuais serão cumpridos por ordem judicial (dentro dos limites territoriais da comarca) ou requisitados por carta (fora dos limites territoriais da comarca).

Cartas

Quando um ato judicial tiver de ser praticado fora dos limites territoriais da comarca, ele será requisitado por carta:

> **De ordem**: juiz que recebe é subordinado ao tribunal que emana;

> **Rogatória**: dirigida a autoridade judiciária estrangeira;

> **Precatória**: demais casos.

Elas podem ser expedidas por meio eletrônico.

A carta possui caráter itinerante (pode ser apresentada em juízo diverso do que consta a fim de se praticar o ato).

Em caso de urgência, as cartas de ordem e a precatória podem ser transmitidas por telegrama, radiograma ou telefone.

Requisitos das Cartas (de Ordem, Precatória ou Rogatória):

> A indicação dos juízes de origem e de cumprimento do ato.
> O inteiro teor da petição, do despacho judicial e do instrumento do mandato conferido ao advogado.
> A menção do ato processual, que lhe constitui o objeto.
> O encerramento com a assinatura do juiz.

Ocorrendo uma das seguintes hipóteses, o juiz recusará o cumprimento à carta precatória, devolvendo-a com despacho motivado:

> Quando não estiver revestida dos requisitos legais;
> Quando carecer de competência em razão da matéria ou da hierarquia;
> Quando tiver dúvida acerca de sua autenticidade.

A carta rogatória obedecerá, quanto à sua admissibilidade e modo de seu cumprimento, ao disposto na convenção internacional; à falta dessa, será remetida à autoridade judiciária estrangeira, por via diplomática, depois de traduzida para a língua do país em que há de praticar-se o ato.

Uma vez cumprida, a carta será devolvida ao juízo de origem no prazo de **10 dias, independentemente de traslado**, pagas as custas pela parte.

Citação

Ato pelo qual se chama a juízo o réu ou o interessado a fim de se defender.

É **indispensável** a citação inicial do réu, sua falta gera a nulidade do processo (essa falta pode ser suprida pelo comparecimento espontâneo do réu). Entretanto, se o réu comparecer apenas para arguir a nulldade da citação e essa for decretada, ele é considerado citado na data em que o advogado for intimado da decisão.

Ela é feita pessoalmente ao réu, ao seu representante legal ou ao procurador legalmente autorizado. A citação é feita em qualquer lugar em que o réu **for encontrado.**

Réu ausente: feita na pessoa do mandatário, administrador, feitor ou gerente (nos casos de ação originada de atos por eles praticados).

Locador se ausenta do Brasil e não informa ao locatário se deixou procurador com poderes para receber citação - nesse caso, será citado na pessoa do administrador do imóvel encarregado pelo recebimento dos aluguéis.

Militar em serviço ativo que não possui residência conhecida ou não encontrado nela, será citado na unidade em que estiver servindo.

Em determinadas hipóteses, a citação não poderá ser feita, salvo para evitar o perecimento do direito:

> Assistindo a qualquer ato de culto religioso;
> **Morte**: cônjuge ou parente até segundo grau - dia do falecimento e 7 seguintes;
> **Noivos**: 3 primeiros dias de bodas;
> **Doentes**: enquanto grave o seu estado.

Se o oficial verificar que o réu é demente ou não está em condições de recebê-la, não fará a citação, certificando minuciosamente a ocorrência. O juiz nomeará um médico para examinar o citando, sendo apresentado o laudo em 5 dias. Reconhecida a impossibilidade, dará um curador, observando a preferência disposta na lei civil, com nomeação restrita à causa (cita na pessoa desse curador, a quem competirá a defesa do réu).

Efeitos da Citação

> Torna prevente o juízo;
> Induz litispendência;
> Faz litigiosa a coisa.

Ainda que ordenada por juiz incompetente:

> Constitui em mora o devedor;
> Interrompe a prescrição (retroage à data da propositura da ação);

→ A **prescrição** será pronunciada **em ofício** pelo juiz (deve-ser ter cuidado com questões dizendo que somente será feito por requerimento das partes, o juiz também pode/deve de ofício).

Despacho que ordena a citação -> a parte deve promovê-la nos 10 dias subsequentes (juiz pode prorrogar até o máximo de 90 dias). Se não for citado nesses prazos, considera-se não havida a interrupção da prescrição.

Deferida a citação pelo correio, o escrivão ou chefe da secretaria remeterão ao citando cópias da petição inicial e do despacho do juiz, expressamente consignada em seu inteiro teor a advertência a que se refere o art. 285 (REVELIA) comunicando, ainda, o prazo para a resposta e o juízo e cartório, com o respectivo endereço.

A carta será registrada para entrega ao citando, exigindo-lhe o carteiro, ao fazer a entrega, que assine o recibo.

Se o réu for réu pessoa jurídica: será válida a entrega à pessoa com poderes de gerência geral ou de administração.

A citação é feita por:

> Correio;
> Oficial de Justiça;
> Edital;
> Meio eletrônico.

Em regra a citação é feita pelo correio, salvo (nesses casos ela é feita pelo oficial de justiça):

> Ações de estado;
> Ré pessoa incapaz;
> Ré pessoa de direito público;
> Processos de execução;
> Réu residir em local não atendido pela entrega domiciliar de correspondência;
> Autor a requerer de outra forma.
» Se a citação pelo correio for frustrada, ela também será feita por oficial de justiça.

O oficial de justiça deve procurar o réu e irá citá-lo onde o encontrar:

> Lendo-lhe o mandado e entregando-lhe a contrafé;
> Portando por fé se recebeu ou recusou a contrafé;
> Obtendo a nota de ciente, ou certificando que o réu não a apôs no mandado.

Citação por Hora Certa

Quando, **por três vezes**, o oficial de justiça houver procurado o réu em seu domicílio ou residência, sem o encontrar, deverá, **havendo suspeita de ocultação, intimar a qualquer pessoa da família, ou em sua falta a qualquer vizinho**, que, no dia imediato, voltará, a fim de efetuar a citação, na hora que designar.

> No dia e hora designados, o oficial de justiça, **independentemente de novo despacho**, comparecerá ao domicílio ou residência do citando, a fim de realizar a diligência.

> Se o citando não estiver presente, o oficial de justiça procurará informar-se das razões da ausência, dando por feita a citação, **ainda que** o citando se tenha ocultado em outra comarca.

> Da certidão da ocorrência, o oficial de justiça **deixará contrafé com pessoa da família ou com qualquer vizinho**, conforme o caso, declarando-lhe o nome.

> Feita a citação com hora certa, **o escrivão enviará ao réu carta, telegrama ou radiograma, dando-lhe de tudo ciência.**

Comarcas contíguas (de fácil comunicação) ou **Comarcas que se situem na mesma região metropolitana** → O oficial de justiça poderá efetuar citações ou intimações em **qualquer delas**.

Citação por Edital

→ **Hipóteses:**

> Réu desconhecido ou incerto;

> Lugar que o réu se encontra ser ignorado, incerto ou inacessível (país que recusar o cumprimento de carta rogatória → Considerado inacessível);

> Demais casos expressos em lei.

Requisitos da Citação por Edital

> A afirmação do autor, ou a certidão do oficial de uma das hipóteses justificadoras.

> A afixação do edital, na sede do juízo, certificada pelo escrivão.

> A publicação do edital no **prazo máximo de 15 dias.**

» Uma vez no órgão oficial (publicação feita apenas aqui quando a parte for beneficiária da assistência judiciária).

» E pelo menos duas vezes em jornal local (onde houver).

> A determinação do prazo dado pelo juiz variará entre **20 e 60 dias** - contados da primeira **publicação.**

> A advertência sobre os efeitos da revelia (art. 285), caso se trate de direitos disponíveis.

Parte que requer a citação por edital alegando dolosamente algum dos requisitos justificadores - multa de 5 vezes o salário mínimo (essa multa será revertida em benefício do citando).

Intimação

Ato pelo qual se dá ciência a alguém dos atos e termos do processo, para que faça ou deixe de fazer alguma coisa (em regra é feita por ofício) A intimação do Ministério Público é **sempre pessoal.**

Se a lei não previr outra forma, as intimações serão feitas às partes, aos seus representantes legais e aos advogados **pelo correio** ou, **se presentes em cartório, diretamente pelo escrivão ou chefe de secretaria.**

As partes devem atualizar os endereços no caso de modificação, considerando-se válidas as comunicações enviadas ao endereço constante na inicial, contestação ou embargos.

Se frustrada a intimação pelo correio, ela será feita pelo oficial de justiça.

Salvo disposição em contrário, os prazos para as partes, para a fazenda pública e para o Ministério Público **contar-se-ão da intimação.**

Se tiverem ocorrido em dia no qual não houve expediente forense, as intimações consideram-se realizadas no **primeiro dia útil seguinte.**

Começa a correr o prazo:

> **Citação ou intimação pelo correio** - da data de juntada aos autos do aviso de recebimento.

> **Citação ou intimação por oficial de justiça** - da data de juntada aos autos do mandado cumprido.

> **Vários réus** - da data de juntada aos autos do último aviso de recebimento ou mandado citatório cumprido.

> **Ato realizado em cumprimento de carta (de ordem, precatória ou rogatória)** - da data de sua juntada aos autos devidamente cumprida.

> **Citação por edital** - finda a dilação assinada pelo juiz.

> **Interposição de recurso** - data em que os advogados são intimados da decisão, sentença ou acórdão (na própria audiência, quando publicados nela).

Prazo para interposição de recurso: conta-se da intimação dos advogados da sentença ou do acórdão (reputam-se intimados na própria audiência quando a sentença ou o acórdão é nela publicada).

Exercício Comentado

01. (CESPE) Para a validade do processo, é indispensável a intimação inicial do réu, a qual, mesmo ordenada por juiz incompetente, tornará prevento o juízo e interromperá a prescrição.

ERRADO. A banca tentou confundir o candidato misturando o disposto na lei. Na primeira parte, trocou citação inicial por intimação inicial (apesar de que se o erro fosse apenas esse, seria discutível). Na segunda parte, disse que mesmo ordenada por juiz incompetente, ela <u>tornará prevento o juízo</u> e interromperá a prescrição. O art. 219 do CPC (que é muito cobrado em prova) diz que no caso da citação houver sido ordenada por juiz incompetente ela constitui o devedor em mora e interrompe a prescrição (nesse caso ela não torna o juízo prevento).

Nulidades

No direito processual vigora a regra da **liberdade de formas** (ou informalidade), segundo a qual os atos não dependem de forma determinada, senão quando a lei expressamente o exigir.

Quando a lei prescrever determinada forma, sob pena de nulidade, a parte que deu causa a essa nulidade não poderá requerer a sua decretação (também conhecido como princípio da boa-fé).

Princípios Referentes às Nulidades

1) **Princípio da instrumentalidade das formas (ou finalidade):** quando a lei prescrever determinada forma, sem cominação de nulidade, mesmo se realizado de forma diversa, o ato será considerado válido se alcançar a sua finalidade.
2) **Princípio da Convalidação:** a nulidade deve ser alegada na primeira oportunidade em que couber à parte falar nos autos, sob pena de preclusão. Se não alegar no momento oportuno, a nulidade ficará sanada, com a convalidação do ato, salvo se a parte provar legítimo impedimento. Exceção: nulidades que o juiz deva decretar de ofício (nulidades absolutas).
3) **Princípio da Causalidade:** anulado um ato processual, todos os atos subsequentes que dele dependam não terão efeitos. Ao pronunciar a nulidade, o juiz declarará os atos que são atingidos.
4) **Princípio do Aproveitamento:** a nulidade de uma parte do ato não prejudicará as outras, que dela sejam independentes. O erro de forma acarreta apenas a anulação dos atos que não possam ser aproveitados, devendo ser praticados apenas os necessários para a observância das prescrições legais (desde que não resulte prejuízo à defesa).
5) **Princípio do Prejuízo:** não existe nulidade sem prejuízo. Quando não prejudicar a parte, não se repetirá o ato nem se lhe suprirá a falta.

Quando o juiz puder decidir do mérito a favor da parte que seria beneficiada pela decretação da nulidade, não a pronunciará nem mandará repetir o ato ou suprir-lhe a falta.

Se o Ministério Público não for intimado a acompanhar o feito em que deva intervir, ocorrerá a **nulidade do processo** (se o processo correu sem conhecimento do MP, o juiz anulará a partir do momento em que o órgão deveria ter sido intimado).

Exercício Comentado

01. (FCC) No que concerne a nulidades, considere:

I. Quando a lei prescrever determinada forma, sob pena de nulidade, a decretação desta não pode ser requerida pela parte que lhe deu causa.

II. Quando a lei prescrever determinada forma, sem cominação de nulidade, o juiz considerará válido o ato se, realizado de outro modo, lhe alcançar a finalidade.

III. O juiz pronunciará a nulidade e mandará repetir o ato, ou suprir-lhe a falta, mesmo se puder proferir sentença de mérito a favor da parte a quem aproveite a declaração da nulidade.

IV. A nulidade de uma parte do ato não prejudicará as outras, que dela sejam independentes.

Está correto o que consta SOMENTE em:

a) II, III e IV.
b) I e IV.
c) II e III.
d) I, II e IV.
e) I e III.

RESPOSTA. "D". I. (Art. 243); II. (Art. 244); III. O CPC diz o contrário, nesse caso o juiz não pronunciará a nulidade (Art. 249); IV. (Art. 248).

Da Distribuição e do Registro

De acordo com o CPC, todos os processos estão sujeitos a registro, sendo que, nos locais onde houver mais de um juízo ou mais de um escrivão, deverão ser distribuídos (feita de forma alternada, obedecendo rigorosa igualdade).

A distribuição por dependência é uma exceção a essa regra acima analisada (serão distribuídas no mesmo juízo).

Conforme o disposto no CPC, serão distribuídas por dependência as causas de qualquer natureza:

> Quando se relacionarem, por conexão ou continência, com outra já ajuizada;
> Quando, tendo sido extinto o processo, sem julgamento de mérito, for reiterado o pedido, ainda que em litisconsórcio com outros autores ou que sejam parcialmente alterados os réus da demanda;
> Quando houver ajuizamento de ações idênticas, ao juízo prevento.

O juiz corrigirá o erro ou a falta de distribuição, de ofício ou a requerimento do interessado, compensando-a.

A distribuição do feito que em 30 dias não for preparado no cartório em que deu entrada será cancelada.

Do Valor da Causa

De acordo com o disposto no CPC, a toda causa será atribuído um valor certo, ainda que não tenha conteúdo econômico imediato. O valor da causa constará sempre da petição inicial, sendo calculado da seguinte forma:

> Na ação de cobrança de dívida → a soma do principal, da pena e dos juros vencidos até a propositura da ação;
> Havendo cumulação de pedidos → a quantia correspondente à soma dos valores de todos eles;
> Sendo alternativos os pedidos → o de maior valor;
> Se houver também pedido subsidiário → o valor do pedido principal;
> Quando o litígio tiver por objeto a existência, validade, cumprimento, modificação ou rescisão de negócio jurídico → o valor do contrato;
> Na ação de alimentos, a soma de 12 (doze) prestações mensais → pedidas pelo autor;
> Na ação de divisão, de demarcação e de reivindicação → a estimativa oficial para lançamento do imposto.

Quando se pedirem prestações vencidas e vincendas, tomar-se-á em consideração o valor de umas e outras. O valor das prestações vincendas será igual a:

> Uma prestação anual - se a obrigação for por tempo indeterminado, ou por tempo superior a 1 ano.
> Soma das prestações - período inferior a um ano.

Réu Impugnar o valor atribuído a causa pelo autor - no prazo da contestação (a impugnação será autuada em apenso, ouvindo-se o autor no prazo de 5 dias. Em seguida o juiz, sem suspender o processo, servindo-se, quando necessário, do auxílio de perito, determinará, no prazo de 10 dias, o valor da causa).

Se não houver impugnação ao valor da causa, presume-se aceito o valor que o autor atribuiu na petição inicial.

CAPÍTULO 05

Formação, Suspensão e Extinção do Processo

Formação do Processo

O processo começa por iniciativa da parte, mas se desenvolve por impulso oficial.

Considera-se **proposta a ação:**

> Onde houver **apenas uma vara** - despachada a petição inicial pelo juiz;

> Onde houver **mais de uma vara** - simples distribuição.

A propositura só produzirá os efeitos do art. 219 (a citação válida torna prevento o juízo, induz litispendência e faz litigiosa a coisa; e, ainda quando ordenada por juiz incompetente, constitui em mora o devedor e interrompe a prescrição) sobre o réu depois que ele for **validamente citado**.

Após a citação válida do réu, o processo adquire estabilidade. Assim, a partir desse momento, o autor não pode, sem o consentimento do réu, alterar o pedido ou causa de pedir. A alteração das partes também é proibida, salvo nos casos em que a lei permitir (exemplos: denunciação à lide e sucessão por morte).

Após o saneamento do processo, o pedido e a causa de pedir se tornam imodificáveis, não podem mais ser alterados.

Alteração do **pedido** ou da **causa de pedir** pelo autor:

> **Antes da citação** - pode (e nem precisa de autorização do réu).

> **Depois da citação (mas antes do saneamento)** - permitido apenas com o consentimento do réu.

> **Depois do saneamento** - não pode.

Suspensão do Processo

Ocorrendo uma das hipóteses de suspensão, o processo fica paralisado até que essa causa suspensiva cesse.

Causas suspensivas:

→ **Morte ou perda da capacidade processual** (de qualquer das partes, de seu representante legal ou de seu procurador).

→ **Convenção das partes** (nunca excederá 6 meses).

→ **Oposta exceção de incompetência** (do juízo, da câmara ou do tribunal) bem como de **suspeição ou impedimento** do juiz.

→ Por **Prejudicialidade (nunca por mais de um ano)** - quando a sentença de mérito:

> Depender do julgamento de outra causa, ou da declaração da existência ou inexistência da relação jurídica, que constitua o objeto principal de outro processo pendente;

> Não puder ser proferida senão depois de verificado determinado fato, ou de produzida certa prova, requisitada a outro juízo;

> Tiver por pressuposto o julgamento de questão de estado, requerido como declaração incidente;

» Findo o prazo de um ano, o juiz mandará prosseguir no processo.

> **Força maior;**

> **Demais casos regulados pelo CPC.**

Morte ou Perda da Capacidade Processual

Das partes ou representante legal: o juiz não suspende o processo se já tiver iniciado a audiência de instrução e julgamento. Nesse caso, o advogado continua no processo até o encerramento da audiência, sendo o processo suspenso a partir da publicação da sentença ou acórdão.

Do procurador de qualquer das partes: nesse caso, mesmo que iniciada a audiência de instrução e julgamento, o juiz abrirá um prazo de 20 dias para que a parte constitua um novo mandatário, caso não o faça:

> **Autor**: processo extinto sem resolução do mérito.

> **Réu**: processo prosseguirá à revelia.

Durante a suspensão do processo, é defesa a prática de qualquer ato processual, mas o juiz poderá determinar a realização de atos urgentes, para evitar dano irreparável.

Extinção do Processo

Quando o processo termina sem que a lide seja solucionada ou composta (acordo), diz-se que o processo foi extinto **SEM** a resolução (ou julgamento) do mérito.

Hipóteses:

I. Indeferimento da inicial;

II. Processo parado por **mais de 1 ano** por negligência das partes (processo arquivado se após intimada pessoalmente, a parte não suprir a falta em 48 horas - as custas serão pagas proporcionalmente);

III. **Autor abandonar a causa por mais de 30 dias**, por não promover os atos e diligências que lhe cabem (processo arquivado se após intimada pessoalmente, a parte não suprir a falta em 48 horas - autor condenado ao pagamento das custas e honorários de advogado);

IV. Ausência dos pressupostos de constituição e de desenvolvimento válido e regular do processo (pressupostos processuais);

V. Perempção, litispendência e coisa julgada (não pode propor nova ação nessa hipótese);

VI. Ausência das condições da ação (possibilidade jurídica, legitimidade das partes e interesse processual);

VII. Convenção de arbitragem (não pode ser conhecida de ofício);

VIII. Autor desistir da ação (depois de decorrido o prazo da resposta, apenas com consentimento do réu);

IX. Ação intransmissível por disposição legal;

X. Confusão;

XI. Demais casos regulados pelo CPC.

Nos itens IV, V e VI o juiz conhecerá de ofício em qualquer tempo e grau de jurisdição, enquanto não proferida a sentença de mérito. O réu que não alegar essas matérias na primeira oportunidade que lhe caiba falar nos autos, responderá pelas custas do retardamento.

Quando ocorrer a extinção do processo sem o exame do mérito, o autor pode intentar de novo a ação (menos no caso de perempção, litispendência e coisa julgada). Mas deve comprovar o pagamento ou depósito das custas e dos honorários de advogado, senão a petição inicial não será despachada.

Perempção: ocorre quando o autor der causa, por 3 vezes, à extinção do processo pelo fundamento do art. 267, III (abandono de causa). Ele perde o direito de renovar a ação (intentar nova ação contra o réu com o mesmo objeto). Entretanto, ele poderá alegar o seu direito em defesa (em uma eventual ação que contra ele for intentada).

Litispendência: é a repetição de uma ação idêntica a uma outra que já está em curso (mesmas partes, pedidos e causa de pedir).

Coisa Julgada: é quando se repete ação que já foi decidida e já transitou em julgado.

Quando o processo é finalizado por meio de uma sentença que aprecia e decide o mérito da questão, diz-se que o processo foi extinto **COM** a resolução do mérito, fazendo coisa julgada.

Hipóteses:

> Juiz acolher ou rejeitar o pedido do autor;
> Réu reconhecer a procedência do pedido;
> Transação;
> Decadência ou Prescrição;
> Renúncia (autor renuncia ao direito sobre que se funda a ação).

Exercício Comentado

01. (FCC) Sobre a formação e extinção do processo, considere:

I. O processo civil começa por impulso oficial, desenvolvendo-se por iniciativa da parte.

II. A alteração do pedido ou da causa de pedir em nenhuma hipótese será permitida após o saneamento do processo.

III. O processo será extinto, sem resolução de mérito, quando o juiz pronunciar a decadência ou a prescrição.

Está correto o que consta em:

a) II, apenas.
b) III, apenas.
c) I, apenas.
d) I, II e III.
e) I e II, apenas.

RESPOSTA. ***"A". I. O CPC diz o inverso, o processo começa por iniciativa da parte, mas se desenvolve por impulso oficial (art. 262); II. Art. 264, p.u; III. A prescrição ou a decadência ocasionam a extinção do processo COM a resolução do mérito (art. 269, IV).***

Procedimento

Procedimento é a maneira pela qual o processo é exteriorizado e materializado. Ele é a forma como o processo caminha e os atos processuais são encadeados.

O Procedimento Comum Divide-se em:

→ **Rito Ordinário** - Usado quando não for cabível o rito sumário ou os procedimentos especiais. Quando esses dois últimos forem omissos, aplicam-se subsidiariamente as regras do procedimento ordinário.

→ **Rito Sumário** - Tem por diferencial a oralidade, a celeridade e a concentração dos atos processuais. Suas hipóteses de cabimento estão previstas no CPC. É regido pelas disposições próprias, quando for omisso, aplica-se subsidiariamente o disposto para o procedimento comum.

Antecipação da tutela: é quando o autor requer antecipadamente aquilo que teria quando e se a ação fosse julgada procedente (exemplo: comprou e pagou um carro que não foi entregue, requer que seja entregue imediatamente, antes da decisão do juiz se ele realmente tem direito a esse veículo ou não).

Medida cautelar: utilizada para resguardar a eficácia da decisão futura (exemplo: requer que o veículo que está sendo discutido em juízo seja arrestado para o depósito público, assim a outra parte não poderá sumir com ele enquanto o processo tramita).

Antecipação dos efeitos da tutela (total ou parcial): depende de requerimento da parte e exige:

> Prova inequívoca e verossimilhança da alegação;
> Fundado receio de dano irreparável ou de difícil reparação;
> Fique caracterizado o abuso de direito de defesa ou o manifesto propósito protelatório do réu.

Não será concedida a antecipação da tutela quando houver perigo de irreversibilidade do provimento antecipado.

A tutela antecipada poderá ser revogada ou modificada a qualquer tempo, em decisão fundamentada.

Concedida ou não a antecipação da tutela, prosseguirá o processo até o final do julgamento.

A tutela antecipada também poderá ser concedida quando um ou mais dos pedidos cumulados, ou parcela deles, mostrar-se incontroverso.

Se o autor, a título de antecipação de tutela, requerer providência de natureza cautelar, poderá o juiz, quando presentes os respectivos pressupostos, deferir a medida cautelar em caráter incidental do processo ajuizado.

Procedimento Sumário

Será admitida a interposição de uma ação sob o rito sumário nos seguintes casos:

> **Causas cujo valor não exceda a 60 vezes o salário mínimo.**

Nas seguintes causas, independente do valor:

» Arrendamento rural e de parceria agrícola;
» Cobrança ao condômino de quaisquer quantias devidas ao condomínio;
» Ressarcimento por danos em prédio urbano ou rústico;
» Ressarcimento por danos causados em acidente de veículo de via terrestre;
» Cobrança de seguro, relativamente aos danos causados em acidente de veículo, ressalvados os casos de processo de execução;
» Cobrança de honorários dos profissionais liberais, ressalvado o disposto em legislação especial;
» Versem sobre revogação de doação;
» Demais casos previstos em lei.

Ele não poderá ser usado nas ações relativas **ao estado e à capacidade das pessoas.**

Na petição inicial, o autor apresentará o rol de testemunhas (se requerer perícia, formulará quesitos, podendo indicar assistente técnico)

A audiência será designada dentro de 30 dias, mas o réu deve ser citado com antecedência mínima de 10 dias da audiência **(Fazenda Pública ré = prazos em dobro)**.

Se o réu não comparecer injustificadamente à audiência, presumem-se verdadeiros os fatos alegados pelo autor (salvo se a prova dos autos demonstrar o contrário), proferindo o juiz, desde logo, a sentença.

As partes comparecem pessoalmente à audiência (mas admite-se representação por preposto com poderes para transigir).

Em 3 hipóteses o juiz converterá o procedimento sumário para o ordinário:

> Valor superior a 60 salários mínimos;
> Ações de estado ou capacidade da pessoa;
> Prova pericial complexa.

Primeiro é realizada uma audiência para tentativa de conciliação, caso essa não seja obtida, o réu oferecerá na própria audiência sua resposta (escrita ou oral), acompanhada dos documentos, rol de testemunhas e, se requerer perícia, formulará os quesitos desde logo, podendo indicar assistente técnico.

Não se admite no rito sumário:

> Reconvenção (admite-se o pedido contraposto: fundado nos mesmos fatos referidos na inicial);
> Ação declaratória incidental;
> Intervenção de terceiros (salvo assistência, o recurso de terceiro prejudicado e a intervenção fundada em contrato de seguro).

Havendo necessidade de produção de prova oral ou em casos de extrema complexidade da matéria, será designada audiência de instrução e julgamento para data próxima (não excedente a 30 dias - salvo se houver determinação de perícia).

Depois de terminada a instrução e os debates orais, o juiz irá proferir a sentença na própria audiência, ou no prazo de 10 dias.

Exercício Comentado

01. (FCC) Em relação ao procedimento;

a) Não há rol de testemunhas prévio, no procedimento sumário, devendo o autor levá-las por sua iniciativa à audiência designada.

b) Será observado o procedimento ordinário nas ações de cobrança de honorários dos profissionais liberais, ressalvado o disposto em legislação especial.

c) Pode ser observado o procedimento sumário nas ações relativas ao estado e à capacidade das pessoas, desde que maiores e capazes.

d) Será observado o procedimento sumário nas causas de arrendamento rural e de parceria agrícola, qualquer que seja o seu valor.

e) Por sua menor complexidade, não há perícia no procedimento sumário.

RESPOSTA. "A". No procedimento sumário, o rol de testemunhas deve ser apresentado pelo autor juntamente com a contestação (art. 276);

RESPOSTA. "B". Nas ações de cobrança de honorários dos profissionais liberais será adotado o procedimento sumário, independentemente do valor, ressalvado o disposto em legislação especial (art. 275, II, "f");

RESPOSTA. "C". O CPC veda o procedimento sumário nas causas relativas ao estado e à capacidade das pessoas (art. 275, p.u.);

RESPOSTA. "D". Art. 275, II, "a";

RESPOSTA. "E". Pode ser requerida perícia no procedimento sumário (art. 276).

Procedimento Ordinário

É o rito a ser aplicado nos casos em que não for cabível o procedimento sumário ou outro disposto em lei especial. Esses dois últimos (sumário e o que eventualmente constar em lei especial) são regidos pelas disposições próprias, aplicando-se subsidiariamente (no caso de omissão) as regras do procedimento ordinário.

Petição Inicial

Trata-se do principal ato realizado pelo autor da ação. Por meio dela, o autor apresenta os fatos e fundamentos jurídicos, requerendo seus pedidos e provocando o exercício da jurisdição.

→ **Requisitos da petição inicial:**

> O juiz ou tribunal, a que é dirigida;
> Os nomes, prenomes, estado civil, profissão, domicílio e residência do autor e do réu;
> O fato e os fundamentos jurídicos do pedido;
> O pedido, com as suas especificações;
> O valor da causa;
> As provas com que o autor pretende demonstrar a verdade dos fatos alegados;
> O requerimento para a citação do réu (a doutrina defende que mesmo se a parte não requerer, o magistrado determinará a citação do réu).

Ela também deve vir acompanhada dos documentos indispensáveis à propositura da ação.

→ **Emenda da inicial**:

Quando o juiz verificar a ausência de algum desses requisitos (ou que ela apresenta algum **defeito ou irregularidade** que possa dificultar o julgamento de mérito) determinará que o autor a emende ou complete, no **prazo de 10 dias** (se ele não cumprir → Indeferimento da inicial). Isso apenas ocorrerá quando tratar-se de vício sanável.

Se a citação estiver em termos, o juiz despachará, ordenando a citação do réu (nela constará que se ele não contestar a ação, será presumido que o réu aceitou como verdadeiros os fatos articulados pelo autor).

→ **Improcedência liminar ou "*prima facie*":**

Matéria controvertida unicamente de direito se no juízo existirem sentenças de total improcedência proferidas em casos idênticos → o juiz poderá dispensar a citação e proferir sentença reproduzindo-se o teor da anteriormente prolatada.

Cabe juízo de retratação: se o autor apelar, o juiz tem 5 dias para:

> Não manter a sentença e determinar o prosseguimento da ação;
> Manter a sentença e ordenar a citação do réu para responder ao recurso.

Pedido

A regra é que o pedido seja **certo ou determinado**, mas a lei admite o pedido genérico em algumas hipóteses:

> **Ações universais** (se não puder o autor individuar na petição os bens demandados);
> Se não for possível determinar, de modo definitivo, as **consequências do ato ou do fato ilícito**;
> Quando a determinação do valor da condenação depender de **ato que deva ser praticado pelo réu**.

Pedido do autor para que seja imposta ao réu determinação para abster-se de praticar algum ato, tolerar alguma atividade, prestar algum ato ou entregar determinada coisa → Ele pode requerer que seja cominada uma pena pecuniária para o descumprimento.

> **Pedido alternativo**: é aquele em que, pela natureza da obrigação, a prestação puder ser cumprida de mais de um modo pelo devedor. No caso da lei ou do contrato estabelecer que a escolha cabe ao devedor, o juiz lhe assegurará o direito de cumprir a prestação de um ou de outro modo, ainda que o autor não tenha formulado pedido alternativo.

> **Pedido sucessivo**: é lícita a sua formulação a fim de que, caso o juiz não possa acolher o pedido anterior, conheça do pedido posterior.

> **Prestações periódicas**: consideram-se incluídas no pedido, mesmo que não haja declaração expressa do autor (pedido implícito), se o devedor deixar de pagá-las ou consigná-las no curso do processo, sendo incluídas à sentença condenatória.

→ **Cumulação de pedidos:**

Podem ser cumulados no mesmo processo, contra o mesmo réu, vários pedidos, ainda que entre eles não haja conexão.

Requisitos:

> Pedidos compatíveis entre si;

> Juiz seja competente para conhecer deles;

> O procedimento seja adequado para todos os pedidos (se admitirem procedimentos diversos, pode o autor empregar o procedimento ordinário).

De acordo com o CPC, os pedidos são interpretados restritivamente, mas os juros legais compreendem-se no principal.

Obrigação indivisível com pluralidade de credores: aquele que não participou do processo receberá a sua parte, deduzidas as despesas na proporção de seu crédito.

→ **Modificação do Pedido:**

Antes da citação: permitido ao autor aditar o pedido (ele será o responsável pelas custas acrescidas).

Depois da citação: precisa do consentimento do réu (mas nunca após o saneamento).

Assim, em relação à modificação do pedido, deve-se lembrar de 3 momentos distintos: antes da citação (pode, nem precisa de consentimento do réu); após a citação (pode, mas precisa de concordância do réu); após o saneamento (não pode).

Indeferimento da Petição Inicial

Como se viu, se a petição tiver um vício sanável, o juiz abrirá um prazo de 10 dias para que o autor emende a inicial, caso ele não o faça, nesse prazo, ela será indeferida. Quando o juiz se deparar com um vício insanável na inicial, ele não abrirá esse prazo para emenda, simplesmente a indeferirá, sendo essa uma hipótese de extinção do processo SEM julgamento do mérito.

Hipóteses:

> Inépcia da inicial;

» Faltar pedido ou causa de pedir;

» Da narração dos fatos não decorrer logicamente a conclusão;

» Pedido for juridicamente impossível;

» Pedidos incompatíveis entre si.

> Parte for manifestamente ilegítima;

> Autor carecer de interesse processual;

> Decadência ou Prescrição;

> Autor escolher o procedimento errado (só não será indeferida se puder ser adaptada ao tipo de procedimento legal);

> Não atender às determinações do art. 39 (advogado não declarar, na petição inicial ou na contestação, o endereço em que receberá intimação e não suprir essa omissão em 48 horas quando determinada pelo juiz) e do art. 284 (não emendar em 10 dias quando verificada ausência de requisito, irregularidade ou defeito da inicial).

Quando o juiz indeferir a inicial e o autor apelar, ele pode retratar-se no prazo de 48 horas (se não reformar a decisão, os autos serão encaminhados imediatamente ao tribunal competente).

Petição Inicial e Rito Sumário

No procedimento ordinário deverá ser apresentado no prazo fixado pelo juiz, caso não tenha fixado, esse prazo será de até 10 dias antes da audiência.

No procedimento sumário o rol de testemunhas já deve vir acompanhando a petição inicial.

Além do rol de testemunhas, a petição inicial no procedimento sumário, caso tenha sido requerido perícia, deve vir também acompanhada dos quesitos, com a indicação do assistente técnico.

Caso essas duas medidas não sejam feitas na petição inicial de uma ação sob o rito sumário, não ocorrerá o indeferimento, mas apenas a preclusão (perda do direito de praticar esses atos, não podendo fazer isso posteriormente).

Exercício Comentado

01. (FCC) Considere as seguintes assertivas a respeito da Petição Inicial:

I. Quando a obrigação consistir em prestações periódicas, considerar-se-ão elas incluídas no pedido, independentemente de declaração expressa do autor.

II. É permitida a cumulação, num único processo, contra o mesmo réu, de vários pedidos, ainda que entre eles não haja conexão.

III. Na obrigação indivisível com pluralidade de credores, aquele que não participou do processo receberá a sua parte, deduzidas as despesas na proporção de seu crédito.

IV. Os pedidos são interpretados restritivamente, não se compreendendo, no principal os juros legais, que deverão se requeridos expressamente.

De acordo com o Código de Processo Civil brasileiro, está correto o que se afirma apenas em:

a) I, II e III.

b) II e III.

c) I e III.

d) I, II e IV.

e) III e IV.

RESPOSTA. ***"A". I. Prestações periódicas estão incluídas no pedido independentemente de pedido do autor (art. 290); II. Art. 292; III. Art. 291; IV. Os pedidos são interpretados restritamente, mas os juros legais estão compreendidos no principal, mesmo que o autor não tenha se manifestado expressamente (art.293).***

Respostas do Réu

Trata-se dos meios que o réu possui para defender-se das pretensões contra ele aduzidas em juízo. É a maneira como ele exerce o direito ao contraditório.

Assim que citado, o réu pode adotar uma das seguintes posturas:

> **Ficar inerte**: deixa o prazo para resposta correr "in albis" (em branco), isto é, não apresenta nenhuma defesa dentro do prazo oportuno, ocasionando a revelia.

> **Reconhecer juridicamente o pedido**: ele aceita a pretensão do autor.

> **Apresentar resposta à demanda**: utiliza os meios processuais que dispõe para defender-se.

O réu pode oferecer, por meio de petição escrita, em **15 dias**, as seguintes modalidades de resposta:

> Contestação (no rito sumário, pode ser oral);

> Exceção;

> Reconvenção.

Vários réus citados: prazo para responder será comum (salvo art. 191 - litisconsortes com diferentes procuradores: prazo em dobro)

> Autor desiste com relação a algum réu que ainda não foi citado: prazo para resposta corre da intimação do despacho que deferir a desistência.

As defesas do réu dividem-se em:

→ **Processuais**: não atacam o mérito, mas sim o processo, afirmando que falta algum dos requisitos processuais para que a demanda possa ser apreciada.

> **Dilatórias (ou impróprias):** não geram automaticamente a extinção do processo, objetivam a regularização do mesmo (ex.: suspeição do juiz).

> **Peremptórias (ou próprias):** caso essa defesa seja acolhida, ocorrerá a extinção do processo (ex.: Coisa julgada, ilegitimidade de parte, etc.).

→ **De mérito**: aqui o réu resiste à pretensão do autor, ele ataca o mérito, buscando a improcedência dos pedidos.

> **Direta**: o réu nega os fatos e/ou as consequências jurídicas que foram afirmadas pelo autor (ex.: diz que não foi ele quem bateu no carro do autor)

> **Indireta**: o réu admite como verdadeiros os fatos apresentados pelo autor, mas alega fatos novos, modificativos, extintivos ou impeditivos do direito do autor (ex: diz que já pagou a obrigação; diz que a dívida já prescreveu, etc.).

Contestação

É a principal modalidade de defesa do réu (única que tem o condão de evitar a revelia).

Por meio dela, ele deve alegar toda a matéria de defesa, apresentando as razões de fato e de direito usadas para impugnar o pedido do autor, especificando as provas que pretende produzir.

Antes de discutir o mérito, cabe ao réu alegar (em preliminar):

> **Inexistência ou nulidade da citação;**

> **Incompetência absoluta** (remete o processo ao juízo competente);

> **Inépcia da petição inicial;**

> **Perempção** (perda do direito de ingressar novamente com a demanda por já ter causado, por três vezes, a extinção do processo por abandono);

> **Litispendência** (se reproduz ação anteriormente ajuizada - ainda em curso);

> **Coisa julgada** (se reproduz ação anteriormente ajuizada - já transitada em julgado):

» **Ação idêntica:** mesmas partes, pedidos e causa de pedir.

> **Conexão** (mesmo objeto ou causa de pedir);

> **Incapacidade da parte, defeito de representação ou falta de autorização;**

> **Convenção de arbitragem** (única que o juiz não pode conhecer de ofício);

> **Carência de ação** (ausência de alguma das condições da ação: legitimidade de partes, possibilidade jurídica do pedido, interesse de agir);

> **Falta de caução ou de outra prestação, que a lei exige como preliminar.**

Princípio da Eventualidade

O réu deve aduzir todas as defesas que tiver contra o processo e contra o pedido do autor, a fim de que, na eventualidade de o juiz não acolher a primeira alegação, acolha a segunda e assim sucessivamente.

Princípio da Contestação ou Impugnação Específica

Cabe ao réu manifestar-se precisamente sobre todos os fatos narrados na petição inicial. Presumem-se verdadeiros os fatos não impugnados (presunção relativa). Desse modo, é vedada a contestação genérica ou por negativa geral.

Entretanto, essa regra não se aplica aos fatos:

> Se não for admissível, a seu respeito, a confissão;

> Se a petição inicial não estiver acompanhada do instrumento público que a lei considerar da substância do ato;

> Se estiverem em contradição com a defesa, considerada em seu conjunto.

Essa regra também não se aplica para:

> Advogado dativo;

> Curador especial;

> Órgão do Ministério Público.

Depois da contestação, somente poderá deduzir novas alegações quando:

> Relativas a direito superveniente;

> Competir ao juiz conhecer delas de ofício;

> Autorização expressa em lei para serem formuladas em qualquer tempo e juízo.

Exceções

Exercidas em qualquer tempo ou grau de jurisdição, no prazo de 15 dias do fato. São defesas de caráter dilatório, o acolhimento de nenhuma delas gera a extinção do processo.

Apesar do CPC dispor que o prazo para apresentá-las é de 15 dias, o impedimento pode ser apresentado posteriormente, mas a parte que apresentar essa exceção fora do prazo deverá arcar com as custas do retardamento do processo.

Processada em apenso aos autos principais.

Quando recebida, gera a **suspensão do processo**, até que a questão seja definitivamente julgada.

Exceção de Incompetência

A petição pode ser protocolizada no domicílio do réu, com requerimento de sua imediata remessa ao juízo que determinou a citação. Trata-se de alegação de incompetência relativa (em razão do valor ou do território). A incompetência absoluta deve ser apresentada como preliminar de contestação.

Feita em petição fundamentada e instruída, indicando o juízo que entende ser competente.

Autos conclusos: juiz mandará processar a exceção:

> Ouve o *excepto* em 10 dias;

> Decide em 10 dias;

> Se precisar de prova testemunhal, designará audiência.

Exceção manifestamente improcedente: juiz indeferirá a petição inicial da exceção;

Se ela for julgada procedente, os autos serão remetidos ao juízo competente.

Exceção de Impedimento ou Suspeição

A parte oferece a exceção indicando os motivos da recusa. Ela poderá ser instruída com documentos que embasam a alegação, acompanhada do rol de testemunhas.

> **Juiz reconhece o impedimento ou a suspeição:** Ordena remessa dos autos ao substituto legal;

> **Não reconhece:** Dentro de 10 dias dá as suas razões (com documentos e rol de testemunhas), ordenando a remessa dos autos para o tribunal, que decidirá:

» **Exceção sem fundamento:** arquivada;

» **Exceção procedente:** juiz condenado nas custas e remessa dos autos ao substituto legal.

Reconvenção

Trata-se de um contra-ataque do réu, em relação ao autor da ação. No mesmo processo o réu busca a condenação do autor (pode fazer isso em vez de entrar com uma nova ação contra o autor - ex.: o autor entra com uma ação cobrando o réu, mas o réu entende que o autor é quem lhe deve). Na contestação ele se defende, na reconvenção ele ataca.

O réu poderá reconvir ao autor no mesmo processo quando a reconvenção for **conexa com a ação principal ou com o fundamento da defesa** (mas não pode o réu, em seu nome próprio, reconvir ao autor, quando esse demandar em nome de outrem).

Contestação e reconvenção → Oferecidas simultaneamente (peças autônomas).

Uma vez oferecida a reconvenção, o autor reconvindo será intimado para contestá-la no prazo de 15 dias (na pessoa do seu procurador).

Caso ocorra a desistência da ação ou alguma causa que extinga a ação principal, a reconvenção prosseguirá.

A ação principal e a reconvenção serão julgadas na mesma sentença.

Ela **não é admitida** nas ações de rito sumário ou sumaríssimo, nem nas chamadas ações dúplices (ex.: ações declaratórias, ações de prestação de contas, etc.). Nesses casos, utiliza-se o **pedido contraposto** (pedido que o réu formula contra o autor, na própria contestação).

Revelia

Revelia é a ausência de contestação, quando o réu foi validamente citado. O réu deixou de exercer o seu direito de defesa e, segundo o CPC, alguns efeitos serão gerados.

Efeitos da Revelia

→ **Presunção de veracidade dos fatos afirmados pelo autor (confissão ficta).**

> Mas em alguns casos esse efeito não será produzido:

» Pluralidade de réus: se algum deles contestar a ação;

» Direitos indisponíveis;

» Petição desacompanhada de instrumento público que a lei diz ser indispensável para a prova do ato.

→ **Desnecessidade de intimação do réu revel (quando o revel não tiver patrono nos autos, os prazos correrão, independente de intimação, a partir da publicação de cada ato decisório).**

> Mas o revel pode intervir no processo a qualquer momento, recebendo-o no estado em que se encontra.

→ **Julgamento antecipado do mérito (sempre que ocorrer a presunção da veracidade dos fatos narrados pelo autor, o juiz julgará desde logo a lide. Caso não ocorra esse efeito, será necessária a produção de provas, afastando a possibilidade de julgamento antecipado).**

> Mesmo ocorrendo revelia, o autor precisará promover nova citação do réu para:

» Alterar o pedido ou a causa de pedir;

» Demandar declaração incidente.

Nesses casos, é assegurado ao réu o direito de responder no prazo de 15 dias.

Nos termos do CPC, quando verificada a incapacidade processual ou a irregularidade da representação das partes, o juiz, suspendendo o processo, marcará prazo razoável para ser sanado o defeito. Se essa medida couber ao réu e ele não cumpri-la, será reputado revel.

Exercício Comentado

01. ***(FCC) A respeito da contestação, é correto afirmar:***

a) O réu não poderá deduzir novas alegações depois da contestação, ainda que relativas a direito superveniente.

b) A reconvenção será oferecida no prazo para contestação e será processada em apenso aos autos principais.

c) A regra da impugnação específica dos fatos se aplica ao advogado dativo, ao curador especial e ao órgão do Ministério Público.

d) Se o autor desistir da ação em relação a algum réu ainda não citado, a desistência valerá para todos, que não necessitarão apresentar resposta.

e) Não se presumem verdadeiros os fatos não impugnados que estiverem em contradição com a defesa, considerada em seu conjunto.

RESPOSTA. "A". O CPC traz exceções à regra geral, nas quais é possível ao réu deduzir novas alegações depois da contestação, dentre elas, quando relativas a direito superveniente (art. 303).

RESPOSTA. "B". A contestação e a reconvenção serão oferecidas simultaneamente (e não no prazo da contestação), as exceções é que são processadas em apenso aos autos principais (art. 299).

RESPOSTA. "C". Essa regra NÃO se aplica para eles (art. 302).

RESPOSTA. "D". Se o autor desistir da ação no concernente a algum réu ainda não citado, apenas para ele valerá a desistência. O prazo para a resposta dos demais réus correrá da intimação do despacho que deferir a desistência (art. 298, p.u.).

RESPOSTA. "E". Essa é uma das hipóteses em que não será gerado esse efeito da revelia (art. 302, III).

Anotações

CAPÍTULO 06

Provas

Prova é o modo pelo qual se demonstra a veracidade das alegações. Todos os meios legais e os moralmente legítimos (ainda que não previstos na lei) são hábeis para provar a verdade dos fatos.

Ela deve recair sobre fatos pertinentes, relevantes e controvertidos, desse modo, o CPC estabelece que não dependem de prova os fatos:

> Notórios;
> Afirmados por uma parte e confessados pela parte contrária;
> Admitidos, no processo, como incontroversos;
> Em cujo favor milita presunção legal de existência ou de veracidade.

Ônus da prova: regras que definem quem será o responsável por fazer prova das alegações.

> **Autor**: fato constitutivo de seu direito.
> **Réu**: fato impeditivo, modificativo ou extintivo do direito do autor.

Não pode haver convenção distribuindo de maneira diversa o ônus da prova quando:

> Recair sobre direito indisponível da parte;
> Tornar excessivamente difícil a uma parte o exercício do direito.

Não existindo normas jurídicas particulares, o juiz aplicará as regras de experiência comum subministradas pela observação do que ordinariamente acontece e ainda as regras da experiência técnica, ressalvado, quanto a esta, o exame pericial.

Em regra, as provas são produzidas em audiência, porém, se a parte ou testemunha não puder comparecer (enfermidade ou motivo relevante), mas estiver em condições de prestar depoimento, o juiz designará dia, hora e lugar para inquiri-la.

Segundo o princípio da *iura novit curia*, o juiz conhece o direito, não precisando a parte fazer prova da lei (legislação federal), mas em caso de alegação de outras leis, o juiz poderá determinar que a parte faça prova. Assim, se o juiz determinar, a parte deve fazer prova do direito:

> Estadual;
> Municipal;
> Estrangeiro;
> Consuetudinário (relativo aos costumes).

Princípio ou Sistema do livre convencimento motivado do juiz (ou persuasão racional): O juiz tem liberdade para decidir, mas deve fundamentar os motivos de sua convicção.

Não é aplicado no Direito Processual Civil Brasileiro o sistema tarifado de provas, na qual cada prova possuiria determinado valor e hierarquia sobre as demais (ex.: prova documental vale mais que testemunhas, duas testemunhas pesam mais que uma). Existem exceções em que a lei exige que a prova seja feita sobre determinada modalidade (exemplo: contratos de valor superior a 10x o salário mínimo não podem ser provados exclusivamente por prova testemunhal), mas adota-se, em regra geral, o princípio acima estudado.

Espécies de Prova

Depoimento Pessoal

O juiz pode, a qualquer momento, determinar o comparecimento pessoal das partes, com o objetivo de interrogá-las. Se o juiz não determinar de ofício, cabe a cada parte requerer o depoimento pessoal da outra, a fim de interrogá-la na audiência de instrução e julgamento.

Parte intimada pessoalmente não comparece, ou se recusa a depor: Pena de confissão (presumem-se confessados os fatos contra ela alegados pela outra parte).

A parte que ainda não depôs não pode assistir ao interrogatório da outra. A parte também não pode utilizar-se de escritos anteriormente preparados, mas pode utilizar notas breves, desde que objetivem completar esclarecimento.

A parte responderá pessoalmente sobre os fatos articulados, mas em alguns casos a lei lhe permite que a parte opte por não depor, quando tratar-se de fatos:

> Criminosos ou torpes, que lhe forem imputados;
> A cujo respeito, por estado ou profissão, deva guardar sigilo.

Entretanto, essa disposição não se aplica às ações de:

> Filiação;
> Desquite;
> Anulação de casamento.

Depoimento pessoal: requerido pela outra parte, feito uma única vez na audiência de instrução.

Interrogatório judicial: feito de ofício pelo juiz, pode ser realizado a qualquer momento.

Confissão: é quando a parte admite a verdade de um fato, contrário ao seu interesse e favorável ao adversário. A confissão é:

> ***Judicial:*** **Espontânea** (pode ser feita pela parte ou por mandatário com poderes especiais) ou **provocada**. A confissão judicial faz prova contra o confitente, mas não prejudica os litisconsortes.
> ***Extrajudicial:*** (**verbal** - só terá eficácia nos casos em que a lei não exija prova literal):
» **Feita por escrito à parte ou quem a represente** - Mesma eficácia probatória da judicial;
» **Contida em Testamento** - Livremente apreciada pelo juiz.

Não se admite confissão de fatos relativos a **direitos indisponíveis.**

Revogação da confissão (quando emanada de erro, dolo ou coação).

> **Processo pendente** - Ação Anulatória;
> **Sentença com trânsito em julgado** - Ação Rescisória (se constituir único fundamento).

O direito de propor essa ação cabe ao confitente, mas uma vez proposta, transmite-se aos seus herdeiros.

Confissão: **indivisível** (regra). A parte que quiser utilizá-la como prova não pode aceitar apenas nos tópicos que a beneficiar e rejeitar na parte que a prejudicar. Mas, ela pode ser cindida quando o confitente lhe aduzir fatos novos, suscetíveis de constituir fundamento de defesa de direito material ou de reconvenção.

Exibição de Documento ou Coisa

O juiz pode ordenar que a parte exiba documento ou coisa, que se ache em seu poder (responde em 5 dias - se afirmar que não possui, o juiz permitirá ao requerente provar que essa declaração é falsa) (em posse de terceiro - 10 dias para responder).

O juiz não admitirá a recusa:

> Se o requerido tiver obrigação legal de exibir;
> Se o requerido aludiu ao documento ou à coisa, no processo, com o intuito de constituir prova;
> Se o documento, por seu conteúdo, for comum às partes.

No caso do requerido não efetuar a exibição, não declarar que não possui bem ou recusa ilegítima, o juiz, ao decidir o pedido, admitirá como verdadeiros os fatos que, por meio desse documento ou coisa, a parte pretendia provar.

Se o terceiro negar a obrigação de exibir, ou a posse do documento ou da coisa, o juiz designará audiência especial, tomando-lhe o depoimento, bem como o das partes e, se necessário, de testemunhas; em seguida proferirá a sentença.

Se o terceiro, sem justo motivo, se recusar a efetuar a exibição, o juiz lhe ordenará que proceda ao respectivo depósito em cartório ou noutro lugar designado, no prazo de 5 (cinco) dias, impondo ao requerente que o embolse das despesas que tiver; se o terceiro descumprir a ordem, o juiz expedirá mandado de apreensão, requisitando, se necessário, força policial, tudo sem prejuízo da responsabilidade por crime de desobediência.

Entretanto, a parte e o terceiro não são obrigados a exibir o documento ou a coisa em juízo:

> Se concernente a negócios da própria vida da família;
> Se a sua apresentação puder violar dever de honra;
> Se a publicidade do documento redundar em desonra à parte ou ao terceiro, bem como a seus parentes consanguíneos ou afins até o terceiro grau, ou lhes representar perigo de ação penal;
> Se a exibição acarretar a divulgação de fatos, a cujo respeito, por estado ou profissão, devam guardar segredo;
> Se subsistirem outros motivos graves que, segundo o prudente arbítrio do juiz, justifiquem a recusa da exibição.

Prova Documental

A prova documental abrange não apenas os escritos, mas também pode ser produzida por meio de fotografias, vídeos, áudio, gráficos etc.

A petição inicial e a resposta do réu já vêm instruídas com os documentos destinados a provar as alegações feitas.

Casos em que é permitido juntar documento novo:

> Fatos ocorridos posteriormente;
> Contrapor-se aos produzidos nos autos.

Documento público faz prova não só da sua formação, mas também dos fatos que o escrivão, o tabelião, ou o funcionário declarar que **ocorreram em sua presença.**

Fazem a mesma prova que os originais:

> Certidões textuais de qualquer peça dos autos, do protocolo das audiências, ou de outro livro a cargo do escrivão, sendo extraídas por ele ou sob sua vigilância e por ele subscritas;
> Traslados e as certidões extraídas por oficial público, de instrumentos ou documentos lançados em suas notas;
> Reproduções dos documentos públicos, desde que autenticadas por oficial público ou conferidas em cartório, com os respectivos originais;
> Cópias reprográficas de peças do próprio processo judicial declaradas autênticas pelo próprio advogado sob sua responsabilidade pessoal, se não lhes for impugnada a autenticidade (originais devem ser guardados pelo detentor até o final do prazo para interposição de ação rescisória);
> Extratos digitais de bancos de dados, públicos e privados, desde que atestado pelo seu emitente, sob as penas da lei, que as informações conferem com o que consta na origem;
> Reproduções digitalizadas de qualquer documento, público ou particular, quando juntadas aos autos pelos órgãos da justiça e seus auxiliares, pelo Ministério Público e seus auxiliares, pelas procuradorias, pelas repartições públicas em geral e por advogados públicos ou privados, ressalvada a alegação motivada e fundamentada de adulteração antes ou durante o processo de digitalização.

Instrumento Público exigido pela lei como da substância do ato: nenhum documento pode lhe suprir a falta, por mais especial que seja.

O documento, feito por oficial público incompetente, ou sem a observância das formalidades legais, **sendo subscrito pelas partes**, tem a mesma eficácia probatória do documento **particular**.

As declarações constantes do **documento particular, escrito e assinado**, ou somente assinado, presumem-se verdadeiras em relação ao **signatário**.

Documento que teve a firma do signatário reconhecida na presença do tabelião - Reputa-se autêntico.

Considera-se falsidade documental:

> Formar documento não verdadeiro;
> Alterar documento verdadeiro.

Prova Testemunhal

Ela é sempre admitida, salvo quando a lei dispuser o contrário. O juiz não ouvirá testemunhas em relação a fatos:

> Já provados por documento ou confissão da parte;
> Que só por documento ou por exame pericial puderem ser provados.

Prova exclusivamente testemunhal - Contratos que não ultrapassem 10x o valor do salário mínimo (tempo da celebração), mas qualquer que seja o valor, será admissível a prova testemunhal quando:

> Houver começo de prova por escrito, reputando-se tal o documento emanado da parte contra quem se pretende utilizar o documento como prova;

> O credor não pode ou não podia, moral ou materialmente, obter a prova escrita da obrigação, em casos como o de parentesco, depósito necessário ou hospedagem em hotel.

O CPC veda o depoimento como testemunha dos:

→ **Incapazes:**

> Interdito por demência;

> Acometido por enfermidade, ou debilidade mental, ao tempo em que ocorreram os fatos, não podia discerni-los; ou, ao tempo em que deve depor, não está habilitado a transmitir as percepções;

> Menor de 16 (dezesseis) anos;

> O cego e o surdo, quando a ciência do fato depender dos sentidos que lhes faltam.

→ **Impedidos:**

> Cônjuge;

> Ascendente e descendente em qualquer grau;

> Colateral, até o terceiro grau;

Nesses 3 casos podem ser ouvidos:

» Se o exigir o interesse público;

» Causa relativa ao estado da pessoa (não se puder obter de outro modo a prova, que o juiz repute necessária ao julgamento do mérito).

> Parte na causa;

> Intervêm em nome da parte, tutor, curador, representante legal de pessoa jurídica, juiz, advogado e outros que assistam ou tenham assistido as partes.

→ **Suspeitos:**

> Condenado por crime de falso testemunho (com sentença transitada em julgado);

> Por seus costumes, não for digno de fé;

> Amigo íntimo ou inimigo capital da parte;

> Interesse no litígio.

Fique Ligado

As bancas costumam cobrar bastante prova testemunhal, analisam principalmente se o candidato sabe identificar quando é hipótese de incapacidade, impedimento ou suspeição da testemunha.

Testemunhas Impedidas ou Suspeitas: se estritamente necessário, podem ser ouvidas:

> Não prestam compromisso;

> Juiz atribuirá o valor que seu depoimento possa merecer.

A testemunha não é obrigada a depor de fatos:

> Que lhe acarretem grave dano, bem como ao seu cônjuge e aos seus parentes consanguíneos ou afins, em linha reta, ou na colateral em segundo grau;

> A cujo respeito, por estado ou profissão, deva guardar sigilo.

No procedimento ordinário, o juiz fixará um prazo para que as partes apresentem o rol de testemunhas. Quando ele for omisso, esse rol deverá ser apresentado no **mínimo 10 dias** antes da audiência (procedimento sumário - rol vem junto da petição inicial ou da contestação, sob pena de preclusão).

Número máximo de testemunhas - **10 para cada parte** (se oferecer mais de três para prova de cada fato, o juiz pode dispensar as restantes).

Apresentado o rol de testemunhas, elas não podem ser substituídas, salvo quando a testemunha:

> Falecer;

> Por enfermidade, não estiver em condições de depor;

> Tendo mudado de residência, não for encontrada pelo oficial de justiça.

Juiz arrolado como testemunha, tem duas opções:

> **Se tiver conhecimento dos fatos que podem influir na decisão** - declara-se suspeito (testemunha não pode desistir do seu depoimento);

> **Nada souber** - mandará excluir seu nome do rol.

As testemunhas são ouvidas na audiência de instrução e julgamento, na sede do juízo, perante o juiz da causa, exceto:

> As que prestam depoimento antecipadamente;

> As que são inquiridas por carta;

> As que, por doença, ou outro motivo relevante, estão impossibilitadas de comparecer em juízo;

> As inquiridas em sua residência (ou onde exercerem sua função):

» Presidente e Vice-Presidente da República;

» Presidente do Senado e da Câmara dos Deputados;

» Ministros de Estado;

» Ministros dos Tribunais Superiores (STF, STJ, STM, TSE, TST) e do TCU;

» Procurador-geral da República;

» Senadores e Deputados federais;

» Governadores dos Estados, dos Territórios e do Distrito Federal;

» Deputados estaduais;

» Desembargadores dos Tribunais de Justiça, os juízes dos Tribunais de Alçada, os juízes dos Tribunais Regionais do Trabalho e dos Tribunais Regionais Eleitorais e os conselheiros dos Tribunais de Contas dos Estados e do Distrito Federal;

» Embaixador de país que, por lei ou tratado, concede idêntica prerrogativa ao agente diplomático do Brasil.

As testemunhas serão intimadas e, caso não compareçam injustificadamente, será expedido um mandado de condução coercitiva, além de responderem pelas custas do adiamento.

A parte pode comprometer-se a levar à audiência a testemunha, independentemente de intimação, mas caso ela não compareça, presume-se que desistiu de ouvi-la.

Funcionário público ou militar - requisitados ao chefe da repartição.

Testemunha com residência certa - a intimação pode ser pelo correio.

As testemunhas não ouvirão o depoimento umas das outras. São ouvidas primeiro as do autor e depois as do réu (as partes também podem fazer perguntas, primeiro a parte que arrolou a testemunha, depois a parte contrária).

O juiz advertirá a testemunha que incorre em sanção penal quem faz a afirmação falsa, cala ou oculta a verdade.

Prova Pericial

Realizada quando for necessário conhecimento técnico. Ela consiste em exame, vistoria ou avaliação.

O Juiz indeferirá o pedido de prova pericial quando:

> A prova do fato não depender do conhecimento especial de técnico;

> For desnecessária em vista de outras provas produzidas;

> A verificação for impraticável.

O juiz nomeará o perito e as partes terão 5 dias para apresentar quesitos e indicar assistente técnico.

Após apresentação do laudo, as partes podem, no prazo de 10 dias, manifestarem-se sobre as conclusões do perito.

O juiz não está adstrito ao laudo pericial, ele pode formar sua convicção com base em outros elementos ou fatos provados nos autos.

Inspeção Judicial

Nessa modalidade, o juiz toma contato direto com pessoas ou coisas, podendo ocorrer na sede do juízo ou fora dos seus limites. Pode ser feita de ofício ou a requerimento, em qualquer fase do processo.

As partes têm direito a assistir à inspeção, prestando esclarecimentos e fazendo observações que reputem de interesse para a causa.

As provas serão produzidas na audiência na seguinte ordem:

> **Perito e assistentes técnicos** responderão aos quesitos de esclarecimentos;

> **Depoimentos pessoais**, primeiro do autor e depois do réu;

> **Testemunhas** arroladas pelo autor e pelo réu.

Exercício Comentado

01. (FCC) A respeito da prova testemunhal, considere:

I. O cego e o surdo, quando a ciência do fato depender dos sentidos que lhes faltam.

II. O advogado que tenha assistido a qualquer das partes.

III. O que, por seus costumes, não for digno de fé.

Considera-se, dentre outros, impedida de depor a pessoa indicada apenas em:

a) I.

b) I e II.

c) I e III.

d) II e III.

e) II.

RESPOSTA. "E". Questão típica de provas. As bancas costumam jogar hipóteses de incapacidade, suspeição e impedimento das testemunhas e o candidato deve identificar em qual dessas modalidades se encaixa.

Da Audiência

O CPC estabelece que a audiência, em regra, é pública (nos casos de segredo de justiça, será realizada com portas fechadas).

O juiz exerce o poder de polícia, competindo-lhe:

> Manter a ordem e o decoro na audiência;

> Ordenar que se retirem da sala da audiência os que se comportarem inconvenientemente;

> Requisitar, quando necessário, a força policial.

Compete ao Juiz em Especial:

> Dirigir os trabalhos da audiência;

> Proceder direta e pessoalmente à colheita das provas;

> Exortar os advogados e o órgão do Ministério Público a que discutam a causa com elevação e urbanidade.

Enquanto depuserem as partes, o perito, os assistentes técnicos, as testemunhas e os advogados não podem intervir ou apartear sem licença do juiz.

Da Instrução e Julgamento

No dia e hora designados, o juiz declarará aberta a audiência, mandando apregoar as partes e os seus respectivos advogados.

Ao iniciar a instrução, o juiz, ouvidas as partes, fixará os pontos controvertidos sobre que incidirá a prova.

A audiência poderá ser adiada:

> Por convenção das partes, caso que só será admissível uma vez;

> Se não puderem comparecer, por motivo justificado, o perito, as partes, as testemunhas ou os advogados.

O CPC dispõe que quem der causa ao adiamento será o responsável pelas despesas acrescidas.

Incumbe ao advogado provar o impedimento até a abertura da audiência; não o fazendo, o juiz procederá à instrução.

Pode ser dispensada pelo juiz a produção das provas requeridas pela parte cujo advogado não compareceu à audiência.

Finda a instrução, o juiz dará a palavra ao advogado do autor e ao do réu, bem como ao órgão do Ministério Público, sucessivamente, pelo prazo de 20 minutos para cada um (prorrogável por mais 10 minutos, a critério do juiz).

Quando a causa apresentar questões complexas de fato ou de direito, o debate oral poderá ser substituído por memoriais, caso em que o juiz designará dia e hora para o seu oferecimento.

A audiência é una e contínua. Não sendo possível concluir, num só dia, a instrução, o debate e o julgamento, o juiz marcará o seu prosseguimento para dia próximo.

Encerrado o debate ou oferecidos os memoriais, o juiz proferirá a sentença desde logo ou no prazo de 10 dias.

O escrivão lavrará, sob ditado do juiz, termo que conterá, em resumo, o ocorrido na audiência, bem como, por extenso, os despachos e a sentença, se essa for proferida no ato.

> Quando o termo for datilografado, o juiz lhe rubricará as folhas, ordenando que sejam encadernadas em volume próprio.

> Subscreverão o termo o juiz, os advogados, o órgão do Ministério Público e o escrivão.

> O escrivão trasladará para os autos cópia autêntica do termo de audiência.

Sentença

Finda a instrução, segue-se para os debates orais: advogado do autor - do réu - órgão do MP, sucessivamente - 20 minutos cada, prorrogável por mais 10, a critério do juiz (se apresentar questões complexas pode ser substituído por memoriais, designando o juiz dia e hora para seu oferecimento).

Após os debates orais ou memoriais, o juiz proferirá sentença, desde logo ou no prazo de 10 dias.

O termo de conciliação, assinado pelas partes e homologado pelo juiz, terá valor de sentença.

É o ato do juiz que coloca termo ao processo naquela instância, ao proferir decisão terminativa (art. 267) ou definitiva (art. 269).

Requisitos da Sentença

> **Relatório** (nomes das partes, a suma do pedido e da resposta do réu, bem como o registro das principais ocorrências havidas no andamento do processo);

> **Fundamentos** (em que o juiz analisará as questões de fato e de direito);

> **Dispositivo** (em que o juiz resolverá as questões que as partes lhe submeterem).

Na sentença, o juiz acolhe ou rejeita, no todo ou em parte, o pedido formulado pelo autor. Quando extinguir o processo sem análise do mérito, decidirá de forma concisa.

Quando o autor tiver formulado pedido certo, é vedado ao juiz proferir sentença ilíquida.

É defeso (proibido) ao juiz proferir sentença, a favor do autor, de natureza diversa da pedida, bem como condenar o réu em quantidade superior ou em objeto diverso do que lhe foi demandado. A sentença deve ser certa, ainda quando decida relação jurídica condicional.

Acompanhe-me

As seguintes disposições estão entre as preferidas das bancas:

> ***Pedido certo → Não pode sentença ilíquida.***

> ***Sentença sempre será certa → Mesmo se decidir relação jurídica condicional.***

> ***Proibido ao juiz:***

» ***Condenar o réu em quantidade maior ou em objeto diverso do que lhe foi demandado (dar algo diverso do que o autor pediu ou mais do que ele pediu);***

» ***Dar sentença a favor do autor, mas de objeto diverso do que ele pediu.***

Na ação que tenha por objeto o **cumprimento de obrigação de fazer ou não fazer**, o juiz concederá a tutela específica da obrigação ou, se procedente o pedido, determinará providências que assegurem o resultado prático equivalente ao do adimplemento.

> A obrigação somente se converterá em perdas e danos se o autor o requerer ou se impossível a tutela específica ou a obtenção do resultado prático correspondente.

> A indenização por perdas e danos dar-se-á sem prejuízo da multa (art. 287).

> Sendo relevante o fundamento da demanda e havendo justificado receio de ineficácia do provimento final, é lícito ao juiz conceder a tutela liminarmente ou mediante justificação prévia, citado o réu. A medida liminar poderá ser revogada ou modificada, a qualquer tempo, em decisão fundamentada.

> O juiz poderá, na hipótese do parágrafo anterior ou na sentença, impor multa diária ao réu, independentemente de pedido do autor, se for suficiente ou compatível com a obrigação, fixando-lhe prazo razoável para o cumprimento do preceito.

> Para a efetivação da tutela específica ou a obtenção do resultado prático equivalente, poderá o juiz, de ofício ou a requerimento, determinar as medidas necessárias, tais como a imposição de multa por tempo de atraso, busca e apreensão, remoção de pessoas e coisas, desfazimento de obras e impedimento de atividade nociva, se necessário com requisição de força policial.

> O juiz poderá, de ofício, modificar o valor ou a periodicidade da multa, caso verifique que se tornou insuficiente ou excessiva.

Na ação que tenha por objeto a **entrega de coisa**, o juiz, ao conceder a tutela específica, fixará o prazo para o cumprimento da obrigação.

Tratando-se de **entrega de coisa determinada pelo gênero e quantidade**, o credor a individualizará na petição inicial, se lhe couber a escolha; cabendo ao devedor escolher, este a entregará individualizada, no prazo fixado pelo juiz.

Não cumprida a obrigação no prazo estabelecido, expedir-se-á em favor do credor mandado de busca e apreensão ou de imissão na posse, conforme se tratar de coisa móvel ou imóvel.

Se, depois da propositura da ação, algum fato **constitutivo, modificativo ou extintivo** do direito influir no julgamento da lide, caberá ao juiz tomá-lo em consideração, de **ofício ou a requerimento** da parte, no momento de proferir a sentença.

Depois de publicada, o juiz só pode alterar a sentença:

> Corrigir inexatidões materiais ou erros de cálculo - De ofício ou a requerimento;

> Por meio de embargos de declaração.

Sentença que condena o réu no pagamento de **uma prestação, consistente em dinheiro** ou em coisa - Valerá como título constitutivo de hipoteca judiciária, cuja inscrição será ordenada pelo juiz na forma prescrita na Lei de Registros Públicos.

A sentença condenatória também produzirá a hipoteca judiciária:

> Embora a condenação seja genérica;

> Pendente arresto de bens do devedor;

> Ainda quando o credor possa promover a execução provisória da sentença.

Quando a sentença tiver por objeto condenar o devedor a emitir uma declaração de vontade, assim que ela transitar em julgado, produzirá todos os efeitos da declaração não emitida.

Se aquele que se comprometeu a **concluir um contrato** não cumprir a obrigação, a outra parte, sendo isso possível e não excluído pelo título, poderá obter uma sentença que produza o mesmo efeito do contrato a ser firmado.

Tratando-se de contrato que tenha por objeto a **transferência da propriedade de coisa determinada**, ou de outro direito, a ação não será acolhida se a parte que a intentou não cumprir a sua prestação, nem a oferecer, nos casos e formas legais, salvo se ainda não exigível.

Tipos de Sentença

→ **Declaratória**: Declara a existência ou não de um fato, a autenticidade ou falsidade de um documento, ou a existência ou não de uma relação jurídica. (ex. declaração do vínculo de emprego).

→ **Constitutiva**: Além de declarar a existência de um fato ou direito, ela cria, modifica ou extingue uma relação jurídica (ex.: reconhece o cometimento de falta grave e extingue o contrato de trabalho do estável).

→ **Condenatória**: Impõe uma obrigação (pagar, fazer, não fazer). Caso não seja cumprida, comporta execução (ex. decisão condenando ao pagamento de horas extras).

→ **Mandamental**: Essa modalidade de sentença, além de declarar um direito e condenar a adimplemento de uma prestação, gera uma ordem de cumprimento imediato, não necessitando de execução (ex. decisões em mandado de segurança e tutela antecipada).

→ **Executiva**: Ela determina no seu próprio corpo que a decisão judicial seja efetiva, não necessitando de iniciativa do autor.

Vícios na Sentença

→ **Ultra Petita**: vai além do pedido, confere à parte mais do que ela pleiteou. Nessa hipótese, a nulidade alcança apenas o excedente, somente o que foi concedido além do pedido será atingido;

→ **Extra Petita**: juiz defere uma pretensão diversa da postulada. Gera nulidade absoluta, atinge todo o julgado;

→ **Citra Petita**: omissão na análise de algum pedido (comporta embargos de declaração).

Liquidação da Sentença

Feita nos casos em que a sentença não determinar o valor devido (sentença ilíquida).

Pode ser feita sob três modalidades:

> **Por Cálculos** (a determinação do valor depende apenas de cálculos aritméticos, todos os elementos para se chegar a esse valor já estão nos autos.

> **Por Artigos** (necessidade de alegar e provar fato novo, observa, no que couber, o procedimento comum).

> **Por Arbitramento** (Quando as partes convencionarem expressamente, quando for determinado pela sentença, ou quando a natureza do objeto exigir essa modalidade de liquidação). O juiz nomeará perito e fixará prazo para entrega do laudo (as partes têm 10 dias para se manifestarem sobre o laudo apresentado, podendo ser designada audiência, se necessário).

A liquidação da sentença não exige a intimação da parte contrária, exige apenas a intimação do advogado.

Ela também pode ser requerida na pendência de recurso (processada em autos apartados, no juízo de origem, devendo o liquidante instruir o pedido com as cópias das peças processuais pertinentes).

É defeso (proibido) na liquidação:

> Discutir de novo a lide.

> Modificar a sentença que julgou a lide.

A decisão de liquidação pode ser impugnada por Agravo de Instrumento.

Quando a liquidação depender apenas de cálculo aritmético, o credor irá requerer o cumprimento da sentença, instruindo o pedido com a memória discriminada e atualizada do cálculo (se a elaboração depender de dados existentes em poder do devedor ou de terceiro, o credor requer ao juiz que requisite esses dados - fixa prazo de até trinta dias para cumprirem). Se o devedor não apresentar injustificadamente, os dados, reputam-se corretos os cálculos apresentados pelo credor.

Quando o valor apresentado pelo credor aparentemente for maior (ou hipótese de assistência judiciária) - juiz pode valer-se do contador do juízo.

Coisa Julgada

Coisa julgada material: É a eficácia, que torna **imutável e indiscutível** a sentença, não mais sujeita a recurso ordinário ou extraordinário (a sentença que julgar total ou parcialmente a lide tem força de lei nos limites da lide e das questões decididas). A coisa julgada alcança a parte dispositiva da sentença.

Coisa julgada formal: Produzida nas sentenças que extinguem o processo sem exame do mérito. Impossibilita a discussão desses elementos dentro do processo encerrado. Entretanto, admite sua reapresentação em outra ação (salvo se extinto em razão de perempção, litispendência ou de coisa julgada).

Entretanto, não fazem coisa julgada:

> **Os motivos**, ainda que importantes para determinar o alcance da parte dispositiva da sentença;

> **A verdade dos fatos**, estabelecida como fundamento da sentença;

> **A apreciação da questão prejudicial**, decidida incidentemente no processo (salvo se a parte o requerer, o juiz for materialmente competente e constituir um pressuposto necessário para o julgamento da lide).

As questões já decididas (relativas à mesma lide) não serão decididas novamente por nenhum juiz, salvo:

> **Relação jurídica continuativa:** se sobreveio modificação no estado de fato ou de direito (a parte pode pedir a revisão do que foi definido na sentença);

> **Demais casos previstos em lei.**

A regra é de que a sentença alcança somente as partes (faz coisa julgada), não beneficiando ou prejudicando terceiros. Mas ela produz efeitos para terceiros nas causas relativas ao estado de pessoa, se houverem sido citados no processo, em litisconsórcio necessário, todos os interessados, produzindo coisa julgada para eles.

Com o trânsito em julgado da sentença de mérito, reputam-se deduzidas e repelidas todas as alegações e defesas que as partes poderiam ter apresentado.

Reexame necessário: A sentença proferida contra a Fazenda Pública (União, o Estado, o Distrito Federal, o Município, e as respectivas autarquias e fundações de direito público) ou que julgar procedentes, no todo ou em parte, os embargos à execução de dívida ativa da Fazenda Pública, somente produzirá efeitos depois de confirmada pelo tribunal.

Nesse caso, o próprio juiz ordenará a remessa dos autos para o tribunal, independentemente de ter ou não havido apelação. Se ele não o fizer, deverá o presidente do tribunal avocar os autos.

→ **Exceções:**

> Valor não excedente a 60 salários mínimos (ou procedência dos embargos em dívida de mesmo valor);

> Sentença fundada em jurisprudência do plenário do Supremo Tribunal Federal ou em súmula desse Tribunal ou do Tribunal Superior competente.

Exercício Comentado

01. (CESPE) Com base na legislação processual civil, assinale a opção correta acerca da sentença.

a) O juiz pode modificar sentença já publicada para correção de erro material.

b) A sentença deve ser certa, com exceção da hipótese em que se julga relação jurídica condicional.

c) É vedado ao juiz considerar, no momento de proferir sentença, fato constitutivo, modificativo ou extintivo do direito ocorrido depois da propositura da ação, ainda que influa no julgamento da lide.

d) É permitido ao juiz, na sentença, condenar o réu em quantidade superior ou em objeto diverso do que lhe foi demandado.

RESPOSTA. ***"A". Art. 463, I;***

RESPOSTA. ***"B". O CPC estabelece que a sentença deverá ser certa, mesmo quando decidir relação jurídica condicional (Art. 460, p.u.);***

RESPOSTA. ***"C". Não é vedado, na verdade cabe ao juiz conhecer desses fatos no momento de proferir a sentença caso eles possam influir no julgamento da lide (Art. 462);***

RESPOSTA. ***"D". O CPC proíbe que o juiz condene o réu em quantidade superior ou em objeto diverso do que lhe foi demandado (Art. 460).***

Anotações

CAPÍTULO 07

Cumprimento da Sentença

A execução sofreu uma grande alteração com a lei 11.232/2005, que estabeleceu o sincretismo processual. Agora, o processo é sincrético, caracterizado apenas por fases diversas (conhecimento, liquidação e execução), não existindo mais, em regra, um processo para cada uma dessas fases.

O processo de execução não foi extinto, ele ainda existe, mas apenas para determinadas hipóteses.

Ainda se utiliza o processo autônomo de execução para:

> Título executivo extrajudicial;
> Execução contra a Fazenda Pública;
> Execução de alimentos;
> Execução fundada em sentença penal condenatória ou sentença arbitral.

Tipos de Execução

→ **Execução definitiva**: sentença com trânsito em julgado.

→ **Execução provisória**: sentença impugnada por recurso sem efeito suspensivo (chama-se provisória, pois essa sentença ainda pode ser alterada, dependendo do julgamento do recurso).

Quando a sentença tiver parte líquida e parte ilíquida, o credor pode promover ao mesmo tempo a execução da parte líquida, em autos apartados, e a liquidação da outra parte.

Condenado ao pagamento de quantia certa (ou já fixada em liquidação) - Não pagar em 15 dias - multa de 10% do valor da condenação (pagamento parcial = multa sobre o restante) e mediante requerimento do credor, expedição de mandado de penhora e avaliação (ele pode indicar bens do devedor)

No momento prevalece que esse prazo de 15 dias tem seu termo inicial no momento em que o devedor é intimado para cumprir a obrigação, na pessoa de seu advogado (STJ).

Início do prazo de 15 dias: intimação na pessoa do advogado.

Se o credor não requerer a execução no prazo de 6 meses, o juiz mandará arquivar os autos (mas podem ser desarquivados a pedido da parte).

Impugnação da Sentença

Efetuada a penhora, o devedor é intimado na pessoa de seu advogado, podendo apresentar impugnação (e não embargos à execução), no prazo de 15 dias.

Essa impugnação pode versar apenas sobre:

> **Falta ou nulidade da citação, se o processo correu à revelia;**
> **Inexigibilidade do título;**
> **Penhora incorreta ou avaliação errônea;**
> **Ilegitimidade das partes;**
> **Excesso de execução** (deve declarar de imediato o valor que entende correto);
> Qualquer causa **impeditiva, modificativa ou extintiva da obrigação**, como pagamento, novação, compensação, transação ou prescrição, desde que superveniente à sentença;
> Também é considerado **inexigível** o título judicial fundado em lei ou ato normativo declarados inconstitucionais pelo Supremo Tribunal Federal, ou fundado em aplicação ou interpretação da lei ou ato normativo tidas pelo Supremo Tribunal Federal como incompatíveis com a Constituição Federal.

Em regra, a impugnação não possui efeito suspensivo, mas o juiz pode concedê-lo quando em face de relevantes fundamentos, caso prosseguimento da execução seja manifestamente suscetível de causar danos de difícil ou incerta reparação ao executado. Mesmo se concedido esse efeito, o exequente pode requerer o prosseguimento da execução se ele oferecer e prestar caução suficiente e idônea, arbitrada pelo juiz.

Da decisão que julgar a impugnação, cabe agravo de instrumento (mas se extinguir a execução, caberá apelação).

Títulos Executivos Judiciais

Nos termos do CPC, são títulos executivos judiciais:

> Sentença proferida no processo civil (que reconheça a existência de obrigação de fazer, não fazer, entregar coisa ou pagar quantia);
> Sentença penal condenatória transitada em julgado;
> Sentença homologatória de conciliação ou de transação, ainda que inclua matéria não posta em juízo;
> Sentença arbitral;
> Acordo extrajudicial, de qualquer natureza, homologado judicialmente;
> Sentença estrangeira, homologada pelo Superior Tribunal de Justiça;
> Formal e a certidão de partilha, exclusivamente em relação ao inventariante, aos herdeiros e aos sucessores a título singular ou universal.

Execução provisória (é aquela fundamentada em uma sentença que foi recorrida, mas esse recurso não teve efeito suspensivo):

Corre por risco do exequente, caso a sentença seja reformada, ele deve reparar os danos que o executado haja sofrido.

Acórdão anula ou modifica a sentença objeto de execução - Ela fica sem efeito, restituindo-se as partes ao estado anterior e liquidados eventuais prejuízos nos mesmo autos (por arbitramento).

Para efetuar o levantamento de depósito em dinheiro ou praticar atos de alienação de bens do devedor (ou atos que possam resultar grave dano ao executado): precisa de **caução** (suficiente e idônea, arbitrada de plano pelo juiz e prestada nos próprios autos)

Essa caução pode ser dispensada:

> Créditos de natureza alimentícia ou decorrente de ato ilícito:
» Até 60 vezes o salário mínimo;
» Exequente demonstrar situação de necessidade.
> Execução provisória pendente Agravo de Instrumento junto ao STF ou STJ (salvo dispensa resultar risco de grave dano, de difícil ou incerta reparação).

Competência para o Cumprimento da Sentença

- > ***Tribunais:*** causas de sua competência originária.
- > **Juízo que processou no primeiro grau de jurisdição** (exequente opta pelo juízo do local dos bens ou do atual domicílio do executado).
- > **Juízo cível competente, no caso de:**
  - » Sentença penal condenatória;
  - » Sentença Arbitral;
  - » Sentença estrangeira.

No caso de indenização por ato ilícito que inclua prestação alimentícia, o juiz poderá ordenar que o devedor constitua capital cuja renda assegure o pagamento do valor mensal da pensão (imóveis, títulos da dívida pública ou aplicações financeiras em banco oficial, será inalienável e impenhorável enquanto durar a obrigação do devedor).

A constituição de capital pode ser substituída por:

- > Inclusão do nome do beneficiário em folha de pagamento de entidade de direito público ou empresa de direito privado de notória capacidade econômica;
- > Requerimento do credor – fiança bancária ou garantia real (valor arbitrado pelo juiz).

As prestações podem ser reduzidas ou aumentadas, mediante requerimento da parte, no caso de modificações nas condições econômicas.

Os alimentos podem ser fixados tomando por base o salário mínimo.

Cessando a obrigação, o juiz mandará liberar o capital, cessar o desconto em folha, ou cancelar as garantias prestadas.

Aplicam-se subsidiariamente ao cumprimento da sentença, no que couber, as normas que regem o processo de execução de título extrajudicial.

Exercício Comentado

01. (FCC) Sobre o cumprimento de sentença é correto afirmar:

I. É definitiva a execução de sentença transitada em julgado e provisória quando se tratar de sentença impugnada por recurso recebido somente no efeito devolutivo.

II. O devedor condenado em quantia certa será citado pessoalmente para pagá-la no prazo de quinze dias, acrescida de multa de 10%.

III. A impugnação não poderá versar sobre penhora incorreta ou avaliação errônea.

IV. Do auto de penhora e de avaliação será de imediato intimado o executado, na pessoa de seu advogado ou, na falta deste, o seu representante legal, ou pessoalmente, por mandado ou pelo correio, podendo oferecer impugnação, querendo, no prazo de quinze dias.

V. O excesso de execução poderá ser alegado em impugnação, tendo o executado de declarar de imediato o valor que entende correto, sob pena de rejeição liminar dessa impugnação.

Está correto o que se afirma apenas em:

a) I, III e V.
b) I, III e IV.
c) II, III e V.
d) I, IV e V.
e) II, IV e V.

RESPOSTA. ***"D". I. Art. 475-I, §1º; II. Não há citação para pagamento e a intimação para cumprir a obrigação será feita na pessoa do advogado. Além disso, a multa de 10% apenas incidirá caso não seja pago no prazo. (Art. 475-J); III. Penhora incorreta ou avaliação errônea são matérias que podem ser tratadas na impugnação (Art. 475-L, III); IV. Art. 475-J. §1º; V. Art. 475-J. §2 º.***

Processo de Execução

Quando se pretende satisfazer a obrigação contida em um título executivo judicial, utiliza-se a fase de cumprimento da sentença (sentença condenatória de pagar soma em dinheiro) ou das medidas de apoio quando tratar-se de obrigação de dar, fazer ou não fazer (ex. multa por atraso, busca e apreensão, imissão na posse, remoção de pessoas ou coisas, desfazimento de obras etc.).

A ação de execução, como medida judicial autônoma, é utilizada para buscar o adimplemento de obrigação contida em:

- > Título executivo extrajudicial;
- > Sentença penal condenatória;
- > Sentença Arbitral;
- > Execução contra a Fazenda Pública (pois se submete ao regime de precatórios);
- > Prestação de alimentos.

Legitimados para promover a execução forçada:

- > O credor a quem a lei confere título executivo;
- > O Ministério Público, nos casos prescritos em lei;
- > O espólio, os herdeiros ou os sucessores do credor, sempre que, por morte desse, lhes for transmitido o direito resultante do título executivo;
- > O cessionário, quando o direito resultante do título executivo lhe foi transferido por ato entre vivos;
- > O sub-rogado, nos casos de sub-rogação legal ou convencional.

Sujeitos passivos na execução (executados):

- > O devedor, reconhecido como tal no título executivo;
- > O espólio, os herdeiros ou os sucessores do devedor;
- > O novo devedor, que assumiu, com o consentimento do credor, a obrigação resultante do título executivo;
- > O fiador judicial;
- > O responsável tributário, assim definido na legislação própria.

O credor pode desistir da execução (toda ela ou apenas de algumas medidas), mas no caso de existirem embargos:

- > **Eles serão extintos:** se versarem apenas sobre questões processuais e o credor pagar as custas e honorários advocatícios;
- > **Demais casos**: extinção dependerá de **concordância do devedor.**

Obrigações alternativas (a obrigação pode ser cumprida de mais de uma forma, mas será adimplida por apenas uma delas. Exemplo: paga-se a dívida em dinheiro ou mediante a entrega de um carro).

- **Escolha couber ao devedor** - Citado para exercer a opção e realizar a prestação em **10 dias** (salvo outro prazo determinado em lei, no contrato ou na sentença), se não o fizer, devolve-se a escolha ao credor;
- **Escolha couber ao credor** - Indica na petição inicial da execução a sua opção.

O credor pode cumular várias execuções contra o mesmo devedor (ainda que fundadas em títulos diferentes), quando:

- O juiz seja competente para todas;
- Seja idêntica a forma do processo.

Se a obrigação que deu lugar à execução for declarada inexistente (no todo ou em parte) por sentença com trânsito em julgado, o credor deverá ressarcir o devedor dos danos sofridos.

Competência para a Execução

- De título **executivo judicial**:
  - Tribunais superiores, nas causas de sua competência originária;
  - Juízo que decidiu a causa no primeiro grau de jurisdição;
  - Juízo cível competente, quando o título executivo for sentença penal condenatória ou sentença arbitral.
- De título **executivo extrajudicial**:
  - Segundo as regras de competência estabelecidas no CPC (Arts. 88 a 124).
- **Execução fiscal:**
  - Foro do domicílio do réu (se tiver mais de um domicílio, a fazenda pública escolhe qualquer um deles);
  - Se não tiver - de sua residência ou no local em que for encontrado;
  - Mais de um devedor – fazenda pública escolhe o de qualquer um deles;
  - A ação também pode ser proposta no local da prática do ato, da ocorrência do fato ou do foro da situação dos bens, quando a dívida deles se originar.

A execução pode ser promovida pelo credor quando o devedor não satisfizer espontaneamente obrigação certa, líquida e exigível, consubstanciada em título executivo.

Devedor cumpre a obrigação - O credor não pode iniciar a execução ou nela prosseguir, salvo se o devedor apresentar prestação diversa da que corresponder ao direito ou à obrigação.

Em todos os casos em que é defeso a um contraente, antes de cumprida a sua obrigação, exigir o implemento da do outro, não se procederá à execução, se o devedor se propõe satisfazer a prestação, com meios considerados idôneos pelo juiz, mediante a execução da contraprestação pelo credor, e este, sem justo motivo, recusar a oferta (mas o devedor pode desobrigar-se se depositar em juízo a prestação ou a coisa, caso em que o juiz suspenderá a execução, não permitindo que o credor a receba enquanto não cumprir a sua contraprestação).

São títulos executivos extrajudiciais:

- A letra de câmbio, a nota promissória, a duplicata, a debênture e o cheque;
- A escritura pública ou outro documento público assinado pelo devedor; o documento particular assinado pelo devedor e por duas testemunhas; o instrumento de transação referendado pelo Ministério Público, pela defensoria pública ou pelos advogados dos transatores;
- Os contratos garantidos por hipoteca, penhor, anticrese e caução, bem como os de seguro de vida;
- O crédito decorrente de foro e laudêmio;
- O crédito, documentalmente comprovado, decorrente de aluguel de imóvel, bem como de encargos acessórios, tais como taxas e despesas de condomínio;
- O crédito de serventuário de justiça, de perito, de intérprete, ou de tradutor, quando as custas, emolumentos ou honorários forem aprovados por decisão judicial;
- A certidão de dívida ativa da Fazenda Pública da União, dos estados, do distrito federal, dos territórios e dos municípios, correspondente aos créditos inscritos na forma da lei;
- Todos os demais títulos a que, por disposição expressa, a lei atribuir força executiva.

Mesmo que seja proposta uma ação relativa ao débito constante no título, não ficará inibido o credor de promover a execução desse título.

Diferentemente do que ocorre com as sentenças estrangeiras (homologadas pelo STJ), os títulos executivos extrajudiciais estrangeiros não precisam ser homologados para serem executados no Brasil, mas para isso, eles devem:

- Satisfazer os requisitos de formação exigidos pela lei do lugar da sua celebração;
- Indicar o Brasil como o lugar de cumprimento da obrigação.

Execução para cobrança de crédito - fundada sempre em título de obrigação certa, líquida e exigível.

A execução fundada em título extrajudicial é definitiva, mas ela será provisória enquanto pendente apelação de sentença de improcedência dos embargos do executado, recebidos com efeito suspensivo.

Da Responsabilidade Patrimonial

Em regra, quem responde pela obrigação é o devedor, com todos os seus bens presentes e futuros, salvo as restrições estabelecidas em lei. Entretanto a responsabilidade patrimonial estende-se aos bens:

- **Do sucessor a título singular**, tratando-se de execução fundada em direito real ou obrigação reipersecutória;
- **Do sócio**, nos termos da lei;
- **Do devedor**, quando em poder de terceiros;
- **Do cônjuge**, nos casos em que os seus bens próprios, reservados ou de sua meação respondem pela dívida;
- **Alienados ou gravados com ônus real em fraude de execução.**

Considera-se em fraude de execução a alienação ou oneração de bens:

- Quando sobre eles pender ação fundada em direito real;
- Quando, ao tempo da alienação ou oneração, corria contra o devedor demanda capaz de reduzi-lo à insolvência;
- Nos demais casos expressos em lei;

A **ação pauliana** é a competente para anular atos fraudatórios à execução.

Se o fiador estiver sendo executado, ele pode nomear bens do devedor (desde que livres e desembargados), mas seus bens ficarão sujeitos à execução se o devedor não possuir bens suficientes para satisfazer o direito do credor. Caso o fiador pague a dívida, ele poderá executar o afiançado nos autos do mesmo processo.

Os bens particulares dos sócios somente responderão pelas dívidas da sociedade nos casos previstos em lei. Entretanto, o sócio demandado tem o direito de exigir que primeiro sejam executados os bens da sociedade, devendo indicar os bens localizados na mesma comarca, livres e desembargados, tantos quantos bastem para pagar o débito. Caso o sócio pague a dívida da sociedade, poderá executá-la nos autos do mesmo processo.

O espólio responde pelas dívidas do falecido; mas, assim que for feita a partilha, cada herdeiro responde por elas na proporção da parte que na herança lhe coube.

Aplicam-se subsidiariamente à execução as disposições que regem o processo de conhecimento.

Ato Atentatório à Dignidade da Justiça

O juiz fixará multa **não superior a 20%** do valor atualizado do débito em execução, revertida em proveito do credor e exigível na própria execução (sem prejuízo de outras sanções de natureza processual ou material).

O ato atentatório à dignidade da justiça ocorre quando o executado:

- Frauda a execução;
- Opõe-se maliciosamente à execução, empregando ardis e meios artificiosos;
- Resiste injustificadamente às ordens judiciais;
- Intimado, não indica ao juiz, em 5 (cinco) dias, quais são e onde se encontram os bens sujeitos à penhora e seus respectivos valores.

Caso o devedor se comprometa a não mais praticar nenhum desses atos e de fiador idôneo (que responda pela dívida principal, juros, despesas e honorários advocatícios) o juiz relevará a pena.

Espécies de Execução

Entrega de Coisa Certa

Utilizada para entrega de coisa certa constante de título executivo extrajudicial.

O devedor é citado para satisfazer a obrigação em 10 dias (ou apresentar embargos, após a garantia do juízo – ele pode depositar a coisa em vez de entregá-la, não podendo o exequente levantá-la antes do julgamento dos embargos). O juiz pode fixar multa por dia de atraso no cumprimento da obrigação (valor da multa pode ser alterado caso se revele insuficiente ou excessivo).

No caso de não entrega da coisa ou de depósito para fins de embargos não recebidos no efeito suspensivo, é expedido mandado de imissão na posse (bem imóvel) ou de busca e apreensão (bem móvel). Se a coisa litigiosa for alienada para terceiro, contra este será expedido o mandado, sendo ele ouvido apenas após o depósito dela.

Se a coisa não for encontrada ou houver deterioração, cabe a propositura de ação de execução substitutiva (execução por quantia certa), sendo o devedor citado para pagar o montante correspondente às perdas e danos em 3 dias.

Entrega de Coisa Incerta

Quando se tratar de coisas determinadas pelo gênero e quantidade, o devedor é citado para entregá-las individualizadas (caso a escolha caiba ao credor, ele a indicará na petição inicial). A parte pode impugnar a escolha feita pela outra em 48 horas (juiz decide de plano ou ouve perito se necessário).

Nessa modalidade de execução, aplica-se subsidiariamente o estatuído para entrega de coisa certa.

Obrigações de Fazer e de Não Fazer

Nessas modalidades de execução, fundadas em título extrajudicial, o juiz, ao despachar a inicial, fixará multa por dia de atraso no cumprimento da obrigação e a data a partir da qual será devida. Mas caso o valor da multa previsto no título seja excessivo, o juiz poderá reduzi-lo.

Obrigação de Fazer

O devedor é citado para satisfazer a pretensão no prazo assinado pelo juiz (no caso de omissão do título executivo).

Não havendo o cumprimento, o credor pode requerer, nos próprios autos do processo, que ela seja executada à custa do devedor (caso seja obrigação que possa ser prestada por terceiro – fungível) ou requerer a conversão em indenização por perdas e danos (caso a obrigação seja infungível ou o devedor se recuse a prestá-la).

Obrigação de Não Fazer

Quando o devedor praticar ato que estava obrigado a abster-se (pela lei ou pelo contrato), o credor requererá ao juiz que fixe um prazo para desfazê-lo. Havendo recusa ou mora no cumprimento, o credor requererá ao juiz que mande desfazer o ato à sua custa, respondendo o devedor por perdas e danos. Caso não seja possível desfazer-se o ato, a obrigação resolve-se em perdas e danos.

Execução por Quantia Certa Contra Devedor Solvente

O executado é citado para pagar a dívida em 3 dias. Se não o fizer, o oficial de justiça, munido da segunda via do mandado, procederá de imediato à penhora e avaliação de bens, lavrando o respectivo auto e intimando de tais atos, na mesma oportunidade, o executado.

O credor pode indicar bens do executado a serem penhorados na sua petição inicial.

O juiz pode determinar a intimação do executado para que indique bens passíveis de penhora, a qualquer tempo, de ofício ou a requerimento do exequente (intima na pessoa do advogado, se não tiver, intima-se pessoalmente).

Se houver pagamento integral no prazo de 3 dias, a verba honorária será reduzida pela metade.

Caso o oficial de justiça não encontre o devedor para citá-lo, arrestará quantos bens forem necessários para a garantia da execução. Nos 10 dias seguintes ao arresto, procurará o devedor em 3 dias distintos, não o encontrando, certificará o ocorrido.

Nesse caso, compete ao credor dentro dos 10 dias seguintes à intimação do arresto, requerer a citação por edital do devedor. Findo o prazo do edital, o arresto será convertido em penhora.

Expropriação de Bens

Penhora

Por meio da penhora, os bens do devedor serão constritos, em seguida, serão expropriados, de modo a satisfazer o crédito devido ao exequente.

Lembre-se de que a avaliação dos bens penhorados será feita pelo oficial de justiça. Caso sejam necessários conhecimentos especializados, o juiz nomeará avaliador.

Formas de Expropriação

Adjudicação

Se o exequente oferecer preço não inferior ao da avaliação, pode requerer a adjudicação dos bens penhorados. Também possuem esse direito o credor com garantia real, os credores concorrentes que tenham penhorado o mesmo bem, o cônjuge, ascendentes e descendentes do executado.

Havendo mais de um pretendente, será feita uma licitação entre eles. No caso de igualdade de ofertas, terá preferência, nessa ordem:

> Cônjuge;

> Descendente;

> Ascendente.

Alienação por Iniciativa Particular

Não ocorrendo a adjudicação, o exequente poderá requerer sejam eles alienados por sua própria iniciativa ou por intermédio de corretor credenciado perante a autoridade judiciária.

Alienação em Hasta Pública

→ ***Praça:*** expropriação de **bens imóveis**, realizada no átrio do fórum.

→ ***Leilão:*** expropriação de **bens móveis**, podendo ser feito onde se encontrarem os bens.

A arrematação é feita mediante o pagamento imediato do preço, ou no prazo de 15 dias, mediante caução. Tratando-se de bem imóvel, quem estiver interessado em adquiri-lo em prestações poderá apresentar por escrito sua proposta, nunca inferior à avaliação, com oferta de pelo menos 30% (trinta por cento) à vista, sendo o restante garantido por hipoteca sobre o próprio imóvel.

Se o bem não alcançar lance superior ao valor da avaliação, procede-se à uma segunda praça ou leilão, em que serão alienados pelo lance de maior valor (salvo preço vil).

Usufruto de Bem Móvel ou Imóvel

→ **Remição:** antes da adjudicação ou da alienação dos bens, o executado pode remir a execução pagando ou consignando a importância atualizada da dívida, mais juros, custas e honorários advocatícios.

Antes de adjudicados ou alienados os bens, pode o executado, a todo tempo, remir a execução, pagando ou consignando a importância atualizada da dívida, mais juros, custas e honorários advocatícios.

Fique Ligado

Os bens inalienáveis ou impenhoráveis não estão sujeitos à execução.

Bens Absolutamente Impenhoráveis

> Bens inalienáveis e os declarados, por ato voluntário, não sujeitos à execução;

> Móveis, pertences e utilidades domésticas que guarnecem a residência do executado, **salvo os de elevado valor ou que ultrapassem as necessidades comuns correspondentes a um médio padrão de vida;**

> Vestuários, bem como os pertences de uso pessoal do executado, **salvo se de elevado valor;**

> Vencimentos, subsídios, soldos, salários, remunerações, proventos de aposentadoria, pensões, pecúlios e montepios; as quantias recebidas por liberalidade de terceiro e destinadas ao sustento do devedor e sua família, os ganhos de trabalhador autônomo e os honorários de profissional liberal **(não se aplica no caso de penhora para pagamento de prestação alimentícia);**

> Livros, as máquinas, as ferramentas, os utensílios, os instrumentos ou outros bens móveis necessários ou úteis ao exercício de qualquer profissão;

> Seguro de vida;

> Materiais necessários para obras em andamento, **salvo se essas forem penhoradas;**

> Pequena propriedade rural, assim definida em lei, desde que trabalhada pela família;

> Recursos públicos recebidos por instituições privadas para aplicação compulsória em educação, saúde ou assistência social;

> Até o limite de **40 salários mínimos**, a quantia depositada em caderneta de poupança;

> Recursos públicos do fundo partidário recebidos, nos termos da lei, por partido político.

A impenhorabilidade não é oponível à cobrança do crédito concedido para a aquisição do próprio bem.

Caso não haja outros bens, podem ser penhorados os frutos e rendimentos dos bens inalienáveis, desde que não estejam destinados à satisfação de prestação alimentícia.

Ordem Preferencial da Penhora

> Dinheiro (em espécie ou em depósito ou aplicação em instituição financeira);

> Veículos de via terrestre;

> Bens móveis em geral;

> Bens imóveis;

> Navios e aeronaves;

> Ações e quotas de sociedades empresárias;

> Percentual do faturamento de empresa devedora;

> Pedras e metais preciosos;

- Títulos da dívida pública da União, Estados e Distrito Federal com cotação em mercado;
- Títulos e valores mobiliários com cotação em mercado;
- Outros direitos.

Vale lembrar que, conforme o estabelecido na Súmula Vinculante 25 do STF, não cabe mais a prisão civil do depositário infiel.

Penhora sobre imóveis - intima-se também o cônjuge do executado.

Substituição da Penhora

Casos em que a parte pode requerer a substituição da penhora:

- Não obedecer à ordem legal;
- Não incidir sobre os bens designados em lei, contrato ou ato judicial para o pagamento;
- Se, havendo bens no foro da execução, outros houverem sido penhorados;
- Se, havendo bens livres, a penhora houver recaído sobre bens já penhorados ou objeto de gravame;
- Se incidir sobre bens de baixa liquidez;
- Se fracassar a tentativa de alienação judicial do bem;
- Se o devedor não indicar o valor dos bens ou omitir qualquer das indicações a que se referem os incisos I a IV do parágrafo único do art. 668 desta Lei.

A penhora pode ser substituída por fiança bancária ou seguro garantia judicial, em valor não inferior ao do débito constante da inicial acrescido de 30% desse valor.

Fique Ligado

O rol de bens impenhoráveis e a ordem preferencial de penhora são muito cobrados em prova!

Exercício Comentado

01. (FCC) Em relação à execução:

a) Podem ser executados os bens que a lei considera impenhoráveis ou inalienáveis.

b) Entre outros, são absolutamente impenhoráveis os vestuários, bem como os pertences de uso pessoal do executado, salvo se de elevado valor.

c) À falta de outros bens, podem ser penhorados os frutos e rendimentos dos bens inalienáveis, mesmo que destinados à satisfação de prestação alimentícia.

d) É penhorável a quantia depositada em caderneta de poupança, de qualquer valor, salvo se ficar provado que se destina à futura aposentadoria do executado.

e) O seguro de vida é penhorável, por não ter natureza de crédito alimentício.

RESPOSTA. ***"A". Eles não podem ser executados (art. 648).***

RESPOSTA. ***"B". Desde que não sejam de elevado valor, os vestuários e os pertences de uso pessoal do executado são impenhoráveis (art. 649, III).***

RESPOSTA. ***"C". Quando destinados à satisfação de prestação alimentícia, os frutos e rendimentos dos bens inalienáveis não podem ser penhorados quando faltarem outros bens (art. 650).***

RESPOSTA. ***"D". A quantia até o limite de 40 vezes o salário mínimo será considerada impenhorável, o montante que ultrapassar esse valor poderá ser penhorado (art. 649, X).***

RESPOSTA. ***"E". O seguro de vida também é elencado como bem impenhorável pelo CPC (art. 649, VI).***

Impenhorabilidade do Bem de Família (Lei 8.009/90)

Essa lei tornou impenhorável o imóvel residencial próprio do casal (ou entidade familiar), alcançando o imóvel sobre o qual se assentam as construções, as plantações, as benfeitorias de qualquer natureza e todos os equipamentos, inclusive de uso profissional, ou móveis que guarnecem a casa, desde que quitados.

A impenhorabilidade do bem de família fundamenta-se no princípio da dignidade da pessoa humana. Conforme entende a doutrina e a jurisprudência, esse benefício estende-se também às pessoas solteiras, separadas etc.

Acompanhe-me

Súmula 364 do STJ: "O conceito de impenhorabilidade do bem de família abrange também o imóvel pertencente a pessoas solteiras, separadas e viúvas".

A lei expressamente excluiu da impenhorabilidade os veículos de transporte, obras de arte e adornos suntuosos.

Segundo o entendimento dominante, apenas por ter natureza alimentar, o crédito trabalhista não fundamenta a inaplicabilidade da lei 8.009/90, uma vez que a referida lei diz ser a impenhorabilidade oponível inclusive a processos de execução trabalhista.

Mas caso trate-se de trabalhadores da própria residência, como no caso de trabalhadores domésticos, a impenhorabilidade não será aplicada.

Desse modo, a impenhorabilidade é oponível em qualquer processo de execução civil, fiscal, previdenciária, trabalhista ou de outra natureza.

Exceções

Não se aplica a impenhorabilidade dessa lei a:

- Crédito de trabalhadores da própria residência (domésticos) e respectivas contribuições previdenciárias;
- Crédito decorrente de financiamento para construção ou aquisição do imóvel, no limite dos créditos e acréscimos constituídos em função do respectivo contrato;
- Pensão alimentícia;
- Cobrança de impostos, predial ou territorial, taxas e contribuições devidas em função do imóvel familiar;
- Execução de hipoteca sobre o imóvel oferecido como garantia real;
- Adquirido com produto de crime ou execução de sentença penal condenatória a ressarcimento, indenização ou perdimento de bens;
- Fiança concedida em contrato de locação.

Se o devedor, sabendo que é insolvente, adquire de má-fé imóvel mais valioso para transferir a residência familiar (desfazendo-se ou não da moradia antiga), não será beneficiado pelo instituto da Lei, 8.009/90. O Juiz, nesse caso, poderá transferir a impenhorabilidade para a moradia anterior, ou anular-lhe a venda, liberando a mais valiosa.

Imóvel Rural*:* impenhorabilidade alcança apenas a **sede da moradia**, com os respectivos **móveis**. (e também a área limitada como pequena propriedade rural, no caso do inciso XXVI do art. 5º da CF).

Se o casal possuir mais de um imóvel que utilize como residência, a impenhorabilidade recairá sobre o de menor valor (salvo se sobre outro houver sido constituído bem de família, mediante registro do Registro de Imóveis).

Embargos do Devedor

Trata-se de uma ação que o executado dispõe para obstar a execução.

Para opor-se à execução de meio de embargos, o devedor não precisa ter garantido o juízo (independe de penhora, depósito ou caução).

São oferecidos em **15 dias** (da juntada aos autos do mandado de citação - no caso de mais de um executado, conta-se da juntada do respectivo mandado, salvo tratando-se de cônjuges).

Eles não possuem efeito suspensivo. Entretanto, o juiz pode conceder esse efeito quando o prosseguimento da execução manifestamente puder causar grave dano, de difícil ou incerta reparação ao executado, desde que a **execução esteja garantida** (penhora, depósito ou caução suficientes). Esse efeito não impede os atos de contrição (a execução prossegue até a penhora e avaliação de bens).

O juiz rejeitará liminarmente os embargos:

> Intempestivos;
> Se a petição for inepta;
> Manifestamente protelatórios.

Embargos manifestamente protelatórios – multa não superior a 20% do valor da execução.

No prazo para embargos, o devedor pode, reconhecendo o crédito do exequente e comprovando o depósito de 30% do valor da execução (acrescida de custas e honorários advocatícios), requerer seja admitido pagar o restante em até 6 parcelas mensais, com correção monetária e juros de 1% ao mês.

O não pagamento de qualquer das prestações implicará:

> Vencimento das subsequentes de pleno direito;
> Imediato início dos atos executivos;
> Multa de 10% sobre as prestações não pagas;
> Vedada a oposição de embargos.

No prazo de 5 dias, contados da adjudicação, alienação ou arrematação, o executado pode oferecer embargos fundados em:

> Nulidade da execução;
> Causa extintiva da obrigação (superveniente à penhora).

Oferecidos os embargos, o adquirente pode desistir da aquisição.

Suspensão e Extinção da Execução

Hipóteses de **suspensão** da execução:

> **Embargos à execução recebidos com efeito suspensivo** (suspensa no todo ou em parte);
> **Hipóteses previstas no art. 265, I a III:**
» Morte ou perda da capacidade processual de qualquer das partes, de seu representante legal ou de seu procurador;
» Pela convenção das partes;
» Quando for oposta exceção de incompetência do juízo, da câmara ou do tribunal, bem como de suspeição ou impedimento do juiz.
> **Quando o devedor não possuir bens penhoráveis.**

Casos de **extinção** da execução (somente produz efeito depois de declarada por sentença):

> Devedor satisfaz a obrigação;
> Devedor obtém, por transação ou por qualquer outro meio, a remissão total da dívida;
> Credor renunciar ao crédito.

Exercício Comentado

***01.** (FCC) Os embargos do devedor:*

***a)** Poderão ser opostos no prazo de 15 dias, contados da data da juntada aos autos do mandado de citação.*

***b)** Poderão ser opostos no dobro do prazo legal quando os executados tiverem diferentes procuradores.*

***c)** Terão sempre efeito suspensivo, ficando a execução paralisada até o seu julgamento.*

***d)** Não poderão ser rejeitados liminarmente, mesmo quando manifestamente protelatórios.*

***e)** Impedirão, uma vez recebidos, a efetivação dos atos de penhora e de avaliação dos bens.*

*RESPOSTA. **"A". Art. 738;***

*RESPOSTA. **"B". O art. 738, § 3º diz expressamente que essa regra contida no art. 191 (prazo em dobro para litisconsortes com diferentes procuradores) não se aplica aos embargos do executado;***

*RESPOSTA. **"C". O art. 739-A diz que os embargos do executado não terão efeito suspensivo;***

*RESPOSTA. **"D". Os embargos manifestamente protelatórios estão incluídos dentre as hipóteses que justificam a rejeição liminar (art. 739, III);***

*RESPOSTA. **"E". Em regra não são recebidos com efeito suspensivo, mas mesmo que sejam recebidos nesse efeito, os atos de efetivação de penhora e avaliação de bens não estarão impedidos (art. 739-A, § 6º).***

Anotações

CAPÍTULO 08

Recursos

Existem dois meios de impugnar as decisões judiciais. O primeiro é o recurso, que possui natureza endoprocessual, isto é, ele atua dentro do próprio processo em que essa decisão foi proferida. Além dos recursos, podem ser utilizados os sucedâneos recursais, que necessitam de uma nova ação para surtirem seus efeitos (ex.: ação rescisória, mandado de segurança etc.).

Disposições Gerais

Nos termos do CPC, são cabíveis os seguintes recursos:

- Apelação;
- Agravo;
- Embargos infringentes;
- Embargos de declaração;
- Recurso ordinário;
- Recurso especial;
- Recurso extraordinário;
- Embargos de divergência em recurso especial e em recurso extraordinário.

Efeitos dos Recursos

- ***Devolutivo:*** devolve ao tribunal a matéria impugnada, para que ela seja reapreciada;
- ***Suspensivo:*** impede que a decisão gere efeitos até que o recurso seja efetivamente julgado (a decisão não pode ser executada);
- ***Translativo:*** permite que o tribunal conheça de matérias que não foram impugnadas pelas partes (matérias de ordem pública);
- ***Efeito substitutivo:*** o julgamento proferido pelo tribunal substituirá a sentença ou a decisão recorrida no que tiver sido objeto de recurso.

Recurso Extraordinário e Recurso Especial -> Não impedem a execução da sentença.

O Agravo de Instrumento, em regra, não obsta o andamento do processo (salvo o art. 558).

Acórdão com parte unânime e parte não unânime. Se forem interpostos embargos infringentes da parte não unânime, o prazo para interpor RE ou REsp da parte unânime fica sobrestado até a intimação da decisão proferida nos embargos (se não interpuser embargos infringentes, o prazo então para RE ou REsp terá como dia do início o dia do trânsito em julgado da decisão por maioria de votos).

Legitimidade para Interpor Recurso

- **Parte vencida;**
- **Terceiro prejudicado** (deve demonstrar nexo de interdependência entre o seu interesse de intervir e a relação jurídica submetida à apreciação judicial);
- **Ministério Público** (figurou como parte ou como fiscal da lei).

Recurso Adesivo

Quando vencidos autor e réu, se um deles interpuser recurso, o outro poderá aderir. Trata-se de um recurso da parte que já estava conformada com a decisão, mas como a outra parte recorreu, ele adere ao recurso principal.

O recurso adesivo é subordinado ao recurso principal (se houver desistência do recurso principal, ou ele for declarado inadmissível ou deserto, o recurso adesivo também não será conhecido).

Ele cabe nos seguintes casos:

- Apelação;
- Embargos infringentes;
- Recurso extraordinário;
- Recurso especial.

O recurso adesivo será interposto perante a autoridade competente para admitir o recurso principal, dentro do prazo da resposta (contrarrazões do recurso principal).

Ao recurso adesivo se aplicam as mesmas regras do recurso independente, no que se refere às condições de admissibilidade, preparo e julgamento no tribunal superior.

Regras Gerais Sobre os Recursos

A desistência de qualquer recurso:

- Pode ser feita a qualquer tempo;
- Não precisa de anuência do recorrido ou dos litisconsortes.

Renúncia ao direito de recorrer → Não precisa de aceitação da outra parte.

A parte não poderá recorrer quando aceitar a decisão, de forma expressa ou tácita (prática de algum ato, sem reserva alguma, incompatível com o direito de recorrer).

Não cabe recurso dos despachos.

A parte que quiser recorrer pode impugnar a sentença no todo ou em parte.

Os prazos para interpor os recursos contam-se:

- Leitura da sentença em audiência;
- Intimação às partes, quando a sentença não for proferida em audiência;
- Publicação do dispositivo do acórdão no órgão oficial.

Se, no decorrer do prazo recursal falecer a parte ou seu advogado (ou ocorre motivo de força maior que suspenda o processo), o prazo será restituído (em proveito da parte, do herdeiro ou do sucessor, voltando a correr novamente depois da intimação).

→ **Prazo***:* 15 dias para interposição e contrarrazões:

- Apelação;
- Embargos infringentes;
- Recurso ordinário;
- Recurso especial;
- Recurso extraordinário;
- Embargos de divergência.

Quando um dos litisconsortes interpuser recurso, ele aproveita os outros, salvo se seus interesses forem distintos ou opostos.

Tratando-se de solidariedade passiva, o recurso de um devedor aproveita os demais, quando as defesas opostas ao credor lhes forem comuns.

O preparo (quando exigido) e as custas de porte de remessa e de retorno devem ser comprovados no ato da interposição do recurso, sob pena dele ser considerado deserto (no caso de insuficiência do valor, o recorrente será intimado para suprir em 5 dias; se não fizer, o recurso será deserto).

Dispensado de efetuar preparo:

- Ministério Público;
- União, Estados, Municípios e respectivas autarquias;
- Demais que tiverem isenção legal.

Recursos em Espécie

Apelação

É o recurso cabível contra as **sentenças terminativas** (art. 267 – extinção do processo SEM a análise do mérito) ou **definitivas** (art. 269 – extinção do processo COM a resolução do mérito).

Ela é dirigida ao próprio juiz que sentenciou, devendo conter:

> Os nomes e a qualificação das partes;
> Os fundamentos de fato e de direito;
> O pedido de nova decisão.

→ **Prazo:** 15 dias (contados da intimação da decisão). Deve-se lembrar das regras de prazo diferenciado (Ministério Público e Fazenda Pública – prazo em dobro; litisconsortes com diferentes procuradores – prazo em dobro).

Ela devolve ao tribunal o conhecimento da matéria impugnada (efeito devolutivo), entretanto:

> Todas as questões suscitadas e discutidas no processo serão objeto de apreciação e julgamento pelo tribunal, mesmo que a sentença não as tenha julgado por inteiro.
> Pedido ou defesa com mais de um fundamento e a sentença acolheu apenas um deles → A apelação devolve ao tribunal o conhecimento dos outros fundamentos.
> Processo extinto sem julgamento do mérito → Tribunal pode julgar desde logo a lide, desde que:
» A causa verse sobre questão exclusivamente de direito;
» Esteja em condições de imediato julgamento.
> Tribunal constata que ocorreu uma nulidade sanável → Poderá determinar a realização ou renovação do ato processual, intimadas as partes. Assim que a diligência for cumprida, sempre que possível, prosseguirá o julgamento da apelação.

Também ficam submetidas ao tribunal as questões anteriores à sentença, ainda não decididas.

Questões de fato não propostas no juízo inferior – Somente poderão ser suscitadas na apelação se a parte provar que não o fez por motivo de força maior.

Apelação interposta, o juiz irá:

> Declarar os efeitos em que ela é recebida;
> Mandará dar vista ao apelado para responder;

Súmula impeditiva de recurso: quando a sentença estiver em conformidade com súmula do STJ ou STF, o juiz não receberá o recurso de apelação (nesse caso, a apelação nem é enviada ao tribunal).

A parte contrária apresenta sua resposta e é facultado ao juiz em 5 dias o reexame dos pressupostos de admissibilidade do recurso (a parte pode, na sua resposta, apontar que o juiz deixou de observar que a sentença recorrida estava em consonância com súmula ou que faltou algum requisito de admissibilidade da apelação).

Parte não efetua o preparo ou o faz de forma incompleta – Pena de deserção (pode ser relevada se o apelante provar justo impedimento, sendo-lhe fixado um prazo para efetuar o preparo). Essa decisão é irrecorrível; o tribunal irá apreciar a sua legitimidade.

Apelação em regra é recebida nos efeitos devolutivo e suspensivo. Entretanto, em alguns casos será recebida **apenas no efeito devolutivo**, isso ocorre quando interposta apelação de sentença que:

> Homologar a divisão ou a demarcação;
> Condenar à prestação de alimentos;
> Decidir o processo cautelar;
> Rejeitar liminarmente embargos à execução ou julgá-los improcedentes;
> Julgar procedente o pedido de instituição de arbitragem;
> Confirmar a antecipação dos efeitos da tutela.

Apelação recebida:

> **Efeito devolutivo e suspensivo** - Juiz não pode inovar no processo.
> **Apenas no efeito devolutivo** - O apelado pode promover a execução provisória da sentença, extraindo a respectiva carta.

Embargos Infringentes

Utilizado quando o tribunal profere um acórdão não unânime ao apreciar uma apelação ou ação rescisória (reforma sentença de mérito em grau de apelação ou julga procedente ação rescisória, porém, de forma não unânime. Há então dois requisitos:

> Decisão não unânime;
> Reforma da decisão de mérito apelada ou procedência da ação rescisória.

Se o desacordo for parcial, isto é, não tiver unanimidade em apenas parte da matéria discutida, apenas essa parte não unânime estará sujeita ao recurso em questão.

Procedimento

> Uma vez interposto, abre-se vista ao recorrido para contrarrazões;
> Após, o relator do acórdão embargado apreciará a admissibilidade do recurso (da decisão que não admitir os embargos caberá agravo, no prazo de 5 dias, para o órgão competente para o julgamento do recurso);
> Admitidos, os embargos serão processados e julgados conforme as regras do regimento interno do tribunal (se o regimento dispuser que deve ser escolhido novo relator, deverá recair, se possível, em juiz que não haja participado do julgamento anterior).

Agravo

O agravo é a medida utilizada para atacar as decisões interlocutórias, havendo duas espécies; Agravo Retido e Agravo de Instrumento.

→ **Prazo:** 10 dias.

Agravo Retido

Independe de preparo.

Ele é apresentado ao **próprio juiz** que proferiu a decisão interlocutória. Fica retido nos autos, somente sendo apreciado por ocasião do julgamento da apelação se o agravante requerer ao tribunal que dele conheça (requerido como preliminar da apelação).

Se a parte não requerer expressamente sua apreciação pelo tribunal, ele não será conhecido (requer nas razões ou na resposta da apelação).

Uma vez interposto, o agravado será ouvido em 10 dias e o juiz poderá reformar sua decisão.

Decisões interlocutórias proferidas na audiência de instrução e julgamento → Agravo deve ser interposto na forma RETIDA, **imediatamente e de forma oral**, bem como constar do respectivo termo (constarão sucintamente as razões do agravante).

Agravo de Instrumento

O **Agravo de Instrumento** é admitido para atacar decisão interlocutória:

> Que seja suscetível de causar à parte lesão grave e de difícil reparação;
> De inadmissão da apelação;
> Sobre os efeitos em que a apelação é recebida.

Ele é dirigido diretamente ao tribunal. A sua petição inicial deve conter os seguintes requisitos:

> A exposição do fato e do direito;
> As razões do pedido de reforma da decisão;
> O nome e o endereço completo dos advogados, constantes do processo.

A petição de agravo de instrumento será instruída com as seguintes peças.

→ **Obrigatórias (cópias):**

> Decisão agravada;
> Certidão da respectiva intimação ;
> Procurações outorgadas aos advogados (do agravante e do agravado).

→ **Facultativas: outras peças que o agravante entender úteis.**

Também deve acompanhar a petição o comprovante de pagamento das custas e do porte de retorno, quando devidos.

A petição será protocolada diretamente no tribunal ou postada no correio (registro com aviso de recebimento). Também pode ser interposta por outra forma prevista na lei local.

O agravante tem **3 dias** para requerer a juntada de cópia da petição do agravo e do comprovante de sua interposição (e os documentos que instruíram o recurso) aos autos do processo. Caso não o faça, ocorrerá a **inadmissibilidade do agravo** (desde que seja arguido e provado pelo agravado).

Procedimento - uma vez recebido o agravo de instrumento no tribunal, o relator:

> Negará seguimento, liminarmente, nos casos do art. 557;
> Converterá em Agravo Retido e remeterá os autos ao juiz da causa (caso em que interpõe Agravo de Instrumento mas fora das hipóteses legais). Essa decisão não é passível de recurso, ela só poderá ser reformada no momento do julgamento do agravo, salvo se o próprio relator a reconsiderar;
> Poderá atribuir efeito suspensivo. Também pode deferir, em antecipação de tutela, a pretensão recursal (total ou parcialmente). Essa decisão não é passível de recurso, ela só poderá ser reformada no momento do julgamento do agravo, salvo se o próprio relator a reconsiderar;
> Poderá requisitar informações ao juiz da causa, que as prestará no prazo de 10 dias;
> O agravado será intimado para responder em 10 dias (ofício dirigido ao seu advogado, sob registro e com aviso de recebimento). Nas comarcas sede de tribunal e naquelas em que o expediente forense for publicado no diário oficial, a intimação far-se-á mediante publicação no órgão oficial;
> Após essas providências, mandará ouvir o Ministério Público, para que, se for o caso, se pronuncie no prazo de 10 dias.

O relator pedirá dia para julgamento, em prazo não superior a 30 dias da intimação do agravado.

Se o juiz comunicar que reformou inteiramente a decisão, o relator considerará prejudicado o agravo.

Embargos de Declaração

Utilizado caso houver na sentença ou acórdão:

> Obscuridade;
> Contradição;
> Omissão.

→ ***Prazo:*** opostos em 5 dias.

Opostos em petição dirigida ao juiz ou relator (decisão proferida pelo tribunal), com a indicação do ponto obscuro, contraditório ou omisso.

Não estão sujeitos a preparo.

→ **Julgamento:**

> **Juiz:** em 5 dias
> **No tribunal:** relator apresentará os embargos em mesa na sessão subsequente, proferindo voto.

A oposição dos embargos de declaração **interrompe** o prazo para a interposição de outros recursos, por qualquer das partes.

Embargos manifestamente protelatórios: multa não excedente a 1% sobre o valor da causa. Em caso de reiteração, a multa é elevada até 10% do valor da causa. A interposição de qualquer outro recurso está sujeita ao depósito do valor da multa.

Exercício Comentado

01. (FCC) Considere as seguintes assertivas a respeito do Recurso de Apelação:

I. A apelação será recebida só no efeito devolutivo, quando interposta de sentença que confirmar a antecipação dos efeitos da tutela.

II. Recebida a apelação em ambos os efeitos, o juiz não poderá inovar no processo; recebida só no efeito devolutivo, o apelado poderá promover, desde logo, a execução provisória da sentença, extraindo a respectiva carta.

III. Provando o apelante justo impedimento, o juiz relevará a pena de deserção, fixando-lhe prazo para efetuar o preparo. Esta decisão será irrecorrível, cabendo ao tribunal apreciar-lhe a legitimidade.

IV. Após a apresentação da resposta, o juiz não poderá reexaminar os pressupostos de admissibilidade do recurso.

De acordo com o Código de Processo Civil brasileiro, está correto o que se afirma SOMENTE em:

a) I, II e III.
b) II, III e IV.
c) I e II.
d) III e IV.
e) I e III.

RESPOSTA. *"A".* I. *art. 520, VII, do CPC;* II. *art. 521 do CPC;* III. *art. 519 do CPC;* IV. *Depois de apresentada a resposta do recorrido, é facultado ao juiz, em 5 dias, reexaminar os pressupostos de admissibilidade do recurso. (art. 518 CPC § 2º).*

Ação Rescisória

É o modo de atacar uma sentença judicial transitada em julgado, desconstituindo a coisa julgada material.

Requisitos:

> Sentença de mérito (faz coisa julgada material);
> Trânsito em julgado dessa decisão de mérito.

Hipóteses

I. Verificar-se que foi dada por prevaricação, concussão ou corrupção do juiz;

Concussão:

Art. 316, CP *- Exigir, para si ou para outrem, direta ou indiretamente, ainda que fora da função ou antes de assumi-la, mas em razão dela, vantagem indevida.*

Corrupção Passiva:

Art. 317, CP *- Solicitar ou receber, para si ou para outrem, direta ou indiretamente, ainda que fora da função ou antes de assumi-la, mas em razão dela, vantagem indevida, ou aceitar promessa de tal vantagem.*

Prevaricação:

Art. 319, CP *- Retardar ou deixar de praticar, indevidamente, ato de ofício, ou praticá-lo contra disposição expressa de lei, para satisfazer interesse ou sentimento pessoal.*

Não há necessidade de que o juiz haja sido condenado em processo criminal (independência entre as esferas civil e criminal).

Entretanto, a decisão proferida na justiça criminal poderá influenciar na rescisória:

→ **Condenação criminal:** Por tal fato já estar provado, não poderá ser negada a existência do crime para negar-se a oposição de ação rescisória.

→ **Absolvição do magistrado por inexistência material do delito:** Não cabe rescisória.

→ **Absolvição por qualquer outro motivo (ex. falta de provas):** Tribunal poderá apreciar livremente a rescisória.

II. Proferida por juiz impedido ou absolutamente incompetente;

Nesse caso, haverá apenas o juízo rescindente (desconstituição do julgado). Os autos serão remetidos para o juízo competente ou imparcial apreciar.

Não cabe, em caso de suspeição.

III. Resultar de dolo da parte vencedora em detrimento da parte vencida, ou de colusão entre as partes, a fim de fraudar a lei;

→ **Dolo:** parte vencedora agiu com deslealdade e má-fé ou de alguma forma impediu ou dificultou a atuação processual do vencido ou ainda induziu o magistrado a erro.

→ **Colusão:** Autor e Réu usam o processo para praticar ato simulado ou fraudatório da lei.

IV. Ofender a coisa julgada;

Cabível quando for proposta novamente uma ação idêntica (mesmas partes, pedido e causa de pedir) a outra já decidida (trânsito em julgado).

V. Violar literal disposição de lei;

VI. Fundar-se em prova, cuja falsidade tenha sido apurada em processo criminal, ou seja, provada na própria ação rescisória;

É necessário que a decisão esteja baseada nessa prova falsa.

VII. Depois da sentença, o autor obtiver documento novo, cuja existência ignorava, ou de que não pôde fazer uso, capaz, por si só, de lhe assegurar pronunciamento favorável;

Na verdade, trata-se de documento já existente e não de documento novo. O documento já existia, mas a parte ignorava sua existência ou não podia usar esse documento na época própria.

VIII. Houver fundamento para invalidar confissão, desistência ou transação, em que se baseou a sentença;

Desistência gera a extinção sem julgamento do mérito e não enseja rescisória. Os doutrinadores interpretam que esse dispositivo referiu-se na verdade à renúncia, essa sim suscetível de corte rescisório.

IX. Fundada em erro de fato, resultante de atos ou de documentos da causa;

A decisão tem que ser fundada em erro de fato, provado por mero exame dos documentos juntados à rescisória. Não pode ter havido controvérsia nem pronunciamento judicial sobre o fato.

Atos judiciais que não dependam de sentença ou sentença meramente homologatória → rescindidos como os atos jurídicos em geral, nos termos da lei civil.

Legitimados para propor ação rescisória:

> Quem foi parte no processo ou o seu sucessor a título universal ou singular;
> Terceiro juridicamente interessado;
> Ministério Público:
  » Se não foi ouvido no processo, em que lhe era obrigatória a intervenção;
  » Quando a sentença é o efeito de colusão das partes, a fim de fraudar a lei.

A jurisprudência entende que essas hipóteses são exemplificativas, o Ministério Público pode ingressar com ação rescisória sempre que houver interesse público.

Regras Gerais

No direito processual civil, exige-se um depósito prévio de 5% sobre o valor da causa (a título de multa, caso a ação seja, por unanimidade de votos, declarada inadmissível, ou improcedente) - Não exigido da União, Estados, Município e do Ministério Público.

A propositura da ação rescisória não afeta a execução da sentença ou do acórdão rescindendo. Entretanto é possível a concessão de medidas de natureza cautelar ou antecipatória da tutela com o intuito de impedir o início ou suspender a execução.

Prazo para o réu responder - Entre 15 a 30 dias (prevalece que a revelia não gera a presunção da veracidade dos fatos alegados pelo autor, pois na rescisória o que se ataca é a sentença, ato oficial do Estado).

Se houver a necessidade de dilação probatória, o relator delegará a competência ao juiz de direito da comarca onde deva ser produzida (fixa prazo para devolução dos autos - 45 a 90 dias).

Razões Finais → Encerrada a instrução, será aberta vista, sucessivamente, ao autor e ao réu, pelo prazo de 10 dias.

Prazo

Deve ser proposta no prazo **decadencial de dois anos do trânsito em julgado da decisão.**

O trânsito em julgado conta-se da última decisão que foi proferida no processo, mesmo que tenha sido uma decisão que não admite o recurso.

"**STJ Súmula nº 401 - Prazo Decadencial da Ação Rescisória - Termo Inicial -** O prazo decadencial da ação rescisória só se inicia quando não for cabível qualquer recurso do último pronunciamento judicial".

Os tribunais possuem competência originária para apreciar as rescisórias. No caso de sentença que não teve apelação, a competência será do tribunal que poderia ter conhecido dessa apelação.

Nos termos do entendimento sumulado do STF, a ação rescisória é cabível ainda que contra a sentença transitada em julgado não tenham sido utilizados todos os recursos eventualmente cabíveis.

"**STF Súmula nº 514 -** Admite-se ação rescisória contra sentença transitada em julgado, ainda que contra ela não se tenham esgotado todos os recursos".

Exercício Comentado

01. (FCC) A respeito da ação rescisória, considere:

I. Quando a ação for proposta pelo Ministério Público Federal, a União deverá depositar a importância de 5% do valor da causa, a título de multa, caso a ação seja, por unanimidade de votos, declarada inadmissível ou improcedente.

II. O terceiro juridicamente interessado tem, dentre outros, legitimidade para propor a ação.

III. O direito de propor ação rescisória é imprescritível e não se extingue, podendo ser exercido pelos sucessores da parte prejudicada pela sentença ou acórdão.

Está correto o que se afirma APENAS em:

a) II.
b) I e II.
c) I e III.
d) II e III.
e) I.

RESPOSTA. "A". I. A União, o Estado, o Município e o Ministério Público estão dispensados desse depósito prévio de 5% para propor ação rescisória (art. 488, p.u.); II. Art. 487, II; III. O direito de propor ação rescisória se extingue em dois anos da data do trânsito em julgado da decisão (Art. 495).

Anotações

CAPÍTULO 09

Processo Cautelar

Disposições Gerais

Tutela antecipada: o pedido é feito para conceder ao autor antecipadamente os efeitos práticos da sentença (o juiz pode conceder, no todo ou em parte, antecipadamente, o que concederia no momento que decidisse do mérito). Requisitos:

> Prova inequívoca da verossimilhança da alegação;
> Receio de dano irreparável ou de difícil reparação;
> Manifesto propósito protelatório do réu.

Ação Cautelar: tem por objetivo resguardar a eficácia (resultado útil) da ação de conhecimento ou de execução, preservando o bem ou o direito a ser disputado pelas partes no processo principal.

Procedimento Cautelar

Pode ser instaurado no **antes ou no curso** do processo principal, sendo **sempre dependente** dele.

Medidas cautelares sem oitiva das partes - apenas em casos excepcionais, expressamente autorizados pela lei.

Cautelar inominada: Além dos procedimentos cautelares específicos, regulados pelo CPC, o juiz pode determinar as medidas provisórias que julgar adequadas, quando houver fundado receio de que uma parte, antes do julgamento da lide, cause ao direito da outra lesão de grave e de difícil reparação (ele poderá, para evitar o dano, autorizar ou vedar a prática de determinados atos, ordenar a guarda judicial de pessoas e depósito de bens e impor a prestação de caução).

Competência

> **Preparatórias:** (ação principal ainda não existe) – juiz que será competente para apreciar a ação principal;
> **Processo em trâmite:** ao juiz da causa (se tiver recurso interposto, será requerida diretamente no tribunal).

Citação do requerido - Contestar em **5 dias**, indicando as provas que pretende produzir.

Esse prazo conta-se da juntada do mandado:

> De citação, devidamente cumprido;
> Da execução da medida cautelar, quando concedida liminarmente ou após a justificação prévia.

Caso não conteste, serão presumidos verdadeiros os fatos alegados pelo requerente, decidindo o juiz em 5 dias. Se ele contestar, será designada audiência de instrução e julgamento, se houver prova a ser produzida.

Se existir o risco de o réu, após ser citado, poder tornar ineficaz a medida, o juiz poderá conceder, liminarmente ou após justificação prévia, a medida cautelar. Nesses casos, ele poderá determinar que o requerente preste caução real ou fidejussória de ressarcir os danos que o requerido possa sofrer.

A medida cautelar pode ser substituída (de ofício ou a requerimento de qualquer das partes) por caução ou outra garantia menos gravosa para o requerido, sempre que ela for adequada e suficiente para evitar a lesão ou repará-la integralmente.

A contar da efetivação da medida cautelar, a parte tem **30 dias** para propor a ação principal (quando concedida em procedimento preparatório). As medidas cautelares conservam sua eficácia durante esse prazo e na pendência do processo principal, entretanto podem ser revogadas ou modificadas a qualquer tempo. Elas conservam sua eficácia inclusive durante a suspensão do processo (salvo decisão judicial em contrário).

A eficácia de medida cautelar cessará quando:

> A parte não intentar a ação principal no prazo de 30 dias (da efetivação);
> Ela não for executada em 30 dias;
> Ocorrer a extinção do processo principal (com ou sem análise do mérito).

Ocorrendo a cessação da medida, é defeso a parte repetir o pedido, salvo por novo fundamento.

Os autos do procedimento cautelar serão apensados aos do processo principal.

O indeferimento da medida não obsta a que a parte intente a ação, nem influi no julgamento dessa (exceto no caso de o juiz, no procedimento cautelar, acolher a alegação de decadência ou de prescrição do direito do autor).

O requerente do procedimento cautelar responderá pelos prejuízos que causar ao requerido na execução da medida quando:

> A sentença no processo principal lhe for desfavorável;
> Obtida liminarmente, não promover a citação do requerido dentro em 5 (cinco) dias;
> Ocorrer a cessação da eficácia da medida, em qualquer dos casos previstos no art. 808 do CPC;
> O juiz acolher, no procedimento cautelar, a alegação de decadência ou de prescrição do direito do autor.

A indenização será liquidada nos autos do procedimento cautelar.

Procedimentos Cautelares Específicos

Arresto

Utiliza-se o arresto:

Devedor sem domicílio certo:

> Intenta ausentar-se;
> Alienar os bens que possui;
> Deixa de pagar a obrigação no prazo estipulado.

Devedor, que tem domicílio:

> Ausenta-se ou tenta ausentar-se furtivamente;
> Caindo em insolvência:
  » Aliena ou tenta alienar bens que possui;
  » Contrai ou tenta contrair dívidas extraordinárias;
  » Põe ou tenta pôr os seus bens em nome de terceiros;
  » Comete outro qualquer artifício fraudulento, a fim de frustrar a execução ou lesar credores.

Devedor que possui bens de raiz, intenta aliená-los, hipotecá-los ou dá-los em anticrese, sem ficar com algum ou alguns, livres e desembargados, equivalentes às dívidas.

Demais casos expressos em lei.

Condições exigidas para o deferimento do arresto:

- **Prova literal da dívida líquida e certa** (equipara-se: sentença, líquida ou ilíquida, pendente de recurso, condenando o devedor ao pagamento de dinheiro ou de prestação que em dinheiro possa converter-se);
- Prova documental ou justificação de algum dos casos acima mencionados.

Justificação prévia: se o juiz entender necessário, ela será feita em segredo e de plano, reduzindo-se a termo o depoimento das testemunhas, sendo dispensada:

- Quando for requerido pela União, Estado ou Município, nos casos previstos em lei;
- Se o credor prestar caução.

A sentença proferida no arresto não faz coisa julgada na ação principal, salvo se ela reconhecer a prescrição ou decadência.

Se a ação principal for julgada procedente, o arresto será convertido em penhora.

Suspensão da execução do arresto quando o devedor:

- Assim que intimado, pagar ou depositar em juízo a importância da dívida, mais os honorários de advogado que o juiz arbitrar, e custas;
- Der fiador idôneo, ou prestar caução para garantir a dívida, honorários do advogado do requerente e custas.

Cessa o arresto:

- Pagamento;
- Novação;
- Transação.

Aplicam-se subsidiariamente ao arresto as disposições referentes à penhora.

Sequestro

Após requerimento da parte, o juiz pode determinar o sequestro:

- **De bens móveis, semoventes ou imóveis**, quando lhes for disputada a propriedade ou a posse, havendo **fundado receio de rixas ou danificações;**
- **Dos frutos e rendimentos do imóvel reivindicando**, se o réu, **depois de condenado por sentença ainda sujeita a recurso, os dissipar;**
- **Dos bens do casal**, nas ações de separação judicial e de anulação de casamento, se o cônjuge os **estiver dilapidando;**
- Nos demais casos expressos em lei.

Ao sequestro aplica-se, no que couber, as disposições acerca do arresto.

O juiz irá nomear o depositário dos bens sequestrados. Entretanto, a escolha poderá recair:

- **Em pessoa indicada**, de comum acordo, pelas partes.
- **Em uma das partes**, desde que ofereça maiores garantias e preste caução idônea.

Assim que o depositário assinar o compromisso, será feita a entrega dos bens. Caso haja resistência, o depositário solicitará ao juiz a requisição de força policial.

Busca e Apreensão

Pode ser de pessoas ou de coisas.

Na petição inicial, o requerente apresentará as justificativas da medida e da ciência de estar a pessoa ou coisa no lugar designado.

A justificação prévia, se for indispensável, será feita em segredo de justiça. Uma vez provado o alegado, será expedido mandado, que conterá:

- A indicação da casa ou do lugar em que deve efetuar-se a diligência;
- A descrição da pessoa ou da coisa procurada e o destino a lhe dar;
- A assinatura do juiz, de quem emanar a ordem.

Procedimento:

- O mandado de busca e apreensão será cumprido por dois oficiais de justiça;
- Um deles lerá ao morador o mandado, intimando-o a abrir as portas (não atendidos, os oficiais arrombarão as portas externas e internas e quaisquer móveis onde presumam que esteja oculta a pessoa ou a coisa procurada);
- Os oficiais de justiça far-se-ão acompanhar de duas testemunhas;
- Caso trate-se de direito autoral ou direito conexo do artista, intérprete ou executante, produtores de fonogramas e organismos de radiodifusão, o juiz designará, para acompanharem os oficiais de justiça, dois peritos aos quais incumbirá confirmar a ocorrência da violação antes de ser efetivada a apreensão;
- Encerrada a diligência, os oficiais de justiça lavrarão auto circunstanciado, assinando-o com as testemunhas.

Exibição

A exibição judicial é utilizada, como procedimento preparatório, nos casos:

- **De coisa móvel em poder de outrem** e que o requerente repute sua ou tenha interesse em conhecer;
- **De documento próprio ou comum**, em poder de cointeressado, sócio, condômino, credor ou devedor; ou em poder de terceiro que o tenha em sua guarda, como inventariante, testamenteiro, depositário ou administrador de bens alheios;
- **Da escrituração comercial** por inteiro, balanços e documentos de arquivo, nos casos expressos em lei.

No tocante à exibição, aplica-se, no que couber, o disposto nos arts. 355 a 363, 381 e 382.

Produção Antecipada de Provas

Pode consistir em:

- Interrogatório da parte;
- Inquirição de testemunhas;
- Exame pericial.

O **interrogatório da parte** ou a **inquirição de testemunhas** é feito antes da propositura da ação, ou na pendência dessa, mas antes da audiência de instrução, quando:

- Tiver de ausentar-se;
- Por motivo de idade ou de moléstia grave, houver justo receio de que ao tempo da prova já não exista, ou esteja impossibilitada de depor.

O requerente justificará sumariamente a necessidade da antecipação e mencionará com precisão os fatos sobre os quais há de recair a prova (se for inquirição de testemunhas, os interessados serão intimados para comparecer à audiência em que será prestado o depoimento).

Exame pericial: no caso de fundado receio de que a verificação de certos fatos possam tornar-se de impossível ou muito difícil verificação.

Tomado o depoimento ou feito exame pericial, os autos permanecerão em cartório, sendo lícito aos interessados solicitar as certidões que quiserem.

Exercício Comentado

01. (FCC) O arresto tem lugar.

a) Quando, havendo disputa sobre a posse ou a propriedade de bens móveis, houver fundado receio de rixas ou danificações.

b) Quando o devedor sem domicílio certo intenta ausentar-se ou alienar os bens que possui, ou deixa de pagar a obrigação no prazo estipulado.

c) Quando, havendo disputa sobre a posse ou a propriedade de bens imóveis, houver fundado receio de rixas ou danificações.

d) Nos mesmos casos em que se admite o sequestro.

e) Apenas quando o devedor, tendo ou não domicílio.

RESPOSTA. ***"A". Essa hipótese é de sequestro (art. 822,I);***

RESPOSTA. ***"B". Art. 813, I;***

RESPOSTA. ***"C". Também é hipótese de sequestro (art. 822, I);***

RESPOSTA. ***"D". O sequestro e o arresto possuem causas justificadoras diversas (artigos. 813 e 822);***

RESPOSTA. ***"E". Em primeiro lugar, são várias as hipóteses de arresto, a palavra "apenas" já invalidaria essa alternativa. Em segundo lugar, não basta a simples insolvência, o devedor deve alienar ou tentar alienar os bens, pôr ou tentar pôr os bens em nome de terceiros, etc. (art.813).***

Procedimentos Especiais

Ação de Consignação em Pagamento

Trata-se de um meio que o devedor possui de cumprir sua obrigação quando esta for recusada pelo credor ou em qualquer outro caso em que haja dúvida acerca da legitimidade para receber ou dificuldade no pagamento.

A consignação da quantia ou da coisa devida pode ser requerida pelo devedor ou por terceiro, com efeito de pagamento.

Tratando-se de obrigação em dinheiro, o devedor ou terceiro pode optar pelo depósito em estabelecimento bancário (oficial onde houver), situado no lugar do pagamento, em conta com correção monetária, sendo o credor cientificado por carta com aviso de recebimento, possuindo o prazo de 10 dias para manifestar sua recusa.

Caso não se manifeste no prazo, o devedor é reputado liberado da obrigação, ficando essa quantia depositada à disposição do credor.

Havendo a recusa, manifestada por escrito ao estabelecimento bancário - o devedor ou terceiro poderá propor a ação de consignação dentro de 30 dias, instruindo a inicial com a prova do depósito e da recusa (não proposta nesse prazo, o depósito fica sem efeito e o depositante pode levantá-lo).

A ação de consignação é requerida no lugar do pagamento. Efetuado o depósito, cessam para o devedor os juros e os riscos, salvo se julgada improcedente (tratando-se de corpo que deva ser entregue no lugar em que está, poderá o devedor requerer a consignação no foro em que ela se encontra).

Prestações periódicas: uma vez consignada a primeira, o devedor pode continuar a consignar (no mesmo processo e sem mais formalidades) as que se forem vencendo, desde que os depósitos sejam efetuados em até 5 dias do vencimento.

Prestação de coisa indeterminada:

Escolha couber ao credor – citado para exercer seu direito em 5 dias (salvo outro prazo fixado na lei ou no contrato).

Escolha couber ao devedor - credor citado para aceitar que o devedor o faça. Ao despachar a inicial o juiz fixará lugar, dia e hora em que se fará a entrega, sob pena de depósito.

Dúvida sobre quem deva legitimamente receber o pagamento*:* o autor requererá o depósito e a citação dos que o disputam para provarem o seu direito.

No prazo de 15 dias para contestar, o réu poderá alegar que:

> Não houve recusa ou mora em receber a quantia ou coisa devida;
> Foi justa a recusa;
> O depósito não se efetuou no prazo ou no lugar do pagamento;
> O depósito não é integral (mas deve indicar o montante que entende devido).

Ação contestada com o fundamento de que o depósito não é integral:

> O autor pode completá-lo em 10 dias (salvo tratar-se de prestação cujo inadimplemento acarrete a rescisão do contrato).
> O réu pode levantar a quantia ou a coisa depositada, com a liberação parcial do autor, prosseguindo o processo quanto à parcela controvertida.

A sentença que concluir que o depósito foi insuficiente, determinará, sempre que possível, a quantia devida (valerá como título executivo, facultado ao credor promover-lhe a execução nos mesmos autos).

Réu não contesta (revelia) ou credor recebe e dá quitação – O juiz declarará extinta a obrigação, condenando o réu nas custas e honorários advocatícios.

Dúvida sobre quem deva legitimamente receber:

> Não comparecendo nenhum pretendente - converter-se-á o depósito em arrecadação de bens de ausentes;
> Comparecendo apenas um - o juiz decidirá de plano;
> Comparecendo mais de um - o juiz declarará efetuado o depósito e extinta a obrigação, continuando o processo a correr unicamente entre os credores; caso em que se observará o procedimento ordinário.

Embargos de Terceiro

É uma ação incidental ao processo principal, colocada a disposição de quem não sendo parte no processo, sofrer turbação ou esbulho na posse de seus bens por ato de apreensão judicial, em casos como o de penhora, depósito, arresto, sequestro, alienação judicial, arrecadação, arrolamento, inventário, partilha.

Os embargos podem ser de terceiro senhor e possuidor, ou apenas possuidor.

Equipara-se a terceiro:

> A parte que, posto figure no processo, defende bens que, pelo título de sua aquisição ou pela qualidade em que os possuir, não podem ser atingidos pela apreensão judicial;
> O cônjuge quando defende a posse de bens dotais, próprios, reservados ou de sua meação.

Também se admitem os embargos de terceiro para:

> A defesa da posse, quando, nas ações de divisão ou de demarcação, for o imóvel sujeito a atos materiais, preparatórios ou definitivos, da partilha ou da fixação de rumos;
> O credor com garantia real obstar alienação judicial do objeto da hipoteca, penhor ou anticrese.

Oposição dos embargos de terceiro:

Processo de conhecimento*:* a qualquer momento, enquanto **não transitada em julgado a sentença.**

Processo de execução*:* até 5 dias depois da arrematação, adjudicação ou remição, **mas sempre antes da assinatura da respectiva carta.**

Eles são distribuídos por dependência e correrão em autos distintos, perante o mesmo juiz que ordenou a apreensão.

Se os embargos versarem:

Sobre todos os bens: juiz determinará a suspensão do processo principal;

Sobre apenas alguns bens: o processo principal prossegue somente no que se refere aos bens não embargados.

Prazo para contestação dos embargos - 10 dias.

Contra os embargos do credor com garantia real, somente poderá o embargado alegar que:

> O devedor comum é insolvente;
> O título é nulo ou não obriga a terceiro;
> Outra é a coisa dada em garantia.

Ação Monitória

Trata-se de uma medida colocada à disposição do credor que, com base em **prova escrita sem eficácia de título executivo** (ex.: cheque prescrito, nota promissória rasurada, contrato particular assinado pelas partes mas sem assinatura de testemunhas etc.), pretende obter:

> Pagamento de soma em dinheiro;
> Entrega de coisa fungível;
> Entrega de determinado bem móvel.

Estando a petição inicial em ordem, o juiz determinará a citação do réu para que pague ou entregue a coisa em 15 dias. Dentro desse prazo, o réu pode oferecer embargos, que suspenderão a eficácia do mandado inicial (independem de prévia garantia do juízo e serão processados nos próprios autos, pelo procedimento ordinário).

Caso não oponha embargos, ou esses sejam rejeitados, o título executivo judicial será constituído de pleno direito.

Cumprindo o mandado, o réu ficará isento de custas e honorários advocatícios.

TJ Súmula nº 282 - *Cabe a citação por edital em ação monitória.*

STJ Súmula nº 339 - *É cabível ação monitória contra a Fazenda Pública.*

Exercício Comentado

01. (CESPE) Constitui requisito exigido para a propositura da ação monitória:

a) Prova documental que seja título executivo extrajudicial.

b) Prova testemunhal que ateste a veracidade do fato.

c) Prova escrita pré-constituída sem eficácia de título executivo.

d) Prova documental que demonstre a existência de crédito de natureza infungível.

RESPOSTA. ***"C". Para propositura de ação monitória, precisamos de uma prova escrita (então apenas com base em testemunhas não pode) que não possui eficácia de título executivo (se tivesse eficácia de título executivo, não precisaria entrar com monitória, ingressaria direto com uma execução). Ela tem por objetivo o pagamento de uma soma em dinheiro, entrega de coisa fungível (coisa infungível não pode), ou de determinado bem móvel (não pode para bem imóvel). Atenção para as pegadinhas das bancas (diz que precisa ser título executivo extrajudicial, prova testemunhal, natureza infungível).***

Anotações

CAPÍTULO 10

Lei nº 11.419, de 19 de dezembro de 2006

Da Informatização do Processo Judicial

O uso de meio eletrônico na tramitação de processos judiciais, comunicação de atos e transmissão de peças processuais será admitido nos termos da lei 11.419/06.

Aplica-se o disposto nesta Lei, indistintamente, aos processos civil, penal e trabalhista, bem como aos juizados especiais, em qualquer grau de jurisdição (apesar de não regulado na lei, nada impede que também isso também seja adotado em outros ramos do Judiciário, como a Justiça Eleitoral e a Militar).

→ **Conceitos que a lei traz:**

- **Meio eletrônico** - qualquer forma de armazenamento ou tráfego de documentos e arquivos digitais.
- **Transmissão eletrônica** - toda forma de comunicação a distância com a utilização de redes de comunicação, preferencialmente a rede mundial de computadores.
- **Assinatura eletrônica** - as seguintes formas de identificação inequívoca do signatário:
  - » Assinatura digital baseada em certificado digital emitido por Autoridade Certificadora credenciada, na forma de lei específica.
  - » Mediante cadastro de usuário no Poder Judiciário, conforme disciplinado pelos órgãos respectivos.

O envio de petições, de recursos e a prática de atos processuais em geral por meio eletrônico serão admitidos mediante uso de assinatura eletrônica, na forma do art. 1º da lei 11.419, sendo obrigatório o credenciamento prévio no Poder Judiciário, conforme disciplinado pelos órgãos respectivos.

O credenciamento no Poder Judiciário será realizado mediante procedimento no qual esteja assegurada a adequada identificação presencial do interessado.

Ao credenciado será atribuído registro e meio de acesso ao sistema, de modo a preservar o sigilo, a identificação e a autenticidade de suas comunicações.

Os órgãos do Poder Judiciário poderão criar um cadastro único para o credenciamento previsto neste artigo.

- Consideram-se realizados os atos processuais por meio eletrônico no dia e hora do seu envio ao sistema do Poder Judiciário, do que deverá ser fornecido protocolo eletrônico.

Fique Ligado

Quando a petição eletrônica for enviada para atender prazo processual, serão consideradas tempestivas as transmitidas até as 24 (vinte e quatro) horas do seu último dia.

Da Comunicação Eletrônica dos Atos Processuais

Os tribunais poderão criar Diário da Justiça eletrônico, disponibilizado em sítio da rede mundial de computadores, para publicação de atos judiciais e administrativos próprios e dos órgãos a eles subordinados, bem como comunicações em geral.

O sítio e o conteúdo das publicações de que trata este artigo deverão ser assinados digitalmente com base em certificado emitido por Autoridade Certificadora credenciada na forma da lei específica.

Fique Ligado

A publicação eletrônica na forma deste artigo substitui qualquer outro meio e publicação oficial, para quaisquer efeitos legais, à exceção dos casos que, por lei, exigem intimação ou vista pessoal.

Considera-se como data da publicação o primeiro dia útil seguinte ao da disponibilização da informação no Diário da Justiça eletrônico.

Os prazos processuais terão início no primeiro dia útil que seguir ao considerado como data da publicação.

A criação do Diário da Justiça eletrônico deverá ser acompanhada de ampla divulgação, e o ato administrativo correspondente será publicado durante 30 (trinta) dias no diário oficial em uso.

As **intimações serão feitas por meio eletrônico** em portal próprio aos que se **cadastrarem** na forma do art. 2º desta Lei, dispensando-se a publicação no órgão oficial, inclusive eletrônico.

→ Considerar-se-á **realizada a intimação** no dia em que o **intimando efetivar a consulta eletrônica** ao teor da intimação, certificando-se nos autos a sua realização.

→ Caso essa consulta não seja feita em dia útil, a intimação será considerada realizada no **primeiro dia útil seguinte**.

→ Essa consulta deve ser feita em até 10 dias corridos (contados da data do envio da intimação), sob pena de considerar-se a intimação automaticamente realizada na data do término desse prazo.

→ Em caráter informativo, poderá ser efetivada remessa de correspondência eletrônica, comunicando o envio da intimação e a abertura automática do prazo processual aos que manifestarem interesse por esse serviço.

→ Nos **casos urgentes** em que a intimação feita na forma deste artigo possa causar prejuízo a quaisquer das partes ou nos casos em que for **evidenciada qualquer tentativa de burla** ao sistema, o ato processual deverá ser realizado por **outro meio que atinja a sua finalidade, conforme determinado pelo juiz**.

Fique Ligado

As intimações feitas na forma deste artigo, INCLUSIVE DA FAZENDA PÚBLICA, serão consideradas pessoais para todos os efeitos legais.

Observadas as formas e as cautelas do art. 5º desta Lei, as citações, INCLUSIVE DA FAZENDA PÚBLICA, excetuadas as dos Direitos Processuais Criminal e Infracional, poderão ser feitas por meio eletrônico, desde que a íntegra dos autos seja acessível ao citando.

As cartas precatórias, rogatórias, de ordem e, de um modo geral, todas as comunicações oficiais que transitem entre órgãos do Poder Judiciário, bem como entre os deste e os dos demais Poderes, serão feitas preferentemente por meio eletrônico.

Do Processo Eletrônico

Os órgãos do Poder Judiciário poderão desenvolver sistemas eletrônicos de processamento de ações judiciais por meio de autos total ou parcialmente digitais, utilizando, preferencialmente, a rede mundial de computadores e acesso por meio de redes internas e externas.

Todos os atos processuais do processo eletrônico serão assinados eletronicamente na forma estabelecida nesta Lei.

No processo eletrônico, todas as citações, intimações e notificações, **inclusive da Fazenda Pública**, serão feitas por meio eletrônico, na forma desta Lei.

As citações, intimações, notificações e remessas que viabilizem o acesso à íntegra do processo correspondente serão consideradas **vista pessoal** do interessado para todos os efeitos legais.

Quando, por motivo técnico, for inviável o uso do meio eletrônico para a realização de citação, intimação ou notificação, esses atos processuais poderão ser praticados segundo as regras ordinárias, **digitalizando-se o documento físico, que deverá ser posteriormente destruído**.

A distribuição da petição inicial e a juntada da contestação, dos recursos e das petições em geral, todos em formato digital, nos autos de processo eletrônico, podem ser feitas **diretamente pelos advogados públicos e privados, sem necessidade da intervenção do cartório ou secretaria judicial**, situação em que a autuação deverá se dar de **forma automática, fornecendo-se recibo eletrônico de protocolo**.

Quando o ato processual tiver que ser praticado em determinado prazo, por meio de petição eletrônica, serão considerados **tempestivos os efetivados até as 24 (vinte e quatro) horas do último dia**. Se Sistema do Poder Judiciário se tornar indisponível por motivo técnico, o prazo fica **automaticamente prorrogado para o primeiro dia útil seguinte à resolução do problema**.

Os órgãos do Poder Judiciário deverão manter equipamentos de digitalização e de acesso à rede mundial de computadores à disposição dos interessados para distribuição de peças processuais.

Os documentos produzidos eletronicamente e juntados aos processos eletrônicos com garantia da origem e de seu signatário, na forma estabelecida nesta Lei, serão considerados originais para todos os efeitos legais.

Os extratos digitais e os documentos digitalizados e juntados aos autos pelos órgãos da Justiça e seus auxiliares, pelo Ministério Público e seus auxiliares, pelas procuradorias, pelas autoridades policiais, pelas repartições públicas em geral e por advogados públicos e privados têm a mesma força probante dos originais, ressalvada a alegação motivada e fundamentada de adulteração antes ou durante o processo de digitalização.

A arguição de falsidade do documento original será processada eletronicamente na forma da lei processual em vigor.

Os originais dos documentos digitalizados deverão ser preservados pelo seu detentor até o **trânsito em julgado da sentença ou, quando admitida, até o final do prazo para interposição de ação rescisória**.

Os documentos cuja digitalização seja tecnicamente inviável devido ao grande volume ou por motivo de ilegibilidade deverão ser apresentados ao cartório ou secretaria no prazo de 10 (dez) dias contados do envio de petição eletrônica comunicando o fato, os quais serão devolvidos à parte após o trânsito em julgado.

Os documentos digitalizados juntados em processo eletrônico somente estarão disponíveis para acesso por meio da rede externa para suas respectivas partes processuais e para o Ministério Público, respeitado o disposto em lei para as situações de sigilo e de segredo de justiça.

Acompanhe-me

A conservação dos autos do processo poderá ser efetuada total ou parcialmente por meio eletrônico.

Os autos dos processos eletrônicos deverão ser protegidos por meio de sistemas de segurança de acesso e armazenados em meio que garanta a preservação e integridade dos dados, sendo dispensada a formação de autos suplementares.

Os autos de processos eletrônicos que tiverem de ser remetidos a outro juízo ou instância superior que não disponham de sistema compatível deverão ser impressos em papel, autuados na forma dos artigos. 166 a 168 da Lei no 5.869, de 11 de janeiro de 1973 - Código de Processo Civil, ainda que de natureza criminal ou trabalhista, ou pertinentes a juizado especial.

Nesse caso, o escrivão ou o chefe de secretaria certificará os autores ou a origem dos documentos produzidos nos autos, acrescentando, ressalvada a hipótese de existir segredo de justiça, a forma pela qual o banco de dados poderá ser acessado para aferir a autenticidade das peças e das respectivas assinaturas digitais.

Feita a autuação na forma estabelecida no § 2º deste artigo, o processo seguirá a tramitação legalmente estabelecida para os processos físicos.

A digitalização de autos em mídia não digital, em tramitação ou já arquivados, será precedida de publicação de editais de intimações ou da intimação pessoal das partes e de seus procuradores, para que, no prazo preclusivo de 30 (trinta) dias, se manifestem sobre o desejo de manterem pessoalmente a guarda de algum dos documentos originais.

→ O magistrado poderá determinar que sejam realizados por meio eletrônico a exibição e o envio de dados e de documentos necessários à instrução do processo.

Consideram-se cadastros públicos, para esses efeitos acima citados, dentre outros existentes ou que venham a ser criados, ainda que mantidos por concessionárias de serviço público ou empresas privadas, os que contenham informações indispensáveis ao exercício da função judicante.

Esse acesso dar-se-á por qualquer meio tecnológico disponível, preferentemente o de menor custo, considerada sua eficiência.

Disposições Gerais e Finais

Os sistemas a serem desenvolvidos pelos órgãos do Poder Judiciário deverão usar, **preferencialmente, programas com código aberto**, acessíveis ininterruptamente por meio da rede mundial de computadores, priorizando-se a sua padronização.

Os sistemas devem buscar identificar os casos de ocorrência de prevenção, litispendência e coisa julgada.

Salvo impossibilidade que comprometa o acesso à justiça, a parte deverá informar, ao distribuir a petição inicial de qualquer ação judicial, o número no cadastro de pessoas físicas ou jurídicas, conforme o caso, perante a Secretaria da Receita Federal.

Da mesma forma, as peças de acusação criminais deverão ser instruídas pelos membros do Ministério Público ou pelas autoridades policiais com os números de registros dos acusados no Instituto Nacional de Identificação do Ministério da Justiça, se houver.

Os livros cartorários e demais repositórios dos órgãos do Poder Judiciário poderão ser gerados e armazenados em meio totalmente eletrônico.

Os órgãos do Poder Judiciário regulamentarão esta Lei, no que couber, no âmbito de suas respectivas competências.

Ficam convalidados os atos processuais praticados por meio eletrônico até a data de publicação desta Lei, desde que tenham atingido sua finalidade e não tenha havido prejuízo para as partes.

→ Essa lei trouxe algumas alterações no CPC:

> ***Art. 38. Parágrafo único****. A procuração pode ser assinada digitalmente com base em certificado emitido por Autoridade Certificadora credenciada, na forma da lei específica. (NR)*
>
> ***Art. 154. § 2º****: Todos os atos e termos do processo podem ser produzidos, transmitidos, armazenados e assinados por meio eletrônico, na forma da lei.(NR)*
>
> ***Art. 164. Parágrafo único****. A assinatura dos juízes, em todos os graus de jurisdição, pode ser feita eletronicamente, na forma da lei.(NR)*
>
> ***Art. 169.*** *§ 1º É vedado usar abreviaturas.*
>
> *§ 2º Quando se tratar de processo total ou parcialmente eletrônico, os atos processuais praticados na presença do juiz poderão ser produzidos e armazenados de modo integralmente digital em arquivo eletrônico inviolável, na forma da lei, mediante registro em termo que será assinado digitalmente pelo juiz e pelo escrivão ou chefe de secretaria, bem como pelos advogados das partes.*
>
> *§ 3º No caso do § 2º deste artigo, eventuais contradições na transcrição deverão ser suscitadas oralmente no momento da realização do ato, sob pena de preclusão, devendo o juiz decidir de plano, registrando-se a alegação e a decisão no termo. (NR)*
>
> ***Art. 202. § 3º*** *A carta de ordem, carta precatória ou carta rogatória pode ser expedida por meio eletrônico, situação em que a assinatura do juiz deverá ser eletrônica, na forma da lei. (NR)*
>
> ***Art. 221. IV*** *- por meio eletrônico, conforme regulado em lei própria. (NR)*
>
> ***Art. 237. Parágrafo único****. As intimações podem ser feitas de forma eletrônica, conforme regulado em lei própria. (NR)*
>
> ***Art. 365. V*** *- os extratos digitais de bancos de dados, públicos e privados, desde que atestado pelo seu emitente, sob as penas da lei, que as informações conferem com o que consta na origem;*
>
> ***VI.*** *as reproduções digitalizadas de qualquer documento, público ou particular, quando juntados aos autos pelos órgãos da Justiça e seus auxiliares, pelo Ministério Público e seus auxiliares, pelas procuradorias, pelas repartições públicas em geral e por advogados públicos ou privados, ressalvada a alegação motivada e fundamentada de adulteração antes ou durante o processo de digitalização.*
>
> *§ 1º Os originais dos documentos digitalizados, mencionados no inciso VI do caput deste artigo, deverão ser preservados pelo seu detentor até o final do prazo para interposição de ação rescisória.*
>
> *§ 2º Tratando-se de cópia digital de título executivo extrajudicial ou outro documento relevante à instrução do processo, o juiz poderá determinar o seu depósito em cartório ou secretaria." (NR)*
>
> ***Art. 399. § 1º*** *Recebidos os autos, o juiz mandará extrair, no prazo máximo e improrrogável de 30 (trinta) dias, certidões ou reproduções fotográficas das peças indicadas pelas partes ou de ofício; findo o prazo, devolverá os autos à repartição de origem.*
>
> *§ 2º As repartições públicas poderão fornecer todos os documentos em meio eletrônico conforme disposto em lei, certificando, pelo mesmo meio, que se trata de extrato fiel do que consta em seu banco de dados ou do documento digitalizado. (NR)*
>
> ***Art. 417. § 1º*** *O depoimento será passado para a versão datilográfica quando houver recurso da sentença ou noutros casos, quando o juiz o determinar, de ofício ou a requerimento da parte.*
>
> *§ 2º Tratando-se de processo eletrônico, observar-se-á o disposto nos §§ 2º e 3º do art. 169 desta Lei.(NR)*
>
> ***Art. 457. § 4º*** *Tratando-se de processo eletrônico, observar-se-á o disposto nos §§ 2º e 3º do art. 169 desta Lei. (NR)*
>
> ***Art. 556. Parágrafo único****. Os votos, acórdãos e demais atos processuais podem ser registrados em arquivo eletrônico inviolável e assinados eletronicamente, na forma da lei, devendo ser impressos para juntada aos autos do processo quando este não for eletrônico. (NR)*

Exercício Comentado

01. A informatização do processo judicial permite que as citações, intimações e notificações sejam realizadas por meio eletrônico, salvo as relativas à fazenda pública.

ERRADO. A lei 11.419/06 permite que as citações, intimações e notificações sejam realizadas por meio eletrônico, inclusive da fazenda pública, que poderá receber as comunicações judiciais dessa forma.

Lei 9.099/95 - Juizado Especial Cível

Os Juizados Especiais Cíveis e Criminais, órgãos da Justiça Ordinária, serão criados pela União, no Distrito Federal e nos Territórios, e pelos Estados, para conciliação, processo, julgamento e execução, nas causas de sua competência.

O processo orientar-se-á pelos critérios da oralidade, simplicidade, informalidade, economia processual e celeridade, buscando, sempre que possível, a conciliação ou a transação.

→ **Podem ser apreciadas pelo JEC:**

- Causas que não excedam 40 vezes o salário mínimo.
- Hipóteses enumeradas no art. 275, inciso II, do Código de Processo Civil.
- A ação de despejo para uso próprio.
- As ações possessórias sobre bens imóveis de valor não excedente a 40 salários mínimos.

Essa competência é facultativa, isto é, o autor pode optar por ingressar com ação na Justiça Comum, mesmo que esteja enquadrada uma dessas hipóteses.

O Juizado Especial também é competente para executar seus próprios julgados e dos títulos executivos extrajudiciais de valor até 40 salários mínimos (observadas as restrições estabelecidas na lei 9.099/95).

> São excluídas da competência do JEC as causas:
   » De natureza Alimentar, Falimentar e Fiscal.
   » De interesse da Fazenda Pública.
   » Relativas a acidentes de trabalho, a resíduos e ao estado das pessoas (ainda que de cunho patrimonial).

Se a parte optar por esse procedimento, estará renunciando ao crédito excedente ao teto estabelecido (40x o salário mínimo), salvo conciliação.

→ **Competência do foro:**

> Domicílio do réu (autor pode optar pelo local onde o réu exerça atividades profissionais ou econômicas ou mantenha estabelecimento, filial, agência, sucursal ou escritório).
> Local onde a obrigação deva ser satisfeita.
> Domicílio do Autor ou do local do ato/fato – Reparação de danos de qualquer natureza.
> Em qualquer hipótese o autor pode optar por propor a ação no domicílio do réu.

Trata-se de um procedimento simplificado. O juiz possui ampla liberdade para determinar as provas a serem produzidas, para apreciá-las e para dar especial valor as regras de experiência comum ou técnica.

Ele adotará em cada caso a decisão que reputar mais justa e equânime, atendendo aos fins sociais da lei e às exigências do bem comum.

São auxiliares da Justiça - Conciliadores (bacharéis em Direito) e Juízes leigos (advogados com mais de 5 anos de experiência – impedidos de exercer a advocacia perante os Juizados Especiais enquanto no desempenho de suas funções) .

→ **No Juizado Especial não podem ser partes:**

> O incapaz.
> O preso.
> As pessoas jurídicas de direito público.
> As empresas públicas da União.
> A massa falida.
> O insolvente civil.

→ **Somente podem propor ação perante o Juizado Especial:**

> As pessoas físicas capazes (cessionários de direito de pessoas jurídicas são excluídos).
> As microempresas.
> OSCIP (pessoas jurídicas qualificadas como Organização da Sociedade Civil de Interesse Público).
> As sociedades de crédito ao microempreendedor.

Assistência de advogado depende do valor da causa:
   » Até 20 salários mínimos – Facultativa (as partes comparecem pessoalmente).
   » Valor superior – Obrigatória

No caso de assistência facultativa, se uma das partes comparecer assistida por advogado, ou se o réu for pessoa jurídica ou firma individual, terá a outra parte, se quiser, assistência judiciária prestada por órgão instituído junto ao Juizado Especial, na forma da lei local.

O Juiz alertará as partes da conveniência do patrocínio por advogado, quando a causa o recomendar.

O mandato ao advogado poderá ser verbal, salvo quanto aos poderes especiais.

> Não é admitida no processo nenhuma forma de intervenção de terceiro ou de assistência (mas o litisconsórcio é admitido).

O Ministério Público intervirá nos casos previstos em lei.

→ **Atos processuais:**

São públicos e poderão ser realizados em horário noturno, de acordo com o disposto nas normas de organização judiciária.

Sempre que preencherem as finalidades para as quais forem realizados, eles serão considerados válidos (atendidos os critérios definidos pela lei 9.099/05, art. 2º). Somente haverá nulidade se houver prejuízo.

A prática de atos processuais em outras comarcas poderá ser solicitada por qualquer meio idôneo de comunicação.

Registro dos atos – apenas daqueles considerados essenciais (de forma resumida), em notas manuscritas, datilografada ou estenotipadas. Os demais atos (não considerados essenciais) poderão ser gravados em fita magnética ou equivalente, que será inutilizada após o trânsito em julgado da decisão.

O processo é instaurado com a apresentação do pedido à Secretaria do Juizado (escrito ou oral). Nele constará de forma simples e em linguagem acessível:

> O nome, a qualificação e o endereço das partes.
> Os fatos e os fundamentos, de forma sucinta.
> O objeto e seu valor (pode formular pedido genérico quando não for possível determinar, desde logo, a extensão da obrigação).

Registrado o pedido, independentemente de distribuição e autuação, a Secretaria do Juizado designará a sessão de conciliação, a realizar-se no prazo de **quinze dias**.

Comparecendo inicialmente ambas as partes, instaurar-se-á, desde logo, a sessão de conciliação, dispensados o registro prévio de pedido e a citação.

Havendo pedidos contrapostos, poderá ser dispensada a contestação formal e ambos serão apreciados na mesma sentença.

→ **A citação é feita:**

> por correspondência, com aviso de recebimento em mão própria;
> tratando-se de pessoa jurídica ou firma individual, mediante entrega ao encarregado da recepção, que será obrigatoriamente identificado;
> sendo necessário, por oficial de justiça, independentemente de mandado ou carta precatória.

Nos Juizados Especiais NÃO cabe citação por edital.

O comparecimento espontâneo suprirá a falta ou nulidade da citação.

Intimações - feitas na forma prevista para citação, ou por qualquer outro meio idôneo de comunicação.

As partes devem comunicar as mudanças de endereço que ocorrerem no curso do processo. Se não o fizerem, as intimações enviadas ao local anteriormente indicado serão reputadas eficazes.

Anotações

Referências Bibliográficas

www.planalto.gov.br/ccivil_03/leis/L5869compilada

www.planalto.gov.br/ccivil_03/leis/2002/L10406.htm

www.planalto.gov.br/ccivil_03/constituicao/constituicao

m.stf.jus.br/portal/principal/principal.asp

www.stj.jus.br/portal_stj/publicacao/engine.wsp

NEVES, Daniel Amorin Assumpção. Manual de direito processual civil. - 2º ed. - Rio de Janeiro: Forense ; São Paulo: MÉTODO, 2011.

THEODORO JÚNIO, Humberto. Curso de Direito Processual Civil, Volumes I, II e III. Forense, 2012.

NERY JÚNIOR, Nelson; NERY, Rosa Maria de Andrade. Código de Processo Civil Comentado e Legislação Extravagante - 12ª Ed. – Editora RT, 2012.

GRINOVER, Ada Pellegrini; DINAMARCO, Cândido Rangel; CINTRA, Antonio Carlos Araujo. Teoria Geral do Processo. - 28ª Ed. – Editora Malheiros, 2012.

POR QUE ESCOLHER O ALFACON?

Plano de Estudos

O plano de estudos é uma estratégia idealizada pela equipe AlfaCon para fazer com que você consiga focalizar o que é mais importante para a sua preparação. O direcionamento correto que o plano de estudos fornece é a chance para você maximizar seu desempenho em provas de concurso.

Videoaulas + PDF

Videoaulas sincronizadas com o material em PDF. O AlfaCon utiliza uma metodologia de ensino inovadora que proporciona ao aluno o aprendizado por diversas mídias.

Cusos Regulares, Exercícios, Eventos e Simulados

O curso regular direciona você para a parte teórica das disciplinas dos editais. Com as turmas de exercícios, você aprenderá a técnica correta para resolver as questões de provas. Com os Eventos, você relembra os tópicos mais importantes. Finalmente, os simulados proporcionam o treino necessário para ter um bom desempenho na prova.

Comodidade e flexibilidade no seu ritmo.

Estude on-line, faça seu próprio horário e avance de acordo com seu tempo de aprendizagem.

VENHA FAZER PARTE DESSE TIME VENCEDOR!

Entre agora no site:
www.alfaconcursos.com.br